SOLDADO DA POLÍCIA MILITAR DA PARAÍBA - PMPB

EDITORA AlfaCon Concursos Públicos

Proteção de direitos

Todos os direitos autorais desta obra são reservados e protegidos pela Lei nº 9.610/1998. É proibida a reprodução de qualquer parte deste material didático, sem autorização prévia expressa por escrito do autor e da editora, por quaisquer meios empregados, sejam eletrônicos, mecânicos, videográficos, fonográficos, reprográficos, microfílmicos, fotográficos, gráficos ou quaisquer outros que possam vir a ser criados. Essas proibições também se aplicam à editoração da obra, bem como às suas características gráficas.

Diretor Geral: Evandro Guedes
Diretor de TI: Jadson Siqueira
Diretor Editorial: Javert Falco
Gerente Editorial: Mariana Passos
Editor(a): Mateus Ruhmke Vazzoller
Gerente de Editoração: Alexandre Rossa
Diagramador(a): Emilly Lazarotto

Língua Portuguesa
Adriano Pacciclo, Giancarla Bombonato, Glaucia Cansian, Pablo Jamilk, Priscila Conte

Língua Estrangeira
Ely Cuimbra, Guilherme Figura, Henrique Ferreira

Noções de Informática
João Paulo, Kátia Quadros, Luiz Rezende

Raciocínio Lógico
Daniel Lustosa

Noções de Direito Constitucional
Daniel Sena, Gustavo Muzy

Noções de Direito Penal
Eduardo Labruna, Evandro Guedes, Rafael Medeiros, Lucas Favero

Noções de Direito Processual Penal
Evandro Guedes,

Noções de Direito Penal
Roberto Fernandes

Legislação Extravagante
Gustavo Muzy, Norberto Junior, André Adriano, Fabyanne Cavaggioni e Rafael Medeiros

Noções de Sociologia
Ítalo Trigueiro

Questões Comentadas para PMPB
Alessandra Karl Rodrigues da Silva, Francisco Tulio Mendes Queiroz, Fabyanne Cavaggioni ea Cruz, Danniel Maia Palladino, Higor Carlos Alves da Silva, Luis Fernando de Menezes, Wallace França de Melo, Verônica Mariano da Silva, Lais Santos Brasil, Leonardo Schuster de Carvalho, Andre Adriano do Nascimento da Silva, Tatiane Zmorzenski dos Santos

Dados Internacionais de Catalogação na Publicação (CIP)
Jéssica de Oliveira Molinari CRB-8/9852

S668

Soldado Polícia Militar da Paraíba : PMPB / equipe de professores Alfacon. - Cascavel, PR : AlfaCon, 2023.
324 p.

Bibliografia
ISBN 978-65-5918-525-2

1. Serviço público - Concursos – Brasil 2. Polícia militar – Paraíba 3. Língua portuguesa 4. Língua inglesa 5. Direito 6. Informática

23-0467

CDD 351.81076

Índices para catálogo sistemático:
1. Serviço público - Brasil - Concursos

Dúvidas?
Acesse: www.alfaconcursos.com.br/atendimento

Núcleo Editorial:
Rua: Paraná, nº 3193, Centro - Cascavel/PR
CEP: 85810-010

Núcleo Comercial/Centro de Distribuição:
Rua: Dias Leme, nº 489, Mooca – São Paulo/SP
CEP: 03118-040

SAC: (45) 3037-8888

Data de fechamento
1ª impressão:
12/01/2023

EDITORA AlfaCon Concursos Públicos

www.alfaconcursos.com.br/apostilas

Atualizações e erratas

Esta obra é vendida como se apresenta. Atualizações - definidas a critério exclusivo da Editora AlfaCon, mediante análise pedagógica – e erratas serão disponibilizadas no site www.alfaconcursos.com.br/codigo, por meio do código disponível no final do material didático Ressaltamos que há a preocupação de oferecer ao leitor uma obra com a melhor qualidade possível, sem a incidência de erros técnicos e/ou de conteúdo. Caso ocorra alguma incorreção, solicitamos que o leitor, atenciosamente, colabore com sugestões, por meio do setor de atendimento do AlfaCon Concursos Públicos.

APRESENTAÇÃO

A sua chance de fazer parte do Serviço Público chegou, e a oportunidade está no concurso para **Soldado da Polícia Militar da Paraíba - PMPB**. Neste universo dos concursos públicos, estar bem-preparado faz toda a diferença e para ingressar nesta carreira, é fundamental que esteja preparado com os conteúdos que o AlfaCon julga mais importante cobrados na prova:

Aqui, você encontrará os conteúdos básicos de

- Língua Portuguesa
- Língua Estrangeira
- Noções de Informática
- Raciocínio Lógico
- Noções de Direito Constitucional
- Noções de Direito Penal
- Noções de Direito Processual Penal
- Legislação Extravagante
- Noções de Sociologia

O AlfaCon preparou todo o material com explicações, reunindo os principais conteúdos relacionados a prova, dando ênfase aos tópicos mais cobrados. ESTEJA ATENTO AO CONTEÚDO ONLINE POR MEIO DO CÓDIGO DE RESGATE, para que você tenha acesso a todo conteúdo do solicitado pelo edital.

Desfrute de seu material o máximo possível, estamos juntos nessa conquista!

Bons estudos e rumo à sua aprovação!

APRESENTAÇÃO

A sua chance de fazer parte do Serviço Público chegou, e a oportunidade está de bandeja para **Soldado da Polícia Militar da Paraíba - PMPB**. Neste universo dos concursos públicos, estar bem preparado faz toda a diferença e para ingressar nesta carreira, é fundamental que esteja preparado com os conteúdos que o AlfaCon julga mais importantes cobrados na prova.

Aqui você encontrará os conteúdos básicos de:

> Língua Portuguesa
> Língua Estrangeira
> Noções de Informática
> Raciocínio Lógico
> Noções de Direito Constitucional
> Noções de Direito Penal
> Noções de Direito Processual Penal
> Legislação Extravagante
> Noções de Sociologia

O AlfaCon preparou todo o material com explicações, reunindo os principais conteúdos relacionados a prova, dando ênfase aos tópicos mais cobrados. ESTEJA ATENTO AO CONTEÚDO ONLINE POR MEIO DO CÓDIGO DE RESGATE, para que você tenha acesso a todo conteúdo de solicitado pelo edital.

Desfrute de seu material o máximo possível, estamos juntos nessa conquista!

Bons estudos e rumo à sua aprovação!

EDITORA
AlfaCon
Concursos Públicos

COMO ESTUDAR PARA UM CONCURSO PÚBLICO!

AlfaCon
Concursos Públicos

Para se preparar para um concurso público, não basta somente estudar o conteúdo. É preciso adotar metodologias e ferramentas, como plano de estudo, que ajudem o concurseiro em sua organização.

As informações disponibilizadas são resultado de anos de experiência nesta área e apontam que estudar de forma direcionada traz ótimos resultados ao aluno.

Curso on-line GRATUITO

- Como montar caderno
- Como estudar
- Como e quando fazer simulados
- O que fazer antes, durante e depois de uma prova!

Ou pelo link: alfaconcursos.com.br/cursos/material-didatico-como-estudar

ORGANIZAÇÃO

Organização é o primeiro passo para quem deseja se preparar para um concurso público.

Conhecer o conteúdo programático é fundamental para um estudo eficiente, pois os concursos seguem uma tendência e as matérias são previsíveis. Usar o edital anterior - que apresenta pouca variação de um para outro - como base é uma boa opção.

Quem estuda a partir desse núcleo comum precisa somente ajustar os estudos quando os editais são publicados.

PLANO DE ESTUDO

Depois de verificar as disciplinas apresentadas no edital, as regras determinadas para o concurso e as características da banca examinadora, é hora de construir uma tabela com seus horários de estudo, na qual todas as matérias e atividades desenvolvidas na fase preparatória estejam dispostas.

PASSO A PASSO

VEJA AS ETAPAS FUNDAMENTAIS PARA ORGANIZAR SEUS ESTUDOS

PASSO 1
Selecionar as disciplinas que serão estudadas.

PASSO 2
Organizar sua rotina diária: marcar pontualmente tudo o que é feito durante 24 horas, inclusive o tempo que é destinado para dormir, por exemplo.

PASSO 3
Organizar a tabela semanal: dividir o horário para que você estude 2 matérias por dia e também destine um tempo para a resolução de exercícios e/ou revisão de conteúdos.

PASSO 4
Seguir rigorosamente o que está na tabela, ou seja, destinar o mesmo tempo de estudo para cada matéria. Por exemplo: 2h/dia para cada disciplina.

PASSO 5
Reservar um dia por semana para fazer exercícios, redação e também simulados.

Esta tabela é uma sugestão de como você pode organizar seu plano de estudo. Para cada dia, você deve reservar um tempo para duas disciplinas e também para a resolução de exercícios e/ou revisão de conteúdos. Fique atento ao fato de que o horário precisa ser determinado por você, ou seja, a duração e o momento do dia em que será feito o estudo é você quem escolhe.

TABELA SEMANAL

SEMANA	SEGUNDA	TERÇA	QUARTA	QUINTA	SEXTA	SÁBADO	DOMINGO
1							
2							
3							
4							

AlfaCon Concursos Públicos

SUMÁRIO

LÍNGUA PORTUGUESA 19

1 COMPREENSÃO E INTERPRETAÇÃO DE TEXTOS 20
- 1.1 Ideias preliminares sobre o assunto 20
- 1.2 Semântica ou pragmática? 20
- 1.3 Questão de interpretação 20
- 1.4 Dicas para interpretação 20
- 1.5 Dicas para organização 20

2 TIPOLOGIA TEXTUAL 23
- 2.1 Texto narrativo 23
- 2.2 Texto dissertativo 23
- 2.3 Texto descritivo 24
- 2.4 Conotação × denotação 24

3 FIGURAS DE LINGUAGEM 25
- 3.1 Vícios de linguagem 26
- 3.2 Funções da linguagem 26

4 ORTOGRAFIA 27
- 4.1 Alfabeto 27
- 4.2 Emprego da letra H 27
- 4.3 Emprego de E e I 27
- 4.4 Emprego de O e U 27
- 4.5 Emprego de G e J 28
- 4.6 Orientações sobre a grafia do fonema /s/ 28
- 4.7 Emprego da letra Z 29
- 4.8 Emprego do X e do CH 29
- 4.9 Escreveremos com X 29
- 4.10 Escreveremos com CH 29

5 ACENTUAÇÃO GRÁFICA 30
- 5.1 Padrões de tonicidade 30
- 5.2 Encontros vocálicos 30
- 5.3 Regras gerais 30

6 CRASE 31
- 6.1 Crase proibitiva 31
- 6.2 Crase obrigatória 31
- 6.3 Crase facultativa 31

Sumário

7 NÍVEIS DE ANÁLISE DA LÍNGUA 32

8 ESTRUTURA E FORMAÇÃO DE PALAVRAS 33
    8.1 Estrutura das palavras 33
    8.2 Radicais gregos e latinos 33
    8.3 Origem das palavras de Língua Portuguesa 33
    8.4 Processos de formação de palavras 34
    8.5 Acrônimo ou sigla 34
    8.6 Onomatopeia ou reduplicação 34

9 MORFOLOGIA 35
    9.1 Substantivos 35
    9.2 Artigo 35
    9.3 Pronome 36
    9.4 Verbo 40
    9.5 Adjetivo 45
    9.6 Advérbio 47
    9.7 Conjunção 47
    9.8 Interjeição 48
    9.9 Numeral 48
    9.10 Preposição 49

10 SINTAXE BÁSICA 51
    10.1 Período simples (oração) 51
    10.2 Termos integrantes da oração 52
    10.3 Termos acessórios da oração 52
    10.4 Período composto 52

11 PONTUAÇÃO 55
    11.1 Principais sinais e usos 55

12 CONCORDÂNCIA VERBAL E NOMINAL 57
    12.1 Concordância verbal 57
    12.2 Concordância nominal 58

13 COLOCAÇÃO PRONOMINAL 59
    13.1 Regras de próclise 59
    13.2 Regras de mesóclise 59
    13.3 Regras de ênclise 59
    13.4 Casos facultativos 59

14 REGÊNCIA VERBAL E NOMINAL 60
    14.1 Regência verbal 60
    14.2 Regência nominal 61

15 PARALELISMO 62
    15.1 Paralelismo sintático 62
    15.2 Paralelismo semântico 62

LÍNGUA ESTRANGEIRA 63

1 INTERPRETAÇÃO DE TEXTOS 64

2 LINKING WORDS 70

3 NUMBERS, PRONOUNS AND DEFINITE AND INDEFINITE ARTICLES ... 73
    3.1 Cardinal numbers 73
    3.2 Ordinal numbers 73
    3.3 Articles 73
    3.4 Indefinite articles 74
    3.5 Pronouns 74

4 SIMPLE PRESENT, POSSESSIVE ADJECTIVES, POSSESSIVE PRONOUNS, GENITIVE CASE 77
    4.1 Simple Present 77

5 POSSESSIVE ADJECTIVES X POSSESSIVE PRONOUNS 78
    5.1 Genitive case 78

6 PRESENT CONTINUOUS, ADJECTIVES AND ADVERBS 79
    6.1 Present continuous 79
    6.2 Adjetivos 79
    6.3 Advérbios 79

7 SIMPLE PAST, PAST CONTINUOUS, THERE TO BE 81
    7.1 Simple past 81
    7.2 Past continuous 81
    7.3 There To Be 81

8 IMPERATIVO, SUBJUNTIVO, QUESTION WORDS, DEMONSTRATIVE PRONOUNS 83
    8.1 Imperativo 83
    8.2 Forma do subjuntivo 83
    8.3 Question Words 83
    8.4 Demonstrative Pronouns 83

Sumário

9 COMPARATIVE ADJECTIVES, SUPERLATIVE ADJECTIVES 85
   9.1 Comparative Adjectives..................85
   9.2 Superlative of superiority..................85

10 QUESTION TAGS, PREPOSIÇÕES DE LUGAR E TEMPO..................87
   10.1 Question tags..................87
   10.2 Preposições..................87
   10.3 Preposições de lugar..................87

11 SIMPLE FUTURE, FUTURE WITH BE GOING TO..................88
   11.1 Simple future..................88
   11.2 Future with be going to..................88

12 MODAL VERBS, NOUNS, QUANTIFIERS, INDEFINETE PRONOUNS..................89
   12.1 Modal Verbs..................89
   12.2 Nouns..................89
   12.3 Quantifiers..................90
   12.4 Indefinite pronouns..................90

13 PRESENT PERFECT, PRESENT PERFECT CONTINUOUS..................91
   13.1 Present Perfect..................91
   13.2 Present perfect continuous..................91

14 PAST PERFECT, PAST PERFECT CONTINUOUS..................92
   14.1 Past perfect..................92
   14.2 Past perfect continuous..................92

15 PASSIVE VOICE..................93

16 GERUND AND INFINITIVE, CONJUNCTIONS..................94
   16.1 Gerund X Infinitive..................94
   16.2 Conjunctions..................94

17 CONDITIONAL SENTENCES, REPORTED SPEECH..................96
   17.1 Conditional sentences..................96
   17.2 Reported speech..................96

18 RELATIVE PRONOUNS AND ADVERBS, PHRASAL VERBS..................98
   18.1 Relative Pronouns..................98
   18.2 Relative adverbs..................98
   18.3 Phrasal Verbs..................98

NOÇÕES DE INFORMÁTICA **99**
    1 REDES DE COMPUTADORES **100**
        1.1 Paradigma de comunicação 100
        1.2 Dispositivos de rede 100
        1.3 Topologia de rede 100
        1.4 Firewall 101
        1.5 Tipos de redes 102
        1.6 Padrões de infraestrutura 102
        1.7 Correio eletrônico 102
        1.8 URL (Uniform Resource Locator) 103
        1.9 Navegadores 103
        1.10 Conceitos relacionados à internet 104
    2 OUTLOOK 2013 .... **105**
        2.1 Configuração de contas no Outlook 2013 105
        2.2 E-mail 105
        2.3 Guias do Microsoft Outlook 2013 106
        2.4 Clientes de e-mail 106
        2.5 Webmail 107
        2.6 E-mails maliciosos 107
    3 WORD 365 .... **109**
        3.1 Extensões 109
        3.2 Selecionando texto 111
        3.3 Guia página inicial 111
        3.4 Inserir 115
        3.5 Guia Design 118
        3.6 Guia Layout 118
        3.7 Guia Referências 119
        3.8 Guia Correspondências 120
        3.9 Revisão 120
        3.10 Exibir 120
        3.11 Barra de Status 121
        3.12 Visualização do Documento 121
        3.13 Atalhos 121

Sumário

4 EXCEL 365 .... **123**
    4.1 Características do Excel 123
    4.2 Interface 123
    4.3 Seleção de células 124
    4.4 Página Inicial 124
    4.5 Formatação condicional 125
    4.6 Validação de dados – Guia dados 125
    4.7 Funções 129
    4.8 Aninhar uma função dentro de outra função 135
    4.9 Recursos automatizados do Excel 141
    4.10 Endereço absoluto e endereço relativo 141
    4.11 Erros do Excel 142

5 POWERPOINT 365 .... **143**
    5.1 Arquivo 143
    5.2 Imprimir 143
    5.3 Página Inicial 143
    5.4 Inserir 144
    5.5 Transições 145
    5.6 Animações 145
    5.7 Apresentação de slides 145
    5.8 Guia Exibir 145

RACIOCÍNIO LÓGICO **147**

1 PROPOSIÇÕES **148**
    1.1 Definições 148
    1.2 Tabela verdade e valores lógicos das proposições compostas ... 149
    1.3 Tautologias, contradições e contingências 150
    1.4 Equivalências lógicas 150
    1.5 Relação entre todo, algum e nenhum 152

2 ARGUMENTOS **153**
    2.1 Definições 153
    2.2 Métodos para classificar os argumentos 153

3 ANÁLISE COMBINATÓRIA **155**
    3.1 Definição 155
    3.2 Fatorial 155

  3.3 Princípio fundamental da contagem (PFC) 155

  3.4 Arranjo e combinação 155

  3.5 Permutação 156

4 PROBABILIDADE **157**

  4.1 Definições 157

  4.2 Fórmula da probabilidade 157

  4.3 Eventos complementares 157

  4.4 Casos especiais de probabilidade 157

NOÇÕES DE DIREITO CONSTITUCIONAL 159

1 DIREITOS FUNDAMENTAIS – REGRAS GERAIS **160**

  1.1 Conceito 160

  1.2 Classificação 160

  1.3 Características 160

  1.4 Dimensões dos direitos fundamentais 160

  1.5 Titulares dos direitos fundamentais 161

  1.6 Cláusulas pétreas fundamentais 161

  1.7 Eficácia dos direitos fundamentais 161

  1.8 Força normativa dos tratados internacionais 162

  1.9 Tribunal Penal Internacional (TPI) 162

  1.10 Direitos e garantias 162

2 DIREITOS E DEVERES INDIVIDUAIS E COLETIVOS **163**

  2.1 Direito à vida 163

  2.2 Direito à igualdade 163

  2.3 Direito à liberdade 164

  2.4 Direito à propriedade 166

  2.5 Direito à segurança 167

  2.6 Remédios constitucionais 173

NOÇÕES DE DIREITO PENAL 176

1 TEORIA DA LEI PENAL **177**

  1.1 Introdução ao estudo do Direito Penal 177

  1.2 Teoria do crime 177

  1.3 Interpretação da lei penal 178

  1.4 Conflito aparente de normas penais 179

Sumário

1.5 Lei penal no tempo 180
1.6 Crimes permanentes ou continuados 180
1.7 Lei excepcional ou temporária 181
1.8 Tempo do crime 181
1.9 Lugar do crime 181
1.10 Lei penal no espaço 182
1.11 Pena cumprida no estrangeiro 184
1.12 Eficácia de sentença estrangeira 184
1.13 Contagem de prazo 184
1.14 Frações não computáveis da pena 184
1.15 Legislação especial 184

2 TEORIA GERAL DO CRIME 185
2.1 Relação de causalidade 185
2.2 Consumação e tentativa 185
2.3 Desistência voluntária e arrependimento eficaz 186
2.4 Arrependimento posterior 187
2.5 Crime impossível ("quase crime") 187
2.6 Crime doloso 187
2.7 Crime culposo 187
2.8 Preterdolo 188
2.9 Erro sobre elemento do tipo 188
2.10 Erro sobre a pessoa 189
2.11 Erro sobre a ilicitude do fato 189
2.12 Coação irresistível e obediência hierárquica 189
2.13 Exclusão da ilicitude 190
2.14 Imputabilidade penal 191
2.15 Concurso de pessoas 192
2.16 Circunstâncias incomunicáveis 193

3 CRIMES CONTRA A PESSOA 194
3.1 Crimes contra a vida 194
3.2 Lesões corporais 203
3.3 Periclitação da vida e da saúde 207
3.4 Rixa 209

4 CRIMES CONTRA O PATRIMÔNIO 211
    4.1 Furto.. 211
    4.2 Roubo.. 214
    4.3 Extorsão 216
    4.4 Extorsão mediante sequestro 217
    4.5 Extorsão indireta 219
    4.6 Usurpação 219
    4.7 Dano.. 219
    4.8 Introdução ou abandono de animais em propriedade alheia 220
    4.9 Dano em coisa de valor artístico, arqueológico ou histórico................. 220
    4.10 Alteração de local especialmente protegido...................................... 221
    4.11 Apropriação indébita 221
    4.12 Estelionato e outras fraudes 224
    4.13 Duplicata simulada 227
    4.14 Abuso de incapazes 227
    4.15 Induzimento à especulação 227
    4.16 Fraude no comércio 227
    4.17 Outras fraudes.. 227
    4.18 Fraudes e abusos na fundação ou administração de sociedade por ações 227
    4.19 Emissão irregular de conhecimento de depósito ou warrant 228
    4.20 Fraude à execução 228
    4.21 Receptação.. 228
    4.22 Disposições gerais 229

5 CRIMES CONTRA A ADMINISTRAÇÃO PÚBLICA................................231
    5.1 Crimes praticados por funcionário público contra a administração em geral 231

NOÇÕES DE DIREITO PROCESSUAL PENAL **242**
1 INQUÉRITO POLICIAL..**243**
    1.1 Conceito de inquérito policial 243
    1.2 Natureza jurídica 243
    1.3 Características do inquérito policial 243
    1.4 Valor probatório do inquérito policial 244
    1.5 Vícios.. 244

Sumário

1.6 Procedimento investigatório face aos servidores vinculados aos órgãos da segurança da pública (art. 144, CF/1988) 244

1.7 Incomunicabilidade 245

1.8 Notícia crime 245

1.9 Prazos para conclusão do inquérito policial 245

2 AÇÃO PENAL 247

2.1 Condições da ação penal 247

2.2 Espécies de ação penal 247

2.3 Ação penal incondicionada 247

2.4 Princípios que regem a ação penal incondicionada 247

2.5 Ação penal pública condicionada 247

2.6 Ação penal privada exclusiva 248

2.7 Ação penal privada subsidiária da pública 248

2.8 Ação penal personalíssima 248

2.9 Denúncia e queixa 248

2.10 Acordo de não persecução penal 248

2.11 Da ação penal 249

3 PRISÕES 252

3.1 Conceito 252

3.2 Espécies de prisão cautelar 252

LEGISLAÇÃO EXTRAVAGANTE 255

1 LEI Nº 13.869/2019 – LEI DE ABUSO DE AUTORIDADE 256

1.1 Disposições gerais 256

1.2 Sujeitos do crime 256

1.3 Ação penal 256

1.4 Efeitos da condenação e penas restritivas de direitos 257

1.5 Sanções de natureza civil e administrativa 257

1.6 Dos crimes e das penas 257

2 LEI Nº 8.072/1990 – LEI DE CRIMES HEDIONDOS 260

2.1 Crimes equiparados a hediondos 260

2.2 Privilégios não aplicados aos crimes hediondos 261

2.3 Regime inicial 261

2.4 Prisão temporária 261

2.5 Alterações no Código Penal 261

3 LEI Nº 9.455/1997 – LEI DE TORTURA **262**
    3.1 Lesão corporal de natureza grave 263
    3.2 Lesão corporal de natureza gravíssima 263

4 LEI Nº 8.069/1990 - ESTATUTO DA CRIANÇA E DO ADOLESCENTE **265**
    4.1 Direito da criança e do adolescente 265
    4.2 Fases do direito da criança e do adolescente 265
    4.3 Conceito de criança e de adolescente 265
    4.4 Direito à vida e à saúde 265
    4.5 Direito à liberdade, ao respeito e à dignidade 266
    4.6 Direito à convivência familiar 266
    4.7 Direito à educação, à cultura, ao esporte e ao lazer 269
    4.8 Direito à profissionalização e à proteção no trabalho 269
    4.9 Prevenção no ECA 269
    4.10 Prevenção especial referente à informação, à cultura, ao lazer, aos esportes, às diversões e aos espetáculos 270
    4.11 Prevenção à venda de produtos e serviços 270
    4.12 Autorização para viajar 270
    4.13 Política de Atendimento e Entidades de atendimento no ECA 271
    4.14 Entidades de atendimento 271
    4.15 Fiscalização das entidades 272
    4.16 Medidas de Proteção no ECA 272
    4.17 Medidas pertinentes aos pais e responsáveis 273
    4.18 Ato Infracional 273
    4.19 Garantias processuais 273
    4.20 Medidas socioeducativas 273
    4.21 Remissão 273
    4.22 Conselho Tutelar 274

5 LEI Nº 10.826/2003 - ESTATUTO DO DESARMAMENTO **275**
    5.1 Conceitos introdutórios 275
    5.2 Dos crimes e das penas 280

NOÇÕES DE SOCIOLOGIA **288**
1 SOCIOLOGIA **289**
    1.1 Movimentos Sociais e Lutas por Moradia 289
    1.2 Movimentos Sociais 289

Sumário

1.3 Rede Urbana e Evolução do Espaço Urbano Brasileiro 289

1.4 Aumento da Urbanização no Brasil 290

1.5 Moradia Urbana 290

1.6 Movimento dos Trabalhadores Sem Teto 291

1.7 Movimentos Sociais e Educação 291

1.8 Movimentos Sociais na História do Brasil 292

1.9 Classes Sociais E Movimentos Sociais 297

QUESTÕES COMENTADAS PARA PMPB 299

LÍNGUA PORTUGUESA

1 COMPREENSÃO E INTERPRETAÇÃO DE TEXTOS

1.1 Ideias preliminares sobre o assunto

Para interpretar um texto, o indivíduo precisa de muita atenção e de muito treino. Interpretar pode ser comparado com o disparar de uma arma: apenas temos chance de acertar o alvo se treinarmos muito e soubermos combinar todos os elementos externos ao disparo: velocidade do ar, direção, distância etc.

Quando o assunto é texto, o primordial é estabelecer uma relação contextual com aquilo que estamos lendo. Montar o contexto significa associar o que está escrito no texto-base com o que está disposto nas questões. Lembre-se de que as questões são elaboradas com a intenção de testar os concursandos, ou seja, deve ficar atento para todas as palavras e para todas as possibilidades de mudança de sentido que possa haver nas questões.

É preciso, para entender as questões de interpretação de qualquer banca, buscar o raciocínio que o elaborador da questão emprega na redação da questão. Usualmente, objetiva-se a depreensão dos sentidos do texto. Para tanto, destaque os itens fundamentais (as ideias principais contidas nos parágrafos) para poder refletir sobre tais itens dentro das questões.

1.2 Semântica ou pragmática?

Existe uma discussão acadêmica sobre o que possa ser considerado como semântica e como pragmática. Em que pese o fato de os universitários divergirem a respeito do assunto, vamos estabelecer uma distinção simples, apenas para clarear nossos estudos.

- **Semântica:** disciplina que estuda o **significado** dos termos. Para as questões relacionadas a essa área, o comum é que se questione acerca da troca de algum termo e a manutenção do sentido original da sentença.
- **Pragmática:** disciplina que estuda o **sentido** que um termo assume dentro de determinado contexto. Isso quer dizer que a identificação desse sentido depende do entorno linguístico e da intenção de quem exprime a sentença.

Para exemplificar essa situação, vejamos o exemplo a seguir:

- **Pedro está na geladeira.**

Nesse caso, é possível que uma questão avalie a capacidade de o leitor compreender que há, no mínimo, dois sentidos possíveis para essa sentença: um deles diz respeito ao fato de a expressão "na geladeira" poder significar algo como "ele foi até a geladeira buscar algo", o que – coloquialmente – significaria uma expressão indicativa de lugar.

O outro sentido diz respeito ao fato de "na geladeira" significar que "foi apartado de alguma coisa para receber algum tipo de punição".

A questão sobre **semântica** exigiria que o candidato percebesse a possibilidade de trocar a palavra "geladeira" por "refrigerador" – havendo, nesse caso, uma relação de sinonímia.

A questão de **pragmática** exigiria que o candidato percebesse a relação contextualmente estabelecida, ou seja, a criação de uma figura de linguagem (um tipo de metáfora) para veicular um sentido particular.

1.3 Questão de interpretação

Como se faz para saber que uma questão de interpretação é uma questão de interpretação?

Respondendo a essa pergunta, entende-se que há pistas que identificam a questão como pertencente ao rol de questões para interpretação. Os indícios mais precisos que costumam aparecer nas questões são:

- Reconhecimento da intenção do autor.
- Ponto de vista defendido.
- Argumentação do autor.
- Sentido da sentença.

Apesar disso, não são apenas esses os indícios de que uma questão é de interpretação. Dependendo da banca, podemos ter a natureza interpretativa distinta, principalmente porque o critério de interpretação é mais subjetivo que objetivo. Algumas bancas podem restringir o entendimento do texto; outras podem extrapolá-lo.

1.4 Dicas para interpretação

Há três elementos fundamentais para boa interpretação:

- Eliminação dos vícios de leitura.
- Organização.
- Sagacidade.

1.4.1 Vícios de leitura

A pior coisa que pode acontecer com o concursando, quando recebe um texto complexo para ler e interpretar, é cair num vício de leitura. Veja se você possui algum deles. Caso possua, tente eliminar o quanto antes.

Movimento

Como tudo inicia. O indivíduo pega o texto para ler e não para quieto. Troca a maneira de sentar, troca a posição do texto, nada está bom, nada está confortável. Em casa, senta para estudar e o que acontece? Fome. Depois? Sede. Então, a pessoa fica se mexendo para pegar comida, para tomar água, para ficar mais sossegado e o fluxo de leitura vai para o espaço. Fique quieto! O conceito é militar! Sente-se e permaneça assim até acabar a leitura, do contrário, vai acabar com a possibilidade de entender o que está escrito. Estudar com televisão, rádio, redes sociais e qualquer coisa dispersiva desse gênero só vai atrapalhar você.

Apoio

Não é aconselhável utilizar apoios para a leitura, tais como: réguas, acompanhar a linha com a caneta, ler em voz baixa, passar o dedo pelo papel etc. Basta pensar que seus olhos são muito mais rápidos que qualquer movimento ou leitura em voz alta.

"Garoto da borboleta"

Se você possui os vícios anteriores, certamente é um "garoto da borboleta" também. Isso quer dizer que é desatento e fica facilmente (fatalmente) disperso. Tudo chama sua atenção: caneta batendo na mesa, o concorrente barulhento, a pessoa estranha que está em sua frente, o tempo passando etc. Você vai querer ficar voltando ao início do texto porque não conseguiu compreender nada e, finalmente, vai perder as questões de interpretação.

1.4.2 Organização da leitura

Para que ocorra organização, é necessário compreender que todo texto possui:

- **Posto:** aquilo que é dito no texto. O conteúdo expresso.
- **Pressuposto:** aquilo que não está dito, mas que é facilmente compreendido.
- **Subentendido:** o que se pode interpretar por uma soma de dito com não-dito.

Veja um exemplo:

Alguém diz: "felizmente, meu tio parou de beber." É certo que o dito se compõe pelo conteúdo da mensagem: o homem parou de beber. O não-dito, ou pressuposto, fica a cargo da ideia de que o homem bebia e, agora, não bebe mais. Por sua vez, o subentendido pode ser abstraído como "meu tio possuía problemas com a bebida e eu assumo isso por meio da sentença que profiro". Não é difícil! É necessário, no entanto, possuir uma certa "malandragem linguística" para perceber isso de início.

1.5 Dicas para organização

As dicas de organização não são novas, mas são eficazes, vamos lá:

- **Ler mais de uma vez o texto (quando for curto, é lógico)**

A primeira leitura é para tomar contato com o assunto, a segunda, para observar como o texto está articulado.

Ao lado de cada parágrafo, escreva a principal ideia (tópico frasal) ou argumento mais forte do trecho. Isso ajuda você a ter clareza da temática e como ela está sendo desenvolvida.

Se o texto for muito longo, recomenda-se ler primeiro a questão de interpretação, para, então, buscá-la na leitura.

- **Observar as relações entre parágrafos**

Observar que há relações de exemplificação, oposição e causalidade entre os parágrafos do texto, por isso, tente compreender as relações intratextuais nos parágrafos.

Ficar de olho aberto para as conjunções adversativas: *no entanto*, *contudo*, *entretanto* etc.

- **Atentar para o comando da questão**

Responda àquilo que foi pedido.

- **Dica:** entenda que modificar e prejudicar o sentido não são a mesma coisa.

- **Palavras de alerta (polarizadoras)**

Sublinhar palavras como: *erro*, *incorreto*, *correto* e *exceto*, para não se confundir no momento de responder à questão.

Inaceitável, *incompatível* e *incongruente* também podem aparecer.

- **Limitar os horizontes**

Não imaginar que você sabe o que o autor quis dizer, mas sim entender o que ele disse: o que ele escreveu. Não extrapolar a significação do texto. Para isso, é importante prestar atenção ao significado das palavras.

Pode até ser coerente o que você concluiu, mas se não há base textual, descarte.

O homem **pode** morrer de infarto. / O homem **deve** morrer de infarto.

- **Busque o tema central do texto**

Geralmente aparece no primeiro parágrafo do texto.

- **Desenvolvimento**

Se o enunciado mencionar a argumentação do texto, você deve buscar entender o que ocorre com o desenvolvimento dos parágrafos.

Verificar se o desenvolvimento ocorre por:
- Causa e consequência.
- Enumeração de fatos.
- Retrospectiva histórica.
- Fala de especialista.
- Resposta a um questionamento.
- Sequência de dados.
- Estudo de caso.
- Exemplificação.

- **Relatores**

Atentar para os pronomes relativos e demonstrativos no texto. Eles auxiliam o leitor a entender como se estabelece a coesão textual.

Alguns deles: *que*, *cujo*, *o qual*, *onde*, *esse*, *este*, *isso*, *isto* etc.

- **Entender se a questão é de interpretação ou de compreensão**
  - Interpretação

Parte do texto para uma conclusão. As questões que solicitam uma inferência costumam apresentar as seguintes estruturas:

"É possível entender que..."
"O texto possibilita o entendimento de que..."
"O texto encaminha o leitor para..."
"O texto possibilita deduzir que..."
"Depreende-se do texto que..."
"Com apoio no texto, infere-se que..."
"Entende-se que..."
"Compreende-se que..."
"Compreensão"

Buscam-se as informações solicitadas pela questão no texto. As questões dessa natureza possuem as seguintes estruturas:

"De acordo com o texto, é possível afirmar..."
"Segundo o texto..."
"Conforme o autor..."
"No texto..."
"Conforme o texto..."

- **Tome cuidado com as generalizações**

Na maior parte das vezes, o elaborador da prova utiliza a generalização para tornar a questão incorreta.

Atenção para as palavras: *sempre*, *nunca*, *exclusivamente*, *unicamente*, *somente*.

O que você não deve fazer!
"Viajar" no texto: interpretar algo para além do que o texto permite.
Interpretar apenas um trecho do texto.
Entender o contrário: fique atento a palavras como "pode", "não", "deve" etc.

1.5.1 Astúcia da banca

Talvez seja essa a característica mais difícil de se desenvolver no concursando, pois ela envolve o conhecimento do tipo de interpretação e dos limites estabelecidos pelas bancas. Só há uma maneira de ficar esperto estudando para concurso público: realizando provas! Pode parecer estranho, mas depois de resolver 200 questões da mesma banca, você já consegue prever como será a próxima questão. Prever é garantir o acerto! Então, faça exercícios até cansar e, quando cansar, faça mais um pouco.

Vamos trabalhar com alguns exemplos agora:

- **Exemplo I**

Entre os maiores obstáculos ao pleno desenvolvimento do Brasil, está a educação. Este é o próximo grande desafio que deve ser enfrentado com paciência, mas sem rodeios. É a bola da vez dentro das políticas públicas prioritárias do Estado. Nos anos 1990 do século passado, o país derrotou a inflação – que corroía salários, causava instabilidade política e irracionalidade econômica. Na primeira década deste século, os avanços deram-se em direção a uma agenda social, voltada para a redução da pobreza e da desigualdade estrutural. Nos próximos anos, a questão da melhoria da qualidade do ensino deve ser uma obrigação dos governantes, sejam quais forem os ungidos pelas decisões das urnas.

Jornal do Brasil, Editorial, 21/1/2010 (com adaptações).

Agora o mesmo texto, devidamente marcado.

*Entre **os maiores obstáculos** ao pleno desenvolvimento do Brasil, está a educação. Este é o **próximo grande desafio** que deve ser enfrentado com paciência, mas sem rodeios. É a **bola da vez** dentro das políticas públicas prioritárias do Estado. **Nos anos 90 do século passado**, o país derrotou a inflação – que corroía salários, causava instabilidade política e irracionalidade econômica. **Na primeira década deste século**, os avanços deram-se em direção a uma agenda social, voltada para a redução da pobreza e da desigualdade estrutural. **Nos próximos anos**, a questão da melhoria da qualidade do ensino deve ser uma **OBRIGAÇÃO DOS GOVERNANTES**, sejam quais forem os ungidos pelas decisões das urnas.*

Observe que destacamos para você elementos que podem surgir, posteriormente como questões. O texto inicia falando que há mais obstáculos além da educação. Também argumenta, posteriormente, que já houve outros desafios além desse que ele chama de "próximo grande desafio". Utilizando uma expressão de sentido **conotativo** (bola da vez), o escritor anuncia que a educação ocupa posição de destaque quando o assunto se volta para as políticas públicas prioritárias do Estado.

No decorrer do texto, que se desenvolve por um tipo de retrospectiva histórica (veja o que está destacado), o redator traça um panorama

COMPREENSÃO E INTERPRETAÇÃO DE TEXTOS

dessas políticas públicas ao longo da história do país, fazendo uma previsão para os anos vindouros (o que foi destacado em caixa alta).

- **Exemplo II**

    *Um passo fundamental para que não nos enganemos quanto à **natureza do capitalismo contemporâneo** e o significado das políticas empreendidas pelos países centrais para enfrentar a recente **crise econômica** é problematizarmos, com cuidado, o termo **neoliberalismo**: "começar pelas palavras talvez não seja coisa vã", escreve Alfredo Bosi em Dialética da Colonização.*

    *A partir da década de 1980, buscando exprimir a natureza do capitalismo contemporâneo, muitos, principalmente os críticos, utilizaram esta palavra que, por fim, se generalizou. Mas o que, de fato, significa? O prefixo neo quer dizer novo; portanto, novo liberalismo. Ora, durante o século **XIX deu-se a construção de um liberalismo** que viria encontrar a sua crise definitiva na I Guerra Mundial em 1914 e na crise de 1929. Mas desde o período entre guerras e, sobretudo, depois, com o término da II Guerra Mundial, em 1945, tomou corpo um novo modelo, principalmente na Europa, que de certa forma se contrapunha ao velho liberalismo: era **o mundo da socialdemocracia**, da presença do Estado na vida econômica, das ações políticas inspiradas na reflexão teórica do economista britânico John Keynes, um crítico do liberalismo econômico clássico que viveu na primeira metade do século XX. Quando esse modelo também entrou em crise, no princípio da década de 1970, surgiu a perspectiva de **reconstrução da ordem liberal**. Por isso, novo liberalismo, neoliberalismo.*

    Grupo de São Paulo, disponível em: http://www.correiocidadania.com.br/content/view/5158/9/. Acesso em: 28/10/2010. (Adaptado)

- **Exemplo III**

    Em Defesa do Voto Obrigatório

    *O voto, direito duramente conquistado, **deve ser considerado um dever** cívico, sem o exercício do qual o **direito se descaracteriza ou se perde**, afinal liberdade e democracia são fins e não apenas meios. Quem vive em uma comunidade política não pode estar **desobrigado** de opinar sobre os rumos dela. Nada contra a desobediência civil, recurso legítimo para o protesto cidadão, que, no caso eleitoral, se pode expressar no voto nulo (cuja tecla deveria constar na máquina utilizada para votação). Com o **voto facultativo**, o direito de votar e o de não votar ficam inscritos, em pé de igualdade, no corpo legal. Uma parte do eleitorado deixará voluntariamente de opinar sobre a constituição do poder político. O desinteresse pela política e a descrença no voto são registrados como mera "escolha", sequer como desobediência civil ou protesto. **A consagração da alienação política** como um direito legal interessa aos conservadores, reduz o peso da soberania popular e desconstitui o sufrágio como universal.*

    *Para o **cidadão ativo,** que, além de votar, se organiza para garantir os direitos civis, políticos e sociais, o enfoque é inteiramente outro. O tempo e o **trabalho dedicados ao acompanhamento continuado da política não se apresentam como restritivos da liberdade individual.** Pelo contrário, são obrigações auto assumidas no esforço de construção e aprofundamento da democracia e de vigília na defesa das liberdades individuais e públicas. A ideia de que a democracia se constrói nas lutas do dia a dia se contrapõe, na essência, ao modelo liberal. O cidadão escolado na disputa política sabe que a liberdade de não ir votar é uma armadilha. Para que o sufrágio continue universal, para que todo poder emane do povo e não, dos donos do poder econômico, o voto, além de ser um direito, **deve conservar a sua condição de dever cívico.***

2 TIPOLOGIA TEXTUAL

O primeiro item que se deve ter em mente na hora de analisar um texto segundo sua tipologia é o caráter da predominância. Isso quer dizer que um mesmo agrupamento textual pode possuir características de diversas tipologias distintas, porém as questões costumam focalizar qual é o "tipo" predominante, o que mais está evidente no texto. Um pouco de bom-senso e uma pequena dose de conhecimento relativo ao assunto são necessários para obter sucesso nesse conteúdo.

Trabalharemos com três tipologias básicas: **narração, dissertação e descrição.**

2.1 Texto narrativo

Facilmente identificável, a tipologia narrativa guarda uma característica básica: contar algo, transmitir a ocorrência de fatos e/ou ações que possuam um registro espacial e temporal. Quer dizer, a narração necessita, também, de um espaço bem-marcado e de um tempo em que as ações narradas ocorram. Discorramos sobre cada aspecto separadamente.

São elementos de uma narração:

- **Personagem:** quem pratica ação dentro da narrativa, é claro. Deve-se observar que os personagens podem possuir características físicas (altura, aparência, cor do cabelo etc.) e psicológicas (temperamento, sentimentos, emoções etc.), as quais podem ser descritas ao longo do texto.
- **Espaço:** trata-se do local em que a ação narrativa ocorre.
- **Tempo:** é o lapso temporal em que a ação é descrita. O tempo pode ser enunciado por um simples "era uma vez".
- **Ação:** não existe narração sem ação! Ou seja, os personagens precisam fazer algo, ou sofrer algo para que haja ação narrativa.
- **Narrador:** afinal, como será contada uma estória sem uma voz que a narre? Portanto, este é outro elemento estruturante da tipologia narrativa. O narrador pode estar inserido na narrativa ou apenas "observar" e narrar os acontecimentos.

Note-se que, na tipologia narrativa, os verbos flexionados no pretérito são mais evidentes.

Eis um exemplo de narração, tente observar os elementos descritos anteriormente, no texto a seguir:

Um apólogo

Era uma vez uma agulha, que disse a um novelo de linha:

— Por que está você com esse ar, toda cheia de si, toda enrolada, para fingir que vale alguma cousa neste mundo?

— Deixe-me, senhora.

— Que a deixe? Que a deixe, por quê? Por que lhe digo que está com um ar insuportável? Repito que sim, e falarei sempre que me der na cabeça.

— Que cabeça, senhora? A senhora não é alfinete, é agulha. Agulha não tem cabeça. Que lhe importa o meu ar? Cada qual tem o ar que Deus lhe deu. Importe-se com a sua vida e deixe a dos outros.

— Mas você é orgulhosa.

— Decerto que sou.

— Mas por quê?

— É boa! Porque coso. Então os vestidos e enfeites de nossa ama, quem é que os cose, senão eu?

— Você? Esta agora é melhor. Você é que os cose? Você ignora que quem os cose sou eu e muito eu? – Você fura o pano, nada mais; eu é que coso, prendo um pedaço ao outro, dou feição aos babados...

— Sim, mas que vale isso? Eu é que furo o pano, vou adiante, puxando por você, que vem atrás obedecendo ao que eu faço e mando...

— Também os batedores vão adiante do imperador.

— Você é imperador?

— Não digo isso. Mas a verdade é que você faz um papel subalterno, indo adiante; vai só mostrando o caminho, vai fazendo o trabalho obscuro e ínfimo. Eu é que prendo, ligo, ajunto...

Estavam nisto, quando a costureira chegou à casa da baronesa. Não sei se disse que isto se passava em casa de uma baronesa, que tinha a modista ao pé de si, para não andar atrás dela. Chegou à costureira, pegou do pano, pegou da agulha, pegou da linha, enfiou a linha na agulha, e entrou a coser. Uma e outra iam andando orgulhosas, pelo pano adiante, que era a melhor das sedas, entre os dedos da costureira, ágeis como os galgos de Diana – para dar a isto uma cor poética. E dizia a agulha:

— Então, senhora linha, ainda teima no que dizia há pouco? Não repara que esta distinta costureira só se importa comigo; eu é que vou aqui entre os dedos dela, unidinha a eles, furando abaixo e acima...

A linha não respondia; ia andando. Buraco aberto pela agulha era logo enchido por ela, silenciosa e ativa, como quem sabe o que faz, e não está para ouvir palavras loucas. A agulha, vendo que ela não lhe dava respostas, calou-se também, e foi andando. E era tudo silêncio na saleta de costura; não se ouvia mais que o plic-plic-plic-plic da agulha no pano. Caindo o sol, a costureira dobrou a costura, para o dia seguinte. Continuou ainda nessa e no outro, até que no quarto acabou a obra, e ficou esperando o baile.

Veio a noite do baile, e a baronesa vestiu-se. A costureira, que a ajudou a vestir-se, levava a agulha espetada no corpinho, para dar algum ponto necessário. E enquanto compunha o vestido da bela dama, e puxava de um lado ou outro, arregaçava daqui ou dali, alisando, abotoando, acolchetando, a linha para mofar da agulha, perguntou-lhe:

— Ora, agora, diga-me, quem é que vai ao baile, no corpo da baronesa, fazendo parte do vestido e da elegância? Quem é que vai dançar com ministros e diplomatas, enquanto você volta para a caixinha da costureira, antes de ir para o balaio das mucamas? Vamos, diga lá.

Parece que a agulha não disse nada; mas um alfinete, de cabeça grande e não menor experiência, murmurou à pobre agulha:

— Anda, aprende, tola. Cansas-te em abrir caminho para ela e ela é que vai gozar da vida, enquanto aí ficas na caixinha de costura. Faze como eu, que não abro caminho para ninguém. Onde me espetam, fico.

Contei esta história a um professor de melancolia, que me disse, abanando a cabeça:

— Também eu tenho servido de agulha a muita linha ordinária!

ASSIS, Machado de. Um apólogo. In: **Para Gostar de Ler**. v. 9, Contos. São Paulo: Ática, 1984, p. 59.

2.2 Texto dissertativo

O texto dissertativo, também chamado por alguns de informativo, possui a finalidade de discorrer sobre determinado assunto, apresentando fatos, opiniões de especialistas, dados quantitativos ou mesmo informações sobre o assunto da dissertação. É preciso entender que nem sempre a dissertação busca persuadir o seu interlocutor, ela pode simplesmente transmitir informações pertinentes ao assunto dissertado.

Quando a persuasão é objetivada, o texto passa a ter também características argumentativas. A rigor, as questões de concurso público focalizam a tipologia, não seus interstícios, portanto, não precisa ficar desesperado com o fato de haver diferença entre texto dissertativo-expositivo e texto dissertativo-argumentativo. Importa saber que ele é dissertativo.

Ressalta-se que toda boa dissertação possui a **introdução** do tema, o **desenvolvimento** coeso e coerente, que está vinculado ao que se diz na introdução, e uma **conclusão** lógica do texto, evidenciando o que se permite compreender por meio da exposição dos parágrafos de desenvolvimento.

A tipologia dissertativa pode ser facilmente encontrada em editoriais, textos de divulgação acadêmica, ou seja, com caráter científico, ensaios, resenhas, artigos científicos e textos pedagógicos.

Exemplo de dissertação:

Japão foi avisado sobre problemas em usinas dois anos antes, diz Wikileaks

O Wikileaks, site de divulgação de informações consideradas sigilosas, vazou um documento que denuncia que o governo japonês já havia sido avisado pela vigilância nuclear internacional que suas usinas poderiam não ser capazes de resistir a terremotos. O relatório, assinado pelo embaixador Thomas Schieffer obtido pelo WikiLeaks foi publicado hoje pelo jornal britânico, The Guardian.

TIPOLOGIA TEXTUAL

O documento revela uma conversa de dezembro de 2008 entre o então deputado japonês, Taro Kono, e um grupo diplomático norte-americano durante um jantar. Segundo o relatório, um membro da Agência Internacional de Energia Atômica (AIEA) disse que as normas de segurança estavam obsoletas para aguentar os fortes terremotos, o que significaria "um problema grave para as centrais nucleares". O texto diz ainda que o governo do Japão encobria custos e problemas associados a esse ramo da indústria.

Diante da recomendação da AIEA, o Japão criou um centro de resposta de emergência em Fukushima, capaz de suportar, apenas, tremores até magnitude 7,0.

Como visto anteriormente, conceituar, polemizar, questionar a lógica de algum tema, explicar ou mesmo comentar uma notícia são estratégias dissertativas. Vamos dividir essa tipologia textual em dois tipos essencialmente diferentes: o **dissertativo-expositivo** e o **dissertativo-argumentativo**.

Padrão dissertativo-expositivo

A característica fundamental do padrão expositivo da dissertação é utilizar a estrutura da prosa não para convencer alguém de alguma coisa, e sim para apresentar uma ideia, apresentar um conceito. O princípio do texto expositivo não é a persuasão, é a informação e, justamente por tal fato, ficou conhecido como informativo. Para garantir uma boa interpretação desse padrão textual, é importante buscar a ideia principal (que deve estar presente na introdução do texto) e, depois, entender quais serão os aspectos que farão o texto progredir.

- **Onde posso encontrar esse tipo de texto?** Jornais revistas, sites sobre o mundo de economia e finanças. Diz-se que esse tipo de texto focaliza a função referencial da linguagem.
- **Como costuma ser o tipo de questão relacionada ao texto dissertativo-expositivo?** Geralmente, os elaboradores questionam sobre as informações veiculadas pelo texto. A tendência é que o elaborador inverta as informações contidas no texto.
- **Como resolver mais facilmente?** Toda frase que mencionar o conceito ou a quantidade de alguma coisa deve ser destacada para facilitar a consulta.

Padrão dissertativo-argumentativo

No texto do padrão dissertativo-argumentativo, existe uma opinião sendo defendida e existe uma posição ideológica por detrás de quem escreve o texto. Se analisarmos a divisão dos parágrafos de um texto com características argumentativas, perceberemos que a introdução apresenta sempre uma tese (ou hipótese) que é defendida ao longo dos parágrafos.

Uma vez feito isso, o candidato deve entender qual é a estratégia utilizada pelo produtor do texto para defender seu ponto de vista. Na verdade, agora é o momento de colocar "a mão na massa" para valer, uma vez que aqueles enunciados que iniciam com "infere-se da argumentação do texto", "depreende-se dos argumentos do autor" serão vencidos caso se observem os fatores de interpretação corretos:

- Conexão entre as ideias do texto (atenção para as conjunções).
- Articulação entre as ideias do texto (atenção para a combinação de argumentos).
- Progressão do texto.

Recursos argumentativos

Quando o leitor interage com uma fonte textual, deve observar – tratando-se de um texto com o padrão dissertativo-argumentativo – que o autor se vale de recursos argumentativos para construir seu raciocínio dentro do texto. Vejamos alguns recursos importantes:

- **Argumento de autoridade:** baseado na exposição do pensamento de algum especialista ou alguma autoridade no assunto. Citações, paráfrases e menções ao indivíduo podem ser tomadas ao longo do texto. É importante saber diferenciar se a opinião colocada em foco é a do autor ou se é a do indivíduo que ele cita ao longo do texto.
- **Argumento com base em consenso:** parte de uma ideia tomada como consensual, o que leva o leitor a entender apenas aquilo que o elaborador mostra. Sentenças do tipo "todo mundo sabe que", "é de conhecimento geral que" identificam esse tipo de argumentação.
- **Argumento com fundamentação concreta:** basear aquilo que se diz em algum tipo de pesquisa ou fato que ocorre com certa frequência.
- **Argumento silogístico (com base em um raciocínio lógico):** do tipo hipotético – "Se ... então".
- **Argumento de competência linguística:** consiste em adequar o discurso ao panorama linguístico de quem é tido como possível leitor do texto.
- **Argumento de exemplificação:** utilizar casos ou pequenos relatos para ilustrar a argumentação do texto.

2.3 Texto descritivo

Em um texto descritivo, faz-se um tipo de retrato por escrito de um lugar, uma pessoa, um animal ou um objeto. Os adjetivos são abundantes nessa tipologia, uma vez que a sua função de caracterizar os substantivos é extremamente exigida nesse contexto. É possível existir um texto descritivo que enuncie características de sensações ou sentimentos, porém não é muito comum em provas de concurso público. Não há relação temporal na descrição. Os verbos relacionais são mais presentes para poder evidenciar aspectos e características. Significa "criar" com palavras uma imagem.

Exemplo de texto descritivo:

Texto extraído da prova do BRB (2010) – Banca CESPE/UnB

Nome científico: Ginkgo biloba L.
Nome popular: Nogueira-do-japão
Origem: Extremo Oriente
Aspecto: as folhas dispõem-se em leque e são semelhantes ao trevo; a altura da árvore pode chegar a 40 metros; o fruto lembra uma ameixa e contém uma noz que pode ser assada e comida

2.4 Conotação × denotação

É interessante, quando se estuda o conteúdo de tipologia textual, ressaltar a distinção conceitual entre o sentido conotativo e o sentido denotativo da linguagem. Vejamos como se opera essa distinção:

Sentido conotativo: figurado, ou abstrato. Relaciona-se com as figuras de linguagem.

- Adalberto **entregou sua alma a Deus**.

A ideia de entregar a alma a Deus é figurada, ou seja, não ocorre literalmente, pois não há um serviço de entrega de almas. Essa é uma figura que convencionamos chamar de **metáfora**.

Sentido denotativo: literal, ou do dicionário. Relaciona-se com a função **referencial** da linguagem.

- Adalberto **morreu**.

Quando dizemos função referencial, entende-se que o falante está preocupado em transmitir precisamente o fato ocorrido, sem apelar para figuras de pensamento. Essa frase do exemplo serviu para mostrar o sinônimo da figura de linguagem anterior.

3 FIGURAS DE LINGUAGEM

As figuras de linguagem (também chamadas de figuras de pensamento) são construções que se relacionam com a função **poética da linguagem**, ou seja, estão articuladas em razão de modificar o código linguístico para dar ênfase no sentido de uma frase.

É comum vermos exemplos de figuras de linguagem em propagandas publicitárias, poemas, músicas etc. Essas figuras estão presentes em nossa fala cotidiana, principalmente na fala de registro **informal**.

O registro dito informal é aquele que não possui grande preocupação com a situação comunicativa, uma vez que não há tensão para a comunicação entre os falantes. Gírias, erros de concordância e subtração de termos da frase são comuns nesse baixo nível de formalidade comunicativa. Até grandes poetas já escreveram textos sobre esse assunto, veja o exemplo do escritor Oswald de Andrade, que discute a norma gramatical em relação à fala popular do brasileiro:

> *Pronominais*
> *Dê-me um cigarro*
> *Diz a gramática*
> *Do professor e do aluno*
> *E do mulato sabido*
> *Mas o bom negro e o bom branco*
> *Da Nação Brasileira*
> *Dizem todos os dias*
> *Deixa disso camarada*
> *Me dá um cigarro*

ANDRADE, Oswald de Andrade. **Os Cem Melhores Poemas Brasileiros do Século** - Seleção e Organização de Ítalo Moriconi. Rio de Janeiro: Editora Objetiva, 2001.

Vejamos agora algumas das principais figuras de linguagem que costumam ser cobradas em provas de concursos públicos:

- **Metáfora:** uma figura de linguagem, que consiste na comparação de dois termos sem o uso de um conectivo.

    Rosa **é uma flor**. (A pessoa é como uma flor: perfumada, delicada, bela etc.).
    Seus olhos **são dois oceanos**. (Os olhos possuem a profundidade do oceano, a cor do oceano etc.).
    João **é fera**. (João é perito em alguma coisa, desempenha determinada tarefa muito bem etc.).

- **Metonímia:** figura de linguagem que consiste em utilização de uma expressão por outra, dada a semelhança de sentido ou a possibilidade de associação lógica entre elas.

Há vários tipos de metonímia, vejamos alguns deles:

Efeito pela causa: O carrasco ergueu **a morte**. (O efeito é a morte, a causa é o machado)

Marca pelo produto: Vá ao mercado e traga um Nescau. (Achocolatado em pó)

Autor pela obra: Li Camões com entusiasmo. (Quem leu, leu a obra, não o autor)

Continente pelo conteúdo: Comi dois pratos de feijão. (Comeu o feijão, ou seja, o conteúdo do prato)

Parte pelo todo: Peço sua **mão** em casamento. (Pede-se, na verdade, o corpo todo)

Possuidor pelo possuído: Mulher, vou **ao médico**. (Vai-se ao consultório que pertence ao médico, não ao médico em si)

- **Antítese:** figura de linguagem que consiste na exposição de ideias opostas.

    *Nasce o **Sol** e não dura mais que um dia*
    *Depois da **Luz** se segue à **noite escura***
    *Em **tristes sombras** morre a formosura,*
    *Em contínuas **tristezas** e **alegrias**.*

    (Gregório de Matos)

Os termos em negrito evidenciam relações semânticas de distinção (oposição). Nascer é o contrário de morrer, assim como sombra é o contrário de luz. Essa figura foi muito utilizada na poesia brasileira, em especial pelo autor dos versos citados anteriormente: Gregório de Matos Guerra.

- **Paradoxo:** expressão que contraria o senso comum. Ilógica.

    *Amor é fogo que **arde sem se ver**;*
    *É ferida que **dói e não se sente**;*
    *É um **contentamento descontente**;*
    *É dor que **desatina sem doer**.*

    (Luís de Camões)

A construção semântica apresentada é totalmente ilógica, pois é impossível uma ferida doer e não ser sentida, assim como não é possível o contentamento ser descontente.

- **Perífrase:** expressão que tem por função substituir semanticamente um termo:

    A última flor do Lácio anda muito judiada. (Português é a última flor do Lácio)
    O país do futebol é uma grande nação. (Brasil)
    O Bruxo do Cosme Velho foi um grande escritor. (Machado de Assis era conhecido como o Bruxo do Cosme Velho)
    O anjo de pernas tortas foi o melhor jogador do mundo. (Garrincha)

- **Eufemismo:** figura que consiste em atenuar uma expressão desagradável:

    José **pegou emprestado sem avisar**. (Roubou)
    Maurício **entregou a alma a Deus**. (Morreu)
    Coitado, só porque **é desprovido de beleza**. (Feio)

- **Disfemismo:** contrário ao eufemismo, é a figura de linguagem que consiste em tornar uma expressão desagradável em algo ainda pior.

    O homem **abotoou o paletó de madeira**. (Morreu)
    Está chupando cana pela raiz. (Morreu)
    Sentou no colo do capeta. (Morreu)

- **Prosopopeia:** atribuição de características animadas a seres inanimados.

    O vento **sussurrou em meus ouvidos**.
    Parecia que a **agulha odiava o homem**.

- **Hipérbole:** exagero proposital de alguma característica.

    Estou morrendo de rir.
    Chorou rios de lágrimas.

- **Hipérbato:** inversão sintática de efeito expressivo.

    Ouviram do Ipiranga as margens plácidas. / De um povo heroico o brado e retumbante.

    Colocando na ordem direta:

    As margens plácidas do Ipiranga ouviram o brado retumbante de um povo heroico.

- **Gradação:** figura que consiste na construção de uma escala de termo que fazem parte do mesmo campo semântico.

    Plantou **a semente**, zelou pelo **broto**, regou a **planta** e colheu o **fruto**. (A gradação pode ser do campo semântico da palavra semente – broto, planta e fruto – ou da palavra plantar – zelar, regar, colher)

- **Ironia:** figura que consiste em dizer o contrário do que se pensa.

    Lamento por ter sido eu o vencedor dessa prova. (Evidentemente a pessoa não lamenta ser o vencedor de alguma coisa)

- **Onomatopeia:** tentativa de representar um som da natureza. Figura muito comum em histórias em quadrinhos.

    Pof, tic-tac, click, bum, vrum!

- **Sinestesia:** confusão dos sentidos do corpo humano para produzir efeitos expressivos.

    Ouvi uma **voz suave** saindo do quarto.
    O seu **perfume doce** é extremamente inebriante.

FIGURAS DE LINGUAGEM

3.1 Vícios de linguagem

Em âmbito geral, vício de linguagem é toda expressão contrária à lógica da norma gramatical. Vejamos quais são os principais deslizes que se transformam em vícios.

- **Pleonasmo vicioso:** consiste na repetição desnecessária de ideias.

    Subir para cima.
    Descer para baixo.
    Entrar para dentro.
    Cardume de peixes.
    Enxame de abelhas.
    Elo de ligação.
    Fato real.

> **OBSERVAÇÃO**
>
> Pode existir o plágio expressivo em um texto poético. Na frase "ele penetrou na escura treva" há pleonasmo, mas não é vicioso.

- **Ambiguidade:** ocorre quando a construção frasal permite que a sentença possua dois sentidos.

    Tenho de buscar **a cadela da sua irmã**.
    A empregada disse para o chefe que o cheque estava sobre **sua mesa**.

- **Cacofonia:** ocorre quando a pronúncia de determinadas palavras permite a construção de outra palavra.

    Dei um beijo na bo**ca dela**. (Cadela)
    Nos**so hino** é belo. (Suíno)
    Na **vez passada**, esca**pei de** uma. (Vespa assada)

- **Barbarismo:** é um desvio na forma de falar ou grafar determinada palavra.

    Mortandela (em vez de mortadela).
    Poblema (em vez de problema).
    Mindingo (em vez de mendigo).
    Salchicha (em vez de salsicha).

Esse conteúdo costuma ser simples para quem pratica a leitura de textos poéticos, portanto, devemos sempre ler poesia.

3.2 Funções da linguagem

Deve-se a Roman Jakobson a discriminação das seis funções da linguagem na expressão e na comunicação humanas, conforme o realce particular que cada um dos componentes do processo de comunicação recebe no enunciado. Por isso mesmo, é raro encontrar em uma única mensagem apenas uma dessas funções, ou todas reunidas em um mesmo texto. O mais frequente é elas se superporem, apresentando-se uma ou outra como predominante.

Em que pese tal fato, é preciso considerar que há particularidades com relação às funções da linguagem, ou seja, cada função descreve algo em particular. Com isso, pretendo dizer que, antes de o estudante se ater às funções em si, é preciso que ele conheça o sistema que é um pouco mais amplo, ou seja, o ato comunicativo. Afinal, a teoria de Roman Jakobson se volta à descrição do ato comunicativo em si.

Na obra *Linguística e comunicação*, o linguista Roman Jakobson, pensando sobre o ato comunicativo e seus elementos, identifica seis funções da linguagem.

- Nesse esquema, identificamos:
    - **Emissor:** quem enuncia.
    - **Mensagem:** aquilo que é transmitido pelo emissor.
    - **Receptor:** quem recebe a mensagem.
    - **Código:** o sistema em que a mensagem é codificada. O código deve ser comum aos polos da comunicação.
    - **Canal:** meio físico porque ocorre a comunicação.

Pensando sobre esses elementos, Jakobson percebeu que cada função da linguagem está centrada em um elemento específico do ato comunicativo. É o que veremos agora.

As funções da linguagem são:

- **Referencial:** centrada na mensagem, ou seja, na transmissão do conteúdo. Como possui esse caráter, a objetividade é uma constante para a função referencial. É comum que se busque a imparcialidade quando dela se faz uso. É também conhecida como função denotativa. Como a terceira pessoa do singular é predominante, podem-se encontrar exemplos de tal função em textos científicos, livros didáticos, textos de cunho apenas informativo etc.

- **Emotiva:** centrada no emissor, ou seja, em quem enuncia a mensagem. Basicamente, a primeira pessoa predomina quando o texto se apoia sobre a função emotiva. É muito comum a observarmos em depoimentos, discursos, em textos sentimentais, e mesmo em textos líricos.

- **Apelativa:** centrada no receptor, ou seja, em quem recebe a mensagem. As características comuns a manifestações dessa função da linguagem são os verbos no modo imperativo, a tentativa de persuadir o receptor, a utilização dos pronomes de tratamento que tangenciem o interlocutor. É comum observar a função apelativa em propaganda, em discursos motivacionais etc.

- **Poética:** centrada na transformação da mensagem, ou seja, em como modificar o conteúdo da mensagem a fim de torná-lo mais expressivo. As figuras de linguagem são abundantes nessa função e, por sua presença, convencionou-se chamar, também, função poética de função conotativa. Textos literários, poemas e brincadeiras com a mensagem são fontes em que se pode verificar a presença da função poética da linguagem.

- **Fática:** centrada no canal comunicativo. Basicamente, busca testar o canal para saber se a comunicação está ocorrendo. Expressões como "olá", "psiu" e "alô você" são exemplos dessa função.

- **Metalinguística:** centrada no código. Quando o emissor se vale do código para explicar o próprio código, ou seja, num tipo de comunicação autorreferente. Como exemplo, podemos citar um livro de gramática, que se vale da língua para explicar a própria língua; uma aula de didática (sobre como dar aula); ou mesmo um poema que se refere ao processo de escrita de um poema. O poema a seguir é um ótimo exemplo de função metalinguística.

> *Catar feijão*
>
> *Catar feijão se limita com escrever:*
> *jogam-se os grãos na água do alguidar*
> *e as palavras na da folha de papel;*
> *e depois, joga-se fora o que boiar.*
> *Certo, toda palavra boiará no papel,*
> *água congelada, por chumbo seu verbo:*
> *pois para catar esse feijão, soprar nele,*
> *e jogar fora o leve e oco, palha e eco.*
> *Ora, nesse catar feijão entra um risco:*
> *o de que entre os grãos pesados entre*
> *um grão qualquer, pedra ou indigesto,*
> *um grão imastigável, de quebrar dente.*
> *Certo não, quando ao catar palavras:*
> *a pedra dá à frase seu grão mais vivo:*
> *obstrui a leitura fluviante, flutual,*
> *açula a atenção, isca-a com risco.*

MELO NETO, João Cabral de. **Obra completa**. Rio de Janeiro: Nova Aguilar, 1995.

4 ORTOGRAFIA

A ortografia é a parte da Gramática que estuda a escrita correta das palavras. O próprio nome da disciplina já designa tal função. É oriunda das palavras gregas *ortho* que significa "correto" e *graphos* que significa "escrita".

4.1 Alfabeto

As letras **K, W e Y** foram inseridas no alfabeto devido a uma grande quantidade de palavras que são grafadas com tais letras e não podem mais figurar como termos exóticos em relação ao português. Eis alguns exemplos de seu emprego:

- Em abreviaturas e em símbolos de uso internacional: **kg** - quilograma / **w** - watt.
- Em palavras estrangeiras de uso internacional, nomes próprios estrangeiros e seus derivados: Kremlin, Kepler, Darwin, Byron, byroniano.

O alfabeto, também conhecido como abecedário, é formado (a partir do novo acordo ortográfico) por 26 letras.

FORMA MAIÚSCULA	FORMA MINÚSCULA	FORMA MAIÚSCULA	FORMA MINÚSCULA
A	a	N	n
B	b	O	o
C	c	P	p
D	d	Q	q
E	e	R	r
F	f	S	s
G	g	T	t
H	h	U	u
I	i	V	v
J	j	W	w
K	k	X	x
L	l	Y	y
M	m	Z	z

4.2 Emprego da letra H

A letra **H** demanda um pouco de atenção. Apesar de não possuir verdadeiramente sonoridade, ainda a utilizamos por convenção histórica. Seu emprego, basicamente, está relacionado às seguintes regras:

- No início de algumas palavras, por sua origem: hoje, hodierno, haver, Helena, helênico.
- No fim de algumas interjeições: Ah! Oh! Ih! Uh!
- No interior de palavra compostas que preservam o hífen, nas quais o segundo elemento se liga ao primeiro: super-homem, pré-história, sobre-humano.
- Nos dígrafos **NH, LH e CH**: tainha, lhama, chuveiro.

4.3 Emprego de E e I

Existe uma curiosidade a respeito do emprego dessas letras nas palavras que escrevemos: o fato de o "e", no final da palavra, ser pronunciado como uma semivogal faz com que muitos falantes pensem ser correto grafar a palavra com **I**.

Aqui, veremos quais são os principais aspectos do emprego dessas letras.

- Escreveremos com "e" palavras formadas com o prefixo **ANTE-** (que significa antes, anterior).
  - Por exemplo: antebraço, antevéspera, antecipar, antediluviano etc.
- A sílaba final de formas conjugadas dos verbos terminados em **–OAR** e **–UAR** (quando estiverem no subjuntivo).
  - Por exemplo: abençoe (abençoar), continue (continuar), pontue (pontuar).
- Algumas palavras, por sua origem.
  - Por exemplo: arrepiar, cadeado, creolina, desperdiçar, desperdício, destilar, disenteria, empecilho, indígena, irrequieto, mexerico, mimeógrafo, orquídea, quase, sequer, seringa, umedecer etc.
- Escreveremos com "i" palavras formadas com o prefixo **ANTI-** (que significa contra).
  - Por exemplo: antiaéreo, anticristo, antitetânico, anti-inflamatório.
- A sílaba final de formas conjugadas dos verbos terminados em **-AIR, -OER** e **-UIR**.
  - Por exemplo: cai (cair), sai (sair), diminui (diminuir), dói (doer).
- Os ditongos AI, OI, ÓI, UI.
  - Por exemplo: pai, foi, herói, influi.
- As seguintes palavras: aborígine, chefiar, crânio, criar, digladiar, displicência, escárnio, implicante, impertinente, impedimento, inigualável, lampião, pátio, penicilina, privilégio, requisito etc.

Vejamos alguns casos em que o emprego das letras **E** e **I** pode causar uma alteração semântica:

- Escrito com **E**:
  - Arrear = pôr arreios.
  - Área = extensão de terra, local.
  - Delatar = denunciar.
  - Descrição = ação de descrever.
  - Descriminação = absolver.
  - Emergir = vir à tona.
  - Emigrar = sair do país ou do local de origem.
  - Eminente = importante.
- Escrito com **I**:
  - Arriar = abaixar, desistir.
  - Ária = peça musical.
  - Dilatar = alargar, aumentar.
  - Discrição = separar, estabelecer diferença.
  - Imergir = mergulhar.
  - Imigrar = entrar em um país estrangeiro.
  - Iminente = próximo, prestes a ocorrer.

O Novo Acordo Ortográfico explica que, agora, escreve-se com **I** antes de sílaba tônica. Veja alguns exemplos: acriano (admite-se, por ora, acreano, de Acre), rosiano (de Guimarães Rosa), camoniano (de Camões), nietzschiano (de Nietzsche) etc.

4.4 Emprego de O e U

Apenas por exceção, palavras em português com sílabas finais átonas (fracas) terminam por **US**; o comum é que se escreva com **O** ou **OS**. Por exemplo: carro, aluno, abandono, abono, chimango etc.

Exemplos das exceções a que aludimos: bônus, vírus, ônibus etc.

Em palavras proparoxítonas ou paroxítonas com terminação em ditongo, são comuns as terminações em **-UA, -ULA, -ULO**: tábua, rábula, crápula, coágulo.

ORTOGRAFIA

As terminações em **-AO, -OLA, -OLO** só aparecem em algumas palavras: mágoa, névoa, nódoa, agrícola, vinícola, varíola etc.

Fique de olho na grafia destes termos:
- **Com a letra O:** abolir, boate, botequim, bússola, costume, engolir, goela, moela, moleque, mosquito etc.
- **Com a letra U:** bulício, buliçoso, bulir, camundongo, curtume, cutucar, jabuti, jabuticaba, rebuliço, urtiga, urticante etc.

4.5 Emprego de G e J

Essas letras, por apresentarem o mesmo som, eventualmente, costumam causar problemas de ortografia. A letra **G** só apresenta o som de **J** diante das letras **E** e **I**: gesso, gelo, agitar, agitador, agir, gíria.

4.5.1 Escreveremos com G

- Palavras terminadas em **-AGEM, -IGEM, -UGEM**. Por exemplo: garagem, vertigem, rabugem, ferrugem, fuligem etc.
  Exceções: pajem, lambujem (doce ou gorjeta), lajem (pedra da sepultura).
- Palavras terminadas em **-ÁGIO, -ÉGIO, -ÍGIO, -ÓGIO, -ÚGIO**: contágio, régio, prodígio, relógio, refúgio.
- Palavras derivadas de outras que já possuem a letra **G**. Por exemplo: **viagem** – viageiro; **ferrugem** – ferrugento; **vertigem** – vertiginoso; **regime** – regimental; **selvagem** – selvageria; **regional** – regionalismo.
- Em geral, após a letra "r". Por exemplo: aspergir, divergir, submergir, imergir etc.
- Palavras:
  De origem latina: agir, gente, proteger, surgir, gengiva, gesto etc.
  De origem árabe: álgebra, algema, ginete, girafa, giz etc.
  De origem francesa: estrangeiro, agiotagem, geleia, sargento etc.
  De origem italiana: gelosia, ágio etc.
  Do castelhano: gitano.
  Do inglês: gim.

4.5.2 Escreveremos com J

- Os verbos terminados em **-JAR** ou **-JEAR** e suas formas conjugadas:
  Gorjear: gorjeia (lembre-se das "aves"), gorjeiam, gorjearão.
  Viajar: viajei, viaje, viajemos, viajante.

> Cuidado para não confundir os termos **viagem** (substantivo) com **viajem** (verbo "viajar"). Vejamos o emprego:
> Ele fez uma bela viagem.
> Tomara que eles viajem amanhã.

- Palavras derivadas de outras terminadas em **-JA**. Por exemplo: **granja:** granjeiro, granjear; **loja:** lojista, lojinha; **laranja:** laranjal, laranjeira; **lisonja:** lisonjeiro, lisonjeador; **sarja:** sarjeta.
- Palavras cognatas (raiz em comum) ou derivadas de outras que possuem o J. Por exemplo:
  Laje: lajense, lajedo.
  Nojo: nojento, nojeira.
  Jeito: jeitoso, ajeitar, desajeitado.
- Palavras de origem ameríndia (geralmente tupi-guarani) ou africana: canjerê, canjica, jenipapo, jequitibá, jerimum, jia, jiboia, jiló, jirau, Moji, pajé.

- Palavras: conjetura, ejetar, injeção, interjeição, objeção, objeto, objetivo, projeção, projeto, rejeição, sujeitar, sujeito, trajeto, trajetória, trejeito, berinjela, cafajeste, jeca, jegue, Jeremias, jerico, jérsei, majestade, manjedoura, ojeriza, pegajento, rijeza, sujeira, traje, ultraje, varejista.

4.6 Orientações sobre a grafia do fonema /s/

Podemos representar o fonema /s/ por:
- **S:** ânsia, cansar, diversão, farsa.
- **SS:** acesso, assar, carrossel, discussão.
- **C, Ç:** acetinado, cimento, açoite, açúcar.
- **SC, SÇ:** acréscimo, adolescente, ascensão, consciência, nasço, desça.
- **X:** aproximar, auxiliar, auxílio, sintaxe.
- **XC:** exceção, exceder, excelência, excepcional.

4.6.1 Escreveremos com S

- A correlação **ND – NS**:
  Pretender – pretensão, pretenso.
  Expandir – expansão, expansivo.
- A correlação **RG – RS**:
  Aspergir – aspersão.
  Imergir – imersão.
  Emergir – emersão.
- A correlação **RT – RS**:
  Divertir – diversão.
  Inverter – inversão.
- O sufixo -**ENSE**:
  Paranaense.
  Cearense.
  Londrinense.

4.6.2 Escreveremos com SS

- A correlação **CED – CESS**:
  Ceder – cessão.
  Interceder – intercessão.
  Retroceder – retrocesso.
- A correlação **GRED – GRESS**:
  Agredir – agressão, agressivo.
  Progredir – progressão, progresso.
- A correlação **PRIM – PRESS**:
  Imprimir – impressão, impresso.
  Oprimir – opressão, opressor.
  Reprimir – repressão, repressivo.
- A correlação **METER – MISS**:
  Submeter – submissão.
  Intrometer – intromissão.

4.6.3 Escreveremos com C ou com Ç

- Palavras de origem tupi ou africana. Por exemplo: açaí, araçá, Iguaçu, Juçara, muçurana, Paraguaçu, caçula, cacimba.
- **O Ç só será usado antes das vogais A, O e U.**
- Com os sufixos:
  -**AÇA:** barcaça.
  -**AÇÃO:** armação.
  -**ÇAR:** aguçar.
  -**ECER:** esmaecer.
  -**IÇA:** carniça.

-**NÇA**: criança.
-**UÇA**: dentuça.

- Palavras derivadas de verbos terminados em **-TER** (não confundir com a regra do **–METER – -MISS**):
    Abster: abstenção.
    Reter: retenção.
    Deter: detenção.
- Depois de ditongos:
    Feição; louça; traição.
- Palavras de origem árabe:
    Açúcar; açucena; cetim; muçulmano.

4.6.4 Emprego do SC

Escreveremos com **SC** palavras que são termos emprestados do latim. Por exemplo: adolescência; ascendente; consciente; crescer; descer; fascinar; fescenino.

4.6.5 Grafia da letra S com som de /z/

Escreveremos com S:
- Terminações em **-ÊS**, **-ESA** e **-ISA**, que indicam nacionalidade, título ou origem:
    Japonês – japonesa.
    Marquês – marquesa.
    Camponês – camponesa.
- Após ditongos: causa; coisa; lousa; Sousa.
- As formas dos verbos **pôr** e **querer** e de seus compostos:
    Eu pus, nós pusemos, pusésseis etc.
    Eu quis, nós quisemos, quisésseis etc.
- Terminações **-OSO** e **-OSA**, que indicam qualidade. Por exemplo: gostoso; garboso; fervorosa; talentosa.
- Prefixo **TRANS-**: transe; transação; transoceânico.
- Em diminutivos cujo radical termine em **S**:
    Rosa – rosinha.
    Teresa – Teresinha.
    Lápis – lapisinho.
- Na correlação **D – S**:
    Aludir – alusão, alusivo.
    Decidir – decisão, decisivo.
    Defender – defesa, defensivo.
- Verbos derivados de palavras cujo radical termina em **S**:
    Análise – analisar.
    Presa – apresar.
    Êxtase – extasiar.
    Português – aportuguesar.
- Substantivos com os sufixos gregos **-ESE**, **-ISA** e **-OSE**: catequese, diocese, poetisa, virose, (obs.: "catequizar" com **Z**).
- Nomes próprios: Baltasar, Heloísa, Isabel, Isaura, Luísa, Sousa, Teresa.
- Palavras: análise, cortesia, hesitar, reses, vaselina, avisar, defesa, obséquio, revés, vigésimo, besouro, fusível, pesquisa, tesoura, colisão, heresia, querosene, vasilha.

4.7 Emprego da letra Z

Escreveremos com **Z**:
- Terminações **-EZ** e **-EZA** de substantivos abstratos derivados de adjetivos:
    Belo – beleza.
    Rico – riqueza.
    Altivo – altivez.
    Sensato - sensatez.
- Verbos formados com o sufixo **-IZAR** e palavras cognatas: balizar, inicializar, civilizar.
- As palavras derivadas em:
    -ZAL: cafezal, abacaxizal.
    -ZEIRO: cajazeiro, açaizeiro.
    -ZITO: avezita.
    -ZINHO: cãozinho, pãozinho, pezinho
- Derivadas de palavras cujo radical termina em **Z**: cruzeiro, esvaziar.
- Palavras: azar, aprazível, baliza, buzina, bazar, cicatriz, ojeriza, prezar, proeza, vazamento, vizinho, xadrez, xerez.

4.8 Emprego do X e do CH

A letra X pode representar os seguintes fonemas:
/ch/: xarope.
/cx/: sexo, tóxico.
/z/: exame.
/ss/: máximo.
/s/: sexto.

4.9 Escreveremos com X

- Em geral, após um ditongo. Por exemplo: caixa, peixe, ameixa, rouxinol, caixeiro. **Exceções**: recauchutar e guache.
- Geralmente, depois de sílaba iniciada por **EN-**: enxada; enxerido; enxugar; enxurrada.
- Encher (e seus derivados); palavras que iniciam por **CH** e recebem o prefixo **EN-**. Por exemplo: encharcar, enchumaçar, enchiqueirar, enchumbar, enchova.
- Palavras de origem indígena ou africana: abacaxi, xavante, xará, orixá, xinxim.
- Após a sílaba **ME** no início da palavra. Por exemplo: mexerica, mexerico, mexer, mexida. **Exceção**: mecha de cabelo.
- Palavras: bexiga, bruxa, coaxar, faxina, graxa, lagartixa, lixa, praxe, vexame, xícara, xale, xingar, xampu.

4.10 Escreveremos com CH

- As seguintes palavras, em razão de sua origem: chave, cheirar, chuva, chapéu, chalé, charlatão, salsicha, espadachim, chope, sanduíche, chuchu, cochilo, fachada, flecha, mecha, mochila, pechincha.
- **Atente para a divergência de sentido com os seguintes elementos:**
    Bucho – estômago.
    Buxo – espécie de arbusto.
    Cheque – ordem de pagamento.
    Xeque – lance do jogo de xadrez.
    Tacha – pequeno prego.
    Taxa – imposto.

5 ACENTUAÇÃO GRÁFICA

Antes de começar o estudo, é importante que você entenda quais são os padrões de tonicidade da Língua Portuguesa e quais são os encontros vocálicos presentes na Língua. Assim, fica mais fácil entender quais são as regras e como elas surgem.

5.1 Padrões de tonicidade

- **Palavras oxítonas:** última sílaba tônica (so-**fá**, ca-**fé**, ji-**ló**).
- **Palavras paroxítonas:** penúltima sílaba tônica (fer-**ru**-gem, a-**du**-bo, sa-**ú**-de).
- **Palavras proparoxítonas:** antepenúltima sílaba tônica (**â**-ni-mo, **ví**-ti-ma, **ó**-ti-mo).

5.2 Encontros vocálicos

- **Hiato:** encontro vocálico que se separa (pi-a-no, sa-ú-de).
- **Ditongo:** encontro vocálico que permanece unido na sílaba (cha-péu, to-néis).
- **Tritongo:** encontro vocálico que permanece unido na sílaba (sa-guão, U-ru-guai).

5.3 Regras gerais

5.3.1 Quanto às proparoxítonas

Acentuam-se todas as palavras proparoxítonas:
- Por exemplo: **ví**-ti-ma, **â**-ni-mo, hi-per-**bó**-li-co.

5.3.2 Quanto às paroxítonas

Não se acentuam as paroxítonas terminadas em **A, E, O** (seguidas ou não de S) **M e ENS**.
- Por exemplo: cas**te**lo, gra**na**da, pa**ne**la, pe**pi**no, **pa**jem, i**ma**gens etc.

Acentuam-se as terminadas em **R, N, L, X, I** ou **IS, US, UM, UNS, PS, Ã** ou **ÃS** e ditongos.
- Por exemplo: susten**tá**vel, **tó**rax, **hí**fen, **tá**xi, **ál**bum, **bí**ceps, prin**cí**pio etc.

Fique de olho em alguns casos particulares, como as palavras terminadas em **OM, ON, ONS**.
- Por exemplo: i**ân**dom; **pró**ton, **nêu**trons etc.

Com a reforma ortográfica, deixam de se acentuar as paroxítonas com **OO e EE**:
- Por exemplo: voo, enjoo, perdoo, magoo, leem, veem, deem, creem etc.

5.3.3 Quanto às oxítonas

São acentuadas as terminadas em:
- **A** ou **AS**: so**fá**, Pa**rá**.
- **E** ou **ES**: ra**pé**, ca**fé**.
- **O** ou **OS**: a**vô**, ci**pó**.
- **EM** ou **ENS**: tam**bém**, para**béns**.

5.3.4 Acentuação de monossílabos

Acentuam-se os monossílabos tônicos terminados em **A, E O**, seguidos ou não de **S**.
- Por exemplo: pá, pó, pé, já, lá, fé, só.

5.3.5 Acentuação dos hiatos

Acentuam-se os hiatos quando forem formados pelas letras **I** ou **U**, sozinhas ou seguidas de **S**:
- Por exemplo: sa**ú**va, ba**ú**, bala**ú**stre, pa**ís**.

Exceções:
- Seguidas de **NH**: tainha.
- Paroxítonas antecedidas de ditongo: feiura.
- Com o **I** duplicado: xiita.

5.3.6 Ditongos abertos

Serão acentuados os ditongos abertos **ÉU, ÉI e ÓI**, com ou sem **S**, quando forem oxítonos ou monossílabos.
- Por exemplo: chap**éu**, r**éu**, ton**éis**, her**ói**, past**éis**, hot**éis**, lenç**óis** etc.

Com a reforma ortográfica, caiu o acento do ditongo aberto em posição de paroxítona.
- Por exemplo: ideia, onomatopeia, jiboia, paranoia, heroico etc.

5.3.7 Formas verbais com hífen

Para saber se há acento em uma forma verbal com hífen, deve-se analisar o padrão de tonicidade de cada bloco da palavra:
- Aju**dá**-lo (oxítona terminada em "a" → monossílabo átono).
- Con**tar**-lhe (oxítona terminada em "r" → monossílabo átono).
- Convi**dá**-la-íamos (oxítona terminada em "a" → proparoxítona).

5.3.8 Verbos "ter" e "vir"

Quando escritos na 3ª pessoa do singular, não serão acentuados:
- Ele **tem/vem**.

Quando escritos na **3ª pessoa do plural**, receberão o **acento circunflexo**:
- Eles **têm/vêm**.

Nos verbos derivados das formas apresentadas anteriormente:
- Acento agudo para singular: contém, convém.
- Acento circunflexo para o plural: contêm, convêm.

5.3.9 Acentos diferenciais

Alguns permanecem:
- Pôde/pode (pretérito perfeito/presente simples).
- Pôr/por (verbo/preposição).
- Fôrma/forma (substantivo/verbo ou ainda substantivo).

Caiu o acento diferencial de:
- Para/pára (preposição/verbo).
- Pelo/pêlo (preposição + artigo/substantivo).
- Polo/pólo (preposição + artigo/substantivo).
- Pera/pêra (preposição + artigo/substantivo).

6 CRASE

O acento grave é solicitado nas palavras quando há a união da preposição "a" com o artigo (ou a vogal dependendo do caso) feminino "a" ou com os pronomes demonstrativos (aquele, aquela, aquilo e "a").

- Mário foi **à** festa ontem.
    Tem-se o "a" preposição e o "a" artigo feminino.
    Quem vai, vai a algum lugar. "Festa" é palavra feminina, portanto, admite o artigo "a".
- Chegamos **àquele** assunto (a + aquele).
- A gravata que eu comprei é semelhante **à** que você comprou (a + a).

Decore os casos em que não ocorre crase, pois a tendência da prova é perguntar se há crase ou não. Sabendo os casos proibitivos, fica muito fácil.

6.1 Crase proibitiva

Não se pode usar acento grave indicativo de crase:

- Antes de palavras masculinas.
    Fez uma pergunta **a** Mário.
- Antes de palavras de sentido indefinido.
    Não vai **a** festas, **a** reuniões, **a** lugar algum.
- Antes de verbos.
    Todos estão dispostos **a** colaborar.
- Antes de pronomes pessoais.
    Darei um presente **a ela**.
- Antes de nomes de cidade, estado ou país que não utilizam o artigo feminino.
    Fui **a** Cascavel.
    Vou **a** Pequim.
- Antes da palavra "casa" quando tem significado de próprio lar, ou seja, quando ela aparecer indeterminada na sentença.
    Voltei a casa, pois precisava comer algo.

> Quando houver determinação da palavra casa, ocorrerá crase.
> "Voltei à casa de meus pais."

- Da palavra "terra" quando tem sentido de solo.
    Os tripulantes vieram a terra.

> A mesma regra da palavra "casa" se aplica à palavra terra.

- De expressões com palavras repetidas.
    Dia a dia, mano a mano, face a face, cara a cara etc.
- Diante de numerais cardinais referentes a substantivos que não estão determinados pelo artigo.
    Assistirei a duas aulas de Língua Portuguesa.

> No caso de locuções adverbiais que exprimem hora determinada e nos casos em que o numeral estiver precedido de artigo, acentua-se:
> "Chegamos às oito horas da noite."
> "Assisti às duas sessões de ontem."

> No caso dos numerais, há uma dica para facilitar o entendimento dos casos de crase. Se houver o "a" no singular e a palavra posterior no plural, não ocorrerá o acento grave. Do contrário, ocorrerá.

6.2 Crase obrigatória

Deve-se usar acento grave indicativo de crase:

- Antes de locução adverbial feminina.
    À noite, à tarde, às pressas, às vezes, à farta, à vista, à hora certa, à esquerda, à direita, à toa, às sete horas, à custa de, à força de, à espera de, à vontade, à toa.
- Antes de termos femininos ou masculinos com sentido da expressão "à moda de" ou "ao estilo de".
    Filé à milanesa, servir à francesa, brigar à portuguesa, gol à Pelé, conto à Machado de Assis, discurso à Rui Barbosa etc.
- Antes de locuções conjuntivas proporcionais.
    À medida que, à proporção que.
- Antes de locuções prepositivas.
    À procura de, à vista de, à margem de, à beira de, à custa de, à razão de, à mercê de, à maneira de etc.
- Para evitar ambiguidade: receberá o acento o termo afetado pela ação do verbo (objeto direto preposicionado).
    Derrubou a menina **à panela**.
    Matou a vaca **à cobra**.
    Diante da palavra distância quando houver determinação da distância em questão:
    Achava-se à **distância de cem** (ou de alguns) **metros**.
- Antes das formas de tratamento "senhora", "senhorita" e "madame" = não há consenso entre os gramáticos, no entanto, opta-se pelo uso.
    Enviei lindas flores **à senhorita**.
    Josias remeteu uma carta **à senhora**.

6.3 Crase facultativa

- Após a preposição até.
    As crianças foram até **à escola**.
- Antes de pronomes possessivos femininos.
    Ele fez referência **à nossa causa!**
- Antes de nomes próprios femininos.
    Mandei um SMS **à Joaquina**.
- Antes da palavra "Dona".
    Remeti uma carta à **Dona Benta**.
    Não se usa crase antes de nomes históricos ou sagrados.
    O padre fez alusão a Nossa Senhora.
    Quando o professor fez menção a Joana D'Arc, todos ficaram entusiasmados.

7 NÍVEIS DE ANÁLISE DA LÍNGUA

A Língua Portuguesa possui quatro níveis de análise. Veja cada um deles:

▷ **Nível fonético/fonológico:** estuda a produção e articulação dos sons da língua.
▷ **Nível morfológico:** estuda a estrutura e a classificação das palavras.
▷ **Nível sintático:** estuda a função das palavras dentro de uma sentença.
▷ **Nível semântico:** estuda as relações de sentido construídas entre as palavras.

Na **Semântica**, entre outras coisas, estuda-se a diferença entre linguagem de sentido denotativo (ou literal, do dicionário) e linguagem de sentido conotativo (ou figurado).

▷ Rosa é uma flor.
- **Morfologia:**
  Rosa: substantivo;
  É: verbo ser;
  Uma: artigo;
  Flor: substantivo
- **Sintaxe:**
  Rosa: sujeito;
  É uma flor: predicado;
  Uma flor: predicativo do sujeito.
- **Semântica:**
  Rosa pode ser entendida como uma pessoa ou como uma planta, depende do sentido.

8 ESTRUTURA E FORMAÇÃO DE PALAVRAS

8.1 Estrutura das palavras

Para compreender os termos da Língua Portuguesa, deve-se observar, nos vocábulos, a presença de algumas estruturas como **raiz**, **desinências** e **afixos**:

- **Raiz ou radical (morfema lexical):** parte que guarda o sentido da palavra.

    Pedreiro.
    Pedrada.
    Em**pedr**ado.
    Pedregulho.

- **Desinências:** fazem a flexão dos termos.

    Nominais:
    Gênero: jogador/jogadora.
    Número: aluno/alunos.
    Grau: cadeira/cadeirinha.
    Verbais:
    Modo-tempo: cantá**vamos**, vendê**ramos**.
    Número-pessoa: fize**mos**, compra**stes**.

- **Afixos: conectam-se às raízes dos termos.**

    Prefixos: colocados antes da raiz.
    Infeliz, **des**fazer, **re**tocar.
    Sufixos: colocados após a raiz.
    Feliz**mente**, capac**idade**, igual**dade**.

Também é importante atentar aos termos de ligação. São eles:

- **Vogal de ligação:**

    Gas**ô**metro, bar**ô**metro, café**i**cultura, carn**í**voro.

- **Consoante de ligação:**

    Gira**s**sol, cafe**t**eira, paula**d**a, cha**l**eira.

8.2 Radicais gregos e latinos

O conhecimento sobre a origem dos radicais é, muitas vezes, importante para a compreensão e memorização de inúmeras palavras.

8.2.1 Radicais gregos

Os radicais gregos têm uma importância expressiva para a compreensão e fácil memorização de diversas palavras que foram criadas e vulgarizadas pela linguagem científica.

Podemos observar que esses radicais se unem, geralmente, a outros elementos de origem grega e, frequentemente, sofrem alterações fonéticas e gráficas para formarem palavras compostas.

Seguem alguns radicais gregos, seus respectivos significados e algumas palavras de exemplo:

- *Ácros* **(alto):** acrópole, acrobacia, acrofobia.
- *Álgos* **(dor):** algofilia, analgésico, nevralgia.
- *Ánthropos* **(homem):** antropologia, antropófago, filantropo.
- *Astér, astéros* **(estrela):** asteroide, asterisco.
- *Ástron* **(astro):** astronomia, astronauta.
- *Biblíon* **(livro):** biblioteca, bibliografia, bibliófilo.
- *Chéir, cheirós* **(mão – cir-, quiro):** cirurgia, cirurgião, quiromante.
- *Chlorós,* **(verde):** cloro, clorofila, clorídrico.
- *Chróma, chrómatos,* **(cor):** cromático, policromia.
- *Dáktylos* **(dedo):** datilografia, datilografar.
- *Déka* **(dez):** decálogo, decâmetro, decassílabo.
- *Gámos,* **(casamento):** poligamia, polígamo, monogamia.
- *Gastér, gastrós,* **(estômago):** gastrite, gastrônomo, gástrico.
- *Glótta, glóssa,* **(língua):** poliglota, epiglote, glossário.
- *Grámma* **(letra, escrito):** gramática, anagrama, telegrama.
- *Grápho* **(escrevo):** grafia, ortografia, caligrafia.
- *Heméra* **(dia):** hernoreteca, hernerologia, efêmero.
- *Hippos* **(cavalo):** hipódromo, hipismo, hipopótamo.
- *Kardía* **(coração):** cardíaco, cardiologia, taquicardia.
- *Mésos,* **(meio, do meio):** mesocarpo, mesóclise, mesopotâmia.
- *Mnéme* **(memória, lembrança):** mnemônico, amnésia, mnemoteste.
- *Morphé* **(forma):** morfologia, amorfo, metamorfose.
- *Nekrós* **(morto):** necrotério, necropsia, necrológio.
- *País, paidós* **(criança):** pedagogia, pediatria, pediatra.
- *Pyr, pyrós* **(fogo):** pirosfera, pirotécnico, antipirético.
- *Rhis, rhinós* **(nariz):** rinite, rinofonia, otorrino.
- *Theós* **(deus):** teologia, teólogo, apoteose.
- *Zóon* **(animal):** zoologia, zoológico, zoonose.

8.2.2 Radicais latinos

Outras palavras da língua portuguesa possuem radicais latinos. A maioria delas entrou na língua entre os séculos XVIII e XX. Seguem algumas das que vieram por via científica ou literária:

- *Ager, agri* **(campo):** agrícola, agricultura.
- *Ambi* **(de ambo, ambos):** ambidestro, ambíguo.
- *Argentum, argenti* **(prata):** argênteo, argentífero, argentino.
- *Capillus, capilli* **(cabelo):** capilar, capiliforme, capilaridade.
- *Caput, capitis* **(cabeça):** capital, decapitar, capitoso.
- *Cola-, colere* **(habitar, cultivar):** arborícola, vitícola.
- *Cuprum, cupri* **(cobre):** cúpreo, cúprico, cuprífero.
- *Ego* **(eu):** egocêntrico, egoísmo,ególatra.
- *Equi-, aequus* **(igual):** equivalente, equinócio, equiângulo.
- *-fero, ferre* **(levar, conter):** aurífero, lactífero, carbonífero.
- *Fluvius* **(rio):** fluvial, fluviômetro.
- *Frigus, frigoris* **(frio):** frigorífico, frigomóvel.
- *Lapis, lapidis* **(pedra):** lápide, lapidificar, lapidar.
- *Lex, legis* **(lei):** legislativo, legislar, legista.
- *Noceo, nocere* **(prejudicar, causar mal):** nocivo, inocente, inócuo.
- *Pauper, pauperis* **(pobre):** pauperismo, depauperar.
- *Pecus* **(rebanho):** pecuária, pecuarista, pecúnia.
- *Pluvia* **(chuva):** pluvial, pluviômetro.
- *Radix, radieis* **(raiz):** radical, radicar, erradicar.
- *Sidus, sideris* **(astro):** sideral, sidéreo, siderar.
- *Stella* **(estrela):** estelar, constelação.
- *Triticum, tritici* **(trigo):** triticultura, triticultor, tritícola.
- *Vinum, vini* **(vinho):** vinicultura, vinícola.
- *Vitis* **(videira):** viticultura, viticultor, vitícola.
- *Volo, volare* **(voar):** volátil, noctívolo.
- *Vox, vocis* **(voz):** vocal, vociferar.

8.3 Origem das palavras de Língua Portuguesa

As palavras da Língua Portuguesa têm múltiplas origens, mas a maioria delas veio do latim vulgar, ou seja, o latim que era falado pelo povo duzentos anos antes de Cristo.

ESTRUTURA E FORMAÇÃO DE PALAVRAS

No geral, as palavras que formam o nosso léxico podem ser de origem latina, de formação vernácula ou de importação estrangeira.

Quanto às palavras de origem latina, sabe-se que algumas datam dos séculos VI e XI, aproximadamente, e outras foram introduzidas na língua por escritores e letrados ao longo do tempo, sobretudo no período áureo, o século XVI, e de forma ainda mais abundante durante os séculos que o seguiram, por meios literário e científico. As primeiras, as formas populares, foram grandemente alteradas na fala do povo rude, mas as formas eruditas tiveram leves alterações.

Houve, ao longo desses séculos, com incentivo do povo luso-brasileiro, a criação de palavras que colaboraram para enriquecer o vocabulário. Essas palavras são chamadas criações vernáculas.

Desde os primórdios da língua, diversos termos estrangeiros entraram em uso, posteriormente enriquecendo definitivamente o patrimônio léxico, porque é inevitável que palavras de outros idiomas adentrem na língua por meio das relações estabelecidas entre os povos e suas culturas.

Devido a isso, encontramos, no vocabulário português, palavras provenientes:
- Do grego: por influência do cristianismo e do latim literário: anjo, bíblia, clímax. E por criação de sábios e cientistas: nostalgia, microscópio.
- Do hebraico: veiculadas pela Bíblia: aleluia, Jesus, Maria, sábado.
- Do alemão: guerra, realengo, interlândia.
- Do árabe: algodão, alfaiate, algema.
- Do japonês: biombo, micado, samurai.
- Do francês: greve, detalhe, pose.
- Do inglês: bife, futebol, tênis.
- Do turco: lacaio, algoz.
- Do italiano: piano, maestro, lasanha.
- Do russo: vodca, esputinique.
- Do tupi: tatu, saci, jiboia, pitanga.
- Do espanhol: cavalheiro, ninharia, castanhola.
- De línguas africanas: macumba, maxixe, marimbondo.

Atualmente, o francês e o inglês são os idiomas com maior influência sobre a língua portuguesa.

8.4 Processos de formação de palavras

Há dois processos mais fortes (presentes) na formação de palavras em Língua Portuguesa: a composição e a derivação. Vejamos suas principais características.

8.4.1 Composição

É uma criação de vocábulo. Pode ocorrer por:
- **Justaposição:** sem perda de elementos.
  Guarda-chuva, girassol, arranha-céu etc.
- **Aglutinação:** com perda de elementos.
  Embora, fidalgo, aguardente, planalto, boquiaberto etc.
- **Hibridismo:** união de radicais oriundos de línguas distintas.
  Automóvel (latim e grego); sambódromo (tupi e grego).

8.4.2 Derivação

É uma transformação no vocábulo. Pode ocorrer das seguintes maneiras:
- **Prefixal (prefixação):** reforma, anfiteatro, cooperação.
- **Sufixal (sufixação):** pedreiro, engenharia, florista.
- **Prefixal – sufixal:** infelizmente, ateísmo, desordenamento.
- **Parassintética:** prefixo e sufixo simultaneamente, sem a possibilidade de remover umas das partes.
  Avermelhado, anoitecer, emudecer, amanhecer.
- **Regressão (regressiva) ou deverbal:** advinda de um verbo.
  Abalo (abalar), luta (lutar), fuga (fugir).
- **Imprópria (conversão):** mudança de classe gramatical.
  O jantar, um não, o seu sim, o pobre.

8.4.3 Estrangeirismo

Pode-se entender como um empréstimo linguístico.
- **Com aportuguesamento:** abajur (do francês *abat-jour*), algodão (do árabe *al-qutun*), lanche (do inglês *lunch*) etc.
- **Sem aportuguesamento:** *networking, software, pizza, show, shopping* etc.

8.5 Acrônimo ou sigla

- **Silabáveis:** podem ser separados em sílabas.
  Infraero (Infraestrutura Aeroportuária), **Petrobras** (Petróleo Brasileiro) etc.
- **Não-silabáveis:** não podem ser separados em sílabas.
  FMI, MST, SPC, PT, INSS, MPU etc.

8.6 Onomatopeia ou reduplicação

- **Onomatopeia:** tentativa de representar um som da natureza.
  Pow, paf, tum, psiu, argh.
- **Reduplicação:** repetição de palavra com fim onomatopaico.
  Reco-reco, tique-taque, pingue-pongue.
- **Redução ou abreviação:** eliminação do segmento de alguma palavra.
  Fone (telefone), cinema (cinematógrafo), pneu (pneumático) etc.

9 MORFOLOGIA

Antes de adentrar nas conceituações, veja a lista a seguir para facilitar o estudo. Nela, temos uma classe de palavra seguida de um exemplo.

Artigo: o, a, os, as, um, uma, uns, umas.
Adjetivo: legal, interessante, capaz, brasileiro, francês.
Advérbio: muito, pouco, bem, mal, ontem, certamente.
Conjunção: que, caso, embora.
Interjeição: Ai! Ui! Ufa! Eita!
Numeral: sétimo, vigésimo, terço.
Preposição: a, ante, até, após, com, contra, de, desde, em, entre.
Pronome: cujo, o qual, quem, eu, lhe.
Substantivo: mesa, bicho, concursando, Pablo, José.
Verbo: estudar, passar, ganhar, gastar.

9.1 Substantivos

É a palavra variável que designa qualidades, sentimentos, sensações, ações etc.

Quanto à sua classificação, o substantivo pode ser:
- **Primitivo** (sem afixos): pedra.
- **Derivado** (com afixos): pedreiro/empedrado.
- **Simples** (1 núcleo): guarda.
- **Composto** (mais de 1 núcleo): guarda-roupas.
- **Comum** (designa ser genérico): copo, colher.
- **Próprio** (designa ser específico): Maria, Portugal.
- **Concreto** (existência própria): cadeira, lápis.
- **Abstrato** (existência dependente): glória, amizade.

9.1.1 Substantivos concretos

Designam seres de existência própria, como: padre, político, carro e árvore.

9.1.2 Substantivos abstratos

Nomeiam qualidades ou conceitos de existência dependente, como: beleza, fricção, tristeza e amor.

9.1.3 Substantivos próprios

São sempre concretos e devem ser grafados com iniciais maiúsculas. Alguns substantivos próprios, no entanto, podem vir a se tornar comuns pelo processo de derivação imprópria que, geralmente, ocorre pela anteposição de um artigo e a grafia do substantivo com letra minúscula (um judas = traidor/um panamá = chapéu). As flexões dos substantivos podem se dar em gênero, número e grau.

9.1.4 Gênero dos substantivos

Quanto à distinção entre masculino e feminino, os substantivos podem ser:
- **Biformes:** quando apresentam uma forma para o masculino e outra para o feminino. Por exemplo: gato, gata, homem, mulher.
- **Uniformes:** quando apresentam uma única forma para ambos os gêneros. Nesse caso, eles estão divididos em:
  - **Epicenos:** usados para animais de ambos os sexos (macho e fêmea). Por exemplo: besouro, jacaré, albatroz.
  - **Comum de dois gêneros:** aqueles que designam pessoas. Nesse caso, a distinção é feita por um elemento ladeador (artigo, pronome). Por exemplo: o/a terrícola, o/a estudante, o/a dentista, o/a motorista.
  - **Sobrecomuns:** apresentam um só gênero gramatical para designar seres de ambos os sexos. Por exemplo: o indivíduo, a vítima, o algoz.

Em algumas situações, a mudança de gênero altera também o sentido do substantivo:
- O cabeça (líder).
- A cabeça (parte do corpo).

9.1.5 Número dos substantivos

Tentemos resumir as principais regras de formação do plural nos substantivos.

TERMINAÇÃO	VARIAÇÃO	EXEMPLO
vogal ou ditongo	acréscimo do S	barco – barcos
M	NS	pudim – pudins
ÃO (primeiro caso)	ÕES	ladrão – ladrões
ÃO (segundo caso)	ÃES	pão – pães
ÃO (terceiro caso)	S	cidadão – cidadãos
R	ES	mulher – mulheres
Z	ES	cartaz – cartazes
N	ES	abdômen – abdômenes
S (oxítonos)	ES	inglês – ingleses
AL, EL, OL, ULI	IS	tribunal – tribunais
IL (oxítonos)	S	barril – barris
IL (paroxítonos)	EIS	fóssil – fósseis
ZINHO, ZITO	S	anelzinho – aneizinhos

Alguns substantivos são grafados apenas no plural: alvíssaras, anais, antolhos, arredores, belas-artes, calendas, cãs, condolências, esponsais, exéquias, fastos, férias, fezes, núpcias, óculos, pêsames.

9.1.6 Grau do substantivo

Aumentativo/diminutivo

Analítico: quando se associam os adjetivos ao substantivo. Por exemplo: carro grande, pé pequeno.

Sintético: quando se adiciona ao substantivo sufixos indicadores de grau, carrão, pezinho.
- **Sufixos:**
  - **Aumentativos:** -ÁZIO, -ORRA, -OLA, -AZ, -ÃO, -EIRÃO, -ALHÃO, -ARÃO, -ARRÃO, -ZARRÃO.
  - **Diminutivos:** -ITO, -ULO-, -CULO, -OTE, -OLA, -IM, -ELHO, -INHO, -ZINHO. O sufixo -ZINHO é obrigatório quando o substantivo terminar em vogal tônica ou ditongo: cafezinho, paizinho etc.

O aumentativo pode exprimir tamanho (casarão), desprezo (sabichão, ministraço, poetastro) ou intimidade (amigão); enquanto o diminutivo pode indicar carinho (filhinho) ou ter valor pejorativo (livreco, casebre), além das noções de tamanho (bolinha).

9.2 Artigo

O artigo é a palavra variável que tem por função individualizar algo, ou seja, possui como função primordial indicar um elemento, por meio de definição ou indefinição da palavra que, pela anteposição do artigo, passa a ser substantivada. Os artigos se subdividem em:

- **Artigos definidos (O, A, OS, AS):** definem o substantivo a que se referem. Por exemplo:

  Hoje à tarde, falaremos sobre **a** aula da semana passada.
  Na última aula, falamos **do** conteúdo programático.

MORFOLOGIA

- **Artigos indefinidos (um, uma, uns, umas):** indefinem o substantivo a que se referem. Por exemplo:

    Assim que eu passar no concurso, eu irei comprar **um** carro.

    Pela manhã, papai, apareceu **um** homem da loja aqui.

É importante ressaltar que os artigos podem ser contraídos com algumas preposições essenciais, como demonstrado na tabela a seguir:

PREPOSIÇÕES	ARTIGO							
	DEFINIDO				INDEFINIDO			
	O	A	OS	AS	UM	UMA	UNS	UMAS
A	ao	à	aos	às	-	-	-	-
De	do	da	dos	das	dum	duma	duns	dumas
Em	no	na	nos	nas	num	numa	nuns	numas
Per	pelo	pela	pelos	pelas	-	-	-	-
Por	polo	pola	polos	polas	-	-	-	-

O artigo é utilizado para substantivar um termo. Ou seja, quer transformar algo em um substantivo? Coloque um artigo em sua frente.

Cantar alivia a alma. (Verbo)

O **cantar** alivia a alma. (Substantivo)

9.2.1 Emprego do artigo com a palavra "todo"

Quando inserimos artigos ao lado da palavra "todo", em geral, o sentido da expressão passa a designar totalidade. Como no exemplo abaixo:

Pobreza é um problema que acomete **todo país**. (todos os países)

Pobreza é um problema que acomete **todo o país**. (o país em sua totalidade).

9.3 Pronome

Em uma definição breve, podemos dizer que pronome é o termo que substitui um substantivo, desempenhando, na sentença em que aparece, uma função coesiva. Podemos dividir os pronomes em sete categorias, são elas: pessoais, tratamento, demonstrativos, relativos, indefinidos, interrogativos, possessivos.

Antes de partir para o estudo pormenorizado dos pronomes, vamos fazer uma classificação funcional deles quando empregados em uma sentença:

- **Pronomes substantivos:** são aqueles que ocupam o lugar do substantivo na sentença. Por exemplo:

    Alguém apareceu na sala ontem.

    Nós faremos todo o trabalho.

- **Pronomes adjetivos:** são aqueles que acompanham um substantivo na sentença. Por exemplo:

    Meus alunos são os mais preparados.

    Pessoa **alguma** fará tal serviço por **esse** valor.

9.3.1 Pronomes substantivos e adjetivos

É chamado **pronome substantivo** quando um pronome substitui um substantivo.

É chamado **pronome adjetivo** quando determina o substantivo com o qual se encontra.

9.3.2 Pronomes pessoais

Referem-se às pessoas do discurso, veja:

- Quem fala (1ª pessoa).
- Com quem se fala (2ª pessoa).
- De quem se fala (3ª pessoa).

Classificação dos pronomes pessoais (caso **reto** × caso **oblíquo**):

PESSOA GRAMATICAL	RETOS	OBLÍQUOS	
		ÁTONOS	TÔNICOS
1ª – Singular	eu	me	mim, comigo
2ª – Singular	tu	te	ti, contigo
3ª – Singular	ele, ela	o, a, lhe, se	si, consigo
1ª – Plural	nós	nos	nós, conosco
2ª – Plural	vós	vos	vós, convosco
3ª – Plural	eles, elas	os, as, lhes, se	si, consigo
Função	Sujeito	Complemento/Adjunto	

Veja a seguir o emprego de alguns pronomes (**certo** × **errado**).

Eu e tu × mim e ti

1ª regra: depois de preposição essencial, usa-se pronome oblíquo. Observe:

Entre mim e ti, não há acordo.

Sobre Manoel e ti, nada se pode falar.

Devo **a** ti esta conquista.

O presente é **para** mim.

Não saia **sem** mim.

Comprei um livro **para** ti.

Observe a preposição essencial destacada nas sentenças.

2ª regra: se o pronome utilizado na sentença for sujeito de um verbo, deve-se empregar os do caso reto.

Não saia sem **eu** deixar.

Comprei um livro para **tu** leres.

O presente é para **eu** desfrutar.

Observe que o pronome desempenha a função de sujeito do verbo destacado. Ou seja: "mim" não faz nada!

Não se confunda com as sentenças em que a ordem frasal está alterada. Deve-se, nesses casos, tentar colocar a sentença na ordem direta.

Para mim, fazer exercícios é muito bom. → Fazer exercícios é muito bom para mim.

Não é tarefa para mim realizar esta revisão. → Realizar esta revisão não é para mim.

Com causativos e sensitivos

Regra com verbos causativos (mandar, fazer, deixar) ou sensitivos (ver, ouvir, sentir): quando os pronomes oblíquos átonos são empregados com verbos causativos ou sensitivos, pode haver a possibilidade de desempenharem a função de sujeito de uma forma verbal próxima. Veja os exemplos:

Fiz **Juliana** chorar. (Sentença original).

Fi-**la** chorar. (Sentença reescrita com a substituição do termo Juliana pelo pronome oblíquo).

Em ambas as situações, a "Juliana é a chorona". Isso quer dizer que o termo feminino que está na sentença é sujeito do verbo "chorar". Pensando dessa maneira, entenderemos a primeira função da forma pronominal "la" que aparece na sentença reescrita.

Outro fator a ser considerado é que o verbo "fazer" necessita de um complemento, portanto, é um verbo transitivo. Ocorre que o complemento do verbo "fazer" não pode ter outro referente senão "Juliana". Então, entendemos que, na reescrita da frase, a forma pronominal "la" funciona como complemento do verbo "fazer" e sujeito do verbo "chorar".

Si e consigo

Esses pronomes somente podem ser empregados se se referirem ao sujeito da oração, pois possuem função reflexiva. Observe:

Alberto só pensa em si. ("Si" refere-se a "Alberto": sujeito do verbo "pensar").
O aluno levou as apostilas consigo. ("consigo" refere-se ao termo "aluno").

Estão erradas, portanto, frases como estas:

Creio muito em si, meu amigo.
Quero falar consigo.

Corrigindo:

Creio muito em você, meu amigo.
Quero falar contigo.

Conosco e convosco

As formas **"conosco"** e **"convosco"** são substituídas por **"com nós"** e **"com vós"** quando os pronomes pessoais são reforçados por palavras como **outros, mesmos, próprios, todos, ambos** ou **algum numeral**. Por exemplo:

Ele disse que iria com nós três.

Ele(s), ela(s) × o(s), a(s)

É muito comum ouvirmos frases como: "vi **ela** na esquina", "não queremos **eles** aqui". De acordo com as normas da Língua Portuguesa, é errado falar ou escrever assim, pois o pronome em questão está sendo utilizado fora de seu emprego original, ou seja, como um complemento (ao passo que deveria ser apenas sujeito). O certo é: "vi-**a** na esquina", "não **os** queremos aqui".

"O" e "a"

São **complementos diretos**, ou seja, são utilizados juntamente aos verbos transitivos diretos, ou nos bitransitivos, como no exemplo a seguir:

Comprei **um carro** para minha namorada = Comprei-**o** para ela. (Ocorreu a substituição do objeto direto)

É importante lembrar que há uma especificidade em relação à colocação dos pronomes "o" e "a" depois de algumas palavras:

- Se a palavra terminar em **R, S** ou **Z**: tais letras devem ser suprimidas e o pronome será empregado como **lo, la, los, las**.

    Fazer as tarefas = fazê-**las**.
    Querer o dinheiro = querê-**lo**.

- Se a palavra terminar com **ÃO, ÕE** ou **M**: tais letras devem ser mantidas e o pronome há de ser empregado como **no, na, nos, nas**.

    Compraram a casa = compraram-**na**.
    Compõe a canção = compõe-**na**.

Lhe

É um complemento indireto, equivalente a "a ele" ou "a ela". Ou seja, é empregado juntamente a um verbo transitivo indireto ou a um verbo bitransitivo, como no exemplo:

- Comprei um carro **para minha namorada** = comprei-lhe um carro. (Ocorreu a substituição do objeto indireto).

Muitas bancas gostam de trocar as formas "o" e "a" por "lhe", o que não pode ser feito sem que a sentença seja totalmente reelaborada.

9.3.3 Pronomes de tratamento

São pronomes de tratamento **você, senhor, senhora, senhorita, fulano, sicrano, beltrano** e as expressões que integram o quadro seguinte:

PRONOME	ABREVIATURA SINGULAR	ABREVIATURA PLURAL
Vossa Excelência(s)	V. Ex.ª	V. Ex.ªs
USA-SE PARA:		
Presidente (sem abreviatura), ministro, embaixador, governador, secretário de Estado, prefeito, senador, deputado federal e estadual, juiz, general, almirante, brigadeiro e presidente de câmara de vereadores.		
PRONOME	**ABREVIATURA SINGULAR**	**ABREVIATURA PLURAL**
Vossa(s) Magnificência(s)	V. Mag.ª	V. Mag.ªs
USA-SE PARA:		
Reitor de universidade para o qual também se pode usar V. Ex.ª.		
PRONOME	**ABREVIATURA SINGULAR**	**ABREVIATURA PLURAL**
Vossa(s) Senhoria(s)	V. Sª	V. S.ªs
USA-SE PARA:		
Qualquer autoridade ou pessoa civil não citada acima.		

MORFOLOGIA

PRONOME	ABREVIATURA SINGULAR	ABREVIATURA PLURAL
Vossa(s) Santidade(s)	V. S	VV. SS.
USA-SE PARA:		
Papa.		

PRONOME	ABREVIATURA SINGULAR	ABREVIATURA PLURAL
Vossa(s) Eminência(s)	V. Em.ª	V. Em.ªs
USA-SE PARA:		
Cardeal.		

PRONOME	ABREVIATURA SINGULAR	ABREVIATURA PLURAL
Vossa(s) Excelência(s) Reverendíssima(s)	V. Exª. Rev.ma	V. Ex.ªs. Rev.mas
USA-SE PARA:		
Arcebispo e bispo.		

PRONOME	ABREVIATURA SINGULAR	ABREVIATURA PLURAL
Vossa(s) Reverendíssima(s)	V. Rev.ma	V. Rev.mas
Usa-se para:		
Autoridade religiosa inferior às acima citadas.		

PRONOME	ABREVIATURA SINGULAR	ABREVIATURA PLURAL
Vossa(s) Reverência(s)	V. Rev.ª	V. Rev.mas
USA-SE PARA:		
Religioso sem graduação.		

PRONOME	ABREVIATURA SINGULAR	ABREVIATURA PLURAL
Vossa(s) Majestade(s)	V. M.	VV. MM.
USA-SE PARA:		
Rei e imperador.		

PRONOME	ABREVIATURA SINGULAR	ABREVIATURA PLURAL
Vossa(s) Alteza(s)	V. A.	VV. AA.
USA-SE PARA:		
Príncipe, arquiduque e duque.		

Todas essas expressões se apresentam também com "Sua" para cujas abreviaturas basta substituir o "V" por "S".

Emprego dos pronomes de tratamento

- **Vossa Excelência** etc. × **Sua Excelência** etc.

Os pronomes de tratamento iniciados com "Vossa(s)" empregam-se em uma relação direta, ou seja, indicam o nosso interlocutor, pessoa com quem falamos:

Soube que V. Ex.ª, Senhor Ministro, falou que não estava interessado no assunto da reunião.

Empregaremos o pronome com a forma "sua" quando a relação não é direta, ou seja, quando falamos sobre a pessoa:

A notícia divulgada é de que Sua Excelência, o Presidente da República, foi flagrado em uma boate.

Utilização da 3ª pessoa

Os pronomes de tratamento são de 3ª pessoa; portanto, todos os elementos relacionados a eles devem ser empregados também na 3ª pessoa, para que se mantenha a uniformidade:

É preciso que V. Ex.ª **diga** qual será o **seu** procedimento no caso em questão, a fim de que seus assessores possam agir a tempo.

Uniformidade de tratamento

No momento da escrita ou da fala, não é possível ficar fazendo "dança das pessoas" com os pronomes. Isso quer dizer que se deve manter a uniformidade de tratamento. Para tanto, se for utilizada 3ª pessoa no início de uma sentença, ela deve permanecer ao longo de todo o texto. Preste atenção para ver como ficou estranha a construção abaixo:

Quando **você** chegar, eu **te** darei o presente.

"Você" é de 3ª pessoa e "te" é de 2ª pessoa. Não há motivo para cometer tal engano. Tome cuidado, portanto. Podemos corrigir a sentença:

Quando tu chegares, eu te darei o presente.
Quando você chegar, eu lhe darei o presente.

9.3.4 Pronomes possessivos

São os pronomes que atribuem posse de algo às pessoas do discurso. Eles podem estar em:
- **1ª pessoa do singular:** meu, minha, meus, minhas.
- **2ª pessoa do singular:** teu, tua, teus, tuas.
- **3ª pessoa do singular:** seu, sua, seus, suas.
- **1ª pessoa do plural:** nosso, nossa, nossos, nossas.
- **2ª pessoa do plural:** vosso, vossa, vossos, vossas.
- **3ª pessoa do plural:** seu, sua, seus, suas.

Emprego

- Ambiguidade: "seu", "sua", "seus" e "suas" são os reis da ambiguidade (duplicidade de sentido).

    O policial prendeu o maconheiro em **sua** casa. (casa de quem?).
    Meu pai levou meu tio para casa em **seu** carro. (no carro de quem?).

- Corrigindo:

    O policial prendeu o maconheiro na casa **deste**.
    Meu pai, em **seu** carro, levou meu tio para casa.

- Emprego especial: não se usam os possessivos em relação às partes do corpo ou às faculdades do espírito. Devemos, pois, dizer:

    Machuquei a mão. (E não "a minha mão").
    Ele bateu a cabeça. (E não "a sua cabeça").
    Perdeste a razão? (E não "a tua razão").

9.3.5 Pronomes demonstrativos

São os que localizam ou identificam o substantivo ou uma expressão no espaço, no tempo ou no texto.

- **1ª pessoa:**

    Masculino: este(s).
    Feminino: esta(s).
    Neutro: isto.
    No espaço: com o falante.
    No tempo: presente.
    No texto: o que se pretende dizer ou o imediatamente retomado.

- **2ª pessoa**

    Masculino: esse(s).
    Feminino: essa(s).
    Neutro: isso.
    No espaço: pouco afastado.
    No tempo: passado ou futuro próximos.
    No texto: o que se disse anteriormente.

- **3ª pessoa**

    Masculino: aquele(s).
    Feminino: aquela(s).
    Neutro: aquilo.
    No espaço: muito afastado.
    No tempo: passado ou futuro distantes.
    No texto: o que se disse há muito ou o que se pretende dizer.

Quando o pronome retoma algo já mencionado no texto, dizemos que ele possui função **anafórica**. Quando aponta para algo que será dito, dizemos que possui função **catafórica**. Essa nomenclatura começou a ser cobrada em algumas questões de concurso público, portanto, é importante ter esses conceitos na ponta da língua.

Exemplos de emprego dos demonstrativos:

Veja **este** livro que eu trouxe, é muito bom.
Você deve estudar mais! **Isso** é o que eu queria dizer.
Vê **aquele** mendigo lá na rua? Terrível futuro o aguarda.

Há outros pronomes demonstrativos: **o, a, os, as**, quando antecedem o relativo que e podem ser permutados por **aquele(s), aquela(s), aquilo**. Veja os exemplos:

Não entendi o que disseste. (Não entendi aquilo que disseste.).
Esta rua não é a que te indiquei. (Esta rua não é aquela que te indiquei.).

Tal: quando puder ser permutado por qualquer demonstrativo:

Não acredito que você disse **tal** coisa. (Aquela coisa).

Semelhante: quando puder ser permutado por qualquer demonstrativo:

Jamais me prestarei a **semelhante** canalhice. (Esta canalhice).

Mesmo: quando modificar os pronomes eu, tu, nós e vós:

Eu **mesmo** investiguei o caso.

De modo análogo, classificamos o termo "**próprio**" (eu próprio, ela própria).

O termo "**mesmo**" pode ainda funcionar como pronome neutro em frases como: "é o mesmo", "vem a ser o mesmo".

Vejamos mais alguns exemplos:

José e João são alunos do ensino médio. Este gosta de matemática, **aquele** gosta de português.

Veja que a verdadeira relação estabelecida pelos pronomes demonstrativos focaliza, por meio do "este" o elemento mais próximo, por meio do "aquele" o elemento mais afastado.

Esta sala precisa de bons professores.
Gostaria de que esse órgão pudesse resolver meu problema.

Este(s), esta(s), isto indicam o local de onde escrevemos. **Esse(s), essa(s), isso** indicam o local em que se encontra o nosso interlocutor.

9.3.6 Pronomes relativos

São termos que relacionam palavras em um encadeamento. Os relativos da Língua Portuguesa são:

- **Que:** quando puder ser permutado por "o qual" ou um de seus termos derivados. Utiliza-se o pronome "que" para referências a pessoas ou coisas.

    O peão a **que** me refiro é Jonas.

- **O qual:** empregado para referência a coisas ou pessoas.

    A casa **na qual** houve o tiroteio foi interditada.

- **Quem:** é equivalente a dois pronomes: "aquele" e "que".

    O homem para **quem** se enviou a correspondência é Alberto.

- **Quanto:** será relativo quando seu antecedente for o termo "tudo".

    Não gastes tudo **quanto** tens.

- **Onde:** é utilizado para estabelecer referência a lugares, sendo permutável por "em que" ou "no qual" e seus derivados.

    O estado para **onde** vou é Minas Gerais.

- **Cujo:** possui um sentido possessivo. Não permite permuta por outro relativo. Também é preciso lembrar que o pronome "cujo" não admite artigo, pois já é variável (cujo/cuja, jamais "cujo o", "cuja a").

    Cara, o pedreiro em **cujo** serviço podemos confiar é Marcelino.

> A preposição que está relacionada ao pronome é, em grande parte dos casos, oriunda do verbo que aparece posteriormente na sentença.

9.3.7 Pronomes indefinidos

São os pronomes que se referem, de forma imprecisa e vaga, à 3ª pessoa do discurso.

Eles podem ser:

- **Pronomes indefinidos substantivos:** têm função de substantivo: alguém, algo, nada, tudo, ninguém.
- **Pronomes indefinidos adjetivos:** têm função de adjetivo: cada, certo(s), certa (s).
- **Que variam entre pronomes adjetivos e substantivos:** variam de acordo com o contexto: algum, alguma, bastante, demais, mais, qual etc.

VARIÁVEIS				INVARIÁVEIS
MASCULINO		FEMININO		
SINGULAR	PLURAL	SINGULAR	PLURAL	
Algum	Alguns	Alguma	Algumas	Alguém
Certo	Certos	Certa	Certas	Algo
Muito	Muitos	Muita	Muitas	Nada
Nenhum	Nenhuns	Nenhuma	Nenhumas	Ninguém
Outro	Outros	Outra	Outras	Outrem
Qualquer	Quaisquer	Qualquer	Quaisquer	Cada
Quando	Quantos	Quanta	Quantas	-
Tanto	Tantos	Tanta	Tantas	-
Todo	Todos	Toda	Todas	Tudo
Vário	Vários	Vária	Várias	-
Pouco	Poucos	Pouca	Poucas	-

Fique bem atento para as alterações de sentido relacionadas às mudanças de posição dos pronomes indefinidos.

> Alguma pessoa passou por aqui ontem. (Alguma pessoa = ao menos uma pessoa).
>
> Pessoa alguma passou por aqui ontem. (Pessoa alguma = ninguém).

Locuções pronominais indefinidas

"Cada qual", "cada um", "seja qual for", "tal qual", "um ou outro" etc.

9.3.8 Pronomes interrogativos

Chamam-se interrogativos os pronomes **que, quem, qual** e **quanto**, empregados para formular uma pergunta direta ou indireta:

Que conteúdo estão estudando?

Diga-me **que** conteúdo estão estudando.

Quem vai passar no concurso?

Gostaria de saber **quem** vai passar no concurso.

Qual dos livros preferes?

Não sei **qual** dos livros preferes.

Quantos de coragem você tem?

Pergunte **quanto** de coragem você tem.

9.4 Verbo

É a palavra com que se expressa uma ação (cantar, vender), um estado (ser, estar), mudança de estado (tornar-se) ou fenômeno da natureza (chover).

Quanto à noção que expressam, os verbos podem ser classificados da seguinte maneira:

- **Verbos relacionais:** exprimem estado ou mudança de estado. São os chamados verbos de ligação.
- **Verbos de ligação: ser, estar, continuar, andar, parecer, permanecer, ficar, tornar-se** etc.
- **Verbos nocionais:** exprimem ação ou fenômeno da natureza. São os chamados verbos significativos.

Os verbos nocionais podem ser classificados da seguinte maneira:

- **Verbo Intransitivo (VI):** diz-se daquele que não necessita de um complemento para que se compreenda a ação verbal. Por exemplo: "morrer", "cantar", "sorrir", "nascer", "viver".
- **Verbo Transitivo (VT):** diz-se daquele que necessita de um complemento para expressar o afetado pela ação verbal. Divide-se em três tipos:
    - **Diretos (VTD):** não possuem preposição para ligar o complemento verbal ao verbo. São exemplos os verbos "querer", "comprar", "ler", "falar" etc.
    - **Indiretos (VTI):** possuem preposição para ligar o complemento verbal ao verbo. São exemplos os verbos "gostar", "necessitar", "precisar", "acreditar" etc.
    - **Diretos e Indiretos (VTDI) ou bitransitivos:** possuem dois complementos, um não preposicionado, outro com preposição. São exemplos os verbos "pagar", "perdoar", "implicar" etc.

Preste atenção na dica que segue:

> João morreu. (Quem morre, morre. Não é preciso um complemento para entender o verbo).
>
> Eu quero um aumento. (Quem quer, quer alguma coisa. É preciso um complemento para entender o sentido do verbo).
>
> Eu preciso de um emprego. (Quem precisa, precisa "de" alguma coisa. Deve haver uma preposição para ligar o complemento ao seu verbo).
>
> Mário pagou a conta ao padeiro. (Quem paga, paga algo a alguém. Há um complemento com preposição e um complemento sem preposição).

9.4.1 Estrutura e conjugação dos verbos

Os verbos possuem:

- **Raiz:** o que lhes guarda o sentido (**cant**ar, **corr**er, **sorr**ir).
- **Vogal temática:** o que lhes garante a família conjugacional (AR, ER, IR).
- **Desinências:** o que ajuda a conjugar ou nominalizar o verbo (cant**ando**, cant**ávamos**).

Os verbos apresentam três conjugações, ou seja, três famílias conjugacionais. Em função da vogal temática, podem-se criar três paradigmas verbais. De acordo com a relação dos verbos com esses paradigmas, obtém-se a seguinte classificação:

- **Regulares:** seguem o paradigma verbal de sua conjugação sem alterar suas raízes (amar, vender, partir).
- **Irregulares:** não seguem o paradigma verbal da conjugação a que pertencem. As irregularidades podem aparecer na raiz ou nas desinências (ouvir – ouço/ouve, estar – estou/estão).
- **Anômalos:** apresentam profundas irregularidades. São classificados como anômalos em todas as gramáticas os verbos "ser" e "ir".

- **Defectivos:** não são conjugados em determinadas pessoas, tempo ou modo, portanto, apresentam algum tipo de "defeito" ("falir", no presente do indicativo, só apresenta a 1ª e a 2ª pessoa do plural). Os defectivos distribuem-se em grupos:
  - Impessoais.
  - Unipessoais: vozes ou ruídos de animais, só conjugados nas terceiras pessoas.
  - Antieufônicos: a sonoridade permite confusão com outros verbos – "demolir"; "falir", "abolir" etc.
- **Abundantes:** apresentam mais de uma forma para uma mesma conjugação.

Existe abundância **conjugacional** e **participial**. A primeira ocorre na conjugação de algumas formas verbais, como o verbo "haver", que admite "nós havemos/hemos", "vós haveis/heis". A segunda ocorre com as formas nominais de particípio.

A seguir segue uma lista dos principais abundantes na forma participial.

VERBOS	PARTICÍPIO REGULAR – EMPREGADO COM OS AUXILIARES "TER" E "HAVER"	PARTICÍPIO IRREGULAR – EMPREGADO COM OS AUXILIARES "SER", "ESTAR" E "FICAR"
aceitar	aceitado	aceito
acender	acendido	aceso
benzer	benzido	bento
eleger	elegido	eleito
entregar	entregado	entregue
enxugar	enxugado	enxuto
expressar	expressado	expresso
expulsar	expulsado	expulso
extinguir	extinguido	extinto
matar	matado	morto
prender	prendido	preso
romper	rompido	roto
salvar	salvado	salvo
soltar	soltado	solto
suspender	suspendido	suspenso
tingir	tingido	tinto

9.4.2 Flexão verbal

Relativamente à flexão verbal, anotamos:
- **Número:** singular ou plural.
- **Pessoa gramatical:** 1ª, 2ª ou 3ª.

Tempo: referência ao momento em que se fala (pretérito, presente ou futuro). O modo imperativo só tem um tempo, o presente.
- **Voz:** ativa, passiva, reflexiva e recíproca (que trabalharemos mais tarde).
- **Modo:** indicativo (certeza de um fato ou estado), subjuntivo (possibilidade ou desejo de realização de um fato ou incerteza do estado) e imperativo (expressa ordem, advertência ou pedido).

9.4.3 Formas nominais do verbo

As três formas nominais do verbo (infinitivo, gerúndio e particípio) não possuem função exclusivamente verbal.
- **Infinitivo:** assemelha-se ao substantivo, indica algo atemporal – o nome do verbo, sua desinência característica é a letra R: amar, realçar, ungir etc.
- **Gerúndio:** equipara-se ao adjetivo ou advérbio pelas circunstâncias que exprime de ação em processo. Sua desinência característica é -**NDO**: ama**ndo**, realça**ndo**, ungi**ndo** etc.
- **Particípio:** tem valor e forma de adjetivo – pode também indicar ação concluída, sua desinência característica é -**ADO** ou -**IDO** para as formas regulares: am**ado**, realç**ado**, ung**ido** etc.

9.4.4 Tempos verbais

Dentro do **modo indicativo**, anotamos os seguintes tempos:
- **Presente do indicativo:** indica um fato situado no momento ou época em que se fala.

  Eu amo, eu vendo, eu parto.
- **Pretérito perfeito do indicativo:** indica um fato cuja ação foi iniciada e concluída no passado.

  Eu amei, eu vendi, eu parti.
- **Pretérito imperfeito do indicativo:** indica um fato cuja ação foi iniciada no passado, mas não foi concluída ou era uma ação costumeira no passado.

  Eu amava, eu vendia, eu partia.
- **Pretérito mais-que-perfeito do indicativo:** indica um fato cuja ação é anterior a outra ação já passada.

  Eu amara, eu vendera, eu partira.
- **Futuro do presente do indicativo:** indica um fato situado em momento ou época vindoura.

  Eu amarei, eu venderei, eu partirei.
- **Futuro do pretérito do indicativo:** indica um fato possível, hipotético, situado num momento futuro, mas ligado a um momento passado.

  Eu amaria, eu venderia, eu partiria.

Dentro do **modo subjuntivo**, anotamos os seguintes tempos:
- Presente do subjuntivo: indica um fato provável, duvidoso ou hipotético, situado no momento ou época em que se fala. Para facilitar a conjugação, utilize a conjunção "que".

  Que eu ame, que eu venda, que eu parta.
- Pretérito imperfeito do subjuntivo: indica um fato provável, duvidoso ou hipotético, cuja ação foi iniciada, mas não concluída no passado. Para facilitar a conjugação, utilize a conjunção "se".

  Se eu amasse, se eu vendesse, se eu partisse.
- Futuro do subjuntivo: indica um fato provável, duvidoso, hipotético, situado num momento ou época futura. Para facilitar a conjugação, utilize a conjunção "quando".

  Quando eu amar, quando eu vender, quando eu partir.

9.4.5 Tempos compostos da voz ativa

Constituem-se pelos verbos auxiliares "**ter**" ou "**haver**" + particípio do verbo que se quer conjugar, dito principal.

No **modo indicativo**, os tempos compostos são formados da seguinte maneira:
- **Pretérito perfeito:** presente do indicativo do auxiliar + particípio do verbo principal (tenho amado).
- **Pretérito mais-que-perfeito:** pretérito imperfeito do indicativo do auxiliar + particípio do verbo principal (tinha amado).
- **Futuro do presente:** futuro do presente do indicativo do auxiliar + particípio do verbo principal (terei amado).
- **Futuro do pretérito:** futuro do pretérito indicativo do auxiliar + particípio do verbo principal (teria amado).

MORFOLOGIA

No **modo subjuntivo,** a formação se dá da seguinte maneira:
- **Pretérito perfeito:** presente do subjuntivo do auxiliar + particípio do verbo principal (tenha amado).
- **Pretérito mais-que-perfeito:** imperfeito do subjuntivo do auxiliar + particípio do verbo principal (tivesse amado).
- **Futuro composto:** futuro do subjuntivo do auxiliar + particípio do verbo principal (tiver amado).

Quanto às **formas nominais**, elas são formadas da seguinte maneira:
- **Infinitivo composto:** infinitivo pessoal ou impessoal do auxiliar + particípio do verbo principal (ter vendido/teres vendido).
- **Gerúndio composto:** gerúndio do auxiliar + particípio do verbo principal (tendo partido).

9.4.6 Vozes verbais

Quanto às vozes, os verbos apresentam voz:
- **Ativa:** o sujeito é agente da ação verbal.

  O corretor vende casas.
- **Passiva:** o sujeito é paciente da ação verbal.

  Casas são vendidas **pelo corretor**.
- **Reflexiva:** o sujeito é agente e paciente da ação verbal.

  A garota feriu-**se** ao cair da escada.
- **Recíproca:** há uma ação mútua descrita na sentença.

  Os amigos entreolh**aram-se**.

Voz passiva: sua característica é possuir um sujeito paciente, ou seja, que é afetado pela ação do verbo.
- **Analítica:** verbo auxiliar + particípio do verbo principal. Isso significa que há uma locução verbal de voz passiva.

  Casas **são *vendidas*** pelo corretor.

  Ele fez o trabalho – O trabalho **foi feito** por ele (mantido o pretérito perfeito do indicativo).

  O vento ia levando as folhas – As folhas iam **sendo levadas** pelo vento (mantido o gerúndio do verbo principal em um dos auxiliares).

  Vereadores entregarão um prêmio ao gari – Um prêmio **será entregue** ao gari por vereadores (veja como a flexão do futuro se mantém na locução).
- **Sintética:** verbo apassivado pelo termo "se" (partícula apassivadora) + sujeito paciente.

  Roubou-se **o dinheiro do povo**.

  Fez-se **o trabalho** com pressa.

É comum observar, em provas de concurso público, questões que mostram uma voz passiva sintética como aquela que é proveniente de uma ativa com sujeito indeterminado.

Alguns verbos da língua portuguesa apresentam **problemas de conjugação**:

Compraram um carro novo (ativa).

Comprou-se um carro novo (passiva sintética).

9.4.7 Verbos com a conjugação irregular

Abolir: defectivo – não possui a 1ª pessoa do singular do presente do indicativo, por isso não possui presente do subjuntivo e o imperativo negativo. (= banir, carpir, colorir, delinquir, demolir, descomedir-se, emergir, exaurir, fremir, fulgir, haurir, retorquir, urgir).

Acudir: alternância vocálica O/U no presente do indicativo – acudo, acodes etc. Pretérito perfeito do indicativo com U. (= bulir, consumir, cuspir, engolir, fugir).

Adequar: defectivo – só possui a 1ª e a 2ª pessoa do plural no presente do indicativo.

Aderir: alternância vocálica E/I no presente do indicativo – adiro, adere etc. (= advertir, cerzir, despir, diferir, digerir, divergir, ferir, sugerir).

Agir: acomodação gráfica G/J no presente do indicativo – ajo, ages etc. (= afligir, coagir, erigir, espargir, refulgir, restringir, transigir, urgir).

Agredir: alternância vocálica E/I no presente do indicativo – agrido, agrides, agride, agredimos, agredis, agridem. (= prevenir, progredir, regredir, transgredir).

Aguar: regular. Presente do indicativo – águo, águas etc. Pretérito perfeito do indicativo – aguei, aguaste, aguou, aguamos, aguastes, aguaram. (= desaguar, enxaguar, minguar).

Aprazer: irregular. Presente do indicativo – aprazo, aprazes, apraz etc. Pretérito perfeito do indicativo – aprouve, aprouveste, aprouve, aprouvemos, aprouvestes, aprouveram.

Arguir: irregular com alternância vocálica O/U no presente do indicativo – arguo (ú), arguis, argui, arguimos, arguis, arguem. Pretérito perfeito – argui, arguiste etc.

Atrair: irregular. Presente do indicativo – atraio, atrais etc. Pretérito perfeito – atraí, atraíste etc. (= abstrair, cair, distrair, sair, subtrair).

Atribuir: irregular. Presente do indicativo – atribuo, atribuis, atribui, atribuímos, atribuís, atribuem. Pretérito perfeito – atribuí, atribuíste, atribuiu etc. (= afluir, concluir, destituir, excluir, instruir, possuir, usufruir).

Averiguar: alternância vocálica O/U no presente do indicativo – averiguo (ú), averiguas (ú), averigua (ú), averiguamos, averiguais, averiguam (ú). Pretérito perfeito – averiguei, averiguaste etc. Presente do subjuntivo – averigue, averigues, averigue etc. (= apaziguar).

Cear: irregular. Presente do indicativo – ceio, ceias, ceia, ceamos, ceais, ceiam. Pretérito perfeito indicativo – ceei, ceaste, ceou, ceamos, ceastes, cearam. (= verbos terminados em -ear: falsear, passear... - alguns apresentam pronúncia aberta: estreio, estreia...).

Coar: irregular. Presente do indicativo – coo, côas, côa, coamos, coais, coam. Pretérito perfeito – coei, coaste, coou etc. (= abençoar, magoar, perdoar).

Comerciar: regular. Presente do indicativo – comercio, comerciais etc. Pretérito perfeito – comerciei etc. (= verbos em -iar, exceto os seguintes verbos: mediar, ansiar, remediar, incendiar, odiar).

Compelir: alternância vocálica E/I. Presente do indicativo – compilo, compeles etc. Pretérito perfeito indicativo – compeli, compeliste.

Compilar: regular. Presente do indicativo – compilo, compilas, compila etc. Pretérito perfeito indicativo – compilei, compilaste etc.

Construir: irregular e abundante. Presente do indicativo – construo, constróis, constrói, construímos, construís, constroem. Pretérito perfeito indicativo – construí, construíste etc.

Crer: irregular. Presente do indicativo – creio, crês, crê, cremos, credes, creem. Pretérito perfeito indicativo – cri, creste, creu, cremos, crestes, creram. Imperfeito indicativo – cria, crias, cria, críamos, críeis, criam.

Falir: defectivo. Presente do indicativo – falimos, falis. Pretérito perfeito indicativo – fali, faliste etc. (= aguerrir, combalir, foragir-se, remir, renhir).

Frigir: acomodação gráfica G/J e alternância vocálica E/I. Presente do indicativo – frijo, freges, frege, frigimos, frigis, fregem. Pretérito perfeito indicativo – frigi, frigiste etc.

Ir: irregular. Presente do indicativo – vou, vais, vai, vamos, ides, vão. Pretérito perfeito indicativo – fui, foste etc. Presente subjuntivo – vá, vás, vá, vamos, vades, vão.

Jazer: irregular. Presente do indicativo – jazo, jazes etc. Pretérito perfeito indicativo – jázi, jazeste, jazeu etc.

Mobiliar: irregular. Presente do indicativo – mobílio, mobílias, mobília, mobiliamos, mobiliais, mobíliam. Pretérito perfeito indicativo – mobiliei, mobiliaste.

Obstar: regular. Presente do indicativo – obsto, obstas etc. Pretérito perfeito indicativo – obtei, obstaste etc.

Pedir: irregular. Presente do indicativo – peço, pedes, pede, pedimos, pedis, pedem. Pretérito perfeito indicativo – pedi, pediste etc. (= despedir, expedir, medir).

Polir: alternância vocálica E/I. Presente do indicativo – pulo, pules, pule, polimos, polis, pulem. Pretérito perfeito indicativo – poli, poliste etc.

Precaver-se: defectivo e pronominal. Presente do indicativo – precavemo-nos, precaveis-vos. Pretérito perfeito indicativo – precavi-me, precaveste-te etc.

Prover: irregular. Presente do indicativo – provejo, provês, provê, provemos, provedes, proveem. Pretérito perfeito indicativo – provi, proveste, proveu etc.

Reaver: defectivo. Presente do indicativo – reavemos, reaveis. Pretérito perfeito indicativo – reouve, reouveste, reouve etc. (verbo derivado do haver, mas só é conjugado nas formas verbais com a letra v).

Remir: defectivo. Presente do indicativo – remimos, remis. Pretérito perfeito indicativo – remi, remiste etc.

Requerer: irregular. Presente do indicativo – requeiro, requeres etc. Pretérito perfeito indicativo – requeri, requereste, requereu etc. (Derivado do querer, diferindo dele na 1ª pessoa do singular do presente do indicativo e no pretérito perfeito do indicativo e derivados, sendo regular).

Rir: irregular. Presente do indicativo – rio, ris, ri, rimos, rides, riem. Pretérito perfeito indicativo – ri, riste. (= sorrir).

Saudar: alternância vocálica. Presente do indicativo – saúdo, saúdas etc. Pretérito perfeito indicativo – saudei, saudaste etc.

Suar: regular. Presente do indicativo – suo, suas, sua etc. Pretérito perfeito indicativo – suei, suaste, sou etc. (= atuar, continuar, habituar, individuar, recuar, situar).

Valer: irregular. Presente do indicativo – valho, vales, vale etc. Pretérito perfeito indicativo – vali, valeste, valeu etc.

Também merecem atenção os seguintes verbos irregulares:
▷ **Pronominais:** apiedar-se, dignar-se, persignar-se, precaver-se.

- **Caber**
    Presente do indicativo: caibo, cabes, cabe, cabemos, cabeis, cabem.
    Presente do subjuntivo: caiba, caibas, caiba, caibamos, caibais, caibam.
    Pretérito perfeito do indicativo: coube, coubeste, coube, coubemos, coubestes, couberam.
    Pretérito mais-que-perfeito do indicativo: coubera, couberas, coubera, coubéramos, coubéreis, couberam.
    Pretérito imperfeito do subjuntivo: coubesse, coubesses, coubesse, coubéssemos, coubésseis, coubessem.
    Futuro do subjuntivo: couber, couberes, couber, coubermos, couberdes, couberem.

- **Dar**
    Presente do indicativo: dou, dás, dá, damos, dais, dão.
    Presente do subjuntivo: dê, dês, dê, demos, deis, deem.
    Pretérito perfeito do indicativo: dei, deste, deu, demos, destes, deram.
    Pretérito mais-que-perfeito do indicativo: dera, deras, dera, déramos, déreis, deram.
    Pretérito imperfeito do subjuntivo: desse, desses, desse, déssemos, désseis, dessem.
    Futuro do subjuntivo: der, deres, der, dermos, derdes, derem.

- **Dizer**
    Presente do indicativo: digo, dizes, diz, dizemos, dizeis, dizem.
    Presente do subjuntivo: diga, digas, diga, digamos, digais, digam.
    Pretérito perfeito do indicativo: disse, disseste, disse, dissemos, dissestes, disseram.
    Pretérito mais-que-perfeito do indicativo: dissera, disseras, dissera, disséramos, disséreis, disseram.
    Futuro do presente: direi, dirás, dirá etc.
    Futuro do pretérito: diria, dirias, diria etc.
    Pretérito imperfeito do subjuntivo: dissesse, dissesses, dissesse, disséssemos, dissésseis, dissessem.
    Futuro do subjuntivo: disser, disseres, disser, dissermos, disserdes, disserem.

- **Estar**
    Presente do indicativo: estou, estás, está, estamos, estais, estão.
    Presente do subjuntivo: esteja, estejas, esteja, estejamos, estejais, estejam.
    Pretérito perfeito do indicativo: estive, estiveste, esteve, estivemos, estivestes, estiveram.
    Pretérito mais-que-perfeito do indicativo: estivera, estiveras, estivera, estivéramos, estivéreis, estiveram.
    Pretérito imperfeito do subjuntivo: estivesse, estivesses, estivesse, estivéssemos, estivésseis, estivessem.
    Futuro do subjuntivo: estiver, estiveres, estiver, estivermos, estiverdes, estiverem.

- **Fazer**
    Presente do indicativo: faço, fazes, faz, fazemos, fazeis, fazem.
    Presente do subjuntivo: faça, faças, faça, façamos, façais, façam.
    Pretérito perfeito do indicativo: fiz, fizeste, fez, fizemos, fizestes, fizeram.
    Pretérito mais-que-perfeito do indicativo: fizera, fizeras, fizera, fizéramos, fizéreis, fizeram.
    Pretérito imperfeito do subjuntivo: fizesse, fizesses, fizesse, fizéssemos, fizésseis, fizessem.
    Futuro do subjuntivo: fizer, fizeres, fizer, fizermos, fizerdes, fizerem.

Seguem esse modelo os verbos: desfazer, liquefazer e satisfazer.
Os particípios destes verbos e seus derivados são irregulares: feito, desfeito, liquefeito, satisfeito etc.

- **Haver**
    Presente do indicativo: hei, hás, há, havemos, haveis, hão.
    Presente do subjuntivo: haja, hajas, haja, hajamos, hajais, hajam.
    Pretérito perfeito do indicativo: houve, houveste, houve, houvemos, houvestes, houveram.
    Pretérito mais-que-perfeito do indicativo: houvera, houveras, houvera, houvéramos, houvéreis, houveram.
    Pretérito imperfeito do subjuntivo: houvesse, houvesses, houvesse, houvéssemos, houvésseis, houvessem.
    Futuro do subjuntivo: houver, houveres, houver, houvermos, houverdes, houverem.

- **Ir**
    Presente do indicativo: vou, vais, vai, vamos, ides, vão.
    Presente do subjuntivo: vá, vás, vá, vamos, vades, vão.
    Pretérito imperfeito do indicativo: ia, ias, ia, íamos, íeis, iam.
    Pretérito perfeito do indicativo: fui, foste, foi, fomos, fostes, foram.
    Pretérito mais-que-perfeito do indicativo: fora, foras, fora, fôramos, fôreis, foram.

MORFOLOGIA

Pretérito imperfeito do subjuntivo: fosse, fosses, fosse, fôssemos, fôsseis, fossem.
Futuro do subjuntivo: for, fores, for, formos, fordes, forem.

- **Poder**
  Presente do indicativo: posso, podes, pode, podemos, podeis, podem.
  Presente do subjuntivo: possa, possas, possa, possamos, possais, possam.
  Pretérito perfeito do indicativo: pude, pudeste, pôde, pudemos, pudestes, puderam.
  Pretérito mais-que-perfeito do indicativo: pudera, puderas, pudera, pudéramos, pudéreis, puderam.
  Pretérito imperfeito do subjuntivo: pudesse, pudesses, pudesse, pudéssemos, pudésseis, pudessem.
  Futuro do subjuntivo: puder, puderes, puder, pudermos, puderdes, puderem.

- **Pôr**
  Presente do indicativo: ponho, pões, põe, pomos, pondes, põem.
  Presente do subjuntivo: ponha, ponhas, ponha, ponhamos, ponhais, ponham.
  Pretérito imperfeito do indicativo: punha, punhas, punha, púnhamos, púnheis, punham.
  Pretérito perfeito do indicativo: pus, puseste, pôs, pusemos, pusestes, puseram.
  Pretérito mais-que-perfeito do indicativo: pusera, puseras, pusera, puséramos, puséreis, puseram.
  Pretérito imperfeito do subjuntivo: pusesse, pusesses, pusesse, puséssemos, pusésseis, pusessem.
  Futuro do subjuntivo: puser, puseres, puser, pusermos, puserdes, puserem.

Todos os derivados do verbo pôr seguem exatamente este modelo: antepor, compor, contrapor, decompor, depor, descompor, dispor, expor, impor, indispor, interpor, opor, pospor, predispor, pressupor, propor, recompor, repor, sobrepor, supor, transpor são alguns deles.

- **Querer**
  Presente do indicativo: quero, queres, quer, queremos, quereis, querem.
  Presente do subjuntivo: queira, queiras, queira, queiramos, queirais, queiram.
  Pretérito perfeito do indicativo: quis, quiseste, quis, quisemos, quisestes, quiseram.
  Pretérito mais-que-perfeito do indicativo: quisera, quiseras, quisera, quiséramos, quiséreis, quiseram.
  Pretérito imperfeito do subjuntivo: quisesse, quisesses, quisesse, quiséssemos, quisésseis, quisessem.
  Futuro do subjuntivo: quiser, quiseres, quiser, quisermos, quiserdes, quiserem.

- **Saber**
  Presente do indicativo: sei, sabes, sabe, sabemos, sabeis, sabem.
  Presente do subjuntivo: saiba, saibas, saiba, saibamos, saibais, saibam.
  Pretérito perfeito do indicativo: soube, soubeste, soube, soubemos, soubestes, souberam.
  Pretérito mais-que-perfeito do indicativo: soubera, souberas, soubera, souberamos, soubéreis, souberam.
  Pretérito imperfeito do subjuntivo: soubesse, soubesses, soubesse, soubéssemos, soubésseis, soubessem.
  Futuro do subjuntivo: souber, souberes, souber, soubermos, souberdes, souberem

- **Ser**
  Presente do indicativo: sou, és, é, somos, sois, são.
  Presente do subjuntivo: seja, sejas, seja, sejamos, sejais, sejam.
  Pretérito imperfeito do indicativo: era, eras, era, éramos, éreis, eram.
  Pretérito perfeito do indicativo: fui, foste, foi, fomos, fostes, foram.
  Pretérito mais-que-perfeito do indicativo: fora, foras, fora, fôramos, fôreis, foram.
  Pretérito imperfeito do subjuntivo: fosse, fosses, fosse, fôssemos, fôsseis, fossem.
  Futuro do subjuntivo: for, fores, for, formos, fordes, forem.

As segundas pessoas do imperativo afirmativo são: sê (tu) e sede (vós).

- **Ter**
  Presente do indicativo: tenho, tens, tem, temos, tendes, têm.
  Presente do subjuntivo: tenha, tenhas, tenha, tenhamos, tenhais, tenham.
  Pretérito imperfeito do indicativo: tinha, tinhas, tinha, tínhamos, tínheis, tinham.
  Pretérito perfeito do indicativo: tive, tiveste, teve, tivemos, tivestes, tiveram.
  Pretérito mais-que-perfeito do indicativo: tivera, tiveras, tivera, tivéramos, tivéreis, tiveram.
  Pretérito imperfeito do subjuntivo: tivesse, tivesses, tivesse, tivéssemos, tivésseis, tivessem.
  Futuro do subjuntivo: tiver, tiveres, tiver, tivermos, tiverdes, tiverem.

Seguem esse modelo os verbos: ater, conter, deter, entreter, manter, reter.

- **Trazer**
  Presente do indicativo: trago, trazes, traz, trazemos, trazeis, trazem.
  Presente do subjuntivo: traga, tragas, traga, tragamos, tragais, tragam.
  Pretérito perfeito do indicativo: trouxe, trouxeste, trouxe, trouxemos, trouxestes, trouxeram.
  Pretérito mais-que-perfeito do indicativo: trouxera, trouxeras, trouxera, trouxéramos, trouxéreis, trouxeram.
  Futuro do presente: trarei, trarás, trará etc.
  Futuro do pretérito: traria, trarias, traria etc.
  Pretérito imperfeito do subjuntivo: trouxesse, trouxesses, trouxesse, trouxéssemos, trouxésseis, trouxessem.
  Futuro do subjuntivo: trouxer, trouxeres, trouxer, trouxermos, trouxerdes, trouxerem.

- **Ver**
  Presente do indicativo: vejo, vês, vê, vemos, vedes, veem.
  Presente do subjuntivo: veja, vejas, veja, vejamos, vejais, vejam.
  Pretérito perfeito do indicativo: vi, viste, viu, vimos, vistes, viram.
  Pretérito mais-que-perfeito do indicativo: vira, viras, vira, víramos, víreis, viram.
  Pretérito imperfeito do subjuntivo: visse, visses, visse, víssemos, vísseis, vissem.
  Futuro do subjuntivo: vir, vires, vir, virmos, virdes, virem.

Seguem esse modelo os derivados antever, entrever, prever, rever. Prover segue o modelo acima apenas no presente do indicativo e seus tempos derivados; nos demais tempos, comporta-se como um verbo regular da segunda conjugação.

- Vir

    Presente do indicativo: venho, vens, vem, vimos, vindes, vêm.
    Presente do subjuntivo: venha, venhas, venha, venhamos, venhais, venham.
    Pretérito imperfeito do indicativo: vinha, vinhas, vinha, vínhamos, vínheis, vinham.
    Pretérito perfeito do indicativo: vim, vieste, veio, viemos, viestes, vieram.
    Pretérito mais-que-perfeito do indicativo: viera, vieras, viera, viéramos, viéreis, vieram.
    Pretérito imperfeito do subjuntivo: viesse, viesses, viesse, viéssemos, viésseis, viessem.
    Futuro do subjuntivo: vier, vieres, vier, viermos, vierdes, vierem.
    Particípio e gerúndio: vindo.

9.4.8 Emprego do infinitivo

Apesar de não haver regras bem definidas, podemos anotar as seguintes ocorrências:

▷ Usa-se o **impessoal**:
- Sem referência a nenhum sujeito:

    É proibido **estacionar** na calçada.
- Nas locuções verbais:

    Devemos **pensar** sobre a sua situação.
- Se o infinitivo exercer a função de complemento de adjetivos:

    É uma questão fácil de **resolver**.
- Se o infinitivo possuir valor de imperativo:

    O comandante gritou: "**marchar**!"

▷ Usa-se o **pessoal**:
- Quando o sujeito do infinitivo é diferente do sujeito da oração principal:

    Eu não te culpo por **seres** um imbecil.
- Quando, por meio de flexão, se quer realçar ou identificar a pessoa do sujeito:

    Não foi bom **agires** dessa forma.

9.5 Adjetivo

É a palavra variável que expressa uma qualidade, característica ou origem de algum substantivo ao qual se relaciona.

- Meu terno é azul, elegante e italiano.

Analisando, entendemos assim:

    Azul: característica.
    Elegante: qualidade.
    Italiano: origem.

9.5.1 Estrutura e a classificação dos adjetivos

Com relação à sua formação, eles podem ser:

- **Explicativos:** quando a característica é comum ao substantivo referido.

    Fogo **quente**, homem **mortal**. (Todo fogo é quente, todo homem é mortal).
- **Restritivos:** quando a característica não é comum ao substantivo, ou seja, nem todo substantivo é assim caracterizado.

    Terno **azul**, casa **grande**. (Nem todo terno é azul, nem toda casa é grande).

- **Simples:** quando possui apenas uma raiz.

    Amarelo, brasileiro, competente, sagaz, loquaz, inteligente, grande, forte etc.
- **Composto:** quando possui mais de uma raiz.

    Amarelo-canário, luso-brasileiro, verde-escuro, vermelho-sangue etc.
- **Primitivo:** quando pode dar origem a outra palavra, não tendo sofrido derivação alguma.

    Bom, legal, grande, rápido, belo etc.
- **Derivado:** quando resultado de um processo de derivação, ou seja, oriundo de outra palavra.

    Bondoso (de bom), grandioso (de grande), maléfico (de mal), esplendoroso (de esplendor) etc.

Os adjetivos que designam origem de algum termo são denominados adjetivos pátrios ou gentílicos.

Adjetivos pátrios de estados:

Acre: acriano.
Alagoas: alagoano.
Amapá: amapaense.
Aracaju: aracajuano ou aracajuense.
Amazonas: amazonense ou baré.
Belém (PA): belenense.
Belo Horizonte: belo-horizontino.
Boa Vista: boa-vistense.
Brasília: brasiliense.
Cabo Frio: cabo-friense.
Campinas: campineiro ou campinense.
Curitiba: curitibano.
Espírito Santo: espírito-santense ou capixaba.
Fernando de Noronha: noronhense.
Florianópolis: florianopolitano.
Fortaleza: fortalezense.
Goiânia: goianiense.
João Pessoa: pessoense.
Macapá: macapaense.
Maceió: maceioense.
Manaus: manauense.
Maranhão: maranhense.
Marajó: marajoara.
Natal: natalense ou papa-jerimum.
Porto Alegre: porto alegrense.
Ribeirão Preto: ribeiropretense.
Rio de Janeiro (estado): fluminense.
Rio de Janeiro (cidade): carioca.
Rio Branco: rio-branquense.
Rio Grande do Norte: rio-grandense-do-norte, norte-riograndense ou potiguar.
Rio Grande do Sul: rio-grandense-do-sul, sul-rio-grandense ou gaúcho.
Rondônia: rondoniano.
Roraima: roraimense.
Salvador: salvadorense ou soteropolitano.
Santa Catarina: catarinense ou barriga verde.
Santarém: santarense.
São Paulo (estado): paulista.
São Paulo (cidade): paulistano.
Sergipe: sergipano.
Teresina: teresinense.
Tocantins: tocantinense.

MORFOLOGIA

Adjetivos pátrios de países:
Croácia: croata.
Costa Rica: costarriquense.
Curdistão: curdo.
Estados Unidos: estadunidense, norte-americano ou ianque.
El Salvador: salvadorenho.
Guatemala: guatemalteco.
Índia: indiano ou hindu (os que professam o hinduísmo).
Israel: israelense ou israelita.
Irã: iraniano.
Moçambique: moçambicano.
Mongólia: mongol ou mongólico.
Panamá: panamenho.
Porto Rico: porto-riquenho.
Somália: somali.

Na formação de adjetivos pátrios compostos, o primeiro elemento aparece na forma reduzida e, normalmente, erudita.

Observe alguns exemplos de adjetivos pátrios compostos:
África: afro-americana.
Alemanha: germano- ou teuto-: competições teutoinglesas.
América: Américo-: companhia américo-africana.
Ásia: ásio-: encontros ásio-europeus.
Áustria: austro-: peças austro-búlgaras.
Bélgica: belgo-: acampamentos belgo-franceses.
China: sino-: acordos sino-japoneses.
Espanha: hispano- + mercado: hispano-português.
Europa: euro + negociações euro-americanas.
França: franco- ou galo-: reuniões franco-italianas.
Grécia: greco-: filmes greco-romanos.
Índia: indo-: guerras indo-paquistanesas.
Inglaterra: anglo-: letras anglo-portuguesas.
Itália: ítalo-: sociedade ítalo-portuguesa.
Japão: nipo-: associações nipo-brasileiras.
Portugal: luso-: acordos luso-brasileiros.

9.5.2 Locução adjetiva

Expressão que tem valor adjetival, mas que é formada por mais de uma palavra. Geralmente, concorrem para sua formação uma preposição e um substantivo. Veja alguns exemplos de locução adjetiva seguida de adjetivo:

De águia: aquilino.
De aluno: discente.
De anjo: angelical.
De bispo: episcopal.
De cabelo: capilar.
De cão: canino.
De dedo: digital.
De estômago: estomacal ou gástrico.
De fera: ferino.
De gelo: glacial.
De homem: viril ou humano.
De ilha: insular.
De lago: lacustre.
De madeira: lígneo.
De neve: níveo ou nival.
De orelha: auricular.
De paixão: passional.
De quadris: ciático.
De rio: fluvial.
De serpente: viperino.
De trigo: tritício.
De urso: ursino.
De velho: senil.

9.5.3 Flexão do adjetivo

O adjetivo pode ser flexionado em gênero, número e grau.

Flexão de gênero (masculino/feminino)

Com relação ao gênero, os adjetivos podem ser classificados de duas formas:
- Biformes: quando possuem uma forma para cada gênero.
  Homem **belo**/mulher **bela**.
  Contexto **complicado**/questão **complicada**.
- Uniformes: quando possuem apenas uma forma, como se fossem elementos neutros.
  Homem **fiel**/mulher **fiel**.
  Contexto **interessante**/questão **interessante**.

Flexão de número (singular/plural)

Os adjetivos simples seguem a mesma regra de flexão que os substantivos simples. Serão, por regra, flexionados os adjetivos compostos que, em sua formação, possuírem dois adjetivos. A flexão ocorrerá apenas no segundo elemento da composição.

Guerra greco-**romana** – Guerras greco-**romanas**.
Conflito **socioeconômico** – Análises **socioeconômicas**.

Por outro lado, se houver um substantivo como elemento da composição, o adjetivo fica invariável.

Blusa **amarelo-canário** – Blusas **amarelo-canário**.
Mesa **verde-musgo** – Mesas **verde-musgo**.

O caso em questão também pode ocorrer quando um substantivo passa a ser, por derivação imprópria, um adjetivo, ou seja, também serão invariáveis os "substantivos adjetivados".

Terno cinza – Ternos cinza.
Vestido rosa – Vestidos rosa.

E também:
Surdo mudo – surdos mudos.
Pele vermelha – peles vermelhas.

> Azul-marinho e azul-celeste são invariáveis.

9.5.4 Flexão de grau (comparativo e superlativo)

Há duas maneiras de se estabelecer o grau do adjetivo: por meio do **grau comparativo** e por meio do **grau superlativo**.

Grau comparativo: estabelece um tipo de comparação de características, sendo estabelecido de três maneiras:
- **Inferioridade:** o açúcar é **menos** doce (do) **que** os teus olhos.
- **Igualdade:** o meu primo é **tão** estudioso **quanto** o meu irmão.
- **Superioridade:** gramática é **mais legal** (do) **que** matemática.

Grau superlativo: reforça determinada qualidade em relação a um referente. Pode-se estabelecer o grau superlativo de duas maneiras:
▷ **Relativo:** em relação a um grupo.
  - **De superioridade:** José é o **mais** inteligente dos alunos.
  - **De inferioridade:** o presidente foi o **menos** prestigiado da festa.
▷ **Absoluto:** sem relações, apenas reforçando as características:
  - **Analítico:** com auxílio de algum termo:
    Pedro é muito magro.
    Pedro é magro, magro, magro.

- **Sintético** (com o acréscimo de -íssimo ou -érrimo):
    Pedro é macérrimo.
    Somos todos estudiosíssimos.

Veja, agora, alguns exemplos de superlativos sintéticos:
Ágil: agilíssimo.
Bom: ótimo ou boníssimo.
Capaz: capacíssimo.
Difícil: dificílimo.
Eficaz: eficacíssimo.
Fiel: fidelíssimo.
Geral: generalíssimo.
Horrível: horribilíssimo.
Inimigo: inimicíssimo.
Jovem: juveníssimo.
Louvável: laudabilíssimo.
Mísero: misérrimo.
Notável: notabilíssimo.
Pequeno: mínimo ou pequeníssimo.
Sério: seríssimo.
Terrível: terribilíssimo.
Vão: vaníssimo.

Atente à mudança de sentido provocada pela alteração de posição do adjetivo.

Homem grande (alto, corpulento).
Grande homem (célebre).

Mas isso nem sempre ocorre. Se você analisar a construção "giz azul" e "azul giz", perceberá que não há diferença semântica.

9.6 Advérbio

É a palavra invariável que se relaciona ao verbo, ao adjetivo ou a outro advérbio para atribuir-lhes uma circunstância. Veja os exemplos:

Os alunos saíram **apressadamente**.
O caso era muito **interessante**.
Resolvemos **muito bem** o problema.

9.6.1 Classificação do advérbio

- **Afirmação:** sim, certamente, efetivamente etc.
- **Negação:** não, nunca, jamais.
- **Intensidade:** muito, pouco, assaz, bastante, mais, menos, tão, tanto, quão etc.
- **Lugar:** aqui, ali, aí, aquém, acima, abaixo, atrás, dentro, junto, defronte, perto, longe, algures, alhures, nenhures etc.
- **Tempo:** agora, já, depois, anteontem, ontem, hoje, jamais, sempre, outrora, breve etc.
- **Modo:** assim, bem, mal, depressa, devagar, melhor, pior e a maior parte das palavras formadas de um adjetivo, mais a terminação "mente" (leve + mente = levemente; calma + mente = calmamente).
- **Inclusão:** também, inclusive.
- **Designação:** eis.
- **Interrogação:** onde, como, quando, por que.

Também existem as chamadas locuções adverbiais que vêm quase sempre introduzidas por uma preposição: à farta (= fartamente), às pressas (= apressadamente), à toa, às cegas, às escuras, às tontas, às vezes, de quando em quando, de vez em quando etc.

Existem casos em que utilizamos um adjetivo como forma de advérbio. É o que chamamos de adjetivo adverbializado. Veja os exemplos:

Aquele orador fala **belamente**. (Advérbio de modo).
Aquele orador fala **bonito**. (Adjetivo adverbializado que tenta designar modo).

9.7 Conjunção

É a palavra invariável que conecta elementos em algum encadeamento frasal. A relação em questão pode ser de natureza lógico-semântica (relação de sentido) ou apenas indicar uma conexão exigida pela sintaxe da frase.

9.7.1 Coordenativas

São as conjunções que conectam elementos que não possuem dependência sintática, ou seja, as sentenças que são conectadas por meio desses elementos já estão com suas estruturas sintáticas (sujeito / predicado / complemento) completas.

- **Aditivas:** e, nem (= e não), também, que, não só..., mas também, não só... como, tanto ... como, assim... como etc.

    José não foi à aula **nem** fez os exercícios.
    Devemos estudar **e** apreender os conteúdos.

- **Adversativas:** mas, porém, contudo, todavia, no entanto, entretanto, senão, não obstante, aliás, ainda assim.

    Os países assinaram o acordo, **mas** não o cumpriram.
    A menina cantou bem, **contudo** não agradou ao público.

- **Alternativas:** ou... ou, já ... já, seja... seja, quer... quer, ora... ora, agora... agora.

    Ora diz sim, **ora** diz não.
    Ou está feliz, **ou** está no ludibriando.

- **Conclusivas:** logo, pois (depois do verbo), então, portanto, assim, enfim, por fim, por conseguinte, conseguintemente, consequentemente, donde, por onde, por isso.

    O **concursando** estudou muito, **logo**, deverá conseguir seu cargo.
    É professor, **por conseguinte** deve saber explicar o conteúdo.

- **Explicativas:** isto é, por exemplo, a saber, ou seja, verbi gratia, pois (antes do verbo), pois bem, ora, na verdade, depois, além disso, com efeito, que, porque, ademais, outrossim, porquanto etc.

    Deve ter chovido, **pois** o chão está molhado.
    O homem é um animal racional, **porque** é capaz de raciocinar.
    Não converse agora, **que** eu estou explicando.

9.7.2 Subordinativas

São as conjunções que denotam uma relação de subordinação entre orações, ou seja, a conjunção subordinativa evidencia que uma oração possui dependência sintática em relação a outra. O que se pretende dizer com isso é que uma das orações envolvidas nesse conjunto desempenha uma função sintática para com sua oração principal.

Integrantes

- Que, se:

    Sei **que** o dia do pagamento é hoje.
    Vejamos **se** você consegue estudar sem interrupções.

Adverbiais

▷ **Causais:** indicam a causa de algo.
- Já que, porque, que, pois, pois que, uma vez que, sendo que, como, visto que, visto como, como etc.

    Não teve medo do perigo, **já que** estava protegido.
    Passou no concurso, **porque** estudou muito.

▷ **Comparativas:** estabelecem relação de comparação:
- Como, mais... (do) que, menos... (do) que, tão como, assim como, tanto quanto etc.

    Tal como procederes, receberás o castigo.
    Alberto é aplicado **como** quem quer passar.

MORFOLOGIA

▷ **Concessivas (concessão):** estabelecem relação de quebra de expectativa com respeito à sentença à qual se relacionam.
- Embora, ainda que, dado que, posto que, conquanto, em que, quando mesmo, mesmo que, por menos que, por pouco que, apesar de (que).
    Embora tivesse estudado pouco, conseguiu passar.
    Conquanto estudasse, não conseguiu aprender.

▷ **Condicionais:** estabelecem relação de condição.
- Se, salvo se, caso, exceto se, contanto que, com tal que, caso, a não ser que, a menos que, sem que etc.
    Se tudo der certo, estaremos em Portugal amanhã.
    Caso você tenha dúvidas, pergunte a seu professor.

▷ **Consecutivas:** estabelecem relação de consequência.
- Tanto que, de modo que, de sorte que, tão...que, sem que etc.
    O aluno estudou **tanto que** morreu.
    Timeto Amon era **tão** feio **que** não se olhava no espelho.

▷ **Conformativas:** estabelecem relação de conformidade.
- Conforme, consoante, segundo, da mesma maneira que, assim como, como que etc.
    Faça a prova **conforme** teu pai disse.
    Todos agem **consoante** se vê na televisão.

▷ **Finais:** estabelecem relação de finalidade.
- Para que, a fim de que, que, porque.
    Estudou muito **para que** pudesse ter uma vida confortável.
    Trabalhei **a fim de que** o resultado seja satisfatório.

▷ **Proporcionais:** estabelecem relação de proporção.
- À proporção que, à medida que, quanto mais... tanto mais, quanto menos... tanto menos, ao passo que etc.
    À medida que o momento de realizar a prova chegava, a ansiedade de todos aumentava.
    Quanto mais você estudar, **tanto mais** terá a chance de ser bem-sucedido.

▷ **Temporais:** estabelecem relação de tempo.
- Quando, enquanto, apenas, mal, desde que, logo que, até que, antes que, depois que, assim que, sempre que, senão quando, ao tempo que, apenas que, antes que, depois que, sempre que etc.
    Quando todos disserem para você parar, continue.
    Depois que terminar toda a lição, poderá descansar um pouco.
    Mal chegou, já quis sair.

9.8 Interjeição

É o termo que exprime, de modo enérgico, um estado súbito de alma. Sem muita importância para a análise a que nos propomos, vale apenas lembrar que elas possuem uma classificação semântica:
- **Dor:** ai! ui!
- **Alegria:** ah! eh! oh!
- **Desejo:** oxalá! tomara!
- **Admiração:** puxa! cáspite! safa! quê!
- **Animação:** eia! sus! coragem!
- **Aplauso:** bravo! apoiado!
- **Aversão:** ih! chi! irra! apre!
- **Apelo:** ó, olá! psit! pitsiu! alô! socorro!
- **Silêncio:** psit! psiu! caluda!
- **Interrogação, espanto:** hem!

Há, também, locuções interjeitivas: **minha nossa! Meu Deus!**

A despeito da classificação acima, o que determina o sentido da interjeição é o seu uso.

9.9 Numeral

É a palavra que indica uma quantidade, multiplicação, fração ou um lugar em uma série. Os numerais podem ser divididos em:
- **Cardinais:** quando indicam um número básico: um, dois, três, cem mil etc.
- **Ordinais:** quando indicam um lugar numa série: primeiro, segundo, terceiro, centésimo, milésimo etc.
- **Multiplicativos:** quando indicam uma quantidade multiplicativa: dobro, triplo, quádruplo etc.
- **Fracionários:** quando indicam parte de um inteiro: meio, metade, dois terços etc.

ALGARISMO ROMANOS	ALGARISMO ARÁBICOS	CARDINAIS	ORDINAIS
I	1	um	primeiro
II	2	dois	segundo
III	3	três	terceiro
IV	4	quatro	quarto
V	5	cinco	quinto
VI	6	seis	sexto
VII	7	sete	sétimo
VIII	8	oito	oitavo
IX	9	nove	nono
X	10	dez	décimo
XI	11	onze	undécimo ou décimo primeiro
XII	12	doze	duodécimo ou décimo segundo
XIII	13	treze	décimo terceiro
XIV	14	quatorze ou catorze	décimo quarto
XV	15	quinze	décimo quinto
XVI	16	dezesseis	décimo sexto
XVII	17	dezessete	décimo sétimo
XVIII	18	dezoito	décimo oitavo
XIX	19	dezenove	décimo nono
XX	20	vinte	vigésimo
XXI	21	vinte e um	vigésimo primeiro
XXX	30	trinta	trigésimo
XXXL	40	quarenta	quadragésimo
L	50	cinquenta	quinquagésimo
LX	60	sessenta	sexagésimo
LXX	70	setenta	septuagésimo ou setuagésimo
LXXX	80	oitenta	octogésimo
XC	90	noventa	nonagésimo
C	100	cem	centésimo
CC	200	duzentos	ducentésimo

LÍNGUA PORTUGUESA

CCC	300	trezentos	trecentésimo
CD	400	quatrocentos	quadringentésimo
D	500	quinhentos	quingentésimo
DC	600	seiscentos	seiscentésimo ou sexcentésimo
DCC	700	setecentos	septingentésimo
DCCC	800	oitocentos	octingentésimo
CM	900	novecentos	nongentésimo ou noningentésimo
M	1.000	mil	milésimo
X'	10.000	dez mil	dez milésimos
C'	100.000	cem mil	cem milésimos
M'	1.000.000	um milhão	milionésimo
M''	1.000.000.000	um bilhão	bilionésimo

Lista de numerais multiplicativos e fracionários:

Algarismos	Multiplicativos	Fracionários
2	duplo, dobro, dúplice	meio ou metade
3	triplo, tríplice	terço
4	quádruplo	quarto
5	quíntuplo	quinto
6	sêxtuplo	sexto
7	sétuplo	sétimo
8	óctuplo	oitavo
9	nônuplo	nono
10	décuplo	décimo
11	undécuplo	onze avos
12	duodécuplo	doze avos
100	cêntuplo	centésimo

9.9.1 Cardinais

Para realizar a leitura dos cardinais, é necessário colocar a conjunção "e" entre as centenas e dezenas, assim como entre as dezenas e a unidade.

Exemplo: 3.068.724 = três milhões, sessenta **e** oito mil, setecentos **e** vinte **e** quatro.

9.9.2 Ordinais

Quanto à leitura do numeral ordinal, há duas possibilidades: quando é inferior a 2.000, lê-se inteiramente segundo a forma ordinal.
- 1.766º = milésimo septingentésimo sexagésimo sexto.

Acima de 2.000, lê-se o primeiro algarismo como cardinal e os demais como ordinais. Hodiernamente, entretanto, tem-se observado a tendência a ler os números redondos segundo a forma ordinal.
- 2.536º = dois milésimos quingentésimo trigésimo sexto.
- 8 000º = oitavo milésimo.

9.9.3 Fracionários

O numerador de um numeral fracionário é sempre lido como cardinal. Quanto ao denominador, há dois casos:
- Primeiro: se for inferior ou igual a 10, ou ainda for um número redondo, será lido como ordinal 2/6 = dois sextos; 9/10 = nove décimos; centésimos (se houver). São exceções: 1/2 = meio; 1/3 = um terço.
- Segundo: se for superior a 10 e não constituir número redondo, é lido como cardinal, seguido da palavra "avos". 1/12 = um doze avos; 4/25 = quatro vinte e cinco avos.

Ao se fazer indicação de reis, papas, séculos, partes de uma obra, usam-se os numerais ordinais até décimo. A partir daí, devem-se empregar os cardinais. Século V (século quinto), século XX (vinte), João Paulo II (segundo), Bento XVI (dezesseis).

9.10 Preposição

É a palavra invariável que serve de ligação entre dois termos de uma oração ou, às vezes, entre duas orações. Costuma-se denominar "regente" o termo que exige a preposição e "regido" aquele que recebe a preposição:

Ele comprou um livro **de** poesia.

Ele tinha medo **de** ficar solitário.

Como se vê, a preposição "de", no primeiro caso, liga termos de uma mesma oração; no segundo, liga orações.

9.10.1 Preposições essenciais

São aquelas que têm como função primordial a conexão das palavras:
- a, ante, até, após, com contra, de, desde, em, entre, para, per, perante, por, sem, sob, sobre, trás.

Veja o emprego de algumas preposições:

Os manifestantes lutaram **contra** a polícia.

O aluno chegou **ao** salão rapidamente.

Aguardo sua decisão **desde** ontem.

Entre mim e ti, não há qualquer problema.

9.10.2 Preposições acidentais

São palavras que pertencem a outras classes, empregadas, porém, eventualmente como preposições: conforme, consoante, durante, exceto, fora, agora, mediante, menos, salvante, salvo, segundo, tirante.

O emprego das preposições acidentais é mais comum do que parece, veja os exemplos:

Todos saíram da sala, **exceto** eu.

Tirante as mulheres, o grupo que estava na sala parou de falar.

Escreveu o livro **conforme** o original.

9.10.3 Locuções prepositivas

Além das preposições simples, existem também as chamadas locuções prepositivas, que terminam sempre por uma preposição simples:
- abaixo de, acerca de, acima de, a despeito de, adiante de, a fim de, além de, antes de, ao lado de, a par de, apesar de, a respeito de, atrás de, através de, de acordo com, debaixo de, de cima de, defronte de, dentro de, depois de, diante de, embaixo de, em cima de, em frente de(a), em lugar de, em redor de, em torno de, em vez de, graças a, junto a (de), para baixo de, para cima de, para com, perto de, por baixo de, por causa de, por cima de, por detrás de, por diante de, por entre, por trás de.

MORFOLOGIA

9.10.4 Conectivos

Os conectivos têm a função de ligar palavras ou orações. Eles podem ser coordenativos (ligam orações coordenadas) ou subordinativos (ligam orações subordinadas).

Coordenativos

- Conjunções coordenativas que iniciam as orações coordenadas:
  - **Aditivas:** e.
  - **Adversativas:** mas.
  - **Alternativas:** ou.
  - **Conclusivas:** logo.
  - **Explicativas:** pois.

Subordinativos

- Pronomes relativos que iniciam as orações adjetivas:
  - Que.
  - Quem.
  - Cujo/cuja.
  - O qual/a qual.
- Conjunções subordinativas que iniciam as orações adverbiais:
  - **Causais:** porque.
  - **Comparativas:** como.
  - **Concessivas:** embora.
  - **Condicionais:** se.
  - **Conformativas:** conforme.
  - **Consecutivas:** (tão) que.
  - **Finais:** para que.
  - **Proporcionais:** à medida que.
  - **Temporais:** quando.
- **Conjunções subordinativas que iniciam as orações substantivas:**
  - **Integrantes:** que, se.

9.10.5 Formas variantes

Algumas palavras possuem mais de uma forma, ou seja, junto à forma padrão existem outras formas variantes.

Em algumas situações, é irrelevante a variação utilizada, mas em outros deve-se escolher a variação mais generalizada.

Exemplos:
Assobiar, assoviar.
Coisa, cousa.
Louro, loiro.
Lacrimejar, lagrimejar.
Infarto, enfarte.
Diabete, diabetes.
Transpassar, traspassar, trespassar.

10 SINTAXE BÁSICA

Sintaxe é a parte da Gramática que estuda a função das palavras ou das expressões em uma oração ou em um período.

Antes de iniciar o estudo da sintaxe, faz-se necessário definir alguns conceitos, tais como: frase, oração e período (conceitos essenciais).

- **Frase**: qualquer sentença dotada de sentido.
  Eu adoro estudar português!
  Fogo! Socorro!
- **Oração**: frase organizada em torno de uma forma verbal.
  Os alunos farão a prova amanhã!
- **Período**: conjunto de orações.
  - Período simples: 1 oração.
    Ex.: **Estudarei** português.
  - Período composto: mais de 1 oração.
    Ex.: **Estudarei** português e **farei** a prova.

10.1 Período simples (oração)

A oração é dividida em termos. Assim, o estudo fica organizado e impossibilita a confusão. São os termos da oração:
- Essenciais.
- Integrantes.
- Acessórios.

10.1.1 Termos essenciais da oração

Sujeito e predicado: são chamados de essenciais, porque são os elementos que dão vida à oração. Quer dizer, sem um deles (o predicado, ao menos) não se pode formar oração.
- O **Brasil** caminha para uma profunda transformação social.
  O Brasil: sujeito.
  Para uma profunda transformação social: predicado.

Sujeito

Sujeito é o termo sintático sobre o qual se declara ou se constata algo. Deve-se observar que há uma profunda relação entre o verbo que comporá o predicado e o sujeito da oração. Usualmente, o sujeito é formado por um substantivo ou por uma expressão substantivada.

O sujeito pode ser: simples; composto; oculto, elíptico ou desinencial; indeterminado; inexistente ou oracional.

- **Sujeito simples**: aquele que possui apenas um núcleo.
  O país deverá enfrentar difíceis rivais na competição.
  A perda de fôlego de algumas das grandes economias também já foi notada por outras gigantes do setor.
- **Sujeito composto**: é aquele que possui mais de um núcleo.
  João e Maria são amigos inseparáveis.
  Eu, meus **amigos** e todo o **resto** dos alunos faremos a prova.
- **Sujeito oculto, elíptico ou desinencial**: aquele que não se encontra expresso na oração, porém é facilmente subentendido pelo verbo apresentado.
  Acord**amos** cedo naquele dia. (Nós)
  Abr**i** o blusão, tirei o 38, e perguntei com tanta raiva que uma gota de meu cuspe bateu na cara dele. (R. Fonseca) (eu)
  Vanderlei caminh**ou** pela manhã. À tarde pass**eou** pelo lago municipal, onde encont**rou** a Anaconda da cidade. (Ele, Vanderlei)

Perceba que o sujeito não está grafado na sentença, mas é facilmente recuperável por meio da terminação do verbo.

▷ **Sujeito indeterminado**: ocorre quando o verbo não se refere a um núcleo determinado. São situações de indeterminação do sujeito:
  - Terceira pessoa do plural sem um referente:
    Nunca lhe **deram** nada.
    Fizeram comentários maldosos a seu respeito.
  - Com verbos transitivos indiretos, intransitivo e relacionais (de ligação) acompanhados da partícula "se" que, no caso, será classificada como índice de indeterminação de sujeito:
    Vive-se muito bem.
    Precisa-se de força e coragem na vida de estudante.
    Nem sempre **se está** feliz na riqueza.

▷ **Sujeito inexistente ou oração sem sujeito**: ocorre em algumas situações específicas.
  - Com verbos impessoais (principalmente os que denotam fenômeno da natureza).
    Em setembro **chove** muito.
    Nevava em Palotina.
  - Com o verbo haver, desde que empregado nos sentidos de existir, acontecer ou ocorrer.
    Há poemas perfeitos, não **há** poetas perfeitos.
    Deveria haver soluções para tais problemas.
  - Com os verbos ir, haver e fazer, desde que empregado fazendo alusão a tempo transcorrido.
    Faz um ano que não viajo. (verbo "fazer" no sentido de "tempo transcorrido")
    Há muito tempo que você não aparece. (verbo "haver" no sentido de "tempo")
    Vai para dois meses que não recebo salário. (verbo "ir" no sentido de "tempo")
  - Com os verbos ser ou estar indicando tempo.
    Era noite fechada.
    É tarde, eles não vêm!
  - Com os verbos bastar e chegar indicando cessamento.
    Basta de tanta corrupção no Senado!
    Chega de ficar calado quando a situação aperta!
  - Com o verbo ser indicando data ou horas.
    São dez horas no relógio da torre.
    Amanhã **serão** dez de dezembro.

▷ **Sujeito oracional**: ocorre nas análises do período composto, quando se verifica que o sujeito de um verbo é uma oração.
  É preciso **que você estude Língua Portuguesa**.

Predicado

É o termo que designa aquilo que se declara acerca do sujeito. É mais simples e mais prudente para o aluno buscar identificar o predicado antes do sujeito, pois, se assim o fizer, terá mais concretude na identificação do sujeito.

O predicado pode ser nominal, verbal ou verbo-nominal.

- **Predicado Nominal**: o predicado nominal é formado por um verbo relacional (de ligação) + predicativo.

Principais verbos de ligação: ser, estar, permanecer, continuar, ficar, parecer, andar e torna-se.

A economia da Ásia parecia derrotada após a crise.
O deputado, de repente, virou patriota.
Português é legal.

SINTAXE BÁSICA

- **Predicado Verbal:** o predicado verbal tem como núcleo um verbo nocional.

    Empresários **investirão R$ 250 milhões em novo berço para o Porto de Paranaguá**.

- **Predicado Verbo-nominal:** ocorre quando há um verbo significativo (nocional) + um predicativo do sujeito.

    O trem chegou atrasado. ("atrasado" é uma qualidade do sujeito que aparece após o verbo, portanto, é um predicativo do sujeito).

    Pedro Paladino já nasceu rico.

    Acompanhei a indignação de meus alunos preocupado.

Predicativo

O predicativo é um termo componente do predicado. Qualifica sujeito ou objeto.

Josefina era **maldosa, ruim, sem valor**. (predicativo do sujeito)

Leila deixou o garoto **louco**. (predicativo do objeto)

O diretor nomeou João **chefe da repartição**. (predicativo do objeto)

10.2 Termos integrantes da oração

Os termos integrantes da oração são: objeto direto (complemento verbal); objeto indireto (complemento verbal); complemento nominal e agente da passiva.

- **Objeto Direto:** é o complemento de um verbo transitivo direto.

    Os bons cidadãos cumprem **as leis**. (quem cumpre, cumpre algo)

    Em resumo: ele queria **uma mulher**. (quem quer, quer algo)

- **Objeto Indireto:** é o complemento de um verbo transitivo indireto.

    Os bons cidadãos obedecem **às leis**. (quem obedece, obedece a algo)

    Necessitamos **de manuais mais práticos** nos dias de hoje. (quem necessita, necessita de algo)

- **Complemento Nominal:** é o complemento, sempre preposicionado, de adjetivos, advérbios e substantivos que, em determinadas circunstâncias, pedem complemento, assim como os verbos transitivos indiretos.

    O filme era impróprio para crianças.

    Finalizou-se a construção do prédio.

    Agiu favoravelmente ao réu.

- **Agente da Passiva:** é o complemento que, na voz passiva, designa o ser praticante da ação sofrida ou recebida pelo sujeito. Veja os exemplos.

    Voz ativa: o zagueiro executou a jogada.

    Voz passiva: a jogada foi executada **pelo zagueiro**. (**Agente da passiva**)

    Conversas foram interceptadas pela **Polícia Federal**. (Agente da passiva)

10.3 Termos acessórios da oração

Os termos acessórios da oração são: adjunto adnominal; adjunto adverbial; aposto e vocativo.

▷ **Adjunto Adnominal:** a função do adjunto adnominal é desempenhada por qualquer palavra ou expressão que, junto de um substantivo ou de uma expressão substantivada, modifica o seu sentido. Vejamos algumas palavras que desempenham tal função.

- **Artigos:** **as** alunas serão aprovadas.
- **Pronomes adjetivos:** **aquela** aluna será aprovada.
- **Numerais adjetivos:** **duas** alunas serão aprovadas.
- **Adjetivos:** aluno **estudioso** é aprovado.
- **Locuções adjetivas:** aluno **de gramática** passa no concurso.

▷ **Adjunto Adverbial:** o adjunto adverbial é o termo acessório (que não é exigido por elemento algum da sentença) que exprime circunstância ao verbo e, às vezes, ao adjetivo ou mesmo ao advérbio.

- **Advérbios:** os povos antigos trabalhavam mais.
- **Locuções Adverbiais:** li vários livros **durante as férias**.
- **Alguns tipos de adjuntos adverbiais:**

    Tempo: **ontem**, choveu muito.

    Lugar: gostaria de que me encontrasse **na esquina da padaria**.

    Modo: Alfredo executou a aria **fantasticamente**.

    Meio: fui para a escola **a pé**.

    Causa: **por amor**, cometem-se loucuras.

    Instrumento: quebrou a **vidraça com uma pedra**.

    Condição: **se estudar muito**, será aprovado.

    Companhia: faremos sucesso **com essa banda**.

▷ **Aposto:** o aposto é o termo sintático que, possuindo equivalência semântica, esclarece seu referente. Tipos de aposto:

Explicativo: Alencar, **escritor romântico**, possui uma obra vastíssima.

Resumitivo ou recapitulativo: estudo, esporte, cinema, **tudo** o chateava.

Enumerativo: preciso de duas coisas: **saúde e dinheiro**.

Especificativo: a notícia foi publicada na revista **Veja**.

Distributivo: havia grupos interessados: **o da direita e o da esquerda**.

Oracional: desejo só uma coisa: **que vocês passem no concurso**.

Vocativo: é uma interpelação, é um chamamento. Normalmente, indica com quem se fala.

▷ Ó **mar**, por que não me levas contigo?

- Vem, **minha amiga**, abraçar um vitorioso.

10.4 Período composto

O período composto possui dois processos: coordenação e subordinação.

- **Coordenação:** ocorre quando são unidas orações independentes sintaticamente. Ou seja, são autônomas do ponto de vista estrutural. Vamos a um exemplo:
    - Altamiro pratica esportes e estuda muito.
- **Subordinação:** ocorre quando são unidas orações que possuem dependência sintática. Ou seja, não estão completas em sua estrutura. O processo de subordinação ocorre de três maneiras:

    Substantiva: quando a oração desempenhar a função de um substantivo na sentença (**sujeito, predicativo, objeto direto, objeto indireto, complemento nominal ou aposto**).

    Adjetiva: quando a oração desempenhar a função de adjunto adnominal na sentença.

    Adverbial: quando a oração desempenhar a função de adjunto adverbial na sentença.

    Eu quero **que vocês passem no concurso**. (Oração subordinada substantiva objetiva direta – a função de objeto direto está sendo desempenhada pela oração)

    O Brasil, **que é um belíssimo país**, possui vegetação exuberante. (Oração subordinada adjetiva explicativa)

    Quando José entrou na sala, Manoel saiu. (Oração subordinada adverbial temporal)

10.4.1 Processo de coordenação

Há dois tipos de orações coordenadas: **assindéticas** e **sindéticas**.

- **Assindéticas:**

O nome vem da palavra grega *sýndetos*, que significa conjunção, união. Ou seja, oração que não possui conjunção quando está colocada ao lado de outra.

> Valdevino **correu (oração coordenada assindética), correu (oração coordenada assindética), correu (oração coordenada assindética)** o dia todo.

Perceba que não há conjunções para ligar os verbos, ou seja, as orações estão colocadas uma ao lado da outra sem síndeto, portanto, são **orações coordenadas assindéticas**.

- **Sindéticas:**

Contrariamente às assindéticas, as sindéticas possuem conjunção para exprimir uma relação lógico-semântica. Cada oração recebe o nome da conjunção que a introduz. Por isso é necessário decorar as conjunções.

- **Aditivas:** são introduzidas pelas conjunções e, nem, mas também, também, como (após "não só"), como ou quanto (após "tanto"), mais etc., dando a ideia de adição à oração anterior.

> A seleção brasileira venceu a Dinamarca / **e empatou com a Inglaterra**. (Oração coordenada assindética / **oração coordenada sindética aditiva**)

- **Adversativas:** são introduzidas pelas conjunções: mas, porém, todavia, contudo, entretanto, no entanto, não obstante, senão, apesar disso, embora etc., indicando uma relação de oposição à sentença anterior.

> O time batalhou muito, / **mas não venceu o adversário**. (Oração coordenada assindética / **oração coordenada sindética adversativa**)

- **Alternativas:** são introduzidas pelas conjunções ou… ou, ora… ora, já… já, quer… quer, seja… seja, nem… nem etc., indicando uma relação de alternância entre as sentenças.

> Ora estuda, / ora trabalha. (**Oração coordenada sindética alternativa / oração coordenada sindética alternativa**)

- **Conclusivas:** são introduzidas pelas conjunções: pois (posposto ao verbo), logo, portanto, então, por conseguinte, por consequência, assim, desse modo, destarte, com isso, por isto, consequentemente, de modo que, indicando uma relação de conclusão do período anterior.

> Comprei a carne e o carvão, / **portanto podemos fazer o churrasco**. (Oração coordenada assindética / **oração coordenada sindética conclusiva**)
>
> Estou muito doente, / **não posso, pois, ir à aula**. (Oração coordenada assindética / **oração coordenada sindética conclusiva**)

- **Explicativas:** são introduzidas pelas conjunções que, porque, porquanto, por, portanto, como, pois (anteposta ao verbo), ou seja, isto é, indicando uma relação de explicação para com a sentença anterior.

> Não converse, / **pois estou estudando**. (Oração coordenada assindética / **oração coordenada sindética explicativa**)

10.4.2 Processo de subordinação

As orações subordinadas substantivas se dividem em seis tipos, introduzidas, geralmente, pelas conjunções **"que"** e **"se"**.

- **Subjetiva:** exerce função de sujeito do verbo da oração principal.

> É interessante / **que todos joguem na loteria**. (Oração principal / **oração subordinada substantiva subjetiva**)

- **Objetiva direta:** exerce função de objeto direto.

> Eu quero / **que você entenda a matéria**. Quem quer, quer algo ou alguma coisa. (Oração principal / **oração subordinada substantiva objetiva direta**)

- **Objetiva indireta:** exerce função de objeto indireto.

> Os alunos necessitam / **de que as explicações fiquem claras**. Quem necessita, necessita de algo. (Oração principal / **oração subordinada substantiva objetiva indireta**)

- **Predicativa:** exerce função de predicativo.

> O bom é / **que você faça exercícios todos os dias**. (Oração principal / **oração subordinada substantiva predicativa**)

- **Completiva nominal:** exerce função de complemento nominal de um nome da oração principal.

> Jonas tem vontade / **de que alguém o mande calar a boca**. (Oração principal / **oração subordinada substantiva completiva nominal**)

- **Apositivas:** possuem a função de aposto da sentença principal, geralmente são introduzidas por dois-pontos (:).

> Eu quero apenas isto: / **que você passe no concurso**. (Oração principal / **oração subordinada substantiva apositiva**)

- **Orações subordinadas adjetivas:** dividem-se em dois tipos. Quando desenvolvidas, são introduzidas por um pronome relativo.

O nome oração subordinada adjetiva se deve ao fato de ela desempenhar a mesma função de um adjetivo na oração, ou seja, a função de adjunto adnominal. Na Gramática de Portugal, são chamadas de orações relativas pelo fato de serem introduzidas por pronome relativo.

- **Restritivas:** restringem a informação da oração principal. Não possuem vírgulas.

> O homem / **que mora ao lado** / é mal-humorado. (Oração principal / **oração subordinada adjetiva restritiva** / oração principal)

Para entender basta perguntar: qualquer homem é mal-humorado? Não. Só o que mora ao lado.

- **Explicativas:** explicam ou dão algum esclarecimento sobre a oração principal.

> João, / **que é o ex-integrante da comissão**, / chegou para auxiliar os novos contratados. (Oração principal / **oração subordinada adjetiva explicativa** / oração principal)

- **Orações subordinadas adverbiais:** dividem-se em nove tipos. Recebem o nome da conjunção que as introduz. Nesse caso, teremos uma principal (que não está negritada) e uma subordinada adverbial (que está em negrito).

Essas orações desempenham a função de adjunto adverbial da oração principal.

- **Causais:** exprimem a causa do fato que ocorreu na oração principal. Introduzidas, principalmente, pelas conjunções porque, visto que, já que, uma vez que, como que, como.

> **Já que precisamos de dinheiro**, vamos trabalhar.

- **Comparativas:** representam o segundo termo de uma comparação. Introduzidas, na maior parte dos casos, pelas conjunções que, do que, como, assim como, (tanto) quanto.

> Tiburcina fala **como uma gralha** (fala - o verbo está elíptico).

- **Concessivas:** indica uma concessão entre as orações. Introduzidas, principalmente, pelas conjunções embora, a menos que, ainda que, posto que, conquanto, mesmo que, se bem que, por mais que, apesar de que. Fique de olho na relação da conjunção com o verbo.

> **Embora não tivesse tempo disponível**, consegui estudar.

SINTAXE BÁSICA

- **Condicionais:** expressa ideia de condição. Introduzidas, principalmente, pelas conjunções se, salvo se, desde que, exceto, caso, desde, contanto que, sem que, a menos que.

    Se ele não se defender, acabará como "boi-de-piranha" no caso.

- **Conformativas:** exprimem acordo, concordância entre fatos ou ideias. Introduzidas, principalmente, pelas conjunções como, consoante, segundo, conforme, de acordo com etc.

    Realize as atividades **conforme eu expliquei**.

- **Consecutivas:** indicam a consequência ou o efeito daquilo que se diz na oração principal. Introduzidas, principalmente, pelas conjunções que (precedida de tal, tão, tanto, tamanho), de sorte que, de modo que.

    Estudei tanto, **que saiu sangue dos olhos**.

- **Finais:** exprimem finalidade da ação primeira. Introduzidas, em grande parte dos casos, pelas conjunções para que, a fim de que, que e porque.

    Estudei muito **para que pudesse fazer a prova**.

- **Proporcionais:** expressa uma relação de proporção entre as orações. Introduzidas, principalmente, pelas conjunções (locuções conjuntivas) à medida que, quanto mais... mais, à proporção que, ao passo que, quanto mais.

    José piorava, **à medida que abandonava seu tratamento**.

- **Temporais:** indicam circunstância de tempo. Introduzidas, principalmente, pelas conjunções quando, antes que, assim que, logo que, até que, depois que, mal, apenas, enquanto etc.

    Logo que iniciamos o trabalho os alunos ficaram mais tranquilos.

11 PONTUAÇÃO

A pontuação assinala a melodia de nossa fala, ou seja, as pausas, a ênfase etc.

11.1 Principais sinais e usos

11.1.1 Vírgula

É o sinal mais importante para concurso público.

Usa-se a vírgula para:

- Separar termos que possuem mesma função sintática no período.
    José, **Maria**, **Antônio** e **Joana** foram ao mercado. (Função de núcleo do sujeito).
- Isolar o vocativo.
    Então, **minha cara**, não há mais o que se dizer!
- Isolar um aposto explicativo (cuidado com essa regra, veja que não há verbo no aposto explicativo).
    O João, **ex-integrante da comissão**, veio fazer parte da reunião.
- Isolar termos antecipados, como: complemento, adjunto ou predicativo.
    Na semana passada, comemos camarão no restaurante português. (Antecipação de adjunto adverbial).
- Separar expressões explicativas, conjunções e conectivos.
    Isto é, ou seja, por exemplo, além disso, pois, porém, mas, no entanto, assim etc.
- Separar os nomes dos locais de datas.
    Cascavel, 2 de maio de 2012.
- Isolar orações adjetivas explicativas (pronome relativo + verbo + vírgula).
    O Brasil, **que é um belíssimo país**, possui ótimas praias.
- Separar termos de uma enumeração.
    Vá ao mercado e traga **cebola**, **alho**, **sal**, **pimenta e coentro**.
- Separar orações coordenadas.
    Esforçou-se muito, **mas não venceu o desafio**. (Oração coordenada sindética adversativa).
    Roubou todo o dinheiro, **e ainda apareceu na casa**. (Oração coordenada sindética aditiva).

A vírgula pode ser utilizada antes da conjunção aditiva "e" caso se queira enfatizar a oração por ela introduzida.

- Omitir um termo, elipse (no caso da elipse verbal, chamaremos "zeugma").
    - De dia era um anjo, de noite um **demônio**. (Omissão do verbo "ser").
- Separar termos de natureza adverbial deslocados dentro da sentença.
    Na semana passada, trinta alunos foram aprovados no concurso. (Locução adverbial temporal)
    Se estudar muito, você será aprovado no concurso. (Oração subordinada adverbial condicional)

11.1.2 Ponto final

Usa-se o ponto final:

- Ao final de frases para indicar uma pausa total; é o que marca o fim de um período.
    Depois de passar no concurso, comprarei um carro.

Em abreviaturas:
    Sr., a. C., Ltda., num., adj., obs., máx., *bat.*, *brit. etc.*

11.1.3 Ponto e vírgula

Usam-se ponto e vírgula para:

- Separar itens que aparecem enumerados.
    - Uma boa dissertação apresenta:
    Coesão;
    Coerência;
    Progressão lógica;
    Riqueza lexical;
    Concisão;
    Objetividade;
    Aprofundamento.
- Separar um período que já se encontra dividido por vírgulas.
    Não gostava de trabalhar; queria, no entanto, muito dinheiro no bolso.
- Separar partes do texto que se equilibram em importância.
    Os pobres dão pelo pão o trabalho; os ricos dão pelo pão a fazenda; os de espíritos generosos dão pelo pão a vida; os de nenhum espírito dão pelo pão a alma. (Vieira)
    O capitalismo é a exploração do homem pelo homem; o socialismo é exatamente o contrário.

11.1.4 Dois pontos

São usados dois pontos quando:

- Se vai fazer uma citação ou introduzir uma fala.
    José respondeu:
    – Não, muito obrigado!
- Se quer indicar uma enumeração.
    Quero apenas uma coisa: que vocês sejam aprovados no concurso!

11.1.5 Aspas

São usadas aspas para indicar:

- Citação presente no texto.
    "Há distinção entre categorias do pensamento" – disse o filósofo.
- Expressões estrangeiras, neologismos, gírias.
    Na parede, haviam pintado a palavra "love". (Expressão estrangeira).
    Ficava "bailarinando", como diria Guimarães. (Neologismo).
    "Velho", esconde o "cano" aí e "deixa baixo". (Gíria).

11.1.6 Reticências

São usadas para indicar supressão de um trecho, interrupção na fala, ou dar ideia de continuidade ao que se estava falando.
    [...] Profundissimamente hipocondríaco. Este ambiente me causa repugnância. Sobe-me à boca uma ânsia análoga à ânsia. Que se escapa pela boca de um cardíaco [...]
    Eu estava andando pela rua quando...
    Eu gostei da nova casa, mas da garagem...

11.1.7 Parênteses

- São usados quando se quer explicar melhor algo que foi dito ou para fazer simples indicações.
    Foi o homem que cometeu o crime (o assassinato do irmão).

PONTUAÇÃO

11.1.8 Travessão

- Indica a fala de um personagem.
    Ademar falou.
    Amigo, preciso contar algo para você.
- Isola um comentário no texto.
    O estudo bem realizado – **diga-se de passagem, que quase ninguém faz** – é o primeiro passo para a aprovação.
- Isola um aposto na sentença.
    A Semântica – **estudo sobre as relações de sentido** – é importantíssima para o entendimento da Língua.
- Reforçar a parte final de um enunciado.
    Para passar no concurso, é preciso estudar muito – **muito mesmo.**

11.1.9 Trocas

A banca, eventualmente, costuma perguntar sobre a possibilidade de troca de termos, portanto, atenção!

Vírgulas, travessões e parênteses, quando isolarem um aposto, podem ser trocados sem prejuízo para a sentença.

Travessões podem ser trocados por dois pontos, a fim de enfatizar um enunciado.

11.1.10 Regra de ouro

Na ordem natural de uma sentença, é proibido:

- Separar sujeito e predicado com vírgulas:
    Aqueles maravilhosos velhos ensinamentos de meu pai foram de grande utilidade. (Certo)
    Aqueles maravilhosos velhos ensinamentos de meu pai, foram de grande utilidade. (Errado)
- Separar verbo de objeto:
    "O presidente do maravilhoso país chamado Brasil assinou uma lei importante. (Certo)
    O presidente do maravilhoso país chamado Brasil assinou, uma lei importante. (Errado)

12 CONCORDÂNCIA VERBAL E NOMINAL

Trata-se do processo de flexão dos termos a fim de se relacionarem harmoniosamente na frase. Quando se pensa sobre a relação do verbo com os demais termos da oração, o estudo focaliza a concordância verbal. Quando a análise se volta para a relação entre pronomes, substantivos, adjetivos e demais termos do grupo nominal, diz-se que o foco é concordância nominal.

12.1 Concordância verbal

12.1.1 Regra geral

O verbo concorda com o sujeito em número e pessoa.

O **primeiro-ministro** russo **acusou** seus inimigos.
Dois **parlamentares rebateram** a acusação.
Contaram-se **mentiras** no telejornal.
Vós sois os responsáveis por vosso destino.

Regras para sujeito composto

▷ Anteposto se colocado antes do verbo, o verbo vai para o plural:

Eu e meus irmãos **vamos** à praia.

▷ Posposto se colocado após o verbo, o verbo concorda com o mais próximo ou vai para o plural:

Morreu (morreram), no acidente, o prefeito e o vereador.

▷ Formado por pessoas (gramaticais) diferentes: plural da predominante.

Eu, você e os alunos **estudaremos** para o concurso. (a primeira pessoa é a predominante, por isso, o verbo fica na primeira pessoa do plural).

▷ Com núcleos em correlação, a concordância se dá com o mais próximo ou fica no plural:

O professor assim como o monitor **auxilia(m)** os estudantes.

▷ **Ligado por NEM o verbo concordará:**
- No singular: se houver exclusão.

    Nem Josias nem Josué **percebeu** o perigo iminente.

- No singular: quando se pretende individualizar a ação, aludindo a um termo em específico.

    Nem os esportes nem a leitura **o entretém**.

- No plural: quando não houver exclusão, ou seja, quando a intenção for aludir ao sujeito em sua totalidade.

    Nem a minha rainha nem o meu mentor **serão** tão convincentes a ponto de me fazerem mudar de ideia.

▷ **Ligado por COM o verbo concorda com o antecedente do COM ou vai para o plural:**

O vocalista com os demais integrantes da banda **realizaram (realizou)** o show.

▷ **Ligado por OU o verbo fica no singular (se houver exclusão) ou no plural (se não houver exclusão):**

Ou Pedro Amorim ou Jurandir Leitão **será** eleito vereador da cidade.

O aviso ou o ofício **deveriam** ser expedidos antes da data prevista.

▷ Se o sujeito for construído com os termos: um e outro, nem um nem outro, o verbo fica no singular ou plural, dependendo do sentido pretendido.

Um e outro **passou (passaram)** no concurso.

Um ou outro: verbo no singular.

Um ou outro fez a lição.

▷ **Expressões partitivas seguidas de nome plural:** verbo no singular ou plural.

A maior parte das pessoas **fez (fizeram)** o exercício recomendado.

▷ **Coletivo geral:** verbo no singular.

O cardume **nadou** rio acima.

▷ **Expressões que indicam quantidade aproximada seguida de numeral:** o verbo concorda com o substantivo.

Aproximadamente 20% dos eleitores **compareceram** às urnas.
Aproximadamente 20% do eleitorado **compareceu** às urnas.

▷ **Pronomes (indefinidos ou interrogativos) seguidos dos pronomes "nós" e/ou "vós":** o verbo fica no singular ou plural.

Quem de nós **fará (faremos)** a diferença?

▷ **Palavra QUE (pronome relativo):** o verbo concorda com o antecedente do pronome "que".

Fui eu que **fiz** a diferença.

▷ **Palavra QUEM:** verbo na 3ª pessoa do singular.

Fui eu *quem* **fez** a diferença.

Pela repetida utilização errônea, algumas gramáticas já toleram a concordância do verbo com a pessoa gramatical distinta da terceira, no caso de se utilizar um pronome pessoal como antecedente do "quem".

▷ **Um dos que:** verbo no singular ou plural.

Ele foi *um dos que* **fez (fizeram)** a diferença.

▷ **Palavras sinônimas:** verbo concorda com o mais próximo ou fica no plural.

A ruindade, a maldade, a vileza **habita (habitam)** a alma do ser humano.

▷ **Quando os verbos estiverem acompanhados da palavra "SE":** fique atento à função da palavra "SE".

- **SE na função de pronome apassivador:** o verbo concorda com o sujeito paciente.

    Vendem-se casas e sobrados em Alta Vista.
    Presenteou-se o aluno aplicado com uma gramática.

- **SE na função de índice de indeterminação do sujeito:** o verbo fica sempre na 3ª pessoa do singular.

    Precisa-se de empregados com capacidade de aprender.
    Vive-se muito bem na riqueza.

A dica é ficar de olho na transitividade do verbo. Se o verbo for VTI, VI ou VL, o termo "SE" será índice de indeterminação do sujeito.

▷ **Casos de concordância com o verbo "ser":**

- **Quando indicar tempo ou distância:** concorda com o predicativo.

    Amanhã **serão** 7 de fevereiro.
    São 890 quilômetros daqui até Florianópolis.

- **Quando houver sujeito que indica quantidade e predicativo que indica suficiência ou excesso:** concorda com o predicativo.

    Vinte milhões **era** muito por aquela casa.
    Sessenta centavos **é** pouco por aquele lápis.

- **O verbo "dar", no sentido de "bater" ou "soar", acompanhado do termo "hora(s)":** concorda com o sujeito.

    Deram cinco horas no relógio do juiz.
    Deu cinco horas o relógio juiz.

- **Verbo "parecer" somado a infinitivo:** flexiona-se um dos dois.

    Os alunos **pareciam** estudar novos conteúdos.
    Os alunos **pareciam estudarem** novos conteúdos.

CONCORDÂNCIA VERBAL E NOMINAL

- **Quando houver sujeito construído com nome no plural,** com artigo no singular ou sem artigo: o verbo fica no singular.

    Memórias Póstumas de Brás Cubas **continua** sendo lido por jovens estudantes.

    Minas Gerais **é** um lindo lugar.

- Com artigo plural: o verbo fica no plural.

    Os Estados Unidos **aceitaram** os termos do acordo assinado.

12.2 Concordância nominal

A concordância nominal está relacionada aos termos do grupo nominal. Ou seja, relaciona-se com o substantivo, o pronome, o artigo, o numeral e o adjetivo. Vamos à regra geral para a concordância.

12.2.1 Regra geral

O artigo, o numeral, o adjetivo e o pronome adjetivo devem concordar com o substantivo a que se referem em gênero e número.

Meu belíssimo e **antigo** carro **amarelo** quebrou, ontem, em **uma** rua **estreita.**

Os termos destacados acima, mantém uma relação harmoniosa com o núcleo de cada expressão. Relação essa que se estabelece em questões de gênero e de número.

A despeito de a regra geral dar conta de grande parte dos casos de concordância, devemos considerar a existência de casos particulares, que merecem atenção.

12.2.2 Casos que devem ser estudados

Dependendo da intencionalidade de quem escreve, pode-se realizar a concordância atrativa, primando por concordar com apenas um termo de uma sequência ou com toda a sequência. Vejamos:

Vi um carro e uma **moto** *vermelha*. (concordância apenas com o termo "moto")

Vi um carro e uma **moto** *vermelhos*. (concordância com ambos os elementos)

A palavra "**bastante**", por exemplo, varia de acordo com o contexto. Se "bastante" é pronome adjetivo, será variável; se for advérbio (modificando o verbo), será invariável, ou seja, não vai para o plural.

Há *bastantes* **motivos** para sua ausência. (adjetivo)

Os alunos **falam** *bastante*. (advérbio)

Troque a palavra "bastante" por "muito". Se "muito" for para o plural, "bastante" também irá.

Anexo, incluso, apenso, obrigado, mesmo, próprio: são adjetivos que devem concordar com o substantivo a que se referem.

O *relatório* segue **anexo** ao documento.

Os *documentos* irão **apensos** ao relatório.

A expressão "em anexo" é invariável (não vai para plural nem para o feminino).

As planilhas irão **em anexo.**

É bom, é necessário, é proibido, é permitido: variam somente se o sujeito vier antecedido de um artigo ou outro termo determinante.

Maçã **é bom** para a voz. / A maçã **é boa** para a voz.

É necessário **aparecer** na sala. / É necessária **sua aparição** na sala.

"Menos" e "alerta" são sempre invariáveis, contanto que respeitem sua classe de origem - advérbio: se forem derivadas para substantivo, elas poderão variar.

Encontramos **menos** alunos na escola. / Encontramos **menos** alunas na escola.

O policial ficou **alerta.** / Os policiais ficaram **alerta.**

"Só" e "sós" variam apenas quando forem adjetivos: quando forem advérbios, serão invariáveis.

Pedro apareceu **só** (sozinho) na sala. / Os meninos apareceram **sós** (sozinhos) na sala. (adjetivo)

Estamos **só** (somente) esperando sua decisão. (advérbio)

- A expressão "a sós" é invariável.

    A menina ficou **a sós** com seus pensamentos.

Troque "só" por "sozinho" (vai para o plural) ou "somente" (fica no singular).

13 COLOCAÇÃO PRONOMINAL

Esta parte do conteúdo é relativa ao estudo da posição dos pronomes oblíquos átonos em relação ao verbo. Antes de iniciar o estudo, memorize os pronomes em questão.

PRONOMES OBLÍQUOS ÁTONOS
me
te
o, a, lhe, se
nos
vos
os, as, lhes, se

Quatro casos de colocação:
- **Próclise** (anteposto ao verbo):
  Nunca **o** vi.
- **Mesóclise** (medial em relação ao verbo):
  Dir-te-ei algo.
- **Ênclise** (posposto ao verbo):
  Passa-**me** a resposta.
- **Apossínclise** (intercalação de uma ou mais palavras entre o pronome e o verbo):
  - Talvez tu **me** já não creias.

13.1 Regras de próclise

- Palavras ou expressões negativas:
  Não **me** deixe aqui neste lugar!
  Ninguém **lhe** disse que seria fácil.
- Pronomes relativos:
  O material de que **me** falaste é muito bom.
  Eis o conteúdo que **me** causa nojo.
- Pronomes indefinidos:
  Alguém **me** disse que você vai ser transferido.
  Tudo **me** parece estranho.
- Conjunções subordinativas:
  Confiei neles, assim que **os** conheci.
  Disse que **me** faltavam palavras.
- Advérbios:
  Sempre **lhe** disse a verdade.
  Talvez **nos** apareça a resposta para essa questão.
- Pronomes interrogativos:
  Quem **te** contou a novidade?
  Que **te** parece essa situação?
- "Em + gerúndio"
  Em **se** tratando de Gramática, eu gosto muito!
  Nesta terra, em **se** plantando, tudo há de nascer.
- Particípio
  Ele havia avisado-**me**. (errado)
  Ele **me** havia avisado. (certo)
- Sentenças optativas:
  Deus **lhe** pague!
  Deus **o** acompanhe!

13.2 Regras de mesóclise

Emprega-se o pronome oblíquo átono no meio da forma verbal, quando ela estiver no futuro do presente ou no futuro simples do pretérito do indicativo.

Chamar-**te**-ei, quando ele chegar.
Se houver tempo, contar-**vos**-emos nossa aventura.
Contar-**te**-ia a novidade.

13.3 Regras de ênclise

Não se inicia sentença, em Língua Portuguesa, por pronome oblíquo átono. Ou seja, o pronome átono não deve ficar no início da frase. Formas verbais:
- Do **infinitivo impessoal** (precedido ou não da preposição "a");
- Do **gerúndio**;
- Do **imperativo afirmativo**:

  Alcança-**me** o prato de salada, por favor!
  Urge obedecer-**se** às leis.
  O garoto saiu da sala desculpando-**se**.
  Tratando-**se** desse assunto, não gosto de pensar.
  Dá-**me** motivos para estudar.

Se o gerúndio vier precedido da preposição "em", deve-se empregar a próclise.

Em **se** tratando de Gramática, eu gosto muito.

13.4 Casos facultativos

Sujeito expresso, próximo ao verbo.
  O menino se machucou (-se).
  Eu me refiro (-me) ao fato de ele ser idiota.
Infinitivo antecedido de "não" ou de preposição.
  Sabemos que não se habituar (-se) ao meio causa problemas.
  O público o incentivou a se jogar (-se) do prédio.

14 REGÊNCIA VERBAL E NOMINAL

Regência é a parte da Gramática Normativa que estuda a relação entre dois termos, verificando se um termo serve de complemento a outro e se nessa complementação há uma preposição.

Dividimos a regência em:
- Regência verbal (ligada aos verbos).
- Regência nominal (ligada aos substantivos, adjetivos ou advérbios).

14.1 Regência verbal

Deve-se analisar, nesse caso, a necessidade de complementação, a presença ou ausência da preposição e a possibilidade de mudança de sentido do texto.

Vamos aos casos:
- **Agradar e desagradar:** são transitivos indiretos (com preposição a) nos sentidos de satisfazer, contentar.

  A biografia de Aníbal Machado **agradou/desagradou** à maioria dos leitores.

  A criança **agradava** ao pai por ser muito comportada.

- **Agradar:** pode ser transitivo direto (sem preposição) se significar acariciar, afagar.

  Agradar a esposa.

  Pedro passava o dia todo **agradando** os seus gatos.

- **Agradecer:** transitivo direto e indireto, com a preposição a, no sentido de demonstrar gratidão a alguém.

  Agradecemos a Santo Antônio o milagre alcançado.

  Agradecemos-lhes a benesse concedida.

O verbo em questão também pode ser transitivo direto no sentido de mostrar gratidão por alguma coisa:

  Agradeço a dedicação de todos os estudantes.

  Os pais **agradecem** a dedicação dos professores para com os alunos.

- **Aspirar:** é transitivo indireto (preposição "a") nos sentidos de desejar, pretender ou almejar.

  Sempre **aspirei** a um cargo público.

  Manoel **aspirava** a ver novamente a família na Holanda.

- **Aspirar:** é transitivo direto na acepção de inalar, sorver, tragar, ou seja, mandar para dentro.

  Aspiramos o perfume das flores.

  Vimos a empregada **aspirando** a poeira do sofá.

- **Assistir:** é transitivo direto no sentido de ajudar, socorrer etc.

  O professor **assistia** o aluno.

  Devemos **assistir** os mais necessitados.

- **Assistir:** é transitivo indireto (complemento regido pela preposição "a") no sentido de ver ou presenciar.

  Assisti ao comentário da palestra anterior.

  Você deve **assistir** às aulas do professor!

- **Assistir:** é transitivo indireto (complemento regido pela preposição "a") no sentido de "ser próprio de", "pertencer a".

  O direito à vida **assiste** ao ser humano.

  Esse comportamento **assiste** às pessoas vitoriosas.

- **Assistir:** é intransitivo no sentido de morar ou residir.

  Maneco **assistira** em Salvador.

- **Chegar:** é verbo intransitivo e possui os adjuntos adverbiais de lugar introduzidos pela preposição "a".

  Chegamos a Cascavel pela manhã.

  Este é o ponto a que pretendia **chegar**.

Caso a expressão indique posição em um deslocamento, admite-se a preposição em:

  Cheguei no trem à estação.

Os verbos ir e vir têm a mesma regência de chegar:

  Nós **iremos** à praia amanhã.

  Eles **vieram** ao cursinho para estudar.

- **Custar no sentido de** ter valor ou preço: verbo transitivo direto.

  O avião **custa** 100 mil reais.

- **Custar no sentido de** ter como resultado certa perda ou revés é verbo transitivo direto e indireto:

  Essa atitude **custou**-lhe a vida.

- **Custar no sentido de** ser difícil ou trabalhoso é intransitivo:

  Custa muito entender esse raciocínio.

- **Custar no sentido de** levar tempo ou demorar é intransitivo:

  Custa a vida para aprender a viver.

- **Esquecer/lembrar:** possuem a seguinte regra – se forem pronominais, terão complemento regido pela preposição "de"; se não forem, não haverá preposição.

  Lembrei-**me de** seu nome.

  Esqueci-**me de** seu nome.

  Lembrei seu nome.

  Esqueci seu nome.

- **Gostar:** é transitivo indireto no sentido de apreciar (complemento introduzido pela preposição "de").

  Gosto de estudar.

  Gosto muito de minha mãe.

- **Gostar:** como sinônimo de experimentar ou provar é transitivo direto.

  Gostei a sobremesa apenas uma vez e já adorei.

  Gostei o chimarrão uma vez e não mais o abandonei.

- **Implicar** pode ser:
  - **Transitivo direto** (sentido de acarretar):

    Cada escolha **implica** uma renúncia.

  - **Transitivo direto e indireto** (sentido de envolver alguém em algo):

    Implicou a irmã no crime.

  - **Transitivo indireto** (sentido de rivalizar):

    Joana estava **implicando** com o irmão menor.

- **Informar:** é bitransitivo, ou seja, é transitivo direto e indireto. Quem informa, informa:

  Algo a alguém: **informei** o acontecido para Jonas.

  Alguém de algo: **informei**-o do acontecido.

  Alguém sobre algo: **informei**-o sobre o acontecido.

- **Morar/residir:** verbos intransitivos (ou, como preconizam alguns dicionários, transitivo adverbiado), cujos adjuntos adverbiais de lugar são introduzidos pela preposição "em".

  José **mora** em Alagoas.

  Há boas pessoas **residindo** em todos os estados do Brasil.

- **Obedecer:** é um verbo transitivo indireto.

  Os filhos **obedecem** aos pais.

  Obedeça às leis de trânsito.

Embora transitivo indireto, admite forma passiva:

  Os pais são obedecidos pelos filhos.

O antônimo "desobedecer" também segue a mesma regra.

- **Perdoar:** é transitivo direto e indireto, com objeto direto de coisa e indireto de pessoa.

  Jesus **perdoou** os pecados aos pecadores.

  Perdoava-lhe a desconsideração.

Perdoar admite a voz passiva:

>Os pecadores foram perdoados por Deus.

- **Precisar:** é transitivo indireto (complemento regido pela preposição de) no sentido de "necessitar".

>**Precisaremos** de uma nova Gramática.

- **Precisar:** é transitivo direto no sentido de indicar com precisão.

>Magali não soube **precisar** quando o marido voltaria da viagem.

- **Preferir:** é um verbo bitransitivo, ou seja, é transitivo direto e indireto, sempre exigindo a preposição a (preferir alguma coisa à outra).

>Adelaide **preferiu** o filé ao risoto.
>**Prefiro** estudar a ficar em casa descansando.
>**Prefiro** o sacrifício à desistência.

É incorreto reforçar o verbo "preferir" ou utilizar a locução "do que".

- **Proceder:** é intransitivo na acepção de "ter cabimento":

>Suas críticas são vazias, não **procedem**.

- **Proceder:** é também intransitivo na acepção de "portar-se":

Todas as crianças **procederam** bem ao lavarem as mãos antes do lanche.

- **Proceder:** no sentido de "ter procedência" é utilizado com a preposição de:

>Acredito que a dúvida **proceda** do coração dos curiosos.

- **Proceder:** é transitivo indireto exigindo a preposição a no sentido de "dar início":

>Os investigadores **procederam** ao inquérito rapidamente.

- **Querer:** é transitivo direto no sentido de "desejar":

>Eu **quero** um carro novo.

- **Querer:** é transitivo indireto (com o complemento de pessoa) no sentido de "ter afeto":

>**Quero** muito a meus alunos que são dedicados.

- **Solicitar:** é utilizado, na maior parte dos casos, como transitivo direto e indireto. Nada impede, entretanto, que se construa como transitivo direto.

>O juiz **solicitou** as provas ao advogado.
>**Solicito** seus documentos para a investidura no cargo.

- **Visar:** é transitivo direto na acepção de mirar.

>O atirador **visou** o alvo e disparou um tiro certeiro.

- **Visar:** é transitivo direto também no sentido de "dar visto", "assinar".

>O gerente havia **visado** o relatório do estagiário.

- **Visar:** é transitivo indireto, exigindo a preposição a, na acepção de "ter em vista", "pretender", "almejar".

>Pedro **visava** ao amor de Mariana.
>As regras gramaticais **visam** à uniformidade da expressão linguística.

14.2 Regência nominal

Alguns nomes (substantivos, adjetivos e advérbios) são comparáveis aos verbos transitivos indiretos: precisam de um complemento introduzido por uma preposição.

Acompanhemos os principais termos que exigem regência especial.

SUBSTANTIVO		
Admiração a, por	Devoção a, para, com, por	Medo a, de
Aversão a, para, por	Doutor em	Obediência a
Atentado a, contra	Dúvida acerca de, em, sobre	Ojeriza a, por
Bacharel em	Horror a	Proeminência sobre
Capacidade de, para	Impaciência com	Respeito a, com, para com, por
Exceção a	Excelência em	Exatidão de, em
Dissonância entre	Divergência com, de, em, entre, sobre	Referência a
Alusão a	Acesso a	Menção a

ADJETIVOS		
Acessível a	Diferente de	Necessário a
Acostumado a, com	Entendido em	Nocivo a
Afável com, para com	Equivalente a	Paralelo a
Agradável a	Escasso de	Parco em, de
Alheio a, de	Essencial a, para	Passível de
Análogo a	Fácil de	Preferível a
Ansioso de, para, por	Fanático por	Prejudicial a
Apto a, para	Favorável a	Prestes a
Ávido de	Generoso com	Propício a
Benéfico a	Grato a, por	Próximo a
Capaz de, para	Hábil em	Relacionado com
Compatível com	Habituado a	Relativo a
Contemporâneo a, de	Idêntico a	Satisfeito com, de, em, por
Contíguo a	Impróprio para	Semelhante a
Contrário a	Indeciso em	Sensível a
Curioso de, por	Insensível a	Sito em
Descontente com	Liberal com	Suspeito de
Desejoso de	Natural de	Vazio de
Distinto de, em, por	Dissonante a, de, entre	Distante de, para

ADVÉRBIOS		
Longe de	Perto de	Relativamente a
Contemporaneamente a	Impropriamente a	Contrariamente a

É provável que você encontre muitas listas com palavras e suas regências, porém a maneira mais eficaz de se descobrir a regência de um termo é fazer uma pergunta para ele e verificar se, na pergunta, há uma preposição. Havendo, descobre-se a regência.

- A descoberta era **acessível** a todos.

Faz-se a pergunta: algo que é acessível é acessível? (a algo ou a alguém). Descobre-se, assim, a regência de acessível.

15 PARALELISMO

Ocorre quando há uma sequência de expressões com estrutura idêntica.

15.1 Paralelismo sintático

O paralelismo sintático é possível quando a estrutura de termos coordenados entre si é idêntica. Nesse caso, entende-se que "termos coordenados entre si" são aqueles que desempenham a mesma função sintática em um período ou trecho.

>João comprou **balas** e **biscoitos**.

Perceba que "balas" e "biscoitos" têm a mesma função sintática (objeto direto). Além disso, ambas são expressões nominais. Assim, apresentam, na sentença, uma estrutura sintática idêntica.

>Os formandos **estão pensando na carreira, isto é, no futuro**.

Tanto "na carreira" quanto "no futuro" são complementos do verbo pensar. Ademais, as duas expressões são formadas por preposição e substantivo.

15.2 Paralelismo semântico

Estrutura-se pela coerência entre as informações.

>Lucélia **gosta de maçã e de pera**.

Percebe-se que há uma relação semântica entre maçã e pera, pois ambas são frutas.

>Lucélia **gosta de livros de ação e de pizza**.

Observa-se que os termos "livros de ação" e "pizza" não possuem sentidos semelhantes que garantam a sequência lógica esperada no período.

LÍNGUA ESTRANGEIRA

1 INTERPRETAÇÃO DE TEXTOS

Falar, ler e escrever outra língua requer um pouco de estudo e atenção. A Língua Inglesa, como qualquer outra, é composta por estruturas gramaticais, interpretações de textos e conhecimento de vocabulários. Ao estudar você percebe o quão fácil e interessante ela é, podendo compreender textos, filmes, músicas e conversações.

Aqui, vamos interpretar textos realizados em alguns concursos com o intuito de revisar vocabulário e interpretação assim como algumas perspectivas gramaticais.

Sempre é bom lembrar: toda vez que pegar um texto, faça uma leitura total, procure os rodapés, eles também podem conter informações importantes para você. Leia o texto integralmente.

Para treinar um pouco mais a leitura e a interpretação, serão disponibilizados os textos de forma integral, em inglês, seguido de um glossário. Concentre-se e leia atentamente. Esse vocabulário vai ajudar você a ler e entender melhor o texto. Grife as palavras do vocabulário no texto. Assim, você começa a ter uma ideia de como está sendo usado, fornecendo uma visão ampla e uma interpretação mais aprofundada. Essa técnica deve ser usada para a resolução de textos e exercícios sempre que necessário.

Agora que você sublinhou os vocábulos no texto e conseguiu uma visão geral, colocaremos a tradução do texto, para que você consinga identificar se leu conforme o esperado.

Text 1 – English

A Coup in Paraguay

On June 22, 2012, the Paraguayan Senate invoked a clause in the constitution which authorized it to impeach the president for "poor performance in his duties." The President was Fernando Lugo, who had been elected some three years earlier and whose term was about to end in April 2013. Under the rules, Lugo was limited to a single term of office.

Lugo charged that this was a coup, and if not technically illegal, certainly illegitimate. Almost every Latin American government agreed with this analysis, denouncing the destitution, and cutting relations in various ways with Paraguay.

The removal of Lugo had the negative consequence for those who made the coup of making possible the one thing the Paraguayan Senate had been blocking for years.

Paraguay is a member of the common market Mercosur, along with Brazil, Argentina and Uruguay. Venezuela had applied to join. This required ratification by the legislatures of all five member states. All had long since given their assent except the Paraguayan Senate. After the coup, Mercosur suspended Paraguay, and immediately welcomed Venezuela as a member.

[From: International Herald Tribune 18-7-12] - ESAF - Escola de Administração Fazendária

GLOSSARY

Coup - golpe
To invoke - invocar
Clause - cláusula, artigo
Performance - atuação, execução, cumprimento
Duties - obrigações, deveres
Had been elected - tinha sido eleito
Whose - cujo - pronome relativo
Term - período, prazo, mandato
Illegitimate - ilegítimo
Almost - quase
Removal - remoção, retirada
Blocking - bloqueado, fechado
To apply - candidatar, solicitar, requerer
To join - juntar-se
Assent - consentimento, aprovação
To welcome - acolher, receber, dar as boas-vindas

Texto I - Translation

Um golpe no Paraguai

Em 22 de Junho de 2012, o senado Paraguaio invocou uma cláusula da constituição que autorizou o impeachment do Presidente por uma performance fraca de suas obrigações. O Presidente era Fernando Lugo, que havia sido eleito três anos antes e cujo mandato terminaria em Abril de 2013.

Lugo afirmou que era um golpe de estado e que, se não fosse tecnicamente ilegal, era no mínimo ilegítimo. Quase todos os governos Latino Americanos concordaram com a destituição e cortaram relações de várias maneiras com o Paraguai.

A retirada de Lugo teve consequências negativas para aqueles do senado Paraguaio que durante anos têm feito bloqueios.

Paraguai é um membro do mercado comum MERCOSUL (MERCOSUR- espanhol), junto com Brasil, Argentina, e Uruguai. Venezuela se candidatou a participar. Isto requeria uma modificação na legislatura dos cinco países membros, todos haviam concordado exceto o Senado Paraguaio.

Após o golpe, o Mercosul suspendeu Paraguai, e, imediatamente deu as boas-vindas à Venezuela como membro do mesmo.

No texto vamos perceber o uso do passado simples (a segunda conjugação da lista de verbos), presente perfeito, que tem sua formação a partir de um verbo auxiliar e o particípio do verbo a ser usado, Have + PP[1] (indica que uma ação teve seu início mas não mostre seu término), passado perfeito, Had + PP (é usado para descrever uma ação que ocorreu no passado, antes de outra ação também passada).

Text 2 - English

Armenia: prisoner of history

ARMENIA tends to feature in the news because of its problems (history, geography, demography and economics to name but a few). But a new report says not all is doom and gloom. The parliamentary elections in May showed significant improvement. Media coverage was more balanced, and the authorities permitted greater freedom of assembly, expression and movement than in previous years. That bodes well for the future.

The economy is still recovering from the global financial crisis, which saw GDP contract by 14.2% in 2009. In the same period, the construction sector contracted by more than 40%. Remittances from the diaspora dropped by 30%.

That led Forbes magazine to label Armenia the world's second worst performing economy in 2011. Over one-third of the country lives below the poverty line. Complaints of corruption are widespread, and inflation is high.

Low rates of tax collection - 19.3% of GDP, compared with a 40% average in EU countries-limit the government's reach.

---

1 PP = Particípio

LÍNGUA ESTRANGEIRA

Cracking down on tax evasion could increase government revenue by over $400 million, says the World Bank. A few, high-profile businessmen dominate the economy.

Their monopolies and oligopolies put a significant brake on business development. Their influence also weakens political will for the kind of reforms that the country sorely needs.

[From The Economist print edition June 24, 012]

Glossary

To tend - tender, inclinar-se
Feature - esboçar, delinear, dar destaque a
Report - relatório
To name but a few - para citar apenas alguns
To say - dizer
Doom and gloom - tristeza e melancolia
The parliamentary elections - as eleições do Parlamento
To show - mostrar
Improvement - melhora
Midia coverage - cobertura da mídia
Balanced - equilibrado
Greater - maior
Freedom - liberdade
Assembly - assembleia, reunião, comício
Expression - expressão, manifestação
Moviment - movimento
Previous - prévio, anterior
Bodes well - ser bom sinal para o futuro
To recover - recuperar
GDP - Gross domestic product - produto interno bruto
To contract - contrair, cair (de acordo com o texto)
In the same period - no mesmo período
Remittances - remessas, dinheiro ou mercadoria enviados
Diaspora - deslocamento, normalmente forçado ou incentivado, de grandes massas populacionais originárias de uma zona determinada para várias áreas de acolhimento distintas.
To label - rotular
Complaints - reclamações
Widespread - espalhada(s)
Crack down - cair, quebrar
Evasion - fuga
Could - poderia
To increase - aumentar
To weaken - enfraquecer
Political will - força política
Sorely - muito, altamente, expressamente, pessimamente, violentamente

Texto 2 – Translation

Armênia: prisioneira da História

A Armênia tende a ser notícia por causa de seus problemas (histórico, geográfico, demográfico, econômico, só para citar alguns deles). Mas um novo relatório diz que nem tudo é tristeza e melancolia. As eleições Parlamentares em maio mostraram uma melhora significante. A cobertura da mídia foi equilibrada e as autoridades deram mais liberdade de expressão e movimento do que nos anos anteriores. Isto foi um bom sinal para o futuro. A economia ainda está se recuperando da crise global e viu seu produto interno bruto cair para 14,2 em 2009. O envio de mercadorias e recursos financeiros caiu 30%.

Isto levou a revista Forbes a rotular a Armenia como a segunda pior economia do mundo em 2011. Mais de um terço do país vive abaixo da linha da pobreza. Denúncias e reclamações de corrupção assolam o país e a inflação é alta.

Baixa taxa de arrecadação de impostos 19,3% comparada com 40% dos países da União Europeia, limita o poder do governo. Se Armênios que moram fora do país do país pagassem impostos, poderiam aumentar em $400 milhões, diz o Banco Central, poucos empresários com muito poder dominam a economia.

O monopólio e oligopólio (um sistema que faz parte da economia política que caracteriza um mercado em que existem poucos vendedores para muitos compradores), freia significantemente o desenvolvimento do país.

Sua influência também enfraquece o poder político que poderia fazer as reformas que o país precisa.

Nesse texto, podemos perceber o uso do tempo presente, vários verbos sofreram a flexão da Terceira pessoa, recebendo "S" para indicar que é presente e é terceira pessoa do singular.

Text 3 - English

Brazil's exports

Trade barriers imposed by Argentina on imports in general have resulted in a drop of 16% in Brazil's exports to its neighbor in the first half of this year. Between January and June last year, Brazil sold goods worth US$ 10.43 billion to Argentina. This year, during the same period, the value of goods sold to Argentina is US$ 1.6 billion less.

In spite of the trade barriers, the executive secretary at the Ministry of Development, Industry and Foreign Trade, Alessandro Teixeira, blames the international crisis for the situation. "The cause of these problems is the international crisis. It affects Argentina and it affects us, too," he declared. Teixeira noted that negotiations have improved the relationship with Argentina, that there has been a more positive dialogue.

Brazil's exports to Eastern Europe are down 38% and down 8% to the European Union in the first half. On the other hand, they have risen by over US$ 2 billion to China during the same period.

From: Brazzil Magazine July 2012 [adapted] ESAF

GLOSSARY

Trade - comércio
Barriers - barreiras
To impose - impor
Imports - importações
General - em geral
Have resulted - resultou
Drop - queda
Exports - exportações
Neighbor - vizinho
First - primeiro(a)
Half - metade, meio
Between - entre (preposição)
Last year - ano passado
To sell-sold-sold - vender
Goods - mercadorias, bens
Worth - no valor (de acordo com o texto)
Value - valor

INTERPRETAÇÃO DE TEXTOS

Less - menos
Secretary - secretário(a)
Ministry of Development, Industry and Foreign Trade - Ministério do Desenvolvimento, Indústria e Comércio Exterior
To blame - culpar
Crisis - crise (crises - plural)
To affect - afetar
To declare - declarar
To note - observar
Negotiations - negociações
Have improved - melhoraram
Relationship - relacionamento
There has been - houve
Dialogue - diálogo
Are down - caíram (de acordo com o texto)
On the other hand - por outro lado
To rise - rose - risen - aumentar, subir
During - durante
Same - mesmo
Period – período

Text 3 - Translation

Exportações do Brasil

As barreiras impostas pela Argentina para importações em geral, resultaram numa queda de 16% no que o Brasil exporta para seu vizinho na primeira metade deste ano. Entre janeiro e junho do ano passado, o Brasil vendeu mercadorias no valor de $10.43 bilhões para a Argentina. Este ano, durante o mesmo período, o valor de mercadorias vendidas é de $1,6 bilhões a menos.

Apesar das barreiras o secretário executivo do Ministério do Desenvolvimento, Indústria e Comércio Exterior, Alessandro Teixeira, culpa a crise internacional por essa situação. "A causa desses problemas é a crise internacional. Ela afeta a Argentina e a nós também." Ele declarou. Teixeira observou que as negociações tem melhorado o relacionamento com a Argentina, tem havido um diálogo mais positivo.

Exportações do Brasil para a Europa Oriental estão em baixa de 38% e em 8% para a União Européia na primeira metade do ano. Por outro lado, as exportações aumentaram em mais de $2 bilhões para a China durante o mesmo período.

Dica: Você pode perceber o uso de alguns LINKING WORDS no texto, isso contribui para a interpretação.

Text 4 - English

A thankful of sugar. Has Brazil found the answer to high petrol prices.

While motorists elsewhere fret about high fuel prices, new-car buyers in Brazil can feel smug. They can fill up with petrol, ethanol (alcohol) or any combination of the two. And right now, ethanol is 55% cheaper at the pump in Brazil than regular gasoline.

Brazilians are the beneficiares of an automotive revolution: "Flex-fuel" cars that run readily on ethanol as on regular petrol were introduced in 2003, and have since grabbed nearly two-thirds of the market. In America some 4.5m vehicles can run on blends of up to 85% ethanol, but that fuel is available only in Minnesota. In Brazil ethanol is everywhere, thanks to a thirty-year-old policy of promoting fuel derived from home-grown sugar cane.

Eager for energy independence or lower emissions of greenhouse gasses, other countries are now starting to promote "biofuels". But America and Europe favor their own farmers, who produce fuel-based corn or rapeseed that is mainly used as an additive to conventional petrol and is dirtier and more expensive than Brazil's sugar-based ethanol.

So biofuelled cars may take years to catch on in other markets. Excerpt from The economist. Sep. 25th 2005

GLOSSARY

While - enquanto
Motorist - motorista
Elsewhere - em outra parte
Fret - lamentar, lamúria
High - alto(s)
Fuel - combustível
Price - preço
New-cars buyers - compradores de carros novos
Can - poder
To feel - sentir
Smug - presunçoso, convencido, satisfeito
To fill up - encher o tanque, abastecer
Petrol - gasolina
Etanol - álcool
Cheaper - mais barato
Pump - bomba de gasolina
Beneficiares - beneficiários
Automotive - automotiva
Revolution - revolução
To run - funcionar, correr
Readily - facilmente, sem problemas
To grab - grabbed - grabbed - agarrar, pegar, roubar
Nearly - quase
To introduce - apresentar
Blends - mistura
Available - disponível
Everywhere - todo lugar
Policy - política
Promoting - promoção
Derived - derivado
Home-grown sugar cane - cana de açúcar doméstica
Eager - ávido por, ansioso
Energy - energia
Independence - independência
Lower - mais baixos
Emissions - emissões
Greenhouse - efeito estufa
Countries - países
To start - começar
Biofuel - biocombustível
To favor - favorecer, beneficiar, proteger
Farmers - fazendeiros
Own - próprios
Fuel-based corn - combustível à base de milho

Rapeseed - colza - uma planta da família da Brassicaceae, em seu estado natural é usada na produção de biodísel e outros fins industriais.
Mainly - principalmente
Used as - usado como
Additive - aditivo
Dirtier - mais sujo
More expensive - mais caro
Biofueled cars - carros movidos à biocombustível
May - poder
To take - levar, pegar, tomar
Years - anos
To catch on - popularizar, compreender
Other - outro
Market - mercado
Except - extraído, tirado

Text 4 – Translation

Um agradecimento ao açúcar. O Brasil encontrou a resposta para o alto preço da gasolina

Enquanto motoristas de outras partes do mundo reclamam sobre o alto preço de combustíveis, proprietários de carros novos no Brasil podem se sentir tranquilos. Eles podem encher o tanque com gasolina, etanol ou qualquer mistura dos dois. E agora, etanol está 55% mais barato na bomba de gasolina do que a gasolina.

Brasileiros são os beneficiários de uma revolução automotiva: "flex" (bi-combustível), carros que funcionam tão bem com etanol como gasolina regular, foram apresentados em 2003 e desde então pego quase dois terços do Mercado.

Na América cerca 4.5 milhões de carros funcionam com uma mistura com 85% de etanol, mas esse combustível só está disponível em Minessota. No Brasil, etanol está em todos os lugares, graças a uma política de trinta anos promovendo a cana de açúcar de casa (doméstica)

Ansiosos pela independência de energia ou baixar emissões de gases, outros países estão começando a promover o biocombustível. América e Europa favorecem seus fazendeiros que produzem combustível à base de milho e colza (ver glossário), que é principalmente como aditivo para gasolina convencional e é mais sujo e mais caro que o etanol de cana de açúcar do Brasil.

Então, carros movidos a biocombustível podem levar anos até se popularizarem em outros mercados.

Text 5 - English

Rio+20: reasons to be cheerful

Read the commentaries from Rio+20, and you'd think a global disaster had taken place. The UN multilateral system is said to be in crisis. Pundits and NGOs complain that it was "the greatest failure of collective leadership since the first world war", "a bleak day, a disastrous meeting" and "a massive waste of time and money".

Perspective, please. Reaction after the 1992 Rio summit was uncannily similar. Countries passed then what now seem far-sighted treaties and embedded a slew of aspirations and commitments into international documents - but NGOs and journalists were still distraught. In short, just like Rio 2012, the meeting was said to be a dismal failure of governments to co-operate.

I was pretty downhearted then, too. So when I returned I went to see Richard Sandbrook, a legendary environmental activist who co-founded Friends of the Earth, and profoundly influenced a generation of governments, business leaders and NGOs before he died in 2005. Sandbrook made the point that NGOs always scream blue murder because it is their job to push governments and that UN conferences must disappoint because all views have to be accommodated. Change, he said, does not happen in a few days' intense negotiation. It is a long, muddled, cultural process that cannot come from a UN meeting.. Real change comes from stronger institutions, better public information, promises being kept, the exchange of views, pressure from below, and events that make people see the world differently.

Vast growth in global environmental awareness has taken place in the past 20 years, and is bound to grow in the next 20.

[From The Guardian Poverty Matters blog- adapted]

GLOSSARY
Reason - razão
Cheerful - alegre, animado
To read - ler
Commentaries - comentários
You´d think (you would think) - você pensaria
Global disaster - catástrofe global
Had taken palce - tinha acontecido
Is said to be in crisis - diz estar em crise
Pundits - especialistas, pessoas eruditas
NGO - Non-Governmental Organization - ONG
To complain - reclamar
The greatest - o(a) maior
Failure - falha, erro
Collective - coletivo
Leadership - liderança
Since - desde
First world war - primeira guerra mundial
A bleak day - um dia sombrio, desolador, desanimador
Disastrous - desastroso
Meeting - reunião
Massive waste of time - grande perda de tempo
Perspective - perspectiva, panorama
Reaction - reação
After - após
Summit - reunião, conferência de cúpula
Uncannily - inexplicável, sinistramente, estranhamente
Countries - países
Passed - passaram
Then - então
To seem - parecer
Far-sighted - prudente
Treaties - tratado
Embedded - embutido
A slew of - uma grande quantidade de
Aspirations - aspirações, ambições
Commitments - compromissos
Distraught - distraído, perturbado
In short - em resumo
Downhearted -desanimado, abatido
Just like - assim como
Dismal - sombrio, escuro, triste, sinistro, total(de acordo com o texto)
Legendary - legendário

INTERPRETAÇÃO DE TEXTOS

Environmental activist - ativista ambiental
Co-founded - co-fundou
Profoundly - profundamente
Influenced - influenciou, influenciado
Leaders - líderes
Before - antes
To die-died - morrer, morreu
Scream- gritar, chorar
Blue - triste, melancólico, deprimido, azul
Murder - assassinato
Job - trabalho
To push - empurrar, pressionar
Must - dever
Disappoint - decepcionar
All - todo(a)(s)
Views - visões, pontos de vista
Accommodated - acomodar, hospedar, prover, fornecer, suprir
Change - mudar, mudança
Happen - acontecer
Few days - poucos dias
Muddled - confuso, atrapalhado
Cultural process - processo cultural
Cannot - não pode
To come - vir
From - de(origem)
Promises being kept - promessas sendo cumpridas
Exchanges - trocas
Pressure - pressão
Bellow - debaixo, em baixo
Growth - crescimento, educação, criação
Awareness - consciência
To take place - acontecer
To be(is) boud to - estar prestes a
To grow - crescer

Text 5 - Translation
Rio + 20 - razões para estar alegre

Leia os comentários do Rio +20, e você pensaria que um desastre global aconteceu. O Sistema multilateral das Nações Unidas diz estar em crise. Experts e ONGs reclamam que aquilo foi o maior desastre de liderança coletiva desde a Primeira Guerra Mundial, um dia sombrio, uma reunião desastrosa e um grande desperdício de tempo e dinheiro.

Reação após o encontro de 1992 foi estranhamente parecida. Países passaram então a tratados mais prudentes e uma série de aspirações e compromissos com documentos internacionais, em resumo, assim como Rio 2012, o encontro foi considerado um fracasso total dos governos cooperarem entre si. Eu fiquei bem desapontado também.

Eu fui ver Richard Sandbrook, um legendário ativista ambiental que co-fundou os Amigos da Terra (Friends of the Earth), e influenciou profundamente governos, empresários e ONGs antes de morrer em 2005.

Sandbrook mostrou o que as ONGs sempre acusam, pois é dever das mesmas fiscalizar governos e que os encontros das Nações Unidas sempre são enganadoras pois a visão é sempre acomodada. Mudança, ele disse, não acontece em poucos dias de negociação intensa. É um processo confuso, cultural e longo que não pode vir de um encontro das Nações Unidas. Mudanças reais vêm de instituições fortes, uma boa informação pública, promessas que são cumpridas, trocas de ideias, pressão que vem do povo e eventos que façam as pessoas verem o mundo diferentemente.

Um grande crescimento da consciência global e ambiental aconteceu nos últimos vinte anos e ainda vai crescer mais nos próximos 20.

Text 6 - English

RIO DE JANEIRO — In a quick and decisive military operation, Brazilian security forces took control of this city's most notorious slum on Sunday, celebrating victory over drug gangs after a weeklong battle.

In the afternoon, the military police raised the flags of Brazil and Rio de Janeiro atop a building on the highest hill in the Alemão shantytown complex, providing a rare moment of happiness and celebration in a decades-long battle to rid this city's violent slums of drug gangs.

An air of calm and relief swept through the neighborhood, as residents opened their windows and began walking the streets. Dozens of children ran from their houses in shorts and bikinis to jump into a swimming pool that used to belong to a gang leader. Residents congregated around televisions in bars and restaurants, cheering for the police as if they were cheering for their favorite soccer teams.

"Now the community is ours," Jovelino Ferreira, a 60-year-old pastor, said, his eyes filling with tears. "This time it will be different. We have to have faith. Many people who didn't deserve have suffered here"

ESAF. Brazilian Forces Claim Victory in Gang Haven

Glossary

To claim - reclamar, reivindicar
Haven - abrigo, refúgio
Quick - rápido
Decisive - decisivo
Military - militar
Operation - operação
Security - segurança
To take control - tomar o controle
Notorious - notória
Slum - favela
Weeklong - durante a semana
Battle - batalha
Raised - levantou, ergueu
Atop - alto, superior, de cima
The highest - o mais alto
Shantytown - favela
Complex - complex
To provide - prover
Rare - raro
Moment - momento
Happiness - felicidade
Decade - década
Relief - alívio
To sweep - swept - swept - varrer
Neighborhood - vizinhança
To open - opened - opened -abrir
To begin - began, begun - começar
To walk - walked - walked - caminhar
Streets - ruas
To run - ran - run - corer

Swimming pool - piscine
Used to belong - costumava pertencer
Gang leader - chefe do tráfico (de acordo com o texto)
Congregated - congregado
Cheering - aplaudindo, torcendo
Soccer - futebol
Eyes - olhos
Filling with tears - cheios de lágrimas
Faith - fé
To deserve - merecer
To suffer - suffered - suffered - sofrer
Here - aqui

Text 6 – Translation

Tropas Brasileiras comemoram vitória na tomada de morro (abrigo das gangues)

Em uma rápida e decisiva operação militar tropas do exército tomaram o controle da maior favela do Rio de Janeiro no Domingo, celebrando vitória após uma semana inteira de batalhas.

Na mesma tarde o exército hasteou as bandeiras do Brasil e do Rio de Janeiro no topo de um prédio no morro mais alto do complexo do Alemão, proporcionando um raro momento de felicidade e celebração em décadas de batalha para livrar a favela das gangues de drogas.

Um ar de calma e alívio soprou pela vizinhança quando os moradores puderam abrir suas janelas e caminhar pelas ruas. Dezenas de crianças sairam de suas casas com shorts e bikinis para pular na piscina que era de um chefe do tráfico, os moradores ficaram em frente de aparelhos de televisões em bares e restaurantes, torcendo para a polícia como se o estivessem fazendo pelo seu time de coração.

"Agora a comunidade é nossa" disse Jovelino Ferreira, um pastor de 60 anos de idade com seus olhos cheios de lágrimas. "Desta vez será diferente, temos que ter fé, muitas pessoas que não mereciam, sofreram aqui."

Text 7 - English

Life and the Movies Joey Potter looked at her friend Dawson Leery and she smiled sadly. "Life isn't like a movie", Dawson, she said. "We can't write happy endings to all our relationships."

Joey was a pretty girl with a long brown hair.

Both Joey and Dawson were nearly sixteen years old. The two teenagers had problems. All teenagers have the same problems – life, love, school work, and parents. It isn't easy to become an adult.

Dawson loved movies himself. Dawson wanted to be a film director. His favorite director was Steve Spielberg. Dawson spent a lot of his free time filming with his video camera. He loved watching videos of great movies from the past.

Most evenings he watched movies with Joey.

"These days, Dawson always wants us to behave like people in movies," Joey thought. And life in the little seaside town of Capeside wasn't like the movies.

Joey looked at the handsome, blond boy who was sitting next to her. She thought about the years of their long friendship. They were best friends…

Glossary
Life - vida
Pretty - bonita
Brown hair - cabelos castanhos

Teenagers - tens - adolescentes
Movie - filme, cinema
To look at - olhar para
To smile - smiled - smiled - sorrir
Sadly - tristemente
To say - said - said - dizer
Can't - no pode (podemos)
To write - wrote - written - escrever
Happy - feliz
Endings - finais
Relationships - relacionamentos
Both ... and ... - tanto quanto (linking words)
Nearly - quase
To become - tornar-se
To behave - comportar
To think - thought - thought - pensar
Handsome - bonito - adjetivo para dizer que um homem é bonito.
To sit - sat-sat - sentar
Next - próximo
Friendship - amizade
Best-friends - melhores amigos

Text 7 – Translation

Vida e cinema, Joey Potter olhou para seu amigo Dawson Lerry e ela sorriu tristemente.

"A vida não é como o cinema", Dawson, ela disse. "Nós podemos escrever finais felizes para todos os nossos relacionamentos".

Joey era uma menina bonita com longos cabelos castanhos.

Tanto Joey quanto Dawson tinham quase 16 anos. Os dois adolescentes tinham problemas - vida - amor - trabalho de escola e pais. Não é fácil se tornar adulto.

Dawson adorava cinema. Queria ser diretor de cinema, seu diretor preferido era Steve Spilberg. Dawson passava a maior parte do seu tempo livre filmando com sua câmera. Ele adorava assistir a vídeos de filmes antigos (do passado). Na maioria das noites ele assistia a filmes com Joey.

"Nesses dias Dawson sempre queria que nos comportássemos como pessoas em um cinema," Joey pensava. E a vida na pequena cidade praiana de Capeside (se traduzíssemos nomes, cape - cabo ; seide lado), não era como os filmes de cinema.

Joey olhou para o menino loiro e bonitoque estava sentado próximo a ela. Ela lembrou (pensou) nos anos de sua longa amizade. Eles eram melhores amigos ...

Este é, um fragmento de um texto em que não encontramos.

2 LINKING WORDS

Linking words são palavras de ligação, em português, nós as estudamos como locuções, advérbios e conjunções. Chamamo-las de CONECTIVAS, servem para ligar uma ideia a uma frase. Esse é um vocabulário especial e único, vamos estudá-lo nesse capítulo para que você possa se sair bem resolvendo os textos propostos.

Estão presentes em quase tudo na língua Inglesa, conhecendo esse vocabulário você estará à frente de muita gente na hora de executar os textos no concurso!

> *Either ... or* - ou ... ou
> *Either ... or* - nem ... nem

São iguais, mas teremos duas traduções diferentes, por quê?

Quando tivermos uma sentença positiva, por exemplo, teremos que *either ... or* se apresentará como ou ... ou:

> **Either** *you play soccer* **or** *chess*. (Ou você joga futebol ou xadrez.)

Se a sentença for negativa, o mesmo aparecerá como nem... nem:

> *Jane doesn't sweep* **either** *the room* **or** *the bathroom*. (Jane não varre nem a sala nem o banheiro.)

Neither ... nor - nem ... nem. Esse só pode ser usado quando a sentença for positiva, pois ele já é negativo.

> **Neither** *you drink beer* **nor** *wine*. (Você não bebe nem cerveja nem vinho.)

Both ... and - tanto ... quanto. Cuidado com esse *Linking*, ele pode enganar, sabemos que BOTH é ambos, e AND significa e, mas quando usados juntos, teremos a tradução acima, tanto ... quanto.

> **Both** *Josh* **and** *you are working hard*. (Tanto Josh quanto você estão trabalhando arduamente.)

Vamos lembrar de alguns outros *Linkings*, começando pelas explicativas:

As - como- assim

> *As the wind started blowing harder, the launch was postponed.* (Como o vento começou a soprar mais forte, o lançamento foi adiado.)

For - pois, por causa de,

> *You had to start the work, for it was late.* (Você tinha que começar o trabalho, pois estava atrasado.)

Since - já que

> *Since he hasn't had more time he couldn't finish his work.* (Já que ele não teve mais tempo, não pôde terminar seu serviço.)

Because - porque

> *I am working because I need Money.* (Eu estou trabalhando porque eu preciso de dinheiro.)

Alguns *Linkings* de acréscimo:

> *Apart from* - além de, exceto, fora
> *Besides* - além de, além disso
> *Moreover* - além de
> *Furthermore* - além disso
> *In addition* - além de, além disso
> *What's more* - além de, além disso
> **Besides Math, I love English.**
> **In addition to Math I love English.**
> **Apart from Math, I love English.**

Alguns concessivos:

> *Although/ Though* - embora
> *Even though* - mesmo embora
> *In spite of* - despite - apesar de, a despeito de
> *Regardless of* - apesar de, independentemente de

> **Although / though** *he is sick, he works hard.*(Embora ele esteja doente, ele trabalha arduamente.)

Alguns *Linkings* conclusivos:

> *Hence* - por isso, logo, daí
> *Thus* - por isso
> *Therefore* - portanto
> *Consequently* - consequentemente
> *Then* - então
> *So* - por isso, assim
> *Thereby* - assim, desse modo
> **They were late, so/consequently/therefore/thus/hence** *We went home*. (Eles estavam atrasados, então / por isso, fomos para casa.)

Alguns *Linkings* adversativos. (contraste)

> *But* - mas, porém
> *However* - contudo, entretanto
> *(and)Yet* - (e)contudo, (e)no entanto
> *Nevertheless* - contudo, não obstante, mesmo assim
> *Nonetheless* - contudo, não obstante, mesmo assim
> *He was not polite*, **however/but/and yet/nevertheless**, *he was a good teacher.*

(Ele não era educado, porém/contudo/no entanto, mas ele era um bom professor.)

O próprio termo, LINKING WORDS, já traz na tradução, to link= ligar, este tipo de vocabulário é muito importante, vamos ver agora uma lista bem ampla de outros Linking Words para você poder estudar e pesquisar quando estiver estudando e resolvendo as atividades propostas, a técnica mais eficaz consiste em você fazer uma leitura diária, a cada dia de leitura você, vai construir o seu banco de dados, o seu dicionário próprio. A partir disso, você vai começar a entender mais e mais a Língua Inglesa.

List of Linking Words

Em primeiro lugar - *first of all*
Antes de tudo - *in the first place*
Para começar - *to begin with*
Para início de conversa - *to begin with*
Com relação a - *regarding*
No que diz respeito a - *with regard to*
No que tange a - *concerning - considering*
A propósito - *by the way*
Por falar nisso - *speaking of that*
Por sinal - *as a matter of fact - in fact*
Aliás - *by the way - besides*
Pelo contrário - *on the contrary*
Na verdade - *actually*
De acordo com - *according to*
Conforme - *in accordance with*
Segundo - *in accordance with*
Principalmente - *mainly - specially*
Sobretudo - *specially*
Especialmente - *specially*
Porque - *because*
Por causa de - *because - since*
Uma vez que - *since*
Já que - *since - because*
Visto que - *since*

LÍNGUA ESTRANGEIRA

Pois - *because - since*
Em função de - *as a result of - due to*
Em razão de - *as a result of - due to*
Por motivos de - *as a result of - due to*
Em virtude de - *as a result of - due to*
Devido a - *as a result of - due to*
Levando isto em consideração - *taking this into consideration - with this in mind - for this reason*
Por este motivo - *for this reason - that's why*
Por esta razão - *for this reason - that's why*
Por isso - *for this reason - that's why*
Desta forma - *this way*
Assim sendo (sendo assim) - *this way - in doing so*
Nesse sentido - *this way - in doing so*
De maneira (forma) (modo) que - *so that*
Como consequência - *as a result*
Diante do exposto - *in face of*
Frente a - *in view of - in face of*
Tanto é (assim) que - *so much - so that*
A ponto de - *so much - so that*
Com o objetivo de - *in order to (that) - so that*
A fim de - *in order to - so that - in na effort to*
Para que - *in order to - so that - in na effort to*
Para - *in order to - so that - in na effort to*
A partir de agora - *from now on - hence forth*
De agora em diante - *from now on - hence forth*
Daqui para a frente - *form now on - hence forth*
Até agora - *so far - up till now*
Até hoje - *so far - up till now*
Até o momento - *so far - up till now*
Ainda - *Still - ... not ... yet.*
Por enquanto - *For the time being - for some time.*
Nesse meio tempo - *in the meantime*
Enquanto isso - *meanwhile* Enquanto (durante o tempo em que) - *While (during the time)*
Em meio a - *in the midst of*
Em geral - *in general*
Via de regra - *as a rule*
Sempre que - *whenever*
À medida que (o tempo passa) - *as (time goes by)*
Com o passar (decorrer) do tempo - as (*time goes by*)
A quem interessar possa - *to whom it may concern*
Para sua informação - *for your information*
Que eu saiba - *as far as I know - as far as I can tell*
Pelo que eu sei - *as far as I know - as far as I can tell*
Pelo que me consta - *to my knowledge - as far as I know*
Se não me engano - *if I am not wrong - if I remember well*
Se eu não estiver enganado - *if I am not wrong - if I remember well*
Se não me falha a memória - *if I am not wrong - if I remember well*
Na minha opinião - *in my opinion - in my view*
No que se refere a mim - *as far as I'm concerned - as for me*
Quanto a mim - *as far as I'm concerned*
De minha parte - *as for me - as far as I'm concerned*

Do ponto de vista de - *from the standpoint of - from my point of view - based on the assumption that*
Partindo do pressuposto (de) que - *Based on the assumption that*
Sem dúvida - *of course - for sure - defenitely - certainly - without a doubt*
Certamente - *of course - for sure - defenitely - certainly - without a doubt*
Com certeza - *of course - for sure - defenitely - certainly - without a doubt*
Evidentemente - *of course - for sure - defenitely - certainly - without a doubt*
Da mesma forma que - *in the same way that - likewise*
Assim como - *in the same way that - likewise*
Tal como - *in the same way that - likewise*
Através de - *through - by means of - hereby*
Por meio de - *through - by means of - hereby*
Mediante - *hereby - through - hereby*
Por intermédio de - *through - by means of - by way of - hereby*
Se - *if*
Desde que - *as long as - On condition that - Provided (that)*
Enquanto - *while - On condition that - Provided (that)*
Contanto que - *On condition that - Provided (that)*
Mesmo que - *even if*
(Por um lado, ...) Por outro lado - *on (the) one hand, on the other hand*
Em compensação - *Conversely* Ao contrário de - *unlike* Em outras palavras - *In other words*
O que eu quero dizer - *What I'm trying to say*
Quer dizer - *I mean*
Ou seja - *that is*
Por exemplo - *for example - for instance*
Tal (tais) como - *such as*
Por assim dizer - *so to speak - if you will*
Por sua vez - *in his/her/its turn*
Em último caso - *as a last resort*
Na pior das hipóteses - *if worst comes to worst - at worst - in a worst case scenario*
Se acontecer o pior - *if worst comes to worst - at worst - in a worst case scenario*
Na melhor das hipóteses - *at best*
Pelo (ao) menos - *at least - if nothing else*
No mínimo - *at least - if nothing else*
Para não dizer - *if not*
Isso se não for - *if not*
A não ser por (isso) - *apart from (that) - otherwise*
Com exceção de - *except for - aside from (that)*
Afora (isso) - *aside from (that)*
Senão - *if not*
A não ser que - *unless*
A menos que - *unless* Em vez de - *instead of*
Em lugar de - *in place of*
Ao invés de - *instead of*
De preferência - *rather (than)*
De qualquer modo (forma) (maneira) - *anyway*
Seja como for - *in any case*
Seja qual for o motivo - *Whatever the case may be*

LINKING WORDS

Get going. Move forward. Aim High. Plan a takeoff. Don't just sit on the runway and hope someone will come along and push the airplane. It simply won't happen. Change your attitude and gain some altitude. Believe me, you'll love it up here."

Glossary
Get going - continue
Move - mova-se
Forward - para frente
Aim - almeje, mire
High - alto
Plan - planeje
Takeoff - decolagem
Just - só, somente
Sit - sente, sentar
Runway - pista de decolagem
Hope - espere, ter esperança
Someone - alguém
Will come along - aparecerá
Push - empurrar
Airplane - avião
Change - mude
Attitude - atitude
Gain - ganhe
Altitude - altitude
Believe - acredite
Love - amar
Up here - aqui em cima

3 NUMBERS, PRONOUNS AND DEFINITE AND INDEFINITE ARTICLES

3.1 Cardinal numbers

Os numerais cardinais são usados no nosso dia a dia para expressar diversas funções, dentre elas: informar o número de telefone, expressar endereços e falar sobre preços. Segue abaixo uma lista dos principais numerais cardinais:

0	zero
1	one
2	two
3	three
4	four
5	five
6	six
7	seven
8	eight
9	nine
10	ten
11	eleven
12	twelve
13	thirteen
14	fourteen
15	fifteen
16	sixteen
17	seventeen
18	eighteen
19	nineteen
20	twenty
30	thirty
40	forty
50	fifty
60	sixty
70	seventy
80	eighty
90	ninety
99	ninety nine
100	one hundred/a hundred
200	two hundred
300	three hundred
400	four hundred
500	fifty hundred
600	six hundred
700	seven hundred
800	eight hundred
900	nine hundred
1000	one thousand /a thousand
100000	one hundred thousand
1000000000	one million

Where do you live?
I live in that building, apartment 214.

3.2 Ordinal numbers

Os números ordinais são utilizados para indicar ordem ou hierarquia relativa a uma sequência.

Na Língua Inglesa, a formação dos números ordinais é diferente da formação dos ordinais em Português: apenas o último número é escrito sob a forma ordinal.

Todos os outros números são utilizados sob a forma de números cardinais em Inglês.

1st – First
2nd – Second
3rd – Third
4th- Fourth
23rd - twenty-third
135th - a/one hundred thirty-fifth
1.234th - a/one thousand two hundred thirty-four

3.3 Articles

Artigo é a classe de palavras que se antepõe ao substantivo para definir, limitar ou modificar seu uso. Os artigos dividem-se em **definidos** e **indefinidos**.

A seguir, estudaremos cada um deles.

3.3.1 Definite article

"The" é o artigo definido na Língua Inglesa, e significa *o, a, os, as* e pode ser usado com substantivos contáveis no singular ou plural e com substantivos incontáveis. É utilizado quando queremos sinalizar especificamente a que elemento(s) estamos nos referindo especificamente, ou seja, que se trata de um elemento único. A seguir serão apresentadas situações típicas de seu uso:

▷ **Antes de substantivos com sentido específico:**
  The water in the world.

▷ **Antes de numerais ordinais:**
  The 4th of July.

▷ **Antes de nomes de países no plural ou de países que são união de estados, ilhas etc.:**
  The United States of America
  The Falklands

▷ **Antes de adjetivos e advérbios no grau superlativo:**
  Mary is **the** most intelligent person of this class.

▷ **Antes de nomes de ilhas, desertos, montanhas, rios, mares etc.:**
  The Pacific Ocean
  The Saara Desert

▷ **Antes de nomes de navios, modelos de carros e aviões:**
  The Titanic was enourmous.

▷ **Antes de nomes de famílias no plural:**
  The Smiths

▷ **Antes de nomes de instrumentos musicais:**
  He plays **the** guitar very well.

Quando NÃO USAR o artigo definido?

▷ **Antes de substantivos tomados em sentido genérico:**
  Grape juice is good for you.

▷ **Antes de nomes próprios no singular (pessoas, cidades etc.):**
  São Paulo is a big city.
  Mike loves coffee.

NUMBERS, PRONOUNS AND DEFINITE AND INDEFINITE ARTICLES

▷ **Antes de possessive adjectives:**
| **His** car is over there.
▷ **Antes de nomes de profissões (se o nome do profissional for citado):**
| **Judge** Louis will talk to you later.
▷ **Antes de palavras que se referem a idiomas, desde que não sejam seguidas do termo "language":**
| **Portuguese** is interesting.

3.4 Indefinite articles

Os artigos indefinidos em Língua Inglesa na forma do singular são dois: *a* e *an*. Ambos só podem ser empregados com substantivos contáveis.

A é usado antes de palavras que iniciam com som de consoante e **AN** antes das que iniciam com som de vogal.

| She has **a** doll.
| Look! That's **an** apple tree!

Existem casos em que a pronúncia determina o uso de artigos indefinidos. Observe as seguintes regras:

3.4.1 Usa "A"

▷ **Antes de palavras que iniciam com H aspirado:**
| a house, a horse, a homerun
▷ **Antes de palavras que começam com os sons de eu, ew e u:**
| **a** European trip, **a** unicorn, **a** useful skill.

3.4.2 Usa "AN"

▷ **Antes de palavras que iniciam com H não pronunciado (mudo):**
| **an** hour, **an** heir, **an** honest man.

3.5 Pronouns

São palavras que acompanham os substantivos, podendo substituí-los (direta ou indiretamente), retomá-los ou se referir a eles. Os pronomes são divididos em várias categorias. Neste módulo falaremos dos pronomes pessoais:

3.5.1 Personal pronouns

Os pronomes são termos utilizados para substituir nomes completos ou substantivos em frases. Eles são divididos de acordo com quatro classificações:

- **Quanto ao número:** singular ou plural;
- **Quanto à pessoa:** primeira, segunda ou terceira;
- **Quanto ao gênero:** masculino, feminino ou neutro;
- **Quanto à função que cumprem nas sentenças:** sujeito ou objeto.

Vejamos quais são os pronomes pessoais de acordo com as classificações a seguir:

Pronomes pessoais	Subjet pronouns	Object pronouns	
1ª Pessoa do singular	Eu	I	Me
2ª Pessoa do singular	Tu/Você	You	You
3ª Pessoa do singular	Ele / Ela / Ele/Ela (Neutro)	He / She / It	Him / Her / It
1ª Pessoa do plural	Nós	We	Us
2ª Pessoa do plural	Vós/Vocês	You	You
3ª Pessoa do plural	Eles/Elas	They	Them

- **O elemento neutro representa vocábulos sem gênero na Língua Inglesa, tais como:** objetos, animais, fenômenos da natureza.

- A 2ª pessoa, tanto do singular quanto do plural, possui a mesma forma. Sendo assim, dependemos do contexto para identificá-la.
- A 3ª pessoa do plural é a mesma para o gênero masculino, feminino ou ainda para os elementos neutros.

Agora veremos o uso dos pronomes pessoais em frases. Os verbos (ações) estão sublinhados para que ajudem a identificar a posição do pronome, seja antes (subject pronouns) ou depois (object pronouns).

| **I** live in New York.
| **He** bought a gift for **you**.
| **They** didn't like **it**.
| **He** saw **her** yesterday.
| Boys, **you** don't have to wake up early tomorrow.

3.5.2 Pronomes Pessoais (Reto e Oblíquo)

Os pronomes podem também ser utilizados para criar uma referência a um determinado ser ou objeto, relacionando-o assim com outras pessoas ou objetos no discurso.

Desta maneira, discutiremos a partir de agora estas categorias, tentando entendê-las de maneira mais apropriada como elas funcionam e o que podemos usar para fazermos uma boa interpretação textual considerando o seu domínio.

VERBS	
Subject pronoun	Object Pronoun
I (Eu)	Me (me, mim)
You (você, tu)	You (-lhe, -o, -a, -lo, -la, -no, -na, ti a você)
He (Ele)	Him (-lhe, -a, -lo, -no, a ele)
She (Ela)	Her (-lhe, -a, -la,-na, a ela)
It (ele, ela, isto)	It (-lhe, -o, -a , -lo, -no, -la, -na a ele, a ela.)
We (Nós)	Us (-nos, nós)
You (vocês)	You(-lhes, -os, -as, -los, -las, -nos, -nas, a vocês)
They (eles, elas)	Them (-lhes, -os, -as , -los, -nos, -las, -nas a eles, a elas.)

O pronome **it** é específico para animais e seres inanimados. É um pronome neutro, equivale a ele/ela.

Os pronomes **he, she** e **it**, ou seja, os pronomes da terceira pessoa, são que falam sujeitos que não estão presentes no momento da fala.

Note que normalmente o "subject pronoun" antecede o verbo, portanto, na maioria dos casos, ele é um sujeito, enquanto o "object pronoun" é um complemento e surge após ao verbo.

| **I** love that **big house**.

(Note como "big house" equivale, em termos de pronome, a "it".)

| **I** love **her**.

(Perceba que neste exemplo simples nós temos dois sujeitos completamente diferentes, EU e a seguir ELA.)

Fique ligado
O "you" é o pronome equivalente tanto para "você" como para "vocês". O verbo e o contexto é que determinarão se é singular ou plural.

3.5.3 Possessivos (pronomes e adjetivos)

SUBSTANTIVO	
Adjetivo possessivo (Adjective possessive, pedem substantivo)	**Pronome possessivo** (possessive pronouns, seguem a um substantivo)
My (meu(s), minha(s))	Mine (meu(s), minha(s))
Your (seu, sua, teu, tua)	YourS (seu, sua, teu, tua)
His (seu, dele)	His (seu, dele)
Her (sua, dela)	HerS (sua, dela)
Its (seu, sua, disto, deste, desta)	itS (seu, sua, disto, deste, desta)
Our (nosso(s), nossa(s))	OurS (nosso(s), nossa(s))
Your (seus, suas)	YourS (seus, suas)
Their (seus, suas, deles, delas)	TheirS (seus, suas, deles, delas)

O adjetivo possessivo antecede um substantivo, de maneira que este serve de complemento. Já o pronome possessivo não exige complemento, mas irá se referir a um substantivo já mencionado e, portanto, promove uma ligação entre os elementos da sentença analisada, esta ligação será conhecida como relação pronominal.

Perceba que traço distintivo dos pronomes possessivos, que por acaso é um "S", o que sob aspecto algum é um traço de pluralidade, mas sim um indicativo de que o pronome segue ao substantivo. Desta forma, temos uma maneira de distinguir ambos os casos, o que para todos os efeitos, são os mesmos.

| **My** *house is very big!_How about **YourS**?* (Minha casa é muito grande! E a sua?)

Note que, no primeiro caso, My refere-se a casa, que ainda não foi apresentada, e, no segundo, yours, refere-se ao mesmo objeto, casa, mas nesse caso, ela, a casa, já foi apresentada.

My: adjetivo possessivo referente a minha casa.

Yours: pronome possessivo referente à casa de quem o sujeito está perguntando. (sua)

3.5.4 Pronomes reflexivos

Myself	I	Me	**My**	Mine
Yourself	You	You	**Your**	Yours
Himself	He	Him	**His**	His
Herself	She	Her	**Her**	Hers
Itself	It	It	**Its**	Its
Ourselves	We	Us	**Our**	Ours
Yourselves	You	You	**Your**	Yours
Themselves	They	Them	**Their**	Theirs

Os pronomes reflexivos são responsáveis por apresentarem sujeitos os quais são objetos de suas próprias ações, ou seja, enquanto os pronomes reto e objeto mostram dois sujeitos completamente diferentes, os pronomes reflexivos mostram o mesmo sujeito sofrendo uma determinada ação realizada por si mesmo.

Os sufixos que formam os pronomes reflexivos podem ser –self ou –selves, sendo que –self é um sufixo que indica singularidade e –selves é um sufixo que indica pluralidade, uma das poucas ocasiões em que a segunda pessoa do singular e a segunda pessoa do plural possuem uma diferença clara.

Yourself – singular
Yourselves - plural

| *I hurt **myself** preparing the food.* (Eu machuquei a mim mesmo preparando a comida.)
| *They saw **themselves** on the mirror and didn't like it.* (Eles viram eles mesmos no espelho e não gostaram disso.)

O pronome reflexivo em ambos os casos mostra sujeitos os quais sofrem suas próprias ações, neste caso "Hurt" e "Saw".

> **Fique ligado**
> Sempre faça a pergunta: quem é? para o substantivo para conhecer o pronome utilizado. Billy loves old cars. Quem é Billy? ELE. A sua resposta indica o pronome buscado.

3.5.5 Pronomes Interrogativos, pronomes relativos e relações pronominais

Anteriormente, falamos sobre os pronomes, sua natureza, quais suas funções em relação ao sujeito ou verbo. Agora, vamos estudar uma classe de pronomes que além de exercer o papel de pronomes interrogativos, desempenham variadas funções no uso da língua. Eles se encontram na tabela a seguir:

WHAT	O quê / Qual? (De forma abrangente)
WHICH	O quê / Qual? (De forma específica)
WHERE	Onde?
WHEN	Quando
WHY	Porque? Por que?
WHO / WHOSE / WHOM	Quem? / De quem? / A quem?
HOW	Quanto / Como?

Cada pronome interrogativo gera um sentido distinto dentro da sentença analisada, possibilitando um determinado raciocínio para a mesma. Eles são mais fortes que os auxiliares, por exemplo, e devem, quando necessário, iniciar a sentença.

| *Do you like to study?* (Você gosta de estudar?)

Perceba que a pergunta é direta e temos duas respostas possíveis: "Sim" ou "Não".

Agora vejamos o próximo exemplo:

| *When do you like to study?* (Quando você gosta de estudar?)

Repare que, neste caso, temos uma referência temporal inserida na sentença, o **"quando"** muda o valor da questão e propõe um raciocínio que agora já não permite mais um "Sim" ou "Não" como respostas, mas uma construção que guarde relação de tempo.

Which e What são pronomes muito semelhantes em sentido, porém são usados em casos diferentes.

| *Which is you favorite color? Blue or Yellow?*

Nesse caso, "Which" foi utilizado para delimitar um número possível de cores.

What is your favorite color? Já neste exemplo, o universo de cores possíveis não foi delimitado, o que torna possível o uso de "WHAT".

NUMBERS, PRONOUNS AND DEFINITE AND INDEFINITE ARTICLES

Entretanto, tais pronomes podem não ser usados apenas para construir perguntas, mas para propor conexões em sentenças e/ou construir relações com elementos já apresentados no texto.

A essas conexões damos o nome de relações pronominais e elas podem se construir sob diversas formas:

| *I have recently bought a new house.* **It** *is big, comfortable and safe.*

O pronome "it" negritado após o ponto se refere a quem? Caso você tenha respondido casa, resposta certa. De fato, o pronome "it" foi usado para resgatar a palavra "house" já mencionada anteriormente. Portanto este pronome promove coesão para a sentença. Isso já foi visto anteriormente, e quanto aos outros pronomes? Bem, aqui encontramos os pronomes relativos.

Eles são os mesmos pronomes interrogativos e são usados de forma a conectar também frases de sentidos distintos.

| *Shirley has a new boyfriend. He is a handsome doctor.*

No exemplo acima, já existe uma relação pronominal, sendo que "He" resgata a palavra boyfriend, mas ainda podemos construir essa sentença de uma outra forma eliminando o ponto final da frase.

| *Shirley has a boyfriend WHO is a handsome doctor.*

Nesse caso, o ponto deixou a sentença dando lugar ao "who", o qual conecta a duas frases, promovendo um novo tipo de conexão. Agora o pronome "who" é o elo que conecta ambas as frases e também serve para referência de um elemento mencionado. Assim, Shirley's boyfriend, ou seja ainda, "he".

Normalmente, os pronomes "Who" e "which" são mais utilizados para construir tais relações, e correspondem geralmente a "O qual" "A qual" ou mesmo "cujo", sendo que nesses casos podemos também utilizar o pronome "that" que é um substituto válido para ambos.

WHAT	This is WHAT we saw in the fridge.
WHICH	This is the restaurant WHICH I mentioned.
WHERE	This is WHERE I live.
WHEN	Yesterday was WHEN I saw her at the bank.
WHY	This is WHY I love English.
WHO WHOSE WHOM	This is the person WHO I love ou This is the person THAT I love. This is the man WHOSE car was stolen. This is the girl to WHOM I was talking yesterday.
HOW	If you knew HOW far I went.

Portanto, percebemos que estes pronomes "amarram" ou mesmo "atam" as orações possibilitando referências, e criando sentidos mais amplos e, por fim, evitando redundância.

"Who" e "which" são equivalentes a "that" e muitas vezes, este pode substituí-los.

Este conteúdo é bastante importante para provas de concurso e afins, pois são essenciais à interpretação textual.

4 SIMPLE PRESENT, POSSESSIVE ADJECTIVES, POSSESSIVE PRONOUNS, GENITIVE CASE

4.1 Simple Present

Utilizamos a forma do presente simples para tratar de ações relacionadas à rotina, a fatos/opiniões ou verdades naturais.

> John has English classes on Mondays.
> Sara loves pizza.
> The moon is our natural satellite.

4.1.1 Forma afirmativa

Na forma afirmativa, é necessário prestar atenção na 3ª pessoa do singular(he/she/it), pois nesse caso os verbos recebem o acréscimo de s/es/ies. Entretanto, quando o sujeito da sentença for I/you/we/they, o verbo principal permanece na forma do infinitivo.

> Tony cooks very well.
> I have an important meeting tomorrow.

Atenção especial para alguns casos:

- Acrescentamos ES aos verbos terminados em ss,sh,ch,x,o e z.
  > Miss → Miss**es**
- Acrescentamos IES aos verbos terminados em y antecedidos de consoante.
  > Study → Stud**ies**
- Acrescentamos S às demais formações, por isso podemos chamar esta forma de regra geral.
  > Take → take**s**
  > Play → play**s**

O verbo **have** é uma exceção. Sua conjugação na 3ª pessoa do singular é **has**.

4.1.2 Forma negativa

Na forma negativa do presente simples, temos a presença de dois auxiliares: do e does. Ambos acompanhados da partícula de negação "not" e seguidos por um verbo na forma do infinitivo. Contudo, é necessário estar atento ao sujeito da frase, pois utilizaremos a forma "Does" com he/she/it, e a forma "Do" com I/you/we/they.

> Jessica does not work on Sundays.
> They do not live in New York.

Lembrando que podemos contrair ambas as formas: *does not (doesn't)* **e** *do not (don't)*.

4.1.3 Forma interrogativa

Ao estabelecermos perguntas devemos posicionar o verbo auxiliar na frente do sujeito da frase. Vale lembrar que o verbo principal permanece na forma do infinitivo, vejamos:

> Does Jessica work on Sundays?
> Do they live in New York?

5 POSSESSIVE ADJECTIVES X POSSESSIVE PRONOUNS

Os pronomes possessivos adjetivos modificam o substantivo, por isso sempre o antecedem. A concordância nesse caso é sempre feita com o "possuidor" (ao contrário do Português, que se dá com a "coisa possuída").

| **My** name is Peter.
| **Juliet** sent **her** father a letter.

Os pronomes possessivos nunca são usados antes dos substantivos, pois têm como função substituí-los. Esse recurso na maioria dos casos é empregado a fim de evitar repetições.

| This brand new car is **yours**.

Possessive adjectives	Possessive pronouns
my (meu, minha)	**mine** [(o) meu, (a) minha]
your (teu, tua, seu, sua)	**yours** [(o) teu, (a) tua, (o) seu, (a) sua]
his (dele)	**his** [(o)/(a) dele]
her (dela)	**hers** [(o)/(a) dela]
its [dele, dela (neutro)]	**its** [(o)/(a) dele, (o)/(a) dela (neutro)]
our (nosso, nossa)	**ours** [(o) nosso, (a) nossa]
your (vosso, vossa, seu, sua, de vocês)	**yours** [(o) vosso, (a) vossa, (o) seu, (a) sua]
their [deles, delas (neutro)]	**theirs** [(o)/(a) deles, (o)/(a) delas (neutro)]

Os *possessive adjectives* acompanham os substantivos aos quais se referem, enquanto que os possessive pronouns substituem os substantivos aos quais se referem.

| This is my book. That one is yours.

5.1 Genitive case

Consiste no uso da forma do caso genitivo para indicar que algo pertence ou está associado a alguém ou a algum elemento, por meio de acréscimo de 's (apóstrofo + s) ou simplesmente '(apóstrofo). A ordem estrutural é estabelecida da seguinte forma:

Possuidor 's	
ou	+ "objeto possuído"
Possuidor '	

| Jane's sister is very smart.
| The boy's room is a mess.

A forma com **'s** é somente usada quando o possuidor é um ser animado, o que abrange: pessoas e animais, além de nomes próprios, parentes em todos os graus, títulos, cargos, funções, profissões, e outros substantivos que só podem se referir a pessoas: criança, menino(a), amigo(a), vizinho(a), colega de escola ou trabalho, etc. No entanto, há algumas exceções para a aplicação de 's em seres inanimados. É o caso de tempo, medidas, lugares com nomes de pessoas, países, corpos celestes.

▷ **Usamos 'S:** Substantivos no singular não terminados em "S".
| The boy's toy.
| St. Peter's park is near our house.

▷ Substantivos no plural não terminados em "S".
| The children's toys
▷ **Usamos ':** Substantivos no plural terminados em "S".
| The boys' room.

6 PRESENT CONTINUOUS, ADJECTIVES AND ADVERBS

6.1 Present continuous

6.1.1 Uso

O presente contínuo é um tempo verbal usado para indicar ações que estão em progresso no presente; no momento da fala. Ele é empregado para falar sobre situações temporárias, ações contínuas que estão acontecendo ou ainda para indicar futuro.

| Jane is watching TV now.

6.1.2 Forma afirmativa

O present continuous é composto por um verbo principal e um verbo auxiliar.

Utiliza-se o verbo to be na forma do presente (is/am/are) como auxiliar e ao verbo principal, é acrescida a terminação –ing(gerúndio).

Ou seja, na construção frasal esse tempo verbal segue o seguinte padrão de formação:

SUJEITO + VERBO TO BE + VERBO COM -ING + COMPLEMENTO

| He is playing soccer.
| I am talking to Jane now.
| They are watching TV.

6.1.3 Forma negativa

Na forma negativa, acrescenta-se o not depois do verbo to be, ou seja, a construção das frases negativas é feita da seguinte forma:

SUJEITO + VERBO TO BE + NOY + VERBO COM -ING + COMPLEMENTO

| He is not playing soccer.
| I am not Talking to Jane now.
| They are not watching TV.

6.1.4 Forma interrogativa

Na forma interrogativa, o verbo auxiliar to be aparece no início da frase. O padrão da estrutura das frases interrogativas é o seguinte:

VERBO TO BE + SUJEITO + VERBO COM -ING + COMPLEMENTO

| Is he playing soccer?
| Am I sleeping on the couch?
| Are they watching TV?

6.1.5 Formação dos verbos no gerúndio (-ing)

| Na maioria dos casos, basta acrescentar a forma do –ing ao final do verbo (play- playing). Entretanto existem alguns casos que exigem atenção:

Quando o verbo principal termina em –e e é precedido de consoante, retira-se a vogal e acrescenta-se o –ing.

| Dance → Dancing

Quando o verbo termina com –ie, troca-se essa terminação por –y e acrescenta-se –ing. (Die – Dying).

Quando o verbo é monossílabo ou dissílabo e segue o padrão de consoante+vogal+consoante (CVC), duplica-se a última consoante.

| Cut → cutting

6.2 Adjetivos

Os adjetivos são a classe gramatical responsável por caracterizar um substantivo. Diferentemente da Língua Portuguesa, em Inglês os adjetivos não flexionam em relação a número ou gênero e sempre são posicionados antes dos substantivos.

| Alice has a yellow dress.
| Marcos bought an expensive car.

6.2.1 Ordem

Quando em uma sentença utilizamos mais de um adjetivo para descrever algo, é necessário seguir uma ordem em relação à disposição das qualidades citadas, vejamos:

6.2.2 Formação

Muitos adjetivos têm como origem de formação os verbos. Neste caso eles recebem o sufixo -ED ou -ING. Mas o que isso significa?

Nós usamos o particípio presente (que termina com -ing) como um adjetivo para descrever como o sujeito causa o efeito e usamos o particípio passado (terminando com -ed) como um adjetivo para descrever como o sujeito experimenta o efeito.

| Verbo "surpreender":
| David is **surprising**." (David causes surprise.)
| David is **surprised**." (David experiences surprise.)

Vejamos alguns outros exemplos:

Verbo Original	Adjetivo "-ing"	Adjetivo "-ed"
bore	boring	bored
disappoint	disappointing	disappointed
disgust	disgusting	disgusted
embarrass	embarrassing	embarrassed
exhaust	exhausting	exhausted
excite	exciting	excited
interest	interesting	interested
satisfy	satisfying	satisfied
shock	shocking	shocked
surprise	surprising	surprised
tire	tiring	tired

6.3 Advérbios

Os advérbios em Inglês (adverbs) são palavras que modificam o verbo, o adjetivo ou o advérbio.

De acordo com o sentido que apresentam na frase, eles são classificados em: advérbios de tempo.

Modo: actively (ativamente); amiss (erroneamente); badly (mal); boldly (audaciosamente); faithfully (fielmente); fast (rapidamente); fiercely (ferozmente); gladly (alegremente); ill (mal); quickly (rapidamente); purposely (propositadamente); simply (simplesmente).

| She did it so quickly.

Lugar: above (em cima); anywhere (em qualquer parte); around (em redor); bellow (abaixo); everywhere (em toda a parte); far (longe); here (aqui); hither (para cá); near (perto); nowhere (em parte alguma); there (lá); thither (para lá); where (onde); yonder (além).

| There is a gas station near here.

Afirmação: certainly (certamente); evidently (evidentemente); indeed (sem dúvida); obviously (obviamente); surely (certamente); yes (sim).

| He is obviously disappointed with you.

Dúvida: maybe (possivelmente); perchance (porventura); perhaps (talvez); possibly (possivelmente).

| Perhaps he won't come.

Intensidade: completely (completamente); enough (bastante); entirely (inteiramente); equally (igualmente); exactly (exatamente); greatly (grandemente); largely (grandemente); little (pouco); merely (meramente); much (muito); nearly (quase); pretty (bastante); quite (completamente); rather (bastante); slightly (ligeiramente); sufficiently (suficientemente); throughly (completamente); too (demasiadamente); utterly (totalmente); very (muito); wholly (inteiramente).

| I love her so much.

Frequência: daily (diariamente); monthly (mensalmente); occassionally (ocasionalmente); often (frequentemente); yearly (anualmente); rarely (raramente); always (sempre); weekly (semanalmente); never (nunca);.

| I always go out on Fridays.

Tempo: already (já); early (cedo); formerly (outrora); hereafter (doravante); immediately (imediatamente); late (tarde); lately (ultimamente); now (agora); presently (dentro em pouco); shortly (em breve); soon (brevemente); still (ainda); then (então); today (hoje); tomorrow (amanhã); when (quando); yesterday (ontem).

| I have already done the paper.

6.3.1 Formação

Geralmente, as palavras terminadas com o sufixo –ly são advérbios. No entanto, existem exceções, como, por exemplo, os adjetivos: lovely (amável), friendly (amigável), lonely (sozinho) etc.

Alguns advérbios apresentam a forma irregular, ou seja, não mantêm nenhuma relação de proximidade ortográfica com o adjetivo correspondente. É o caso, por exemplo, do adjetivo good (bom) e do advérbio well (bem).

6.3.2 Posição

O posicionamento de um advérbio em uma frase, por norma, segue duas ordens básicas:

ADVERB + VERB + OBJECT (ADVÉRBIO + VERBO + OBJETO)

| He Always comes to class on time.

VERB + OBJECT + ADVERB. (VERBO + OBJETO + ADVÉRBIO)

| He sings very well.

Alguns adjetivos e advérbios possuem a mesma grafia, logo só é possível identificar sua classe gramatical e sentido pela posição ocupada por ele na frase. Vejamos alguns exemplos:

Adjective	Adverb	Adjetivo - Advérbio
Daily	Daily	Diário - Diariamente
Far	Far	Distante - Distantemente
Fast	Fast	Rápido - Rapidamente
Free	Fre	Livre - Livremente
Long	Long	Longo - Longamente
Right	Right	Certo - Certamente

| I've always interested in fast cars. (Adjective)
| You are driving too fast. (Adverb)

7 SIMPLE PAST, PAST CONTINUOUS, THERE TO BE

7.1 Simple past

O passado simples é usado para indicar ações passadas já concluídas, ou seja, para falar de fatos que já aconteceram; que começaram e terminaram no passado.

Para reforçar o uso desse tempo verbal, muitas expressões temporais são utilizadas nas frases, como, por exemplo: yesterday (ontem), the day before yesterday (anteontem), last night (ontem à noite), last year (ano passado) etc.

| Mike visited Maria yesterday.

7.1.1 Forma afirmativa

A forma afirmativa tem como particularidade a presença de um verbo na forma do passado. Sua organização fica estabelecida da seguinte forma:

SUJEITO + VERBO NO PASSADO + COMPLEMENTO

| Mike traveled to Curitiba.
| Jonathan bought a TV last week.

Os verbos na forma do passado são divididos em dois grupos, os verbos regulares e os irregulares.

7.1.2 Regulares

Acrescentamos os sufixos D/ED/IED aos verbos considerados regulares seguindo os seguintes parâmetros:

Aos verbos regulares terminados em –e, acrescenta-se somente o –d no final do verbo. (Dance→ danced)

Aos verbos terminados em –y precedido de consoante, retira-se o y e acrescenta-se o –ied. (Study → studied)

As terminações restantes são caracterizadas como uma espécie de regra geral, logo acrescentaremos -ed (Watch → watched).

7.1.3 Irregulares

Os verbos irregulares não seguem as regras estabelecidas pela gramática, logo cada um deles possui sua própria forma. Na sequência encontraremos alguns exemplos:

Forma no infinitivo	Forma no passado
Go	Went
Make	Made
Buy	Bought
Have	Had
Put	Put
Send	Sent
Come	Came

7.1.4 Forma Negativa

Para a construção de frases negativas no simple past, o verbo do, flexionado passado, é empregado como verbo auxiliar. O verbo principal não é conjugado no passado, uma vez que o auxiliar já indica o tempo verbal. A construção das frases negativas é feita da seguinte forma:

SUJEITO + DID NOT/ DIDN'T + VERBO NO INFINITIVO + COMPLEMENTO

| Jonas did not come to class yesterday.

7.1.5 Forma interrogativa

Para a construção de perguntas, colocaremos o verbo -do, flexionado no passado, antes do sujeito. A construção das frases é feita da seguinte forma:

DID + SUJEITO + VERBO NO INFINITIVO + COMPLEMENTO

| Did you take the garbage out yesterday?

7.2 Past continuous

7.2.1 Uso

O passado contínuo, basicamente, descreve uma ação que estava ocorrendo em certo período no passado.

| Fred was dancing with his girlfriend.

Podemos tomar como exemplo a forma do present continuous. A diferença entre esses dois tempos está nos auxiliares, pois o presente continuous utiliza a forma do verbo "to be" no presente(is/am/are), enquanto que o past continuous usará a forma do passado do verbo "to be"(was/were).

Forma afirmativa

Para as frases afirmativas no past continuous, organizaremos as sentenças da seguinte forma:

SUJEITO + VERBO TO BE NO SIMPLE PAST + VERBO COM –ING + COMPLEMENTO

| She was going to my house.
| The kids were playing together.

7.2.2 Forma negativa

Para as frases negativas, a única diferença será a presença da partícula de negação "not" após o verbo "to be" na forma do passado. Sua construção será feita da seguinte forma:

SUJEITO + VERBO TO BE NO SIMPLE PAST +NOT + VERBO COM –ING + COMPLEMENTO

| She was not going to my house.
| The kids were not playing together.

Podemos contrair as formas negativas: was not (wasn't), were not (weren't)

7.2.3 Forma interrogativa

Para a construção de perguntas, colocaremos o verbo "to be" na forma do passado antes do sujeito. A construção das frases é feita da seguinte forma:

VERBO "TO BE" NO SIMPLE PAST + SUJEITO + VERBO COM – ING + COMPLEMENTO

| Was she going to my house?
| Were the kids playing together?

7.3 There To Be

7.3.1 Uso

Usamos o "there to be" para indicar a existência de pessoas, situações e objetos. A expressão tem o mesmo significado que o verbo "haver" (ou "ter" no sentido de existir), em Português. Podemos construir sentenças nas formas do presente, passado e futuro.

> There is a book on the table.
> There was a car in front of your house.
> There will be a party here tomorrow.

7.3.2

Mesmo podendo ser organizado no presente, passado ou futuro, a parte que realmente sofre alterações é o verbo "to be". A construção frasal será basicamente a mesma para todas as formas, o que será diferente são as flexões da forma do verbo "to be", bem como das expressões temporais que podem aparecer.

7.3.3 Afirmações

THERE + VERBO "TO BE" +COMPLEMENTO

> There are some children in the backyard.
> There were some children in the backyard.
> There will be an event tonight.

7.3.4 Negações

THERE + VERBO "TO BE" + COMPLEMENTO

> There is not milk in the fridge.
> There was not a bag inside the locker last night.
> There will not be available seats for you tonight.

7.3.5 Perguntas

Verbo "to be" + sujeito + complemento
> Are there bottles of wine on the table?
> Was there a car in front of your house last night?
> Will there be a person to help me?

Presente: is/am/are.
Passado: was/were.
Futuro: will be.

82

8 IMPERATIVO, SUBJUNTIVO, QUESTION WORDS, DEMONSTRATIVE PRONOUNS

8.1 Imperativo

8.1.1 Uso

O imperativo é usado pelo falante para dar uma sugestão, uma ordem, um conselho ou uma instrução para que uma determinada ação aconteça.

| Call me now!
| Do your job, Doug.

8.1.2 Estrutura

Em Inglês, utiliza-se o verbo sem a partícula "to" para montar uma sentença no imperativo, além de não ser necessário informar o sujeito, pois se subentende que este receberá a ordem, a sugestão ou o conselho implicitamente.

8.1.3 Afirmações

VERBO NO INFINITIVO SEM A PARTÍCULA "TO" + COMPLEMENTO

| Come with me.
| Please, help me!

8.1.4 Negações

DO NOT (DON'T) + VERBO NO INFINITIVO SEM A PARTÍCULA "TO" = COMPLEMENTO

| Don't eat this cake.
| Do not hit that button!

8.2 Forma do subjuntivo

8.2.1 Uso

O uso do subjuntivo não é muito comum na linguagem coloquial em Inglês. Entretanto, devido aos verbos e às expressões com os quais ocorre, trata-se de um tempo verbal bastante frequente na linguagem formal.

O subjuntivo é usado para expressar a **importância de algo ou a opinião, o desejo ou a ordem de alguém**.

A forma do subjuntivo é caracterizada pelo uso de verbos no infinitivo. Além disso, ao contrário do subjuntivo em Português, o subjuntivo em Inglês possui a mesma forma tanto no presente como no passado e no futuro.

Alguns verbos que tipicamente ocorrem com o subjuntivo:
- to advise (that) – recomendar
- to agree (that) – concordar, obrigar-se
- to ask (that) – pedir
- to beg (that) – implorar
- to command (that) – determinar
- to decree (that) – decretar, determinar
- to demand (that) – exigir

8.2.2 Estrutura

Presente: The Chairman insists that they keep to schedule.
Passado: The Chairman insisted that they keep to schedule.
Futuro: The Chairman will insist that they keep to schedule.

Deve-se notar que após as expressões em itálico, os verbos sempre permanecem na sua forma original.

8.3 Question Words

8.3.1 Uso

As question words são palavras utilizadas no começo das sentenças com o intuito de realizarmos perguntas específicas, nas quais a resposta esperada vai além de "sim" ou "não". Cada uma delas possui um sentido/uso diferente e pode ser utilizada com qualquer tempo verbal.

Question word	Tradução	Exemplo
What?	Qual/ O quê?	What's your name? What are you doing?
Which?	Qual (opções)?	Which do you prefer? Dark chocolate or white?
Who?	Quem?	Who is Peter?
Whom?	Quem?	Whom did you call?
Whose?	De quem?	Whose car is that?
Why?	Por quê?	Why are you crying
Where?	Onde/ Aonde?	Where does Mark live?
When?	Quando?	When did you come back from England?
How?	Como?	How did you do that?

A forma HOW combinada com outros vocábulos pode ter outros sentidos, vejamos alguns:

▷ **How much (Quanto custa)**
| How much is that dress?
▷ **How many (Quantos)**
| How many dogs do you have?
▷ **How old (Quantos anos)**
| How old are you?
▷ **How long (Quanto tempo)**
| How long will it take?
▷ **How often (Com que frequência)**
| How often do you go to the movies?

8.4 Demonstrative Pronouns

Os pronomes demonstrativos em Inglês são utilizados para indicar algo (pessoa, lugar ou objeto) e mostrar sua posição no espaço. Isso porque alguns deles são utilizados quando o falante está perto, e outros, quando está longe.

Diferentemente do que ocorre com o Português, os pronomes demonstrativos não variam de gênero. No entanto, há variação de número (singular e plural).

Demonstrative pronoun	Exemplo
This (singular/perto)	This is my sister.
That (singular/longe)	That is my brother
These (plural/perto)	These are my dogs
Those (plural/longe)	Those are my bags

Existem duas classificações existentes levando em consideração os pronomes demonstrativos: quando eles fazem função de substantivo e quando fazem função de adjetivo.

Sujeito: tem a função de substituir o substantivo na frase. Ele surge antes do verbo, ou sozinho na frase, e sua formação é: ***demonstrative pronoun + verb***.

| This is my car.

Adjetivo: tem a função de atribuir qualidade ao substantivo, descrevendo-o. Ele surge antes do nome e sua formação é: ***demonstrative adjective + noun***.

| This car is old.

9 COMPARATIVE ADJECTIVES, SUPERLATIVE ADJECTIVES

9.1 Comparative Adjectives

As comparações em Língua Inglesa podem ser estabelecidas em 3 níveis: igualdade, inferioridade e superioridade. Podemos comparar características envolvendo pessoas, animais, lugares ou experiências.

9.1.1 Comparativo de igualdade

Como o próprio nome sugere, é utilizado para estabelecermos comparações entre substantivos em um parâmetro de equivalência.

A estrutura básica pode ser caracterizada da seguinte forma:

P1+ VERB TO BE + AS+ ADJETIVO + P2

| Derick is as tal as Bob.
| Denis and Maria are as intelligent as Doug.

9.1.2 Comparativo de inferioridade

É utilizado para estabelecermos comparações entre substantivos em um parâmetro no qual um dos lados é "inferior" ao outro em relação a uma determinada característica.

A estrutura básica pode ser determinada da seguinte forma:

P1 + VERBO TO BE + LESS + ADJETIVO + THAN + P2

| Jane is less emotional than Patricia.

9.1.3 Comparativo de superioridade

É utilizado para estabelecermos comparações entre substantivos em um parâmetro no qual um dos lados é "superior" ao outro em relação a uma determinada característica

Ao estabelecermos comparações neste nível, é necessário estar atento ao fato de que o "tamanho" (número de sílabas) do adjetivo/ característica influencia diretamente na construção da frase.

9.1.4 Adjetivos longos

Os adjetivos longos são caracterizados desta forma por possuírem 3 sílabas ou mais. A estrutura básica da sentença com estes vocábulos é:

P1 + VERBO TO BE + MORE+ ADJETIVO + THAN + P2

| Marta is more beautiful than Teresa.

9.1.5 Adjetivos curtos

Os adjetivos curtos são caracterizados dessa forma por possuírem até 2 sílabas. Ao elaborarmos as sentenças, deveremos, ao invés de utilizar a palavra more (mais) para destacar superioridade, acrescentar os sufixos R/ER/IER ao final dos adjetivos. Vejamos:

P1 + VERBO TO BE + ADJETIVO COM -ER + THAN + P2

| Maria is older than me.
| Derick is funnier than Tomas.
| Brazil is larger than Argentina.

Vejamos o padrão de formação dos adjetivos curtos:

Para a maior parte dos adjetivos, acrescentamos o sufixo -ER:
| tall → taller

Para adjetivos terminados em "e", acrescentamos -R:
| nice → nicer

Para adjetivos terminados em "y", acrescentamos -IER:
| funny → funnier

Para adjetivos monossílabos terminados em consoante- vogal- consoante (CVC), dobramos a última consoante e acrescentamos –ER:
| big → bigger

9.1.6 Exceções

Existem alguns adjetivos que não seguem o padrão de formação. Eles são chamados de irregulares e possuem sua própria forma. São eles:

Adjetivo	Forma no comparativo de superioridade
Good	Better
Bad	Worse
Far	Farther/Further

9.2 Superlative of superiority

9.2.1 Uso

Usamos o superlativo toda vez que queremos expressar a qualidade de um adjetivo no seu mais alto grau. Não há comparações com outros seres, uma vez que a intenção é intensificar uma determinada característica.

9.2.2 Estrutura

Assim como no comparativo de superioridade, na forma do superlativo de superioridade é necessário diferenciar os adjetivos de acordo com o seu número de sílabas.

9.2.3 Adjetivos longos

Os adjetivos com três ou mais sílabas seguem a seguinte estrutura:

SUJEITO + TO BE + THE MOST + ADJETIVO + COMPLEMENTO

| Sandra is the most beautiful girl of our school.

9.2.4 Adjetivos curtos

Os adjetivos curtos possuem até 2 sílabas e para formarmos o superlativo de superioridade é necessário acrescentarmos os sufixos -est/st/iest a eles.

A estrutura básica segue a seguinte ordem:

SUJEITO + TO BE + THE + ADJETIVO COM –EST + COMPLEMENTO

| My grandfather is the oldest person in my family.

Para a maior parte dos adjetivos acrescentamos o sufixo -EST
| Tall → tallest

Para adjetivos terminados em "e" acrescentamos o sufixo -ST
| Nice → nicest

Para adjetivos terminados em "y" acrescentamos -IEST:
| Funny → funniest

Para adjetivos monossílabos terminados em consoante-vogal- consoante (CVC), dobra-se a última consoante e acrescentamos -EST
| Big → biggest

9.2.5 Exceções

Existem alguns adjetivos que não seguem o padrão de formação. Eles são chamados de irregulares e possuem sua própria forma. São eles:

Adjetivo	Forma no comparativo de superioridade
Good	Best
Bad	Wort
Far	Farthes/Furthest

10 QUESTION TAGS, PREPOSIÇÕES DE LUGAR E TEMPO

10.1 Question tags

Question tags são perguntas de confirmação, antecedidas por uma vírgula, posicionadas ao final de sentenças afirmativas ou negativas.

| Today is a beautiful day, isn't it?
| She doesn't like coffee, does she?

A *question tag* "discordará" obrigatoriamente da primeira declaração da frase. Quando a primeira for afirmativa, a *question tag* será negativa, e vice-versaserá. Para isso devemos levar em consideração o sujeito da frase principal, bem como o tempo verbal, com o intuito de utilizar o auxiliar correto.

Portanto, a estrutura será:

Frase afirmativa, AUXILIAR COM NEGAÇÃO CONTRAÍDO + SUJEITO

| She loves pizza, **DOESN'T SHE?**
| He is sick, **ISN'T HE?**

Frase negativa, **AUXILIAR + SUJEITO?**

| Tommy didn't help Marie, **DID HE?**
| Monica will not come tomorrow, **WILL SHE?**

Casos de exceção:

Quando a frase começar com a expressão LET'S, o tag será SHALL WE.

| Let's dance, shall we?

Quando a frase estiver na forma do IMPERATIVO, o tag será WILL YOU.

| Close the door, will you?

Quando a frase, na forma afirmativa, for iniciada com I AM, o tag será AREN'T I.

| I am crazy, aren't I?

10.2 Preposições

10.2.1 Preposições de tempo

As preposições de tempo são termos utilizados para indicar alguns momentos relativos ao tempo em que ocorrem. Observe a tabela na sequência e conheça algumas delas:

Preposição	Uso	Exemplo
In	Ano Mês(sozinho) Estações do ano Períodos do dia (exeto noite)	In 1945, the World War II ended. My birthday is in October. We will travel again in the summer. I will see you in the morning.
On	Dias da semana Datas (mês e dia) Feriados (dia)	I have Math classes on Mondays. I was born on March 15 th. Sue will come on Christmas.
At	Horas Feriados (períodos) Noite	I wake up at 7:00 A.M. every day. Juliet will be here at Easter. I'll see you at night.
For	Durante um determinado período de tempo até agora	I have studied French for 2 years.
Before	Antes de um período de tempo passado	I have never visited Chicago before.
Since	Marca o início de uma ação no passado que se estende até o presente	My father has worked here since 2000.
By	No sentido de mais tardar Até um certo tempo	I'll be back by 6 o'clock. By 11 o'clock, i will have read five pages.
Till/Untill	No sentido de quanto tempo algo irá durar	He will not be in Curitiba until Friday.
From	Indica um determinado período de tempo	From now on, we'll be friends.

10.3 Preposições de lugar

As preposições de lugar (ou posição) são utilizadas para indicar o local de determinadas pessoas e/ou objetos no espaço. Observe a tabela na sequência e conheça algumas delas:

Preposição	Uso	Exemplo
On	Sobre alguma superfície Indicar endereços	The book is on the table. I live on the 5th street avenue.
In	Dentro de algo/algum lugar Países Cidades	Get in the car. She lives in Brazil. She lives in São Paulo.
At	Indica um ponto em algum lugar ou endereço específico	She is at Harvard's Universaty.
Behind	Atrás	The dog is behind the couch.
Between	Entre	The wallet is between the couch and the arm chair.
In front of	Em frente	There is a car in front of your house.
Beside	Ao lado	Your t-shirt is beside the bed.
Among	Entre um grupo	Our house is among the trees.
Over	Acima/sobre	The cat jumped over the dog.
Next to	Próximo	She is next to her brother.
From	Indica origem	She came out of the jungle.
From/to	Indica abrangência de um lugar	She is walking from one side to another.

11 SIMPLE FUTURE, FUTURE WITH BE GOING TO

11.1 Simple future

Simple future (futuro simples) é um tempo verbal usado para expressar ações futuras que irão ocorrer, ou seja, que ainda não aconteceram.

Ele pode indicar uma decisão que está sendo tomada no ato da fala. Além disso, pode expressar um pedido, uma promessa, um aviso, um convite e uma oferta.

| She will travel to New York next year.

Na presença de todas as formas, encontraremos o auxiliar "will" e também um verbo na forma do infinitivo.

11.1.1 Forma afirmativa

Para a formação de frases afirmativas, o simple future apresenta a seguinte construção:

SUJEITO + WILL + VERBO NO INFINITIVO + COMPLEMENTO

| Bob will help me next time.

11.1.2 Forma negativa

Para a formação de frases negativas, a única diferença será a presença do verbo auxiliar "WILL" seguido da partícula de negação "not", vejamos:

SUJEITO + WILL NOT/ WON'T + VERBO NO INFINITIVO + COMPLEMENTO

| I will not come tomorrow.

11.1.3 Forma interrogativa

Na forma interrogativa ocorre a inversão da posição entre sujeito e auxiliar, vejamos:

WILL + SUJEITO + VERBO NO INFINITIVO + COMPLEMENTO

| Will you marry me?

11.2 Future with be going to

Usamos o "be going to" para indicar uma ação futura que já está planejada e tem grande chance de acontecer num futuro próximo.

| I'm going to marry Susan next weekend.

O futuro com going to utiliza a forma do verbo "to be" (is/am/are) no presente como auxiliar e o verbo principal fica na forma do infinitivo.

11.2.1 Forma afirmativa

Para construirmos afirmações, encontramos a seguinte estrutura:

SUJEITO + VERBO 'TO BE" + GOING TO + VERBO NO INFINITIVO + COMPLEMENTO

| She is going to visit us tomorrow.
| I am going to help you tonight.
| They are going to the movies on the weekend.

11.2.2 Forma negativa

A única diferença no caso das negações é a presença da partícula de negação "not" após o auxiliar, vejamos:

SUJEITO + VERBO "TO BE" + NOT + VERBO NO INFINITIVO + COMPLEMENTO

| She is not going to visit us tomorrow.
| I am not going to help you tonight.
| They are not going to the movies tomorrow.

11.2.3 Forma interrogativa

Ao elaboramos perguntas, devemos inverter a ordem entre sujeito e auxiliar, vejamos:

VERBO "TO BE" + SUJEITO + GOING TO + VERBO NO INFINITIVO + COMPLEMENTO

| Is she going to visit us tomorrow?
| Am I going to see her again?
| Are they going to the movies next weekend?

Em ambos os casos, tanto no simple future, quanto no future with be going to, será comum encontrarmos expressões que remetem ao futuro. Aqui estão as mais utilizadas a título de conhecimento:

Expressão	Significado
Tomorrow	Amanhã
Soon	Em breve
The day after tomorrow	Depois de amanhã
Next week	Próxima semana
Next Month	Próximo mês
Next Weekend	Próximo final de semana
Next Year	Próximo ano
In a few days	Em poucos/alguns dias
In a short time	Em um curto período de tempo

12 MODAL VERBS, NOUNS, QUANTIFIERS, INDEFINETE PRONOUNS

12.1 Modal Verbs

É uma classe especial de auxiliares que possuem características próprias e não seguem algumas regras de gramática comuns para outros verbos.

Can: é utilizado para falarmos de capacidade/habilidade, pedidos de maneira geral ou para tratarmos de permissão de maneira informal.
| I can speak French very well.

Could: é utilizado para falarmos, assim como o can, de capacidade/habilidade. Entretanto, a diferença consiste no fato de esse verbo modal trabalhar com ações passadas. Além disso, podemos fazer pedidos de maneira mais educada ou ainda fazer deduções.
| My cousin could play the guitar when he was younger.

Should/ ought to: ambos modais têm em comum o fato de lidar com conselhos/sugestões. A diferença entre eles está no quesito formalidade. Apesar de ser pouco utilizada atualmente, a forma ought to é mais rebuscada.
| Jane shouldn't work so much.
| Jane ought to help her family.

May: é utilizado para falar de permissão de maneira formal ou ainda em relação à possibilidade/probabilidade de algo acontecer(- chance de mais de 50%).
| May I take your order sir?

Might: é utilizado também para indicar possibilidade/ probabilidade, entretanto apesar da semelhança de uso em relação ao verbo modal may, a chance de algo acontecer é pequena.
| I'm not sure but Denis might not come tonight.

Must: é utilizado para falarmos de obrigações, na forma afirmativa e de proibições na forma negativa. Podemos ainda estabelecer deduções em ambas as formas.
| A judge must be fair on a trial.

Would: é utilizado para fazermos pedidos, oferecermos algo de maneira educada ou ainda para tratarmos de situações hipotéticas.
| Would you like some tea?
| I would love to buy a boat.

Shall: esse verbo modal é mais comum em perguntas ou quando se oferece algo, sugere alguma coisa ou fazemos convites; é considerado bastante formal. Shall só é usado na primeira pessoa do singular (I) e do plural (We).
| Shall I open the window?

Cada um dos verbos modais possui suas próprias funções semânticas. Entretanto, ao organizarmos as frases, a forma de construí-las é a mesma para todos.

12.1.1 Forma afirmativa

SUJEITO + VERBO MODAL + VERBO NO INFINITIVO + COMPLEMENTO

| Jane can sing very well.

12.1.2 Forma negativa

SUJEITO + VERBO MODAL COM NEGAÇÃO + VERBO NO INFINITIVO + COMPLEMENTO

| Jack should not walk alone in the park at night.

12.1.3 Forma interrogativa

VERBO MODAL + SUJEITO + VERBO NO INFINITIVO + COMPLEMENTO

| May I ask you a question?

12.2 Nouns

Os substantivos são as palavras responsáveis por nomear as coisas, pessoas, emoções, etc. Suas classificações e subdivisões são inúmeras, entretanto, focalizaremos dois aspectos em especial: a formação do plural e também a divisão existente entre substantivos contáveis e incontáveis.

12.2.1 Countable and uncountable nouns

Os substantivos são divididos em duas categorias: contáveis e incontáveis. Os contáveis, como o próprio nome sugere, podem ser contados, pois têm forma tanto no singular quanto no plural.

| Cat → cats
| dog dogs
| car → cars
| person → people
| day → days

- Os substantivos incontáveis são aqueles que para serem quantificados exigem uma unidade de medida.
| coffee, bread, music, water, wine, milk, sugar, money etc.
- Para podermos "contá-los", necessitamos de uma "unidade de medida".
| I want a glass of water. (Eu quero um copo d'agua)
- Josh drank a bottle of wine. (Josh bebeu uma garrafa de vinho)
| I will grab a cup of coffee for you. (Eu pegarei uma xícara de café para você)

12.2.2 Plural of nouns

A construção da forma do plural em Língua Inglesa se parece em alguns aspectos com a Língua Portuguesa, entretanto temos regras bem específicas, que veremos a seguir.

Como em Português, a forma geral de se colocar uma palavra no plural consiste em acrescentar o –s:

| Boy → boys
| Book → books

Quando o substantivo terminar em –s, –ss, –ch, –sh, –x, –z e a maioria dos substantivos que terminam em –o, receberá –ES no final:

| Box → boxes
| Hero → heroes

Entretanto, nos substantivos a seguir, acrescenta-se somente –s: photo (foto), radio (rádio), piano (piano), kilo (quilo), video (vídeo), avocado (abacate). Já alguns possuem as duas formas, como mosquito (mosquito) e volcano (vulcão).

Ao terminar em –y precedido por consoante, substitui-se o y por –ies:
| Body → bodies
| City → cities

Alguns substantivos que terminam com –f ou –fe têm esse final trocado por -ves:
| Life → lives
| Wolf →wolves

Alguns substantivos advindos de outro idioma conservam o plural de origem:
| Medium → media

MODAL VERBS, NOUNS, QUANTIFIERS, INDEFINETE PRONOUNS

Alguns plurais irregulares:
- Man → men
- Woman → women
- Tooth → teeth
- Person → people
- Mouse → mice
- Child → Children
- Goose → geese

Substantivos com a mesma forma no plural e no singular:
- Fish
- Species

Apesar de terminarem com –s, há alguns substantivos que estão no singular:
- News
- Politics

Outras só existem no plural e concordam com verbos também no plural:
- Clothes
- Savings

12.3 Quantifiers

Quantifiers são palavras usadas quando nos referimos à quantidade de alguma coisa, mas sem especificar essa quantia. Eles podem ser usados com substantivos contáveis e incontáveis.

- Much (muito / incontáveis)
  - There isn't much milk left in the fridge.
- Many (muito / contáveis)
  - There are many things I want to tell you.
- A lot of / lots of

É utilizado para falar de uma grande quantidade, independentemente se o substantivo que está à sua frente é contável ou incontável.
  - Jessica told a lot of things about her.
  - He has lots of money.
- Few (pequena quantidade / contáveis)
  - I have few friends.
- Little (pequena quantidade / incontáveis)
  - We have little food.

12.4 Indefinite pronouns

Some e any são adjetivos indefinidos utilizados quando não se pode usar a/an, isto é, com os incontáveis e com substantivos no plural.

Some: algum, alguns, alguma, algumas; um pouco de.

Any: algum, alguns, alguma, algumas; qualquer; nenhum, nenhuma.

A possibilidade de uso e o sentido serão afetados dependendo do tipo de frase em que eles forem utilizados.

12.4.1 Some

Tipo de frase	Sentido	Exemplo
Afirmativa	Algum/alguns/ alguma/algumas/ um pouco	I have some friends. I have some money.
Interrogativa (oferecimento/ pedido)		Do you want some?

- Não podemos utilizar essa forma em sentenças negativas.

12.4.2 Any

Tipo de frase	Sentido	Exemplo
Afirmativa	Qualquer	Any person would remind me of her.
Negativa	Nenhum/nenhuma	I don't have any friends.
Interrogativa	Algum/alguma Alguns/algumas	Do you have any idea? Are there any books here?

12.4.3 No

Usa-se no (= adjetivo; nenhum, nenhuma) com verbos na forma afirmativa para dar um sentido negativo à frase. Isso mesmo! O significado da frase indica negação, entretanto a estrutura dela será de afirmação.
- I have no friends.
- There is no butter left.

As formas: some, any e no podem ainda dar origem a outras palavras recebendo os sufixos one/body, thing, where. Essas novas palavras são chamadas pronomes indefinidos. Elas são utilizadas para representar de maneira genérica e indefinida pessoas, coisas ou lugares. Vale frisar que as regras para sua utilização continuam sendo as mesmas de some/any/no.

12.4.4 Some

Someone/ somebody	Alguém	I know someone who can help us. Someone stole my bike.
Something	Alguma coisa	I have something for you. Would you like something to drink?
Somewhere	Algum lugar	There must be a restaurant somewhere near you house.

12.4.5 Any

Anyone / anybody	Qualquer um/Alguém/ ninguém	Anyone could do this. I didn't see anyone here. Did you see anyone here?
Anything	Qualquer coisa/alguma coisa/nada	Anything is possible. I don't want anything. Did you see anything strange?
Anywhere	Qualquer lugar/algum lugar/nenhum lugar	Where are we going to sleep? Anywhere. I can't find my shoes anywhere. Is there anywhere nice to go in theis city

12.4.6 No

No one/nobody	Ninguém	Nobody wants to see me.
Nothing	Nada	There's nothing we can do.
Nowhere	Nenhum lugar	There's nowhere nice to go in this city

13 PRESENT PERFECT, PRESENT PERFECT CONTINUOUS

13.1 Present Perfect

O present perfect é um tempo verbal utilizado para falar sobre eventos que ocorreram em um tempo indefinido do passado e que podem perdurar até hoje ou já terem sido concluídos. Em Português, não temos um tempo correspondente a esse.

> I have lived there for a long time.

As frases no present perfect, independentemente da forma, contarão com a presença dos auxiliares HAVE ou HAS e de um verbo na forma do particípio passado.

O que são verbos no particípio passado ou também chamados de verbos na 3ª coluna?

Os verbos na forma do particípio passado seguem uma lógica parecida com as dos utilizados no simple past, ou seja, verbos regulares recebem o acréscimo de d/ed/ied e verbos irregulares apresentam uma flexão única, que pode ou não ser a mesma do passado simples.

Os verbos regulares continuam os mesmos seguindo as mesmas regras, o que realmente acaba dificultando são os irregulares que em sua maioria ganham uma nova conjugação, vejamos alguns exemplos:

Verbo no infinitivo	Verbo no simple past	Verbo no particípio passado
Go	Went	Gone
Do	Did	Done
Come	Came	Come
Drink	Drank	Drunk
Buy	Bought	Bought
See	Saw	Seen
Get	Got	Gotten/got

13.1.1 Forma afirmativa

Na forma afirmativa do presente perfeito encontraremos dois auxiliares: have e has seguidos por um verbo na forma do particípio passado. Os auxiliares têm seu uso diferenciado pelo sujeito da frase. Utilizaremos has com a 3ª pessoa do singular (he/she/it). Em contrapartida, quando o sujeito da sentença for I/you/we/they, utilizaremos a forma have.

SUJEITO + AUXILIAR + VERBO NO PARTICÍPIO PASSADO + COMPLEMENTO

> Jonathan has worked here for years.
> I have worked here for years.

Podemos utilizar as formas contraídas 's(has) e 've(have).

13.1.2 Forma negativa

Na forma negativa do presente perfeito teremos os auxiliares have ou has acompanhados da partícula de negação not, seguidos de um verbo no particípio passado.

SUJEITO + AUXILIAR COM NEGAÇÃO + VERBO NO PARTICÍPIO PASSADO + COMPLEMENTO

> I have not lived there for a long time.
> Sara has not arrived on time.

Podemos contrair ambos os auxiliares: have not (haven't) e has not (hasn't).

13.1.3 Forma interrogativa

Ao estabelecermos perguntas no presente perfeito, devemos posicionar os auxiliares à frente do sujeito, que é seguido de um verbo na forma do particípio passado.

AUXILIAR + SUJEITO + VERBO NO PARTICÍPIO PASSADO + COMPLEMENTO

> Have you seen Patrick lately?
> Has Doug visited Peter?

13.2 Present perfect continuous

O present perfect continuous é usado, basicamente, para enfatizar a continuidade de uma ação que começou no passado e que se prolonga até o presente.

> Jane has been watching TV for 2 hours.
> Peter and Mike have been playing tennis for 1 hour.

O present perfect continuous utiliza os mesmos auxiliares do present perfect (have e has). O verbo principal aparece na forma do gerúndio (-ing). A seguir veremos as classificações.

13.2.1 Forma afirmativa

SUJEITO + AUXILIAR + BEEN + VERBO COM -ING + COMPLEMENTO

> Jessica has been studying for 2 hours.
> They have been playing video game for 2 hours.

13.2.2 Forma negativa

Na forma negativa teremos o acréscimo da partícula de negação "not" ao auxiliar.

SUJEITO + AUXILIAR COM NEGAÇÃO + BEEN + VERBO COM -ING + COMPLEMENTO

> Jessica has not been studying all day long.
> They have not been playing video game for 2 hours.

13.2.3 Forma interrogativa

Na forma interrogativa não podemos nos esquecer de inverter a ordem entre sujeito e auxiliar.

AUXILIAR + SUJEITO + BEEN + VERBO COM -ING + COMPLEMENTO

> Has Jessica been studying all day long?
> Have they been playing video game for 2 hours?

14 PAST PERFECT, PAST PERFECT CONTINUOUS

14.1 Past perfect

O past perfect é usado para descrever uma ação que ocorreu no passado, antes de outra ação também passada. Ou seja, de maneira simplista, podemos considerá-lo o "passado do passado".

| The film had already started when we got to the cinema.

Convém observar que ambas as ações estão no passado, entretanto, a que está representada pelo past perfect (filme ter começado) acontece antes do que aquela representada pelo simple past (nós temos chegado ao cinema).

O past perfect possui apenas um auxiliar (had), que é acompanhado por um verbo na forma do particípio passado. Vejamos:

14.1.1 Forma afirmativa

SUJEITO + HAD + VERBO NO PARTICÍPIO PASSADO + COMPLEMENTO

| She had done her job before the dead line.

Podemos contrair a forma had ('d).

14.1.2 Forma negativa

Na forma negativa o auxiliar vem acompanhado da partícula de negação "not".

SUJEITO + HAD NOT/HADN'T + VERBO NO PARTICÍPIO PASSADO + COMPLEMENTO

| Denis hadn't realized that the place was so dangerous.

14.1.3 Forma interrogativa

Na forma interrogativa não podemos nos esquecer de inverter a ordem entre sujeito e auxiliar.

HAD + SUJEITO + VERBO NO PARTICÍPIO PASSADO + COMPLEMENTO

| Had she read the book before seeing the movie?

14.2 Past perfect continuous

O past perfect continuous é usado para enfatizar a repetição ou a duração de uma ação no passado anterior à outra ação também no passado.

| He had been studying for seven hours so he was tired to go out.

Assim como o past perfect, o past perfect continuous também utiliza como auxiliar a forma do passado do verbo "to have" (had). O verbo principal aparece na forma do gerúndio (-ing). Vejamos:

14.2.1 Forma afirmativa

SUJEITO + HAD + BEEN + VERBO COM -ING + COMPLEMENTO

| I had been saving my money to buy this house.

14.2.2 Forma negativa

Na forma negativa, o auxiliar, vem acompanhado da partícula de negação "not".

SUJEITO + HAD NOT/HADN'T + BEEN + VERBO COM -ING + COMPLEMENTO

| I had not been running for more than fifteen minutes when I felt tired.

14.2.3 Forma interrogativa

Na forma interrogativa não podemos nos esquecer de inverter a posição entre sujeito e auxiliar

HAD + SUJEITO + BEEN + VERBO COM -ING + COMPLEMENTO

| Had he been waiting for her for a long time?

15 PASSIVE VOICE

15.2.1 Uso

Diferentemente da voz ativa, em que a ênfase está em quem praticou a ação, A voz passiva se preocupa em enfatizar o objeto, ou seja, aquele que sofre a ação expressa pelo verbo. Para entender isso vamos comparar sentenças:

> Gina wrote this letter. (Gina escreveu esta carta)
> This letter was written by Gina. (Esta carta foi escrita por Gina)

Repare que no primeiro exemplo, que está na voz ativa, quem faz o papel de sujeito é a pessoa responsável por desempenhar a ação. Em contrapartida no segundo caso o sujeito é a "pessoa" que sofre a ação.

A voz passiva é utilizada como recurso para mudarmos o foco do discurso. É um recurso bastante útil presente em vários gêneros textuais.

As construções na forma da voz passiva são variadas, pois para organizá-las, além de invertermos a posição entre agente e paciente, é necessário estarmos atentos ao tempo verbal da frase.

Cada tempo verbal sofrerá alterações pontuais em sua construção, vejamos:

Tempo na voz ativa	Voz Passiva	Exemplos
Presente simples	are/is + verbo no particípio passado	Voz ativa: Daniel fixies cars. Voz passiva: Cars are fixed by Daniel.
Presente contínuo	is/are + being + verbo no particípio passado	Voz ativa: Daniel is fixing my car. Voz passiva: My car is being fixed by Daniel.
Passado simples	was/were + verbo no particípio passado	Voz ativa: Daniel fixed my car. Voz passiva: My car was fixed by Daniel.
Passado contínuo	was/were + being + verbo no particípio passado	Voz ativa: Daniel was fixing my car. Voz passiva: My car was being fixed by Daniel.
Futuro simples	will be + verbo no particípio passado	Voz ativa: Daniel will fix my car. Voz passiva: My car will be fixed by Daniel.
Presente perfeito	has/have + been + verbo no particípio passado	Voz ativa: Daniel has fixed my car. Voz passiva: My car has been fixed by Daniel
Passado perfeito	had been + verbo no particípio passado	Voz ativa: Daniel had fixed my car. Voz passiva: My car had been fixed by Daniel.
Futuro com o "going to"	am/is/are + going to be + verbo n particípio passado	Voz ativa: Daniel is going to fix my car. Voz passiva: My car is going to be fixed by Daniel.
Verbos modais	Verbo modal + be + verbo no particípio passado	Voz ativa: Daniel must write this paper. Voz passiva: This papper must be written by Daniel

> **Fique ligado**
>
> Quando o sujeito da voz ativa for indeterminado (someone – alguém, people – pessoas), não se coloca o agente da passiva (aquele que sofreu a ação pelo verbo), nem by.

Voz ativa: Someone opened the gate.
Voz passiva: The gate was opened.

Quando o sujeito da voz ativa não for "importante" podemos omiti-lo na forma da voz passiva.

Voz ativa: He called the police officer.
Voz passiva: The police officer was called.

16 GERUND AND INFINITIVE, CONJUNCTIONS

16.1 Gerund X Infinitive

Nesta unidade, falaremos acerca dos usos das formas do gerúndio e do infinitivo.

Primeiramente, vamos lembrar como reconhecer essas formas.

Gerúndio: o gerúndio é representado na Língua Inglesa pelo sufixo -ING acrescentado ao final dos verbos.

| working, watching, swimming, etc.

Infinitivo: a forma do presente é o estado básico/original do verbo. Podemos e apresenta-lo utilizando a proposição "to" ou não antes do verbo.

| To work / work.

Vejamos as diferenças de uso.

▷ Quando devemos utilizar a forma do gerúndio? Além dos tempos verbais caracterizados como "continuous", podemos encontrar a forma do gerúndio nas seguintes situações.

- **Como um substantivo:**
  | Swimming is my favorite sport.
  | Painting is her favorite hobby.
- **Após preposições:** segundo a gramática, faz-se necessário a forma do gerúndio após preposições (about, against, at, in, of, for, on, after, before etc.) As preposições podem formar unidades após adjetivos, substantivos ou ainda verbos.
  | After watching this episode, I'll do the dishes.
  | Before opening the letter, she took a deep breath.
  | You can save 10% by booking on the internet.
  | They are afraid of losing the match.
  | I'm worried about making mistakes.
  | What are the chances of finding a taxi?
  | I thought about asking her on a date.
- **Após os verbos:** admit - appreciate - avoid - carry on - consider - contemplate - delay - deny - detest - endure - enjoy - escape - excuse - face - fancy - feel like - finish - forgive - give up - imagine - include - involve - keep - mention - mind - miss - postpone - practice - put off - recommend - resent - resist - risk - suggest - understand – quit
  | He admitted being guilty.
  | They avoid talking to her.
  | I enjoy going out with my friends.
- **Após determinadas expressões como:** can't stand - can't help - be worth - feel like - it is no good - it is good - it is no use - look forward to
  | I can't stand watching soap operas.
  | I can't help falling in love with you.
  | It was worth listening to her.

Quando devemos utilizar a forma do infinitivo sem o "to"? Além dos casos envolvendo os verbos modais e os auxiliares do e will encontramos a forma do infinitivo sem o "to" nas seguintes situações:

- **Após as expressões had better e would rather:**
  | You had better find a job urgently.
  | I would rather go home on foot.
- **Após os verbos let e make na seguinte estrutura:** let/make someone do something.
  | She makes me feel good.
  | Let me stay here with you.
- **Após verbos de percepção (feel, hear, notice, watch, observe, see) que seguem a estrutura:** verb + object + infinitive without to.
  | I didn't see you come in.

Quando utilizar o infinitivo com o "to":

- **Como sujeito de uma frase (é uma maneira formal e pouco utilizada):**
  | To be or not to be that's the question.
- **Após the first, the second, the third, the last, the only, the next, etc.:**
  | I was the first to arrive this morning.
- **Após adjetivos, quando não forem seguidos por preposição e quando um adjetivo ou advérbio estiver acompanhado de too e enough:**
  | It is easy to learn any language
  | I think my daughter is too young to get married.
- **Após alguns verbos; os mais comuns são:** afford - agree - appear - arrange - ask - attempt - be able - beg - begin - care - choose - consent - continue - dare - decide - expect - fail - forget - go on - happen - hate - have - help - hesitate - hope - intend - invite - learn - like - love - manage - mean - neglect - offer - plan - prefer - prepare - pretend - propose - promise - refuse - regret - remember - seek - seem - start - swear - trouble - try - want - wish
  | I want to break free.
  | She asked to talk to me.
- **Após expressões derivadas de would:** (would like, would love, would prefer, would hate)
  | I would love to go out with my friends.

16.2 Conjunctions

Conjunções são palavras que ligam duas orações ou termos semelhantes, dentro de uma mesma oração. Estudaremos na sequência alguns tipos:

16.2.1 Contrast

Conjunction	Tradução	Exemplo
But	Mas	She works hard, but she doesn't earn much money.
However	Entretanto	This trip is going to be expensive, however, it's going to be fun.
Although/even though/though	Apesar de	Although it was raining, we had fun.
Despite/in spite of	Apesar de	Despite the rain, we went to the beach.
Nevertheless/nonetheless	Todavia	There are serious problems in our country. Nevertheless, it is a good place to live.
While/whereas	Enquanto	He must be about 60, whereas his wife looks about 30.

16.2.2 Addition

And	e	She is intelligent and beautiful.
Also/too/as well	Também	She is hardworking, as well, he is.
Besides/moreover/futhermore/in addition to	Além do mais, além disso	She is smart. Besides, she is very Humble

16.2.3 Reason

Because	Porque	We can't stop working because we haven't finished the job yet.
Because of	Por causa de	There were so many people at the shop because of the sale.
Due to	Devido a	She had five days off the work due to illness.
Since/as	Visto que	They are expensive, since is hard to find them.

16.2.4 Result

Therefore/consequently	Portanto	Jack didn't buy the cake. Therefore, his mother yelled at him.
So	Por isso	We were tired, so we went to bed early.

17 CONDITIONAL SENTENCES, REPORTED SPEECH

17.1 Conditional sentences

As orações condicionais são sentenças que expressam uma condição. Ou seja, quando conversamos com alguém ou escrevemos algo, nós podemos falar/ escrever sobre condições. Elas são divididas em quatro tipos: zero conditional, first conditional, second conditional e third conditional. Vejamos agora cada um desses casos separadamente:

17.1.1 Zero conditional

De modo geral, usamos o zero conditional em Inglês quando estamos nos referindo a fatos que são sempre verdadeiros. Esses fatos podem ser verdades científicas/ naturais ou ainda pode expressar um fato verdadeiro sobre uma pessoa.

> If you heat ice, it melts.
> If I don't eat well, I get sick.

Observe que tanto o lado que representa a condição (parte com if), quanto o lado do resultado estão no mesmo tempo verbal. Logo, temos a seguinte estrutura:

If you heat ice,	It melts.
Condição	Resultado
Simple present	Simple present

17.1.2 First Conditional

First conditional sentences em Inglês são orações condicionais que indicam possibilidades ou prováveis ações futuras. Ou seja, desde que a condição seja satisfeita, a ação (resultado) acontecerá.

> If I go to Paris, I will buy a French guidebook.
> If you tell her anything, we will say it's a lie.

Observe que, diferentemente de zero conditional, em first conditional combinamos dois tempos verbais distintos para formarmos a conditional sentence:

If I go to Paris,	I will buy a French guidebook.
Condição	Resultado
Simple Present	Simple Future

17.1.3 Second conditional

Second conditional sentences são usadas para expressar ações ou situações improváveis, hipotéticas ou imaginárias no presente ou no futuro. Podemos dizer que são ações que dificilmente acontecerão.

> If I won the lottery, I would buy a castle.
> If I lived on a lonely island, I would become a savage.

Observe que a estrutura do second conditional também é composta de dois tempos verbais diferentes:

If I won the lottery,	I would buy a castle.
Condição	Resultado
Simple past	Would + verbo no infinitivo

Caso utilize o verbo "to be" na parte referente à condição, ele deverá ser conjugado no simple past. Entretanto, independentemente do sujeito, você deverá utilizar a forma "were", excepcionalmente neste caso.

> If I were you, I would tell her the truth.

17.1.4 Third Conditional

Third conditional representa ações impossíveis de acontecer. Utilizamos essa formação para imaginar um resultado diferente para algo que já aconteceu.

> If I had studied for the test, I would have got a better grade.
> If I had seen her, I would have talked with her.

Sua estrutura é composta de dois tempos verbais distintos:

17.2 Reported speech

O reported speech representa o discurso indireto em Inglês.

Utilizamos essa forma quando vamos reproduzir a fala de outra pessoa, ou seja, quando vamos reportar o que já foi dito por alguém. Portanto, é muito empregada para narrar histórias e fatos que já aconteceram. Vejamos:

> Direct Speech (Discurso Direto): I am not feeling well.
> Reported Speech (Discurso Indireto): He said that he wasn't feeling well.

17.2.1

Para que o discurso indireto siga as regras de formação corretas, é importante estar atento aos tempos verbais. Isso porque eles irão mudar, dependendo da utilização feita pelo falante.

Veja a seguir a tabela de formação do reported speech:

Direct Speech	Reported Speech
Present Simple → Bob said "I like your new car". (Eu gosto do seu carro novo.)	Past Simple → He said (that) he liked my new car (Ele disse que gostou do meu carro novo.)
Present Continuous → Sara said "I am getting married". (Eu vou me casar)	Past Continuous → She said (that) she was getting married. (Ela disse que vai se casar.)
Present Perfect → John said " We have bought the tickets." (Nós temos comprado os ingressos.)	Past Perfect → He said (that) they had bought the tickets. (Ele disse que eles tinham comprado os bilhetes.)
Simple Past → Derick said "I missed the train." (Eu perdi o trem.)	Past Perfect → He said (that) he had missed the train. (Ele disse que ele tinha perdido o trem.)
Will → Bob said "I will see you later." (Eu verei você mais tarde.)	Would → He said (that) he would see me later. (Ele disse que ele me veria mais tarde.)
Am/I/Are Going to → Derick said "I am going to join the class." (Eu estou indo me juntar à turma.)	Was/Were Going to → He said he was going to a class. (Ele disse que ele estava inde se juntar à turma.)
Can → John said "I can help Lisa" (Eu posso ajudar Lisa)	Could → He said (that) He could help Lisa (Ele disse que podia ajudar Lisa.)

Além dos tempos verbais, devemos ficar atentos também aos pronomes e às expressões de tempo. Lembre-se: você está adotando o ponto de vista de quem está observando a ação acontecer.

I (eu) → He/She (ele/ela)
We (nós) → They (eles, elas)
Me (mim) → Him/Her (ele/ela)
This (este) → That (aquele)
These (estes) → Those (aqueles)
Here (aqui) → There (lá)
Today (hoje) → Last day (aquele dia) / Yesterday (ontem)
Toninght (hoje à noite) → Last night (noite passada)

Tomorrow (amanhã) → The next day / The following day (o próximo dia/o dia seguinte)

A year ago (um ano atrás) → The year before (no ano anterior)

17.2.2 Estrutura perguntas

Ao transformarmos frases na forma interrogativa, as alterações nos tempos verbais, pronomes e expressões continuam as mesmas. Entretanto, no discurso indireto, as perguntas passam a ser afirmações ou negações. Vejamos:

> **Direct speech:** Bob asked me "Are you going to school tomorrow?"
> **Reported Speech:** Bob asked me if I was going to school the next day.

Outro fator importante é lembrar que existem 2 tipos de perguntas: as perguntas classificadas de "yes or no questions" e aquelas que utilizam pronomes interrogativos. Cada uma delas possui uma forma específica de ser construída.

- Perguntas de sim ou não

SUJEITO + ASKED + (OBJETO) + IF/WHETER + INFORMAÇÃO PERGUNTADA

> Bob asked me "Are you going to school tomorrow?" → Bob asked me if I was going to school the next day.

- Perguntas que utilizam pronomes interrogativos

SUJEITO + ASKED + (OBJETO) + PRONOME INTERROGATIVO+ INFORMAÇÃO PERGUNTADA

> Bob asked me "Where are you going?"
> Bob asked me where I was going.

17.2.3 Frases no Imperativo

As frases no imperativo também merecem destaque, pois apesar de não haver mudança de tempo verbal, sua construção também é feita de maneira peculiar.

17.2.4 Forma afirmativa

SUJEITO + TOLD/ORDERED/ASKED + TO + VERBO NO INFINITIVO + COMPLEMENTO

> Bob "Call me at home!"
> Bob told me to call him at home.

17.2.5 Forma negative

SUJEITO + TOLD/ORDERED/ASKED +NOT TO + VERBO NO INFINITIVO + COMPLEMENTO

> Bob "Don't do this!"
> Bob ordered not to do that.

18 RELATIVE PRONOUNS AND ADVERBS, PHRASAL VERBS

18.1 Relative Pronouns

Os pronomes relativos são utilizados para introduzirem uma oração dependente ou relativa. Os pronomes relativos podem exercer a função de sujeito ou objeto do verbo principal. Lembre-se de que quando o pronome relativo for seguido por um verbo, ele exerce função de sujeito. Caso o pronome relativo for seguido por um substantivo ou pronome, ele exerce função de objeto.

| Josh is the boy who I met last party.
| Susan is the girl whose car was stolen.

Pronome relativo	Faz referência a	Exemplo
Who	Pessoas	Mike is the boy who is sick at the hospital.
Whom (objeto)	Pessoas	The girl whom I saw was tired.
Which	Objetos/animais	This is the book which was on the table yesterday.
Whose	Posse	Mike, whose car was stolen, is sad.
That	Pessoas/objetos/animais	Mike is the boy that is sick at the hospital.

O pronome relativo that pode substituir os pronomes who ou which. Entretanto, não podemos realizar essa substituição quando o pronome relativo estiver entre vírgulas.

| My bike, which is new, is very expensive.

Em Inglês podemos omitir os pronomes relativos (who, which, that) das frases:

| Jack is the boy who I met yesterday.
| Jack is the boy I met yesterday.

Isso só pode acontecer quando o termo que sucede o pronome relativo fizer função de sujeito.

- O pronome relativo whose é sempre seguido de um substantivo e nunca pode ser omitido.
- O pronome relativo também não pode ser omitido quando estiver entre vírgulas.

| Mike, who is my friend, traveled to Europe last month.

18.2 Relative adverbs

Os advérbios relativos são palavras utilizadas para introduzir uma oração subordinada.

Relative adverbs	Faz referência a	Exemplo
When	Tempo	I will Always remember when I saw you for the first time.
Where	Lugar	The hotel where we spent our last vacation is very expensive.
Why	Razão	I don't have to tell you the reason why I came back.

18.3 Phrasal Verbs

Phrasal verbs (verbos frasais) são verbos que vêm acompanhados por preposições ou advérbios. Essa junção acaba resultando em um novo sentido para o verbo, que em muitos casos, não tem nenhuma relação com o sentido original do verbo. Vejamos:

| Call (chamar)
| Call + in = convidar.
| Call + off = cancelar.

Phrasal verbs não podem ser traduzidos literalmente, ou seja, ao pé da letra. Portanto, a melhor forma de aprendê-los é treinando. Eles são tão importantes e constituem uma quantidade de informação semântica enorme, a ponto de existirem muitos dicionários de phrasal verbs.

18.3.1 Classificação

Os phrasal verbs podem ser divididos em dois grupos: aqueles considerados separáveis e os inseparáveis. Vejamos:

Separáveis: representam os verbos que acompanham complementos (objetos). Nesse caso, os verbos exigem a colocação do objeto entre o verbo e a preposição sempre que o objeto for um pronome.

| They called up the women.
| They called the women up.
| They called her up.

Inseparáveis: nesse caso, os verbos são chamados de prepositional verbs (verbos preposicionados) e geralmente não aceitam complemento (objetos). Ou seja, eles não permitem a colocação do objeto entre o verbo e a preposição.

| They called on the women.
| They called on her.

Os phrasal verbs são muitos, logo seria impossível colocarmos todos nesta unidade. A seguir, disponibilizamos os mais comuns:

Phrasal verb	Tradução	Phrasal verb	Tradução
Blow up	Explodir	Look forward to	Esperar ansiosamente
Call for	Exigir, requerer	Look after	Cuidar
Call out	Gritar para	Look for	Procurar
Call back	Retornar a ligação	Look over	Revisar
Get in	Entrar	Make up	Criar, inventar
Get out	Sair	Make into	Transformar
Get up	Levantar-se	Put aside	Guardar, economizar
Get away with	Safar-se	Put on	Vestir
Get over	Superar	Put off	Adiar
Get home	Chegar em casa	Take apart	Desmontar
Give up	Desistir	Take off	Decolar, tirar
Give away	Doar	Take on	Contratar
Give back	Devolver	Take out	Levar para fora
Go after	Ir atrás, perseguir	Take over	Assumir o controle
Go back	Retornar	Turn on	Ligar, acender
Go off	Explodir	Turn off	Desligar, apagar
Go out	Sair	Take down	Derrotar, destruir

NOÇÕES DE INFORMÁTICA

1 REDES DE COMPUTADORES

Dois computadores conectados entre si já caracterizam uma rede. Contudo, ela normalmente é composta por diversificados dispositivos como: celulares, smartphones, tablets, computadores, servidores, impressoras, roteadores, switches, hubs, modens etc. e, devido à essa grande variedade de dispositivos, o nome genérico HOST é atribuído aos dispositivos conectados na rede.

Todo host possui um endereço que o identifica na rede, que é o endereço IP. Mas também cada peça possui um número único de fábrica que o identifica, o MAC Address.

1.1 Paradigma de comunicação

Paradigma é um padrão a ser seguido e, no caso das redes, é o modelo Cliente/Servidor. Nesse modelo, o usuário é o cliente que envia uma solicitação ao servidor; ao receber a solicitação, o servidor a analisa e, se é de sua competência, provê a informação/dado.

1.2 Dispositivos de rede

Os dispositivos de rede são citados até mesmo em provas cujo conteúdo programático não cita a matéria de hardware. E na maioria das vezes em que aparecem questões sobre o assunto, se questiona em relação à finalidade de cada dispositivo na rede, portanto, nesta seção são descritos alguns dos principais dispositivos de rede:

Dispositivo	Descrição
Modem	Modulador/demulador	Responsável por converter o sinal analógico da linha telefônica em um sinal digital para o computador e vice-versa.
Hub	Conecta vários dispositivos em rede, mas não oferece muita segurança, pois envia as informações para todos na rede.
Switch	É um dispositivo que permite interligar vários dispositivos de forma mais inteligente que o Hub, pois no switch os dados são direcionados aos destinos corretos.
Roteador	Um roteador já trabalha no nível de rede; em um mesmo roteador podemos definir várias redes diferentes. Ele também cria uma rota para os dados.
Access Point	Um Ponto de Acesso opera de forma similar a um Switch, só que em redes sem fio.
Backbone	É a estrutura principal dentro de uma rede, na internet é a espinha dorsal que a suporta, ou seja, as principais ligações internacionais.

1.3 Topologia de rede

Topologia diz respeito à estrutura de organização dos dispositivos em uma rede.

1.3.1 Barramento

Na Topologia de Barramento, todos os dispositivos estão conectados no mesmo canal de comunicação, o que torna o tráfego de dados mais lento e, se o barramento se rompe, pode isolar parte da rede.

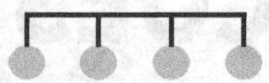

1.3.2 Anel

A estrutura em Anel conecta um dispositivo no outro; para que todos os computadores estejam conectados, é necessário que estejam ligados. Se o anel for simples, ou seja, de única via de dados, um computador desligado já é suficiente para tornar a rede inoperante para algum outro computador; o problema pode ser resolvido em partes, utilizando o anel duplo, trafegando dados em duas direções da rede, porém, se dois pontos forem desconectados, pode-se chegar à situação de duas redes isoladas.

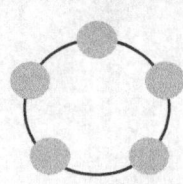

1.3.3 Estrela

Uma rede organizada em forma de estrela possui um nó centralizador. Esse modelo é um dos mais utilizados, pois um nó pode estar desconectado sem interferir no resto da rede, porém, o centro é o ponto crítico.

1.3.4 Estrela estendida

A Estrela Estendida é utilizada em situações como em uma universidade multicampi, em que um nó central é a conexão principal, a partir da qual se conecta com a internet, enquanto os outros *campi* possuem centrais secundárias como conexão entre seus computadores. A estrutura entre o nó principal e as centrais secundárias é o que chamamos de Backbone dessa rede.

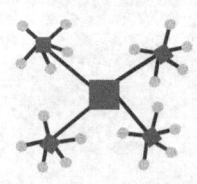

NOÇÕES DE INFORMÁTICA

1.3.5 Malha

A conexão em malha é o modelo da internet, em que encontramos vários nós principais, mas também várias ligações entre diversos nós.

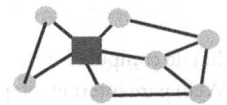

1.3.6 Pilhas de protocolos

Também colocadas pelas bancas examinadoras como modelos, as pilhas de protocolos definem um conjunto de protocolos e em quais camadas de rede devem operar.

Neste tópico temos dois tipos de questões que podem ser associados na prova. Questões que fazem relação com os tipos de redes e questões que tratam da finalidade dos principais protocolos utilizados em uma navegação na internet.

As pilhas de protocolos são:

TCP/IP	OSI

O modelo TCP/IP é o **padrão utilizado nas redes**. Mas, em redes privadas, mesmo o TCP/IP sendo padrão, pode ser implantado o modelo OSI. Como o modelo TCP/IP é o padrão na seção seguinte são destacados os principais protocolos de navegação.

1.3.7 Principais protocolos

Um protocolo é uma regra de comunicação em redes, portanto, a transferência de arquivos, mesmo entre computadores de uma mesma rede, utiliza um protocolo como forma de padronizar o entendimento entre os dois.

HTTP

HTTP (Hyper Text Transport Protocol): é o protocolo de transferência de hipertexto. É o mais utilizado pelo usuário em uma navegação pela internet. Hipertexto consiste em um arquivo no formato HTML (HyperText Markup Language) - Linguagem de Marcação de Hipertexto.

HTML: é um arquivo que pode ser gerado por qualquer editor de texto, pois, quando é aberto no Bloco de Notas ou Wordpad, ele apresenta apenas informações de texto. No entanto, quando é aberto pelo navegador, este interpreta o código em HTML e monta o conteúdo Multimídia na página. Entende-se por conteúdo multimídia: textos, áudio, vídeos e imagens.

HTTPS

HTTPS (Hyper Text Transport Protocol Secure), também conhecido como HTTP Seguro, é um protocolo que tem como diferença entre o HTTP apenas a segurança que oferece, pois, assim como o HTTP, serve para visualizar o conteúdo multimídia.

O que se questiona em relação a sua segurança é como ela é feita. O protocolo HTTPS utiliza o processo de Criptografia para manter sigilo sobre os dados transferidos entre o usuário e o servidor, para isso, são utilizados os protocolos TLS ou SSL.

Um detalhe muito importante é o de saber identificar se a navegação está sendo realizada por meio do protocolo HTTP ou pelo protocolo HTTPS. A forma mais confiável é observar a barra de endereços do navegador:

Firefox 10.02

google.com https://mail.google.com/

IE 9

https://mail.google.com/mail/html/pt-BR/noactivex.html

Google Chrome

🔒 https://mail.google.com/

Logo no início da barra, observamos a indicação do protocolo HTTPS, que, sempre que estiver em uso, deverá aparecer. Porém, deve-se ter muita atenção, pois, quando é utilizado o HTTP, alguns navegadores atuais têm omitido a informação no começo da barra de endereços.

Outra informação que nos ajuda a verificar se o acesso é por meio de uma conexão segura é o símbolo do cadeado fechado.

FTP

FTP (File Transport Protocol) é o protocolo de transferência de arquivos utilizado quando um usuário realiza download ou upload de um arquivo na rede.

O protocolo FTP tem como diferencial o fato de operar sobre duas portas: uma para tráfego dos dados e outra para autenticação e controle.

1.4 Firewall

O firewall pode ser software, hardware ou ambos. Ele é o responsável por **monitorar as portas da rede/computador**, permitindo ou negando a passagem dos dados na rede, seja na entrada ou saída.

É o monitor que fica na porta olhando para uma lista na qual contém as regras que um dado tem de cumprir para passar por ela. Essa lista são os protocolos, por exemplo, o Firewall monitorando a porta 80, relativa ao protocolo HTTP, o qual só trabalha com conteúdo multimídia. Então, se um arquivo .EXE tentar passar pela porta 80, ele deve ser barrado; essa é a função do Firewall.

REDES DE COMPUTADORES

1.5 Tipos de redes

Podemos classificar as redes de acordo com sua finalidade; neste tópico expõe-se a diferença entre as redes: internet × intranet × extranet.

1.5.1 internet

É a rede das redes, também conhecida como rede mundial de computadores.

Muitas provas citam o sinônimo WWW (World Wide Web) para internet, ou por vezes apenas web. Ela é definida como uma **rede pública** a qual todos com computador e servidor de acesso podem conectar-se.

1.5.2 intranet

É uma rede empresarial, também chamada de rede corporativa. Tem como principal característica ser uma **rede privada**, portanto, possui controle de acesso, o qual é restrito somente a pessoas autorizadas.

Uma intranet geralmente é constituída com o intuito de compartilhar recursos entre os funcionários de uma empresa, de maneira que pessoas externas não tenham acesso a eles. Os recursos compartilhados podem ser: impressoras, arquivos, sistemas, entre outros.

1.5.3 Extranet

É quando parte de uma intranet é disponibilizada por meio da internet. Também dizemos que extranet é quando duas empresas com suas distintas intranets possuem um sistema comum que acessam apenas parte de cada uma das intranets.

1.5.4 VPN

VPN é uma forma de criar uma intranet entre localizações geograficamente distantes, com um custo mais baixo do que ligar cabos entre os pontos. Para isso, emprega-se o processo de criptografia nos dados antes de enviá-los por meio da internet e, quando o dado chega na outra sede, passa pelo processo de descriptografia. Dessa maneira, quem está navegando na internet não tem acesso às informações da empresa, que continuam restritas; esse processo também é chamado tunelamento.

1.6 Padrões de infraestrutura

São padrões que definem como deve ser organizada e quais critérios precisam ser seguidos para montar uma estrutura de rede de acordo com os padrões estabelecidos pelo Instituto de Engenheiros Eletricistas e Eletrônicos (IEEE).

O padrão Ethernet define as regras para uma infraestrutura cabeada, como tipos de cabos que devem ser utilizados, distância máxima, tipos e quantidade de dispositivos, entre outras. Já o padrão 802.11 define as regras para uma estrutura wi-fi, ou seja, para a rede sem fio.

1.7 Correio eletrônico

O serviço de e-mail é outro ponto bastante cobrado nos concursos públicos. Em essência, o que se pede é se o concursando sabe sobre as diferentes formas de se trabalhar com ele.

O e-mail é uma forma de comunicação assíncrona, ou seja, no momento do envio apenas o emissor precisa estar conectado.

1.7.1 Formas de acesso

Podemos ler e escrever e-mail utilizando duas formas diferentes. O webmail ganhou mais espaço no mercado e se tornou majoritário no ramo de e-mails, mas muitas empresas utilizam ainda os clientes de e-mail.

Webmail

O webmail é uma interface de acesso para o e-mail via Browser (navegador de internet), ou seja, uma forma de visualizar o e-mail via uma página de web. Diante disso, é possível destacar que usamos os protocolos HTTP ou HTTPS para visualizar páginas da internet. Dessa forma, ao acessar sites de e-mail como Gmail, Hotmail, Yahoo! e Outlook, fazemos uso desses protocolos, sendo o HTTPS o mais usado atualmente pelos grandes serviços de e-mail, pois confere ao usuário maior segurança no acesso.

Dizemos que o webmail é uma forma de ler e escrever e-mails, dificilmente citado como forma de enviar e receber, uma vez que quem realmente envia é o servidor e não o computador do usuário.

Quando um e-mail é enviado, ele parte diretamente do servidor no qual o remetente possui conta para o servidor do serviço de e-mail do destinatário.

Cliente de e-mail

Um cliente de e-mail é um programa específico para enviar e receber mensagens de e-mail e que é, necessariamente, instalado no computador do usuário. Como exemplo temos: o Microsoft Outlook, o Mozilla Thunderbird, o Outlook Express, e o Windows Live Mail.

Os programas clientes de e-mail usam protocolos específicos para envio e recebimento das mensagens de e-mail.

Protocolos utilizados pelos clientes de e-mail

Para o envio, um cliente de e-mail utiliza o protocolo SMTP (Simple Mail Transport Protocol – Protocolo de transporte de mensagens simples). Como todo protocolo, o SMTP também opera sobre uma porta específica, que pode ser citada como sendo a porta 25, correspondente ao padrão, mas atualmente ela foi bloqueada para uso dos usuários, vindo a ser substituída pela 587.

Com isso, em questões de Certo e Errado, apenas a 587 é a correta, quando abordado sobre o usuário, pois entre servidores a 25 ainda é utilizada. Já nas questões de múltipla escolha, vale o princípio da menos errada, ou seja, se não tiver a 587, a 25 responde à questão.

Mesmo que a mensagem de e-mail possua arquivos anexos a ela, envia-se por SMTP; assim o protocolo FTP não é utilizado.

Já para o recebimento, o usuário pode optar em utilizar o protocolo POP ou o protocolo IMAP, contudo, deve ser observada a diferença entre os dois, pois essa diferença é ponto para muitas questões.

O protocolo POP tem por característica baixar as mensagens de e-mail para o computador do usuário, mas por padrão, ao baixá-las, elas são apagadas do servidor. Portanto, as mensagens que um usuário está lendo estão, necessariamente, em seu computador.

Por outro lado, se o usuário desejar, ele pode configurar o protocolo de forma que sejam mantidas cópias das mensagens no servidor, no entanto, a que o usuário está lendo, efetivamente, está em seu computador. Sobre essa característica são citadas questões relacionando à configuração a uma espécie de backup das mensagens de e-mail.

Atualmente o protocolo POP encontra-se na versão 3; dessa forma ele pode aparecer nos textos de questão como POP3, não afetando a compreensão dela. Uma vez que o usuário necessita conectar na internet apenas para baixar as mensagens, é possível que ele se desconecte da internet e mesmo assim leia seus e-mails. E, uma vez configurado o SMTP, também é possível redigir as respostas off-line, sendo necessário, no entanto, conectar-se novamente para que as mensagens possam ser enviadas.

Ao invés de utilizar o POP, o usuário pode optar em fazer uso do protocolo IMAP, que é para acesso a mensagens de e-mail, as quais, por sua vez, residem no servidor de e-mails. Portanto, se faz necessário estar conectado à internet para poder ler o e-mail por meio do protocolo IMAP.

Spam

Spam é uma prática que tem como finalidade divulgar propagandas por e-mail, ou mesmo utilizar-se de e-mails que chamem a atenção do usuário e o incentivem a encaminhar para inúmeros outros contatos, para que, com isso, levantem uma lista de contatos que pode ser vendida na internet ou mesmo utilizada para encaminhar mais propagandas.

Geralmente um spammer utiliza-se de e-mail com temas como: filantropia, hoax (boatos), lendas urbanas, ou mesmo assuntos polêmicos.

1.8 URL (Uniform Resource Locator)

É um endereço que identifica um site, um serviço, ou mesmo um endereço de e-mail. A seguir, temos um exemplo de URL; observe que podemos dividi-la em várias partes.

http://www.site.com.br
↑ ↑ ↑
Protocolo Pasta Domínio

1.8.1 Domínio

É o nome registrado de um site para que possa ser acessado por meio da internet. Assim como a URL, um domínio também pode ser dividido em três partes.

site.com.br

O .br indica que esse site está registrado no conjunto de domínios do Brasil, que é administrado e regulamentado pelo Registro.Br, componente do Comitê Gestor de internet no Brasil (CGI).

O Registro.Br define várias normas em relação à criação de um domínio, como o tamanho máximo de 26 caracteres, a limitação para apenas letras e números e recentemente a opção de criar domínios com letras acentuadas e o caractere ç.

Também compete ao Registro.Br a normatização da segunda parte do domínio, representado na figura pelo **.com**. Essa informação diz respeito ao ramo de atividade a que se destina o domínio, mas não nos garante qual a real finalidade do site. A última parte, por fim, é o próprio nome do site que se deseja registrar.

1.8.2 Protocolo IP

Cada equipamento na rede ganha o nome genérico de Host, o qual deve possuir um endereço para que seja localizado na rede. Esse é o endereço IP.

O protocolo IP é o responsável por trabalhar com essa informação, para tanto, um endereço IP possui versões: IPv4 e IPv6.

Um IP também é um endereço, portanto, pode ser inserido diretamente na barra de endereços de um navegador.

O IPv4 é composto por até quatro grupos de três dígitos que atingem valor máximo de 255 cada grupo, suportando, no máximo, cerca de 4 bilhões (4.294.967.296) de endereços.

O IPv6 é uma proposta que está gradativamente substituindo o IPv4, justamente pela pouca quantidade de endereço que ele oferece. O IPv6 é organizado em 8 grupos de 4 dígitos hexadecimais, suportando cerca de 3,4 × 1038, aproximadamente 3,6 undecilhões de endereços IP.

| 0123:4567:89AB:CDEF:1011:1314:5B6C:88CC

1.8.3 DNS (Domain Name System)

O Domain Name System (em português, Sistema de Nomes de Domínios) é o responsável por traduzir (resolver por meio de consultas aos servidores Raiz da internet) um domínio para o endereço IP do servidor que hospeda (armazena) o site desejado. Esse processo ocorre em questão de segundos e obedece a uma estrutura hierárquica.

1.9 Navegadores

Navegadores são programas que permitem acesso às páginas da internet, são muitas vezes citados em provas pelo termo em inglês Browser. Como exemplo, temos: internet Explorer, Mozilla Firefox e Google Chrome. Também são cobrados os conceitos dos tipos de dados de navegação que estão relacionados aos navegadores.

REDES DE COMPUTADORES

1.9.1 Cache

É um armazenamento temporário. No caso dos navegadores, trata-se de uma pasta onde são armazenados os conteúdos multimídias como imagens, vídeos, áudio e inclusive textos, para que, no segundo momento em que o mesmo conteúdo for acessado, ele possa ser mostrado ao usuário mais rapidamente.

1.9.2 Cookies

São pequenas informações que alguns sites armazenam no computador do usuário. Exemplos de informações armazenadas nos cookies: senhas, obviamente que são armazenadas criptografadas; também são muito utilizados em sites de compras, para armazenar o carrinho de compras.

1.9.3 Dados de formulários

Quando preenchemos um formulário, os navegadores oferecem opção para armazenar os dados digitados em cada campo, assim, quando necessário preencher o mesmo formulário ou ainda outro formulário com campos de mesmo nome, o navegador sugere os dados já usados a fim de autocompletar o preenchimento do campo.

1.10 Conceitos relacionados à internet

Nesta seção são apresentados alguns conceitos, tecnologias e ferramentas relacionadas à internet que são cobrados nas provas dos concursos.

1.10.1 Motores de busca

Os Motores de Busca são normalmente conhecidos por buscadores. Dentre os principais estão Google, Bing (MSN) e Yahoo!.

É importante observar que, nos navegadores atuais, os motores de busca são integrados, com isso podemos definir qual se deseja utilizar, por exemplo: o Google Chrome e o Mozilla Firefox utilizam como motor de busca padrão o Google, já o internet Explorer utiliza o Bing. Essa informação é relevante, pois é possível nesses navegadores digitar os termos buscados diretamente na barra de endereços, ao invés de acessar previamente o site do motor de busca.

Busca avançada

Os motores de busca oferecem alguns recursos para otimizar a busca, como operadores lógicos, também conhecidos como operadores booleanos[1]. Dentre eles podemos destacar a negação (-). Ao realizar uma busca na qual se deseja encontrar resultados que sejam relacionados a determinado assunto, porém os termos usados são comuns a outro, podemos utilizar o sinal de menos precedendo o termo do assunto irrelevante, como o exemplo de uma questão que já caiu em prova: realizar a busca por leite e cão, contudo, se for inserido apenas estes termos na busca, muitos resultados serão relacionados a gatos e leite. Para que as páginas que contenham a palavra gato não sejam exibidas na lista de páginas encontradas, basta digitar o sinal de menos (-) antes da palavra gato (sem espaço entre o sinal e a palavra), assim a pesquisa a ser inserida no buscador fica **Cão Leite -Gato**.

Também é possível realizar a busca por uma frase exata, assim, somente serão listados os sites que contenham exatamente a mesma expressão. Para isso, basta digitar a frase desejada entre aspas duplas.

▷ Busca por/em domínio específico: para buscar sites que possuam determinado termo em seu nome de domínio, basta inserir o texto site: seguido da palavra desejada, lembrando que não deve haver espaço entre site: e o termo desejado. De forma similar, também pode-se utilizar **inurl: termo** para buscar sites que possuam o termo na URL.

Quando o domínio já é conhecido, é possível realizar a busca por determinado termo apenas nas páginas do domínio. Para tanto, deve-se digitar **site:Dominiodosite termo**.

▷ **Calculadora**: é possível, ainda, utilizar o Google como uma calculadora, bastando digitar a expressão algébrica que se deseja resolver como 2 + 2 e, como resultado da "pesquisa", é apresentado o resultado da operação.

▷ **Operador**: quando não se sabe exatamente qual é a palavra para completar uma expressão, pode-se completar a lacuna com um asterisco, assim o motor de busca irá entender que naquele espaço pode ser qualquer palavra.

▷ **Busca por tipo de arquivo:** podemos refinar as buscas a resultados que consistam apenas em determinado formato de arquivo. Para tanto, podemos utilizar o operador filetype: assim, para buscar determinado tema, mas que seja em PDF, por exemplo, pode-se digitar **filetype: pdf tema**.

Tipos de busca

Os principais motores de busca permitem realizar as buscas de forma orientada a conteúdos gerais da web, como refinar a busca para exibir apenas imagens, vídeos ou mapas relacionados aos termos digitados.

1.10.2 Chat

Um chat é normalmente citado como um bate-papo em tempo real; é a forma de comunicação em que ambos os interlocutores estão conectados (on-line) simultaneamente. Muitos chats operam com salas de bate-papo. Um chat pode ser em um site específico como o chat do UOL. Conversas pelo MSN ou Facebook podem ser consideradas como chat, desde que ambos os interlocutores estejam conectados.

1.10.3 Fórum

Também conhecidos como Listas de Discussão, os fóruns funcionam como debates sobre determinados assuntos. Em um fórum não é necessário que os envolvidos estejam conectados para receberem os comentários, pois estes ficam disponíveis para acesso futuro pelo usuário ou mesmo por pessoas que não estejam cadastradas no fórum, contudo, existem muitos fóruns fechados, nos quais só se entra por convite ou mediante aquisição. A maioria deles vincula o e-mail dos envolvidos a uma discussão, alertando-os assim, caso um novo comentário seja acrescentado.

1.10.4 Moodle

O Moodle é uma ferramenta fortemente utilizada pelo setor público, e privado, para dar suporte ao Ensino a Distância (EAD).

---

1 Em referência à lógica de Boole, ou seja, a lógica que você estuda para o concurso.

NOÇÕES DE INFORMÁTICA

2 OUTLOOK 2013

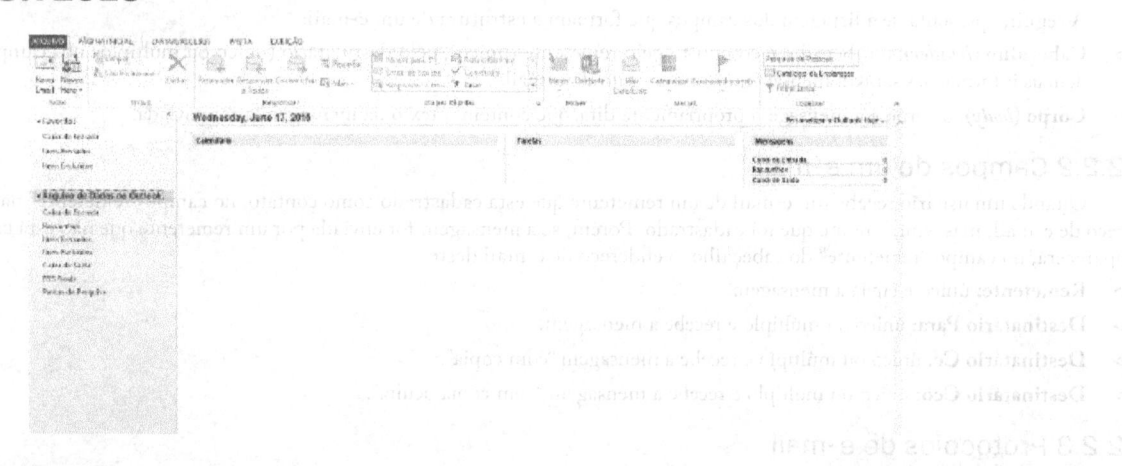

2.1 Configuração de contas no Outlook 2013

O primeiro passo para que o usuário possa utilizar o cliente de e-mails, presente no pacote Microsoft Office 2013, é a configuração de uma conta de e-mail válida.

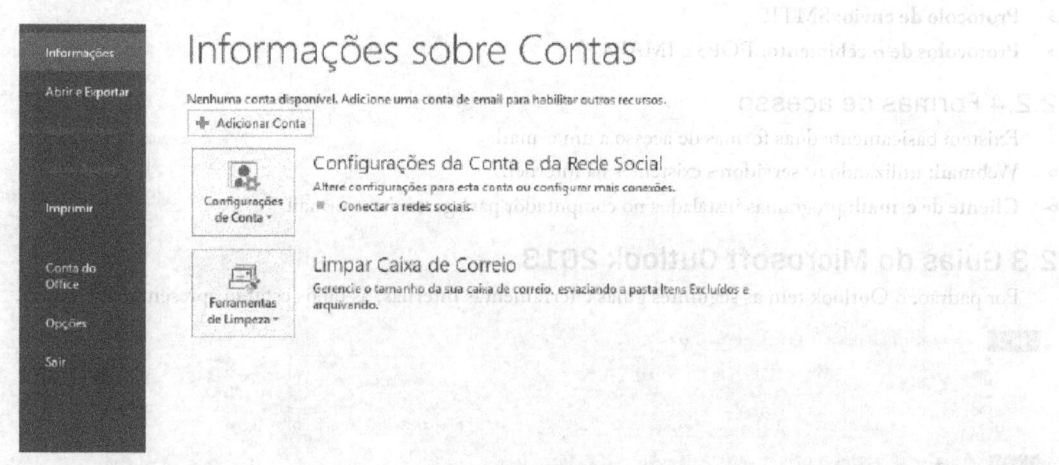

Nem todas as empresas que fornecem o serviço de e-mail permitem que os usuários cadastrem suas contas em um cliente de e-mails, como o Microsoft Outlook 2013. Nesse caso, a única forma de acessar o serviço de e-mail é por meio do uso do browser, na página do webmail.

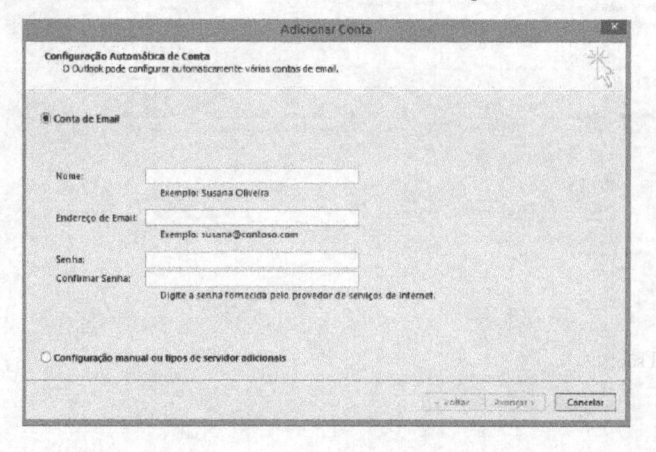

2.2 E-mail

Tema presente na maioria dos concursos públicos, tão relevante quanto o serviço de hipertexto, o e-mail (correio eletrônico) representa um endereçamento que é vinculado a uma pessoa física ou jurídica e que é único, não existindo na internet dois endereços idênticos.

Pode-se afirmar que o serviço de e-mail é mais antigo que a própria massificação da internet. Desde os anos 1970, manteve basicamente a estrutura de endereço e de campos de uma mensagem.

A estrutura do endereço de e-mail define-se da seguinte maneira: login@provedor de e-mail. É possível existirem múltiplos endereços com o mesmo login, porém, com o provedor diferente. Do mesmo modo, é possível existirem múltiplos e-mails com o mesmo provedor, porém, com login diferente. A combinação "login + provedor" é única.

OUTLOOK 2013

2.2.1 Estrutura do e-mail

A seguir, apresenta-se a listagem dos campos que formam a estrutura de um e-mail:

- **Cabeçalho (*header*):** o cabeçalho é composto pelo remetente (único), pelo destinatário (único ou múltiplos nos campos Para, Cc e Cco), e demais informações sobre a mensagem, como o título do e-mail.
- **Corpo (*body*):** o corpo é a mensagem propriamente dita, que contém o texto da mensagem a ser enviada.

2.2.2 Campos de um e-mail

Quando um usuário recebe um e-mail de um remetente que está cadastrado como contato, no campo "remetente" não aparece o seu endereço de e-mail, mas, sim, o nome que foi cadastrado. Porém, se a mensagem for enviada por um remetente que não está cadastrado, neste caso, aparecerá, no campo "remetente" do cabeçalho, o endereço de e-mail deste.

- **Remetente:** único e envia a mensagem.
- **Destinatário Para:** único ou múltiplo e recebe a mensagem.
- **Destinatário Cc:** único ou múltiplo e recebe a mensagem "com cópia".
- **Destinatário Cco:** único ou múltiplo e recebe a mensagem "com cópia oculta".

2.2.3 Protocolos de e-mail

Como todos os demais serviços da internet, o serviço de e-mail tem as próprias formas de envio e recebimento de conteúdo, denominadas de protocolos.

Seguem os principais protocolos de e-mail:

- **Protocolo de envio:** SMTP.
- **Protocolos de recebimento:** POP3 e IMAP4.

2.2.4 Formas de acesso

Existem basicamente duas formas de acesso a um e-mail:

- **Webmail:** utilizando os servidores existentes na internet.
- **Cliente de e-mail:** programas instalados no computador para gerenciar o e-mail.

2.3 Guias do Microsoft Outlook 2013

Por padrão, o Outlook tem as seguintes guias e ferramentas internas, as quais estarão apresentadas a seguir:

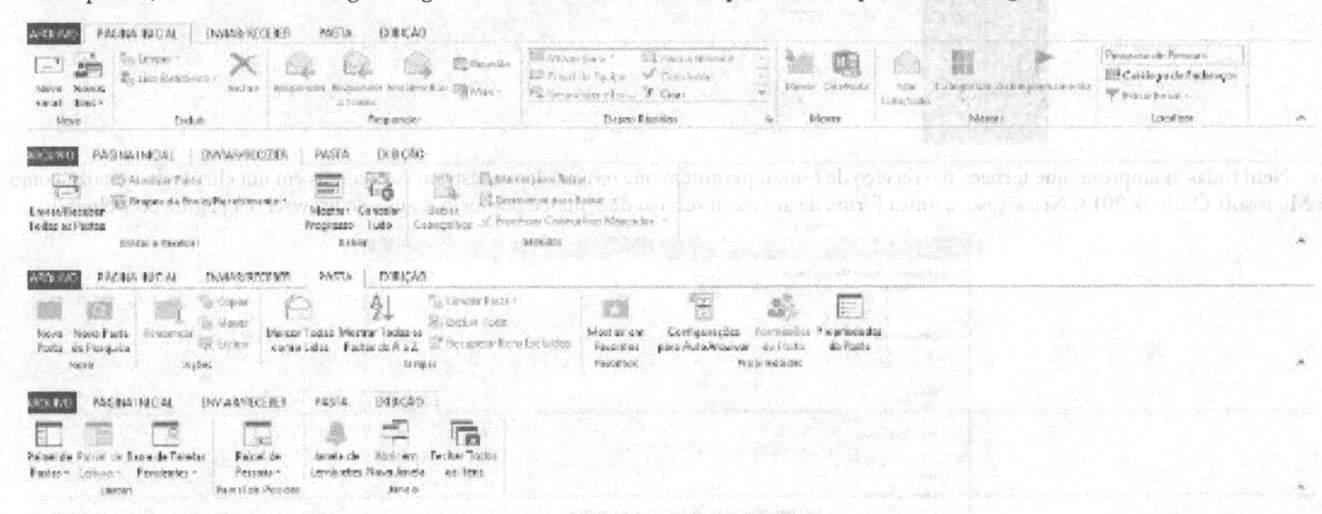

2.4 Clientes de e-mail

Os principais clientes de e-mail são:

- Outlook Express;
- Windows Mail;
- Mozilla Thunderbird;
- Gmail;
- Microsoft Outlook.

A maioria das empresas que oferecem serviço de e-mail permite que o usuário mantenha uma cópia da mensagem que foi baixada para o computador que tem o cliente de e-mails ativo no servidor. Isso permite que, mesmo utilizando o cliente de e-mails, ainda seja possível ter acesso de múltiplos pontos, pelo webmail.

2.4.1 Características dos clientes

Vantagens:

▷ Edição e leitura de e-mails, sem acesso à internet.
▷ Armazenamento das mensagens enviadas e recebidas no HD do computador.
▷ Cadastro simultâneo de múltiplas contas de e-mail.
▷ Melhor gerenciamento da lista de contatos.
▷ Melhor confidencialidade, através da criptografia de mensagens.
▷ Filtro antispam.
▷ Melhor configuração de grupos de discussão.
▷ Editar e enviar e-mail em diversos formatos.

Desvantagens:

▷ Comprometimento de espaço no HD.
▷ Mensagens recebidas também ocupam espaço no disco.
▷ Cobrança de determinados serviços.
▷ Indisponibilidade de configuração em clientes de alguns provedores de serviço de e-mail.

2.5 Webmail

O acesso à conta de e-mail por meio do webmail consiste na utilização de browsers para a visualização e edição de e-mails, de modo que as mensagens recebidas e enviadas são armazenadas nos servidores da internet e não nos computadores dos usuários.

Na atualidade, verificam-se tarefas cotidianas cada vez mais aceleradas, bem como há o hábito de as pessoas de acessarem a internet de vários pontos, como computadores, tablets, smartphones etc. Por tais motivos, o webmail é a forma padronizada de as pessoas acessarem suas contas de e-mail. Por essa razão, esse assunto tem considerável incidência em concursos públicos.

2.5.1 Serviços mais comuns de webmail

Existe, na internet, uma lista considerável de empresas que oferecem o serviço de e-mail, que são provedores deste serviço. Tal serviço geralmente é gratuito, em sua configuração básica, e cobrado quando o usuário tem a necessidade de upgrade de recursos, como espaço para armazenamento ou capacidade de tamanho de arquivos anexos em uma mensagem.

Entre os principais provedores de serviço de e-mail estão, atualmente, Gmail, Hotmail/Outlook, IG e Yahoo!.

2.5.2 Vantagens e desvantagens do webmail

Existem características que trazem vantagens e desvantagens no uso do webmail. Algumas delas podem representar tanto aspectos positivos, como negativos, dependendo do ponto de vista analisado, das condições de uso do e-mail e das necessidades do usuário.

A seguir, será possível verificar a listagem das principais vantagens e desvantagens no serviço de e-mail utilizando browser, por meio do webmail.

Vantagens:

▷ Possibilidade de acesso de múltiplos pontos.
▷ Existência de níveis de segurança corporativos.
▷ Possibilidade de aumento de espaço para armazenamento.
▷ Existência de recursos como antimalwares ou antiphishing.
▷ Ausência da necessidade de o usuário dispor de espaço físico de armazenamento.

Desvantagens:

▷ Possível custo para utilização do serviço.
▷ Espaço pré-definido para armazenamento.
▷ Presença do nome do provedor no endereço de e-mail.
▷ Anúncios comerciais na página de acesso.
▷ Total dependência da internet, devido ao fato de as mensagens ficarem armazenadas nos servidores on-line.
▷ Possibilita o recebimento de mais spams.

2.6 E-mails maliciosos

O uso de e-mail, atualmente, é fundamental para uma organização pública. Por esse motivo, existe preocupação quanto ao uso indevido de e-mail. Isso porque o procedimento de abrir um e-mail e executar um arquivo anexo, de fonte desconhecida, pode não apenas comprometer o computador em que tal procedimento foi realizado, como comprometer também toda a rede de computadores de uma organização, a ponto de afetar os níveis de segurança da informação.

Nesse sentido, o e-mail é uma das principais fontes de ataque aos usuários, uma vez que faz uso da engenharia social (aproveitando-se da confiança das pessoas) para atacar os computadores, assim como as redes de uma organização.

2.6.1 Categorias de e-mails maliciosos

Existem diversas formas de montar um e-mail malicioso para induzir o usuário a cair em uma fraude e ter, de alguma maneira, seus dados e privacidade comprometidos.

As categorias de e-mails maliciosos se dividem sob a base de alguns critérios que estão listados a seguir:
- Conteúdo do e-mail.
- Remetente.
- Destinatário.
- Tipo de ataque.

O spam é o mais comum e-mail malicioso e se caracteriza por apresentar uma propaganda ou oferta de algum produto ou serviço. Não tem o objetivo de furtar dados do usuário, mas, sim, de realizar uma oferta comercial. O recebimento massivo de spams pode comprometer a caixa de entrada do e-mail e, com isso, gerar a quebra da disponibilidade do serviço.

As principais caraterísticas do spam são:
- Mensagem com conteúdo indesejado e comercial: remetente desconhecido.
- Envio massivo para destinatários individuais: pode atacar o critério da disponibilidade.

O scam se caracteriza por ser um dos mais perigosos, pois sua forma de propagação está baseada na confiabilidade que as pessoas têm nas outras. Geralmente, caracteriza-se pelo envio de um tema de interesse coletivo e que induz o destinatário a abrir a mensagem e executar o arquivo anexo, supostamente uma foto ou vídeo, e que contém uma ação maliciosa oculta.

As principais características do scam são:
- Mensagem de interesse coletivo (sazonal).
- Remetente conhecido (passivo/pessoa física).
- Destinatário coletivo.
- Instala um malware e reenvia o e-mail.
- Pode atacar o critério da integridade.

É muito comum recebermos e-mails que se passam por organizações públicas ou privadas, como bancos ou a Receita Federal. O phishing se utiliza da credibilidade destas instituições para induzir o usuário a fornecer dados pessoais e, com isso, ter sua privacidade atacada. É comum os serviços de webmail oferecerem filtros antiphishing, com o objetivo de encontrar essas mensagens e bloquear sua ação maliciosa.

As principais características do phishing são:
- Mensagem de interesse coletivo.
- Remetente que se passa por empresa.
- Destinatário individual.
- Pode atacar o critério da confidencialidade.

Dos menos onerosos, o hoax é o e-mail malicioso que é enviado sem alguma intenção maliciosa, mas seu envio massivo pode comprometer a capacidade da caixa de entrada do usuário. Geralmente, são as famosas "correntes" compartilhadas por e-mail, mensagens de autoajuda ou mesmo os virais e boatos transmitidos por internet.

As principais características do hoax são:
- Mensagem boato ou viral.
- Remetente conhecido.
- Destinatário coletivo.
- Pode atacar o critério da disponibilidade.

3 WORD 365

O Microsoft 365 é uma assinatura que possui os recursos mais colaborativos e atualizados em uma experiência integrada e perfeita, como os do Office que possui o Word, o PowerPoint e o Excel. Possui ainda armazenamento *on-line* extra e recursos conectados à nuvem que permitem editar arquivos em tempo real entre várias pessoas, além de sempre ter correções e atualizações de segurança mais recentes e suporte técnico contínuo, sem nenhum custo extra. É possível pagar a assinatura mensalmente ou anualmente, e o plano Microsoft 365 *Family* permite compartilhar a assinatura com até seis pessoas da família e usar seus aplicativos em vários PCs, Macs, tablets e telefones.

3.1 Extensões

Até a versão 2003, os documentos eram salvos no formato ".doc". A partir da versão 2007, os documentos são salvos na versão ".docx". O padrão do Word 2019 continua com a extensão .docx "DOCX", mas podemos salvar arquivos nos formatos .odt (Writer), PDF, .doc, .rtf, entre outros.

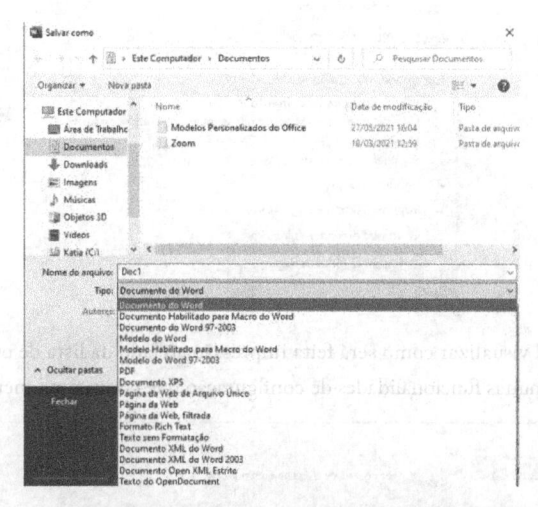

O Office 2019 é, também, vendido como uma compra única, o que significa tem um custo único e inicial para obter os aplicativos do Office para um computador. Compras únicas estão disponíveis para PCs e Macs. No entanto, não há opções de *upgrade*, o que significa que, caso seja necessário fazer um upgrade para a próxima versão principal, precisará comprá-la pelo preço integral.

Preste atenção a esses detalhes como extensão de arquivos, pois eles caem com frequência em provas de concurso.

Você poderá salvar os arquivos em uma versão anterior do Microsoft Office selecionando na lista "Salvar como", na caixa de diálogo. Por exemplo, é possível salvar o documento do Word 2013 (.docx) como um documento 97-2003 (.doc).

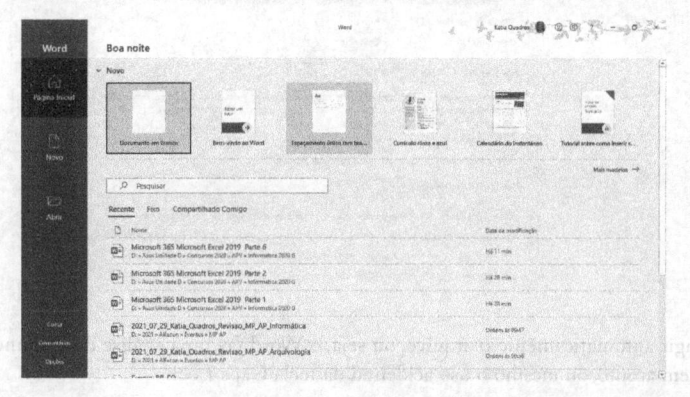

▷ **Barra de título:** em um novo documento, ela apresenta como título "Documento1". Quando o documento for salvo, ele apresentará o nome do documento nesta mesma barra.

▷ **Barra de acesso rápido:** é personalizável e contém um conjunto de comandos independentes da guia exibida no momento na "Faixa de opções".

▷ **Menu arquivo:** possui comandos básicos, que incluem – embora não estejam limitados a – Abrir, Salvar e Imprimir.

Note as entradas da coluna da esquerda, que, na prática, funciona como um painel. Elas prestam os clássicos serviços auxiliares de um menu "Arquivo" convencional, ou seja, Salvar, Salvar como, Abrir e Fechar o arquivo de trabalho.

Outras conhecidas como Novo: cria um arquivo e permite escolher entre centenas de modelos (*templates*) oferecidos.

▷ **Imprimir:** refere-se à impressão do documento.

Ao clicar em Imprimir, abrirá um menu dropdown, que mostra a impressora selecionada no momento. Um clique na lista suspensa mostrará outras impressoras disponíveis.

É possível imprimir tudo ou parte de um documento. As opções para escolher qual parte imprimir podem ser encontradas na guia "Imprimir", no modo de exibição do Microsoft Office *Backstage*. Em "Configurações", clique em Imprimir "Todas as páginas" para ver essas opções.

Quando há a necessidade de imprimir páginas alternadas no Word, é preciso digitar no formulário o intervalo desejado, como ˜Páginas: 3-6;8˜, em que "-"(aspas) significam "até" e ";" ou "e".

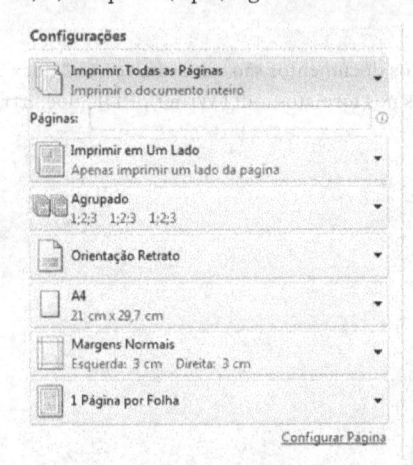

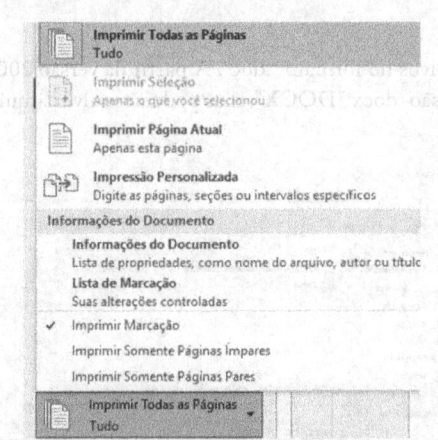

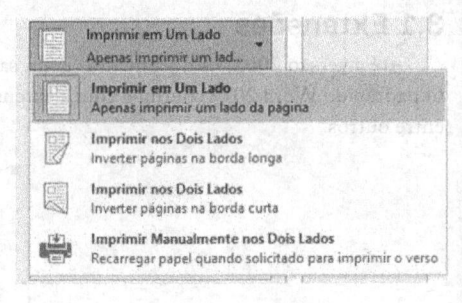

Ainda na opção "Imprimir", é possível visualizar como será feita impressão ao lado da lista de opções.

▷ **Arquivo/Opções:** esse comando traz muitas funcionalidades de configuração que estavam no menu Ferramentas do Word 2003.

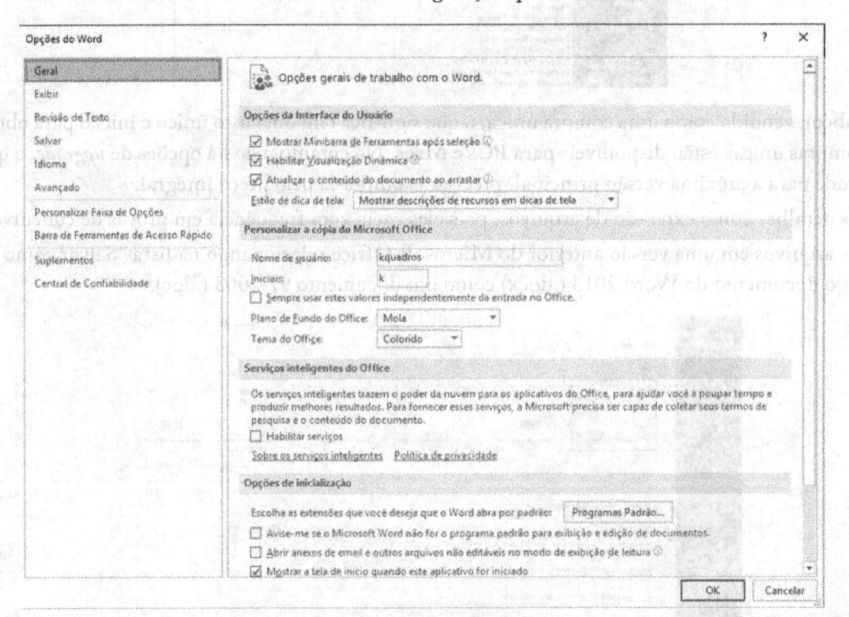

▷ **Autocorreção:** é possível corrigir automaticamente o arquivo, ou seja, o Word faz uma análise do documento e consegue resolver problemas como palavras duplicadas ou sem acento, ou mesmo o uso acidental da tecla Caps Lock.

A diferença trazida na versão 2013 é poder abrir documentos PDF e editá-los. Basta clicar em "Abrir" e escolher o arquivo. A seguinte mensagem é exibida pelo word:

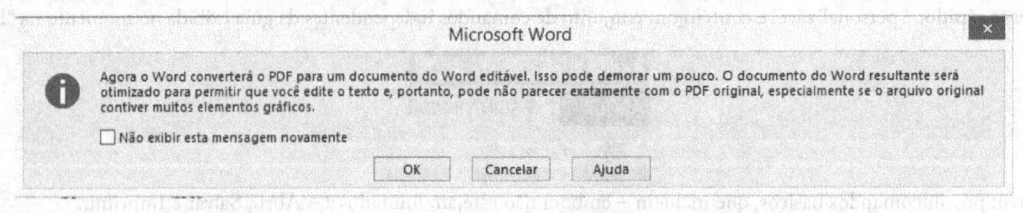

▷ **Abas ou guias:** todos os comandos e funcionalidades do Word 2013 estão dispostos em Guias. As Guias são divididas por Grupos de ferramentas. Alguns grupos possuem um pequeno botão na sua direita inferior que dão acesso a janelas de diálogo.

NOÇÕES DE INFORMÁTICA

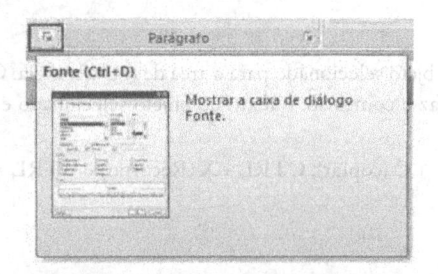

▷ **Guias contextuais:** essas guias são exibidas na Faixa de Opções somente quando relevantes para a tarefa atual, como formatar uma tabela ou uma imagem.

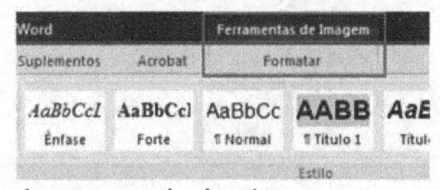

▷ **Barra de status:** contém informações sobre o documento, modos de exibição e zoom.

3.2 Selecionando texto

Selecionando pelo mouse: ao posicionar o mouse mais à esquerda do texto, o cursor, em forma de flecha branca, aponta para a direita:
▷ Ao dar um clique, ele seleciona toda a linha.
▷ Ao dar um duplo clique, ele seleciona todo o parágrafo.
▷ Ao dar um triplo cliquem, ele seleciona todo o texto.

Com o cursor no meio de uma palavra:
▷ Ao dar um clique, o cursor se posiciona onde foi clicado.
▷ Ao dar um duplo clique, ele seleciona toda a palavra.
▷ Ao dar um triplo clique ele seleciona todo o parágrafo.

É possível também clicar, manter o mouse pressionado e arrastá-lo até onde desejamos selecionar. Ou, ainda, clicar onde começa a seleção, pressionar a tecla SHIFT e clicar onde termina a seleção.

▷ Selecionar palavras alternadas: selecione a primeira palavra, pressione CTRL e vá selecionando as partes do texto que deseja modificar.

Pressionando ALT, selecionamos o texto em bloco:

3.3 Guia página inicial

Preste muita atenção nesta guia: é uma das mais cobradas em Word.

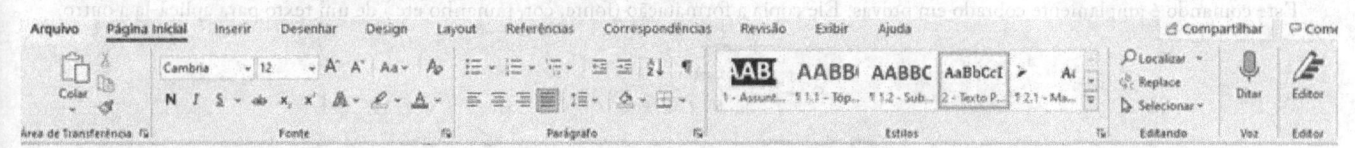

3.3.1 Grupo área de transferência

3.3.2 Copiar, Recortar e Colar

Copiar e Recortar enviam um texto ou um objeto selecionado para a área de transferência. Copiar permite que o texto ou objeto selecionado fique no local de origem também, e Recortar faz o contrário: o texto ou objeto selecionado é retirado do local de origem. Colar busca o que está na área de transferência.

Podem-se utilizar as teclas de atalho CTRL + C (copiar), CTRL + X (Recortar) e CTRL + V (Colar), ou o primeiro grupo na Guia Página Inicial.

3.3.3 Opções de colagem

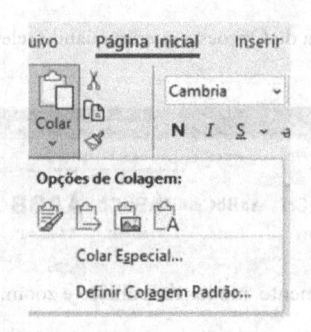

▷ **Manter formatação original**: preserva a aparência do texto original.
▷ **Mesclar formatação**: altera a formatação para que ela corresponda ao texto ao redor.
▷ **Imagem**: cola imagem.
▷ **Manter somente texto**: remove toda a formatação original do texto. Se você usar a opção Manter Somente Texto para colar conteúdo que inclui imagens e uma tabela, as imagens serão omitidas do conteúdo colado, e a tabela será convertida em uma série de parágrafos.

3.3.4 Colar especial

▷ **CTRL + ALT + V**: cola um texto ou objeto, que esteja na área de transferência, sem formatação, no formato RTF ou no formato HTML.

3.3.5 Área de Transferência

▷ **CTRL + CC – Importante**: abre o painel de tarefa Área de Transferência. Você pode armazenar até 24 itens na área de transferência.

Para abrir o painel, clique no botão ou use o atalho CTRL + CC, que deve estar configurado em Opções da Área de Transferência.

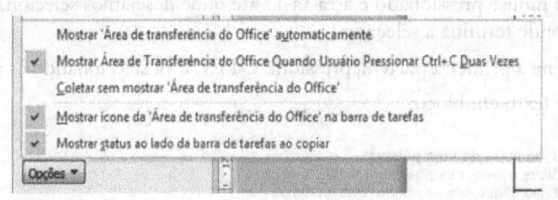

A Área de Transferência é uma área de armazenamento temporário de informações onde o que foi copiado ou movido de um lugar fica armazenado temporariamente. É possível selecionar o texto ou os elementos gráficos e, em seguida, usar os comandos Recortar ou Copiar para mover a seleção para a Área de Transferência, onde ela será armazenada até que o comando Colar seja acionado para inseri-la em algum outro lugar.

Quando são acionados o "Cortar" (CTRL + X) ou o "Copiar" (CTRL + C) de um elemento, este é conservado temporariamente na área de transferência.

3.3.6 Pincel de formatação

Este comando é amplamente cobrado em provas. Ele copia a formatação (fonte, cor, tamanho etc.) de um texto para aplicá-la a outro.

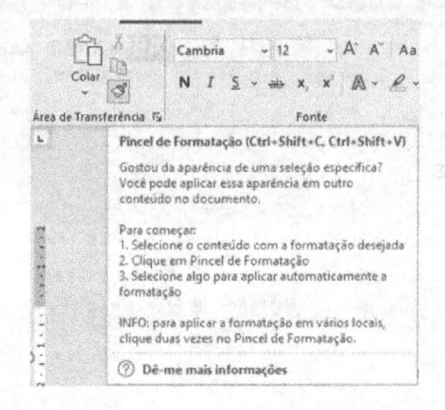

3.3.7 Fonte

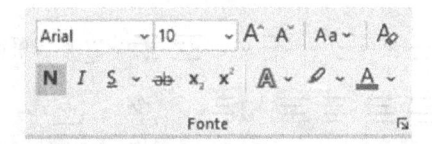

Para usar esse recurso, é possível usar os seguintes atalhos:
- **Abrir caixa de diálogo:** CTRL + D ou CTRL + SHIFT + P
- **Tipo e tamanho da fonte:** aumentar (CTRL + >) e Diminuir (CTRL + <)

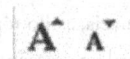

3.3.8 Maiúsculas e minúsculas

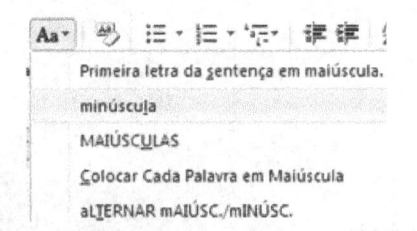

Para usar esse recurso, é possível usar os seguintes atalhos:
- **Abrir caixa de diálogo:** CTRL + SHIFT + A.

- **Negrito:** CTRL + N
- **Itálico:** CTRL + I
- **Sublinhado:** CTRL + S (na seta ao lado do botão há opções de sublinhado).
- **Tachado:** efeito de texto com uma linha no meio: T̶E̶X̶T̶O̶
- **Subscrito:** H2O – CTRL + =
- **Sobescrito:** 22 – CTRL + SHIFT + +
- **Cor do realce do texto:** como se fosse um marcador de textos.

3.3.9 Cor da fonte

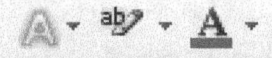

Ao pressionar o atalho CTRL + D, ou atalho CTRL + SHIFT + P ou ainda clicar no botão (Iniciador de caixa de diálogo) na parte inferior da guia, no grupo Fonte, a janela de diálogo FONTE é aberta.

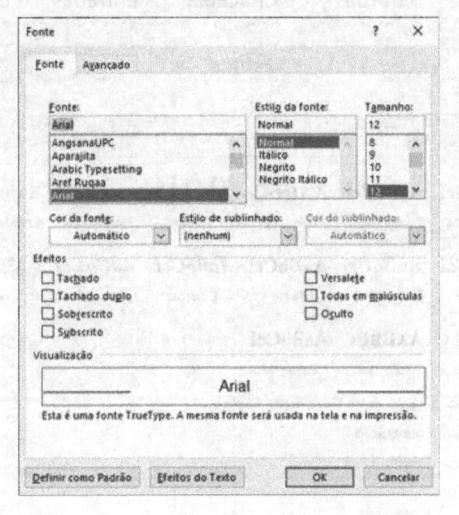

3.3.10 Parágrafo

- **Marcadores:** ativa ou desativa marcadores (bullets points)
- **Numeração:** ativa ou desativa numeração, que pode ser com algarismos romanos, arábicos ou mesmo com letras maiúsculas e minúsculas.
- **Lista de vários níveis:** ativa ou desativa numeração de vários níveis, estilo tópicos e subtópicos.
- **Classificar:** abre caixa de diálogo onde podemos ordenar em ordem crescente ou decrescente os parágrafos do texto.
- **Mostrar tudo:** mostra marcas de parágrafo e outros símbolos de formatação ocultos. Esses símbolos não são imprimíveis.

3.3.11 Botões de alinhamento

É possível usar os seguintes recursos:
- **Alinhamento à esquerda:** CTRL + Q
- **Alinhamento centralizado:** CTRL + E
- **Alinhamento à direita:** CTRL + G
- **Alinhamento justificado:** CTRL + J
- **Botão sombreamento:** para colorir plano de fundo.
- **Botão bordas:** para inserir ou retirar bordas.

Na aba Quebra de linha e de página, temos o controle de linhas órfãs e viúvas.

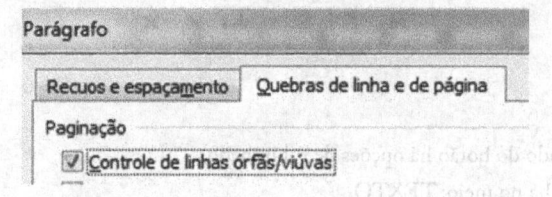

- **Linhas órfãs:** são as primeiras linhas dos parágrafos que têm as linhas subsequentes passadas para outra página.
- **Linhas viúvas:** são as linhas que ficam sozinhas em outra página, com o restante do parágrafo na página anterior.

3.3.12 Estilos

É possível fazer a maioria das alterações no texto pelo grupo Fonte, mas é trabalhoso. Uma maneira de fazer todas as alterações com um único comando é por meio dos estilos. Estilos é um conjunto de formatações predefinido, onde é possível fazer várias formatações em um texto com apenas um clique no botão do estilo escolhido.

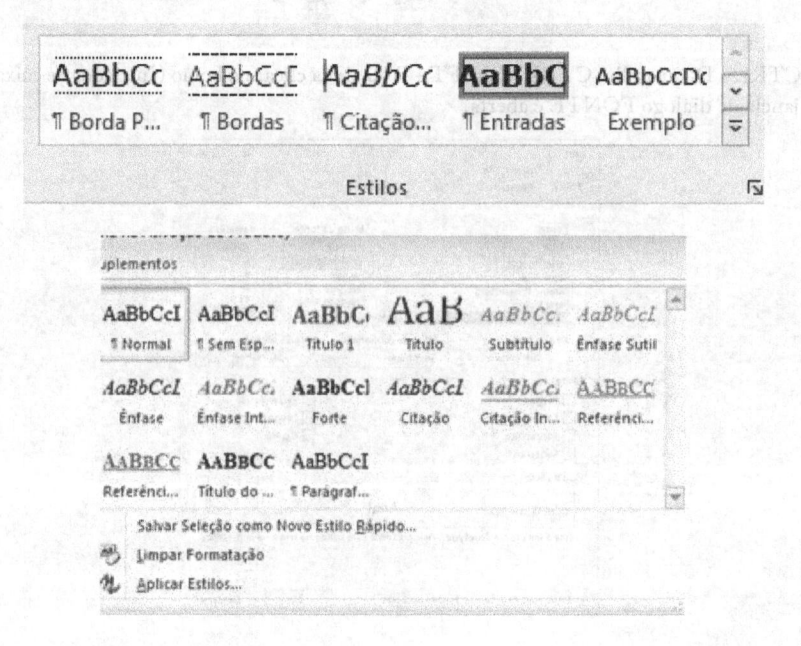

3.3.13 Editando

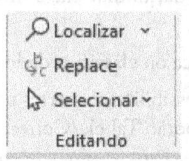

- **Localizar:** abre o painel de navegação para que se digite um texto para ser procurado no Word.
- **Localização avançada:** abre caixa de diálogo com opções avançadas para procurar um texto.
- **Ir Para:** permite ir para determinada página, tabela, gráfico, entre outros.
- **Substituir:** usado para substituir palavras em um texto. Você pode substituir uma palavra ou todas em uma única operação.
- **Selecionar:** seleciona textos ou objetos no documento.

3.4 Inserir

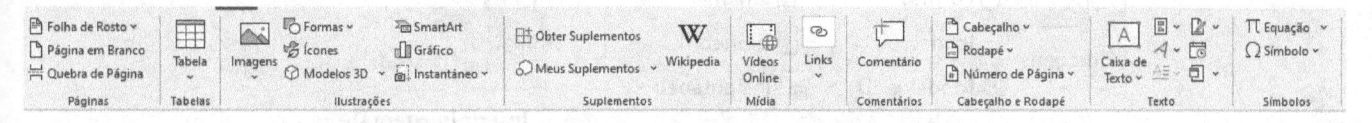

3.4.1 Páginas

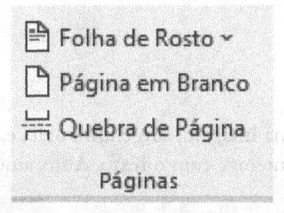

- **Folha de rosto:** insere uma folha de rosto já formatada ao documento.
- **Página em branco:** insere uma página em branco onde está o cursor.
- **Quebra de página:** insere uma quebra de página levando o texto para outra página.

3.4.2 Tabelas

Com o botão "Tabela", temos as funções Inserir Tabela, Desenhar Tabela, Converter Texto em Tabela, Inserir Planilha do Excel e Tabelas Rápidas. Quando o cursor é colocado dentro da tabela ou seleciona alguma área, aparece a guia de ferramentas de tabela, juntamente com o grupo Design e Layout.

Na guia Design é onde terão as opções para tratar as cores de sombreamento, bordas, linhas de cabeçalho da tabela. Na guia Layout, é possível trabalhar com inúmeras funcionalidades, como o botão Selecionar:

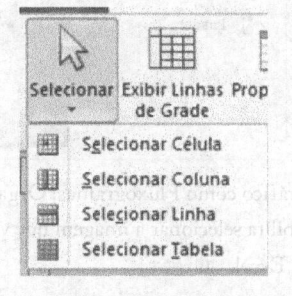

Ainda nesse grupo, há o botão "Exibir linhas de grade" e "Propriedades". Clicando em Propriedades, abrir, uma caixa de diálogo para configurar alinhamento, disposição do texto, especificar a altura da linha, largura da coluna ou célula será disposta na tela.

No grupo "Linhas e colunas", temos as opões de excluir células, colunas, linhas ou tabela, inserir linhas acima e abaixo e colunas esquerda e à direita.

No grupo Mesclar estão os botões para Mesclar células, Dividir células e Dividir Tabela.

Há, ainda alguns outros recursos presentes. São eles:

- **Tamanho da célula:** especifica a altura da linha e a largura da coluna. Há também os botões "Distribuir linhas" e "Distribuir colunas", que faz com que todas as linhas e colunas com as mesmas medidas.

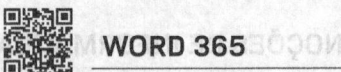

- **Alinhamento:** alinhar parte superior à esquerda, alinhar parte superior no centro, alinhar parte superior à direita, centralizar à esquerda, centralizar, centralizar à direita, alinhar parte Inferior à esquerda, alinhar parte Inferior no centro, alinhar parte Inferior à direita. Depois, temos o botão de Direção do Texto e Margens da célula.
- **Classificar:** coloca o texto selecionado em ordem alfabética ou classifica dados numéricos.
- **Converter em texto:** muito importante para as provas. Possibilita converter uma tabela em um texto. É possível também converter texto em tabela, mas, para isso, é preciso clicar na Guia Inserir, no botão Tabela/Converter Texto em Tabela.
- **Movimentação na tabela:** movimente-se na tabela por meio das teclas setas, TAB, ou clicando com o mouse. A tecla ENTER não passará o cursor para outra célula da tabela, mas deixará a linha mais larga, logo, não é utilizada para a movimentação. **Contudo, preste atenção:** caso a tabela esteja no início de um documento, sem linha nenhuma anterior a ela (em branco ou não), posicionando o cursor na primeira célula da tabela e teclando ENTER, o Word criará uma linha em branco antes da tabela, movendo-a para baixo.

Dica: ao pressionar a tecla TAB, se o cursor estiver na última célula da tabela, será adicionada uma nova linha na tabela.

3.4.3 Ilustrações

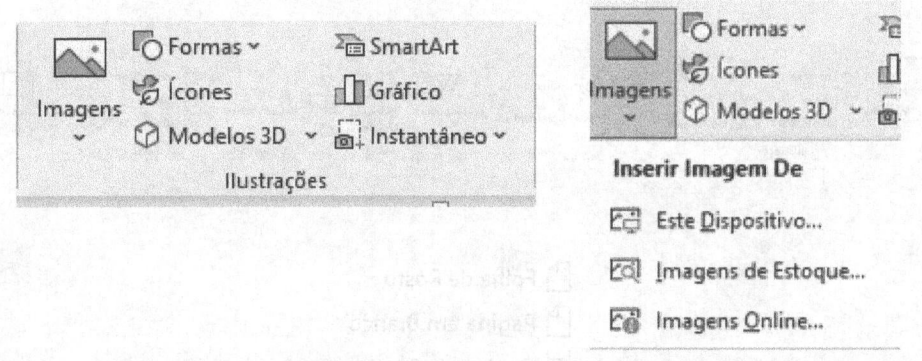

- **Opções de layout de uma imagem:** ao selecionar uma imagem, surge um botão, e, ao clicar nele, abre um menu com opções de Layout, no qual é possível escolher a maneira como seu objeto interage com o texto. Abre, ainda, lista com opção de formas para inserir no documento. Veja exemplos:

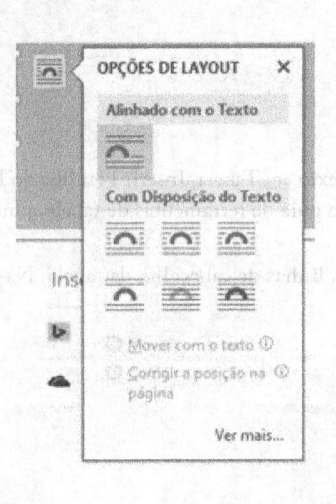

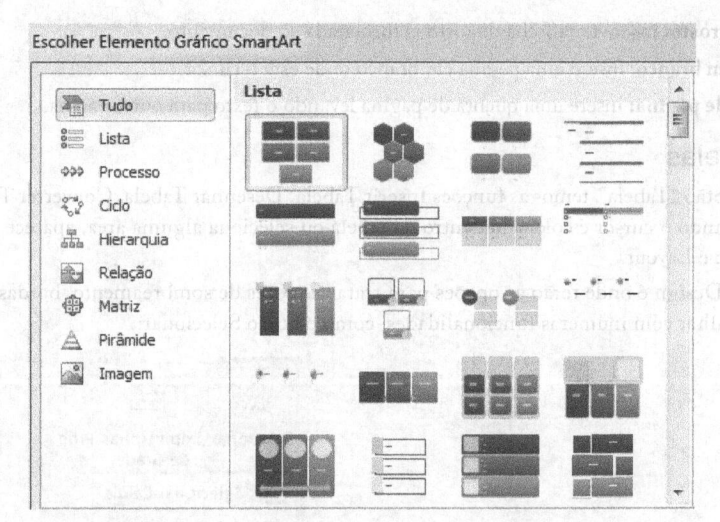

Abre caixa de diálogo para escolher um elemento gráfico como Fluxogramas, Organogramas, entre outros. Veja os tipos na imagem abaixo:
- **Instantâneo:** funciona como um *print screen* e possibilita selecionar a imagem que você quer colar em seu documento.
- **Gráfico:** botão para inserir gráfico com o auxílio do Excel.

3.4.4 Suplementos

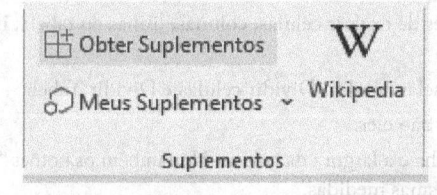

- **Obter suplementos:** é possível adicionar ou comprar aplicativos, como um dicionário, por exemplo. Para começar a usar um novo aplicativo, clique em Meus Suplementos.

3.4.5 Mídia

▷ **Vídeo online:** é possível adicionar vídeos on-line também. Para isso, acesse o grupo Média. Insira vídeos on-line para assistir diretamente no Word sem ter que sair do documento.

3.4.6 Links

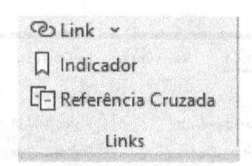

▷ **Hiperlink:** permite criar *links* para o mesmo documento ou outros documentos ou sites da internet.
▷ **Indicador:** cria um nome para um ponto específico do documento.
▷ **Referência cruzada:** permite criar *links* para redirecionar para uma figura ou tabela, por exemplo.

3.4.7 Cabeçalho e rodapé

Na Guia Contextual, podemos trabalhar com o Cabeçalho e Rodapé. Podemos inserir Número de Páginas, Data e Hora, Imagens, assim como inserir cabeçalhos e/ou rodapés diferentes em páginas pares e ímpares ou somente na primeira página.

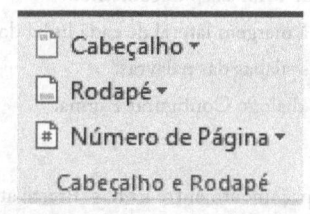

▷ **Navegação:** permite alternar entre Cabeçalho e Rodapé.
▷ **Fechar:** temos apenas o botão para sair do modo de edição do Cabeçalho e Rodapé.

3.4.8 Texto

▷ **Caixa e texto:** insere uma caixa de texto pré-formatada no documento.
▷ **Explorar partes rápidas:** insere trechos de conteúdo reutilizáveis, como data ou uma assinatura.
▷ **WordArt:** insere um texto decorativo no documento.
▷ **Capitular:** cria uma letra maiúscula, grande, no início do parágrafo.
▷ **Adicionar uma linha de assinatura:** insere uma linha de assinatura para identificar quem vai assinar.
▷ **Data e hora:** inserir Data e hora atual no documento.
▷ **Objeto:** para aplicar um objeto ou texto inserido de outro arquivo no seu documento

3.4.9 Grupo símbolos

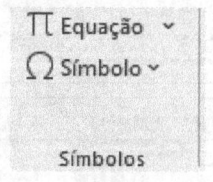

WORD 365

▷ **Equação:** permite inserir equações matemáticas ou desenvolver suas próprias equações usando uma biblioteca de símbolos matemáticos.
▷ **Símbolo:** utilizado para inserir símbolos que não constam no teclado, como símbolos de copyright, símbolo de marca registrada e outros.

3.5 Guia Design

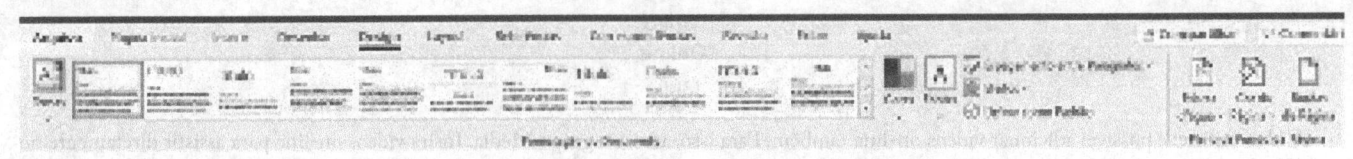

▷ **Temas:** botões para alterar o design geral do documento inteiro, incluindo cores, fontes e efeitos.

3.6 Guia Layout

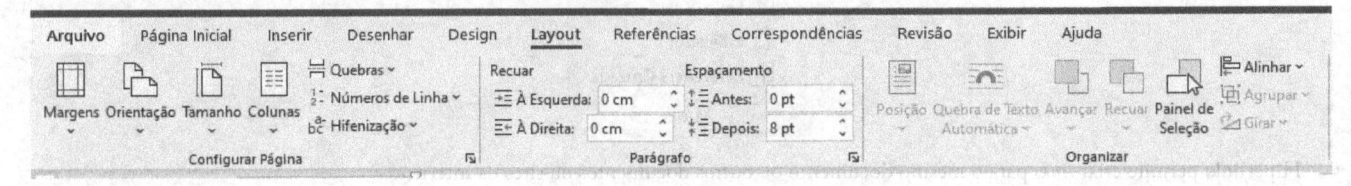

Botões para definir margens, orientação do papel (retrato ou paisagem) e tamanho do papel.

Em Margens personalizadas (acessível ao clicar no botão Margens), há uma caixa de diálogo "Configurar Página, igual a velha conhecida do Office 2003, lembra? Lá temos configurações como margens, orientação do papel, layout entre outras.

▷ **Colunas:** para formatar o documento em colunas, com ou sem linha entre elas.
▷ **Quebras:** para adicionar páginas, seção ou quebras de colunas ao documento.
▷ **Número de linha:** para adicionar número de linhas à margem lateral de cada linha do documento.
▷ **Hifenização:** permite o word quebrar linhas entre as sílabas das palavras.
▷ **Configuração de página:** esse botão abre a caixa de diálogo Configurar Página.

3.6.1 Grupo Parágrafo

Permite configurações de Recuo do parágrafo e espaçamento entre linhas. Preste atenção aos botões dessas funcionalidades.

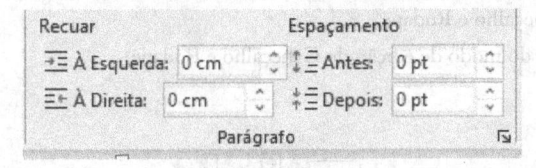

▷ **Parágrafo:** abre a caixa de diálogo parágrafo.

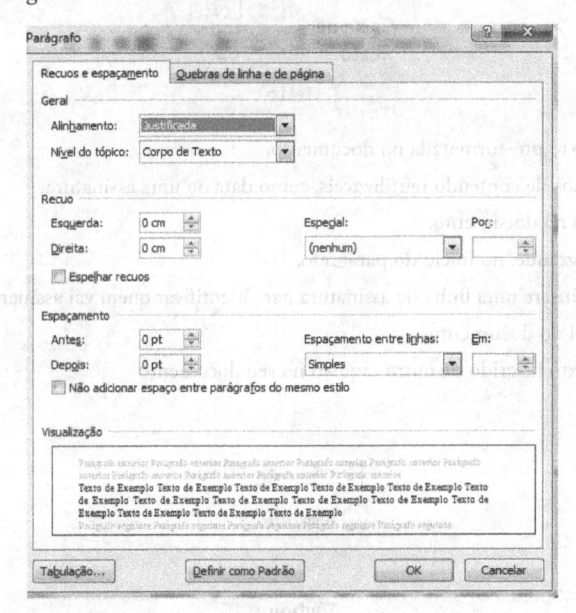

3.6.2 Organizar

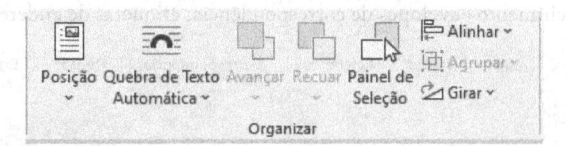

- **Posição:** configura o alinhamento da imagem no documento.
- **Quebra de texto automática:** altera a disposição do texto ao redor do objeto selecionado.
- **Avançar:** trará o objeto selecionado para a frente para que menos objetos fiquem à frente dele.
- **Recuar:** enviará o objeto selecionado para trás para que ele fique oculto atrás dos objetos à frente dele.
- **Painel de seleção:** mostra Painel de Seleção.
- **Alinhar:** alinhará o objeto selecionado em relação às margens.
- **Agrupar:** para agrupar objetos de forma que sejam tratados como um único.
- **Girar:** girar ou inverter o objeto selecionado.

3.7 Guia Referências

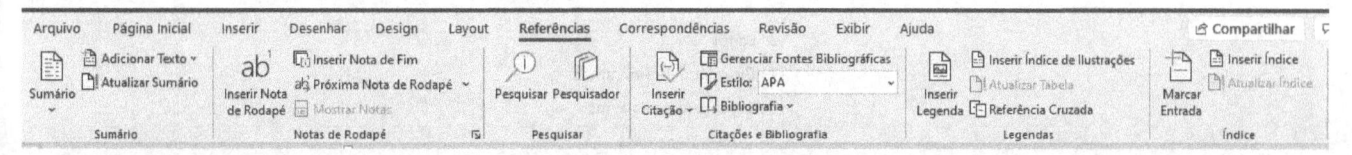

- **Sumário:** permite criar e editar um sumário para o documento ativo. Para isso acesse a guia Referências/Grupo Sumário/ Botão Sumário e escolha o tipo de sumário desejado.
- **Inserir nota de rodapé:** adiciona uma nota de rodapé. Para isso cursor após a palavra ou texto que deseje acrescentar na Nota de rodapé.
- **Inserir nota de fim:** adiciona uma nota de fim ao documento.
- **Próxima nota de rodapé:** útil para navegar até a próxima nota de rodapé do documento.
- **Mostrar notas:** mostra as notas inseridas no documento.

3.7.1 Citações e bibliografia

Uma bibliografia é uma lista de fontes, normalmente colocada no final de um documento, que você consultou ou citou na criação do documento. No Microsoft Word 2019, é possível gerar uma bibliografia automaticamente com base nas informações sobre a fonte fornecidas para o documento.

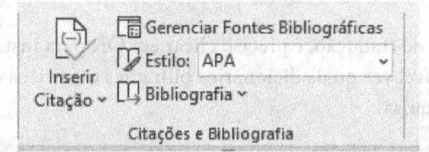

Toda vez que é criada é uma nova fonte (referência), as informações sobre são salvas no seu computador, para que você possa localizar e usar qualquer fonte que criou.

3.7.2 Legendas

Utilizado para inserir e gerenciar legendas de imagens.

3.7.3 Índice

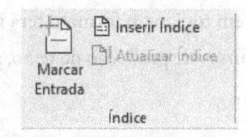

Perceba que Guia Referências oferece funcionalidades referentes a edição de um livro ou produção de uma monografia ou um TCC. Basta dar uma olhada: sumário, citações, bibliografias.

A Guia Página Inicial é utilizada principalmente para a formatação do documento, a Guia Inserir para inserir elementos e assim por diante.

3.8 Guia Correspondências

Essa guia permite a criação de preenchimento envelopes de correspondência, etiquetas de endereçamento e de mala direta.

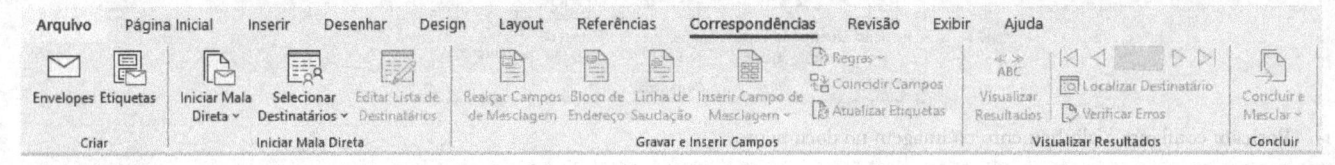

3.9 Revisão

Esta aba é destinada à revisão textual, por exemplo, verificação de ortografia, substituição por sinônimos, ajuste de idioma, tradução, entre outros.

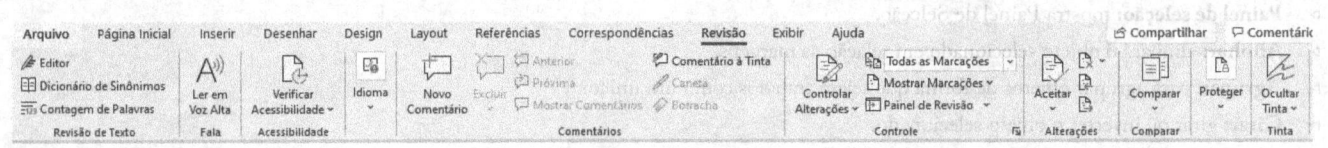

3.9.1 Revisão de texto

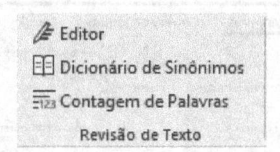

▷ **Editor/Ortografia e gramática:** inicia a correção ortográfica e gramatical do documento.
▷ **Dicionário de sinônimos:** sugere outras palavras com significado semelhante ao da palavra selecionada
▷ **Contagem de palavras:** para saber o número de palavras, caracteres, parágrafos e linhas no documento.

3.9.2 Idioma

Você pode traduzir texto escrito em outro idioma, como frases ou parágrafos e palavras individuais (com o Minitradutor), ou pode traduzir o arquivo inteiro.

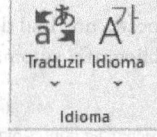

Se esta for a primeira utilização dos serviços de tradução, é preciso clicar em OK para instalar os dicionários bilíngues e habilitar o serviço de tradução no painel Pesquisa. Também é possível ver quais dicionários bilíngues e serviços de tradução automática foram habilitados, basta clicar no link Opções de tradução no painel Pesquisa.

3.10 Exibir

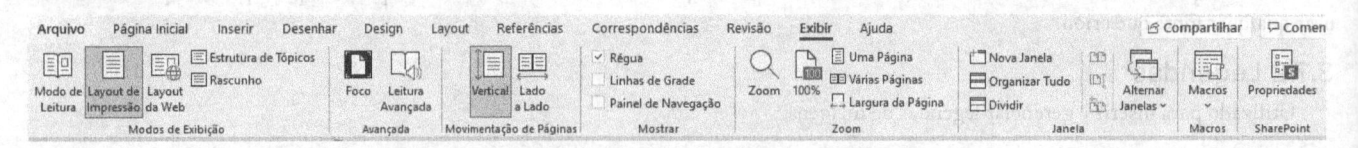

▷ **Modo de Leitura:** oculta as barras do documento, facilitando a leitura em tela.
▷ **Layout de impressão:** formato atual do documento - como ficará na folha impressa-. Esse modo de exibição é útil para editar cabeçalhos e rodapés, para ajustar margens e para trabalhar com colunas e objetos de desenho.
▷ **Layout da web: aproxima** o documento de uma visualização na internet. Esse formato existe, pois muitos usuários postam textos produzidos no Word em sites e blogs.
▷ **Estrutura de tópicos:** permite visualizar seu documento em tópicos, o formato terá melhor compreensão quando trabalharmos com marcadores.
▷ **Rascunho**: é o formato bruto, permite aplicar diversos recursos de produção de texto, porém não visualiza como impressão nem outro tipo de meio.

3.10.1 Janela

▷ **Nova janela:** abre o documento em uma nova janela.
▷ **Organizar tudo:** organiza as janelas abertas.
▷ **Dividir:** divide a janela de modo que fica com dupla barra de rolagem, dupla régua. Ideal para trabalhar com cabeçalhos de textos.

NOÇÕES DE INFORMÁTICA

3.11 Barra de Status

A barra de status, que é uma área horizontal na parte inferior da janela do documento no Microsoft Word, fornece informações sobre o estado atual do que está sendo exibido na janela e quaisquer outras informações contextuais.

▷ **Número da página:** mostra o número da página atual e o número de páginas no documento.
▷ **Palavras:** mostra o número de palavras do documento e quando um texto for selecionado, mostra também o número de palavras que estão selecionadas.

Esta opção, mostra o status da verificação de ortografia e gramática. Quando o Word faz a verificação de erros, uma caneta animada aparece sobre o livro. Se nenhum erro for encontrado, será exibida uma marca de seleção. Se um erro for encontrado, será exibido um "X". Para corrigir o erro, clique duas vezes nesse ícone.

3.12 Visualização do Documento

É possível alterar a forma de visualização do documento. No rodapé, a direita da tela tem o controle de Zoom. Anterior a este controle de zoom temos os botões de forma de visualização de seu documento, que podem também ser acessados pela Aba Exibição, conforme já estudamos.

3.13 Atalhos

Arquivo	
Recurso	Teclas de atalho
Novo documento	CTRL + O
Abrir	CTRL + A
Salvar	CTRL + B
Salvar como	F12
Imprimir	CTRL + P
Visualizar impressão	CTRL + F2
Fechar	CTRL + W ou CTRL + F4
Sair	ALT + F4
Desfazer	CTRL + Z

Parágrafo	
Recurso	Teclas de atalho
Alinhar à esquerda	CTRL + Q
Centralizar	CTRL + E
Alinhar à direita	CTRL + G
Justificar	CTRL + J
Espaçamento parágrafo 1	CTRL + 1
Espaçamento parágrafo 1,5	CTRL + 5
Espaçamento parágrafo 1,5	CTRL + 2

Fonte	
Recurso	Teclas de atalho
Fonte	CTRL + D ou CTRL + SHIFT + P
Aumentar fonte	CTRL + SHIFT + >
Diminuir fonte	CTRL + SHIFT + <
Negrito	CTRL + N
Itálico	CTRL + I

WORD 365

Recurso	Teclas de atalho
Sublinhado	CTRL + S
Duplo sublinhado	CTRL + SHIFT + D
Maiúscula e minúscula	SHIFT + F3
Todas maiúsculas	CTRL + SHIFT + A
Realce	CTRL + ALT + H
Sobrescrito	CTRL + SHIFT + +
Subscrito	CTRL + =

Outros	
Recurso	Teclas de atalho
Ajuda	F1
Quebra de página	CTRL + Enter
Dicionário de sinônimos	SHIFT + F7
Verificação ortográfica	F7
Hipelink	CTRL + K

Edição	
Recurso	Teclas de atalho
Localizar	CTRL + L
Ir para	ALT + CTRL + G ou ALT + CTRL + F5

Geral	
Recurso	Teclas de atalho
Substituir	CTRL + U
Selecionar tudo	CTRL + T

4 EXCEL 365

O Microsoft 365 é uma assinatura que inclui os recursos mais colaborativos e atualizados em uma experiência integrada e perfeita, pois inclui os aplicativos robustos de trabalho do Office, como Word, PowerPoint e Excel. Com ele, também é possível também obter armazenamento on-line extra e recursos conectados à nuvem que permitem colaborar com arquivos em tempo real.

O objetivo da assinatura é disponibilizar os recursos, correções e atualizações de segurança mais recentes, além de suporte técnico contínuo, sem nenhum custo extra. É possível optar por pagar a assinatura mensal ou anual, e o plano Microsoft 365 Family permite compartilhar a assinatura com até seis pessoas e usar os aplicativos em vários PCs, Macs, tablets e telefones.

Há também a possibilidade de adquirir o Office 2019 como uma compra única, o que significa pagar um custo único e inicial para obter os aplicativos do Office para um computador. Compras únicas estão disponíveis para PCs e Macs. No entanto, não há opções de upgrade

Segundo a Microsoft, o Excel: é um programa de planilhas do sistema Microsoft Office. Pode ser usado para criar e formatar pastas de trabalho (um conjunto de planilhas), para analisar dados e tomar decisões de negócios mais bem informadas. Especificamente, o Excel é muito utilizado para acompanhar dados, criar modelos de análise de dados, criar fórmulas para fazer cálculos desses dados, organizar dinamicamente de várias maneiras e apresentá-los em diversos tipos de gráficos profissionais.

4.1 Características do Excel

▷ **Planilha eletrônica:** sistema composto de 1.048.576 linhas e 16.384 colunas.
▷ **Pastas de trabalho abertas:** limitado pela memória disponível e pelos recursos do sistema (o padrão é 1 planilha).
▷ **Intervalo de zoom:** 10%a 400% por cento.
▷ **Extensão:** .xlsx
▷ **Trabalhando com pastas de trabalho:** cada pasta de trabalho do MS-Excel **consiste em um documento com uma ou mais planilhas**, ou seja, uma pasta no sentido literal, contendo diversos documentos.

4.2 Interface

A interface do Excel segue o padrão dos aplicativos Office, com ABAS, botão Office, controle de Zoom na direita etc. O que muda são alguns grupos e botões exclusivos do Excel e as guias de planilha no rodapé.

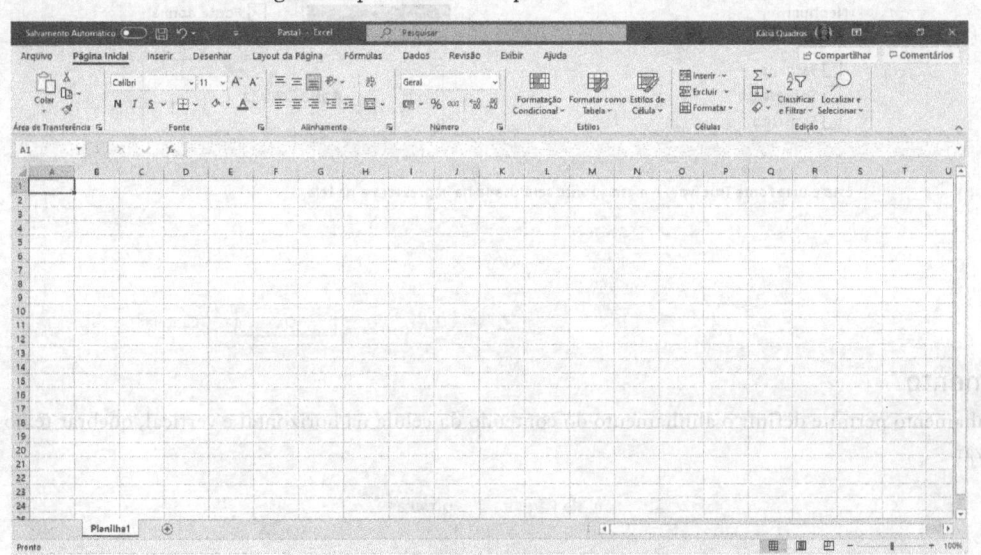

As linhas são identificadas por números e as colunas por letras. Desse modo, a junção de uma coluna e uma linha tem como resultado uma célula.

Na imagem mostrada, temos a célula A1 selecionada e podemos perceber uma caixa logo acima com o endereço da célula. Esta é a Caixa de Nome.

Ao lado temos a Barra de Fórmulas com os botões cancelar, inserir e inserir função.

4.3 Seleção de células

Se caso seja necessário selecionar mais de uma célula, basta manter pressionado o mouse e arrastar selecionando as células em sequência. Também, para selecionar células em sequência, clique na primeira célula, selecionando-a e em seguida pressione a tecla SHIFT e clique na última célula da sequência desejada.

Se precisar selecionar células alternadamente, clique sobre a primeira célula a ser selecionada, pressione CTRL e vá clicando nas que você quer selecionar. É possível também selecionar usando a combinação das setas do teclado com a tecla SHIFT.

4.4 Página Inicial

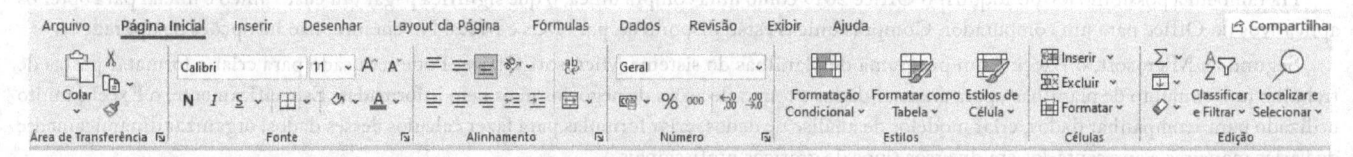

Nessa guia, temos recursos para a formatação das células. Nela é possível encontrar o grupo Fonte, que permite alterar a fonte a ser utilizada, o tamanho, aplicar negrito, itálico e sublinhado, linhas de grade, cor de preenchimento e cor de fonte. Ao clicar na faixa "Fonte", será mostrada a janela, conforme a imagem a seguir:

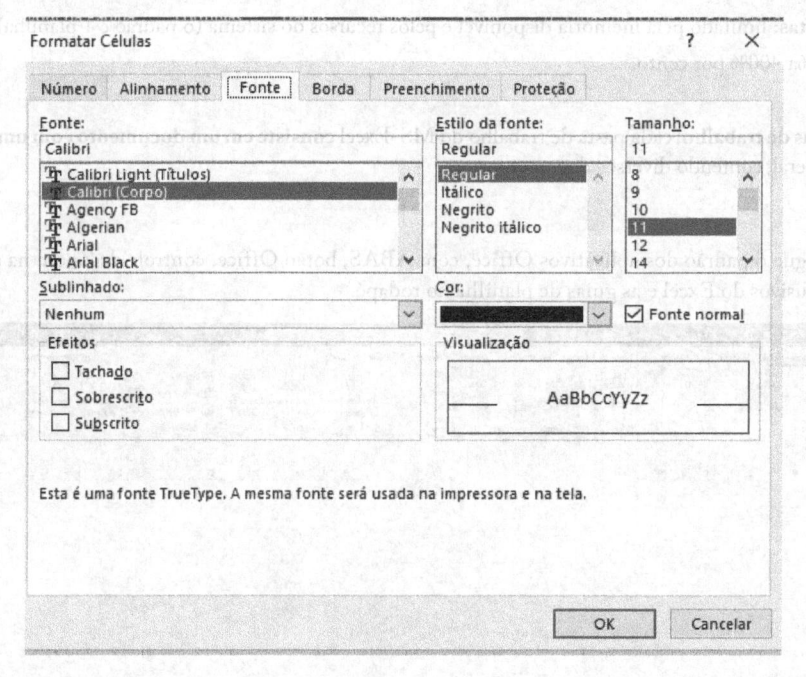

4.4.1 Alinhamento

O grupo Alinhamento permite definir o alinhamento do conteúdo da célula na horizontal e vertical, quebrar texto automaticamente, mesclar e centralizar.

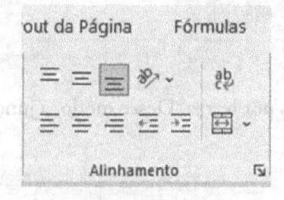

▷ **Botão Orientação:** permite girar o texto.

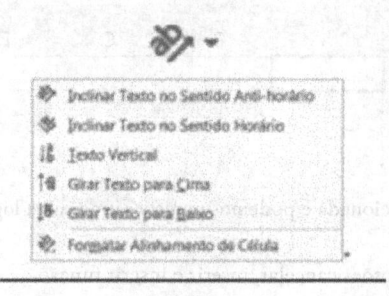

NOÇÕES DE INFORMÁTICA

▷ **Mesclar e Centralizar:** torna duas ou mais células selecionadas em uma, centralizando o conteúdo da célula.
▷ **Mesclar através:** mescla somente em linha.
▷ **Mesclar célula:** apenas mescla sem centralizar.
▷ **Desfazer mesclagem de células:** desfaz a mesclagem das células.

4.4.2 Número

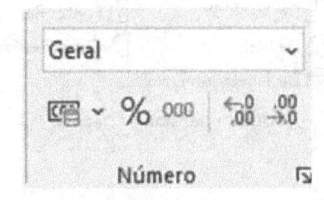

O grupo Número permite que se formatem os números de suas células. Ele dividido em categorias e dentro de cada categoria, possui exemplos de utilização e algumas personalizações, por exemplo, na categoria Moeda em que é possível definir o símbolo a ser usado e o número de casas decimais.

Formato de número de contabilização: Para formatar como moeda. Ex: R$ 40,00.

000 | Separador de Milhares: Para formatar com duas casas decimais.

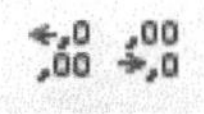

Aumentar e Diminuir casas decimais.

4.5 Formatação condicional

4.5.1 Página Inicial

Com essa funcionalidade podemos criar regras para evidenciar textos ou valores através de formatação de fonte ou preenchimento/sombreamento da célula, por exemplo. Podemos selecionar uma planilha inteira e definir uma regra, por exemplo, que números negativos ficarão automaticamente com fonte na cor vermelho e efeito negrito.

Tudo o que for digitado nestas células com valor negativo, ficarão na cor vermelho e efeito negrito.

4.6 Validação de dados – Guia dados

Use a validação de dados para restringir o tipo de dados ou os valores que os usuários inserem em células.

4.6.1 Texto para Colunas – Guia Dados

Pegue o texto em uma ou mais células e divida-o em várias células usando o Assistente para Converter Texto em Colunas.

4.6.2 Remover Duplicatas – Guia Dados

Quando você usa o recurso Remover Duplicatas, os dados duplicados são permanentemente excluídos.

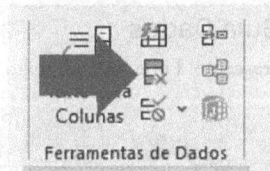

4.6.3 Obter Dados – Guia Dados

O principal benefício da conexão com dados externos é que você pode analisar periodicamente esses dados no Microsoft Office Excel sem copiar repetidamente os dados, que é uma operação que pode ser demorada e propensa a erros. Depois de se conectar a dados externos, você também pode atualizar automaticamente (ou atualizar) sua Excel de trabalho da fonte de dados original sempre que a fonte de dados for atualizada com novas informações.

4.6.4 Atingir Meta – Guia Dados

Se você conhece o resultado que deseja obter de uma fórmula, mas não tem certeza sobre o valor de entrada necessário para chegar a esse resultado, use o recurso Atingir Meta.

Por exemplo, suponha que você precise pedir algum dinheiro emprestado. Você sabe quanto dinheiro quer, quanto tempo deseja usar para pagar o empréstimo e quanto pode pagar a cada mês. Você pode usar o recurso Atingir Meta para determinar qual taxa de juros você precisará garantir para atingir seu objetivo de empréstimo.

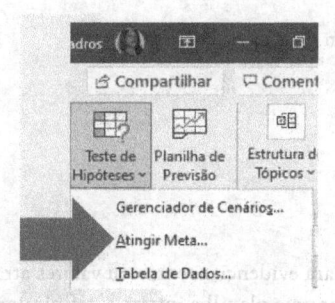

4.6.5 Impressão – Guia Arquivo

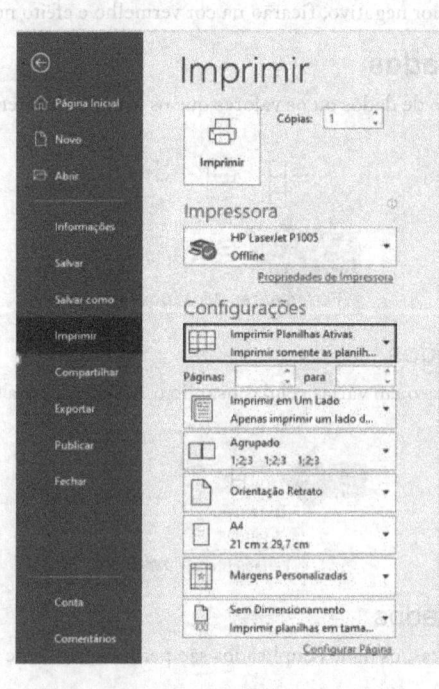

4.6.6 Classificar - Guia Página Inicial e Guia Dados

Permite classificar dados em ordem crescente ou decrescente. Pode ser com texto (alfabeticamente) ou números.

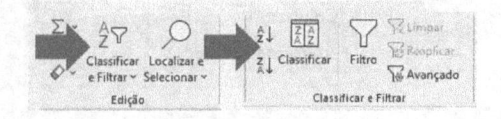

NOÇÕES DE INFORMÁTICA

4.6.7 Filtrar – Guia Página Inicial e Guia dados

Organiza os dados para que seja mais fácil analisá-los. Por exemplo: Se tenho uma planilha com Homens e Mulheres, posso filtrar para que apareçam apenas as Mulheres. Perceba que as informações referentes aos Homens não são excluídas, apenas ficam ocultas, facilitando analisar apenas as informações referentes às mulheres.

Também posso filtrar por valores, pedindo para ocultar valores inferiores a R$ 1.000,00, por exemplo.

4.6.8 Tabela Dinâmica

Uma Tabela Dinâmica é uma ferramenta poderosa para calcular, resumir e analisar os dados que lhe permitem ver comparações, padrões e tendências nos dados.

Criar uma tabela dinâmica

▷ Selecione as células a partir das quais você deseja criar uma Tabela Dinâmica.
▷ Observação: seus dados não devem ter linhas ou colunas vazias. Deve haver apenas uma única linha de título.
▷ Selecione Inserir > Tabela Dinâmica.
▷ Em Escolha os dados que você deseja analisar, selecione Selecionar uma tabela ou intervalo.
▷ Em Tabela/Intervalo, verifique o intervalo de células.
▷ Em Escolha onde deseja que o relatório da Tabela Dinâmica seja posicionado, selecione Nova Planilha para posicionar a Tabela Dinâmica em uma nova planilha, ou escolha Planilha Existente e selecione o local em que deseja exibir a Tabela Dinâmica.
▷ Selecione OK.

4.6.9 Rastrear Precedentes e Dependentes - Guia Fórmulas

▷ **Células precedentes**: células que são referidas por uma fórmula em outra célula. Por exemplo, se a célula D10 contiver a fórmula =B5, a célula B5 será um precedente para a célula D10.
▷ **Células dependentes**: essas células contêm fórmulas que se referem a outras células. Por exemplo, se a célula D10 contiver a fórmula =B5, a célula D10 é dependente da célula B5.

4.6.10 Guia Fórmula

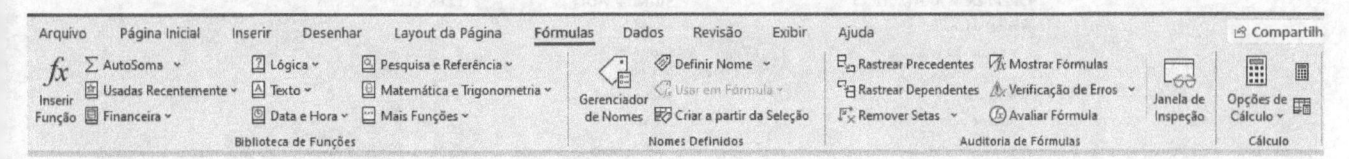

4.6.11 Transpor

Se tiver uma planilha com dados em colunas que você precisa girar para reorganizar em linhas, use o recurso Transpor. Com ele, você pode alternar rapidamente dados de colunas para linhas ou vice-versa.

Por exemplo, se seus dados se parecem com isso, com Regiões de Vendas nos títulos de coluna e Trimestres no lado esquerdo:

Vendas por região	Europa	Ásia	América do Norte
1º trim.	21.704.714	8.774.099	12.094.215
2º trim.	17.987.034	12.214.447	10.873.099
3º trim.	19.485.029	14.356.879	15.689.543
4º trim.	22.567.894	15.763.492	17.456.723

O recurso Transpor reorganizará a tabela de forma que os Trimestres sejam exibidos nos títulos de coluna e as Regiões de Vendas possam ser vistas à esquerda, assim:

Vendas por região	1º trim.	2º trim.	3º trim.	4º trim.
Europa	21.704.714	17.987.034	19.485.029	22.567.894
Ásia	8.774.099	12.214.447	14.356.879	15.763.492
América do Norte	12.094.215	10.873.099	15.689.543	17.456.723

4.6.12 Congelar Painéis

Quando você congela painéis, o Excel mantém linhas ou colunas específicas visíveis durante a rolagem na planilha. Por exemplo, se a primeira linha da planilha contiver rótulos, será possível congelá-la para garantir que os rótulos das colunas permaneçam visíveis enquanto você rola para baixo na planilha.

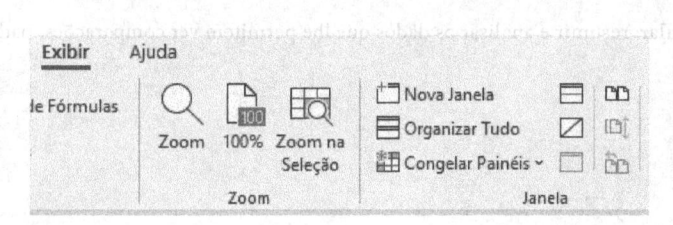

4.6.13 Dividir

▷ **Dividir**: Ao dividir divide painéis, o Excel cria duas ou quatro áreas separadas da planilha que podem ser roladas individualmente, enquanto as linhas e colunas da área não rolada permanecem visíveis.

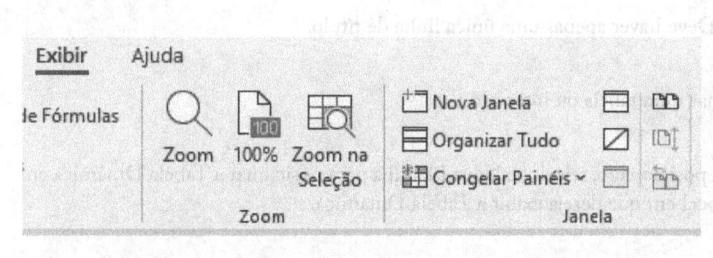

4.6.14 Utilização de fórmulas

A planilha do Excel reconhece um cálculo ou fórmula quando se inicializa a célula com o sinal de igual (=). E, além do sinal de = uma fórmula também pode ser precedida por: + (mais) ou - (menos).

Assim, é possível, por exemplo, somar em uma célula C3, o valor de uma célula A3 mais o valor de uma célula B3, como também, pode-se multiplicar, dividir, subtrair ou inserir outras fórmulas.

4.6.15 Operadores

OPERADOR ARITMÉTICO	SIGNIFICADO	EXEMPLO
+ (sinal de mais)	Adição	3+3
– (sinal de menos)	Subtração Negação	3–1 –1
* (asterisco)	Multiplicação	3*3
/ (sinal de divisão)	Divisão	3/3
% (sinal de porcentagem)	Porcentagem	20%
^ (acento circunflexo)	Exponenciação	3^2

OPERADOR DE COMPARAÇÃO	SIGNIFICADO	EXEMPLO
= (sinal de igual)	Igual a	A1=B1
> (sinal de maior que)	Maior que	A1>B1
< (sinal de menor que)	Menor que	A1<B1
>= (sinal de maior ou igual a)	Maior ou igual a	A1>B1
<= (sinal de menor ou igual a)	Menor ou igual a	A1<B1
<> (sinal de diferente de)	Diferente de	A1<>B1

OPERADOR DE TEXTO	SIGNIFICADO	EXEMPLO
& (E comercial)	Conecta, ou concatena, dois valores para produzir um valor de texto contínuo	("North"&"wind")

NOÇÕES DE INFORMÁTICA

É importante ressaltar que o Excel trabalha com os parênteses, quando se pretende fazer vários cálculos em uma mesma célula, a fim de priorizar aqueles que devem ser realizados primeiramente.

1ª prioridade - % e ^
2ª prioridade - * e /
3ª prioridade - + e -

O valor médio do intervalo B1:B10 na planilha denominada Marketing na mesma pasta de trabalho.

=MÉDIA(Marketing!B1:B10)

- Nome da planilha
- Referência à célula ou ao intervalo de células na planilha
- Separa a referência de planilha da referência de célula

PARA SE REFERIR A	USE
A célula na coluna A e linha 10	A10
O intervalo de células na coluna A e linhas 10 a 20	A10:A20
O intervalo de células na linha 15 e colunas B até E	B15:E15
Todas as células na linha 5	5:5
Todas as células nas linhas 5 a 10	5:10
Todas as células na coluna H	H:H
Todas as células nas colunas H a J	H:J
O intervalo de células nas colunas A a E e linhas 10 a 20	A10:E20

Observe que o nome da planilha e um ponto de exclamação (!) precedem a referência de intervalo.

4.7 Funções

Funções são fórmulas predefinidas que efetuam cálculos usando valores específicos, denominados argumentos, em uma determinada ordem ou estrutura. As funções podem ser usadas para executar cálculos simples ou complexos.

4.7.1 SOMA

    =SOMA(arg1;arg2;...;arg30)
    =soma(a1:a5)
    =soma(a1:a5;5)
    =soma(a3;5;c1:c20)

	A	B	C	D	E
1					
2	Turma	Meninos	Meninas	Total	
3	2504B	16	17		
4	7001A	14	20		
5	3602A	21	19		
6	Total	51			
7					

B6　　fx =SOMA(B3:B5)

Fique ligado

Essa função soma dois ou mais números. É importante notar que a referência: (dois pontos) significa "ATÉ" e a referência ; (ponto e vírgula) significa "E". É possível usar os dois sinais numa mesma função.

4.7.2 MÉDIA

    =MÉDIA(arg1;arg2;...;arg30)
    =média(a1:a5)
    =média(a1:a5;6)
    =média(a3;2;c1:c10)

	A	B	C	D	E
1					
2	Turma	Meninos	Meninas	Total	
3	2504B	16	17		
4	7001A	14	20		
5	3602A	21	19		
6	Total	17			

B6 =MÉDIA(B3:B5)

> **Fique ligado**
>
> A função MÉDIA soma os argumentos e divide pelo número de argumentos somados.
> Por exemplo: MÉDIA(a1:a5)
> A média, nesse exemplo, será a soma de a1, a2, a3, a4 e a5 dividido por 5.

4.7.3 MÁXIMO

Mostra o maior valor no intervalo.
| =MÁXIMO(arg1;arg2;...arg30)
| =máximo(c1:c10)
| =máximo(c1:c10;3)

B6 =MÁXIMO(B3:B5)

	A	B	C	D	E
1					
2	Turma	Meninos	Meninas	Total	
3	2504B	16	17		
4	7001A	14	20		
5	3602A	21	19		
6	Total	21			

4.7.4 MÍNIMO

Mostra o menor valor no intervalo.
| =MÍNIMO(arg1;arg2;...arg30)
| =mínimo(c1:c10)
| =mínimo(c1:c10;3)

B6 =MÍNIMO(B3:B5)

	A	B	C	D	E
1					
2	Turma	Meninos	Meninas	Total	
3	2504B	16	17		
4	7001A	14	20		
5	3602A	21	19		
6	Total	14			

4.7.5 MAIOR

Você pode usar esta função para selecionar um valor de acordo com a sua posição relativa. Por exemplo, você pode usar MAIOR para obter o primeiro, o segundo e o terceiro resultado e assim por diante.

Neste caso, o EXCEL deve mostrar o terceiro maior valor encontrado no intervalo A1:C3. O número 3 após o ";" é que indica essa posição.
| =MAIOR(a1:c3;3)

NOÇÕES DE INFORMÁTICA

	A	B	C	D	E
1	2	3	5		
2	4	7	1		
3	6	8	0		
4					
5			6		
6					

C5 → fx =MAIOR(A1:C3;3)

4.7.6 MENOR

Você pode usar esta função para selecionar um valor de acordo com a sua posição relativa. Por exemplo, você pode usar MENOR para obter o primeiro, segundo e terceiro resultados para obter o primeiro, o segundo e o terceiro resultado e assim por diante.

| =MENOR(a1:c3;3)

Neste caso quero que o EXCEL mostre o terceiro menor valor encontrado no intervalo A1:C3.

C5 → fx =MENOR(A1:C3;3)

	A	B	C	D	E
1	2	3	5		
2	4	7	1		
3	6	8	0		
4					
5			2		
6					

4.7.7 CONT.SE

Realiza a contagem de todas as células de um intervalo que satisfazem uma determinada condição.

| =CONT.SE(intervalo;condição)
| =cont.se(c3:c8;">=2")
| =cont.se(c3:c8;a2)

fx =CONT.SE(C3:C8;C4)

C	D	E	F
	5		
	5		
	25		
	2		

Perceba que no exemplo queremos que o Excel conte o número de células que contenham o valor referido em C4 (condição), ou seja, o valor 5. As células que o Excel deve procurar e contar esse valor são as células C3 até C8 (intervalo). Nesse caso temos o resultado 2.

fx =CONT.NÚM(C3:C8)

C	D	E	F
	5		
	5		
	25		
casa			
dia		4	
20/mar			

131

EXCEL 365

4.7.8 CONT.NÚM

Conta quantas células contêm números.

| =CONT.NÚM(intervalo)

4.7.9 CONT.VALORES

Conta o número de células que não estão vazias em um intervalo.

| =CONT.VALORES(intervalo)

	fx	=CONT.VALORES(C3:C8)	
C	D	E	F
5			
5,3333			
casa			
dia		5	
20/mar			

4.7.10 CONCATENAR

A função **CONCATENAR** agrupa cadeias de texto. Os itens agrupados podem ser texto, números, referências de células ou uma combinação desses itens. Por exemplo, se sua planilha contiver o nome de uma pessoa na célula A1 e o sobrenome da pessoa na célula B1, você poderá combinar os dois valores em outra célula usando a seguinte fórmula:

=CONCATENAR(A1;" ";B1)

O segundo argumento neste exemplo (" ") é um caractere de espaço. É preciso especificar quaisquer espaços ou pontuação que você deseja que sejam exibidos nos resultados como um argumento entre aspas.

Você também pode usar o caractere **&** para concatenar:

=CONCATENAR(A2&B2&" -"&C2&"anos")

ou

=A2&" "&B2&" - "&C2&" "&"anos"

ou ainda

=CONCATENAR(A2&" ";B2;"-"&C2&"anos")

Todas as formas estão corretas.

No exemplo abaixo, o examinador pediu que na célula C4 aparecesse o nome que está em A2, mais o sobrenome que está em B2 e a idade que está em C3, com devidos espaços e a palavra anos.

Os espaços e a palavra anos estão entre aspas, pois não são conteúdo de nenhuma célula e são textos. Textos devem ficar entre aspas nas fórmulas do Excel.

	C4		fx	=A2&" "&B2&" - "&C2&" "&"anos"		
	A	B	C	D	E	F
1						
2	antonio	sutir		43		
3						
4	&		antonio sutir - 43 anos			

Podemos usar a função **CONCATENAR**:

	C4			fx	=CONCATENAR(A2;" ";B2;" - "; C2;" anos")		
	A	B	C	D	E	F	G
1							
2	antonio	sutir		43			
3							
4	Concatenar e ;	antonio sutir - 43 anos					
5							

Podemos usar a função **CONCATENAR** e o operador de texto &:

	A	B	C	D	E	F	G
			fx	=CONCATENAR(A2&" "&B2&" - "&C2&" anos")			
1							
2	antonio	sutir	43				
3							
4	& e concatenar		antonio sutir - 43 anos				

Podemos usar a função **CONCATENAR,** o operador de texto & e;.

	A	B	C	D	E	F	G
			fx	=CONCATENAR(A2&" ";B2;" - "&C2&" anos")			
1							
2	antonio	sutir	43				
3							
4	&, Concatenar e ;		antonio sutir - 43 anos				
5							

4.7.11 E

TODOS os argumentos devem ser verdadeiros.

=E(E2>=7;F2>=75)

Então, temos a função E e as condições separadas por ";".

=E(E2>=7;F2>=75)				
C	D	E	F	
		Nota	Freq	
75		7	75	
70		8	70	
80		5	80	
50		5	50	
		VERDADEIRO		
		FALSO		
		FALSO		
		FALSO		

4.7.12 OU

Apenas um dos argumentos precisa ser verdadeiro.

=OU(E2>=7;F2>=75)

Então, temos a função OU e as condições separadas por ";".

=OU(E2>=7;F2>=75)				
C	D	E	F	G
		Nota	Freq	
75		7	75	
70		8	70	
30		5	80	
50		5	50	
		VERDADEIRO		
		VERDADEIRO		
		VERDADEIRO		
		FALSO		

EXCEL 365

4.7.13 SOMASE

=SOMASE(intervalo;condição)
=SOMASE(c1:c10;">5")

Nesse caso, o Excel realizará a soma apenas das células no intervalo C1 até C10 que contenham valores maiores que 5. Outros números são ignorados. Realiza a soma de todos os valores de um intervalo que satisfazem uma determinada condição.

A função SOMASE pode assumir a seguinte sintaxe:

| SOMASE(intervalo, critérios, [intervalo_soma])

fx =SOMASE(C1:C10;">5")

C	D	E
3		
3		
3		
3		
3		
3		
33		
3		
8		
4		
41		

Uma planilha do Microsoft Excel apresenta os valores a seguir.

	A	B
1	23	5
2	12	8
3	32	7
4	17	9
5	11	3

Assinale a alternativa que apresenta, corretamente, o resultado gerado pela fórmula =SOMASE(A1:A5; ">15";B1:B5).

a) 0

b) 21

c) 32

d) 72

e) 95

Veja o resultado diretamente em uma planilha do Excel:

A7   *fx* =SOMASE(A1:A5; ">15";B1:B5)

	A	B	C	D	E	F	G
1	23	5					
2	12	8					
3	32	7					
4	17	9					
5	11	3					
6							
7	21						
8							

Agora vamos entender este resultado!

| =SOMASE(A1:A5; ">15";B1:B5)

A função Somase, neste caso em que tenho o intervalo da soma definido, irá fazer com que o Excel selecione o intervalo indicado: A1:A5, obedeça a condição que é: >15, mas some os valores que constam nas células correspondentes: B1:B5.

Então o Excel irá somar os valores 5, 7 e 9, pois esses valores estão no intervalo B1:B5 e correspondem aos valores 23, 32 e 17 que estão no intervalo A1:A5 e que obedecem a condição: ser >5.

4.7.14 MÉDIASE

=MÉDIASE(B2:B5;"<23000")

Retorna a média (média aritmética) de todas as células em um intervalo que satisfazem um determinado critério.

4.7.15 SE

Retorna valores diferentes dependendo do resultado de uma expressão.

É usada para testar condições, ou seja, se a condição especificada equivaler à verdadeira e a outra se equivaler a falsa.

=SE(teste_lógico;valor_se_verdadeiro;valor_se_falso)

NOÇÕES DE INFORMÁTICA

> **Fique ligado**
>
> O "SE" funciona como todos os "SEs" da nossa vida: SE chover não vou à praia, SE eu tiver dinheiro vou à festa, SE eu tiver média final igual ou maior que 7,0 sou aprovado no colégio. Sim, SE você estudar com certeza vai passar no concurso! É lógica pura!

No exemplo a seguir temos um boletim escolar, em que o aluno que tiver nota igual ou maior a 7,0 será aprovado, senão será reprovado.

	F	G
1	de médi	
6	Média	Situação
7	8,0	Aprovado
8	7,0	Aprovado
9	3,8	Reprovado
10	8,5	Aprovado
11	7,5	Aprovado
12	7,8	Aprovado
13	8,8	Aprovado

G7 fx =SE(F7>=7;"Aprovado";"Reprovado")

Vamos entender:

=SE -> aqui tenho a função

A função SE é uma pergunta com duas possíveis respostas: SIM ou NÃO:

F7>=7 -> Aqui tenho a pergunta: F7 é igual ou maior a 7?

Ao verificar a célula F7, ela contém a média 8,0. Logo, 8,0 é maior que 7, então, a resposta da pergunta anterior é SIM. Ao responder SIM à pergunta (condição), o Excel mostra a resposta especificada na função que está logo após o ";", neste caso a palavra "Aprovado". Ao responder NÃO à pergunta, o Excel mostra a segunda resposta especificada na função, após o ";", neste caso a palavra "Reprovado".

4.8 Aninhar uma função dentro de outra função

As funções aninhadas usam uma função como um dos argumentos de outra função.

A fórmula a seguir soma um conjunto de números (G2:G5) somente se a média de outro conjunto de números (F2:F5) for maior que 50. Caso contrário, ela retorna 0. Analise também a planilha.

	F	G
1	5	5
2	2	2
3	2	2
4	2	2
5	2	2
6		

=SE(MÉDIA(F2:F5)>50;SOMA(G2:G5);0)

As funções MÉDIA e SOMA são aninhadas na função SE.

Como resolver essa função? **Por partes!**

Primeiro devemos lembrar que a função Se é uma pergunta que pode ter apenas dois tipos de resposta: Ou SIM, ou NÃO. E que a pergunta está antes do primeiro ";". Caso a resposta seja SIM o EXCEL retornará o que estiver entre os dois ";". Caso a resposta seja NÃO o EXCEL retornará o que estiver após o segundo ";".

Vamos em busca da pergunta:

=SE(MÉDIA(F2:F5)>50;SOMA(G2:G5);0)

A pergunta é: MÉDIA(F2:F5)>50

Na planilha fornecida devemos observar os valores e calcular a Média:

Média(F2:F5) => (2 + 2 + 2 + 2)/4 = 2

A média é 2.

A pergunta é: 2>50?

A resposta é NÃO.

Então o EXCEL retornará o que está após o segundo ";" que é 0 (zero).

4.8.1 SE Aninhado

A função SE nos permite definir apenas 2 valores de retorno, porém muitas vezes precisamos de 3, 4 ou mais valores de retorno. Nestes casos utilizamos a função SE Aninhado.

	A	B	C	D
1	Salario	Faltas	Gratificação	Total
2				
3	1280	0	128	1408
4				
5				
6				
7				
8				
9	Gratificação	Faltas		
10	10%	0		
11	5%	1		
12	0%	2 ou mais		

C3: =SE(B3=0;A3*A10;SE(B3=1;A3*A11;SE(B3>=2;0)))

Nesse exemplo temos uma empresa e sua folha de pagamentos. A empresa oferece gratificação aos funcionários que não faltam ou faltam apenas uma vez.

Dessa forma a pergunta que faço para começar a desenvolver a função é: Se o funcionário não faltar quanto ele recebe de gratificação? Basta olhar na célula A10 onde tenho o valor da gratificação que é de 10% sobre o salário. Então veja:

- Se o funcionário não faltar recebe salário acrescido de 10% de gratificação.
- Se o funcionário faltar apenas 1 vez ele recebe salário acrescido de 5% de gratificação.
- Se o funcionário faltar 2 ou mais vezes, recebe apenas o salário.

Agora é colocar essas regras na função. Perceber que o número de faltas está na célula B3, o salário na A3 e as regras para Gratificação nas células A9:B12. Certo?

Feito isso, vamos à função:

=SE(B3=0;A3*A10;SE(B3=1;A3*A11;SE(B3>=2;0)))

Ou seja: SE(B3 {número de faltas) =0;A3 {Salário}) *A10 {Valor da Gratificação}) ;SE {Senão, caso não atenda a condição anterior}(B3 {número de faltas) =1;A3 {Salário}) *A11{Valor da Gratificação});SE(B3 {número de faltas}) >=2;0 {Não recebe nada de gratificação})))

Obs.: O texto em vermelho entre chaves refere-se a comentários sobre dados da função. Não fazem parte da função.

Ainda podemos escrever a função dessa forma:

=SE(B3=0;A3*A10;SE(B3=1;A3*A11;0))

Nesse caso, não desenvolvemos o último SE. Colocamos um ";" que se comporta como um SENÃO. Ou seja, se não forem satisfeitas as condições dos SEs anteriores o Excel fará o que houver após este último ";".

4.8.2 SES

A função SES verifica se uma ou mais condições são satisfeitas e retorna um valor que corresponde à primeira condição VERDADEIRO. A função SES pode ser usada como substituta de várias instruções SE aninhadas, além de ser muito mais fácil de ser lida quando condições múltiplas são usadas.

=SES(F2=1;D2;F2=2;D3;F2=3;D4;F2=4;D5;F2=5;D6;F2=6;D7;F2=7;D8)

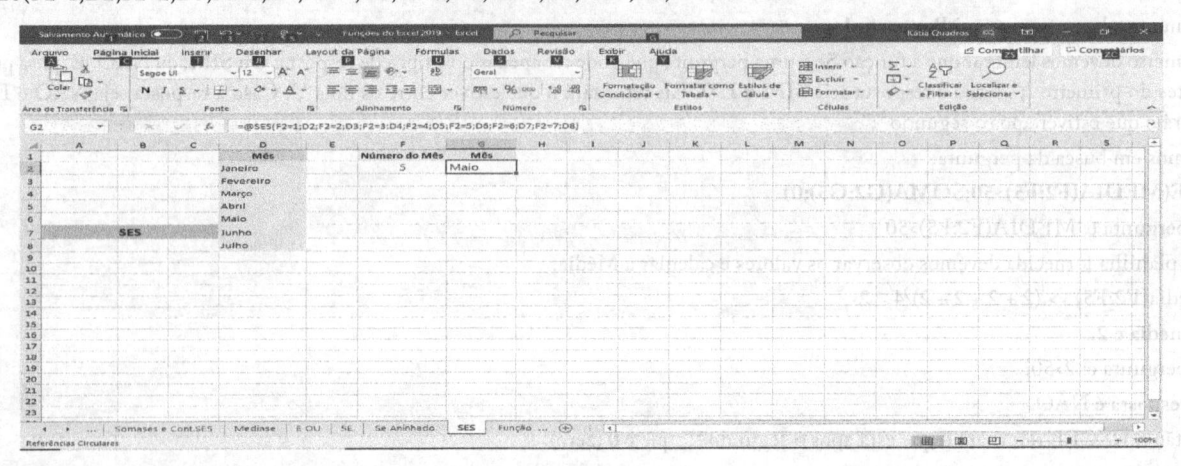

4.8.3 PROCV

Use a função PROCV, uma das funções de pesquisa e referência, quando precisar localizar algo em linhas de uma tabela ou de um intervalo. Por exemplo, para pesquisar o preço de uma peça automotiva pelo número da peça.

=PROCV(Valor que você deseja pesquisar, intervalo no qual você deseja pesquisar o valor, o número da coluna no intervalo contendo o valor de retorno, Correspondência Exata ou Correspondência Aproximada – indicado como 0/FALSO ou 1/VERDADEIRO).

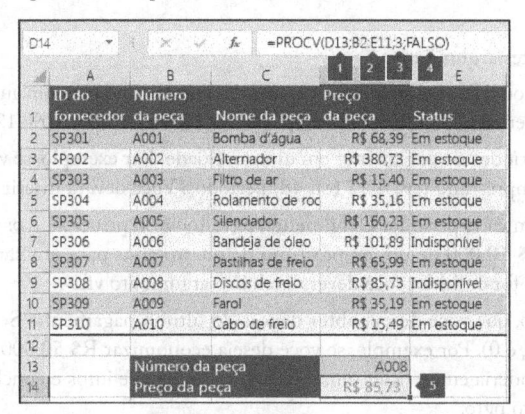

▷ D13 é o valor_procurado ou o valor que você deseja pesquisar.
▷ B2 a E11 (realçados em amarelo na tabela) é a matriz_tabela ou o intervalo onde o valor de pesquisa está localizado.
▷ 3 é o núm_índice_coluna ou o número de coluna na matriz_tabela que contém o valor de retorno. Neste exemplo, a terceira coluna da matriz de tabela é Preço da Peça, portanto, o resultado da fórmula será um valor da coluna Preço da Peça.
▷ FALSO é o intervalo_pesquisa, portanto, o valor de retorno será uma correspondência exata.
▷ O resultado da fórmula PROCV é 85,73, o preço dos Rotores de freio.

Há quatro informações que serão necessárias para criar a sintaxe da função PROCV:

▷ O valor que você deseja pesquisar, também chamado valor de pesquisa.
▷ O intervalo onde o valor de pesquisa está localizado. Lembre-se de que o valor de pesquisa deve estar sempre na primeira coluna no intervalo para que a função PROCV funcione corretamente. Por exemplo, se o valor de pesquisa estiver na célula C2, o intervalo deve começar com C.
▷ O número da coluna no intervalo que contém o valor de retorno. Por exemplo, se você especificar B2:D11 como o intervalo, deverá contar B como a primeira coluna, C como a segunda e assim por diante.
▷ Se preferir, você pode especificar VERDADEIRO se quiser uma correspondência aproximada ou FALSO se quiser que uma correspondência exata do valor de retorno. Se você não especificar nada, o valor padrão será sempre VERDADEIRO ou correspondência aproximada.

4.8.4 VF

=VF(taxa,nper,pgto,[vp],[tipo])

Retorna o valor futuro de um investimento de acordo com os pagamentos periódicos e constantes e com uma taxa de juros constante.

| =VF(2%;10;38,96)

A sintaxe da função VF tem os seguintes argumentos:

▷ **Taxa**: obrigatório. A taxa de juros por período.
▷ **Nper**: obrigatório. O número total de períodos de pagamento em uma anuidade.
▷ **Pgto**: obrigatório. O pagamento feito a cada período; não pode mudar durante a vigência da anuidade. Geralmente, pgto contém o capital e os juros e nenhuma outra tarifa ou taxas. Se pgto for omitido, você deverá incluir o argumento vp.
▷ **Vp**: opcional. O valor presente ou a soma total correspondente ao valor presente de uma série de pagamentos futuros. Se vp for omitido, será considerado 0 (zero) e a inclusão do argumento pgto será obrigatória.
▷ **Tipo**: opcional. O número 0 ou 1 e indica as datas de vencimento dos pagamentos. Se tipo for omitido, será considerado 0.

4.8.5 VP

=VP(taxa, nper, pgto, [vf], [tipo])

Retorna o valor presente de um investimento. O valor presente é o valor total correspondente ao valor atual de uma série de pagamentos futuros. Por exemplo, quando você toma uma quantia de dinheiro emprestada, a quantia do empréstimo é o valor presente para o concessor do empréstimo.

=VP(2%;10;38,96)

A sintaxe da função VP tem os seguintes argumentos:

- **Taxa**: necessário. A taxa de juros por período. Por exemplo, se você tiver um empréstimo para um automóvel com taxa de juros de 10% ano e fizer pagamentos mensais, sua taxa de juros mensal será de 10%/12 ou 0,83%. Você deverá inserir 10%/12 ou 0,83%, ou 0,0083, na fórmula como taxa.
- **Nper**: necessário. O número total de períodos de pagamento em uma anuidade. Por exemplo, se você fizer um empréstimo de carro de quatro anos e fizer pagamentos mensais, seu empréstimo terá 4*12 (ou 48) períodos. Você deverá inserir 48 na fórmula para nper.
- **Pgto**: necessário. O pagamento feito em cada período. Geralmente, pgto inclui o principal e os juros e nenhuma outra taxa ou tributo. Por exemplo, os pagamentos mensais de R$ 10.000 de um empréstimo de quatro anos para um carro serão de R$ 263,33. Você deverá inserir -263,33 na fórmula como pgto. Se pgto for omitido, você deverá incluir o argumento vf.
- **Vf**: opcional. O valor futuro, ou o saldo, que você deseja obter depois do último pagamento. Se vf for omitido, será considerado 0 (o valor futuro de um empréstimo, por exemplo, é 0). Por exemplo, se você deseja economizar R$ 50.000 para pagar um projeto em 18 anos, então o valor futuro será de R$ 50.000. Você poderia então fazer uma estimativa na taxa de juros e concluir quanto economizaria por mês. Se vf for omitido, você deverá incluir o argumento pgto.
- **Tipo**: opcional. O número 0 ou 1 e indica as datas de vencimento.

	A	B	C
1	Taxa de Juros	Taxa	2%
2	Número de Parcelas	Nper	10
3	Valor Parcela Inicial	Pgto	38,96
4	Pagamento de cada Período		
5	que é a parcela inicial		
6			
7		R$ 426,60	

4.8.6 NPER

=NPER(taxa;pgto;vp;vf;tipo)

Retorna o número de períodos para investimento de acordo com pagamentos constantes e periódicos e uma taxa de juros constante.

=NPER(2%;10;350)

A sintaxe da função NPER tem os seguintes argumentos:

- **Taxa**: é a taxa de juros por período.
- **Pgto**: é o pagamento feito em cada período; não pode mudar durante a vigência da anuidade. Geralmente, pgto contém o capital e os juros, mas nenhuma outra tarifa ou taxas.
- **Vp**: é o valor presente ou atual de uma série de pagamentos futuros.
- **Vf**: é o valor futuro, ou o saldo, que você deseja obter depois do último pagamento. Se vf for omitido, será considerado 0 (o valor futuro de um empréstimo, por exemplo, é 0).
- **Tipo**: é o número 0 ou 1 e indica as datas de vencimento.

4.8.7 Taxa

=TAXA(nper, pgto, vp, [vf], [tipo], [estimativa])

Retorna a taxa de juros por período de uma anuidade.

=TAXA(10;-38,96;426,65)

A sintaxe da função TAXA tem os seguintes argumentos:

- **Nper**: obrigatório. O número total de períodos de pagamento em uma anuidade.
- **Pgto**: obrigatório. O pagamento feito em cada período e não pode mudar durante a vigência da anuidade. Geralmente, pgto inclui o principal e os juros e nenhuma outra taxa ou tributo. Se pgto for omitido, você deverá incluir o argumento vf.
- **Vp: obrigatório**. O valor presente — o valor total correspondente ao valor atual de uma série de pagamentos futuros.
- **Vf**: opcional. O valor futuro, ou o saldo, que você deseja obter depois do último pagamento. Se vf for omitido, será considerado 0 (o valor futuro de um empréstimo, por exemplo, é 0).

Tipo: opcional. O número 0 ou 1 e indica as datas de vencimento.

4.8.8 PGTO

=PGTO(taxa, nper, vp, [fv], [tipo])

Retorna o pagamento periódico de uma anuidade de acordo com pagamentos constantes e com uma taxa de juros constante.

=PGTO(2%;36;350)

A sintaxe da função PGTO tem os seguintes argumentos:

▷ **Taxa:** obrigatório. A taxa de juros para o empréstimo.
▷ **Nper:** obrigatório. O número total de pagamentos pelo empréstimo.
▷ **Vp:** obrigatório. O valor presente, ou a quantia total agora equivalente a uma série de pagamentos futuros; também conhecido como principal.
▷ **Vf:** opcional. O valor futuro, ou o saldo, que você deseja obter após o último pagamento. Se vf for omitido, será considerado 0 (zero), ou seja, o valor futuro de um empréstimo é 0.
▷ **Tipo:** opcional. O número 0 (zero) ou 1 e indica o vencimento dos pagamentos.

4.8.9 ABS

=ABS(núm)

Retorna o valor absoluto de um número.

=ABS(-4)

4.8.10 AGORA

Retorna a data e hora.
=AGORA()

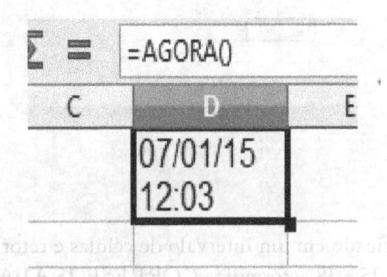

HOJE

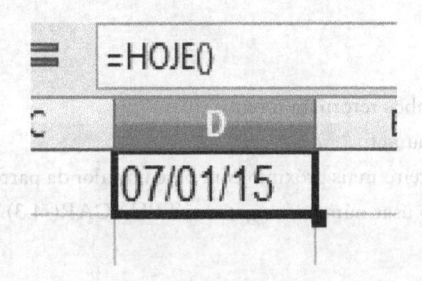

Retorna a data atual.
=HOJE()

4.8.11 DIA DA SEMANA

Fornece o dia da semana a que uma data corresponde. O Excel nos dará como resultado um número que equivale a um dia da semana. Por padrão o n.1 corresponde ao domingo.

=DIA.DA.SEMANA(data ou célula que contém a data)
=DIA.DA.SEMANA("10/11/1975")
=DIA.DA.SEMANA(B6)

4.8.12 DIAS360

Com esta função teremos o número de dias que há entre uma data inicial e uma data final.
=DIAS360(datainicial;datafinal)
=DIAS360("10/11/1975";"10/12/1975")
=DIAS360(A1;A2)

4.8.13 MULT

A função MULT multiplica todos os números especificados como argumentos e retorna o produto. Por exemplo, se as células A1 e A2 contiverem números, você poderá usar a fórmula =MULT(A1;A2) para multiplicar esses dois números juntos. A mesma operação também pode ser realizada usando o operador matemático de multiplicação (*); por exemplo, =A1 * A2.

A função MULT é útil quando você precisa multiplicar várias células ao mesmo tempo. Por exemplo, a fórmula =MULT(A1:A3;C1:C3) equivale a =A1 * A2 * A3 * C1 * C2 * C3.

4.8.14 MOD

Retorna o resto de uma divisão.

Sintaxe: (Valor a ser dividido; divisor)

Exemplo:

=MOD(10;3)

O resultado retornado pelo Excel será 1.

4.8.15 ESCOLHER

Use núm_índice para retornar um valor da lista de argumentos de valor. Use ESCOLHER para selecionar um valor entre 254 valores que se baseie no número de índice.

=ESCOLHER(3;A1;A2;A3;A4;A5;A6;A7)

4.8.16 CORRESP

A função CORRESP procura um item especificado em um intervalo de células e retorna à posição relativa desse item no intervalo. Por exemplo, se o intervalo A1:A3 contiver os valores 5, 25 e 38, a fórmula =CORRESP(25,A1:A3,0) retornará o número 2, porque 25 é o segundo item no intervalo.

=CORRESP(25;A1:A3)

4.8.17 TRUNCAR E INT

TRUNCAR e INT são semelhantes pois ambos retornam inteiros.

TRUNCAR remove a parte fracionária do número.

INT arredonda números para baixo até o inteiro mais próximo com base no valor da parte fracionária do número.

INT e TRUNCAR são diferentes apenas ao usar números negativos: TRUNCAR(-4.3) retorna -4, mas INT(-4.3) retorna -5 pois -5 é o número mais baixo.

4.8.18 ARRED

A função ARRED arredonda um número para um número especificado de dígitos. Por exemplo, se a célula A1 contiver 23,7825 e você quiser arredondar esse valor para duas casas decimais, poderá usar a seguinte fórmula:

=ARRED(A1;2)

O resultado dessa função é 23,78

4.8.19 PRI.MAIUSCULA

Coloca em maiúscula a primeira letra e todas as outras letras que seguem um caractere que não seja uma letra em uma cadeia de texto. Converte todas as outras letras da cadeia de texto em letras minúsculas.

PRI.MAIÚSCULA(texto)

4.8.20 MAIÚSCULA

Converte o texto em maiúsculas.

MAIÚSCULA(texto)

4.9 Recursos automatizados do Excel

4.9.1 Autopreenchimento

Este recurso é utilizado para digitar sequências de texto ou números.

Perceba na imagem abaixo que há uma célula qualquer selecionada e que em seu canto direito inferior existe um pequeno quadradinho. É nele que vamos clicar e manter pressionado o mouse para utilizar este recurso. Esta é a alça de preenchimento.

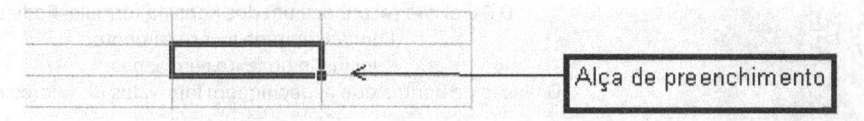

Como exemplo, digite na célula A1 a palavra **Janeiro**. Posicione a seta do mouse sobre a Alça de Preenchimento. Ela irá se transformar em uma cruz. Clique com o botão esquerdo do mouse e arraste a cruz até a célula E1. Ao chegar na coluna E, libere o botão do mouse. O Autopreenchimento reconhece letras maiúsculas e minúsculas, datas, dias de semana, sequências como Mês 1 etc.

4.10 Endereço absoluto e endereço relativo

Um recurso presente em qualquer planilha é o endereçamento ou referenciamento relativo. Dá-se o nome de referenciamento relativo ao fato de que quando se atribui, por exemplo, "=A2 + 1", na célula "a5" e se copia a fórmula para a célula "A6", esta irá referenciar o valor "=A3 + 1" (observe o incremento na fórmula). O mesmo pode ser feito através da Alça de Preenchimento, que copia a fórmula, mas a incrementa conforme você arrasta no sentido Linha ou Coluna.

Nem sempre este é o comportamento desejável. Veja o exemplo:

Na imagem, temos uma planilha do Excel com dados de uma empresa que empresta dinheiro, ou seja, trabalha com financiamento.

Se a pessoa emprestar qualquer valor dentre os oferecidos poderá pagar em 12 parcelas sob o juro de 36% ou em 24 parcelas sob o juro de 74,40%.

Então, trabalhamos nessa empresa, criamos a planilha com os dados especificados e que um cliente empresta R$ 1.000,00, então calculamos os juros conforme as especificações: =(A9*B3) + A9. Até aqui tudo certo!

Digamos que um segundo cliente empreste R$ 2.000,00 e para sermos mais rápidos e eficientes, apenas copiamos a fórmula da célula B9 para a B10, ou a arrastamos pela alça de preenchimento. Nesse caso, teremos um erro! Pois ao fazermos isso a função será incrementada e ficará assim: =(A10*B4) + A10, cobrando juros de 74,40% em vez de 36%.

Para lidar com esta situação precisamos fixar, ancorar a fórmula inserindo um $ em frente a especificação de Linha e/ou Coluna que desejamos fixar, que não queremos que seja alterada: =(A9*$B$3) + A9.

Dessa forma, quando copiarmos a função para outras células, a célula B3 não irá incrementar.

Em um endereço, quando se fixa a coluna e a linha simultaneamente, estamos perante um endereço absoluto.

| Se a célula A3 tiver a fórmula =$A$1*A2, ao copiar a fórmula para as células B3 e C3 terão respectivamente as fórmulas: =$A$1*B2 e =$A$1*C2.

4.11 Erros do Excel

	Significado
#DIV/0!	A função ou fórmula está efetuando uma divisão por zero.
#N/DN	Não existe valor disponível.
#NOME?	O Excel não reconhece um dos itens da fórmula. Pode ser: Função digitada incorretamente. Inclusão do texto sem aspas. Omissão de pontos que especifiquem intervalos de valores e outros.
#NULO	Interseção de valores que não se referenciam.
#NUM!	Algum número da fórmula está incorreto.
#REF!	Referência inválida na fórmula.
#VALOR!	Argumento inserido de forma errada na fórmula ou função.

4.11.1 Referência circular

Quando uma fórmula volta a fazer referência à sua própria célula, tanto direta como indiretamente, este processo chama-se referência circular. Ou seja: Você não pode digitar a função =soma(A1:A3) na célula A1, pois ela faz parte da função.

NOÇÕES DE INFORMÁTICA

5 POWERPOINT 365

O PowerPoint 365 é um aplicativo visual e gráfico, usado principalmente para criar apresentações. Com ele, você pode criar, visualizar e mostrar apresentações de slides que combinam texto, formas, imagens, gráficos, animações, tabelas e vídeos.

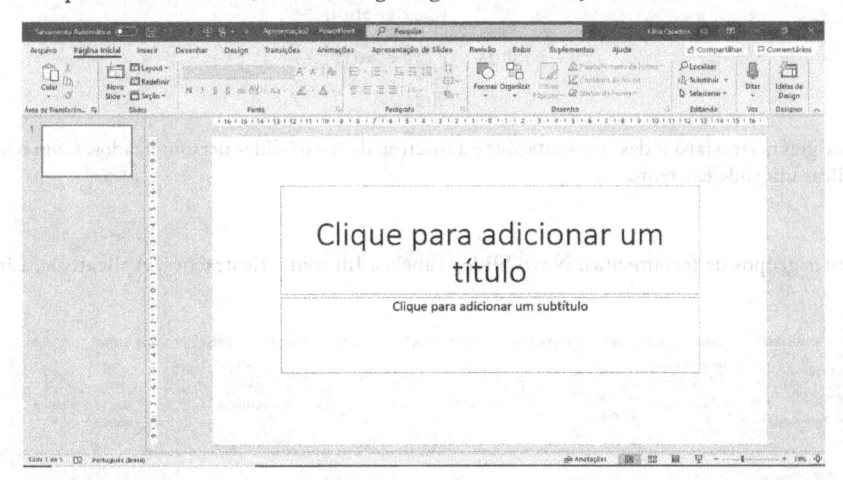

A parte principal do PowerPoint é a janela localizada à direita do aplicativo, em que é exibido o primeiro slide como padrão, perceba que este slide apresenta uma estrutura para inserção de conteúdo por meio de textos, imagens etc.

Principais extensões de arquivos:

▷ .pptx – extensão padrão.
▷ .ppsx – extensão de apresentação de slides.
▷ .potx – extensão modelo de arquivo.
▷ .odp – salva, abre, edita arquivos do LibreOffice Impress.

5.1 Arquivo

A Guia ou Menu Arquivo contém funcionalidades como Salvar, Salvar Como, Abrir, Fechar e que se comportam da mesma maneira conforme estudamos no Editor de Textos Microsoft Word 2019.

5.2 Imprimir

Na opção Imprimir, vamos trabalhar com Slides ao invés de páginas. Vamos escolher entre Imprimir Todos os Slides, Imprimir Seleção, Imprimir Slide Atual ou Imprimir um Intervalo Personalizado de Slides.

Em Folhetos, você poderá escolher o número de Slides em cada página.

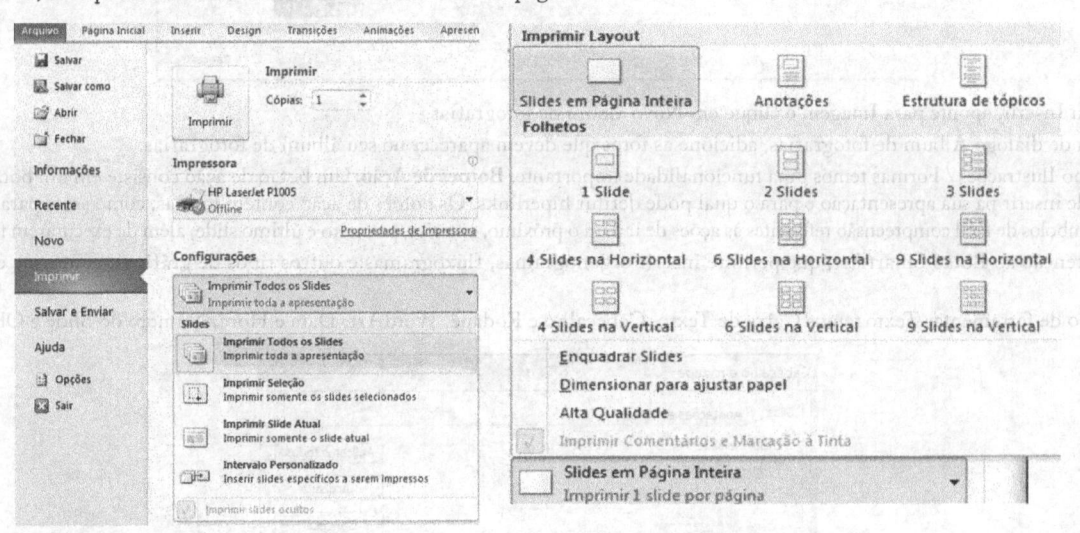

5.3 Página Inicial

Na Guia Inicial, temos os seguintes grupos de ferramentas: Área de Transferência, Slides, Fonte, Parágrafo, Desenho e Edição.

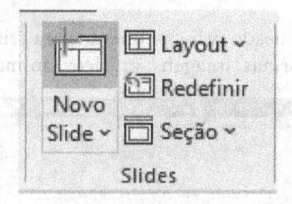

O Grupo **Slides** permite gerenciar o layout das apresentações e a inserção de novos slides personalizados. Com o botão Novo Slide, podemos inserir Novo Slide ou duplicar um slide existente.

5.4 Inserir

Aqui, temos os seguintes grupos de ferramentas: Novo Slide, Tabelas, Imagens, Ilustrações, Aplicativos, Links, Comentários, Texto, Símbolos e Mídia.

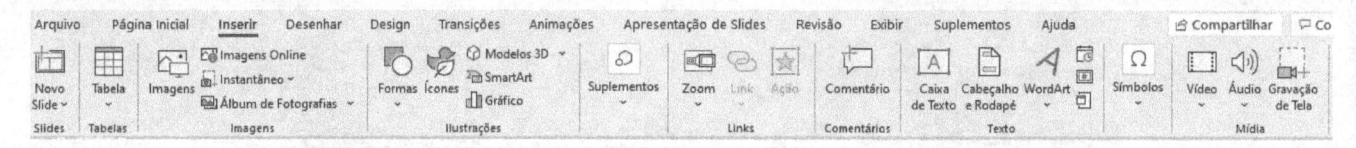

5.4.1 Álbum de Fotografias

No Grupo Imagens, temos Álbum de Fotografias. O Microsoft PowerPoint cria uma apresentação quando você usa o recurso Álbum de Fotografias. Qualquer apresentação que esteja aberta no momento no PowerPoint não será afetada por essa tarefa.

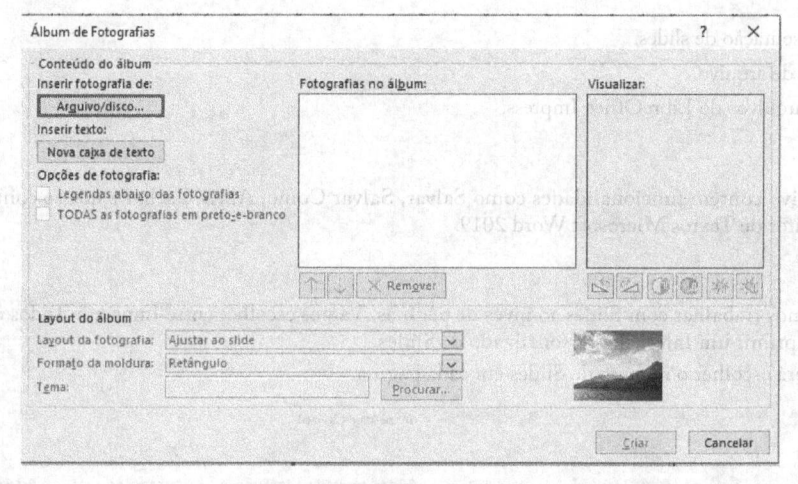

No menu Inserir, aponte para Imagem e clique em Novo álbum de fotografias.

Na caixa de diálogo Álbum de fotografias, adicione as fotos que devem aparecer no seu álbum de fotografias.

No Grupo Ilustrações / Formas temos uma funcionalidade importante: **Botões de Ação.** Um botão de ação consiste em um botão já existente que você pode inserir na sua apresentação e para o qual pode definir hiperlinks. Os botões de ação contêm formas, como setas para direita e para esquerda e símbolos de fácil compreensão referentes às ações de ir para o próximo, anterior, primeiro e último slide, além de executarem filmes ou sons.

Preste atenção ao Botão SmartArt, que permite inserir organogramas, fluxogramas e outros tipos de gráficos, conforme estudamos no Word 2019.

No grupo de ferramentas Texto temos Caixa de Texto, Cabeçalho e Rodapé, WordArt, Data e Hora, Número do Slide e Objetos.

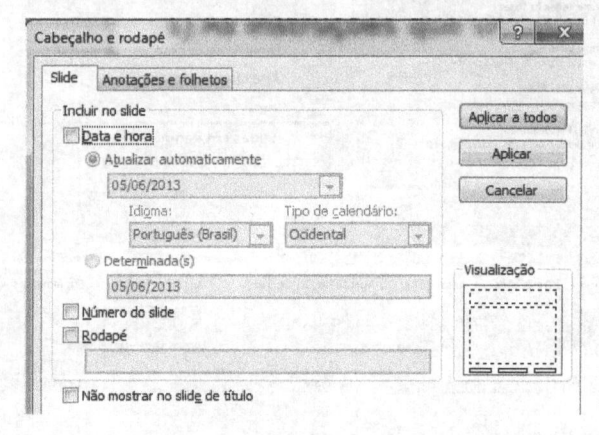

NOÇÕES DE INFORMÁTICA

5.5 Transições

Nesta guia, configuramos o efeito durante a transição de um slide para o outro.

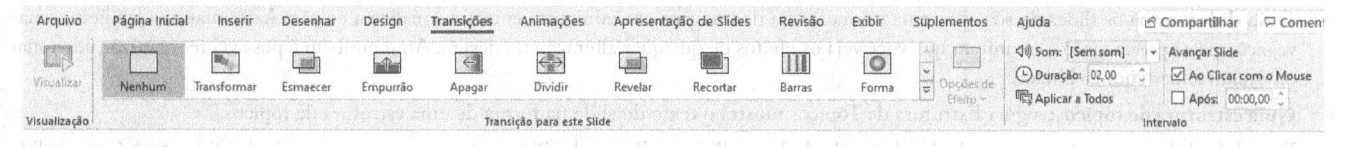

5.6 Animações

Na guia Animações, você irá escolher animações para textos e objetos das apresentações em slides.

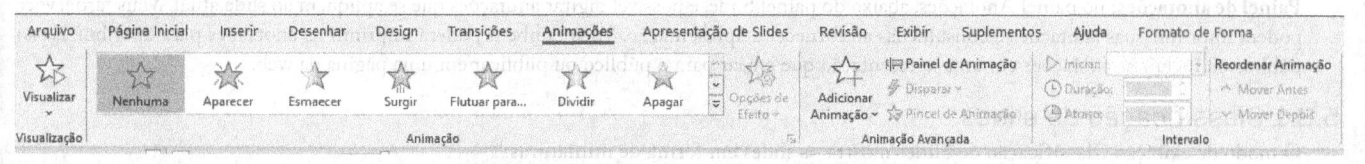

No grupo Animação, você seleciona a animação desejada para se aplicar ao texto ou objeto, bastando, para isso, selecionar o texto ou objeto desejado, escolher a animação e aplicar as configurações de intervalo, por exemplo, o tempo de duração do efeito animado.

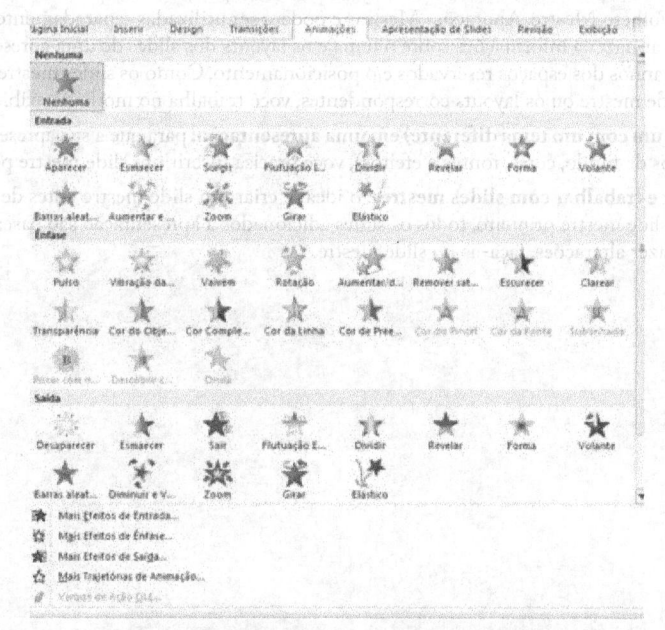

No grupo Animação Avançada, temos o botão Adicionar Animação, Painel de Animação, Disparar e Pincel de Animação que copia a animação de um objeto para outro.

No grupo Intervalo, você irá configurar a Duração e Atraso das animações.

5.7 Apresentação de slides

Esta guia contém os seguintes grupos de ferramentas: Iniciar Apresentação de Slides, Configurar e Monitores.

No grupo **Iniciar Apresentação de Slides, você poderá iniciar sua apresentação através do Botão do Começo, ou do Botão do Slide Atual.**

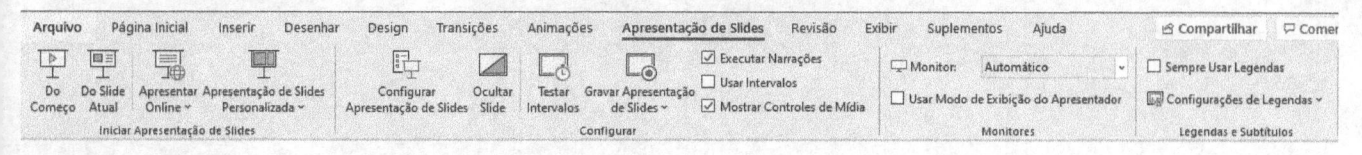

5.8 Guia Exibir

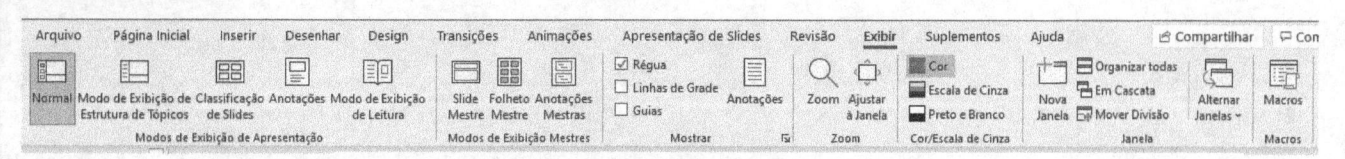

▷ **Modo de exibição normal:** é o principal modo de exibição de edição, no qual você pode escrever e criar sua apresentação. O modo de exibição Normal tem quatro áreas de trabalho:

Área do Modo de Exibição Normal:

▷ **Guia slides:** exiba os slides da sua apresentação na forma de imagens em miniatura enquanto realiza a edição. As miniaturas facilitam a navegação pela apresentação e permitem que você veja os efeitos de qualquer alteração no design. Aqui também é possível reorganizar, adicionar ou excluir slides com facilidade.

▷ **Guia estrutura de tópicos:** a guia Estrutura de Tópicos mostra o texto do slide na forma de uma estrutura de tópicos.

▷ **Painel de slides:** na seção superior direita da janela do PowerPoint, o Painel de Slide exibe uma imagem ampla do slide atual. Com o slide nesse modo de exibição, é possível adicionar texto e inserir imagens, tabelas, elementos gráficos SmartArt, gráficos, objetos de desenho, caixas de texto, filmes, sons, hiperlinks e animações.

▷ **Painel de anotações:** no painel Anotações, abaixo do painel Slide, é possível digitar anotações que se apliquem ao slide atual. Mais tarde, você poderá imprimir suas anotações e consultá-las ao fornecer a apresentação. Você também poderá imprimir as anotações para distribuí-las ao público ou incluir as anotações em uma apresentação que enviar para o público ou publicar em uma página da web.

5.8.1 Classificação de slides

O modo de exibição Classificação de Slides mostra os slides em forma de miniaturas.

▷ **Anotações:** é possível digitar anotações que se apliquem ao slide atual.

▷ **Modos de exibição mestres:** tem a função de alterar o design e layout dos slides por meio dos próprios slides, folhetos ou anotações. Esta guia possui as funções Slide Mestre, Folheto Mestre, Anotações Mestras e podem ser utilizadas separadamente. Um slide mestre é o slide principal em uma hierarquia de slides que armazena informações sobre o tema e os layouts dos slides de uma apresentação, incluindo o plano de fundo, a cor, as fontes, os efeitos, os tamanhos dos espaços reservados e o posicionamento. Como os slides mestres afetam a aparência de toda a apresentação, ao criar e editar um slide mestre ou os layouts correspondentes, você trabalha no modo de exibição Slide Mestre.

▷ **Usar vários slides mestres (cada um com um tema diferente) em uma apresentação:** para que a sua apresentação contenha dois ou mais estilos ou temas diferentes (como planos de fundo, cores, fontes e efeitos), você precisa inserir um slide mestre para cada tema.

▷ **Prática recomendada para criar e trabalhar com slides mestres:** o ideal é criar um slide mestre antes de começar a criar slides individuais, e não depois. Quando você cria o slide mestre primeiro, todos os slides adicionados à apresentação são baseados nesse slide mestre e nos layouts associados. Quando começar a fazer alterações, faça-as no slide mestre.

RACIOCÍNIO LÓGICO

1 PROPOSIÇÕES

1.1 Definições

Proposição é uma sentença declarativa que admite apenas um dos dois valores lógicos (verdadeiro ou falso). As sentenças podem ser classificadas em abertas – que são as expressões que não podemos identificar como verdadeiras ou falsas – ou fechadas – que são as expressões que podemos identificar como verdadeiras ou falsas.

A seguir exemplos de algumas sentenças:

p: Danilo tem duas empresas.
Q: Susana comprou um carro novo.
a: Beatriz é inteligente.
B: 2 + 7 = 10

Nos exemplos acima, as letras do alfabeto servem para representar (simbolizar) as proposições.

1.1.1 Valores lógicos das proposições

Uma proposição só pode ser classificada em dois valores lógicos, que são: **Verdadeiro (V)** ou **Falso (F)**, não admitindo outro valor.

As proposições têm três princípios básicos, no entanto, o princípio fundamental é:

▷ **Princípio da não contradição:** diz que uma proposição não pode ser verdadeira e falsa ao mesmo tempo.

▷ **Os outros dois são:**

▷ **Princípio da identidade:** diz que uma proposição verdadeira sempre será verdadeira e uma falsa sempre será falsa.

▷ **Princípio do terceiro excluído:** diz que uma proposição só pode ter dois valores lógicos, – verdadeiro ou falso – se **não existir** um terceiro valor.

Interrogações, exclamações, ordens e frase sem verbo não são proposições.

Que dia é hoje?
Que maravilha!
Estudem muito.
Ótimo dia.

1.1.2 Sentenças abertas e quantificadores lógicos

Existem algumas sentenças abertas com incógnitas (termo desconhecido) ou com sujeito indefinido, como x + 2 = 5, ou seja, não sendo consideradas proposições, porque não se pode classificá-las sem saber o valor de x ou se ter a definição do sujeito. Com o uso dos **quantificadores lógicos**, tornam-se proposições, uma vez que eles passam a dar valor ao x ou definir o sujeito.

Os quantificadores lógicos são:

∀: para todo; qualquer que seja; todo;
∃: existe; existe pelo menos um; algum;
∄: não existe; nenhum.

x + 2 = 5 (sentença aberta – não é proposição).
p: ∃ x, x + 2 = 5 (lê-se: existe x tal que, x + 2 =5). Agora é proposição, porque é possível classificar a proposição como verdadeira, já que sabemos que tem um valor de x que somado a dois é igual a cinco.

1.1.3 Negação de proposição (modificador lógico)

Negar uma proposição significa modificar o seu valor lógico, ou seja, se uma proposição é verdadeira, a sua negação será falsa, e se uma proposição for falsa, a sua negação será verdadeira.

Os símbolos da negação são (~) ou (¬) antes da letra que representa a proposição.

p: 3 é ímpar.
~p: 3 não é ímpar.
¬p: 3 é **par** (outra forma de negar a proposição).
~p: não é verdade que 3 é ímpar (outra forma de negar a proposição).
¬p: é mentira que 3 é ímpar (outra forma de negar a proposição).

Lei da dupla negação:

~(~p) = p, negar uma proposição duas vezes significa voltar para a própria proposição:

q: 2 é par;
~q: 2 não é par;
~(~q): 2 **não** é **ímpar**;
Portanto:
q: 2 é par.

1.1.4 Tipos de proposição

Simples ou atômica: são únicas, com apenas um verbo (ação), não pode ser dividida/separada (fica sem sentido) e não tem conectivo lógico.

Na proposição "João é professor", tem-se uma única informação, com apenas um verbo. Não é possível separá-la e não ter um conectivo.

Composta ou molecular: tem mais de uma proposição simples, unidas pelos conectivos lógicos. Podem ser divididas/separadas e ter mais de um verbo (pode ser o mesmo verbo referido mais de uma vez).

"Pedro é advogado e João é professor". É possível separar em duas proposições simples: "Pedro é advogado" e "João é professor".

Simples (atômicas)	Compostas (moleculares)
Não têm conectivo lógico	Têm conectivo lógico
Não podem ser divididas	Podem ser divididas
1 verbo	+ de 1 verbo

1.1.4.1 Conectivo lógico

Serve para unir as proposições simples, formando proposições compostas. São eles:

e: conjunção (∧)
ou: disjunção (∨)
ou... ou: disjunção exclusiva (⊻)
se..., então: condicional (→)
se..., e somente se: bicondicional (↔)

Alguns autores consideram a negação (~) como um conectivo, aqui não faremos isso, pois os conectivos servem para formar proposição composta, e a negação faz apenas a mudança do valor das proposições.

O e possui alguns sinônimos, que são: mas, porém, nem (nem = e não) e a vírgula. O condicional também tem alguns sinônimos que são: portanto, quando, como e pois (pois = condicional invertido, como: A, pois B = B → A).

a: Maria foi à praia.
b: João comeu peixe.
p: Se Maria foi a praia, então João comeu peixe.
q: ou 4 + 7 = 11 ou a Terra é redonda.

1.2 Tabela verdade e valores lógicos das proposições compostas

A tabela verdade é um mecanismo usado para dar valor às proposições compostas (podendo ser verdadeiras ou falsas), por meio de seus respectivos conectivos.

A primeira coisa que precisamos saber numa tabela verdade é o seu número de linhas, e que esse depende do número de proposições simples que compõem a proposição composta.

Número de linhas = 2^n

Em que **n** é o número de proposições simples que compõem a proposição composta. Portanto, se houver 3 proposições simples formando a proposição composta, então, a tabela dessa proposição terá 8 linhas ($2^3 = 8$). Esse número de linhas da tabela serve para que tenhamos as possíveis relações entre V e F das proposições simples. Veja:

P	Q	R
V	V	V
V	V	F
V	F	V
V	F	F
F	V	V
F	V	F
F	F	V
F	F	F

Observe que temos as relações entre os valores lógicos das proposições, que são três verdadeiras (1ª linha), três falsas (última linha), duas verdadeiras e uma falsa (2ª, 3ª e 5ª linhas), e duas falsas e uma verdadeira (4ª, 6ª e 7ª linhas). Nessa demonstração, observamos uma forma prática de como organizar a tabela, sem se preocupar se foram feitas todas relações entre as proposições.

Para o correto preenchimento da tabela, devemos seguir algumas regras:

- Comece sempre pelas proposições simples e suas negações, se houver.
- Resolva os parênteses, colchetes e chaves, respectivamente (igual à expressão numérica), se houver.
- Faça primeiro as conjunções e disjunções, depois os condicionais e, por último, os bicondicionais.
- Em uma proposição composta, com mais de um conectivo, o conectivo principal será o que for resolvido por último (importante saber o conectivo principal).
- A última coluna da tabela deverá ser sempre a da proposição toda, conforme as demonstrações a seguir.

O valor lógico de uma proposição composta depende dos valores lógicos das proposições simples que a compõem e do conectivo utilizado. Veja a seguir.

Valor lógico de uma proposição composta por conjunção (e) = tabela verdade da conjunção ($\wedge$)

Conjunção e: p e q são proposições, sua conjunção é denotada por p $\wedge$ q. Essas proposições só são verdadeiras simultaneamente (se p ou q for falso, então p $\wedge$ q será falso).

| $P \wedge Q$

P	Q	P$\wedge$Q
V	V	V
V	F	F
F	V	F
F	F	F

| Representado por meio de conjuntos, temos: P $\wedge$ Q

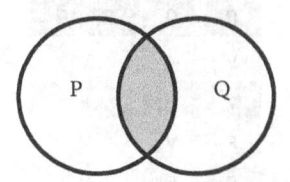

Valor lógico de uma proposição composta por disjunção (ou) = tabela verdade da disjunção ($\vee$)

Disjunção "ou": sejam p e q proposições, a disjunção é denotada por p $\vee$ q. Essas proposições só são falsas simultaneamente (se p ou q for verdadeiro, então p $\vee$ q será verdadeiro).

| P $\vee$ Q

P	Q	P$\vee$Q
V	V	V
V	F	V
F	V	V
F	F	F

| Representado por meio de conjuntos, temos: P $\vee$ Q

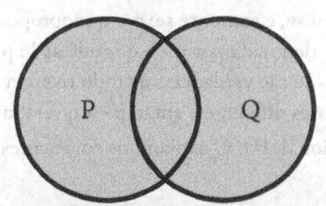

Valor lógico de uma proposição composta por disjunção exclusiva (ou, ou) = tabela verdade da disjunção exclusiva ($\underline{\vee}$)

Disjunção Exclusiva ou ..., ou ...: p e q são proposições, sua disjunção exclusiva é denotada por p $\underline{\vee}$ q. Essas proposições só são verdadeiras quando p e q tiverem valores diferentes/contrários (se p e q tiverem valores iguais, então p $\underline{\vee}$ q será falso).

| P $\underline{\vee}$ Q

P	Q	P$\underline{\vee}$Q
V	V	F
V	F	V
F	V	V
F	F	F

| Representado por meio de conjuntos, temos: P $\underline{\vee}$ Q

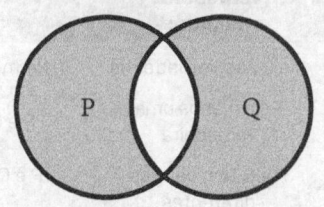

Valor lógico de uma proposição composta por condicional (se, então) = tabela verdade do condicional ($\rightarrow$)

Condicional Se p, e ntão q: p e q são proposições, sua condicional é denotada por p $\rightarrow$ q, onde se lê p condiciona q ou se p, então q. A proposição assume o valor falso somente quando p for verdadeira e q for falsa. A seguir, a tabela para a condicional de p e q.

PROPOSIÇÕES

| $P \to Q$

P	Q	P→Q
V	V	V
V	F	F
F	V	V
F	F	V

Dicas:

P é antecedente e Q é consequente = P → Q

P é consequente e Q é antecedente = Q → P

P é suficiente e Q é necessário = P → Q

P é necessário e Q é suficiente = Q → P

| Representado por meio de conjuntos, temos: P → Q

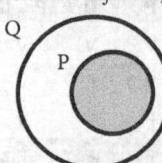

Valor lógico de uma proposição composta por bicondicional (se e somente se) = tabela verdade do bicondicional (↔)

Bicondicional se, e somente se: p e q são proposições, a bicondicional de p e q é denotada por p ↔ q, onde se lê p bicondicional q. Essas proposições só são verdadeias quando tiverem valores iguais (se p e q tiverem valores diferentes, então p ↔ q será falso).

No bicondicional, P e Q são ambos suficientes e necessários ao mesmo tempo.

| P ↔ Q

P	Q	P↔Q
V	V	V
V	F	F
F	V	F
F	F	V

| Representado por meio de conjuntos, temos: P ↔ Q

P = Q

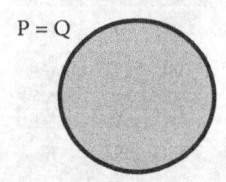

Proposição composta	Verdadeira quando:	Falsa quando:
P ∧ Q	P e Q são verdadeiras	Pelo menos uma falsa
P ∨ Q	Pelo menos uma verdadeira	P e Q são falsas
P ⊻ Q	P e Q têm valores diferentes	P e Q têm valores iguais
P → Q	P = verdadeiro, Q = verdadeiro ou P = falso	P = verdadeiro e Q = falso
P ↔ Q	P e Q têm valores iguais	P e Q têm valores diferentes

1.3 Tautologias, contradições e contingências

▷ **Tautologia:** proposição composta que é **sempre verdadeira**, independente dos valores lógicos das proposições simples que a compõem.

| (P ∧ Q) → (P ∨ Q)

P	Q	P∧Q	P∨Q	(P∧Q)→(P∨Q)
V	V	V	V	V
V	F	F	V	V
F	V	F	V	V
F	F	F	F	V

▷ **Contradição:** proposição composta que é **sempre falsa**, independente dos valores lógicos das proposições simples que a compõem.

| ~(P ∨ Q) ∧ P

P	Q	P∨Q	~(P∨Q)	~(P∨Q)∧P
V	V	V	F	F
V	F	V	F	F
F	V	V	F	F
F	F	F	V	F

▷ **Contingência:** ocorre quando não é tautologia nem contradição.

| ~(P ⊻ Q) ↔ P

P	Q	P⊻Q	~(P⊻Q)	~(P⊻Q)↔P
V	V	F	V	V
V	F	V	F	F
F	V	V	F	V
F	F	F	V	F

1.4 Equivalências lógicas

Duas ou mais proposições compostas são equivalentes, quando são formadas pelas mesmas proposições simples, e suas tabelas verdades (resultado) são iguais.

> **Fique Ligado**
> Atente-se para o princípio da equivalência. A tabela verdade está aí só para demonstrar a igualdade.

Seguem algumas demonstrações importantes:

▷ **P ∧ Q = Q ∧ P:** trocar as proposições de lugar – chamada de **recíproca**.

P	Q	P∧Q	Q∧P
V	V	V	V
V	F	F	F
F	V	F	F
F	F	F	F

RACIOCÍNIO LÓGICO

▷ **P ∨ Q = Q ∨ P:** trocar as proposições de lugar – chamada de **recíproca**.

P	Q	P∨Q	Q∨P
V	V	V	V
V	F	V	V
F	V	V	V
F	F	F	F

P ⊻ Q = Q ⊻ P: trocar as proposições de lugar – chamada de **recíproca**.
P ⊻ Q = ~P ⊻ ~Q: negar as proposições – chamada de **contrária**.
P ⊻ Q = ~Q ⊻ ~P: trocar as proposições de lugar e negar – chamada de **contrapositiva**.
P ⊻ Q = (P ∧ ~Q) ∨ (~P ∧ Q): observe a seguir a exclusividade dessa disjunção.

P	Q	~P	~Q	P∧~Q	~P∧Q	P⊻Q	Q⊻P	~P⊻~Q	~Q⊻~P	(P∧~Q)∨(~P∧Q)
V	V	F	F	F	F	F	F	F	F	F
V	F	F	V	V	F	V	V	V	V	V
F	V	V	F	F	V	V	V	V	V	V
F	F	V	V	F	F	F	F	F	F	F

P ↔ Q = Q ↔ P: trocar as proposições de lugar – chamada de **recíproca**.
P ↔ Q = ~P ↔ ~Q: negar as proposições – chamada de **contrária**.
P ↔ Q = ~Q ↔ ~P: trocar as proposições de lugar e negar – chamada de **contrapostiva**.
P ↔ Q = (P → Q) ∧ (Q → P): observe a seguir a condicional para os dois lados, ou seja, bicondicional.

P	Q	~P	~Q	P→Q	Q→P	P↔Q	Q↔P	~P↔~Q	~Q↔~P	(P→Q)∧(Q→P)
V	V	F	F	V	V	V	V	V	V	V
V	F	F	V	F	V	F	F	F	F	F
F	V	V	F	V	F	F	F	F	F	F
F	F	V	V	V	V	V	V	V	V	V

> **Fique Ligado**
> A disjunção exclusiva e o bicondicional são as proposições com o maior número de equivalências.

P → Q = ~Q → ~P: trocar as proposições de lugar e negar – chamada de **contrapositiva**.
P → Q = ~P ∨ Q: negar o antecedente ou manter o consequente.

P	Q	~P	~Q	P→Q	~Q→~P	~P∨Q
V	V	F	F	V	V	V
V	F	F	V	F	F	F
F	V	V	F	V	V	V
F	F	V	V	V	V	V

Equivalências importantes e mais cobradas em concursos.

PROPOSIÇÕES

1.4.1 Negação de proposição composta

São também equivalências lógicas. Veja

▷ $\sim(P \wedge Q) = \sim P \vee \sim Q$ (Leis de Morgan)

Para negar a conjunção, troca-se o conectivo **e** ($\wedge$) por **ou** ($\vee$) e nega-se as proposições que a compõem.

P	Q	~P	~Q	P∧Q	~(P∧Q)	~P∨~Q
V	V	F	F	V	F	F
V	F	F	V	F	V	V
F	V	V	F	F	V	V
F	F	V	V	F	V	V

▷ $\sim(P \vee Q) = \sim P \wedge \sim Q$ (Leis de Morgan)

Para negar a disjunção, troca-se o conectivo **ou** ($\vee$) por **e** ($\wedge$) e negam-se as proposições simples que a compõem.

P	Q	~P	~Q	P∨Q	~(P∨Q)	~P∧~Q
V	V	F	F	V	F	F
V	F	F	V	V	F	F
F	V	V	F	V	F	F
F	F	V	V	F	V	V

▷ $\sim(P \rightarrow Q) = P \wedge \sim Q$

Para negar o condicional, mantém-se o antecedente e nega-se o consequente.

P	Q	~Q	P→Q	~(P→Q)	P∧~Q
V	V	F	V	F	F
V	F	V	F	V	V
F	V	F	V	F	F
F	F	V	V	F	F

▷ $\sim(P \underline{\vee} Q) = P \leftrightarrow Q$

Para negar a disjunção exclusiva, faz-se o bicondicional ou nega-se a disjunção exclusiva com a própria disjunção exclusiva, mas negando apenas uma das proposições que a compõe.

P	Q	P⊻Q	~(P⊻Q)	P↔Q
V	V	F	V	V
V	F	V	F	F
F	V	V	F	F
F	F	F	V	V

▷ $\sim(P \leftrightarrow Q) = (P \underline{\vee} Q)$

Para negar a bicondicional, faz-se a disjunção exclusiva ou nega-se o bicondicional com o próprio bicondicional, mas negando apenas uma das proposições que a compõe.

P	Q	P↔Q	~(P↔Q)	P⊻Q
V	V	V	F	F
V	F	F	V	V
F	V	F	V	V
F	F	V	F	F

1.5 Relação entre todo, algum e nenhum

Têm algumas relações entre si, conhecidas como **quantificadores lógicos**. Veja:

"Todo A é B" equivale a **"nenhum A não é B"**, vice-versa.

| "todo amigo é bom = nenhum amigo não é bom."

"Nenhum A é B" equivale a **"todo A não é B"**, vice-versa.

| "nenhum aluno é burro = todo aluno não é burro."

"Todo A é B" tem como negação **"algum A não é B"**, vice-versa.

| ~(todo estudante tem insônia) = algum estudante não tem insônia.

"Nenhum A é B" tem como negação **"algum A é B"**, vice-versa.

| ~(algum sonho é impossível) = nenhum sonho é impossível.

Representado em forma de conjuntos:

TODO A é B:

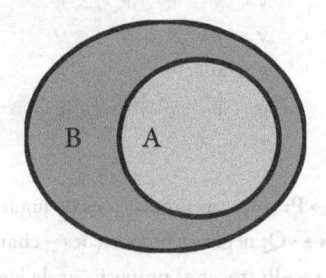

ALGUM A é B:

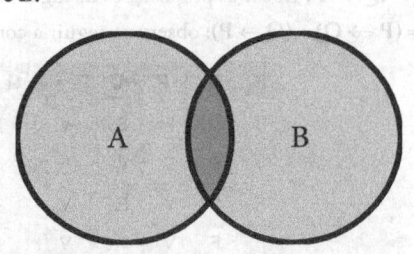

NENHUM A é B:

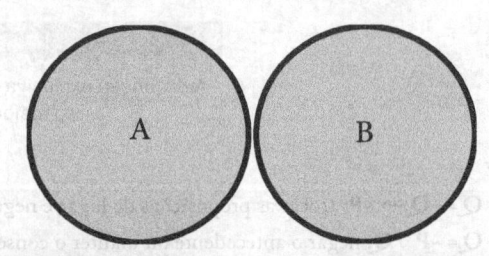

Relação de Equivalência	Relação de Negação
Todo A é B = Nenhum A não é B. *Todo diretor é bom ator. = Nenhum diretor é mau ator.*	Todo A é B = Algum A não é B. *Todo policial é honesto. = Algum policial não é honesto.*
Nenhum A é B = Todo A não é B. *Nenhuma mulher é legal. = Toda mulher não é legal.*	Nenhum A é B = Algum A é B. *Nenhuma ave é mamífera. = Alguma ave é mamífera.*

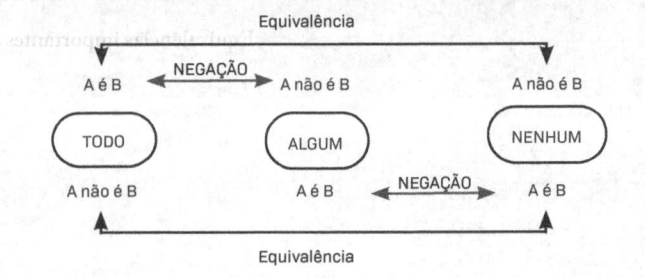

RACIOCÍNIO LÓGICO

2 ARGUMENTOS

Os argumentos são uma extensão das proposições, mas com algumas características e regras próprias. Veja:

2.1 Definições

Argumento é um conjunto de proposições, divididas em premissas (proposições iniciais – hipóteses) e conclusões (proposições finais – teses).

p_1: Toda mulher é bonita.
p_2: Toda bonita é charmosa.
p_3: Maria é bonita.
c: Portanto, Maria é charmosa.

p_1: Se é homem, então gosta de futebol.
p_2: Mano gosta de futebol.
c: Logo, Mano é homem.

p1, p2, p3, pn, correspondem às premissas, e c à conclusão.

2.1.1 Representação dos argumentos

Os argumentos podem ser representados das seguintes formas:

$$P_1$$
$$P_2$$
$$P_3$$
$$\ldots$$
$$P_n$$
$$c$$

ou

$$P_1 \wedge P_2 \wedge P_3 \wedge \cdots \wedge P_n \to C$$

ou

$$P_1, P_2, P_3, \cdots, P_n \vdash C$$

2.1.2 Tipos de argumentos

A seguir, conheça os tipos de argumentos.

2.1.2.1 Dedução

O argumento dedutivo é aquele que procede de proposições gerais para as proposições particulares. Esta forma de argumento é válida quando suas premissas, sendo verdadeiras, fornecem uma conclusão também verdadeira.

p_1: Todo professor é aluno.
p_2: Daniel é professor.
c: Logo, Daniel é aluno.

2.1.2.2 Indução

O argumento indutivo é o contrário do argumento dedutivo, procede de proposições particulares para proposições gerais. Quanto mais informações nas premissas, maior chance da conclusão estar correta.

p_1: Cerveja embriaga.
p_2: Uísque embriaga.
p_3: Vodca embriaga.
c: Portanto, toda bebida alcoólica embriaga.

2.1.2.3 Analogia

As analogias são comparações (nem sempre verdadeiras). Neste caso, procede de uma proposição conhecida para outra desconhecida, mas semelhante. Na analogia, não temos certeza.

p_1: No Piauí faz calor.
p_2: No Ceará faz calor.
p_3: No Paraná faz calor.
c: Sendo assim, no Brasil faz calor.

2.1.2.4 Falácia

As falácias são falsos argumentos, logicamente inconsistentes, inválidos ou que não provam o que dizem.

p_1: Eu passei num concurso público.
p_2: Você passou num concurso público.
c: Logo, todos passaram num concurso público.

2.1.2.5 Silogismos

Tipo de argumento formado por três proposições, sendo duas premissas e uma conclusão. São em sua maioria dedutivos.

p_1: Todo estudioso passará no concurso.
p_2: Beatriz é estudiosa.
c: Portanto, Beatriz passará no concurso.

2.1.3 Classificação dos argumentos

Os argumentos só podem ser classificados como válidos ou inválidos:

2.1.3.1 Válidos ou bem construídos

Os argumentos são válidos quando as premissas garantirem a conclusão, ou seja, quando a conclusão for uma consequência obrigatória do seu conjunto de premissas.

p_1: Toda mulher é bonita.
p_2: Toda bonita é charmosa.
p_3: Maria é mulher.
c: Portanto, Maria é bonita e charmosa.

Se Maria é mulher, toda mulher é bonita e toda bonita é charmosa, conclui-se que Maria só pode ser bonita e charmosa.

2.1.3.2 Inválidos ou mal construídos

Os argumentos são inválidos quando as premissas **não** garantem a conclusão, ou seja, quando a conclusão **não** for uma consequência obrigatória do seu conjunto de premissas.

p_1: Todo professor é aluno.
p_2: Daniel é aluno.
c: Logo, Daniel é professor.

Se Daniel é aluno, nada garante que ele seja professor, pois o que sabemos é que todo professor é aluno, não o contrário.

Alguns argumentos serão classificados apenas por meio desse conceito (da GARANTIA).

2.2 Métodos para classificar os argumentos

Os argumentos nem sempre podem ser classificados da mesma forma, por isso existem os métodos para sua classificação. Veja:

▷ **1º método:** diagramas lógicos (ou método dos conjuntos).

Utilizado sempre que houver as expressões **todo**, **algum** ou **nenhum** e seus respectivos sinônimos.

ARGUMENTOS

> **Fique ligado**
> Esse método é muito utilizado pelas bancas de concursos e tende a confundir o concurseiro, principalmente nas questões em que temos mais de uma opção de diagrama para o mesmo enunciado. Lembre-se que quando isso ocorrer, a questão só estará correta se a conclusão estiver presente em todas as representações e se todos os diagramas corresponderem à mesma condição.

Representaremos o que for dito em forma de conjuntos e verificaremos se a conclusão está correta (presente nas representações).

As representações genéricas são:

TODO A é B:

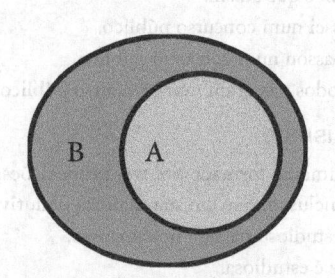

ALGUM A é B:

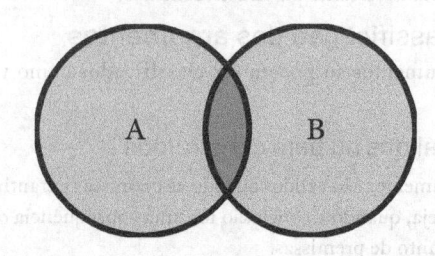

NENHUM A é B:

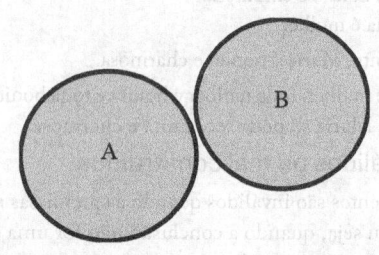

▷ **2º método:** premissas verdadeiras (proposição simples ou conjunção).

Utilizado sempre que não for possível os diagramas lógicos e se houver proposição simples ou conjunção.

A proposição simples ou a conjunção serão os pontos de partida da resolução, já que consideraremos todas as premissas verdadeiras e elas só admitem uma maneira de serem verdadeiras.

O método considera todas as premissas como verdadeiras, dá valor às proposições simples que as compõem e, no final, avalia a conclusão. Se a conclusão for verdadeira o argumento é válido, porém se a conclusão for falsa o argumento é inválido.

Premissas verdadeiras e conclusão verdadeira = argumento válido.
Premissas verdadeiras e conclusão falsa = argumento inválido.

▷ **3º método:** conclusão falsa (proposição simples, disjunção ou condicional).

Utilizado sempre que não for possível um dos dois métodos citados anteriormente e se na conclusão houver proposição simples, disjunção ou condicional.

A proposição simples, a disjunção ou o condicional serão os pontos de partida da resolução, já que consideraremos a conclusão como sendo falsa e elas só admitem um jeito de serem falsas.

O método considera a conclusão como falsa, dá valor às proposições simples que as compõem, pressupondo as premissas como verdadeiras e atribui valor às proposições simples das premissas. Se a conclusão for falsa e as premissas verdadeiras, o argumento será inválido; porém se uma das premissas mudar de valor, então o argumento passa a ser válido.

Conclusão falsa e premissas verdadeiras = argumento inválido.
Conclusão falsa e pelo menos uma premissa falsa = argumento válido.

Para o 2º método e o 3º método, podemos definir a validade dos argumentos da seguinte forma:

Premissas	Conclusão	Argumento
Verdadeiras	Verdadeira	Válido
Verdadeiras	Falsa	Inválido
Pelo menos uma falsa	Falsa	Válido

▷ **4º método:** tabela verdade.

Utilizado em último caso, quando não for possível usar qualquer um dos anteriores.

Depende da quantidade de proposições simples que tiver o argumento, esse método fica inviável, pois temos que desenhar a tabela verdade. No entanto, esse método é um dos mais garantidos nas resoluções das questões de argumentos.

Consiste em desenhar a tabela verdade do argumento em questão e avaliar se as linhas em que as premissas forem todas verdadeiras – ao mesmo tempo – a conclusão também será toda verdadeira. Caso isso ocorra, o argumento será válido, porém se uma das linhas em que as premissas forem todas verdadeiras e a conclusão for falsa, o argumento será inválido.

Linhas da tabela verdade em que as premissas são todas verdadeiras e a conclusão, for verdadeira = argumento válido.

Linhas da tabela verdade em que as premissas são todas verdadeiras e pelo menos uma conclusão for falsa = argumento inválido.

3 ANÁLISE COMBINATÓRIA

As primeiras atividades matemáticas estavam ligadas à contagem de objetos de um conjunto, enumerando seus elementos.

Vamos estudar algumas técnicas para a descrição e contagem de casos possíveis de um acontecimento.

3.1 Definição

A análise combinatória é utilizada para descobrir o **número de maneiras possíveis** para realizar determinado evento, sem que seja necessário demonstrar essas maneiras.

> Quantos são os pares formados pelo lançamento de dois **dados** simultaneamente?
> No primeiro dado, temos 6 possibilidades – do 1 ao 6 – e, no segundo dado, também temos 6 possibilidades – do 1 ao 6. Juntando todos os pares formados, temos 36 pares ($6 \cdot 6 = 36$).
> (1,1), (1,2), (1,3), (1,4), (1,5), (1,6),
> (2,1), (2,2), (2,3), (2,4), (2,5), (2,6),
> (3,1), (3,2), (3,3), (3,4), (3,5), (3,6),
> (4,1), (4,2), (4,3), (4,4), (4,5), (4,6),
> (5,1), (5,2), (5,3), (5,4), (5,5), (5,6),
> (6,1), (6,2), (6,3), (6,4), (6,5), (6,6).
> Logo, temos **36 pares**.

Não há necessidade de expor todos os pares formados, basta que saibamos quantos pares existem.

Imagine se fossem 4 dados e quiséssemos saber todas as quadras possíveis, o resultado seria 1.296 quadras. Um número inviável de ser representado. Por isso utilizamos a análise combinatória.

Para resolver as questões de análise combinatória, utilizamos algumas técnicas, que veremos a seguir.

3.2 Fatorial

É comum, nos problemas de contagem, calcularmos o produto de uma multiplicação cujos fatores são números naturais consecutivos. Fatorial de um número (natural) é a multiplicação deste número por todos os seus antecessores, em ordem, até o número 1·

$$n! = n(n-1)(n-2)...3.2.1, \text{ sendo } n \in \mathbb{N} \text{ e } n > 1.$$

Por definição, temos:
- $0! = 1$
- $1! = 1$
- $4! = 4 \cdot 3 \cdot 2 \cdot 1 = 24$
- $6! = 6 \cdot 5 \cdot 4 \cdot 3 \cdot 2 \cdot 1 = 720$
- $8! = 8 \cdot 7 \cdot 6 \cdot 5 \cdot 4 \cdot 3 \cdot 2 \cdot 1 = 40.320$

Observe que:
- $6! = 6 \cdot 5 \cdot 4!$
- $8! = 8 \cdot 7 \cdot 6!$

Para $n = 0$, teremos: $0! = 1$.
Para $n = 1$, teremos: $1! = 1$.

> Qual deve ser o valor numérico de n para que a equação $(n + 2)! = 20 \cdot n!$ seja verdadeira?
> O primeiro passo na resolução deste problema consiste em escrevermos **(n + 2)!** em função de **n!**, em busca de uma equação que não mais contenha fatoriais:
> $(n+2)(n+1) n! = 20n!$, dividindo por n!, tem os:
> $(n+2)(n+1) = 20$, fazendo a distributiva.
> $n^2 + 3n + 2 = 20 \Rightarrow n^2 + 3n - 18 = 0$
> Conclui-se que as raízes procuradas são **-6** e **3**, mas como não existe fatorial de números negativos, já que eles não pertencem ao conjunto dos números naturais, ficamos apenas com a raiz igual a **3**.

> Portanto:
> O valor numérico de n, para que a equação seja verdadeira, é igual a 3.

3.3 Princípio fundamental da contagem (PFC)

O PFC é utilizado nas questões em que os elementos podem ser repetidos **ou** quando a ordem dos elementos fizer diferença no resultado.

É uma das técnicas mais importantes e uma das mais utilizadas nas questões de análise combinatória.

> **Fique ligado**
>
> Esses elementos são os dados das questões, os valores envolvidos.

Consiste de dois princípios: o **multiplicativo** e o **aditivo**. A diferença dos dois consiste nos termos utilizados durante a resolução das questões.

Multiplicativo: usado sempre que na resolução das questões utilizarmos o termo e. Como o próprio nome já diz, faremos multiplicações.

Aditivo: usado quando utilizarmos o termo **ou**. Aqui realizaremos somas.

> Quantas senhas de 3 algarismos são possíveis com os algarismos 1, 3, 5 e 7?
> Como nas senhas os algarismos podem ser repetidos, para formar senhas de 3 algarismos temos a seguinte possibilidade:
> SENHA = Algarismo E Algarismo E Algarismo
> Nº de SENHAS = $4 \cdot 4 \cdot 4$ (já que são 4 os algarismos que temos na questão, e observe o princípio multiplicativo no uso do e). Nº de SENHAS = 64.

> Quantos são os números naturais de dois algarismos que são múltiplos de 5?
> Como o zero à esquerda de um número não é significativo, para que tenhamos um número natural com dois algarismos, ele deve começar com um dígito de 1 a 9. Temos, portanto, 9 possibilidades.
> Para que o número seja um múltiplo de 5, ele deve terminar em 0 ou 5, portanto, temos apenas 2 possibilidades. A multiplicação de 9 por 2 nos dará o resultado desejado. Logo: são 18 os números naturais de dois algarismos e múltiplos de 5.

3.4 Arranjo e combinação

Duas outras técnicas usadas para resolução de problemas de análise combinatória, sendo importante saber quando usa cada uma delas.

Arranjo: usado quando os elementos (envolvidos no cálculo) não podem ser repetidos E quando a ordem dos elementos faz diferença no resultado.

A fórmula do arranjo é:

$$A_{n,p} = \frac{n!}{(n \cdot p)!}$$

Sendo:
- **n** = todos os elementos do conjunto.
- **p** = os elementos utilizados.
> pódio de competição

Combinação: usado quando os elementos (envolvidos no cálculo) não podem ser repetidos E quando a ordem dos elementos não faz diferença no resultado.

A fórmula da combinação é:

$$C_{n,p} = \frac{n!}{p! \cdot (n-p)!}$$

ANÁLISE COMBINATÓRIA

Sendo:

n = a todos os elementos do conjunto.

p = os elementos utilizados.

| salada de fruta.

3.5 Permutação

3.5.1 Permutação simples

Seja **E** um conjunto com **n** elementos. Chama-se permutação simples dos **n** elementos, qualquer agrupamento (sequência) de **n** elementos distintos de **E** em outras palavras. Permutação é a **organização** de **todos** os elementos

Podemos, também, interpretar cada permutação de **n** elementos como um arranjo simples de **n** elementos tomados **n** a **n**, ou seja, p = n.

Nada mais é do que um caso particular de arranjo cujo p = n.

Logo:

Assim, a fórmula da permutação é:

$$P_n = n!$$

Quantos anagramas tem a palavra prova?

A palavra **prova** tem 5 letras, e nenhuma repetida, sendo assim n = 5, é:

P5 = 5!

P5 = 5 · 4 · 3 · 2 · 1

P5 = 120 anagramas

Fique ligado

As permutações são muito usadas nas questões de anagramas. Anagramas são palavras formadas com todas as letras de uma palavra, desde que essas novas palavras tenham sentido ou não na linguagem comum.

3.5.2 Permutação com elementos repetidos

Na permutação com elementos repetidos, usa-se a seguinte fórmula:

$$P_n^{k,y,\ldots,w} = \frac{n!}{k! \cdot y! \cdot \ldots \cdot w!}$$

Sendo:

n = o número total de elementos do conjunto.

k, y, w = as quantidades de elementos repetidos.

Quantos anagramas tem a palavra concurso?

Observe que na palavra **concurso** existem duas letras repetidas, C e O, e cada uma duas vezes, portanto, n = 8, k = 2 e y = 2, sendo:

$$P_8^{2,2} = \frac{8!}{2! \cdot 2!}$$

$$P_8^{2,2} = \frac{8 \cdot 7 \cdot 6 \cdot 5 \cdot 4 \cdot 3 \cdot 2!}{2 \cdot 1 \cdot 2!} \text{ (Simplificando o 2!)}$$

$$P_8^{2,2} = \frac{20.160}{2}$$

$$P_8^{2,2} = 10.080 \text{ anagramas}$$

Resumo:

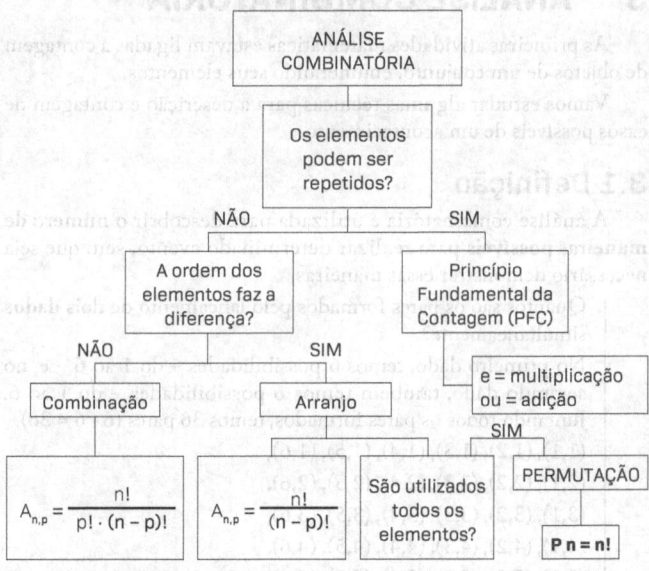

ANÁLISE COMBINATÓRIA

Os elementos podem ser repetidos?

NÃO — A ordem dos elementos faz a diferença?

SIM — Princípio Fundamental da Contagem (PFC)

e = multiplicação ou = adição

NÃO — Combinação

SIM — Arranjo

$$A_{n,p} = \frac{n!}{p! \cdot (n-p)!} \qquad A_{n,p} = \frac{n!}{(n-p)!}$$

São utilizados todos os elementos? SIM → PERMUTAÇÃO

$$P_n = n!$$

Para saber qual das técnicas utilizar, faça duas, no máximo, três perguntas para a questão, como segue:

Os elementos podem ser repetidos?

Se a resposta for sim, deve-se trabalhar com o PFC; se a resposta for não, passe para a próxima pergunta.

A ordem dos elementos faz diferença no resultado da questão?

Se a resposta for sim, trabalha-se com arranjo; se a resposta for não, trabalha-se com as combinações (todas as questões de arranjo podem ser feitas por PFC).

Vou utilizar todos os elementos para resolver a questão? (opcional)

Para fazer a 3ª pergunta, dependerá se a resposta da 1ª for não e a 2ª for sim; se a resposta da 3ª for sim, trabalha-se com as permutações.

3.5.3 Permutações circulares e combinações com repetição

3.5.3.1 Casos especiais dentro da análise combinatória

Permutação circular: usada quando houver giro horário ou anti-horário. Na permutação circular o que importa são as posições, não os lugares.

$$PC_n = (n-1)!$$

Sendo:

n = o número total de elementos do conjunto.

Pc = permutação circular.

Combinação com repetição: usada quando p > n ou quando a questão deixar subentendido que pode haver repetição.

$$A_{n,p} = C_{(n+p-1,p)} = \frac{(n+p-1)!}{p! \cdot (n-1)!}$$

Sendo:

n = o número total de elementos do conjunto.

p = o número de elementos utilizados.

Cr = combinação com repetição.

4 PROBABILIDADE

A que temperatura a água entra em ebulição? Ao soltar uma bola, com que velocidade ela atinge o chão? Ao conhecer certas condições, é perfeitamente possível responder a essas duas perguntas, antes mesmo da realização desses experimentos.

Esses experimentos são denominados determinísticos, pois neles os resultados podem ser previstos.

Considere agora os seguintes experimentos:
- No lançamento de uma moeda, qual a face voltada para cima?
- No lançamento de um dado, que número saiu?
- Uma carta foi retirada de um baralho completo. Que carta é essa?

Mesmo se esses experimentos forem repetidos várias vezes, nas mesmas condições, não poderemos prever o resultado.

Um experimento cujo resultado, mesmo que único, é imprevisível, é denominado experimento aleatório. E é justamente ele que nos interessa neste estudo. Um experimento ou fenômeno aleatório apresenta as seguintes características:
- Pode se repetir várias vezes nas mesmas condições.
- É conhecido o conjunto de todos os resultados possíveis.
- Não se pode prever o resultado.

A teoria da probabilidade surgiu para nos ajudar a medir a chance de ocorrer determinado resultado em um experimento aleatório.

4.1 Definições

Para o cálculo das probabilidades, temos que saber primeiro os três conceitos básicos acerca do tema:

Fique ligado
Maneiras possíveis de se realizar determinado evento (análise combinatória).
≠ (diferente)
Chance de determinado evento ocorrer (probabilidade).

Experimento aleatório: é o experimento em que não é possível garantir o resultado, mesmo que esse seja feito diversas vezes nas mesmas condições.

> **Lançamento de uma moeda**: ao lançar uma moeda os resultados possíveis são cara ou coroa, mas não tem como garantir qual será o resultado desse lançamento.
> **Lançamento de um dado**: da mesma forma que a moeda, não temos como garantir qual é o resultado (1, 2, 3, 4, 5 e 6) desse lançamento.

Espaço amostral (Ω) ou (U): é o conjunto de todos os resultados possíveis para um experimento aleatório.

Na moeda: o espaço amostral na moeda é $\Omega = 2$, pois só temos dois resultados possíveis para esse experimento, que é ou cara ou coroa.

No dado: o espaço amostral no dado é U = 6, pois temos do 1 ao 6, como resultados possíveis para esse experimento.

Evento: qualquer subconjunto do espaço amostral é chamado evento.

> No lançamento de um dado, por exemplo, em relação à face voltada para cima, podemos ter os eventos:
> **O número par**: {2, 4, 6}.
> **O número ímpar**: {1, 3, 5}.
> **Múltiplo de 8**: { }.

4.2 Fórmula da probabilidade

Considere um experimento aleatório em que para cada um dos n eventos simples, do espaço amostral U, a chance de ocorrência é a mesma. Nesse caso, o cálculo da probabilidade de um evento qualquer dado pela fórmula:

$$P(A) = \frac{n(A)}{n(U)}$$

Na expressão acima, **n (U)** é o número de elementos do espaço amostral **U** e **n (A)**, o número de elementos do evento **A**.

$$P = \frac{evento}{espaço\ amostral}$$

Os valores da probabilidade variam de 0 (0%) a 1 (100%).

Quando a probabilidade é de 0 (0%), diz-se que o evento é impossível.
| Chance de você não passar num concurso.

Quando a probabilidade é de 1 (100%), diz-se que o evento é certo.
| Chance de você passar num concurso.

Qualquer outro valor entre 0 e 1, caracteriza-se como a probabilidade de um evento.

Na probabilidade também se usa o PFC, ou seja, sempre que houver duas ou mais probabilidades ligadas pelo conectivo e elas serão multiplicadas, e quando for pelo ou, elas serão somadas.

4.3 Eventos complementares

Dois eventos são ditos **complementares** quando a chance do evento ocorrer somado à chance de ele não ocorrer sempre dá 1.

$$P(A) + P(\bar{A}) = 1$$

Sendo:
- **P(A)** = a probabilidade do evento ocorrer.
- **P(Ā)** = a probabilidade do evento não ocorrer.

4.4 Casos especiais de probabilidade

A partir de agora, veremos algumas situações típicas da probabilidade, que servem para não perdermos tempo na resolução das questões.

4.4.1 Eventos independentes

Dois ou mais eventos são independentes quando não dependem uns dos outros para acontecer, porém ocorrem simultaneamente. Para calcular a probabilidade de dois ou mais eventos independentes, multiplicar a probabilidade de cada um deles.

> Uma urna tem 30 bolas, sendo 10 vermelhas e 20 azuis. Se sortear 2 bolas, 1 de cada vez e repondo a sorteada na urna, qual será a probabilidade de a primeira ser vermelha e a segunda ser azul?
> Sortear uma bola vermelha da urna não depende de uma bola azul ser sorteada e vice-versa, então a probabilidade da bola ser vermelha é $\frac{10}{30}$, e para a bola ser azul a probabilidade é $\frac{20}{30}$. Dessa forma, a probabilidade de a primeira bola ser vermelha e a segunda azul é:

PROBABILIDADE

$$P = \frac{20}{30} \cdot \frac{10}{30}$$

$$P = \frac{200}{900}$$

$$P = \frac{2}{9}$$

4.4.2 Probabilidade condicional

É a probabilidade de um evento ocorrer, sabendo que já ocorreu outro, relacionado a esse.

A fórmula para o cálculo dessa probabilidade é:

$$P_{A/B} = \frac{P(A \cap B)}{P_B}$$

$$P = \frac{\text{probabilidade dos eventos simultâneos}}{\text{probabilidade do evento condicional}}$$

4.4.3 Probabilidade da união de dois eventos

Assim como na teoria de conjuntos, faremos a relação com a fórmula do número de elementos da união de dois conjuntos. É importante lembrar o que significa união.

A fórmula para o cálculo dessa probabilidade é:

$$P(A \cup B) = P(A) + P(B) - P(A \cap B)$$

Ao lançar um dado, qual é a probabilidade de obter um número primo ou um número ímpar?

Os números primos no dado são 2, 3 e 5, já os números ímpares no dado são 1, 3 e 5, então os números primos e ímpares são 3 e 5. Ao aplicar a fórmula para o cálculo da probabilidade fica:

$$P_{(A \cup B)} = \frac{3}{6} + \frac{3}{6} - \frac{2}{6}$$

$$P_{(A \cup B)} = \frac{4}{6}$$

$$P_{(A \cup B)} = \frac{2}{3}$$

4.4.4 Probabilidade binomial

Essa probabilidade é a chamada probabilidade estatística e será tratada aqui de forma direta e com o uso da fórmula.

A fórmula para o cálculo dessa probabilidade é:

$$P = C_{n,s} \cdot P_{sucesso}^{s} \cdot P_{fracasso}^{f}$$

Sendo:
- **C** = o combinação.
- **n** = o número de repetições do evento.
- **s** = o número de sucessos desejados.
- **f** = o número de fracassos.

NOÇÕES DE DIREITO CONSTITUCIONAL

1 DIREITOS FUNDAMENTAIS – REGRAS GERAIS

1.1 Conceito

Os direitos e garantias fundamentais são institutos jurídicos que foram criados no decorrer do desenvolvimento da humanidade e se constituem de normas protetivas que formam um núcleo mínimo de prerrogativas inerentes à condição humana.

1.1.1 Amplitude horizontal e amplitude vertical

Possuem como objetivo principal a proteção do indivíduo diante do poder do Estado. Mas não só do Estado. Os direitos e garantias fundamentais também constituem normas de proteção do indivíduo em relação aos outros indivíduos da sociedade.

E é exatamente nesse ponto que surgem os conceitos de **amplitude vertical e amplitude horizontal.**

- **Amplitude vertical:** é o efeito protetor que as normas definidoras de direitos e garantias fundamentais produzem para um indivíduo diante do Estado.
- **Amplitude horizontal:** é o efeito protetor que as normas definidoras de direitos e garantias fundamentais produzem para um indivíduo diante dos outros indivíduos.

1.2 Classificação

A Constituição Federal, quando se refere aos direitos fundamentais, classifica-os em cinco grupos:

- Direitos e deveres individuais e coletivos;
- Direitos sociais;
- Direitos de nacionalidade;
- Direitos políticos;
- Partidos políticos.

Essa classificação encontra-se distribuída entre os arts. 5º e 17 do texto constitucional e é normalmente chamada pela doutrina de Conceito Formal dos Direitos Fundamentais. O Conceito Formal é o que a Constituição Federal resolveu classificar como sendo Direito Fundamental. É o rol de direitos fundamentais previstos expressamente no texto constitucional.

Costuma-se perguntar nas provas: "O rol de direitos fundamentais é um rol exaustivo? Ou melhor, taxativo?" O que se quer saber é se o rol de direitos fundamentais é só aquele que está expresso na Constituição ou não.

Responde-se a essa questão com o § 2º do art. 5º, que diz:

> *§ 2º Os direitos e garantias expressos nesta Constituição não excluem outros decorrentes do regime e dos princípios por ela adotados, ou dos tratados internacionais em que a República Federativa do Brasil seja parte.*

Isso significa que o rol não é taxativo, mas exemplificativo. A doutrina costuma chamar esse parágrafo de cláusula de abertura material, que é exatamente a possibilidade de existirem outros direitos fundamentais, ainda que fora do texto constitucional. Esse seria o conceito material dos direitos fundamentais, ou seja, todos os direitos fundamentais que possuem a essência fundamental, ainda que não estejam expressos no texto constitucional.

1.3 Características

O elemento jurídico acima abordado, além de explicar a possibilidade de se inserirem novos direitos fundamentais no rol dos que já existem expressamente na Constituição Federal, também constitui uma das características que serão abordadas a seguir:

- **Historicidade:** essa característica revela que os direitos fundamentais são frutos da evolução histórica da humanidade. Significa que eles evoluem com o passar do tempo.
- **Inalienabilidade:** os direitos fundamentais não podem ser alienados, não podem ser negociados, não podem ser transigidos.
- **Irrenunciabilidade:** os direitos fundamentais não podem ser renunciados.
- **Imprescritibilidade:** os direitos fundamentais não se sujeitam aos prazos prescricionais. Não se perde um direito fundamental pelo decorrer do tempo.
- **Universalidade:** os direitos fundamentais pertencem a todas as pessoas, independentemente da sua condição.
- **Máxima Efetividade:** essa característica é mais uma imposição ao Estado, que está coagido a garantir a máxima efetividade dos direitos fundamentais. Esses direitos não podem ser ofertados de qualquer forma. É necessário que eles sejam garantidos da melhor forma possível.
- **Concorrência:** os direitos fundamentais podem ser utilizados em conjunto com outros direitos. Não é necessário abandonar um para usufruir outro direito.
- **Complementariedade:** um direito fundamental não pode ser interpretado sozinho. Cada direito deve ser analisado juntamente com outros direitos fundamentais, bem como com outros institutos jurídicos.
- **Proibição do retrocesso:** essa característica proíbe que os direitos já conquistados sejam perdidos.
- **Limitabilidade:** não existe direito fundamental absoluto. São direitos relativos.
- **Não Taxatividade:** essa característica, já tratada anteriormente, diz que o rol de direitos fundamentais é apenas exemplificativo, tendo em vista a possibilidade de inserção de novos direitos.

1.4 Dimensões dos direitos fundamentais

As dimensões, também conhecidas por gerações de direitos fundamentais, são uma classificação adotada pela doutrina que leva em conta a ordem cronológica de reconhecimento desses direitos. São cinco as dimensões atualmente reconhecidas:

- **1ª dimensão:** foram os primeiros direitos conquistados pela humanidade. São direitos relacionados à liberdade, em todas as suas formas. Possuem um caráter negativo diante do Estado, tendo em vista ser utilizado como uma verdadeira limitação ao poder estatal, ou seja, o Estado, diante dos direitos de primeira dimensão, fica impedido de agir ou interferir na sociedade. São verdadeiros direitos de defesa com caráter individual. Estão entre estes direitos as liberdades públicas, civis e políticas.
- **2ª dimensão:** estes direitos surgem na tentativa de reduzirem as desigualdades sociais provocadas pela primeira dimensão. Por isso, são conhecidos como direitos de igualdade. Para reduzir as diferenças sociais, o Estado precisa interferir na sociedade: essa interferência reflete a conduta positiva adotada por meio de prestações sociais. São exemplos de direitos de segunda dimensão: os direitos sociais, econômicos e culturais.
- **3ª dimensão:** aqui estão os conhecidos direitos de fraternidade. São direitos que refletem um sentimento de solidariedade entre os povos na tentativa de preservarem os direitos de toda a coletividade. São de terceira geração o direito ao meio ambiente saudável, o direito ao progresso da humanidade, ao patrimônio comum, entre outros.
- **4ª dimensão:** esses direitos ainda não possuem um posicionamento pacífico na doutrina, mas costuma-se dizer que nesta dimensão ocorre a chamada globalização dos direitos fundamentais. São direitos que rompem com as fronteiras entre os Estados. São direitos de todos os seres humanos, independentemente de sua condição, como o direito à democracia, ao pluralismo político. São também considerados direitos de 4ª geração os direitos mais novos, que estão em construção, como o direito genético ou espacial.
- **5ª dimensão:** essa é a mais nova dimensão defendida por alguns doutrinadores. É formado basicamente pelo direito à paz. Esse seria o direito mais almejado pelo homem e que consubstancia a reunião de todos os outros direitos.

Deve-se ressaltar que esses direitos, à medida que foram sendo conquistados, complementavam os direitos anteriores, de forma que não se pode falar em substituição ou superação de uma geração sobre a outra, mas em cumulação, de forma que hoje podemos usufruir de todos os direitos pertencentes a todas as dimensões.

Para não se esquecer das três primeiras dimensões é só lembrar-se do lema da Revolução Francesa: Liberdade (1ª dimensão), Igualdade (2ª dimensão) e Fraternidade (3ª dimensão).

1.5 Titulares dos direitos fundamentais

1.5.1 Quem são os titulares dos direitos fundamentais?

A própria Constituição Federal responde a essa pergunta quando diz no *caput* do art. 5º que são titulares "os brasileiros e estrangeiros residentes no país". Mas será que é necessário residir no país para que o estrangeiro tenha direitos fundamentais?

Imaginemos um avião cheio de alemães que está fazendo uma escala no Aeroporto Municipal de Cascavel-PR.

Nenhum dos alemães reside no país. Seria possível entrar no avião e matar todas aquelas pessoas, haja vista não serem titulares de direitos fundamentais por não residirem no país? É claro que não. Para melhor se compreender o termo "residente", o STF o tem interpretado de forma mais ampla no sentido de abarcar todos aqueles que estão no país. Ou seja, todos os que estão no território brasileiro, independentemente de residirem no país, são titulares de direitos fundamentais.

Mas será que, para ser titular de direitos fundamentais, é necessário ter a condição humana? Ao contrário do que parece, não é necessário. Tem-se reconhecido como titulares de direitos fundamentais as pessoas jurídicas. Ressalta-se que não só as pessoas jurídicas de direito privado, mas também as pessoas jurídicas de direito público.

Os animais não são considerados titulares de direitos fundamentais, mas isso não significa que seja possível maltratá-los. Na prática, a Constituição Federal de 1988 os protege contra situações de maus-tratos. O STF já se pronunciou sobre a "briga de galo" e a "farra do boi", declarando-as inconstitucionais. Quanto à "vaquejada", o Supremo se manifestou acerca da admissibilidade parcial, desde que não figure flagelação do animal. Por fim, o tema de "rodeios" ainda não foi pleiteado. De outro lado, mortos podem ser titulares de direitos fundamentais, desde que o direito seja compatível (por exemplo: honra).

1.6 Cláusulas pétreas fundamentais

O art. 60, § 4º da Constituição Federal de 1988, traz o rol das chamadas **Cláusulas Pétreas:**

§ *4º Não será objeto de deliberação a proposta de emenda tendente a abolir:*
I – A forma federativa de Estado;
II – O voto direto, secreto, universal e periódico;
III – A separação dos Poderes;
IV – Os direitos e garantias individuais.

As Cláusulas Pétreas são núcleos temáticos formados por institutos jurídicos de grande importância, os quais não podem ser retirados da Constituição. Observe-se que o texto proíbe a abolição desses princípios, mas não impede que eles sejam modificados, no caso, para melhor. Isso já foi cobrado em prova. É importante notar que o texto constitucional prevê no inciso IV como sendo Cláusulas Pétreas apenas os direitos e garantias individuais. Pela literalidade da Constituição, não são todos os direitos fundamentais que são protegidos por esse instituto, mas apenas os de caráter individual. Parte da doutrina e da jurisprudência entende que essa proteção deve ser ampliada, abrangendo os demais direitos fundamentais. Deve-se ter atenção com esse tema em prova, pois já foram cobrados os dois posicionamentos.

1.7 Eficácia dos direitos fundamentais

O § 1º do art. 5º da Constituição Federal de 1988 prevê que:

§ *1º As normas definidoras dos direitos e garantias fundamentais têm aplicação imediata.*

Quando a Constituição Federal de 1988 se refere à aplicação de uma norma, na verdade está falando da sua eficácia.

Esse tema é sempre cobrado em provas de concurso. Com o intuito de obter uma melhor compreensão, é necessário conceituar, classificar e diferenciar os vários níveis de eficácia das normas constitucionais.

Para que uma norma constitucional seja aplicada é indispensável que a ela possua eficácia, a qual é a capacidade que uma norma jurídica tem de produzir efeitos.

Se os efeitos produzidos se restringem ao âmbito normativo, tem-se a chamada **eficácia jurídica**, ao passo que, se os efeitos são concretos, reais, tem-se a chamada **eficácia social**. Eficácia jurídica, portanto, é a capacidade que uma norma constitucional tem de revogar todas as outras normas que com ela apresentem divergência. Já a eficácia social, também conhecida como efetividade, é a aplicabilidade na prática, concreta, da norma. Todas as normas constitucionais possuem eficácia jurídica, mas nem todas possuem eficácia social. Logo, é possível afirmar que todas as normas constitucionais possuem eficácia. O problema surge quando uma norma constitucional não pode ser aplicada na prática, ou seja, não possui eficácia social.

Para explicar esse fenômeno, foram desenvolvidas várias classificações acerca do grau de eficácia de uma norma constitucional. A classificação mais adotada pela doutrina e mais cobrada em prova é a adotada pelo professor José Afonso da Silva, na obra *Curso de Direito Constitucional Positivo*. Para esse estudioso, a eficácia social se classifica em:

- **Eficácia plena:** são aquelas **autoaplicáveis.** São normas que possuem aplicabilidade direta, imediata e integral. Seus efeitos práticos são plenos. É uma norma que não depende de complementação legislativa para produzir efeitos. Veja os exemplos: art. 1º; art. 5º, *caput* e incisos XXXV e XXXVI; art. 19; art. 21; art. 53; art. 60, § 1º e 4º; art. 69; art. 128, § 5º, incisos I e II; art. 145, § 2º; entre outros.

- **Eficácia contida:** também são **autoaplicáveis**. Assim como as normas de eficácia plena, elas possuem **aplicabilidade direta e imediata**. Contudo, sua aplicação não é integral. É neste ponto que a eficácia contida se diferencia da eficácia plena. A norma de eficácia contida nasce plena, mas pode ser restringida por outra norma.

- Daí a doutrina chamá-la de norma contível, restringível ou redutível. Essas espécies permitem que outra norma reduza a sua aplicabilidade. São normas que produzem efeitos imediatos, mas esses efeitos podem ser restringidos. Por exemplo: art. 5º, incisos VII, XII, XIII, XV, XXVII e XXXIII; art. 9º; art. 37, inciso I; art. 170, parágrafo único; entre outros.

- **Eficácia limitada:** são desprovidas de eficácia social. Diz-se que as normas de eficácia limitada não são autoaplicáveis, possuem aplicabilidade indireta, mediata e reduzida ou diferida.

- São normas que dependem de outra para produzirem efeitos. O que as difere das normas de eficácia contida é a dependência de outra norma para que produza efeitos sociais. Enquanto as de eficácia contida produzem efeitos imediatos, os quais poderão ser restringidos posteriormente, as de eficácia limitada dependem de outra norma para produzirem efeitos. Deve-se ter cuidado para não pensar que essas espécies normativas não possuem eficácia. Como se afirmou anteriormente, elas possuem eficácia jurídica, mas não possuem eficácia social. As normas de eficácia limitada são classificadas, ainda, em:

- **Normas de eficácia limitada de princípio institutivo:** são aquelas que dependem de outra norma para organizar ou instituir estruturas, entidades ou órgãos. Por exemplo: art. 18, § 2º; art. 22, parágrafo único; art. 25, § 3º; art. 33; art. 88; art. 90, § 2º; art. 102, § 1º; art. 107, § 1º; art. 113; art. 121; art. 125, § 3º; art. 128, § 5º; art. 131; entre outros.

- **Normas de eficácia limitada de princípio programático:** são aquelas que apresentam verdadeiros objetivos a serem perseguidos pelo Estado, programas a serem implementados. Em regra, possuem fins sociais. Por exemplo: art. 7º, incisos XI, XX e XXVII; art. 173, § 4º; arts. 196; 205; 215; 218; 227; entre outros.

DIREITOS FUNDAMENTAIS – REGRAS GERAIS

O Supremo Tribunal Federal (STF) possui algumas decisões que conferiram o grau de eficácia limitada aos seguintes dispositivos: art. 5º, inciso LI; art. 37, inciso I; art. 37, inciso VII; art. 40, § 4º; art. 18, § 4º.

Feitas as considerações iniciais sobre esse tema, resta saber o que o § 1º do art. 5º da Constituição Federal de 1988 quis dizer com "aplicação imediata". Para traduzir essa expressão, basta analisar a explicação apresentada anteriormente. Segundo a doutrina, as normas que possuem aplicação imediata ou são de eficácia plena ou contida. Ao que parece, o texto constitucional quis restringir a eficácia dos direitos fundamentais em plena ou contida, não existindo, em regra, normas definidoras de direitos fundamentais com eficácia limitada. Entretanto, pelos próprios exemplos aqui apresentados, não é essa a realidade do texto constitucional. Certamente, existem normas de eficácia limitada entre os direitos fundamentais (art. 7º, incisos XI, XX e XXVII). A dúvida que surge então é: como responder na prova?

A doutrina e o STF têm entendido que, apesar do texto expresso na Constituição Federal, existem normas definidoras de direitos fundamentais que não possuem aplicabilidade imediata, as quais são de eficácia limitada. Diante dessa contradição, a doutrina tem orientado no sentido de se conferir a maior eficácia possível aos direitos fundamentais. Em prova, pode ser cobrada tanto uma questão abordando o texto puro da Constituição Federal quanto o posicionamento da doutrina. Deve-se responder conforme for perguntado.

A Constituição previu dois instrumentos para garantir a efetividade das normas de eficácia limitada: **Ação Direta de Inconstitucionalidade por Omissão** e o **Mandado de Injunção**.

1.8 Força normativa dos tratados internacionais

Uma regra muito importante para a prova é a que está prevista no § 3º do art. 5º da Constituição Federal de 1988:

§ 3º Os tratados e convenções internacionais sobre direitos humanos que forem aprovados, em cada Casa do Congresso Nacional, em dois turnos, por três quintos dos votos dos respectivos membros, serão equivalentes às emendas constitucionais.

Esse dispositivo constitucional apresenta a chamada força normativa dos tratados internacionais.

Segundo o texto constitucional, é possível que um tratado internacional possua força normativa de emenda constitucional, desde que preencha os seguintes requisitos:

- Deve falar de direitos humanos;
- Deve ser aprovado nas duas casas legislativas do Congresso Nacional, ou seja, na Câmara dos Deputados e no Senado Federal;
- Deve ser aprovado em dois turnos em cada casa;
- Deve ser aprovado por 3/5 dos membros em cada turno de votação, em cada casa.

Preenchidos esses requisitos, o Tratado Internacional terá força normativa de **Emenda à Constituição**.

Mas surge a seguinte questão: e se o Tratado Internacional for de Direitos Humanos e não preencher os requisitos constitucionais previstos no § 3º do art. 5º da Constituição? Qual será sua força normativa? Segundo o STF, caso o Tratado Internacional fale de direitos humanos, mas não preencha os requisitos do § 3º do art. 5º da CF/1988/1988, ele terá força normativa de **norma supralegal**.

Ainda há os tratados internacionais que não falam de direitos humanos. São tratados que falam de outros temas, por exemplo, o comércio. Esses tratados possuem força normativa de **lei ordinária**.

Em suma, são três as forças normativas dos Tratados Internacionais:

- Emenda à Constituição;
- Norma supralegal;
- Lei ordinária.

1.9 Tribunal Penal Internacional (TPI)

Há outra regra muito interessante prevista no § 4º do art. 5º da Constituição Federal de 1988:

§ 4º O Brasil se submete à jurisdição de Tribunal Penal Internacional a cuja criação tenha manifestado adesão.

É o chamado **Tribunal Penal Internacional**. Mas o que é o Tribunal Penal Internacional? É uma corte permanente, localizada em Haia, na Holanda, com competência de julgamento dos crimes contra a humanidade.

É um Tribunal, pois tem função jurisdicional; é penal porque só julga crimes; é internacional, haja vista sua competência não estar restrita à fronteira de um só Estado.

Mas uma coisa deve ser esclarecida. O TPI não julga qualquer tipo de crime. Só os crimes que tenham repercussão para toda a humanidade. Geralmente, são crimes de guerra, agressão estrangeira, genocídio, dentre outros.

Apesar de ser um tribunal com atribuições jurisdicionais, o TPI não faz parte do Poder Judiciário brasileiro. Sua competência é complementar à jurisdição nacional, não ofendendo, portanto, a soberania do Estado brasileiro. Isso significa que o TPI só age quando a Justiça Brasileira se omite ou é ineficaz.

1.10 Direitos e garantias

Muitos questionam se direitos e garantias são a mesma coisa, mas a melhor doutrina tem diferenciado esses dois institutos.

Os direitos são os próprios direitos previstos na Constituição Federal de 1988. São os bens jurídicos tutelados pela Constituição. Eles representam por si só esses bens.

As garantias são instrumentos de proteção dos direitos. São ferramentas disponibilizadas pela Constituição para a fruição dos direitos.

Apesar da diferença entre os dois institutos é possível afirmar que **toda garantia é um direito**.

NOÇÕES DE DIREITO CONSTITUCIONAL

2 DIREITOS E DEVERES INDIVIDUAIS E COLETIVOS

A Constituição Federal, ao disciplinar os direitos individuais, os coloca basicamente no art. 5º. Logo no *caput* desse artigo, já aparece uma classificação didática dos direitos ali previstos:

> *Art. 5º Todos são iguais perante a lei, sem distinção de qualquer natureza, garantindo-se aos brasileiros e aos estrangeiros residentes no País a inviolabilidade do direito à vida, à liberdade, à igualdade, à segurança e à propriedade, nos termos seguintes:*

Para estudarmos os direitos individuais, utilizaremos os cinco grupos de direitos previstos no *caput* do art. 5º:

- **Direito à vida;**
- **Direito à igualdade;**
- **Direito à liberdade;**
- **Direito à propriedade;**
- **Direito à segurança.**

Percebe-se que os 78 incisos do art. 5º, de certa forma, decorrem de um desses direitos que podem ser chamados de **"direitos raízes"**. Utilizando essa divisão, a seguir serão abordados os incisos mais importantes desse artigo, tendo em vista a preparação para a prova. Logicamente, não conseguiremos abordar todos os incisos, o que não tira a responsabilidade de lê-los.

2.1 Direito à vida

Ao falar desse direito, que é considerado pela doutrina como o **direito mais fundamental de todos**, por ser um pressuposto para o exercício dos demais direitos, enfrenta-se um primeiro desafio: esse direito é absoluto?

Assim como os demais direitos, o direito à vida não é absoluto. São várias as justificativas existentes para considerá-lo um direito passível de flexibilização.

2.1.1 Pena de morte

Existe pena de morte no Brasil? A resposta é sim. A alínea "a" do inciso XLVII do art. 5º traz essa previsão expressamente:

> *XLVII – Não haverá penas:*
> *a) de morte, salvo em caso de guerra declarada, nos termos do art. 84, XIX;*

Todas as vezes que a Constituição traz uma negação acompanhada de uma exceção, estamos diante de uma possibilidade.

2.1.2 Aborto

A prática de aborto no Brasil é permitida? O art. 128 do Código Penal Brasileiro apresenta duas possibilidades de prática de aborto que são verdadeiras excludentes de ilicitude:

> *Art. 128 Não se pune o aborto praticado por médico:*
> *Aborto necessário*
> *I – Se não há outro meio de salvar a vida da gestante;*
> *Aborto sentimental*
> *II – Se a gravidez resulta de estupro e o aborto é precedido de consentimento da gestante ou, quando incapaz, de seu representante legal.*

São os **abortos necessário** e **sentimental**. Aborto necessário é aquele praticado para salvar a vida da gestante e o aborto sentimental é utilizado nos casos de estupro. Essas duas exceções à prática do crime de aborto são hipóteses em que se permite a sua prática no direito brasileiro. Além dessas duas hipóteses previstas expressamente na legislação brasileira, o STF também reconhece a possibilidade da prática de aborto do feto anencéfalo (feto sem cérebro). Mais uma vez, o direito à vida encontra-se flexibilizado.

2.1.3 Legítima defesa e estado de necessidade

Esses dois institutos, também excludentes de ilicitude do crime, são outras possibilidades de limitação do direito à vida, conforme disposto no art. 23 do Código Penal Brasileiro:

> *Art. 23 Não há crime quando o agente pratica o fato:*
> *I – Em estado de necessidade;*
> *II – Em legítima defesa;*

Em linhas gerais e de forma exemplificativa, o estado de necessidade permite que, diante de uma situação de perigo, uma pessoa possa, para salvar uma vida, tirar a vida de outra pessoa. Na legítima defesa, caso sua vida seja ameaçada por alguém, existe legitimidade em retirar a vida de quem o ameaçou.

Outro ponto que deve ser ressaltado é que o direito à vida não está subordinado apenas ao fato de se estar vivo. Quando a constituição protege o direito à vida, a faz em suas diversas acepções. Existem dispositivos constitucionais que protegem o direito à vida no que tange a sua preservação da integridade física e moral (art. 5º, incisos III, V, XLVII e XLIX; art. 199, § 4º). A Constituição também protege o direito à vida no que tange à garantia de uma vida com qualidade (arts. 6º; 7º, inciso IV; 196; 205; 215).

2.2 Direito à igualdade

2.2.1 Igualdade formal e igualdade material

Possui como sinônimo o termo Isonomia. A doutrina classifica esse direito em:

- **Igualdade formal:** traduz-se no termo "todos são iguais perante a lei, sem distinção de qualquer natureza". É o previsto no *caput* do art. 5º. É uma igualdade jurídica, que não se preocupa com a realidade, mas apenas evita que alguém seja tratado de forma discriminatória.
- **Igualdade material:** também chamada de igualdade efetiva ou substancial. É a igualdade que se preocupa com a realidade. Traduz-se na seguinte expressão: "tratar os iguais com igualdade e os desiguais com desigualdade, na medida das suas desigualdades". Esse tipo de igualdade confere um tratamento com justiça para aqueles que não a possuem.

A igualdade formal é a regra utilizada pelo Estado para conferir um tratamento isonômico entre as pessoas. Contudo, por diversas vezes, um tratamento igualitário não consegue atender a todas as necessidades práticas. Faz-se necessária a utilização da igualdade em seu aspecto material para que se consiga produzir um verdadeiro tratamento isonômico.

Imaginemos as relações entre homens e mulheres. A regra é que homem e mulher são tratados da mesma forma conforme previsto no inciso I do art. 5º:

> *I – Homens e mulheres são iguais em direitos e obrigações, nos termos desta Constituição;*

Contudo, em diversas situações, homens e mulheres serão tratados de forma diferente:

- **Licença-maternidade:** tem duração de 120 dias para a mulher. Para o homem, apenas 5 dias de licença-paternidade;
- **Aposentadoria:** a mulher se aposenta 5 anos mais cedo que o homem;
- **Serviço militar obrigatório:** só o homem está obrigado.

DIREITOS E DEVERES INDIVIDUAIS E COLETIVOS

Essas são algumas das situações em que são permitidos tratamentos desiguais entre as pessoas. As razões que justificam essa discriminação são as diferenças efetivas que existem entre os homens e as mulheres em cada uma das hipóteses. Exemplificando, a mulher tem mais tempo para se recuperar em razão da nítida distinção do desgaste feminino para o masculino no que tange ao parto. É indiscutível que, por mais desgastante que seja o nascimento de um filho para o pai, nada se compara ao sofrimento suportado pela mãe. Por essa razão, a licença-maternidade é maior que a licença-paternidade.

2.2.2 Igualdade nos concursos públicos

O tema diz respeito à igualdade nos concursos públicos. Seria possível restringir o acesso a um cargo público em razão do sexo de uma pessoa? Ou por causa de sua altura? Ou ainda, pela idade que possui?

Essas questões encontram a mesma resposta: sim! É possível, desde que os critérios discriminatórios preencham alguns requisitos:

- **Deve ser fixado em lei:** não basta que os critérios estejam previstos no edital, precisam estar previstos em lei, no seu sentido formal.
- **Deve ser necessário ao exercício do cargo:** o critério discriminatório deve ser necessário ao exercício do cargo. A título de exemplo: seria razoável exigir para um cargo de policial militar, altura mínima ou mesmo, idade máxima, que representam vigor físico, tendo em vista a natureza do cargo que exige tal condição. As mesmas condições não poderiam ser exigidas para um cargo de técnico judiciário, por não serem necessárias ao exercício do cargo.

Em suma, podem ser exigidos critérios discriminatórios desde que previstos em lei e que sejam necessários ao exercício do cargo, observados os critérios de proporcionalidade e razoabilidade.

Esse tema sempre tem sido alvo de questões em prova, principalmente sob o aspecto jurisprudencial.

2.2.3 Ações afirmativas

Como formas de concretização da igualdade material foram desenvolvidas políticas públicas de compensação dirigidas às minorias sociais chamadas de **ações afirmativas ou discriminações positivas**. São verdadeiras ações de cunho social que visam a compensar possíveis perdas que determinados grupos sociais tiveram ao longo da história de suas vidas. Quem nunca ouviu falar nas "quotas para os pobres nas Universidades" ou ainda, "reserva de vagas para deficientes em concursos públicos"? Essas são algumas das espécies de ações afirmativas desenvolvidas no Brasil.

Mas por que reservar vagas para deficientes em concursos públicos? O deficiente, qualquer que seja sua deficiência, quando se prepara para um concurso público possui muito mais dificuldade que uma pessoa que tem a plenitude de seu vigor físico. Em razão dessa diferença, o Estado, na tentativa de reduzir a desigualdade existente entre os concorrentes, resolveu compensar a limitação de um portador de necessidades especiais reservando-lhe vagas especiais.

Perceba que, ao contrário do que parece, quando se reservam vagas num concurso público para deficientes estamos diante de um nítido tratamento discriminatório, que nesse caso é justificável pelas diferenças naturais entre o concorrente sadio e o concorrente deficiente. Lembre-se de que igualdade material é tratar iguais com igualdade e desiguais com desigualdade. O que se faz por meio dessas políticas de compensação é tratar os desiguais com desigualdade, na medida de suas desigualdades. Só dessa forma é possível alcançar um verdadeiro tratamento isonômico entre os candidatos.

Por fim, destaca-se o fato de o STF ter declarado constitucional a política de cotas étnico-raciais para seleção de estudantes em universidades públicas pacificando uma discussão antiga sobre esse tipo de ação afirmativa.

2.3 Direito à liberdade

O direito à liberdade pertence à primeira geração de direitos fundamentais por expressarem os direitos mais ansiados pelos indivíduos como forma de defesa diante do Estado. O que se verá a seguir são algumas das acepções desse direito que podem ser cobradas em prova.

2.3.1 Liberdade de ação

O inciso II do art. 5º apresenta aquilo que a doutrina chama de liberdade de ação:

II – Ninguém será obrigado a fazer ou deixar de fazer alguma coisa senão em virtude de lei;

Essa é a liberdade por excelência. Segundo o texto constitucional, a liberdade só pode ser restringida por lei. Por isso, dizemos que esse inciso também apresenta o **princípio da legalidade.**

A liberdade pode ser entendida de duas formas, a depender do destinatário da mensagem:

- **Para o particular:** liberdade significa "fazer tudo que não for proibido".
- **Para o agente público:** liberdade significa "poder fazer tudo o que for determinado ou permitido pela lei".

2.3.2 Liberdade de locomoção

Uma das liberdades mais almejadas pelos indivíduos durante as lutas sociais é o grande carro-chefe na limitação dos poderes do Estado. O inciso XV do art. 5º já diz:

XV – É livre a locomoção no território nacional em tempo de paz, podendo qualquer pessoa, nos termos da lei, nele entrar, permanecer ou dele sair com seus bens;

Perceba-se que o direito explanado nesse inciso não possui caráter absoluto, haja vista ter sido garantido em tempo de paz. Isso significa que em momentos sem paz seriam possíveis restrições às liberdades de locomoção. Destaca-se o Estado de Sítio que pode ser decretado nos casos previstos no art. 137 da Constituição Federal de 1988. Nessas circunstâncias, seriam possíveis maiores restrições à chamada liberdade de locomoção por meio de medidas autorizadas pela própria Constituição Federal:

Art. 137 O Presidente da República pode, ouvidos o Conselho da República e o Conselho de Defesa Nacional, solicitar ao Congresso Nacional autorização para decretar o estado de sítio nos casos de:

I – Comoção grave de repercussão nacional ou ocorrência de fatos que comprovem a ineficácia de medida tomada durante o estado de defesa;

II – Declaração de estado de guerra ou resposta a agressão armada estrangeira.

Art. 139 Na vigência do estado de sítio decretado com fundamento no art. 137, I, só poderão ser tomadas contra as pessoas as seguintes medidas:

I – Obrigação de permanência em localidade determinada;

II – Detenção em edifício não destinado a acusados ou condenados por crimes comuns;

Outro ponto interessante refere-se à possibilidade de qualquer pessoa entrar, permanecer ou sair do país com seus bens. Esse direito também não pode ser encarado de forma absoluta, haja vista a possibilidade de se exigir declaração de bens ou pagamento de imposto quando da entrada no país com bens. Nesse caso, liberdade de locomoção não se confunde com imunidade tributária.

Caso a liberdade de locomoção seja restringida por ilegalidade ou abuso de poder, a Constituição reservou um poderoso instrumento garantidor, o chamado *Habeas corpus*.

> *Art. 5º [...]*
> *LXVIII – conceder-se-á "Habeas corpus" sempre que alguém sofrer ou se achar ameaçado de sofrer violência ou coação em sua liberdade de locomoção, por ilegalidade ou abuso de poder;*

2.3.3 Liberdade de pensamento

Essa liberdade serve de amparo para uma série de possibilidades no que tange ao pensamento. Assim como os demais direitos fundamentais, a manifestação do pensamento não possui caráter absoluto, sendo restringido pela própria Constituição Federal, que proíbe seu exercício de forma anônima:

> *Art. 5º [...]*
> *IV – É livre a manifestação do pensamento, sendo vedado o anonimato;*

A vedação ao anonimato, além de ser uma garantia ao exercício da manifestação do pensamento, possibilita o exercício do direito de resposta caso alguém seja ofendido.

Sobre Denúncia Anônima, é importante fazer uma observação. Diante da vedação constitucional ao anonimato, poder-se-ia imaginar que essa ferramenta de combate ao crime fosse considerada inconstitucional. Contudo, não tem sido esse o entendimento do STF. A denúncia anônima pode até ser utilizada como ferramenta de comunicação do crime, mas não pode servir como amparo para a instauração do Inquérito Policial, muito menos como fundamento para condenação de quem quer que seja.

2.3.4 Liberdade de consciência e crença religiosa

Uma primeira pergunta deve ser feita acerca da liberdade religiosa em nosso país: qual a religião oficial do Brasil? A única resposta possível: é nenhuma. A liberdade religiosa do Estado brasileiro é incompatível com a existência de uma religião oficial. É o que apresenta o inciso VI do art. 5º:

> *VI – É inviolável a liberdade de consciência e de crença, sendo assegurado o livre exercício dos cultos religiosos e garantida, na forma da lei, a proteção aos locais de culto e a suas liturgias;*

Esse inciso marca a liberdade religiosa existente no Brasil. Por esse motivo, dizemos que o Brasil é um Estado laico, leigo ou não confessional. Isso significa, basicamente, que no Brasil existe uma relação de separação entre Estado e Igreja. Essa relação entre o Estado e a Igreja encontra, inclusive, vedação expressa no texto constitucional:

> *Art. 19 É vedado à União, aos Estados, ao Distrito Federal e aos Municípios:*
> *I – Estabelecer cultos religiosos ou igrejas, subvencioná-los, embaraçar-lhes o funcionamento ou manter com eles ou seus representantes relações de dependência ou aliança, ressalvada, na forma da lei, a colaboração de interesse público;*

Por causa da liberdade religiosa, é possível exercer qualquer tipo de crença no país. É possível ser católico, protestante, mulçumano, ateu ou satanista. Isso é liberdade de crença ou consciência. Liberdade de crer ou não crer. Perceba que o inciso VI, além de proteger as crenças e cultos, também protege as suas liturgias. Apesar do amparo constitucional, não se pode utilizar esse direito para praticar atos contrários às demais normas do direito brasileiro como, por exemplo, sacrificar

seres humanos como forma de prestar culto a determinada divindade. Isso a liberdade religiosa não ampara.

Outro dispositivo importante é o previsto no inciso VII:

> *Art. 5º [...]*
> *VII – É assegurada, nos termos da lei, a prestação de assistência religiosa nas entidades civis e militares de internação coletiva;*

Nesse inciso, a Constituição Federal de 1988 garantiu a assistência religiosa nas entidades de internação coletivas, sejam elas civis ou militares. Entidades de internação coletivas são quartéis, hospitais ou hospícios. Em razão dessa garantia constitucional, é comum encontrarmos nesses estabelecimentos capelas para que o direito seja exercido.

Apesar da importância dos dispositivos analisados anteriormente, nenhum é mais cobrado em prova que o inciso VIII:

> *Art. 5º [...]*
> *VIII – Ninguém será privado de direitos por motivo de crença religiosa ou de convicção filosófica ou política, salvo se as invocar para eximir-se de obrigação legal a todos imposta e recusar-se a cumprir prestação alternativa, fixada em lei;*

Estamos diante do instituto da Escusa de Consciência. Esse direito permite a qualquer pessoa que, em razão de sua crença ou consciência, deixe de cumprir uma obrigação imposta sem que com isso sofra alguma consequência em seus direitos. Tal permissivo constitucional encontra uma limitação prevista expressamente no texto em análise. No caso de uma obrigação imposta a todos, se o indivíduo se recusar ao seu cumprimento, ser-lhe-á oferecida uma prestação alternativa. Não a cumprindo também, a Constituição permite que direitos sejam restringidos. O art. 15 prescreve que os direitos restringidos serão os direitos políticos:

> *Art. 15 É vedada a cassação de direitos políticos, cuja perda ou suspensão só se dará nos casos de: [...]*
> *IV – Recusa de cumprir obrigação a todos imposta ou prestação alternativa, nos termos do art. 5º, VIII;*

2.3.5 Liberdade de reunião

Acerca dessa liberdade, é importante ressaltar as condições estabelecidas pelo texto constitucional:

> *Art. 5º [...]*
> *XVI – Todos podem reunir-se pacificamente, sem armas, em locais abertos ao público, independentemente de autorização, desde que não frustrem outra reunião anteriormente convocada para o mesmo local, sendo apenas exigido prévio aviso à autoridade competente;*

Enumerando-as, de forma a facilitar o estudo, tem-se que as condições estabelecidas para o exercício do direito à reunião são:

- **Reunião pacífica:** não se legitima uma reunião que tenha fins não pacíficos.
- **Sem armas:** para evitar a violência ou coação por meio de armas.
- **Locais abertos ao público:** encontra-se subentendida a reunião em local fechado.
- **Independente de autorização:** não precisa de autorização.
- **Necessidade de prévio aviso.**
- **Não frustrar outra reunião convocada anteriormente para o mesmo local:** garantia de isonomia no exercício do direito prevalecendo o de quem exerceu primeiro.

Sobre o exercício da liberdade de reunião é importante saber que ele não depende de autorização, mas necessita de prévio aviso.

Outro ponto que já foi alvo de questão de prova é a possibilidade de restrição desse direito no Estado de Sítio e no Estado de Defesa. O problema está na distinção entre as limitações que podem ser adotadas em cada uma das medidas:

DIREITOS E DEVERES INDIVIDUAIS E COLETIVOS

Art. 136 [...]

§ 1º O decreto que instituir o estado de defesa determinará o tempo de sua duração, especificará as áreas a serem abrangidas e indicará, nos termos e limites da lei, as medidas coercitivas a vigorarem, dentre as seguintes:

I – Restrições aos direitos de:

a) reunião, ainda que exercida no seio das associações;

Art. 139. Na vigência do estado de sítio decretado com fundamento no art. 137, I, só poderão ser tomadas contra as pessoas as seguintes medidas: [...]

IV – Suspensão da liberdade de reunião;

Ao passo que no **estado de defesa** ocorrerão **restrições** ao direito de reunião, no **estado de sítio** ocorrerá a **suspensão** desse direito.

2.3.6 Liberdade de associação

São vários os dispositivos constitucionais que regulam a liberdade de associação:

Art. 5º [...]

XVII – É plena a liberdade de associação para fins lícitos, vedada a de caráter paramilitar;

XVIII – A criação de associações e, na forma da lei, de cooperativas independem de autorização, sendo vedada a interferência estatal em seu funcionamento;

XIX – As associações só poderão ser compulsoriamente dissolvidas ou ter suas atividades suspensas por decisão judicial, exigindo-se, no primeiro caso, o trânsito em julgado;

XX – Ninguém poderá ser compelido a associar-se ou a permanecer associado;

XXI – As entidades associativas, quando expressamente autorizadas, têm legitimidade para representar seus filiados judicial ou extrajudicialmente;

O primeiro ponto que dever ser lembrado é que a liberdade de associação só poderá ser usufruída para fins lícitos sendo proibida a criação de associação paramilitar.

Entende-se como associação de caráter paramilitar toda organização paralela ao Estado, sem legitimidade, com estrutura e organização tipicamente militar. São as facções criminosas, milícias ou qualquer outra organização que possua fins ilícitos e alheios aos do Estado.

Destaca-se, com a mesma importância, a dispensa de autorização e interferência estatal no funcionamento e criação das associações.

Maior destaque deve ser dado ao inciso XIX, que condiciona qualquer limitação às atividades associativas a uma decisão judicial. As associações podem ter suas atividades **suspensas** ou **dissolvidas**. Em qualquer um dos casos deve haver **decisão judicial**. No caso da **dissolução**, por ser uma medida mais grave, não basta qualquer decisão judicial, tem que ser **transitada em julgado**. Isso significa uma decisão definitiva, à qual não caiba mais recurso.

O inciso XX tutela a chamada liberdade associativa, pela qual ninguém será obrigado a se associar ou mesmo a permanecer associado a qualquer entidade associativa.

Por fim, temos o inciso XXI, que permite às associações que representem seus associados tanto na esfera judicial quanto na administrativa desde que possuam expressa autorização. Expressa autorização significa por escrito, por meio de instrumento legal que comprove a autorização.

Vale destacar que, para suspender as atividades de uma associação, basta qualquer decisão judicial; para dissolver, tem que haver decisão judicial transitada em julgado.

2.4 Direito à propriedade

Quando se fala em direito à propriedade, alguns atributos que lhe são inerentes aparecem imediatamente. Propriedade é a faculdade que uma pessoa tem de usar, gozar dispor de um bem. O texto constitucional garante esse direito de forma expressa:

Art. 5º [...]

XXII – É garantido o direito de propriedade.

Apesar de esse direito aparentar possuir um caráter absoluto, quando se investiga mais a fundo esse tema, percebe-se que ele possui vários limitadores no próprio texto constitucional. E é isso que se passa a analisar agora.

2.4.1 Limitações

Dentre as limitações existentes na Constituição, estão: função social, requisição administrativa, desapropriação, bem de família, propriedade imaterial e direito à herança.

2.4.2 Função social

A Constituição Federal de 1988 exige, em seu art. 5º, que a propriedade atenda a sua função social:

XXIII – A propriedade atenderá a sua função social;

Isso significa que a propriedade não é tão individual quanto pensamos. A necessidade de observância da função social demonstra que a propriedade é muito mais que uma titularidade privada. Esse direito possui reflexos em toda a sociedade. É só imaginar uma propriedade imóvel, um terreno urbano, que, apesar de possuir um proprietário, fica abandonado. Cresce o mato, as pessoas começam a jogar lixo naquele lugar, alguns criminosos começam a utilizar aquele ambiente para prática de atividades ilícitas. Veja quantas coisas podem acontecer numa propriedade e que importarão em consequências gravosas para o meio social mais próximo. É por isso que a propriedade tem que atender a sua função social.

2.4.3 Requisição administrativa

Consta no inciso XXV do art. 5º:

XXV – No caso de iminente perigo público, a autoridade competente poderá usar de propriedade particular, assegurada ao proprietário indenização ulterior, se houver dano;

Essa é a chamada Requisição Administrativa. Esse instituto permite que a propriedade seja limitada pela necessidade de se solucionar situação de perigo público. Não se trata de uma forma de desapropriação, pois o dono da propriedade requisitada não a perde, apenas a empresta para uso público, sendo garantido, posteriormente, havendo dano, direito a indenização. Esse instituto limita o caráter absoluto da propriedade.

2.4.4 Desapropriação

É a perda da propriedade. Esse é o limitador por excelência do direito, restringindo o caráter perpétuo da propriedade. A seguir, estão exemplificadas as três modalidades de desapropriação.

- **Desapropriação pelo mero interesse público:** essa modalidade é utilizada pelo Estado quando o interesse social ou a utilidade pública prevalecem sobre o direito individual. Nesse tipo de desapropriação, destaca-se que o proprietário nada fez para merecê-la, contudo, o interesse público exige que determinada área seja desapropriada. É o caso de construção de uma rodovia que exige a desapropriação de várias propriedades para o asfaltamento da via.

- Deve ser destacado que essa modalidade de desapropriação gera direito à indenização, que deve ser paga em dinheiro, previamente e com valor justo.

NOÇÕES DE DIREITO CONSTITUCIONAL

- Conforme o texto da Constituição Federal de 1988:

    Art. 5º [...]

    XXIV – A lei estabelecerá o procedimento para desapropriação por necessidade ou utilidade pública, ou por interesse social, mediante justa e prévia indenização em dinheiro, ressalvados os casos previstos nesta Constituição;

- **Desapropriação-sanção:** nesta modalidade, o proprietário, por algum motivo, não observou a função social da propriedade. Por esse motivo, é chamada de Desapropriação-sanção, haja vista ser uma verdadeira punição. Segundo a Constituição Federal de 1988, essa desapropriação gera direito à indenização, que deverá ser paga em títulos da dívida pública ou agrária. Segundo os arts. 182, § 4º, inciso III e 184 da Constituição Federal de 1988:

    Art. 182 [...]

    § 4º É facultado ao Poder Público municipal, mediante lei específica para área incluída no plano diretor, exigir, nos termos da lei federal, do proprietário do solo urbano não edificado, subutilizado ou não utilizado, que promova seu adequado aproveitamento, sob pena, sucessivamente, de:

    I – Parcelamento ou edificação compulsórios;

    II – Imposto sobre a propriedade predial e territorial urbana progressivo no tempo;

    III – Desapropriação com pagamento mediante títulos da dívida pública de emissão previamente aprovada pelo Senado Federal, com prazo de resgate de até dez anos, em parcelas anuais, iguais e sucessivas, assegurados o valor real da indenização e os juros legais.

    Art. 184 Compete à União desapropriar por interesse social, para fins de reforma agrária, o imóvel rural que não esteja cumprindo sua função social, mediante prévia e justa indenização em títulos da dívida agrária, com cláusula de preservação do valor real, resgatáveis no prazo de até vinte anos, a partir do segundo ano de sua emissão, e cuja utilização será definida em lei.

- **Desapropriação confiscatória:** *é a desapropriação que ocorre com a propriedade utilizada para cultivo de plantas psicotrópicas. Nesse caso, não haverá indenização, mas o proprietário poderá ser processado pela prática de ilícito penal.*

    Art. 243 As propriedades rurais e urbanas de qualquer região do País onde forem localizadas culturas ilegais de plantas psicotrópicas ou a exploração de trabalho escravo na forma da lei serão expropriadas e destinadas à reforma agrária e a programas de habitação popular, sem qualquer indenização ao proprietário e sem prejuízo de outras sanções previstas em lei, observado, no que couber, o disposto no art. 5º.

    Parágrafo único. Todo e qualquer bem de valor econômico apreendido em decorrência do tráfico ilícito de entorpecentes e drogas afins e da exploração de trabalho escravo será confiscado e reverterá a fundo especial com destinação específica, na forma da lei.

> **Atenção!**
>
> **Desapropriação por interesse público** → indenizada em dinheiro.
> **Desapropriação-sanção** → indenizada em títulos da Dívida Pública.
> **Desapropriação confiscatória** → não tem direito à indenização.

2.4.5 Bem de família

A Constituição consagra uma forma de proteção às pequenas propriedades rurais chamada de bem de família:

Art. 5º [...]

XXVI – A pequena propriedade rural, assim definida em lei, desde que trabalhada pela família, não será objeto de penhora para pagamento de débitos decorrentes de sua atividade produtiva, dispondo a lei sobre os meios de financiar o seu desenvolvimento; =

O mais importante para prova é atentar para os requisitos estabelecidos no inciso, quais sejam:

- **Pequena propriedade rural:** não se trata de qualquer propriedade.
- **Definida em lei:** não em outra espécie normativa.
- **Trabalhada pela família:** não por qualquer pessoa.
- **Débitos decorrentes da atividade produtiva:** não por qualquer débito.

2.4.6 Propriedade imaterial

Além das propriedades sobre bens materiais, a Constituição também consagra normas de proteção sobre a propriedade de bens imateriais. São duas as propriedades consagradas: autoral e industrial.

- **Propriedade autoral:** encontra-se protegida nos incisos XXVII e XXVIII do art. 5º:

    XXVII – Aos autores pertence o direito exclusivo de utilização, publicação ou reprodução de suas obras, transmissível aos herdeiros pelo tempo que a lei fixar;

    XXVIII – São assegurados, nos termos da lei:

    a) a proteção às participações individuais em obras coletivas e à reprodução da imagem e voz humanas, inclusive nas atividades desportivas;

    b) o direito de fiscalização do aproveitamento econômico das obras que criarem ou de que participarem aos criadores, aos intérpretes e às respectivas representações sindicais e associativas;

- **Propriedade industrial:** encontra-se protegida no inciso XXIX:

    XXIX – A lei assegurará aos autores de inventos industriais privilégio temporário para sua utilização, bem como proteção às criações industriais, à propriedade das marcas, aos nomes de empresas e a outros signos distintivos, tendo em vista o interesse social e o desenvolvimento tecnológico e econômico do País;

Uma relação muito interessante entre a propriedade autoral e a industrial está no tempo de proteção previsto na Constituição Federal de 1988. Observe-se que na propriedade autoral o direito do autor é vitalício, tendo em vista a previsão de possibilidade de transmissão desses direitos aos herdeiros. Contudo, quando nas mãos dos sucessores, a proteção será pelo tempo que a lei fixar, ou seja, temporário.

Já na propriedade industrial, a proteção do próprio autor já possui caráter temporário.

2.4.7 Direito à herança

De nada adiantaria tanta proteção à propriedade se esse bem jurídico não pudesse ser transmitido por meio da sucessão de bens aos herdeiros após a morte. O direito à herança, consagrado expressamente na Constituição, traduz-se no coroamento do direito de propriedade. É a grande força motriz desse direito. Só faz sentido ter direito à propriedade se esse direito possa ser transferido aos herdeiros.

Art. 5º [...]

XXX – É garantido o direito de herança;

XXXI – A sucessão de bens de estrangeiros situados no País será regulada pela lei brasileira em benefício do cônjuge ou dos filhos brasileiros, sempre que não lhes seja mais favorável a lei pessoal do de cujus;

Destaque especial deve ser dado ao inciso XXXI, que prevê a possibilidade de aplicação de lei estrangeira no país em casos de sucessão de bens de pessoa estrangeira desde que esses bens estejam situados no Brasil. A Constituição Federal permite que seja aplicada a legislação mais favorável aos herdeiros, quer seja a lei brasileira, quer seja a lei estrangeira.

2.5 Direito à segurança

Ao se referir à segurança como direito individual, o art. 5º pretende significar "segurança jurídica" que trata de normas de pacificação social e que produzem uma maior segurança nas relações sociais. Esse é o

DIREITOS E DEVERES INDIVIDUAIS E COLETIVOS

ponto alto dos direitos individuais. Sem dúvida, aqui está a maior quantidade de questões cobradas em prova.

2.5.1 Princípio da segurança nas relações jurídicas

Este princípio tem como objetivo garantir a estabilidade das relações jurídicas. Veja o que diz a Constituição:

> Art. 5º [...]
> XXXVI – A lei não prejudicará o direito adquirido, o ato jurídico perfeito e a coisa julgada;

Os três institutos aqui protegidos encontram seu conceito formalizado na **Lei de Introdução às Normas do Direito brasileiro**.

> Art. 6º [...]
> § 1º Reputa-se ato jurídico perfeito o já consumado segundo a lei vigente ao tempo em que se efetuou.
> § 2º Consideram-se adquiridos assim os direitos que o seu titular, ou alguém por ele, possa exercer, como aqueles cujo começo do exercício tenha termo pré-fixo, ou condição pré-estabelecida inalterável, a arbítrio de outrem.
> § 3º Chama-se coisa julgada ou caso julgado a decisão judicial de que já não caiba recurso.

Em linhas gerais, pode-se assim conceituá-los:

- **Direito adquirido:** direito já incorporado ao patrimônio do titular.
- **Ato jurídico perfeito:** ato jurídico que já atingiu seu fim. Ato jurídico acabado, aperfeiçoado, consumado.
- **Coisa julgada:** sentença judicial transitada em julgado. Aquela sentença em relação à qual não cabe mais recurso.

De uma coisa não se pode esquecer: a proibição de retroatividade da lei nos casos aqui estudados não se aplica às leis mais benéficas, ou seja, uma lei mais benéfica poderá produzir efeitos em relação ao direito adquirido, ao ato jurídico perfeito e à coisa julgada.

2.5.2 Devido processo legal

O devido processo legal possui como objetivo principal limitar o poder do Estado. Esse princípio condiciona a restrição da liberdade ou dos bens de um indivíduo à existência de um procedimento estatal que respeite todos os direitos e garantias processuais previstos na lei. É o que diz o inciso LIV do art. 5º:

> LIV – Ninguém será privado da liberdade ou de seus bens sem o devido processo legal;

A exigência constitucional de existência de processo aplica-se tanto aos processos judiciais quanto aos procedimentos administrativos.

Desse princípio, surge a garantia constitucional à **proporcionalidade** e **razoabilidade**. Da mesma forma, é durante o devido processo legal que poderão ser exercidos os direitos ao contraditório e à ampla defesa, que serão analisados a seguir.

2.5.3 Contraditório e ampla defesa

Essas garantias constitucionais, conforme já salientado, decorrem do devido processo legal. São utilizadas como ferramenta de defesa diante das acusações impostas pelo Estado ou por um particular nos processos judiciais e administrativos:

> Art. 5º [...]
> LV – Aos litigantes, em processo judicial ou administrativo, e aos acusados em geral são assegurados o contraditório e ampla defesa, com os meios e recursos a ela inerentes;

Mas o que significam o contraditório e a ampla defesa?

Contraditório é o direito de contradizer, contrariar, contraditar. Se alguém diz que você é ou fez alguma coisa, o contraditório lhe permite dizer que não é e que não fez o que lhe foi imputado. É simplesmente o direito de contrariar. Já a **ampla defesa** é a possibilidade de utilização de todos os meios admitidos em direito para se defender de uma acusação.

Em regra, o contraditório e a ampla defesa são garantidos em todos os processos judiciais ou administrativos, contudo, a legislação brasileira previu alguns procedimentos administrativos incompatíveis com o exercício desse direito:

- Inquérito policial.
- Sindicância investigativa.
- Inquérito civil.

Em suma, nos procedimentos investigatórios que não possuem o condão de punir o investigado não serão garantidos o contraditório e a ampla defesa.

Observem-se as Súmulas Vinculantes do Supremo Tribunal Federal que versam sobre esse tema:

> **Súmula Vinculante nº 3 – STF** Nos processos perante o Tribunal de Contas da União asseguram-se o contraditório e a ampla defesa quando da decisão puder resultar anulação ou revogação de ato administrativo que beneficie o interessado, excetuada a apreciação da legalidade do ato de concessão inicial de aposentadoria, reforma e pensão.
> **Súmula Vinculante nº 5 – STF** A falta de defesa técnica por advogado no processo administrativo disciplinar não ofende a Constituição.
> **Súmula Vinculante nº 14 – STF** É direito do defensor, no interesse do representado, ter acesso amplo aos elementos de prova que, já documentados em procedimento investigatório realizado por órgão com competência de polícia judiciária, digam respeito ao exercício do direito de defesa.
> **Súmula Vinculante nº 21 – STF** É inconstitucional a exigência de depósito ou arrolamento prévios de dinheiro ou bens para admissibilidade de recurso administrativo.

2.5.4 Proporcionalidade e razoabilidade

Eis uma garantia fundamental que não está expressa no texto constitucional apesar de ser um dos institutos mais utilizados pelo Supremo em suas decisões atuais. Trata-se de um princípio implícito, cuja fonte é o princípio do devido processo legal. Esses dois institutos jurídicos são utilizados como parâmetro de ponderação quando adotadas medidas pelo Estado, principalmente no que tange à restrição de bens e direitos dos indivíduos. Duas palavras esclarecem o sentido dessas garantias: necessidade e adequação.

Para saber se um ato administrativo observou os critérios de proporcionalidade e razoabilidade, deve-se questionar se o ato foi necessário e se foi adequado à situação.

Para exemplificar, imaginemos que um determinado fiscal sanitário, ao inspecionar um supermercado, depara-se com um pote de iogurte com a data de validade vencida há um dia. Imediatamente, ele prende o dono do mercado, dá dois tiros para cima, realiza revista manual em todos os clientes e funcionários do mercado e aplica uma multa de dois bilhões de reais. Pergunta-se: será que a medida adotada pelo fiscal foi necessária? Foi adequada? Certamente que não. Logo, a medida não observou os princípios da razoabilidade e proporcionalidade.

É importante deixar claro que os princípios da proporcionalidade e da razoabilidade estão implícitos no texto constitucional, ou seja, não estão previstos expressamente.

2.5.5 Inadmissibilidade das provas ilícitas

Uma das garantias mais importantes do direito brasileiro é a inadmissibilidade das provas ilícitas. Encontra-se previsto expressamente no inciso LVI do art. 5º:

> LVI – São inadmissíveis, no processo, as provas obtidas por meios ilícitos.

NOÇÕES DE DIREITO CONSTITUCIONAL

Em razão dessa garantia, é proibida a produção de provas ilícitas num processo sob pena de nulidade processual. Em regra, a prova ilícita produz nulidade de tudo o que a ela estiver relacionado. Esse efeito decorre da chamada **Teoria dos Frutos da Árvore Envenenada**. Segundo a teoria, se a árvore está envenenada, os frutos também o serão. Se uma prova foi produzida de forma ilícita, as demais provas dela decorrentes também serão ilícitas (ilicitude por derivação). Contudo, deve-se ressaltar que essa teoria é aplicada de forma restrita no direito brasileiro, ou seja, encontrada uma prova ilícita num processo, não significa que todo o processo será anulado, mas apenas os atos e demais provas que decorreram direta ou indiretamente daquela produzida de forma ilícita.

Caso existam provas autônomas produzidas em conformidade com a lei, o processo deve prosseguir ainda que tenham sido encontradas e retiradas as provas ilícitas. Logo, é possível afirmar que a existência de uma prova ilícita no processo não anula de pronto todo o processo.

Deve-se destacar, ainda, a única possibilidade já admitida de prova ilícita nos tribunais brasileiros: a produzida em legítima defesa.

2.5.6 Inviolabilidade domiciliar

Essa garantia protege o indivíduo em seu recinto mais íntimo: a casa. A Constituição dispõe que:

> *Art. 5º [...]*
> *XI – A casa é asilo inviolável do indivíduo, ninguém nela podendo penetrar sem consentimento do morador, salvo em caso de flagrante delito ou desastre, ou para prestar socorro, ou, durante o dia, por determinação judicial.*

Como regra, só se pode entrar na casa de uma pessoa com o seu consentimento. Excepcionalmente, a Constituição Federal admite a entrada sem consentimento do morador nos casos de:

- Flagrante delito.
- Desastre.
- Prestar socorro.
- Determinação Judicial – só durante o dia.

No caso de determinação judicial, a entrada se dará apenas durante o dia. Nos demais casos, a entrada será permitida a qualquer hora.

Alguns conceitos importantes: o que é casa? O que pode ser entendido como casa para efeito de inviolabilidade? A jurisprudência tem interpretado o conceito de casa de forma ampla, em consonância com o disposto nos arts. 245 e 246 do Código de Processo Penal:

> *Art. 245 As buscas domiciliares serão executadas de dia, salvo se o morador consentir que se realizem à noite, e, antes de penetrarem na casa, os executores mostrarão e lerão o mandado ao morador, ou a quem o represente, intimando-o, em seguida, a abrir a porta.*
> *Art. 246 Aplicar-se-á também o disposto no artigo anterior, quando se tiver de proceder a busca em compartimento habitado ou em aposento ocupado de habitação coletiva ou em compartimento não aberto ao público, onde alguém exercer profissão ou atividade.*

O STF já considerou como casa, para efeitos de inviolabilidade, oficina mecânica, quarto de hotel ou escritório profissional.

Outra questão relevante é saber o que é dia? Dois são os posicionamentos adotados na doutrina:

- Das 6 h às 18 h.
- Da aurora ao crepúsculo.

Segundo a jurisprudência, isso deve ser resolvido no caso concreto, tendo em vista variação de fusos horários existentes em nosso país, bem como a ocorrência do horário de verão. Na prática, é possível entrar na casa independentemente do horário, desde que seja durante o dia.

Em caso de flagrante delito, desastre ou para prestar socorro, pode-se entrar a qualquer momento

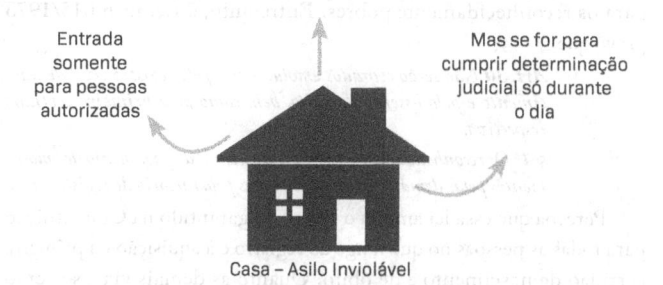

Entrada somente para pessoas autorizadas

Mas se for para cumprir determinação judicial só durante o dia

Casa – Asilo Inviolável

2.5.7 Princípio da inafastabilidade da jurisdição

Esse princípio, também conhecido como princípio do livre acesso ao poder judiciário ou direito de ação, garante, nos casos de necessidade, o acesso direto ao Poder Judiciário. Também, decorre desse princípio a ideia de que não é necessário o esgotamento das vias administrativas para ingressar com uma demanda no Poder Judiciário. Assim prevê a Constituição Federal:

> *Art. 5º [...]*
> *XXXV – A lei não excluirá da apreciação do Poder Judiciário lesão ou ameaça a direito;*

Perceba que a proteção possui sentido duplo: lesão ou ameaça à lesão. Significa dizer que a garantia pode ser utilizada tanto de forma preventiva como de forma repressiva. Tanto para prevenir a ofensa a direito como para reprimir a ofensa já cometida.

Quanto ao acesso ao Judiciário independentemente do esgotamento das vias administrativas, há algumas peculiaridades previstas na legislação brasileira:

- **Justiça desportiva:** a Constituição Federal de 1988 prevê no art. 217 que o acesso ao Poder Judiciário está condicionado ao esgotamento das vias administrativas.

  > *Art. 217 [...]*
  > *§ 1º O Poder Judiciário só admitirá ações relativas à disciplina e às competições desportivas após esgotarem-se as instâncias da justiça desportiva, regulada em lei.*

- **Compromisso arbitral:** a Lei nº 9.307/1996 prevê que as partes, quando em discussão patrimonial, poderão optar pela arbitragem como forma de resolução de conflito. Não se trata de uma instância administrativa de curso forçado, mas de uma opção facultada às partes.

- *Habeas data:* o art. 8º da Lei nº 9.507/1997 exige, para impetração do *habeas data*, a comprovação da recusa ao acesso à informação. Parte da doutrina considera isso como exigência de prévio esgotamento da via administrativa, mas condição da ação. Veja-se a súmula nº 2 do STJ:

  > *Súmula nº 2 – STJ Não cabe "Habeas Data" se não houve recusa de informações por parte da autoridade administrativa.*

- **Reclamação Constitucional:** o art. 7º, § 1º da Lei nº 11.417/2006, que regula a edição de Súmulas Vinculantes, prevê que só será possível a Reclamação Constitucional nos casos de omissão ou ato da Administração Pública que contrarie ou negue vigência à Súmula Vinculante, após o esgotamento das vias administrativas.

2.5.8 Gratuidade das certidões de nascimento e de óbito

A Constituição Federal de 1988 traz expressamente que:

> *Art. 5º, LXXVI. São gratuitos para os reconhecidamente pobres, na forma da lei:*
> *a) o registro civil de nascimento;*
> *b) a certidão de óbito;*

DIREITOS E DEVERES INDIVIDUAIS E COLETIVOS

Observe-se que o texto constitucional condiciona o benefício da gratuidade do registro de nascimento e da certidão de óbito apenas para os reconhecidamente pobres. Entretanto, a Lei nº 6.015/1973 prevê que:

> *Art. 30 Não serão cobrados emolumentos pelo registro civil de nascimento e pelo assento de óbito, bem como pela primeira certidão respectiva.*
>
> *§ 1º Os reconhecidamente pobres estão isentos de pagamento de emolumentos pelas demais certidões extraídas pelo cartório de registro civil.*

Perceba que essa lei amplia o benefício garantido na Constituição para todas as pessoas no que tange ao registro e à aquisição da primeira certidão de nascimento e de óbito. Quanto às demais vias, só serão garantidas aos reconhecidamente pobres. Deve-se ter cuidado com essa questão em prova, pois deve ser levado em conta se a pergunta tem como referência a Constituição ou não.

2.5.9 Celeridade processual

Traz o texto constitucional:

> *Art. 5º [...]*
>
> *LXXVIII – A todos, no âmbito judicial e administrativo, são assegurados a razoável duração do processo e os meios que garantam a celeridade de sua tramitação.*

Essa é a garantia da celeridade processual. Decorre do princípio da eficiência que obriga o Estado a prestar assistência em tempo razoável. Celeridade quer dizer rapidez, mas uma rapidez com qualidade. Esse princípio é aplicável nos processos judiciais e administrativos, visa dar maior efetividade a prestação estatal. Deve-se garantir o direito antes que o seu beneficiário deixe de precisar. Após a inclusão desse dispositivo entre os direitos fundamentais, várias medidas para acelerar a prestação jurisdicional foram adotadas, dentre as quais destacam-se:

- Juizados especiais;
- Súmula vinculante;
- Realização de inventários e partilhas por vias administrativas;
- Informatização do processo.

Essas são algumas das medidas que foram adotadas para trazer mais celeridade ao processo.

2.5.10 Erro judiciário

Dispositivo de grande utilidade social que funciona como limitador da arbitrariedade estatal. O Estado, no que tange à liberdade do indivíduo, não pode cometer erros sob pena de ter que indenizar o injustiçado. Isso é o que prevê o inciso LXXV do art. 5º:

> *LXXV – O Estado indenizará o condenado por erro judiciário, assim como o que ficar preso além do tempo fixado na sentença;*

2.5.11 Publicidade dos atos processuais

Em regra, os atos processuais são públicos. Essa publicidade visa a garantir maior transparência aos atos administrativos bem como permite a fiscalização popular. Além disso, atos públicos possibilitam um exercício efetivo do contraditório e da ampla defesa. Entretanto, essa publicidade comporta algumas exceções:

> *Art. 5º [...]*
>
> *LX – A lei só poderá restringir a publicidade dos atos processuais quando a defesa da intimidade ou o interesse social o exigirem;*

Nos casos em que a intimidade ou o interesse social exigirem, a publicidade poderá ser restringida apenas aos interessados. Imaginemos uma audiência em que estejam envolvidas crianças; nesse caso, como forma de preservação da intimidade, o juiz poderá restringir a participação na audiência apenas aos membros da família e demais interessados.

2.5.12 Sigilo das comunicações

Uma das normas mais importantes da Constituição Federal que versa sobre segurança jurídica é esta:

> *Art. 5º [...]*
>
> *XII – É inviolável o sigilo da correspondência e das comunicações telegráficas, de dados e das comunicações telefônicas, salvo, no último caso, por ordem judicial, nas hipóteses e na forma que a lei estabelecer para fins de investigação criminal ou instrução processual penal;*

Esse dispositivo prevê quatro formas de comunicação que possuem proteção constitucional:

- Sigilo da correspondência;
- Comunicação telegráfica;
- Comunicação de dados;
- Comunicações telefônicas.

Dessas quatro formas de comunicação, apenas uma obteve autorização de violação do sigilo pelo texto constitucional: as comunicações telefônicas. Deve-se tomar cuidado com esse tema em prova. Segundo o texto expresso, só as comunicações telefônicas poderão ter o seu sigilo violado. E só o juiz poderá fazê-lo, com fins definidos também pela Constituição, os quais são para investigação criminal e instrução processual penal.

Entretanto, considerando a inexistência de direito fundamental absoluto, a jurisprudência tem considerado a possibilidade de quebra dos demais sigilos, desde que seja determinada por ordem judicial.

No que tange ao sigilo dos dados bancários, fiscais, informáticos e telefônicos, a jurisprudência tem permitido sua quebra por determinação judicial, determinação de Comissão Parlamentar de Inquérito, requisição do Ministério Público, solicitação da autoridade fazendária.

2.5.13 Tribunal do Júri

O Tribunal do Júri é uma instituição pertencente ao Poder Judiciário, que possui competência específica para julgar determinados tipos de crime. O Júri é formado pelo Conselho de Sentença, que é presidido por um Juiz Togado e por sete jurados que efetivamente farão o julgamento do acusado. A ideia do Tribunal do Júri é que o acusado seja julgado por seus pares.

A Constituição Federal apresenta alguns princípios que regem esse tribunal:

> *Art. 5º [...]*
>
> *XXXVIII – É reconhecida a instituição do júri, com a organização que lhe der a lei, assegurados:*
>
> *a) a plenitude de defesa;*
>
> *b) o sigilo das votações;*
>
> *c) a soberania dos veredictos;*
>
> *d) a competência para o julgamento dos crimes dolosos contra a vida.*

Segundo esse texto, o Tribunal do Júri é regido pelos seguintes princípios:

- **Plenitude de defesa:** esse princípio permite que no júri sejam utilizadas todas as provas permitidas em direito. Aqui, o momento probatório é bastante explorado haja vista a necessidade de se convencer os jurados que são pessoas comuns da sociedade.
- **Sigilo das votações:** o voto é sigiloso. Durante o julgamento não é permitido que um jurado converse com o outro sobre o julgamento sob pena de nulidade;
- **Soberania dos veredictos:** o que for decidido pelos jurados será considerado soberano. Nem o Juiz presidente poderá modificar o julgamento. Aqui quem decide são os jurados;

NOÇÕES DE DIREITO CONSTITUCIONAL

- **Competência para julgar os crimes dolosos contra a vida:** o júri não julga qualquer tipo de crime, mas apenas os dolosos contra a vida. Crimes dolosos, em simples palavras, são aqueles praticados com intenção, com vontade. São diferentes dos crimes culposos, os quais são praticados sem intenção.

2.5.14 Princípio da anterioridade

O inciso XXXIX do art. 5º da Constituição Federal de 1988 apresenta o chamado princípio da anterioridade penal:

> *XXXIX – Não há crime sem lei anterior que o defina, nem pena sem prévia cominação legal.*

Esse princípio decorre na necessidade de se prever antes da aplicação da pena, a conduta que é considerada como crime e a pena que deverá ser cominada. Mais uma regra de segurança jurídica.

2.5.15 Princípio da irretroatividade

Esse princípio também possui sua importância ao prever que a lei penal não poderá retroagir, salvo se for para beneficiar o réu.

> *Art. 5º [...]*
> *XL – A lei penal não retroagirá, salvo para beneficiar o réu.*

2.5.16 Crimes imprescritíveis, inafiançáveis e insuscetíveis de graça e anistia

Os dispositivos a seguir estão entre os mais cobrados em prova. O ideal é que sejam memorizados na ordem proposta no quadro abaixo:

> *Art. 5º [...]*
> *XLII – A prática do racismo constitui crime inafiançável e imprescritível, sujeito à pena de reclusão, nos termos da lei;*
> *XLIII – A lei considerará crimes inafiançáveis e insuscetíveis de graça ou anistia a prática da tortura, o tráfico ilícito de entorpecentes e drogas afins, o terrorismo e os definidos como crimes hediondos, por eles respondendo os mandantes, os executores e os que, podendo evitá-los, se omitirem;*
> *XLIV – Constitui crime inafiançável e imprescritível a ação de grupos armados, civis ou militares, contra a ordem constitucional e o Estado Democrático.*

Atenção

Crimes imprescritíveis → racismo; ação de grupos armados.
Crimes inafiançáveis → racismo; ação de grupos armados; tráfico; terrorismo, tortura; crimes hediondos.
Crimes insuscetíveis de graça e anistia → tráfico; terrorismo; tortura; crimes hediondos.

Os crimes inafiançáveis englobam todos os crimes previstos no art. 5º, incisos XLII, XLIII e XLIV.

Os crimes que são insuscetíveis de graça e anistia não são imprescritíveis, e vice e versa. Dessa forma, nunca pode existir, na prova, uma questão que trabalhe com as duas classificações ao mesmo tempo.

Nunca, na prova, pode haver uma questão em que se apresentem as três classificações ao mesmo tempo.

2.5.17 Princípio da personalidade da pena

Assim diz o inciso XLV, do art. 5º da Constituição Federal de 1988:

> *XLV – Nenhuma pena passará da pessoa do condenado, podendo a obrigação de reparar o dano e a decretação do perdimento de bens ser, nos termos da lei, estendidas aos sucessores e contra eles executadas, até o limite do valor do patrimônio transferido.*

Esse inciso diz que a pena é pessoal, quem comete o crime responde pelo crime, de forma que não é possível que uma pessoa cometa um crime e outra responda pelo crime em seu lugar, porque a pena é pessoal.

É necessário prestar atenção ao tema, pois já apareceu em prova tanto na forma de um problema quanto com a modificação do próprio texto constitucional. Esse princípio da personalidade da pena diz que a pena é pessoal, isto é, a pena não pode passar para outra pessoa, mas permite que a responsabilidade pelos danos civis possa passar para seus herdeiros. Para exemplificar, imaginemos que uma determinada pessoa assalta uma padaria e consegue roubar uns R$ 50.000,00.

Em seguida, a polícia prende o ladrão por ter roubado a padaria. Em regra, todo crime cometido gera uma responsabilidade penal prevista no Código Penal brasileiro. Ainda, deve-se ressarcir os danos causados à vítima. Se ele roubou R$50.000,00, tem que devolver, no mínimo, esse valor à vítima.

É muito difícil conseguir o montante voluntariamente, por isso, é necessário entrar com uma ação civil *ex delicto* para reaver o dinheiro referente ao crime cometido. O dono da padaria entra com a ação contra o bandido pedindo os R$ 50.000,00 acrescidos juros e danos morais. Enquanto ele cumpre a pena, a ação está tramitando. Ocorre que o preso se envolve numa confusão dentro da penitenciária e acaba morrendo.

O preso possui alguns filhos, os quais são seus herdeiros. Quando os bens passam aos herdeiros, chamamos isso de sucessão. Quando foram contabilizar os bens que o bandido tinha, perceberam que sobraram apenas R$ 30.000,00, valor que deve ser dividido entre os herdeiros. Pergunta:

O homem que cometeu o crime estava cumprindo pena, mas ele morreu. Qual filho assume o lugar dele? O mais velho ou o mais novo?

Nenhum dos dois, porque a pena é personalíssima. Só cumpre a pena quem praticou o crime.

É possível que a responsabilidade de reparar os danos materiais exigidos pelo dono da padaria recaia sobre seus herdeiros?

Sim. A Constituição diz que os herdeiros respondem com o valor do montante recebido, até o limite da herança recebida.

O dono da padaria pediu R$ 50.000,00, mas só sobraram R$ 30.000,00. Os filhos terão que inteirar esse valor até completar os R$ 50.000,00?

Não, pois a Constituição diz que os sucessores respondem até o limite do patrimônio transferido. Ou seja, se só são transferidos R$ 30.000,00, então os herdeiros só vão responder pela indenização com esses R$ 30.000,00. E o os outros R$ 20.000,00, quem vai pagar? Ninguém. O dono da padaria fica com esse prejuízo.

2.5.18 Penas proibidas e permitidas

Vejamos agora dois incisos do art. 5º da Constituição Federal de 1988, que sempre caem em prova juntos: incisos XLVI e XLVII. Há no inciso XLVI as penas permitidas e no XLVII as penas proibidas. Mas como isso cai em prova? O examinador pega uma pena permitida e diz que é proibida ou pega uma proibida e diz que é permitida. Conforme os incisos:

> *Art. 5º [...]*
> *XLVI – A lei regulará a individualização da pena e adotará, entre outras, as seguintes:*
> *a) privação ou restrição da liberdade;*
> *b) perda de bens;*
> *c) multa;*
> *d) prestação social alternativa;*
> *e) suspensão ou interdição de direitos.*

DIREITOS E DEVERES INDIVIDUAIS E COLETIVOS

Aqui há o rol de penas permitidas. Memorize essa lista para lembrar quais são as penas permitidas. Atenção para uma pena que é pouco comum e que geralmente em prova é colocada como pena proibida, que é a pena de perda de bens.

Veja o próximo inciso com o rol de penas proibidas:

> XLVII – Não haverá penas:
> a) de morte, salvo em caso de guerra declarada, nos termos do art. 84, XIX;
> b) de caráter perpétuo;
> c) de trabalhos forçados;
> d) de banimento;
> e) cruéis.

Essas são as penas que não podem ser aplicadas no Brasil. E, na prova, é cobrado da seguinte forma: existe pena de morte no Brasil? Deve-se ter muita atenção com esse tema, pois apesar de a Constituição ter dito que é proibida, existe uma exceção: no caso de guerra declarada. Essa exceção é uma verdadeira possibilidade, de forma que se deve afirmar que existe pena de morte no Brasil. Apesar de a regra ser a proibição, existe a possibilidade de sua aplicação. Só como curiosidade, a pena de morte no Brasil é regulada pelo Código Penal Militar, a qual será executada por meio de fuzilamento.

A próxima pena proibida é a de caráter perpétuo. Não existe esse tipo de pena no Brasil, pois as penas aqui são temporárias. No Brasil, uma pessoa só fica presa por, no máximo, 40 anos.

A outra pena é a de trabalhos forçados. É aquela pena em que o sujeito é obrigado a trabalhar de forma a denegrir a sua condição como ser humano. Esse tipo de pena não é permitido no Brasil.

Há ainda a pena de banimento, que é a expulsão do brasileiro, tanto nato como naturalizado.

Por fim, a Constituição veda a aplicação de penas cruéis. Pena cruel é aquela que denigre a condição humana, expõe o indivíduo a situações desumanas, vexatórias, que provoquem intenso sofrimento.

2.5.19 Princípio da individualização da pena

Nos termos do art. 5º, inciso XLVIII, da Constituição Federal de 1988:

> XLVIII – A pena será cumprida em estabelecimentos distintos, de acordo com a natureza do delito, a idade e o sexo do apenado;

Esse dispositivo traz uma regra muito interessante, o princípio da individualização da pena. Significa que a pessoa, quando cumprir sua pena, deve cumpri-la em estabelecimento e condições compatíveis com a sua situação. Se mulher, deve cumprir com mulheres; se homem, cumprirá com homens; se reincidente, com reincidentes; se réu primário, com réus primários; e assim por diante. O ideal é que cada situação possua um cumprimento de pena adequado que propicie um melhor acompanhamento do poder público e melhores condições para a ressocialização.

2.5.20 Regras sobre prisões

São vários os dispositivos constitucionais previstos no art. 5º, da Constituição Federal de 1988, que se referem às prisões:

> LXI – Ninguém será preso senão em flagrante delito ou por ordem escrita e fundamentada de autoridade judiciária competente, salvo nos casos de transgressão militar ou crime propriamente militar, definidos em lei;
>
> LXII – A prisão de qualquer pessoa e o local onde se encontre serão comunicados imediatamente ao juiz competente e à família do preso ou à pessoa por ele indicada;
>
> LXIII – O preso será informado de seus direitos, entre os quais o de permanecer calado, sendo-lhe assegurada a assistência da família e de advogado;
>
> LXIV – O preso tem direito à identificação dos responsáveis por sua prisão ou por seu interrogatório policial;
>
> LXV – A prisão ilegal será imediatamente relaxada pela autoridade judiciária;
>
> LXVI – Ninguém será levado à prisão ou nela mantido, quando a lei admitir a liberdade provisória, com ou sem fiança;
>
> LXVII – Não haverá prisão civil por dívida, salvo a do responsável pelo inadimplemento voluntário e inescusável de obrigação alimentícia e a do depositário infiel.

Como destaque para provas, é importante enfatizar o disposto no inciso LXVII, o qual prevê duas formas de prisão civil por dívida:

- **Devedor de pensão alimentícia;**
- **Depositário infiel.**

Apesar de a Constituição Federal de 1988 apresentar essas duas possibilidades de prisão civil por dívida, o STF tem entendido que só existe uma: a prisão do devedor de pensão alimentícia. Isso significa que o depositário infiel não poderá ser preso. Essa é a inteligência da Súmula Vinculante nº 25:

> **Súmula Vinculante nº 25** É ilícita a prisão civil de depositário infiel, qualquer que seja a modalidade do depósito.

Em relação a esse assunto, deve-se ter muita atenção ao resolver a questão. Se a Banca perguntar conforme a Constituição Federal, responde-se segundo a Constituição Federal. Mas se perguntar à luz da jurisprudência, responde-se conforme o entendimento do STF.

Atenção

Constituição Federal → duas formas de prisão civil → depositário infiel e devedor de pensão alimentícia.
STF → uma forma de prisão civil → devedor de pensão alimentícia.

2.5.21 Extradição

Fruto de acordo internacional de cooperação, a extradição permite que determinada pessoa seja entregue a outro país para que seja responsabilizada pelo cometimento de algum crime. Existem duas formas de extradição:

- **Extradição ativa:** quando o Brasil pede para outro país a extradição de alguém.
- **Extradição passiva:** quando algum país pede para o Brasil a extradição de alguém.

A Constituição Federal preocupou-se em regular apenas a extradição passiva por meios dos incisos LI e LII do art. 5º:

> LI – Nenhum brasileiro será extraditado, salvo o naturalizado, em caso de crime comum, praticado antes da naturalização, ou de comprovado envolvimento em tráfico ilícito de entorpecentes e drogas afins, na forma da lei;
>
> LII – Não será concedida extradição de estrangeiro por crime político ou de opinião.

De acordo com a inteligência desses dispositivos, três regras podem ser adotadas em relação à extradição passiva:

- **Brasileiro nato:** nunca será extraditado.
- **Brasileiro naturalizado:** será extraditado em duas hipóteses: crime comum cometido antes da naturalização comprovado envolvimento com o tráfico ilícito de drogas, antes ou depois da naturalização.
- **Estrangeiro:** poderá ser extraditado salvo em dois casos: **crime político e crime de opinião.**

NOÇÕES DE DIREITO CONSTITUCIONAL

Na **extradição ativa**, qualquer pessoa pode ser extraditada, inclusive o brasileiro nato. Deve-se ter muito cuidado com essa questão em prova. Lembre-se de que a extradição ativa ocorre quando o Brasil pede a extradição de um criminoso para outro país. Isso pode ser feito pedindo a extradição de qualquer pessoa que o Brasil queira punir.

Quais princípios que regem a extradição no país?
- **Princípio da reciprocidade:** o Brasil só extradita ao país que extradita para o Brasil. Deve haver acordo ou tratado de extradição entre o país requerente e o Brasil.
- **Princípio da especialidade:** o extraditando só poderá ser processado e julgado pelo crime informado no pedido de extradição.
- **Comutação da pena:** o país requerente deverá firmar um compromisso de comutar a pena prevista em seu país quando a pena a ser aplicada for proibida no Brasil.
- **Dupla tipicidade ou dupla incriminação:** só se extradita se a conduta praticada for considerada crime no Brasil e no país requerente.

Deve-se ter muito cuidado para não confundir extradição com entrega, deportação, expulsão ou banimento.
- **Extradição:** a extradição, como se viu, é instituto de cooperação internacional entre países soberanos para a punição de criminosos. Pela extradição, um país entrega o criminoso a outro país para que ele seja punido pelo crime praticado.
- **Entrega:** é o ato por meio do qual o país entrega uma pessoa para ser julgada no Tribunal Penal Internacional.
- **Deportação:** é a retirada do estrangeiro que tenha entrado de forma irregular no território nacional.
- **Expulsão:** é a retirada do estrangeiro que tenha praticado um ato ofensivo ao interesse nacional conforme as regras estabelecidas no Estatuto do Estrangeiro (art. 65, Lei nº 6.815/1980).
- **Banimento:** é uma das penas proibidas no direito brasileiro que consiste na expulsão de brasileiros para fora do território nacional.

2.5.22 Princípio da presunção da inocência

Também conhecido como princípio da não culpabilidade, essa regra de segurança jurídica garante que ninguém poderá ser condenado sem antes haver uma sentença penal condenatória transitada em julgado. Ou seja, uma sentença judicial condenatória definitiva:

> *Art. 5º [...]*
> *LVII – Ninguém será considerado culpado até o trânsito em julgado de sentença penal condenatória.*

2.5.23 Identificação criminal

> *Art. 5º [...]*
> *LVIII – O civilmente identificado não será submetido a identificação criminal, salvo nas hipóteses previstas em lei.*

A Constituição garante que não será identificado criminalmente quem possuir identificação pública capaz de identificá-lo. Contudo, a Lei nº 12.037/2009 prevê hipóteses nas quais será possível a identificação criminal mesmo de quem apresentar outra identificação:

> *Art. 3º Embora apresentado documento de identificação, poderá ocorrer identificação criminal quando:*
> *I – O documento apresentar rasura ou tiver indício de falsificação;*
> *II – O documento apresentado for insuficiente para identificar cabalmente o indiciado;*
> *III – O indiciado portar documentos de identidade distintos, com informações conflitantes entre si;*
> *IV – A identificação criminal for essencial às investigações policiais, segundo despacho da autoridade judiciária competente, que decidirá de ofício ou mediante representação da autoridade policial, do Ministério Público ou da defesa;*
> *V – Constar de registros policiais o uso de outros nomes ou diferentes qualificações;*
> *VI – O estado de conservação ou a distância temporal ou da localidade da expedição do documento apresentado impossibilite a completa identificação dos caracteres essenciais.*

2.5.24 Ação penal privada subsidiária da pública

> *Art. 5º [...]*
> *LIX – Será admitida ação privada nos crimes de ação pública, se esta não for intentada no prazo legal.*

Em regra, nos crimes de ação penal pública, o titular da ação penal é o Ministério Público. Contudo, havendo omissão ou mesmo desídia por parte do órgão ministerial, o ofendido poderá promover a chamada ação penal privada subsidiária da pública. Esse tema encontra-se disciplinado no art. 29 do Código de Processo Penal:

> *Art. 29 Será admitida ação privada nos crimes de ação pública, se esta não for intentada no prazo legal, cabendo ao Ministério Público aditar a queixa, repudiá-la e oferecer denúncia substitutiva, intervir em todos os termos do processo, fornecer elementos de prova, interpor recurso e, a todo tempo, no caso de negligência do querelante, retomar a ação como parte principal.*

2.6 Remédios constitucionais

Os remédios constitucionais são espécies de garantias constitucionais que visam a proteger determinados direitos e até outras garantias fundamentais. São poderosas ações constitucionais que estão disciplinadas no texto da Constituição.

2.6.1 Habeas corpus

Sem dúvida, esse remédio constitucional é o mais importante para prova, haja vista a sua utilização para proteger um dos direitos mais ameaçados do indivíduo: a liberdade de locomoção. Vejamos o que diz o texto constitucional:

> *Art. 5º [...]*
> *LXVIII – Conceder-se-á "Habeas corpus" sempre que alguém sofrer ou se achar ameaçado de sofrer violência ou coação em sua liberdade de locomoção, por ilegalidade ou abuso de poder.*

É essencial, conhecer os elementos necessários para a utilização dessa ferramenta.

Deve-se compreender que o *Habeas corpus* é utilizado para proteger a liberdade de locomoção. Em relação a isso, é preciso estar atento, pois ele não tutela qualquer liberdade, mas apenas a liberdade de locomoção.

Outro ponto fundamental é que ele poderá ser utilizado tanto de forma preventiva quanto de forma repressiva.

- *Habeas corpus* **preventivo**: é aquele utilizado para prevenir a violência ou coação à liberdade de locomoção.
- *Habeas corpus* **repressivo**: é utilizado para reprimir à violência ou coação a liberdade de locomoção, ou seja, é utilizado quando a restrição da liberdade de locomoção já ocorreu.

Percebe-se que não é a qualquer tipo de restrição à liberdade de locomoção que caberá o remédio, mas apenas àquelas cometidas com ilegalidade ou abuso de poder.

Nas relações processuais que envolvem a utilização do *Habeas corpus*, é possível identificar a participação de três figurantes: o impetrante, o paciente e a autoridade coatora.

- **Impetrante:** o impetrante é a pessoa que impetra a ação. Quem entra com a ação. A titularidade dessa ferramenta é Universal, pois qualquer pessoa pode impetrar o HC. Não precisa sequer de advogado. Sua possibilidade é tão ampla que não precisa possuir capacidade civil ou mesmo qualquer formalidade. Esse remédio é desprovido de condições que impeçam sua utilização da forma mais ampla possível. Poderá impetrar essa ação tanto uma pessoa física quanto jurídica.

DIREITOS E DEVERES INDIVIDUAIS E COLETIVOS

- **Paciente:** o paciente é quem teve a liberdade de locomoção restringida. Ele será o beneficiário do *Habeas corpus*. Pessoa jurídica não pode ser paciente de *Habeas corpus*, pois a liberdade de locomoção é um direito incompatível com sua natureza jurídica.
- **Autoridade coatora:** é quem restringiu a liberdade de locomoção com ilegalidade ou abuso de poder. Poderá ser tanto uma autoridade privada quanto uma autoridade pública.

Outra questão interessante que está prevista na Constituição é a gratuidade dessa ação:

> *Art. 5º [...]*
> *LXXVII – São gratuitas as ações de Habeas corpus e Habeas Data, e, na forma da lei, os atos necessários ao exercício da cidadania.*

A Constituição Federal de 1988 proíbe a utilização desse remédio constitucional em relação às punições disciplinares militares. É o que prevê o art. 142, § 2º:

> *§ 2º Não caberá "Habeas corpus" em relação a punições disciplinares militares.*

Contudo, o STF tem admitido o remédio quando impetrado por razões de ilegalidade da prisão militar. Quanto ao mérito da prisão, deve-se aceitar a vedação Constitucional, mas em relação às legalidades da prisão, prevalece o entendimento de que o remédio seria possível.

Também não cabe *Habeas corpus* em relação às penas pecuniárias, multas, advertências ou, ainda, nos processos administrativos disciplinares e no processo de *Impeachment*. Nesses casos, o não cabimento deve-se ao fato de que as medidas não visam restringir a liberdade de locomoção.

Por outro lado, a jurisprudência tem admitido o cabimento para impugnar inserção de provas ilícitas no processo ou quando houver excesso de prazo na instrução processual penal.

Por último, cabe ressaltar que o magistrado poderá concedê-lo de ofício.

2.6.2 Habeas data

O *habeas data* cuja previsão está no inciso LXXII do art. 5º tem como objetivo proteger a liberdade de informação:

> *LXXII – conceder-se-á "Habeas Data":*
> *a) para assegurar o conhecimento de informações relativas à pessoa do impetrante, constantes de registros ou bancos de dados de entidades governamentais ou de caráter público;*
> *b) para a retificação de dados, quando não se prefira fazê-lo por processo sigiloso, judicial ou administrativo.*

Duas são as formas previstas na Constituição para utilização desse remédio:

- **Para conhecer a informação.**
- **Para retificar a informação.**

É importante ressaltar que só caberá o remédio em relação às informações do próprio impetrante.

As informações precisam estar em um banco de dados governamental ou de caráter público, o que significa que seria possível entrar com um *habeas data* contra um banco de dados privado desde que tenha caráter público.

Da mesma forma que o *habeas corpus*, o *habeas data* também é gratuito:

> *Art. 5º [...]*
> *LXXVII – São gratuitas as ações de "Habeas corpus" e "Habeas Data", e, na forma da lei, os atos necessários ao exercício da cidadania.*

2.6.3 Mandado de segurança

O mandado de segurança é um remédio muito cobrado em prova em razão dos seus requisitos:

> *Art. 5º, CF/1988/1988 [...]*
> *LXIX – Conceder-se-á mandado de segurança para proteger direito líquido e certo, não amparado por "Habeas corpus" ou "Habeas Data", quando o responsável pela ilegalidade ou abuso de poder for autoridade pública ou agente de pessoa jurídica no exercício de atribuições do Poder Público.*

Como se pode ver, o mandado de segurança será cabível proteger direito líquido e certo desde que não amparado por *Habeas corpus* ou *habeas data*. O que significa dizer que será cabível desde que não seja para proteger a liberdade de locomoção e a liberdade de informação. Esse é o chamado caráter subsidiário do mandado de segurança.

O texto constitucional exigiu também para a utilização dessa ferramenta a ilegalidade e o abuso de poder praticado por autoridade pública ou privada, desde que esteja no exercício de atribuições do poder público.

O mandado de segurança possui prazo decadencial para ser utilizado: 120 dias.

Existe também o mandado de segurança coletivo:

> *Art. 5º [...]*
> *LXX – O mandado de segurança coletivo pode ser impetrado por:*
> *a) partido político com representação no Congresso Nacional;*
> *b) organização sindical, entidade de classe ou associação legalmente constituída e em funcionamento há pelo menos um ano, em defesa dos interesses de seus membros ou associados.*

Observadas as regras do mandado de segurança individual, o mandado de segurança coletivo possui alguns requisitos que lhe são peculiares: os legitimados para propositura.

São legitimados para propor o mandado de segurança coletivo:

- **Partidos políticos com representação no Congresso Nacional:** para se ter representação no Congresso Nacional, basta um membro em qualquer uma das casas.
- **Organização sindical.**
- **Entidade de classe.**
- **Associação.**

Desde que legalmente constituída e em funcionamento há, pelo menos, um ano. Segundo o STF, a necessidade de estar constituída e em funcionamento há pelo menos um ano só se aplica às associações. A Banca FCC entende que esse requisito se aplica a todas as entidades.

2.6.4 Mandado de injunção

O mandado de injunção é uma ferramenta mais complexa para se entender. Vejamos o que diz a Constituição Federal de 1988:

> *Art. 5º [...]*
> *LXXI – Conceder-se-á mandado de injunção sempre que a falta de norma regulamentadora torne inviável o exercício dos direitos e liberdades constitucionais e das prerrogativas inerentes à nacionalidade, à soberania e à cidadania.*

O seu objetivo é suprir a omissão legislativa que impede o exercício de direitos fundamentais. Algumas normas constitucionais para que produzam efeitos dependem da edição de outras normas infraconstitucionais. Essas normas são conhecidas por sua eficácia como normas de eficácia limitada. O mandado de injunção visa a corrigir a ineficácia das normas com eficácia limitada.

Todas as vezes que um direito deixar de ser exercido pela ausência de norma regulamentadora, será cabível esse remédio.

No que tange à efetividade da decisão, deve-se esclarecer a possibilidade de adoção por parte do STF de duas correntes doutrinárias:

- **Teoria concretista geral:** o Poder Judiciário concretiza o direito no caso concreto aplicando seu dispositivo com efeito *erga omnes*, para todos os casos iguais;
- **Teoria concretista individual:** o Poder Judiciário concretiza o direito no caso concreto aplicando seu dispositivo com efeito *inter partes*, ou seja, apenas com efeito entre as partes.

2.6.5 Ação popular

A ação popular é uma ferramenta fiscalizadora utilizada como espécie de exercício direto dos direitos políticos. Por isso, só poderá ser utilizada por cidadãos. Segundo o inciso LXXIII do art. 5º da Constituição Federal de 1988:

> *LXXIII – Qualquer cidadão é parte legítima para propor ação popular que vise a anular ato lesivo ao patrimônio público ou de entidade de que o Estado participe, à moralidade administrativa, ao meio ambiente e ao patrimônio histórico e cultural, ficando o autor, salvo comprovada má-fé, isento de custas judiciais e do ônus da sucumbência.*

Além da previsão constitucional, essa ação encontra-se regulamentada pela Lei nº 4.717/1965. Percebe-se que seu objetivo consiste em proteger o patrimônio público, a moralidade administrativa, o meio ambiente e o patrimônio histórico e cultural.

O autor não precisa pagar custas judiciais ou ônus de sucumbência, salvo se houver má-fé.

NOÇÕES DE DIREITO PENAL

NOÇÕES DE DIREITO PENAL

1 TEORIA DA LEI PENAL

1.1 Introdução ao estudo do Direito Penal

A **infração penal** é um gênero que se divide em duas espécies: crimes (conduta mais gravosa) e contravenções penais (conduta de menor gravidade). Essa divisão é chamada de dicotômica. A diferença básica incide sobre as penas aplicáveis aos infratores: enquanto o crime é punível com pena de reclusão e detenção, as contravenções penais implicam em prisão simples e multa, que pode ser aplicada de forma cumulativa ou não.

Para que a conduta seja definida como crime, tem de estar tipificada (escrita) em alguma norma penal. Não somente o próprio Código Penal as descreve, mas também as leis complementares penais ou leis especiais, ex.: Lei nº 10.826/2003 (Estatuto do Desarmamento), Lei nº 9.455/1997 (Lei de Tortura), entre outras. Por conseguinte, o Decreto-lei nº 3.688/1941 prevê as contravenções penais, que também são conhecidas como crime anão ou delito liliputiano, visto seu reduzido potencial ofensivo. Como essa espécie de infração não é o objetivo do estudo, não convém aprofundar o assunto, basta apenas ressaltar que contravenção penal não admite tentativa. No entanto, no crime, a modalidade tentada é punível, desde que exista previsão legal (Código Penal).

▷ Para configurar infração penal, são necessários alguns pressupostos:
- Deve ser uma **conduta humana**, ou seja, o simples ataque de um animal não configura crime, porém, caso ele seja instigado por uma pessoa, o animal passa a ser um mero objeto utilizado na prática da conduta do agressor.
- Deve ser uma **ação consciente**, possível de ser prevista pelo agente. Quando a conduta do agente se der com imprudência, negligência ou imperícia, responderá de forma **culposa**. Entretanto, se realmente houver intenção, ou seja, se a conduta do indivíduo for motivada por desejo ou propósito específico, tem-se a conduta **dolosa**.
- Necessita ser **voluntária**. Caso o agente, por exemplo, venha a agredir alguém por conta de um espasmo muscular, essa conduta é tida como involuntária.

▷ A infração penal sempre gera um resultado que pode ser:
- **Naturalístico:** quando ocorre efetivamente a lesão de um bem jurídico tutelado. Por exemplo, no crime de homicídio, o resultado naturalístico ocorre com a interrupção da vida da vítima, pois a conduta modificou o mundo exterior, tanto do *de cujus* (falecido) como de seus familiares.
- **Jurídico:** ocorre quando a lesão não se consuma. Utilizando o mesmo exemplo apresentado anteriormente, ocorreria caso o agressor não tivesse êxito na sua conduta. Ele responderia pela tentativa de homicídio, desde que não tivesse causado lesão corporal. Convém ressaltar que, embora o agente não obtenha êxito no resultado pretendido, o Código Penal sempre punirá por aquilo que o agente queria fazer (elemento subjetivo), contudo, nesse caso, gerou apenas um resultado jurídico.

> **Fique ligado**
> Todo crime gera um resultado, porém nem todo crime gera um resultado naturalístico (lesão).

1.2 Teoria do crime

Sendo o crime (delito) espécie da infração penal, possui uma nova divisão. Nesse caso, existem diversas correntes doutrinárias que definem esse conceito, entretanto, adotaremos a majoritária, a qual vigora no Direito Penal brasileiro, classificada como Teoria Finalista Tripartida ou Tripartite.

▷ Crime delito:

> Fato típico (está escrito, definido como crime)
> +
> Ilícito (antijurídico, contrário à lei)
> +
> Culpável (culpabilidade)

1.2.1 Conceito de crime no Direito Penal brasileiro

▷ **Fato típico:** para ser considerado fato típico, é fundamental que a conduta esteja tipificada, ou seja, escrita em alguma norma penal. Não obstante, é necessário que exista:
- **Conduta:** é a ação do agente, seja ela culposa (descuidada) ou dolosa, intencional; comissiva (ação) ou omissiva (deixar de fazer).
- **Resultado:** naturalístico (modificação provocada no mundo exterior pela conduta) ou jurídico (quando não houver resultado jurídico, não há crime).
- **Nexo causal:** é o elo entre a ação e o resultado, ou seja, se o resultado foi provocado diretamente pela ação do agente, há nexo causal.
- **Tipicidade:** a conduta tem de ser considerada crime e deve estar tipificada, ou seja, escrita na norma penal.

▷ **Ilícito (antijurídico):** a ação do agente tem de ser ilícita, pois nosso ordenamento jurídico prevê legalidade em determinadas situações que, mesmo sendo antijurídicas, serão permissivas. São as chamadas excludentes de ilicitude ou de antijuridicidade, sendo elas: legítima defesa, estado de necessidade, estrito cumprimento do dever legal ou exercício regular de um direito.

> **Fique ligado**
> Caso não existam alguns desses elementos na conduta, pode-se dizer que o fato é atípico.

▷ **Culpável (culpabilidade):** é o juízo de reprovação que recai na conduta típica e ilícita. Em alguns casos, mesmo o agente cometendo um fato típico e ilícito, ele não poderá ser culpável, ou seja, não poderá receber uma sanção penal, pois incidirá nas excludentes de culpabilidade. A mais conhecida é a inimputabilidade em razão da idade, ou seja, é o agente menor de 18 anos em conflito com a lei, o qual não comete crime, mas ato infracional análogo aos delitos previstos no Código Penal. É quando, no momento da ação ou da omissão, o agente é totalmente incapaz de entender o caráter ilícito do fato ou de determinar-se de acordo com esse entendimento. Ainda dentro dessa espécie, haverá três desdobramentos: imputabilidade, potencial consciência da ilicitude e exigibilidade de conduta diversa.

Para que o crime ocorra, é necessário preencher todos os requisitos anteriores. Caso haja exclusão de alguns dos elementos do fato típico ou se não for ilícito/antijurídico, tem-se a exclusão do crime. Caso não possa ser culpável, o agente será **isento** de pena.

Pode ocorrer de o agente cometer um fato descrito como crime – matar alguém – e esse fato não ser considerado crime. Ex.: quem mata em legítima defesa comete um fato típico, ou seja, escrito e definido como crime. Contudo, esse fato não é ilícito, pois a própria lei autoriza o sujeito a matar em certos casos pré-definidos.

Pode ocorrer também de o agente cometer um fato definido como crime, ou seja, fato típico – escrito e definido no Código Penal – e

TEORIA DA LEI PENAL

ilícito, o ordenamento jurídico não autorizar aquela conduta, e mesmo assim ficar **isento de pena**. Assim, pode o sujeito cometer um crime e não ter pena. Ex.: quem é obrigado a cometer um crime, uma pessoa encosta a arma carregada na cabeça de outra e diz que, se ela não cometer tal crime, morrerá.

1.2.2 Princípio da legalidade (anterioridade – reserva legal)

> *Art. 1º, CP Não há crime sem lei anterior que o defina. Não há pena sem prévia cominação legal.*

Somente haverá crime quando existir perfeita correspondência entre a conduta praticada e a previsão legal (Reserva Legal), que não pode ser vaga, ou seja, deve ser específica. Exige-se que a lei esteja em vigor no momento da prática da infração penal (Anterioridade). O fundamento constitucional é o art. 5º, inciso XXXIX.

> *Art. 5º, XXXIX, CF/1988 não há crime sem lei anterior que o defina, nem pena sem prévia cominação legal;*

▷ Princípio: *nullum crimen, nulla poena sine praevia lege* (não há crime nem pena sem lei prévia).

As normas penais incriminadoras não são proibitivas, mas descritivas. Ex.: o art. 121 dispõe que matar alguém, no Código Penal, não é proibitivo, ou seja, não descreve "não matar". O tipo penal prevê uma conduta, que, se cometida, possuirá uma sanção (punição).

A analogia no Direito Penal só é aceita para beneficiar o agente. Ex.: no antigo ordenamento jurídico, só era permitido realizar o aborto em decorrência do estupro, entretanto, a norma penal não abrangia o caso de atentado violento ao pudor (qualquer outro contato íntimo que não seja relação sexual vaginal). Caso a mulher viesse a engravidar em decorrência disso, realizava-se a analogia *in bonam partem*, permitindo também, nesse caso, o aborto. Contudo, cabe destacar que, atualmente, não há mais previsão do crime de atentado violento ao pudor no Código Penal, visto que hoje a conduta é tipificada no delito de estupro.

Fique ligado

Medida provisória não pode dispor sobre matéria penal, criar crimes e cominar penas, art. 62, § 1º, I, "b", da Constituição Federal de 1988, somente lei ordinária.

▷ Analogia no Direito Penal:
- *In malan partem* (prejudicar): não é aceita.
- *In bonam partem* (beneficiar): aceita.

Normas penais em branco são aquelas que precisam ser complementadas para que analisemos o caso concreto. Ex.: a vigente Lei nº 11.343/2006 (Lei de Drogas) dispõe sobre diversas condutas ilícitas, entretanto, o que é droga? Para constatar se determinada substância é droga ou não, o tipo penal deve ser complementado pela Portaria nº 344/1998 da Agência Nacional de Vigilância Sanitária (Anvisa), em que todas as substâncias que estiverem descritas serão consideradas como droga.

Fique ligado

O princípio da reserva legal admite o uso de normas penais em branco.

A **analogia penal** é diferente de **interpretação analógica**. Nessa situação, a conduta do agente é analisada dentro da própria norma penal, ou seja, é observado a forma como a conduta foi praticada, quais os meios utilizados. Assim, a interpretação analógica sempre será possível, ainda que mais gravosa para o agente.

> *Art. 121, CP Matar alguém:*
> *Pena – Reclusão, de seis a vinte anos. [...]*
> *§ 2º Se o homicídio é cometido: [...]*
> *III – Com emprego de veneno, fogo, explosivo, asfixia, tortura ou outro meio insidioso ou cruel, ou de que possa resultar perigo comum; [...]*
> *Pena – Reclusão, de doze a trinta anos.*

Nessa situação, caso o agente tenha cometido o homicídio utilizando de alguma das formas expostas no inciso III, ocorrerá a aplicação de uma pena mais gravosa, visto que a conduta qualifica o crime.

1.3 Interpretação da lei penal

A matéria **interpretação da lei penal** passou a ser abordada com mais frequência pelos editais de concursos públicos. No entanto, quando cobrada, não costuma gerar muita dificuldade. Isso porque, geralmente, a banca examinadora aborda uma espécie de interpretação e questiona o seu significado na questão.

A interpretação da lei penal consiste em buscar o significado e a extensão da letra da lei em relação à realidade e à vontade do legislador. Assim, a interpretação da lei penal se divide em relação ao sujeito, ao modo e ao resultado.

1.3.1 Quanto ao sujeito

Autêntica ou legislativa

É aquela realizada pelo mesmo órgão da qual emana, podendo vir no próprio texto legislativo ou em lei posterior. Ex.: conceito de funcionário público previsto no art. 327 do CP.

> *Art. 327, CP Considera-se funcionário público, para os efeitos penais, quem, embora transitoriamente ou sem remuneração, exerce cargo, emprego ou função pública.*

Doutrina

É aquela realizada pelos doutrinadores – estudiosos do Direito Penal – normalmente encontrada em livros, artigos e documentos. Ex.: Código Penal comentado.

Jurisprudencial ou judicial

É aquela realizada pelo Poder Judiciário na aplicação do caso concreto, na busca pela vontade da lei. É a análise das decisões reiteradas sobre determinado assunto legal. Ex.: súmulas do Tribunais Superiores e súmulas vinculantes.

1.3.2 Quanto ao modo

Literal ou gramatical

É aquela que busca o sentido literal das palavras.

Teleológica

É aquela que busca compreender a intenção ou a vontade da lei.

Histórica

É aquela que busca compreender o sentido da lei por meio da análise de momento e contexto histórico em que foi editada.

Sistemática

É aquela que analisa o sentido da lei em conjunto com todo o ordenamento jurídico (as legislações em vigor, os princípios gerais de Direito, a doutrina e a jurisprudencial).

Progressiva

É aquela que busca adaptar a lei aos progressos obtidos pela sociedade.

1.3.3 Quanto ao resultado

Declarativa

É aquela em que se encontra a perfeita correspondência entre a letra da lei e a intenção do legislador.

Restritiva

É aquela em que se restringe o alcance da letra da lei para que corresponda à real intenção do legislador. A lei diz mais do que deveria dizer.

Extensiva

É aquela em que se amplia o alcance da letra da lei para que corresponda à real intenção do legislador. A lei diz menos do que deveria dizer.

Analógica

É aquela em que a lei penal permite a ampliação de seu conteúdo por meio da utilização de uma expressão genérica ou aberta pelo legislador. Ex.:

> *Art. 121, § 2º, III, CP* Homicídio qualificado por emprego de veneno, fogo, explosivo, asfixia, tortura ou outro meio insidioso ou cruel, ou de que possa resultar perigo comum.

1.4 Conflito aparente de normas penais

Fala-se em conflito aparente de normas penais quando duas ou mais normas aparentemente parecem reger o mesmo tema. Na prática, uma conduta pode se enquadrar em mais de um tipo penal, mas isso é tão somente aparente, pois os princípios do Direito Penal resolvem esse fato. São eles:

▷ Princípio da especialidade;
▷ Princípio da subsidiariedade;
▷ Princípio da consunção;
▷ Princípio da alternatividade.

1.4.1 Princípio da especialidade

A regra, nesse caso, é que a norma especial prevalecerá sobre a norma geral. Dessa forma, a norma no tipo penal incriminador é mais completa que a prevista na norma geral.

Isso ocorre, por exemplo, no crime de homicídio e infanticídio. O crime de infanticídio possui, em sua elementar, dados complementares que o tornam mais especial – completo – que a norma geral. Repare nas elementares do art. 123 do CP:

▷ Matar o próprio filho;
▷ Logo após o parto;
▷ Sob o estado puerperal.

Esses são dados que, se presentes, tornam a conduta de matar alguém um crime específico, diferente do homicídio. Logo, o art. 123 (infanticídio) é considerado especial em relação ao art. 121 (homicídio), que pode ser entendido, nesse caso, como uma conduta genérica.

1.4.2 Princípio da subsidiariedade

Esse princípio é utilizado sempre que a norma principal mais grave não puder ser utilizada. Nesse caso, usamos a norma subsidiária menos gravosa.

A subsidiariedade pode ser expressa ou tácita. Será expressa sempre que o próprio artigo de lei assim determinar. Um bom exemplo é o art. 239, que trata da simulação de casamento. O tipo penal prevê pena de detenção, de 1 a 3 anos, se o fato não constituir elemento de crime mais grave. Assim, caso não tenha ocorrido crime mais grave, será aplicada a pena expressa em lei. Porém, se ocorrer crime mais grave, deve ser aplicado somente esse, ficando atípico o fato menos grave.

A subsidiariedade tácita ocorre quando não há expressa referência na lei, mas se um fato mais grave ocorrer, a norma subsidiária ficará afastada. Isso ocorre, por exemplo, no crime do art. 311 do Código de Trânsito Brasileiro (CTB). O artigo expressa a proibição da conduta de trafegar em velocidade incompatível com a segurança nas proximidades de escolas, hospitais, estações de embarques e desembarques de passageiros, logradouros estreitos ou onde houver grande movimentação ou concentração de pessoas, gerando perigo de dano.

Contudo, se o agente estiver conduzindo nessas condições e acabar por atropelar e matar alguém, responderá pelo crime do art. 302 do CTB, que descreve a figura do homicídio culposo na direção de veículo automotor. Assim, esse crime – mais grave – afastará aquele crime de perigo.

1.4.3 Princípio da consunção

Esse princípio pode ocorrer quando um crime "meio" é necessário ou durante a fase normal de preparação para outro crime. Ex.: o crime de lesão corporal fica absorvido pelo crime de homicídio, ou mesmo o crime de invasão de domicílio que fica absorvido pelo crime de furto.

Não estamos falando em norma especial ou geral, mas no crime mais grave que absorveu o crime menos grave, que simplesmente foi um meio necessário para a execução da conduta mais gravosa.

Ocorre também o princípio da consunção quando, por exemplo, o agente falsifica um documento com o intuito de cometer o crime de estelionato. Como o crime de falsificação é o meio necessário para o crime de estelionato, funcionando como a elementar fraude, fica por esse absorvido.

Nesse sentido, o Superior Tribunal de Justiça (STJ) editou a Súmula nº 17, que diz o seguinte:

> *Súmula nº 17 – STJ* Quando o falso se exaure no estelionato, sem mais potencialidade lesiva, é por este absorvido.

Outro ponto importante é quando se trata do assunto de crime progressivo e progressão criminosa. No **crime progressivo,** o agente tem um fim específico mais grave, contudo, necessariamente deve passar por fases anteriores menos graves. No final das contas, o crime progressivo é um meio para um fim. Isso ocorre no caso do dolo de matar, em que o agente obrigatoriamente tem de ferir a vítima antes, causando lesões corporais.

Aqui, tem-se a aplicação do princípio da consunção. Por outro lado, a progressão criminosa ocorre quando o dolo inicial é menos grave e, no decorrer da conduta, o agente muda sua intenção para uma conduta mais grave (repare que há dois dolos). Tem-se como exemplo do agente que inicia a conduta com o dolo de lesionar e desfere socos na vítima; contudo, no decorrer da ação, muda de intenção lhe desfere golpes de faca, causando o resultado morte. Veja que há duas intenções, contudo, o Código Penal punirá o agente somente pelo crime mais grave. Assim, no caso exemplificado, também se aplica o princípio da consunção.

No entanto, pode ocorrer progressão criminosa com a incidência do concurso material, ou seja, aplicação de mais de um crime. Isso ocorre, por exemplo, no crime de roubo em que o agente, no meio da conduta, resolve estuprar a vítima, ou seja, tem-se a progressão criminosa com dois dolos, em que o agente responderá por dois crimes diversos.

TEORIA DA LEI PENAL

1.4.4 Princípio da alternatividade

Esse princípio é aplicado nos chamados crimes de ação múltipla ou de conteúdo variado. Tem-se como exemplo o art. 33 da Lei nº 11.343/2006:

Art. 33, Lei nº 11.343/2006 Importar, exportar, remeter, preparar, produzir, fabricar, adquirir, vender, expor à venda, oferecer, ter em depósito, transportar, trazer consigo, guardar, prescrever, ministrar, entregar a consumo ou fornecer drogas, ainda que gratuitamente, sem autorização ou em desacordo com determinação legal ou regulamentar: Pena – Reclusão de 5 (cinco) a 15 (quinze) anos e pagamento de 500 (quinhentos) a 1.500 (mil e quinhentos) dias-multa.

Assim, pode-se afirmar que, se o agente tiver um depósito e vender a droga, não responderá por dois crimes, mas somente por crime único. Isso ocorre porque qualquer ação nuclear do tipo representa o mesmo crime. Na prática, não há concurso material, respondendo o agente por uma pena somente.

> **Fique ligado**
> Costume **não** revoga nem altera lei.

Pode-se dizer que há três princípios intrínsecos no art. 1º do Código Penal: da legalidade, da anterioridade e da reserva legal. É importante ressaltar que apenas a lei ordinária pode versar sobre matéria penal, tanto para criá-las quanto para extingui-las.

Não obstante, convém ressaltar os preceitos existentes nos tipos penais. Ex.: art. 121, do Código Penal - matar alguém –, cuja pena é de 6 a 20 anos. O preceito primário seria a conduta do agente - matar alguém – e o preceito secundário seria a cominação da pena de 6 a 20 anos. Para ser considerado crime, é fundamental que existam os dois preceitos.

1.5 Lei penal no tempo

Art. 2º, CP Ninguém pode ser punido por fato que lei posterior deixa de considerar crime, cessado em virtude dela a execução e os efeitos penais da sentença condenatória.

Parágrafo único. A Lei posterior, que de qualquer forma modo favorecer o agente, aplica-se aos fatos anteriores, ainda que decididos por sentença transitada em julgado.

1.5.1 Conflito temporal

Regra: irretroatividade da lei.
Exceção: retroatividade para beneficiar o réu.

1.5.2 Retroatividade da lei

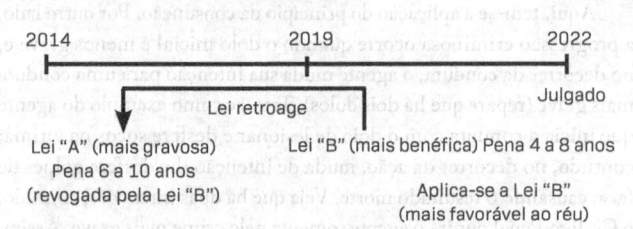

```
2014                  2019                2022
                                          Julgado
              Lei retroage
Lei "A" (mais gravosa)   Lei "B" (mais benéfica) Pena 4 a 8 anos
Pena 6 a 10 anos
(revogada pela Lei "B")       Aplica-se a Lei "B"
                              (mais favorável ao réu)
```

Em regra, o Código Penal sempre adota a lei vigente ("A") no momento da ação ou omissão do agente. Assim, se um crime for cometido nessa época, o agente responderá pelo fato descrito no tipo penal. Contudo, por vezes, o processo estende-se no tempo, e o julgamento do agente demora a acontecer. Nesse lapso temporal, caso sobrevenha uma nova lei ("B"), que torne mais branda a sanção aplicada, esta retroagirá ao tempo do fato, beneficiando o réu.

1.5.3 Ultratividade da lei

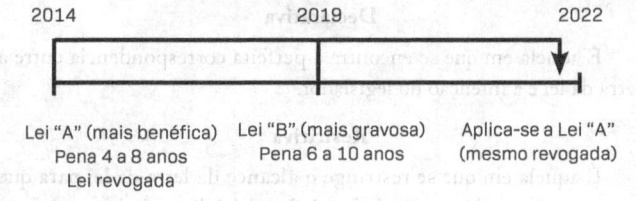

```
2014                  2019                2022
Lei "A" (mais benéfica)  Lei "B" (mais gravosa)  Aplica-se a Lei "A"
Pena 4 a 8 anos          Pena 6 a 10 anos        (mesmo revogada)
Lei revogada
```

- Lei "A" (mais benéfica). Pena de 4 a 8 anos. Lei revogada.
- Lei "B" (mais gravosa). Pena de 6 a 10 anos.
- Aplica-se a Lei "A" (mesmo revogada).

Não obstante a regra da irretroatividade, pode ocorrer a chamada ultratividade de lei mais benéfica. Seria o caso que, no momento da ação, vigorava a lei "A", entretanto, no decorrer do processo, entrou em vigência nova lei "B", revogando a Lei "A", tornando mais gravosa a conduta anteriormente praticada pelo agente.

Assim, no momento do julgamento, ocorrerá a ultratividade da lei, ou seja, a lei "A", mesmo não estando mais em vigor, ultra-agirá ao momento do julgamento para beneficiar o réu, por ser menos gravosa a punição que o agente receberá.

1.5.4 *Abolitio criminis* (abolição do crime)

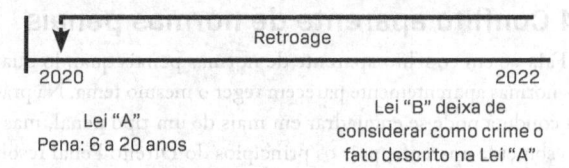

```
                  Retroage
2020                                 2022
Lei "A"                   Lei "B" deixa de
Pena: 6 a 20 anos         considerar como crime o
                          fato descrito na Lei "A"
```

- Lei "A". Pena de 6 a 20 anos.
- Lei "B" deixa de considerar como crime o fato descrito na Lei "A".

Consequências:

- Tranca e extingue o inquérito policial e a ação penal;
- Cassa imediatamente a execução de todos os efeitos penais;
- Não alcança os efeitos civis da condenação.

Em relação à *abolitio criminis*, ocorre o seguinte fato: quando uma conduta que antes era tipificada como crime pelo Código Penal deixa de existir, ou seja, passa a não ser mais considerada crime, dizemos que ocorreu a abolição do crime. Diante disso, cessam imediatamente todos os efeitos penais que incidiam sobre o agente: tranca e extingue o inquérito policial. Caso o acusado esteja preso, deve ser posto em liberdade. Entretanto, não extingue os efeitos civis, ou seja, caso o agente tenha sido impelido em ressarcir a vítima da sua conduta mediante o pagamento de multa, essa ainda assim deverá ser paga.

É importante ressaltar que a lei que beneficia o réu não se trata de uma faculdade do juiz, mas de um dever que deve ser adotado em benefício do acusado.

1.6 Crimes permanentes ou continuados

Nos crimes permanentes, ou seja, naqueles em que a consumação se prolonga no tempo, aplica-se ao fato a lei que estiver em vigência quando cessada a atividade, mesmo que mais grave (severa) que a lei em vigência quando da prática do primeiro ato executório. O crime se perpetua no tempo, enquanto não cessada a permanência. É o que ocorre, por exemplo, com o crime de sequestro e cárcere privado. Assim, será aplicada a lei que estiver em vigência quando da libertação da vítima. Observa-se, então, o momento em que cessa a permanência, para daí se

NOÇÕES DE DIREITO PENAL

determinar qual é a norma a ser aplicada. É o que estabelece a Súmula nº 711 do Supremo Tribunal Federal (STF).

> **Súmula nº 711 – STF** *A lei penal mais grave aplica-se ao crime continuado ou ao crime permanente, se a sua vigência é anterior à cessação da continuidade ou da permanência.*

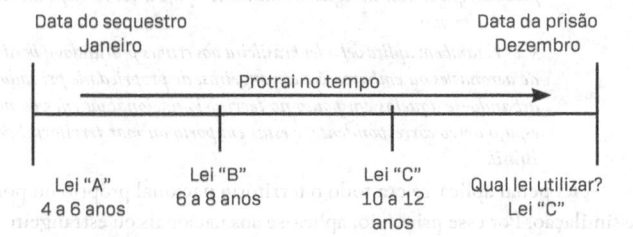

```
Data do sequestro                      Data da prisão
    Janeiro                               Dezembro
       |─────────── Protrai no tempo ───────────→
       |          |              |              |
    Lei "A"    Lei "B"        Lei "C"      Qual lei utilizar?
   4 a 6 anos  6 a 8 anos    10 a 12           Lei "C"
                              anos
```

O sequestro é um crime que se protrai no tempo, ou seja, a todo instante ele está se consumando; qualquer que seja o momento da prisão, o agente estará em flagrante. Assim, nos casos de crimes permanentes ou continuados, aplica-se a pena quando cessar a conduta do agente, ainda que mais grave ou mais branda. Independe, nessa circunstância, a quantificação da pena, isto é, a lei vigente será considerada no momento que cessou a conduta do agente ou a privação de liberdade da vítima, com a prisão dos acusados.

1.7 Lei excepcional ou temporária

> **Art. 3º, CP** *A Lei excepcional ou temporária, embora decorrido o período de sua duração ou cessada as circunstâncias que a determinaram, aplica-se ao fato praticado durante sua vigência.*

▷ **Lei excepcional:** utilizada em períodos de anormalidade social.
| Guerra, calamidades públicas, enchentes, grandes eventos etc.

▷ **Lei temporária:** período previamente fixado pelo legislador.

Lei que configura o crime de pescar em certa época do ano (Piracema). Após lapso de tempo previamente determinado, a lei deixa de considerar tal conduta como crime.

De 2005 a 2006, o fato "A" era considerado crime. Aqueles que infringiram a lei responderam posteriormente, mesmo o fato não sendo considerado mais crime.

Só ocorre retroatividade se a lei posterior expressamente determinar.

É importante ressaltar que são leis excepcionais e temporárias, ou seja, a lei vigorará por determinado tempo. Após o prazo determinado, tal conduta não será mais considerada crime. Entretanto, durante a sua vigência, todos aqueles que cometerem o fato tipificado em tais normas, mesmo encerrada sua vigência, serão punidos.

```
              Retroage
       ←─────────────────
   2021       |       2022
       |              |
  Período de        Ultra-atividade da lei
  surto
  endêmico
   Fato "A" é crime    Fato "A" não é mais
 (notificação de epidemia)   crime
```

> **Fique ligado**
> Não existe *abolitio criminis* de lei temporária ou excepcional.

1.8 Tempo do crime

> **Art. 4º, CP** *Considera-se praticado o crime no momento da ação ou omissão, ainda que outro seja o momento do resultado.*

▷ **Teoria da atividade:** o crime reputa-se praticado no momento da conduta (momento da execução).

> **Fique ligado**
> A imputabilidade do agente deve ser aferida quando o crime é praticado.

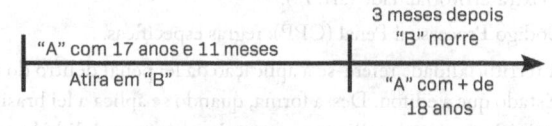

```
                              3 meses depois
"A" com 17 anos e 11 meses        "B" morre
       |──────────────────────────────→
    Atira em "B"
                                "A" com + de
                                  18 anos
```

Esse princípio traz o momento da ação do crime, ou seja, independentemente do resultado, para aplicação da lei penal, é considerado o momento exato da prática delituosa, seja ela comissiva (ação) ou omissiva (omissão). Ex.: o menor "A" comete disparos de arma de fogo contra "B", vindo a feri-lo. Entretanto, devido às lesões causadas pelos disparos, três meses depois do fato, "B" vem a falecer. Nessa época, mesmo "A" tendo completado sua maioridade penal (18 anos), ainda assim não poderá ser punido, pois, quando praticou a conduta (disparos contra "B") era inimputável.

Devemos, contudo, ficar atentos aos crimes permanentes e continuados. É o caso do sequestro, por exemplo, em que o crime se consuma a todo instante em que houver a privação de liberdade da vítima.

```
"A" com 17 anos e 11 meses       3 meses depois
       |──────────┬───────────────────→
    Sequestra "B"  |               Preso com 18
                   ↓                   anos
              Crime de
              sequestro
```

No exemplo em questão, "A" não será mais inimputável, pois, no momento de sua prisão, já completou 18 anos, não sendo considerado o momento em que se iniciou a ação, mas, sim, quando cessou.

1.9 Lugar do crime

> **Art. 6º, CP** *Considera-se praticado o crime no lugar em que ocorreu a ação ou omissão, no todo ou em parte, bem como onde se produziu ou deveria produzir-se o resultado.*

▷ **Teoria da ubiquidade:** utilizada no caso de um crime ser praticado em território nacional e o resultado ser produzido no estrangeiro. O foro competente será tanto o lugar da ação ou omissão quanto o local em que produziu ou deveria produzir-se o resultado.

Ambos os lugares são competentes para jugar o processo

```
"A", manda uma              A carta explode
carta bomba pelo            efetivamente
correio do Brasil para      em LONDRES.
   LONDRES.
                            Local que produziu
Local da ação               ou deveria produzir
ou omissão                  o resultado
```

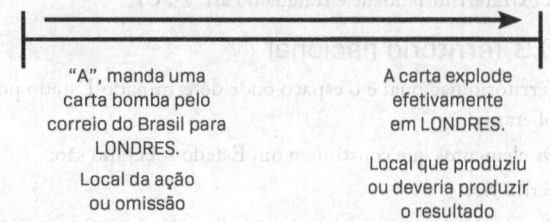

"A", residente no Brasil, enviou uma carta-bomba pelo correio para Londres, na Inglaterra. Assim, a carta efetivamente explode naquele país. Desse modo, tanto o Brasil quanto a Inglaterra serão competentes para julgar "A". Não se aplica a teoria do "resultado".

> **Fique ligado**
> Não confundir os artigos:
> - Lugar/ubiquidade: art. 6º;
> - Tempo/atividade: art. 4º.

TEORIA DA LEI PENAL

1.10 Lei penal no espaço

▷ Código Penal (CP):
- Territorialidade (art. 5º);
- Extraterritorialidade (art. 7º).

▷ Código Processual Penal (CPP): regras específicas.

A territorialidade refere-se à aplicação da lei penal dentro do próprio Estado que a editou. Dessa forma, quando se aplica a lei brasileira em território nacional, utiliza-se o conceito de territorialidade.

A territorialidade é tratada no art. 5º do CP:

> **Art. 5º, CP** *Aplica-se a lei brasileira, sem prejuízo de convenções, tratados e regras de Direito Internacional, ao crime cometido no território nacional.*

1.10.1 Territorialidade

Antes de iniciar o estudo deste tópico, tenha em mente que estudaremos a Lei Penal e não a Lei Processual Penal, que segue outra regra específica. Aqui, trataremos de como se comporta a lei penal brasileira quando ocorrerem crimes no exterior, ou seja, a extraterritorialidade da lei penal. Portanto, a extraterritorialidade abrange apenas a lei penal, excluindo-se a lei processual pena

1.10.2 Território nacional próprio

▷ Lei brasileira:
- Sem prejuízo;
- Convenções, tratados e regras internacionais;
- Imunidades.

> **Art. 5º, § 1º, CP** *Para os efeitos penais, consideram-se como extensão do território nacional as embarcações e aeronaves brasileiras, de natureza pública ou a serviço do governo brasileiro onde quer que se encontrem, bem como as aeronaves e as embarcações brasileiras, mercantes ou de propriedade privada, que se achem, respectivamente, no espaço aéreo correspondente ou em alto-mar.*

Considera-se como território nacional:
- Embarcação ou aeronave brasileira pública (em qualquer lugar);
- Embarcação ou aeronave brasileira privada a serviço do Estado brasileiro (em qualquer lugar);
- Embarcação ou aeronave brasileira mercante ou privada, desde que não esteja em território alheio.

A extraterritorialidade é tratada no art. 7º, CP.

1.10.3 Território nacional

Território nacional é o espaço onde determinado Estado possui sua soberania.

Os elementos que constituem um Estado soberano são:
▷ Território;
▷ Povo;
▷ Soberania – governo autônomo e independente.

Considera-se como território nacional as limitações geográficas do país, incluindo o mar territorial, que representa a extensão de 12 milhas do mar a contar da costa, sempre na maré baixa. O Código Penal considera também como território nacional o espaço aéreo respectivo e o espaço aéreo correspondente ao território nacional. Esse sempre deve ser considerado como território próprio.

É preciso considerar também como território nacional o chamado território por extensão, assimilação ou impróprio, que é descrito no § 1º do art. 5º do Código Penal.

> **Art. 5º, CP [...]**
> § 1º *Para os efeitos penais, consideram-se como extensão do território nacional as embarcações e aeronaves brasileiras, de natureza pública ou a serviço do governo brasileiro, onde quer que se encontrem, bem como as aeronaves e as embarcações brasileiras, mercantes ou de natureza privada, que se achem, respectivamente no espaço aéreo correspondente ou em alto mar.*
> § 2º *É também aplicável a lei brasileira aos crimes praticados a bordo de aeronaves ou embarcações estrangeiras, de propriedade privada, achando-se aquelas em pouso no território nacional ou em voo no espaço aéreo correspondente, e estas em porto ou mar territorial do Brasil.*

A lei penal aplica-se em todo o território nacional próprio ou por assimilação. Por esse princípio, aplica-se aos nacionais ou estrangeiros (mesmo que irregulares) a lei penal brasileira. Contudo, em alguns casos, mesmo o fato sendo praticado no Brasil, não se aplica a lei penal. Isso se dá em razão de convenções, tratados e regras de Direito Internacional em que o Brasil desiste de punir a conduta, ou seja, nesses casos não se aplicará a lei brasileira.

Dessa forma, o princípio da territorialidade da lei penal é mitigado, isto é, não é adotado de forma absoluta e, sim, temperada. Por esse motivo denomina-se princípio da territorialidade temperada.

Pode-se citar como exemplo as imunidades diplomáticas e consulares concedidas aos diplomatas e aos cônsules que exercem suas atividades no Brasil, por meio de adesão do Brasil às convenções de Viena (1961 e 1963).

Quando se fala em território nacional, obrigatoriamente devem ser analisadas algumas regras: todas as embarcações ou aeronaves brasileiras de natureza pública, onde quer que se encontrem, são consideradas extensão do território nacional.

Embarcações e aeronaves de natureza privada serão consideradas extensão do território nacional quando estiverem, respectivamente, em alto mar, no mar territorial brasileiro ou no espaço aéreo correspondente.

> **Fique ligado**
>
> As embarcações e aeronaves de natureza privada que não estiverem a serviço do Brasil somente responderão pela lei brasileira se estiverem em território nacional.

Um navio brasileiro privado que se encontre no mar territorial da Argentina se submeterá às leis penais argentinas, ou seja, caso um brasileiro mate alguém naquele local, a lei a ser aplicada é a lei penal argentina, pois o navio não está a serviço do Brasil. Por outro lado, se o navio estiver em alto mar ("terra de ninguém"; aplica-se o princípio do pavilhão ou da bandeira) e ostentar a bandeira brasileira e lá um tripulante matar o outro, a competência é da lei brasileira.

A mesma regra aplica-se às aeronaves. Outra questão interessante é o caso de uma aeronave a serviço do Brasil (Força Aérea Brasileira) pousar em um país distinto e o piloto cometer um crime. Nesse caso, aplica-se a lei brasileira. Caso a aeronave seja particular, aplica-se a lei do país onde a aeronave tiver pousado.

Outra questão interessante é se o piloto sair do aeroporto e cometer um crime do lado de fora. Nesse caso, deve ser questionado se o piloto estava em serviço oficial ou não, pois, caso esteja, aplica-se a lei penal brasileira; em caso contrário, aplica-se a lei do país onde o crime foi cometido.

Resumo dos conceitos

▷ **Território nacional:** é o espaço onde determinado Estado exerce com exclusividade sua soberania.

NOÇÕES DE DIREITO PENAL

▷ **Território próprio:** toda a extensão territorial geográfica (o mapa), acrescida do mar territorial, que possui a extensão de 12 milhas mar adentro, a contar da baixa maré (litoral).

▷ **Território por extensão:** embarcações e aeronaves brasileiras – públicas ou a serviço do Estado (qualquer lugar do mundo) e privadas em águas ou terras de ninguém.

▷ **Territorialidade:** aplicação da lei penal no território nacional.

▷ **Territorialidade absoluta:** impossibilidade para aplicação de convenções, tratados e regras de Direito Internacional ao crime cometido no território nacional.

▷ **Territorialidade temperada:** adota como regra a aplicação da lei penal brasileira no território nacional. Entretanto, com determinadas hipóteses, permite a aplicação de lei penal estrangeira a fatos cometidos no Brasil (art. 5º, CP).

▷ **Imunidade:** exclusão da aplicação da lei penal.

▷ **Imunidade diplomática e consular:** são imunidades previstas em convenções internacionais chanceladas pelo Brasil.

▷ **Imunidade parlamentar:** previstas na Constituição Federal aos membros do Poder Legislativo.

1.10.4 Princípios da aplicação da lei penal no espaço

Princípio da territorialidade

A lei penal de um país será aplicada aos crimes cometidos dentro de seu território. O Estado soberano tem o dever de exercer jurisdição sobre as pessoas que estejam sem seu território.

Princípio da nacionalidade

É classificado também como **princípio da personalidade**. Os cidadãos de determinado país devem obediência às suas leis, onde quer que se encontrem. Esse princípio pode ser dividido em:

▷ **Princípio da nacionalidade ativa:** aplica-se a lei nacional ao cidadão que comete crime no estrangeiro, independentemente da nacionalidade do sujeito passivo ou do bem jurídico lesado.

▷ **Princípio da nacionalidade passiva:** o fato praticado pelo cidadão nacional deve atingir um bem jurídico de seu próprio estado ou de um concidadão.

Princípio da defesa, real ou de proteção

Considera-se a nacionalidade do bem jurídico lesado (sujeito passivo), independentemente da nacionalidade do sujeito ativo ou do local da prática do crime.

Princípio da justiça penal universal ou da universalidade

Todo Estado tem o direito de punir todo e qualquer crime, independentemente da nacionalidade do criminoso, do bem jurídico lesado ou do local em que o crime foi praticado, bastando que o criminoso encontre-se dentro de seu território. Assim, qualquer pessoa que cometa crime dentro do território nacional será processada e julgada aqui.

Princípio da representação

A lei penal brasileira também será aplicada aos delitos cometidos em aeronaves e embarcações privadas brasileiras quando se encontrarem no estrangeiro e não venham a ser julgadas.

> **Fique ligado**
>
> O Código Penal brasileiro adota o **princípio da territorialidade** como regra e os outros como exceção. Assim, os outros princípios visam disciplinar a aplicação extraterritorial da lei penal brasileira.

1.10.5 Extraterritorialidade

Art. 7º, CP Ficam sujeitos à lei brasileira, embora cometidos no estrangeiro:

I – Os crimes:

a) contra a vida ou a liberdade do Presidente da República;

b) contra o patrimônio ou a fé pública da União, do Distrito Federal, de Estado, de Território, de Município, de empresa pública, sociedade de economia mista, autarquia ou fundação instituída pelo Poder Público;

c) contra a administração pública, por quem está a seu serviço;

d) de genocídio, quando o agente for brasileiro ou domiciliado no Brasil;

II – Os crimes:

a) que, por tratado ou convenção, o Brasil se obrigou a reprimir;

b) praticados por brasileiro;

c) praticados em aeronaves ou embarcações brasileiras, mercantes ou de propriedade privada, quando em território estrangeiro e aí não sejam julgados.

§ 1º Nos casos do inciso I, o agente é punido segundo a lei brasileira, ainda que absolvido ou condenado no estrangeiro.

§ 2º Nos casos do inciso II, a aplicação da lei brasileira depende do concurso das seguintes condições:

a) entrar o agente no território nacional;

b) ser o fato punível também no país em que foi praticado;

c) estar o crime incluído entre aqueles pelos quais a lei brasileira autoriza a extradição;

d) não ter sido o agente absolvido no estrangeiro ou não ter aí cumprido a pena;

e) não ter sido o agente perdoado no estrangeiro ou, por outro motivo, não estar extinta a punibilidade, segundo a lei mais favorável.

§ 3º A lei brasileira aplica-se também ao crime cometido por estrangeiro contra brasileiro fora do Brasil, se, reunidas as condições previstas no parágrafo anterior:

a) não foi pedida ou foi negada a extradição;

b) houve requisição do Ministro da Justiça.

A regra é que a lei penal brasileira aplica-se apenas aos crimes praticados no Brasil (conforme estudado no art. 5º do Código Penal). No entanto, há situações em que, por força do art. 7º, o Estado pode aplicar sua legislação penal no estrangeiro. Nessa norma, encontram-se diversos princípios. São eles:

▷ **Princípio da defesa ou real:** amplia a aplicação da lei penal em decorrência da gravidade da lesão. É o aplicável no art. 7º, nas alíneas do inciso I:

a) contra a vida ou a liberdade do Presidente da República.

Caso seja a prática de latrocínio, não há a extensão da lei brasileira, visto que o latrocínio é considerado crime contra o patrimônio.

b) contra o patrimônio ou a fé pública da União, do Distrito Federal, de Estado, de Território, de Município, de empresa pública, sociedade de economia mista, autarquia ou fundação instituída pelo Poder Público;

c) contra a administração pública, por quem está a seu serviço;

d) de genocídio, quando o agente for brasileiro ou domiciliado no Brasil.

Há discussão sobre qual é o princípio aplicável nesse caso, havendo quem sustente ser o princípio da defesa, o da nacionalidade ativa ou o da justiça penal universal.

Princípio da justiça penal universal (também chamada de justiça cosmopolita): amplia a aplicação da legislação penal brasileira em decorrência da de tratado ou convenção que o Brasil é signatário. Vem normatizada pelo art. 7º, II, "a":

a) Que, por tratado ou convenção, o Brasil se obrigou a reprimir.

Princípio da nacionalidade ativa: amplia a aplicação da legislação penal brasileiro ao exterior caso o crime seja praticado por brasileiro. Está prevista no art. 7º, II, "b":

b) Praticados por brasileiro.

Princípio da representação (também chamado de pavilhão ou da bandeira ou da substituição): amplia a aplicação da legislação penal brasileira em decorrência do local em que o crime é praticado. Vem normatizada pelo art. 7º, II, "c":

c) Praticados em aeronaves ou embarcações brasileiras, mercantes ou de propriedade privada, quando em território estrangeiro e aí não sejam julgados.

Princípio da nacionalidade passiva: amplia a aplicação da legislação penal brasileira em decorrência da nacionalidade da vítima do crime. Vem normatizada pelo art. 7º, § 3º:

§ 3º A lei brasileira aplica-se também ao crime cometido por estrangeiro contra brasileiro fora do Brasil.

A regra de que a legislação penal brasileira será aplicada no exterior vale apenas para os crimes e nunca para as contravenções penais. Apesar de a lei prever, no art. 7º, que a lei brasileira também será aplicada no exterior, há determinadas regras para essa aplicação, também normatizadas pelos parágrafos do artigo em questão.

▷ **Extraterritorialidade incondicionada:** é a prevista para os casos normatizados no art. 7º, I, "a" à "d". Segundo o Código Penal, o agente será processado de acordo com a lei brasileira, mesmo se for absolvido ou condenado no exterior (conforme normatizado pelo § 1º do art. 7º). Não exige qualquer condição.

▷ **Extraterritorialidade condicionada:** é a prevista para os casos normatizados no art. 7º, § 2º, alíneas "a" até "e". São as condições:

a) Entrar o agente no território nacional.
b) Ser o fato punível também no país em que foi praticado.
c) Estar o crime incluído entre aqueles pelos quais a lei brasileira autoriza a extradição.
d) Não ter sido o agente absolvido no estrangeiro ou cumprido a pena.
e) Não ter sido o agente perdoado no estrangeiro.

Não estará extinta a punibilidade do agente, seja pela brasileira ou pela lei estrangeira.

▷ **Extraterritorialidade hipercondicionada:** é prevista para os casos normatizados no art. 7º, § 3º. É chamado pela doutrina de hipercondicionada porque exige, além das condições da extraterritorialidade condicionada, outras duas. São condições:

- Não ser pedida ou, se pleiteada, negada a extradição;
- Requisição do ministro da justiça.

1.11 Pena cumprida no estrangeiro

Art. 8º, CP A pena cumprida no estrangeiro atenua a pena imposta no Brasil pelo mesmo crime, quando diversas, ou nela é computada, quando idênticas.

Caso o agente seja processado, condenado e tenha cumprido pena no exterior, estipula-se no art. 7º que, caso venha a ser condenado pelo mesmo fato no Brasil (no caso da extraterritorialidade incondicionada), deverá se verificar.

Se as penas são idênticas, ou seja, da mesma natureza, deverá ser computada como cumprida no Brasil. Ex.: as duas são privativas de liberdade.

Se as penas são diversas, ou seja, de natureza diferente, deverá haver uma atenuação. Ex.: no exterior, o agente cumpriu pena restritiva de liberdade e, no Brasil, foi condenado e teve sua pena substituída pela prestação de serviços comunitários. Nesse caso, deverá ser atenuada a pena no Brasil.

1.12 Eficácia de sentença estrangeira

Art. 9º, CP A sentença estrangeira, quando a aplicação da lei brasileira produz na espécie as mesmas consequências, pode ser homologada no Brasil para:

I – Obrigar o condenado à reparação do dano, a restituições e a outros efeitos civis;

II – Sujeitá-lo a medida de segurança.

Parágrafo único. A homologação depende:

a) para os efeitos previstos no inciso I, de pedido da parte interessada;

b) para os outros efeitos, da existência de tratado de extradição com o país de cuja autoridade judiciária emanou a sentença, ou, na falta de tratado, de requisição do Ministro da Justiça.

A regra geral é de que a sentença penal estrangeira não precisa ser homologada para produzir efeitos no Brasil. No entanto, o art. 9º traz duas situações que necessitam da homologação para que a sentença produza efeitos no Brasil. São elas:

▷ Para a produção de efeitos civis (por exemplo, reparação de danos, restituições, entre outros): nesse caso, depende do pedido da parte interessada.

▷ Para a aplicação de medida de segurança ao agente da infração penal: caso exista tratado de extradição, necessita de requisição do procurador-geral da República. Caso inexista tratado de extradição, necessita de requisição do ministro da Justiça.

1.13 Contagem de prazo

Art. 10, CP O dia do começo inclui-se no cômputo do prazo. Contam-se os dias, os meses e os anos pelo calendário comum.

A regra aqui é diferente da processual, visto que o dia em que se começa a contar o prazo penal é incluído no cômputo do prazo. Ex.: imagine que determinado agente tenha praticado uma infração penal em 10 de agosto de 2014. Supondo que essa infração penal possui um prazo prescricional de 8 anos, a pretensão punitiva prescreverá em 9 de agosto de 2022.

1.14 Frações não computáveis da pena

Art. 11, CP Desprezam-se, nas penas privativas de liberdade e nas restritivas de direitos, as frações de dia, e, na pena de multa, as frações de cruzeiro.

Caso após o cálculo da pena, remanesçam frações de dia. Ex.: o agente é condenado à pena de 15 dias de detenção, com uma causa de aumento de 1/2, sendo a pena final de 22,5 dias. Com a aplicação do art. 11, despreza-se a fração de metade e a pena final é de 22 dias. Do mesmo modo, aplica-se a regra à pena de multa, não sendo condenado o agente a pagar os centavos do valor aplicado.

1.15 Legislação especial

Art. 12, CP As regras gerais deste Código aplicam-se aos fatos incriminados por lei especial, se esta não dispuser de modo diverso.

As infrações penais não estão descritas apenas no Código Penal, mas também em outras leis, chamadas de leis especiais. Nesses casos, são aplicadas as regras gerais do Código Penal, desde que a legislação especial não disponha de modo diverso.

2 TEORIA GERAL DO CRIME

2.1 Relação de causalidade

2.1.1 Teoria da equivalência dos antecedentes

A ação ou omissão tem que dar causa ao resultado.

Relação de causalidade

Art. 13, CP *O resultado, de que depende a existência do crime, somente é imputável a quem lhe deu causa. Considera-se causa a ação ou omissão sem a qual o resultado não teria ocorrido.*

> Ação ou omissão
> ↓
> Nexo causal (relação entre o agente e o resultado naturalístico)
> ↓
> Resultado (lesão)

Nesse caso, antes de tudo, é importante mencionar sobre a responsabilidade do agente. Para o Código Penal, existem duas formas de responsabilidade: subjetiva e objetiva.

▷ **Subjetiva:** o agente pode ser punido na modalidade culposa, quando não queria o resultado. É o imperito, imprudente ou negligente. A modalidade dolosa ocorre quando o agente quis ou assumiu o risco do resultado. O Código Penal sempre punirá sobre aquilo que o agente queria causar, sobre a intenção no momento da conduta.

▷ **Objetiva:** a responsabilidade objetiva não é mais adotada, visto que sempre haveria a punição por dolo, não se admitindo a forma culposa.

"A" dispara dois tiros em "B". Os tiros efetivamente acertam "B" causando sua morte. Nessa situação, a ação de "A" deu causa ao resultado (morte de "B"), mantendo uma relação de causa × efeito, com resultado naturalístico: morte.

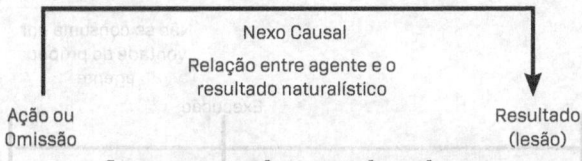

Ação ou Omissão → Nexo Causal (Relação entre agente e o resultado naturalístico) → Resultado (lesão)

Superveniência de causa independente

Art. 13, § 1º, CP *A superveniência de causa relativamente independente exclui a imputação quando, por si só, produziu o resultado; os fatos anteriores, entretanto, imputam-se a quem os praticou.*

Ex. 1: "A" atira em "B", contudo, "B" morre devido a um veneno ingerido anteriormente. A causa efetiva da morte de "B" foi envenenamento e não o disparo efetuado por "A". Nessa situação, "A" responderá apenas por tentativa de homicídio. Neste exemplo, a causa da morte não foi efetivamente o tiro disparado por "A", mas o veneno ingerido anteriormente. Assim, não foi efetivamente o disparo que causou o resultado naturalístico da morte de "B".

Ex. 2: "A" atira na cabeça de "B", que é socorrido por uma ambulância e, no trajeto para o hospital, o veículo capota causando a morte de "B". Mesmo "A" tendo concorrido diretamente para que "B" estivesse na ambulância, o Código Penal manda que "A" responda somente por tentativa de homicídio. O fato que ocorre após a conduta do agente, entretanto, não ocorreria se a ação ou omissão não tivesse acontecido.

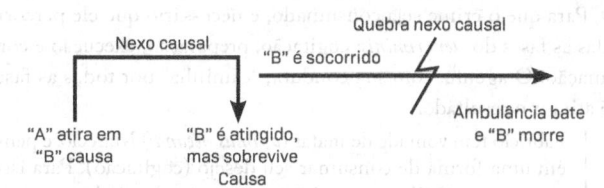

"A" atira em "B" causa → "B" é atingido, mas sobrevive (Causa) → Nexo causal / "B" é socorrido → Quebra nexo causal / Ambulância bate e "B" morre

No exemplo anterior, digamos que "B" tenha sido socorrido com sucesso. Entretanto, devido ao ferimento na cabeça, precisou submeter-se a uma intervenção cirúrgica imprescindível e, durante o procedimento, devido a complicações, vem a falecer. Nessa situação, "A" responderá por homicídio consumado, pois ninguém está obrigado a submeter-se a intervenções cirúrgicas. A mesma situação ocorre se, devido à internação, "B" contraia infecção hospitalar, vindo a falecer. Nessas duas hipóteses, "A" responderá pelo crime consumado, segundo entendimento do Superior Tribunal de Justiça (STJ). Cabe ressaltar que mesmo "B" estando no hospital, se ele falecer devido a um desmoronamento provocado por um terremoto, haverá novamente a quebra do nexo causal, como no acidente com a ambulância. Assim, "A" responderá somente pela tentativa de homicídio.

2.1.2 Relevância da omissão

O "dever" de agir é um dever jurídico. Quando da omissão, o agente tem a possibilidade e o dever jurídico de agir, mas se omite. Ex.: dois policiais observam uma pessoa sendo vítima de roubo e nada fazem. Nesse caso, os agentes, tendo a possibilidade e o dever de agir, omitiram-se. Nessa situação, ambos responderão pelo resultado, ou seja, por roubo.

Art. 13, § 2º, CP *A omissão é penalmente relevante quando o omitente devia e podia agir para evitar o resultado. O dever de agir incumbe a quem:*

a) Tenha por Lei obrigação de cuidado, proteção ou vigilância; (dever legal)

Pai que deixa de alimentar o filho, que vem a morrer de inanição; carcereiro que observa o preso agonizando à beira da morte e nada faz.

b) De outra forma, assumiu a responsabilidade de impedir o resultado; (dever do garantidor)

Babá que descuida da criança e a deixa morrer; salva-vidas que observa banhista se afogar e nada faz.

c) Com seu comportamento anterior, criou o risco da ocorrência do resultado.

Homem propõe-se a ajudar um idoso a atravessar a rua, porém, no meio do caminho, o homem abandona o idoso, que morre atropelado.

Esses crimes são chamados de crimes omissivos impróprios, comissivos por omissão ou ainda participação por omissão. Em todos esses casos, o omitente responderá pelo resultado, a não ser que este não lhe possa ser atribuído nem por dolo nem por culpa. O agente deve ter consciência de que se encontra na função de agente garantidor.

2.2 Consumação e tentativa

Art. 14, CP *Diz-se do crime:*
I – Consumado, quando nele se reúnem todos os elementos de sua definição legal.

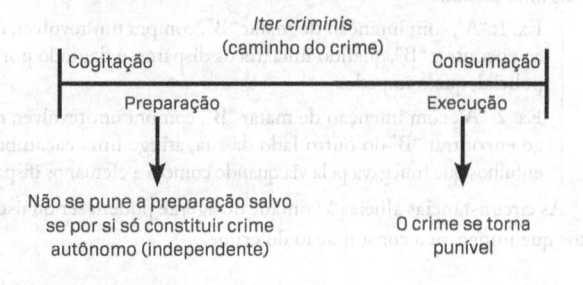

Iter criminis (caminho do crime)

Cogitação → Preparação → Execução → Consumação

Não se pune a preparação salvo se por si só constituir crime autônomo (independente)

O crime se torna punível

TEORIA GERAL DO CRIME

Para que o crime seja consumado, é necessário que ele percorra todas as fases do *iter criminis*: cogitação, preparação, execução e consumação. O agente, com sua conduta, "caminha" por todas as fases até atingir o resultado.

> Fabrício tem vontade de matar (*animus necandi*) Marcelo, e pensa em uma forma de consumar seu desejo (cogitação). Para isso, compra um revólver e munições (preparação) e desloca-se até a casa da vítima. Ao avistar Marcelo, inicia os disparos (execução) contra ele, ferindo-o mortalmente (consumação).

O Código Penal não admite a punição nas fases de **cogitação** e **preparação**, salvo se constituírem **crimes autônomos**. No caso citado anteriormente, se Fabrício fosse preso quando estava com o revólver, deslocando-se à casa de Marcelo para matá-lo, configuraria apenas o crime de porte ilegal de arma de fogo, não podendo ser, de forma alguma, punido pela tentativa de matar Marcelo. Só é possível punir a intenção do agente a partir do momento que entra na esfera de **execução**.

Outro exemplo seria a união de três ou mais pessoas que planejam assaltar um banco e, para isso, compram ferramentas (picaretas, pás, marretas), conseguem a planta do banco e alugam uma casa nas proximidades. Contudo, quando planejavam o assalto, já munidos com toda parafernália, são surpreendidos pela polícia. Nesse caso, essas pessoas não responderão pelo crime de "roubo" (art. 157, CP), na forma tentada, mas pelo crime de associação criminosa (art. 288, CP). Mesmo com a posse de todos os materiais que seriam utilizados, eles não haviam entrado na esfera de execução do roubo.

Por conseguinte, o Código Penal sempre punirá o agente por aquilo que ele queria cometer (**elemento subjetivo**), ou seja, qual era a intenção do agente, ainda que o resultado seja outro. Ex.: "A", com intenção de matar "B", efetua vários disparos em sua direção, contudo, acerta apenas um tiro no dedo do pé de "B". Independentemente desse resultado, "A" responderá por tentativa de homicídio, pois essa era sua intenção inicial.

É importante sempre atentar-se para a vontade do agente, pois o Código Penal irá puni-lo somente pelo resultado ao qual quis causar, ou seja, sempre pelo elemento subjetivo do agente.

2.2.1 Tentativa

Diz-se que o crime é tentado quando iniciada a execução, que não se consuma por circunstâncias alheias à vontade do agente.

Não se admite tentativa para:

▷ Crime culposo;
▷ Contravenções Penais (art. 4º, L, CP);
▷ Mera conduta;
▷ Crime preterdoloso.

Alguns tipos penais não aceitam a forma "tentada". Assim, o fato de iniciar a execução já o torna consumado, como o crime de concussão (art. 316, CP). Nessas situações, a consumação é um mero exaurimento.

Os crimes "tentados" são aqueles que iniciam a fase de execução, mas não chegam à consumação por circunstâncias alheias à vontade do agente, ou seja, o autor quer praticar a conduta, mas é impedido de alguma forma.

> Ex. 1: "A", com intenção de matar "B", compra um revólver, mas, ao encontrar "B", quando iniciaria os disparos, é flagrado por um policial, que o impede.
>
> Ex. 2: "A", com intenção de matar "B", compra um revólver, mas, ao encontrar "B" do outro lado da rua, atinge uma caçamba de entulhos que trafegava pela via quando começa a efetuar os disparos.

As circunstâncias alheias à vontade do agente podem ser quaisquer fatos que impeçam a consumação do crime.

2.2.2 Pena do crime tentado

É a mesma do crime consumado, contudo, deve ser reduzida de 1/3 a 2/3. Quanto mais próximo o crime chegar da consumação, maior deve ser a pena aplicada e menor será a redução de tempo.

Se, quando iniciada a execução, o crime não se consumar por circunstâncias alheias à vontade do agente, incidirá a pena do crime consumado, com redução no *quantum* da pena.

Homicídio: pena de 6 a 20 anos.

> Lucas fez disparos contra José causando sua morte. Pena: 12 anos.

Tentativa de homicídio: pena de 6 a 20 anos reduzida de 1/3 a 2/3.

> Ex. 1: Lucas fez disparos contra José, que foi ferido, socorrido e sobreviveu. Pena: de 4 anos (melhor cenário) a 8 anos (pior cenário).
>
> Ex. 2: Lucas, armado de pistola, efetua 15 disparos contra José, ficando este em coma por 40 dias, quase vindo a falecer, mas consegue sobreviver. Pena: mesmo nesse caso, haverá redução de pena. Porém, a pena mínima (8 anos ou 1/3) deve ser aplicada.

Existem dois tipos de tentativa: a perfeita e a imperfeita. Ambas podem ser cruentas e incruentas.

A **tentativa perfeita** (crime falho) ocorre quando o agente esgotar todos os meios, vindo a acertar ou não a vítima. A **tentativa imperfeita** ocorre quando o agente NÃO esgotou todos os meios, mesmo que já tenha atingido a vítima ou ainda sem feri-la, por circunstâncias alheias à sua vontade.

A doutrina ainda classifica a tentativa em idônea ou inidônea (também apelidada de "crime impossível") quanto à possibilidade de alcançar o resultado.

2.3 Desistência voluntária e arrependimento eficaz

> *Art. 15, CP* O agente que, voluntariamente, desiste de prosseguir na execução ou impede que o resultado se produza, só responde pelos atos já praticados.

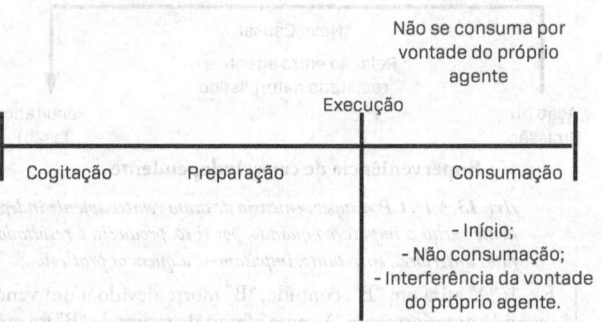

▷ **Desistência voluntária:** o agente interrompe voluntariamente a execução do crime, impedindo a consumação. Nessa situação, o agente poderia efetuar mais disparos, porém desiste de continuar a efetuá-los e vai embora. É importante ressaltar que a desistência não teve influência de nenhuma outra circunstância, senão a vontade do próprio agente.

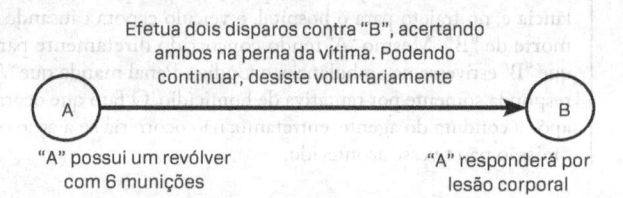

NOÇÕES DE DIREITO PENAL

▷ **Arrependimento eficaz:** encerrada a execução do crime, o agente voluntariamente impede o resultado. Aqui, ele leva a execução até o fim, contudo, com sua ação, impede que o resultado seja produzido.

Nessa situação, o agente esgota os meios, efetuando todos os disparos, mas, após finalizá-los, arrepende-se do que fez e socorre a vítima, levando-a para um hospital, o que garante que ela seja salva.

A "desistência voluntária" (ato negativo) e o "arrependimento eficaz" (ato positivo) têm como consequência a desclassificação da figura típica, ou seja, exclui a modalidade tentada. Dessa forma, o agente responderá pelos atos até então praticados. Nessas situações, considera-se a lesão corporal.

Cogitação	Preparação	Execução	Consumação
		Na **tentativa**, o agente inicia a execução e é **interrompido** por circunstâncias **alheias** à sua vontade	
	Na **desistência voluntária**, o agente pode prosseguir, mas **interrompe voluntariamente** sua conduta, não termina a execução	No **arrependimento eficaz**, o agente **termina o ato de execução**. Contudo, **evita voluntariamente** que o resultado se produza	

▷ **Tentativa:** após o início da execução, o crime não se consuma por circunstâncias alheias à vontade do agente.
▷ **Desistência voluntária:** mesmo podendo prosseguir, o agente desiste, interrompe por sua vontade própria.
▷ **Arrependimento eficaz:** finalizados todos os atos de execução, o agente, por vontade própria, socorre a vítima, impedindo que o resultado (morte) ocorra.

2.4 Arrependimento posterior

> *Art. 16, CP* Nos crimes cometidos sem violência ou grave ameaça à pessoa, reparado o dano ou restituída a coisa, até o recebimento da denúncia ou da queixa, por ato voluntário do agente, a pena será reduzida de um a dois terços.

É requisito fundamental que não ocorra violência ou ameaça grave. Após a consumação do crime, antes do recebimento da denúncia ou queixa (início da ação penal), o agente repara o dano causado anteriormente. Ex.: um rapaz é preso pelo furto (art. 155, CP) de uma televisão de 14 polegadas, mas, antes do recebimento da denúncia, seu advogado ou representante legal repara à vítima todos os danos que o agente causou quando subtraiu o bem. Nessa hipótese, a pena do agente será reduzida.

Caso a reparação do dano ocorra após o recebimento da denúncia, não se fala mais em arrependimento posterior, mas em circunstância atenuante (prevista no art. 65, III, "b", do Código Penal). Da mesma forma, o arrependimento posterior não é reconhecido quando o bem é apreendido pela autoridade policial e restituído à vítima, pois depende da voluntariedade do agente.

2.5 Crime impossível ("quase crime")

> *Art. 17, CP* Não se pune a tentativa quando, por ineficácia absoluta do meio ou por absoluta impropriedade do objeto, é impossível consumar-se o crime.

▷ **Ineficácia absoluta do meio:** o meio empregado ou o instrumento utilizado para a execução do crime jamais levarão o agente à consumação.
- Tentar matar alguém utilizando uma arma de brinquedo;
- Tentar envenenar alguém com sal.

> "A", com a intenção de envenenar "B", coloca sal – erro de tipo putativo – em sua comida, pensando ser arsênico.

▷ **Impropriedade absoluta do objeto material:** nessa hipótese, a pessoa ou a coisa sobre a qual recai a conduta é absolutamente inidônea para produção de algum resultado lesivo.
- Matar quem já está morto.

> "A", com intenção de matar "B" enquanto este está dormindo, efetua vários disparos. Contudo, "B" já estava morto devido ao veneno administrado por "C" horas atrás.

Embora o elemento subjetivo do agente seja o dolo (homicídio), a conduta não será punível, pois o meio empregado "sal" ou o objeto material tornam o crime impossível de ser consumado.

Caso a ineficácia absoluta do meio seja relativa, será considerado crime. Ex.: a quase impossibilidade de cometer um crime com uma arma antiga de colecionador, usada na Segunda Guerra Mundial. Entretanto, caso a arma tenha potencial para causar lesão (esteja funcionando), o crime que o agente tentou praticar com a arma será considerado punível.

2.6 Crime doloso

> *Art. 18, CP* Diz-se o crime:
> I – doloso, quando o agente quis o resultado ou assumiu o risco de produzi-lo.

▷ **Dolo direto:** o agente quis o resultado.
▷ **Doloso indireto ou indeterminado:** o agente assumiu o risco de produzir o resultado (dolo eventual).

> Ex. 1: "A" atira em direção de "B" querendo matá-lo.
>
> Ex. 2: o caçador "A" efetua vários disparos a fim de abater um animal. Contudo, "A" é advertido por "B" que há um local habitado na direção em que está atirando. "A" não se importa e continua os disparos, mesmo consciente de que pode acertar alguém. Um de seus projéteis acerta "C", um inocente morador das redondezas. Nessa situação, deverá "A" responder por homicídio doloso (eventual), pois assumiu o risco de produzir o resultado não observando a advertência que "B" lhe havia feito. O agente sabe o que pode vir a causar, mas não se importa com o resultado.
>
> Ex. 3: "A", dirigindo em altíssima velocidade e disputando um racha com amigos perto de uma movimentada escola, atropela "B", estudante, no momento que este atravessava a via. "A" tinha consciência de que sua conduta poderia matar alguém, contudo, não se importou em continuar. Novamente, o agente sabe que pode acontecer, mas não se importa.

▷ **Dolo direto:** teoria da vontade – quer o resultado.
▷ **Dolo eventual:** teoria do assentimento – assume o risco de produzir o resultado.

2.7 Crime culposo

> *Art. 18, CP* Diz-se o crime: [...]
> II – culposo, quando o agente deu causa ao resultado por imprudência, negligência ou imperícia.
>
> *Parágrafo único.* Salvo os casos expressos em lei, ninguém pode ser punido por fato previsto como crime, senão quando o pratica dolosamente.

2.7.1 Culpa

Na conduta culposa, há uma ação voluntária dirigida a uma finalidade lícita, mas, pela quebra do dever de cuidado a todos exigidos, sobrevém um resultado ilícito não desejado, cujo risco nem sequer foi assumido.

2.7.2 Requisitos do crime culposo

▷ **Quebra do dever objetivo de cuidado:** a culpa decorre da comparação que se faz entre o comportamento realizado pelo sujeito no plano concreto e aquele que uma pessoa de prudência normal, mediana, teria naquelas mesmas circunstâncias. Haverá a conduta culposa sempre que o evento decorrer da quebra do dever de cuidado por parte do agente mediante uma conduta imperita, negligente ou imprudente.

▷ **Previsibilidade:** não basta tão somente a quebra do dever de cuidado para que o agente responda pela modalidade culposa, pois é necessário que as consequências de sua ação descuidada sejam previsíveis.

2.7.3 Modalidades do crime culposo

▷ **Imprudência:** é o fazer sem a obrigação de cuidado. É a culpa de quem age, ou seja, aquela que surge durante a realização de um fato sem o cuidado necessário. Ex.: ultrapassagem em local proibido, excesso de velocidade, trafegar na contramão, manejar arma carregada, atravessar o sinal vermelho etc.

▷ **Imperícia:** é a falta de conhecimento técnico ou habilitação para o exercício de profissão ou atividade. Ex.: médico que, ao realizar uma cirurgia, esquece uma pinça dentro do abdômen do paciente; atirador de elite que acerta a vítima em vez de acertar o criminoso; médico que faz uma cirurgia de lipoaspiração e causa a morte de paciente etc.

▷ **Negligência:** é o não fazer sem a obrigação de cuidado. É a culpa na sua forma omissiva. Consiste em deixar alguém não tomar o cuidado devido antes de começar a agir. Ex.: deixar de conferir os pneus antes de viajar ou realizar a devida manutenção do veículo; deixar substância tóxica ao alcance de crianças etc.

2.7.4 Culpa consciente

Na culpa consciente, o agente antevê o resultado, mas não o aceita, não se conforma com ele. O agente age na crença de que não causará o resultado danoso. Ex.: o atirador de facas do circo atira as facas na crença de que, habilidoso, acertará a maçã. Mas, ao contrário do que acreditava, ele acerta uma espectadora.

2.8 Preterdolo

Art. 19, CP Pelo resultado que agrava especialmente a pena, só responde o agente que o houver causado ao menos culposamente.

Quando o resultado agravador for imputado a título de culpa, tem-se o crime preterdoloso. Nele, o agente quer praticar determinado crime, mas acaba excedendo-se e produzindo culposamente um resultado mais gravoso do que o desejado. Ex.: o agente desfere um soco no rosto da vítima com a intenção de lesioná-la, no entanto, ela perde o equilíbrio, bate a cabeça e morre.

Veja a previsão de latrocínio, que admite a figura do preterdolo, e da lesão corporal seguida de morte, que se aplica ao exemplo mencionado.

*Art. 157, CP Subtrair coisa móvel alheia, para si ou para outrem, mediante grave ameaça ou violência à pessoa, ou depois de havê-la, por qualquer meio, reduzido a impossibilidade de resistência: [...]
Pena – Reclusão, de quatro a dez anos, e multa.
§ 3º Se da violência resulta lesão corporal grave, a pena é de reclusão, de sete a quinze anos, além da multa; se resulta morte, a reclusão é de vinte a trinta anos, sem prejuízo da multa.*

*Art. 129, CP Ofender a integridade corporal ou a saúde de outrem: [...]
§ 3º Se resulta morte e as circunstâncias evidenciam que o agente não quis o resultado, nem assumiu o risco de produzi-los;
Pena – Reclusão, de quatro a doze anos.*

2.9 Erro sobre elemento do tipo

Art. 20, CP O erro sobre elemento constitutivo do tipo legal de crime exclui o dolo, mas permite a punição por crime culposo, se previsto em lei.

▷ **Elementares:** é a descrição típica do crime. Geralmente o próprio *caput*. Quando ausente a elementar, o crime não existe.

Art. 155, CP Subtrair coisa alheia móvel:

Caso o indivíduo subtraia coisa própria por engano não haverá o crime, pouco importando sua intenção. Assim, se o agente subtrai sua própria bicicleta por engano, pensando que está a subtrair bicicleta de seu vizinho não comete crime algum. Não há como punir uma pessoa que subtrai suas próprias coisas.

▷ **Circunstâncias:** são dados assessórios do crime, que, se suprimidos, não impedem a punição do agente. Só servem para aumentar ou diminuir a pena. Ex.: ladrão que furta um bem de pequeno valor pensando ser de grande valor. Ele responderá pelo furto simples sem redução de pena do privilégio.

2.9.1 Erro essencial

Incide sobre situação e tem tal importância para o tipo que, se o erro não existisse, o agente não teria cometido o crime ou, pelo menos, não naquelas circunstâncias.

2.9.2 Erro inevitável (invencível ou escusável)

É aquele que não podia ter sido evitado, nem mesmo com o emprego de uma diligência mediana.

Nessas duas situações (invencível ou escusável), exclui-se o dolo e a culpa do agente. Assim, exclui-se o crime.

Ex. 1: o agente furta caneta pensando que é dele próprio.

Ex. 2: sujeito que mantém conjunção carnal com uma menor de 13 anos que aparenta ter 20 anos pela sua proporção física.

Ex. 3: bêbado que sai de uma festa e liga carro alheio com sua chave, sendo o carro de mesma cor e modelo que o seu.

2.9.3 Erro evitável (vencível ou inescusável)

É aquele que poderia ser evitado pela prudência normal do homem médio. Exclui o dolo, mas permite a modalidade culposa se prevista em lei. Quando não prevista a modalidade culposa, não ocorre o crime.

Ex. 1: caçador confunde vulto em uma moita com o animal que caçava e atira, vindo a causar a morte de um lavrador. Nessa situação, caso o fato seja previsível, deverá o caçador responder por homicídio culposo.

Ex. 2: o agente bêbado sai de uma festa e, ao observar um carro idêntico ao seu, tenta abri-lo com a chave do próprio carro. Não obtendo êxito, quebra o vidro com uma pedra, força a ignição e vai para casa. Nesse caso, ainda que a conduta do agente seja reprovável, não há que se falar em crime, pois o furto não prevê a modalidade culposa. Assim, tem-se a exclusão da tipicidade.

2.9.4 Erro de tipo acidental

Já o erro de tipo acidental não exclui o crime, visto que o agente manifesta o elemento subjetivo do tipo e apenas erra na execução da ação criminosa.

▷ **Erro sobre o objeto (*error in objecto*):** o agente furta um quadro que acredita ser verdadeiro, mas no outro dia descobre que é falso. Aqui, ele responde como se tivesse furtado o quadro verdadeiro.

▷ **Erro sobre a pessoa (*error in persona*):** o agente tenta matar "A", mas mata "B", executando fielmente o que havia planejado. Nesse caso, responde normalmente pelo homicídio da vítima desejada.

NOÇÕES DE DIREITO PENAL

- **Erro sobre a execução (*aberratio ictus*):** o agente tenta matar sua namorada ao vê-la com outro, mas por não saber manusear a arma, acerta em pessoa diversa quando atira. Nesse caso, responderá como se tivesse matado a namorada. Possui previsão no art. 73 do CP.
- **Resultado diverso do pretendido (*aberratio criminis*):** ocorre resultado diverso do pretendido. A consequência para o agente é responder pelo crime, a título de culpa (se houver), conforme art. 74 do CP. Se ocorrer também o resultado pretendido, haverá concurso formal (1 ação = 2 crimes).
- **Erro sucessivo (dolo geral ou *aberratio causae*):** o agente, após acreditar ter matado a sogra por veneno, "desova" o corpo em um lago. Após a perícia analisar o caso, é constatado que não houve morte por envenenamento, mas por afogamento. Nessa situação, o agente responde como se tivesse envenenado a vítima.

2.10 Erro sobre a pessoa

Art. 20, CP [...]

§ 3º O erro quanto à pessoa contra a qual o crime é praticado não isenta de pena. Não se consideram, neste caso, as condições ou qualidades da vítima, senão as da pessoa contra quem o agente queria praticar o crime.

É o erro na representação do agente, que olha um desconhecido e o confunde com a pessoa que quer atingir. O erro é tão irrelevante, que o legislador determinou que o autor fosse punido pelo crime que efetivamente cometeu contra o terceiro inocente (vítima efetiva), como se tivesse atingido a pretendida (vítima virtual). Ex.: "A" atira em "B" por engano, pois pensava que "B" fosse seu pai, quem realmente queria matar. Nessa situação, será considerado para aplicação da pena como se "A" tivesse matado seu pai.

Essa situação é considerada um irrelevante penal, ou seja, o agente quer cometer uma coisa (matar "C"), entretanto, acaba matando "B". Porém, independentemente do resultado, o Código Penal sempre adota o elemento subjetivo, ou seja, punirá o agente pelo fato que ele realmente quis praticar. Como no exemplo o agente queria matar seu pai, incidirá ainda aumento de pena – agravante genérica (art. 61, II, "e", CP).

2.11 Erro sobre a ilicitude do fato

2.11.1 Erro de proibição

Art. 21, CP O desconhecimento da lei é inescusável. O erro sobre a ilicitude do fato, se inevitável, isenta de pena; se evitável, poderá diminui-la de um sexto a um terço.

É a compreensão errada de determinada regra legal pode levar o agente a supor que certa conduta seja lícita. Ex.: um rústico aldeão, que nasceu e passou toda a sua vida em um vilarejo afastado no sertão, agride levemente sua mulher, por suspeitar de traição. É de irrelevante importância se o aldeão sabia ou não que sua conduta era ilícita.

Nesse caso, há crime, porém o CP determina que, devido às circunstâncias (por força do ambiente onde vive e as experiências acumuladas do agente), o sujeito não terá pena, ou seja, exclui-se a culpabilidade. Nessa situação, como o agente é de lugar ermo e não possui conhecimento suficiente sobre fatos que não são permitidos, o juiz não aplicará pena, embora a conduta seja criminosa.

2.11.2 Tipos de erro de proibição

- **Erro inevitável ou escusável:** é isento de pena. Ex.: o caso de uma dona de casa de prostituição, cujo funcionamento era de pleno conhecimento das autoridades fiscais e com alvará de funcionamento fornecido pela prefeitura, apresenta circunstância que sugeriam o desempenho de atividade lícita.

Art. 21, CP [...]

Parágrafo único. Considera-se evitável o erro se o agente atua ou se omite sem a consciência da ilicitude do fato, quando lhe era possível, nas circunstâncias, ter ou atingir essa consciência.

- **Erro evitável ou inescusável:** não isenta de pena, mas terá direito a uma redução de pena de 1/6 a 1/3. Ex.: atendente de farmácia que, apesar de ter ciência de que a venda de medicamentos com tarja preta configura transgressão administrativa, não tem consciência de que tal prática, com relação a alguns dos medicamentos controlados, caracteriza também crime de tráfico de drogas.

Observe o quadro a seguir.

Erro de tipo		Erro de proibição
O agente erra sobre dados do próprio crime. Isento do dolo e culpa, se inevitável, e isento de dolo, mas permite a punição por culpa se evitável.	×	O agente acha que sua conduta é legal, quando na verdade é ilegal. Aqui o agente comete crime, mas não tem pena, pois a culpabilidade fica excluída.

É importante diferenciarmos bem a relação entre erro de tipo (exclui o crime) e erro de proibição (isento de pena). No erro de tipo, o agente sabe que sua conduta é ilícita, entretanto, erra sobre o próprio tipo penal, ou seja, sua intenção é realizar uma conduta, mas acaba cometendo outra. No erro de proibição, o agente desconhece o caráter ilícito do fato, imagina estar praticando uma conduta lícita, quando na verdade é ilícita (criminosa).

2.12 Coação irresistível e obediência hierárquica

Art. 22, CP Se o fato é cometido sob coação irresistível ou em estrita obediência a ordem, não manifestamente ilegal, de superior hierárquico, só é punível o autor da coação ou da ordem.

Para que se possa considerar alguém culpado do cometimento de uma infração penal, é necessário que o ato tenha sido praticado em condições e circunstâncias normais, pois, do contrário, não será possível exigir do sujeito conduta diferente daquela que acabou efetivamente praticando.

Nessa situação, o agente (autor mediato) obriga uma terceira pessoa (autor imediato) a cometer um crime ou cumprir uma ordem ilegal. A pessoa coagida não será punida; a punição será de quem a coagiu e a obrigou a realizar a conduta contra seu consentimento.

2.12.1 Coação irresistível

É o emprego de força física ou de grave ameaça para que alguém faça ou deixe de fazer alguma coisa.

- **Coação física (*vis absoluta*):** o sujeito não comete crime. Ex.: "A" imobiliza "B"; em seguida, "A" coloca uma arma na mão de "B" e o força a apertar o gatilho, sendo que o disparo acerta "C", que morre. Nessa situação, devido à coação física irresistível, "B" não comete crime. "A" responderá por homicídio. A coação física recai sobre a conduta do agente (elemento do fato típico), pois este foi forçado. Nessa situação, exclui-se o crime.
- **Coação moral (*vis relativa*):** o sujeito comete um crime, mas ocorre isenção de pena. Ex.: "A" encosta uma arma carregada na cabeça "B" e ordena que ele atire em "C". Caso contrário, quem morrerá é "B". Assim, "B" atira e "C" morre. Nessa situação, ambos cometem crime ("A" e "B"). Contudo, somente "A" terá pena. "B" estará **isento** de pena devido a **coação moral irresistível** e inexigibilidade de conduta diversa.

Assim, mesmo "B" tendo praticado o ato, sua conduta foi forçada mediante grave ameaça moral, e, temendo por sua própria vida, cometeu o crime. Nessa situação, a conduta de "B" é típica e ilícita, contudo, não culpável, pois ficará isento de pena.

2.12.2 Obediência hierárquica

É a obediência à ordem não manifestamente ilegal de superior hierárquico, tornando viciada a vontade do subordinado e afastando a exigência de conduta diversa. Também exclui a culpabilidade.

- **Ordem de superior hierárquico:** é a manifestação de vontade do titular de uma função pública a um funcionário que lhe é subordinado.

  > Um delegado de polícia manda seu subordinado, aspirante recém-chegado à corporação, que prenda um desafeto do agente, para que esse aprenda uma lição. Caso o aspirante cumpra a ordem ilegal de seu superior, ambos cometerão crime (abuso de autoridade), pois embora haja ordem de superior, o aspirante não é obrigado a cumpri-la.

- **Ordem manifestamente não ilegal:** a ordem deve ser aparentemente legal. Se for manifestamente ilegal, deve o subordinado responder pelo crime.

  > Um delegado de polícia determina que o agente prenda Antônio, indiciado por crime de latrocínio, alegando que Antônio tem contra si um mandado de prisão expedido pela autoridade judiciária. O agente prende Antônio e o conduz até a delegacia. Acontece que não existia mandado algum contra Antônio. Nessa situação, o delegado e o agente cometeram crime de abuso de autoridade. Contudo, somente o delegado terá pena, enquanto o agente ficará isento devido à "aparência" de ordem manifestamente não ilegal.

Nessa conduta, o agente pensava estar praticando uma ação lícita, entretanto, foi enganado por seu superior, sob alegação de posse de falso mandado de prisão.

2.13 Exclusão da ilicitude

> *Art. 23, CP* Não há crime quando o agente pratica o fato:
> I – Em estado de necessidade;
> II – Em legítima defesa;
> III – Em estrito cumprimento de dever legal ou no exercício regular de direito.

2.13.1 Excesso punível

> *Art. 23, CP* [...]
> *Parágrafo único.* O agente, em qualquer das hipóteses deste artigo, responderá pelo excesso doloso ou culposo.

O agente que extrapolar os limites das excludentes deve responder pelo resultado produzido de forma dolosa ou culposa.

> Lucas saca sua arma para matar Manoel, que, prevendo o ocorrido, pega sua própria arma e atira primeiro, ferindo Lucas. Mesmo após a cessação da agressão por parte de Lucas, Manoel efetua mais dois disparos para garantir o resultado. Nessa situação, Manoel excedeu-se e deverá responder por homicídio na modalidade dolosa.

```
                                        Excesso - responderá
                                        por homicídio doloso
                 Legítima defesa
        A ─────────────────────────► B
           "B" é atingido e cessa a agressão
   "A" atira em "B" para se      "A", mesmo depois de
   defender de injusta agressão   cessada a agressão de "B",
                                  efetua mais dois disparos
                                  para garantir o resultado
```

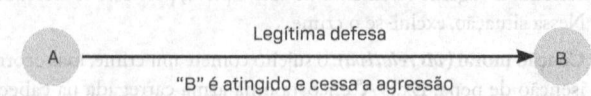

Não obstante, as excludentes de ilicitude, como o próprio nome já diz, excluem o caráter ilícito do fato, tornando a conduta lícita e jurídica.

Crime

- Fato típico.
- Ilícito (antijurídico):
  - Estado de necessidade;
  - Estrito cumprimento do dever legal;
  - Legítima defesa;
  - Exercício regular do direito.

Ocorrendo o fato diante de uma dessas excludentes, exclui-se também o crime.

São situações em que a norma penal permite que se cometa crime em determinadas situações, pois, apesar de serem condutas ilícitas, o agente não será punido.

2.13.2 Estado de necessidade

> *Art. 24, CP* Considera-se em estado de necessidade quem pratica o fato para salvar de perigo atual, que não provocou por sua vontade, nem podia de outro modo evitar, direito próprio ou alheio, cujo sacrifício, nas circunstâncias, não era razoável exigir-se.

Ocorre quando um bem é lesado para se salvar outro bem em perigo de ser igualmente ofendido. Ambos os possuidores desses bens têm direito de agir para se proteger.

Requisitos para configuração do estado de necessidade:

- Perigo atual;
- Direito próprio ou alheio;
- Perigo não causado voluntariamente pelo agente;
- Inevitabilidade de comportamento;
- Razoabilidade do sacrifício;
- Requisito subjetivo.

  > Ex. 1: em um cruzeiro marítimo, 10 passageiros estão a bordo de um navio. No entanto, só existem 9 salva-vidas e o navio está afundando em alto-mar. O único que ficou sem o apetrecho não sabe nadar e, para salvar sua vida do perigo atual, desfere facadas em outro passageiro para conseguir se salvar.

  > Ex. 2: trabalhador desempregado vê os filhos passarem fome, entra em supermercado e furta dois pacotes de arroz e um pedaço de carne seca (furto famélico).

  > Ex. 3: cidadão não tem carteira de motorista e observa um motorista em avançado estado de infarto. Nessa situação, toma a direção de veículo automotor e dirige perigosamente até o hospital, gerando perigo de dano.

Não incidirá em estado de necessidade caso o agente dê causa ao acontecimento.

> *Art. 24, § 1º, CP* Não pode alegar estado de necessidade quem tinha o deve legal de enfrentar o perigo.

> Um exemplo disso é o bombeiro. Ele poderá recusar-se a participar de uma situação perigosa, quando for impossível o salvamento ou quando o risco for inútil.

2.13.3 Legítima defesa

A lei não permite o emprego da violência física como meio para repelir injúrias ou palavras caluniosas, visto que não existe legítima defesa da honra. Somente a vida ou a integridade física são abrangidas pelo instituto da legítima defesa.

NOÇÕES DE DIREITO PENAL

Admite-se a excludente de legítima defesa real contra quem pratica o fato acobertado por causa de exclusão da culpabilidade, como o inimputável.

Nos termos do Código Penal e na descrição da excludente de ilicitude, haverá legítima defesa sucessiva na hipótese de excesso, que permite a defesa legítima do agressor inicial.

É possível legítima defesa de provocações por meio de injúrias verbais, segundo sua intensidade e conforme as circunstâncias, que podem ou não ser agressão.

▷ Agressão de inimputável constitui legítima defesa.
▷ Agressão decorrente de desafio, duelo, convite para briga não constitui legítima defesa.
▷ Agressão passada constitui vingança, e não, legítima defesa.
▷ Agressão futura não autoriza legítima defesa (mal futuro).
▷ Não existe legítima defesa da honra.
▷ O agente tem de saber que está na legítima defesa.

Legítima defesa e porte ilegal de arma de fogo: se portar anteriormente, responde pelo crime do art. 14 ou art. 16, *caput* do Estatuto do Desarmamento (Lei nº 10.826/2003). Se for contemporâneo, não responde pelo crime dos artigos mencionados.

> **Art. 25, CP** Entende-se em legítima defesa quem, usando moderadamente dos meios necessários, repele injusta agressão, atual ou iminente, a direito seu ou de outrem.
>
> **Parágrafo único.** Observados os requisitos previstos no caput deste artigo, considera-se também em legítima defesa o agente de segurança pública que repele agressão ou risco de agressão a vítima mantida refém durante a prática de crimes.

Há uma previsão de legítima defesa para agentes de segurança pública que repelem agressão ou risco de agressão atual ou iminente à vítima mantida refém durante a prática de crimes.

Conclui-se que não há nada de novo, senão já preenchidos todos os requisitos da legítima defesa do *caput* do art. 25 do Código Penal (CP). No entanto, a novidade está no novíssimo art. 14-A do Código de Processo Penal (também introduzido pelo Pacote Anticrime). Esses agentes terão um inquérito **privilegiado** e com direito a contraditório (direito a serem **citados em 48 horas** e ampla defesa com direito a **defensor**).

Ocorre um efetivo ataque ilícito contra o agente ou terceiro, legitimando repulsa.

Requisitos para que subsista a legítima defesa:
▷ Agressão humana;
▷ Agressão injusta;
▷ Agressão atual ou iminente;
▷ Agressão a direito próprio ou a terceiro;
▷ Meios necessários;
▷ Requisito subjetivo.

Ex. 1: "A", desafeto de "B", arma-se com um machado e, prestes a desferir um golpe, é surpreendido pela reação de "B", que saca um revólver e efetua um disparo.

Ex. 2: "A", munido de um cão, atiça o animal na direção de "B", que, para repelir a injusta agressão, atira no enfurecido animal.

Ex. 3: "A", menor de idade, pega um fuzil e, prestes a atirar em "B", é surpreendido por esse, que pega uma bazuca, único meio de proteção disponível no momento, vindo a "explodir" "A".

Os meios necessários para conter a injusta agressão podem ser quaisquer que estejam disponíveis, inexistindo equiparação dos meios utilizados.

É necessário que seja atual e iminente. Caso "B", ferido por "A", desloque-se até sua casa depois de sofrida agressão para apanhar revólver com intuito de se defender, não será mais válido, caso venha efetuar disparos contra "A".

Não configura legítima defesa:

Ex. 1: "A", marido traído, chega à casa e surpreende "C", sua esposa, em conjunção carnal com "B". Enfurecido, pega sua arma e dispara contra a esposa traidora.

Ex. 2: "A", surpreendido por cão feroz, dispara para que não seja atacado.

Ex. 3: "A", desafeto de "B", sai à procura dele e efetua disparo. Mais tarde, provou-se que "B" também estava armado e queria igualmente executar "A".

2.13.4 Estrito cumprimento do dever legal

Em síntese, é a ação praticada por um dever imposto por lei. É necessário que o cumprimento seja nos exatos ditames da lei. Do contrário, o agente incorrerá em excesso, podendo responder criminalmente.

Ex. 1: policial que prende foragido da justiça, vindo a causar-lhe lesões devido à sua resistência.

Ex. 2: soldado que, em tempos de guerra, executa inimigo.

Ex. 3: a execução efetuada pelo carrasco, quando o ordenamento jurídico admite.

2.13.5 Exercício regular de direito

É o desempenho de uma atividade ou prática de uma conduta autorizada em lei.

Ex. 1: tratamento médico ou intervenção cirúrgica, em que o médico comete lesão corporal para realizar o ato cirúrgico.

Ex. 2: ofendículos (exercício regular do direito de defesa da propriedade), cerca elétrica, cacos de vidro, arame farpado etc.

2.14 Imputabilidade penal

> **Art. 26, CP** É isento de pena o agente que, por doença mental ou desenvolvimento mental incompleto ou retardado, era, ao tempo da ação ou da omissão, inteiramente incapaz de entender o caráter ilícito do fato ou de determinar-se de acordo com esse entendimento.
>
> **Redução de pena**
>
> **Parágrafo único.** A pena pode ser reduzida de um a dois terços, se o agente, em virtude de perturbação de saúde mental ou por desenvolvimento mental incompleto ou retardado não era inteiramente capaz de entender o caráter ilícito do fato ou de determinar-se de acordo com esse entendimento.

Imputabilidade é a capacidade de entender o caráter ilícito do fato e de determinar-se de acordo com esse entendimento. É a capacidade de entendimento e a faculdade de controlar e comandar suas próprias ações, ou seja, é a capacidade de compreensão do agente de que sua conduta é ilícita, inapropriada. É um dos elementos da culpabilidade, a qual é substrato do conceito analítico de crime.

▷ **Imputável (regra):** pode-se imputar (aplicar) pena ao sujeito.
▷ **Inimputável (exceção):** não pode sofrer pena.

2.14.1 Exclusão da imputabilidade

Doença mental

Inclui-se doença mental de qualquer ordem, compreendendo a infindável gama de moléstias mentais.

| Alcoolismo patológico.

Desenvolvimento mental incompleto ou retardado

| Silvícola inadaptado (índio) menor de 18 anos.

Sistema adotado pela legislação brasileira

Regra: biopsicológico. Não basta ter a enfermidade. No momento da ação ou omissão, o sujeito precisa estar inteiramente incapaz de entender e compreender o caráter ilícito do fato e determinar-se de acordo com esse entendimento.

Exceção: biológico. Basta tão somente a menoridade (menos de 18 anos) para configurar a inimputabilidade (art. 27, CP).

Embriaguez

Art. 28, CP [...]
II – A embriaguez, voluntária ou culposa, pelo álcool ou substância de efeitos análogos.
§ 1º É isento de pena o agente que, por embriaguez completa, proveniente de caso fortuito ou força maior, era, ao tempo da ação ou da omissão, inteiramente incapaz de entender o caráter ilícito do fato ou de determinar-se de acordo com esse entendimento.

▷ **Não exclui a imputabilidade:** voluntária, culposa, preordenada.
▷ **Exclui a imputabilidade:** caso fortuito, força maior.

A embriaguez não exclui a imputabilidade, quais sejam: a voluntária (toma bebida alcoólica por conta própria); a culposa (toma além da conta) e a preordenada (toma para criar coragem), sendo que a última é causa de aumento de pena (agravante genérica – art. 61, II, "1"). Nesse caso, aplica-se a teoria da *actio libera in causa*.

Art. 28, § 2º, CP A pena pode ser reduzida de um a dois terços, se o agente, por embriaguez, proveniente de caso fortuito ou força maior, não possuía, ao tempo da ação ou da omissão, a plena capacidade de entender o caráter ilícito do fato ou de determinar-se de acordo com esse entendimento.

No caso da embriaguez por caso fortuito, caso ela seja completa, será causa de isenção de pena; caso seja semicompleta (semi-imputabilidade), incidirá em diminuição de pena (redução de culpabilidade) de 1/3 a 2/3.

Emoção e paixão

Art. 28, CP Não excluem a imputabilidade penal:
I – A emoção ou a paixão;

A emoção pode, em alguns casos, servir como diminuição de pena (privilégio), como no caso do homicídio e lesão corporal privilegiados. São requisitos: a emoção deve ser intensa; o agente deve estar sob o domínio dessa emoção; deve ter sido provocado por ato injusto da vítima; a reação do agente deve ocorrer logo após a provocação.

A injusta provocação pode ser de forma indireta. Ex.: alguém que maltrata um animal, com intenção de provocar o agente, utilizando desse objeto (um cachorro) para obter seu desejo.

Menores de 18 anos

Art. 27, CP Os menores de 18 (dezoito) anos são penalmente inimputáveis, ficando sujeitos às normas estabelecidas na legislação especial.

2.14.2 Fundamento constitucional

O art. 228 da Constituição Federal de 1988 prevê que são penalmente inimputáveis os menores de 18 anos, sujeitos às normas de legislação especial.

2.14.3 Critério adotado pelo Código Penal – sistema biológico

Os menores de 18 anos não sofrem sanção penal pela prática do ato ilícito, em decorrência da ausência de culpabilidade. Estão sujeitos ao procedimento e às medidas socioeducativas previstas no Estatuto da Criança e do Adolescente (ECA – Lei nº 8.069/1990) em virtude das condutas descritas como crime e contravenção penal, se consideradas ato infracional.

Para auxiliar, convém lembrar as excludentes de imputabilidade.

Excluída imputabilidade (inimputabilidade)

▷ Menoridade;
▷ Doença mental;
▷ Desenvolvimento mental:
  - Incompleto;
  - Retardado.
▷ Embriaguez completa:
  - Caso fortuito;
  - Força maior.

De acordo com entendimento, essas são as causas justificantes para a exclusão da imputabilidade; podemos dizer que são elementos da culpabilidade. Esta é substrato que compõe o conceito analítico de crime, juntamente com fato típico e a ilicitude.

2.15 Concurso de pessoas

Art. 29, CP Quem, de qualquer modo, concorre para o crime incide nas penas a este cominadas, na medida de sua culpabilidade.

Sujeitos da infração penal:
▷ Sujeito ativo (quem comete a ação);
▷ Sujeito passivo (quem sofre a ação).

Quem pode ser sujeito ativo da infração penal:
▷ Maiores de 18 anos – o menor comete ato infracional (tudo que representa crime, para o menor de idade é ato infracional, que, na verdade, constitui um tipo específico tratado no ECA).
▷ Pessoas jurídicas em atos lesivos ao meio ambiente.
▷ As pessoas jurídicas podem ser responsabilizadas penalmente.

O **concurso de pessoas**, também conhecido como **concurso de agentes**, ocorre quando duas ou mais pessoas concorrem para o mesmo crime. Colaborar ou concorrer para o crime é praticar o ato (moral ou material) que tenha relevância para a perpetração do ilícito.

2.15.1 Requisitos para concursos de pessoas

Pluralidade de agentes

Quem participa da execução do crime é coautor. Quem não executa o verbo do tipo é partícipe.

> Ex. 1: "A" segura "B" enquanto "C" o esfaqueia até a morte. "A" e "C" são coautores do crime de homicídio. Há divisão de tarefas no crime, pois ambos participam da execução.
>
> Ex. 2: "A" empresta arma para "B", que utiliza a arma para executar "C". Assim, "B" é autor (executou) e "A" é partícipe (auxiliou de forma material).

O Código Penal adotou a **teoria monista de agentes**, ou seja, todos responderão pelo mesmo crime, independentemente de qual seja a sua participação.

Relevância causal

A conduta deverá ser relevante. Do contrário, não ocorrerá o concurso de pessoas.

> "A" empresta arma para "B", que, para matar, "C" usa um pedaço de pau. Nessa situação, o auxílio de "A" foi irrelevante para que o crime acontecesse e somente "B" responde por homicídio. Contudo, se, ao emprestar a arma, "A" de qualquer forma incentivou moralmente a atitude de "B", esse será partícipe do crime de homicídio. Se não houve nexo entre o homicídio e o empréstimo da arma, nessa situação, a conduta de "A" é atípica.

NOÇÕES DE DIREITO PENAL

Liame subjetivo

É a vontade de participar do crime. Pelo menos um agente tem de querer participar do crime do outro.

> "A", desafeto de "B", posiciona-se para matá-lo. "C", também inimigo mortal de "B", sabendo da vontade de "A", adere à vontade dele e juntos disparam a arma. Ambos responderão por homicídio como coautores.

Identidade de infração

O Código Penal adotou a **teoria unitária ou monista**, em que todos que concorrem para o crime responderão pelo mesmo crime, na medida de sua culpabilidade (responsabilidade).

2.15.2 Teorias do concurso de pessoas

Teoria do *caput*

▷ **Regra:** monista/igualitária/unitária.
▷ **Exceção:** pluralista (não tem concurso de pessoas).
  | Corrupção passiva e ativa.

Teoria do autor

▷ **Regra:** restritiva (Código Penal). Quem pratica o núcleo do tipo (verbo).
▷ **Exceção:** domínio do fato (doutrina e jurisprudência); Teoria do Partícipe.
▷ Acessoriedade limitada.
   Não pratica o verbo; contudo, auxilia de qualquer forma.
▷ Moral: instigado ou induzido.
▷ Material: qualquer auxílio.
▷ Não ocorre concurso de pessoas.
▷ Autor mediato (homem por trás).
▷ Autoria colateral.
▷ Participação inócua (ineficaz).
▷ Crimes de concurso necessário.

Autoria sucessiva ou participação sucessiva tem concurso de pessoas.
  | Associação criminosa, de acordo com o art. 288 do CP.
A exceção é a teoria pluralista.
  | Corrupção passiva e ativa.
Autor (teoria restrita), quem pratica o núcleo do tipo (verbo).
Partícipe, não pratica o verbo; contudo, auxilia de qualquer forma.
▷ Moral: instigado ou induzido.
▷ Material: qualquer auxílio.
Mandante = partícipe.
Autor mediato (não ocorre concurso).
São usados como instrumentos do crime:
▷ Inimputável;
▷ Doente mental;
▷ Coação irresistível;
▷ Obediência hierárquica.
Exceção: teoria pluralista.

2.15.3 Participação em crime diverso

Art. 29, CP [...]

§ 1º Se a participação for de menor importância, a pena pode ser diminuída de um sexto a um terço.

§ 2º Se algum dos concorrentes quis participar de crime menos grave, ser-lhe-á aplicada a pena deste; essa pena será aumentada até metade, na hipótese de ter sido previsível o resultado mais grave.

Há hipóteses, todavia, em que o partícipe colabora com um crime e o autor, no momento da prática do ilícito, vai além do imaginado pelo partícipe.

> Dois indivíduos combinam um furto. Um deles fica no carro esperando pela fuga e o outro entra na residência. No interior da casa, o autor, além de furtar, encontra a moradora e dispara vários tiros contra ela. Nessa situação, por força do art. 29, § 2º, do CP, os agentes deverão responder por crimes diferentes. O que ficou no carro responde por furto (pois era esse ato que queria praticar) e, o autor, por latrocínio.

2.16 Circunstâncias incomunicáveis

Art. 30, CP Não se comunicam as circunstâncias e as condições de caráter pessoal, salvo quando elementares do crime.

"A", funcionário público, convida "B" para furtar a repartição pública em que trabalha. "B", desconhecendo a função de "A", acaba aceitando. Nesse caso, "A" responderá por peculato (art. 312, CP) e "B" por furto (art. 155, CP). Porém, caso "B" soubesse da função pública de "A", ambos responderiam por peculato.

Art. 31, CP O ajuste, a determinação ou instigação e o auxílio, salvo disposição expressa em contrário, não são puníveis, se o crime não chega, pelo menos, a ser tentado.

Atualmente, o induzimento, a instigação e o auxílio material ao suicídio ou à automutilação configuraram o crime, com ou sem resultados. De crime eminentemente material, converteu-se, por força da Lei nº 13.968/2019, em crime formal.

Fique ligado

No crime culposo, admite-se coautoria, mas não participação. Não existe tentativa em crime preterdoloso.

3 CRIMES CONTRA A PESSOA

Os direitos e as garantias individuais não têm caráter absoluto, por esse motivo, o direito à vida é relativo.

A única exceção sobre a pena de morte é em caso de guerra externa (art. 5º, XLVII, "a", CF/1988).

O crime de homicídio, por sua vez, capitulado nos crimes contra a vida, está descrito no art. 121 do Código Penal, e versa sobre a eliminação da vida humana extrauterina.

Vejamos no quadro a seguir quais são os crimes dolosos contra a vida, e suas principais peculiaridades:

Crimes contra a vida	
Homicídio (art. 121, CP)	São todos crimes processados mediante ação penal pública incondicionada. São julgados pelo Tribunal do Júri. Obs.: o homicídio culposo é julgado pelo juízo singular (vara criminal).
Participação em suicídio ou a automutilação (art. 122, CP)	
Infanticídio (art. 123, CP)	
Aborto (arts. 124 a 126, CP)	

Dos crimes culposos contra a vida, só há o homicídio. Os demais não comportam a modalidade culposa, o aborto culposo pode ser resultado qualificado, mas ele não é crime autônomo. Também não há infanticídio culposo. Apenas o homicídio admite a forma culposa.

3.1 Crimes contra a vida

3.1.1 Homicídio

Art. 121, CP *Matar alguém:*
Pena – Reclusão, de seis a vinte anos.
Caso de diminuição de pena
§ 1º Se o agente comete o crime impelido por motivo de relevante valor social ou moral, ou sob o domínio de violenta emoção, logo em seguida a injusta provocação da vítima, o juiz pode reduzir a pena de um sexto a um terço.
Homicídio qualificado
§ 2º Se o homicídio é cometido:
I – mediante paga ou promessa de recompensa, ou por outro motivo torpe;
II – por motivo fútil;
III – com emprego de veneno, fogo, explosivo, asfixia, tortura ou outro meio insidioso ou cruel, ou de que possa resultar perigo comum;
IV – à traição, de emboscada, ou mediante dissimulação ou outro recurso que dificulte ou torne impossível a defesa do ofendido;
V – para assegurar a execução, a ocultação, a impunidade ou vantagem de outro crime:
Pena – Reclusão, de doze a trinta anos.
Feminicídio
VI – contra a mulher por razões da condição de sexo feminino:
VII – contra autoridade ou agente descrito nos arts. 142 e 144 da Constituição Federal, integrantes do sistema prisional e da Força Nacional de Segurança Pública, no exercício da função ou em decorrência dela, ou contra seu cônjuge, companheiro ou parente consanguíneo até terceiro grau, em razão dessa condição:
VIII – com emprego de arma de fogo de uso restrito ou proibido:
Pena – Reclusão, de doze a trinta anos.
§ 2º-A Considera-se que há razões de condição de sexo feminino quando o crime envolve:
I – violência doméstica e familiar;
II – menosprezo ou discriminação à condição de mulher.
Homicídio culposo
§ 3º Se o homicídio é culposo:
Pena – Detenção, de um a três anos.
Aumento de pena
§ 4º No homicídio culposo, a pena é aumentada de 1/3 (um terço), se o crime resulta de inobservância de regra técnica de profissão, arte ou ofício, ou se o agente deixa de prestar imediato socorro à vítima, não procura diminuir as consequências do seu ato, ou foge para evitar prisão em flagrante. Sendo doloso o homicídio, a pena é aumentada de 1/3 (um terço) se o crime é praticado contra pessoa menor de 14 (quatorze) ou maior de 60 (sessenta) anos.
§ 5º Na hipótese de homicídio culposo, o juiz poderá deixar de aplicar a pena, se as consequências da infração atingirem o próprio agente de forma tão grave que a sanção penal se torne desnecessária.
§ 6º A pena é aumentada de 1/3 (um terço) até a metade se o crime for praticado por milícia privada, sob o pretexto de prestação de serviço de segurança, ou por grupo de extermínio.
§ 7º A pena do feminicídio é aumentada de 1/3 (um terço) até a metade se o crime for praticado:
I – durante a gestação ou nos 3 (três) meses posteriores ao parto;
II – contra pessoa menor de 14 (catorze) anos, maior de 60 (sessenta) anos, com deficiência ou portadora de doenças degenerativas que acarretem condição limitante ou de vulnerabilidade física ou mental;
III – na presença física ou virtual de descendente ou de ascendente da vítima;
IV – em descumprimento das medidas protetivas de urgência previstas nos incisos I, II e III do caput do art. 22 da Lei nº 11.340, de 7 de agosto de 2006.

O homicídio é a morte injusta de uma pessoa praticada por outrem. De acordo com Nelson Hungria, é o crime por excelência.

No art. 121, *caput*, tem-se o chamado homicídio doloso simples. No art. 121, § 1º, tem-se o chamado homicídio doloso privilegiado (causa de diminuição de pena); o § 2º traz o homicídio doloso qualificado; no § 3º, prevê o homicídio culposo; no § 4º, o Código Penal (CP) estabelece hipóteses de causa de aumento (majorantes) de pena no homicídio culposo; e, por fim, o § 5º traz o Perdão Judicial.

O homicídio preterdoloso está previsto no art. 129, § 3º do CP: é a lesão corporal seguida de morte.

Homicídio não é genocídio, são dois crimes distintos. Nem todo homicídio em massa será considerado genocídio. Para ser genocídio, a conduta deve se enquadrar na Lei nº 2.889/1956, o agente deve ter a vontade/propósito de exterminar total ou parcialmente um grupo étnico, social ou religioso. Se o objetivo não for esse, não há se falar em genocídio. Pode ser genocídio segregando membros de um grupo, impedindo o nascimento no seio de um grupo. Foi o que Saddam Hussein fez com os curdos no Iraque, por exemplo.

3.1.2 Homicídio simples

Art. 121, CP *Matar alguém.*

▷ **Sujeito ativo:** é crime comum, pode ser praticado por qualquer pessoa.
▷ **Sujeito passivo:** da mesma forma, pode ser qualquer pessoa. Magalhães Noronha entende que o Estado também figura como vítima do homicídio, justificando existir um interesse do ente político na conservação da vida humana, sua condição de existência.

Conduta punida

A conduta punível nesse tipo penal nada mais é que tirar a vida de alguém. Atente-se para a diferença:

▷ **Vida intrauterina:** abortamento – aborto.
▷ **Vida extrauterina:** homicídio ou infanticídio.

Quanto ao início do parto, existem três correntes:

▷ **1ª corrente:** dá-se com o completo e total desprendimento do feto das entranhas maternas;
▷ **2ª corrente:** ocorre desde as dores do parto;
▷ **3ª corrente:** ocorre com a dilatação do colo do útero.

Forma de execução: trata-se de delito de execução livre, podendo ser praticado por ação ou omissão, meios de execução diretos ou indiretos.

Vale ressaltar que a finalidade do agente pode servir como privilégio ou como qualificadora.

Tipo subjetivo: o art. 121, *caput* é punido a título de dolo direto ou dolo eventual.

Verifica-se o dolo eventual quando o agente assumiu o risco de praticar a conduta delituosa. Atualmente, os tribunais entendem que, quando o agente, embriagado, pratica homicídio de trânsito, pode ser condenado pelo homicídio do art. 121 do CP, tendo em vista que, ao ingerir bebida alcoólica e tomar a direção de um veículo, assumiu o risco de produzir o evento danoso.

Consumação e tentativa

Trata-se de delito material ou de resultado, ou seja, o delito consuma-se com a morte. A morte dá-se com a cessação da atividade encefálica. Cessando a atividade encefálica, o agente será considerado morto, conforme se extrai da Lei nº 9.434/1997 (Lei de Transplantes). A tentativa é possível, considerando que o homicídio se trata de crime plurissubsistente, permitindo o fracionamento da execução.

O homicídio simples pode ser considerado crime hediondo quando praticado em atividade típica de grupo de extermínio, conforme prevê o art. 1º da Lei nº 8.072/1990 (Lei dos Crimes Hediondos). É o chamado homicídio condicionado. O homicídio também pode ser praticado através de relações sexuais ou atos libidinosos.

> "A", portador do vírus HIV (Aids) e sabedor desta condição, com a intenção de matar, tem relação sexual com "B", com o fim de transmitir voluntária e dolosamente o vírus a este último. Nesta situação, após a transmissão, enquanto "B" não morrer, "A" responderá por tentativa de homicídio, após a morte de "B", "A" responderá por homicídio consumado.

3.1.3 Homicídio privilegiado

> *Art. 121, § 1º, CP Se o agente comete o crime impelido por motivo de relevante valor social ou moral, ou sob o domínio de violenta emoção, logo em seguida a injusta provocação da vítima, ou juiz pode reduzir a pena de um sexto a um terço.*

O homicídio privilegiado é causa de diminuição de pena, havendo a redução de 1/6 a 1/3. Essa diminuição de pena é direito subjetivo do réu, sendo que, presentes os requisitos, o juiz deve reduzir a pena.

Hipóteses privilegiadoras

▷ Se o agente comete o crime por motivo de relevante valor social.

No valor social, o agente mata para atender os interesses de toda coletividade.

| Matar estuprador do bairro; matar um assassino que aterroriza a cidade.

▷ **Se o agente comete o crime por relevante valor moral:** o agente mata para atender interesses particulares, diferente do valor social.

Esses interesses morais são ligados aos sentimentos de compaixão, misericórdia ou piedade.

| Eutanásia; "A" mata "B", porque este matou seu filho.

▷ Se o agente comete o crime sob o domínio de violenta emoção, logo em seguida a injusta provocação da vítima – homicídio emocional.

Atente-se que domínio não se confunde com mera influência. A mera influência é uma atenuante de pena prevista no art. 65 do CP.

É necessário observar que o homicídio deve ocorrer logo após a injusta provocação da vítima, ou seja, deve haver imediatidade da reação (reação sem intervalo temporal). A jurisprudência entende que, enquanto perdurar o domínio da violenta emoção, a reação será considerada imediata.

Observa-se, ainda, que a provocação da vítima deve ser injusta, e isso não traduz, necessariamente, um fato típico. Pode haver injusta provocação sem configurar fato típico, mas serve para configurar o homicídio emocional. Ex.: adultério.

Vale ressaltar que se for injusta a agressão da vítima, será caso de legítima defesa.

O privilégio é sempre circunstância do crime. As circunstâncias subjetivas são incomunicáveis, nos termos do art. 30 do CP. Já as circunstâncias objetivas são comunicáveis, nos termos do art. 30, *in fine*.

Circunstâncias subjetivas	Circunstâncias objetivas
Não se comunicam.	Comunicam-se
Ligam-se ao motivo ou estado anímico do agente.	Ligam-se ao meio/modo de execução
Como as privilegiadoras aqui citadas são subjetivas, não haverá comunicabilidade em relação aos demais autores do crime, logo não se aplica ao coautor se não restarem comprovados os mesmos requisitos.	

3.1.4 Homicídio qualificado

O homicídio qualificado é sempre crime hediondo.

> **Homicídio qualificado**
> **Art. 121, CP [...]**
> § 2º Se o homicídio é cometido:
> I – Mediante paga ou promessa de recompensa, ou por outro motivo torpe;
> II – Por motivo fútil;
> III – Com emprego de veneno, fogo, explosivo, asfixia, tortura ou outro meio insidioso ou cruel, ou de que possa resultar perigo comum;
> IV – À traição, de emboscada, ou mediante dissimulação ou outro recurso que dificulte ou torne impossível a defesa do ofendido;
> V – Para assegurar a execução, a ocultação, a impunidade ou vantagem de outro crime:
> Pena – Reclusão, de doze a trinta anos.

Motivo torpe

É o motivo abjeto, ignóbil, vil, espelhando ganância.

É indagado se a qualificadora da torpeza se aplica também ao mandante, ou apenas para o executor.

Alguns autores dizem que a resposta depende se a qualificadora for compreendida como elementar ou circunstância. Entendendo que se trata de circunstância, somente o executor responde pelo homicídio qualificado já que a circunstância subjetiva não se comunica. Por outro lado, entendendo que se trata de elementar subjetiva do crime, haverá comunicabilidade, estendendo-se a qualificadora ao mandante (ambos respondem pela qualificadora – mandante e executor).

Atualmente, prevalece a segunda hipótese, ou seja, que se trata de elementar subjetiva do crime, respondendo o mandante e o executor pelo crime qualificado.

CRIMES CONTRA A PESSOA

Mediante pagamento ou promessa de recompensa

> **Fique ligado**
>
> **Ciúme** não é considerado motivo torpe.
> **Ausência** de motivo não é considerado motivo fútil.
> Um motivo não pode ser **fútil** e **torpe** ao mesmo tempo, pois um exclui o outro.

No caso de o agente matar mediante pagamento ou promessa de recompensa de natureza diversa da econômica, por exemplo, sexual, continua se tratando de motivo torpe, pois não deixa de se ajustar ao encerramento genérico, somente não configurando o exemplo dado no início do inciso. É o chamado homicídio mercenário.

O homicídio mercenário nada mais é que um exemplo de torpeza. O executor é chamado de matador de aluguel.

O crime, mediante pagamento ou promessa, é crime de concurso necessário (plurissubsistente – plurilateral – plurissubjetivo), exigindo-se pelo menos duas pessoas (mandante e executor).

Neste caso, necessariamente a natureza é econômica, logo, se a vantagem era promessa sexual, entre outras, não incidirá a qualificadora.

No inciso I, o legislador encerrou de forma genérica, o que permite a interpretação analógica, ou seja, permite ao juiz a análise de outras situações que aqui podem se enquadrar.

Motivo fútil

Segundo alguns especialistas, é aquele que ocorre quando o móvel apresenta real desproporção entre o delito e a sua causa moral. Tem-se a pequeneza do motivo (matar por pouca coisa). Ex.: briga de trânsito.

Tem caráter **subjetivo**, pois se refere à motivação do agente para cometer o crime.

É um motivo insignificante, de pouca importância, completamente desproporcional à natureza do crime praticado.

Atente-se que, motivo fútil não se confunde com motivo injusto, uma vez que a injustiça é característica de todo e qualquer crime – injusto penal.

Se não há motivo comprovado nos autos, poderá ser denunciado por homicídio qualificado pelo motivo fútil? Aqui há duas correntes:

▷ **1ª corrente:** a ausência de motivos equipara-se ao motivo fútil, pois seria um contrassenso conceber que o legislador punisse com pena mais grave quem mata por futilidade, permitindo que o que age sem qualquer motivo receba sanção mais branda. (**majoritária**)

▷ **2ª corrente:** a ausência de motivos não pode ser equiparada ao motivo fútil, sob pena de se ofender o princípio da reserva legal. É o que entende Cezar Roberto Bitencourt. Para ele, o legislador deve incluir a ausência de motivo no rol das qualificadoras.

Com emprego de veneno, fogo, explosivo, asfixia, tortura ou outro meio insidioso ou cruel, ou de que possa resultar em perigo comum, no inciso III, novamente é possível a interpretação analógica, tendo como exemplos o emprego de veneno, fogo, explosivo, asfixia ou tortura.

Tem caráter objetivo, pois se refere aos meios empregados pelo agente para o cometimento do homicídio.

No caso do emprego de veneno, é imprescindível que a vítima desconheça estar ingerindo a substância letal.

No caso de tortura, o agente emprega crueldade na conduta, provocando na vítima sofrimento desnecessário antes da morte.

Homicídio qualificado pela tortura (art. 121, § 2º, III, CP)	Tortura com resultado morte (art. 1º, § 3º, Lei nº 9.455/1997)
Morte **dolosa**	Morte **preterdolosa**
O agente utiliza a tortura para provocar a morte da vítima.	O agente tem o dolo de torturar a vítima, e da tortura resulta culposamente sua morte.
Competência do Tribunal do Júri.	Competência do Juízo Singular (vara criminal).
A tortura foi o meio utilizado para a morte.	A tortura foi o fim desejado, mas a morte foi culposa.

A traição, de emboscada, ou mediante dissimulação ou outro recurso que dificulte ou torne impossível a defesa do ofendido

No inciso IV, o legislador prevê como exemplos a traição, emboscada ou dissimulação, finalizando de maneira genérica, o que também permite a interpretação analógica.

Tem caráter objetivo (modo de execução do crime).

▷ **Traição:** ataque desleal, quebra de confiança.
▷ **Emboscada:** aquele que ataca a vítima com surpresa. Ele se oculta para surpreender a vítima.
▷ **Dissimulação:** significa fingimento, disfarçando o agente a sua intenção hostil.

> Aquele que convida para ir à casa de outrem e, lá chegando, mata o convidado.

Para assegurar a execução, ocultação, a impunidade ou vantagem de outro crime

O inciso V possui caráter subjetivo (refere-se aos motivos do crime). Trata das hipóteses de conexão teleológica e consequencial.

Quando se comete o crime para assegurar a execução, classifica-se o homicídio como qualificado teleológico.

> "A", pretendendo cometer um crime de extorsão mediante sequestro contra uma pessoa muito importante e para assegurar a execução, mata o segurança do empresário.

Já o homicídio consequencial apresenta as seguintes hipóteses:

▷ **Ocultação:** quer evitar a descoberta do crime cometido pelo agente. Ex.: ocultar o cadáver após o homicídio;
▷ **Impunidade:** o criminoso procura evitar que se descubra que ele foi o autor do crime. Ex.: matar a testemunha ocular de um crime;
▷ **Vantagem:** o agente quer usufruir a vantagem decorrente da prática de outro crime. Ex.: um ladrão mata o outro para ficar com todo o dinheiro do roubo praticado por ambos.

O STF tem admitido a coexistência do privilégio (caráter subjetivo) com as qualificadoras de caráter objetivo (chamado homicídio privilegiado-qualificado).

> "A" matou "B" envenenado porque este estuprou a filha daquele.

O homicídio privilegiado-qualificado não é considerado hediondo (pois a existência do privilégio afasta a hediondez do homicídio qualificado).

> **Fique ligado**
>
> Matar para assegurar uma contravenção penal não qualifica o crime nesta modalidade, mas pode qualificá-lo pelo motivo fútil.

Matar por ocasião de outro crime, sem vínculo finalístico, não qualifica o crime.

O crime futuro deve ocorrer para gerar a conexão teleológica? O crime futuro não precisa ocorrer para gerar esta qualificadora, bastando matar para essa finalidade.

Há possibilidades de o homicídio qualificado ser privilegiado quando as qualificadoras são objetivas. Ou seja, uma das privilegiadoras e uma das qualificadoras do meio cruel ou da torpeza (objetivas).

Para a maioria da doutrina, o homicídio qualificado, quando também for privilegiado, não será hediondo, uma vez que o privilégio é preponderante.

3.1.5 Feminicídio

> *Art. 121, § 2º, CP [...]*
> *VI – Contra a mulher por razões da condição de sexo feminino:*
> *Pena – Reclusão, de doze a trinta anos.*
> *§ 2º-A Considera-se que há razões de condição de sexo feminino quando o crime envolve:*
> *I – Violência doméstica e familiar;*
> *II – Menosprezo ou discriminação à condição de mulher. [...]*
> *§ 7º A Pena do feminicídio é aumentada de 1/3 (um terço) até a metade se o crime for praticado:*
> *I – Durante a gestação ou nos 3 (três) meses posteriores ao parto;*
> *II – Contra pessoa menor de 14 (catorze) anos, maior de 60 (sessenta) anos, com deficiência ou portadora de doenças degenerativas que acarretem condição limitante ou de vulnerabilidade física ou mental;*
> *III – Na presença física ou virtual de descendente ou de ascendente da vítima;*
> *IV – Em descumprimento das medidas protetivas de urgência previstas nos incisos I, II e III do caput do art. 22 da Lei nº 11.340, de 7 de agosto de 2006.*
> *Pena – Reclusão, de doze a trinta anos.*

A Lei nº 13.104/2015 introduziu no Código Penal uma nova figura típica: o feminicídio. A pena para o homicídio qualificado é de 12 a 30 anos de prisão, e será aumentada em um terço se o crime acontecer durante a gestação ou nos três meses posteriores ao parto; se for contra pessoa menor de 14 anos, maior de 60 anos, com deficiência ou portadora de doenças degenerativas que acarretem condição limitante ou de vulnerabilidade física ou mental. Também se o homicídio for cometido na presença física ou virtual de descendente ou ascendente da vítima, e se for durante o descumprimento das medidas protetivas de urgência previstas nos incisos I, II e III do *caput* do art. 22 da Lei nº 11.340/2006.

Pode-se definir como uma qualificadora do crime de homicídio motivada pelo ódio contra as mulheres, tendo como motivador as circunstâncias específicas em que o pertencimento da mulher ao sexo feminino é central na prática do delito. Entre essas circunstâncias estão incluídos: os assassinatos em contexto de violência doméstica ou familiar e o menosprezo ou discriminação à condição de mulher.

O feminicídio é qualificadora conhecida como crime fétido.

Razões de gênero: a qualificadora do feminicídio não poderá ser provada por um laudo pericial ou exame cadavérico, porque nem sempre um assassinado de uma mulher será considerado feminicídio. Assim, para ser configurada a qualificadora do feminicídio, a acusação tem de provar que o crime foi cometido contra a mulher por razões da condição de sexo feminino.

O § 2º-A foi acrescentado como norma explicativa para esclarecer as situações em que a morte da mulher ocorreu em razão da condição de sexo feminino, podendo se dar em duas situações:

▷ Violência doméstica e familiar;
▷ Menosprezo ou discriminação à condição de mulher;

NOÇÕES DE DIREITO PENAL

O art. 121, § 7º, do CP, estabelece causas de aumento de pena para o crime de feminicídio.

A pena será aumentada de 1/3 até a metade se for praticado:

▷ Durante a gravidez ou nos 3 meses posteriores ao parto;
▷ Contra pessoa menor de 14 anos, maior de 60 anos, com deficiência ou portadora de doenças degenerativas que acarretem condição limitante ou de vulnerabilidade física ou mental;
▷ Na presença física ou virtual de ascendente ou descendente da vítima;
▷ Em descumprimento das medidas protetivas de urgência previstas nos incisos I, II e III do *caput* do art. 22 da Lei nº 11.340, de 7 de agosto de 2006.

> *Art. 1º, Lei nº 8.072/1990 São considerados hediondos os seguintes crimes, todos tipificados no Decreto-lei nº 2.848, de 7 de dezembro de 1940 – Código Penal, consumados ou tentados:*
> *I – homicídio (art. 121), quando praticado em atividade típica de grupo de extermínio, ainda que cometido por um só agente, e homicídio qualificado (art. 121, § 2º, incisos I, II, III, IV, V, VI e VII e VIII);*

Como todo homicídio qualificado, o feminicídio também é considerado hediondo de acordo com o art. 1º da Lei nº 8.072/1990 (Lei de Crimes Hediondos).

3.1.6 Homicídio funcional

Essa qualificadora foi inserida pelas Leis nº 13.142/2015 e nº 13.964/2019, que acrescentaram objetivamente essa conduta no rol dos crimes hediondos (art. 1º, I e I-A, da Lei nº 8.072/1990) e também aumentou a pena de 1/3 a 2/3 no art. 129, § 12 (lesão corporal).

> *Art. 121, VII, CP Contra autoridade ou agente descrito nos arts. 142 e 144 da Constituição Federal, integrantes do sistema prisional e da Força Nacional de Segurança Pública, no exercício da função ou em decorrência dela, ou contra seu cônjuge, companheiro ou parente consanguíneo até terceiro grau, em razão dessa condição:*

▷ São autoridades previstas no art. 142 da CF/1988:

> *Art. 142, CF/1988 As Forças Armadas, constituídas pela Marinha, pelo Exército e pela Aeronáutica, são instituições nacionais permanentes e regulares, organizadas com base na hierarquia e na disciplina, sob a autoridade suprema do Presidente da República, e destinam-se à defesa da Pátria, à garantia dos poderes constitucionais e, por iniciativa de qualquer destes, da lei e da ordem.*

▷ São autoridades do art. 144 da CF/1988:

> *Art. 144, CF/1988 A segurança pública, dever do Estado, direito e responsabilidade de todos, é exercida para a preservação da ordem pública e da incolumidade das pessoas e do patrimônio, através dos seguintes órgãos:*
> *I – Polícia federal;*
> *II – Polícia rodoviária federal;*
> *III – Polícia ferroviária federal;*
> *IV – Polícias civis;*
> *V – Polícias militares e corpos de bombeiros militares.*
> *VI – polícias penais federal, estaduais e distrital.*

A qualificadora do inciso VII objetiva prevenir ou reduzir crimes contra pessoas que atuam na área de segurança pública, no combate à criminalidade. É norma penal em branco, pois precisa ser complementada pelos arts. 142 e 144 da Constituição Federal (CF), mencionados anteriormente.

▷ Homicídio com emprego de arma de fogo de uso restrito ou proibido.

O inciso VIII foi acrescentado pela Lei nº 13.964/2019 (Pacote Anticrime). Foi objeto de veto pelo presidente da República, mas, em 19/04/2021, foi afastado pelo Congresso Nacional (em vigência).

CRIMES CONTRA A PESSOA

Trata-se de qualificadora objetiva, ou seja, refere-se ao meio de execução utilizado pelo agente (arma de fogo de uso restrito/proibido).

É norma penal em branco ao quadrado: necessita de complemento normativo, a fim de definir quais armas são de uso restrito/proibido. No caso, a definição é extraída do Decreto nº 10.030/2019.

Trata-se de qualificadora com natureza de crime hediondo, por força do art. 1º, I, da Lei nº 8.072/1990.

3.1.7 Homicídio culposo

Art. 121, § 3º, CP Se o homicídio é culposo:
Pena – Detenção, de um a três anos.

Fique ligado
Não incide aumento quando o agente foge em razão de sérias ameaças de linchamento.

Ocorre o homicídio culposo quando o agente realiza uma conduta voluntária, com violação de dever objetivo de cuidado imposto a todos, por negligência, imprudência ou imperícia, produzindo, por consequência, um resultado (morte) involuntário, não previsto nem querido, mas objetivamente previsível, que podia ter sido evitado caso observasse a devida atenção.

Modalidades de culpa:

▷ **Negligência:** culpa negativa. O agente deixa de fazer aquilo que a cautela manda. Ex.: viajar de carro com os freios danificados.

▷ **Imprudência: culpa positiva.** O agente pratica um ato perigoso. Ex.: trafegar com veículo no centro da cidade a 180 km/h.

▷ **Imperícia:** culpa profissional. É a falta de aptidão para o exercício de arte, profissão ou ofício para a qual o agente, apesar de autorizado a exercê-la, não possui conhecimentos teóricos ou práticos para tanto. Ex.: Médico ginecologista que começa a realizar cirurgias plásticas sem especialização para tanto.

Por se tratar de infração de médio potencial ofensivo (já que a pena mínima é de um ano), há possibilidade de suspensão condicional do processo.

Já quando ocorre o delito previsto no art. 302 do Código de Trânsito Brasileiro (CTB) – homicídio culposo na condução de veículo automotor – a pena é detenção de 2 a 4 anos + a suspensão ou proibição da permissão de conduzir veículo.

Art. 121, § 3º, CP	Art. 302, CTB
Norma geral	Norma especial: na direção de veículo automotor
Pena varia de 1 a 3 anos – infração penal de médio potencial ofensivo	A pena é de 2 a 4 anos à infração penal de grande potencial ofensivo
Admite a suspensão do processo	Não admite suspensão condicional do processo

Aumento de pena

Art. 121, § 4º, CP No homicídio culposo, a pena é aumentada de 1/3 (um terço), se o crime resulta de inobservância de regra técnica de profissão, arte ou ofício, ou se o agente deixa de prestar imediato socorro à vítima, não procura diminuir as consequências do seu ato, ou foge para evitar prisão em flagrante. Sendo doloso o homicídio, a pena é aumentada de 1/3 (um terço) se o crime é praticado contra pessoa menor de 14 (quatorze) ou maior de 60 (sessenta) anos.

Aqui, tem-se o rol das majorantes do homicídio doloso e o rol das majorantes do homicídio culposo.

Aumento de pena de 1/3:

▷ **Se o crime resulta de inobservância de regra técnica de profissão, arte ou ofício:** neste caso, apesar do agente dominar a técnica, não observa o caso concreto. É diferente da imperícia, pois nessa hipótese, o agente não domina a técnica.

▷ **Se o agente deixa de prestar imediato socorro à vítima:** neste caso, é necessário para a incidência da majorante que o socorro seja possível, e que o agente não tenha risco pessoal na conduta.

Não incide aumento quando terceiros prestarem socorro ou morte instantânea incontestável: neste caso, não incide também o art. 135 do CP (omissão de socorro), para evitar o *bis in idem*.

De acordo com o STF, se o autor do crime, apesar de reunir condições de socorrer a vítima não o faz, concluindo pela inutilidade da ajuda em face da gravidade da lesão, sofre a majorante do art. 121, § 4º, do CP:

▷ Se não procura diminuir as consequências do seu ato;

▷ **Se foge para evitar prisão em flagrante:** para a maioria da doutrina esta majorante é aplicável, pois o agente demonstra, ao fugir do flagrante, ausência de escrúpulo e diminuta responsabilidade moral, lembrando que prejudica as investigações.

Para a doutrina moderna, essa majorante não deveria incidir, pois a pessoa estaria obrigada, nessa hipótese, a produzir prova contra si mesma, o que vai de encontro ao instituto de liberdade, e já que a fuga sem violência não é crime e daí que não poderia também incidir essa majorante.

No homicídio doloso, a pena é aumentada de 1/3 se o crime é praticado contra:

▷ Menor de 14 anos;

▷ Maior de 60 anos (não abrange aquele que tem idade igual a 60 anos).

A idade da vítima deve ser conhecida pelo agente.

E se, quando do disparo de arma de fogo, a vítima tenha menos de 14 anos, e quando falece já é maior de 14, incide a majorante? Sim, neste caso, analisa-se se na ocasião da ação a vítima era menor de 14 anos (teoria da atividade).

Perdão judicial

Art. 121, § 5º, CP Na hipótese de homicídio culposo, o juiz poderá deixar de aplicar a pena, se as consequências da infração atingirem o próprio agente de forma tão grave que a sanção penal se torne desnecessária.

Segundo alguns autores, o perdão judicial é o instituto pelo qual o Juiz, não obstante a prática de um fato típico e ilícito, por um agente comprovadamente culpado, deixa de lhe aplicar, nas hipóteses taxativamente previstas em lei, o preceito sancionador cabível, levando em consideração determinadas circunstâncias que concorrem para o evento.

O perdão judicial somente é concedido após a sentença, é uma causa extintiva da punibilidade. Caso seja indagado pelo examinador acerca da diferença do perdão judicial para o perdão do ofendido, é necessário observar que:

▷ **Perdão judicial:**
- É ato unilateral (não precisa ser aceito pelo agente);
- Homicídio culposo ou lesão corporal culposa.

▷ **Perdão do ofendido:**
- É ato bilateral (precisa ser aceito pelo agente);
- Somente na ação penal privada.

> O perdão judicial somente ocorre no homicídio culposo, se as circunstâncias da infração atingirem o agente de forma tão grave que a sanção penal se torne desnecessária. Pai culposamente atropela filho na garagem de casa.

Natureza jurídica da sentença concessiva de perdão judicial de acordo com a Súmula nº 18 do STJ: a sentença concessiva do perdão judicial é declaratória da extinção da punibilidade, não subsistindo qualquer efeito condenatório.

> **Fique ligado**
>
> O art. 120 do CP prevê que a sentença que conceder perdão judicial não será considerada para efeitos de reincidência.

▷ **Perdão judicial e Código de Trânsito Brasileiro:** o perdão judicial no CTB estava previsto no art. 300, mas este foi vetado.

Causa específica de aumento de pena

Art. 121, § 6º, CP A pena é aumentada de 1/3 (um terço) até a metade se o crime for praticado por milícia privada, sob o pretexto de prestação de serviço de segurança, ou por grupo de extermínio.

Esse parágrafo foi introduzido no Código Penal pela Lei nº 12.720/2012, juntamente com a mudança no § 7º do crime de lesão corporal (art. 129, CP) e o novo crime de constituição de milícia privada (art. 288-A, CP).

É uma majorante de concurso necessário, visto que um grupo não pode ser constituído por uma ou duas pessoas.

O legislador omitiu qual o número mínimo exigido para a configuração desses grupos de extermínio ou milícias, mas a interpretação que predomina é de no mínimo 3 pessoas.

Para que ocorra essa causa especial de aumento de pena, faz-se necessário um especial fim de agir do grupo de milícia privada (pretexto de prestação de serviço de segurança). Essa majorante também é aplicada se for cometida por somente um integrante do grupo, somente se o referido homicídio já teria sido planejado pela milícia anteriormente. Um exemplo seria o que ocorre nas favelas do Rio de Janeiro.

3.1.8 Induzimento, instigação ou auxílio ao suicídio ou à automutilação

Art. 122, CP Induzir ou instigar alguém a suicidar-se ou a praticar automutilação ou prestar-lhe auxílio material para que o faça:
Pena – Reclusão, de 6 (seis) meses a 2 (dois) anos.
§ 1º Se da automutilação ou da tentativa de suicídio resulta lesão corporal de natureza grave ou gravíssima, nos termos dos §§ 1º e 2º do art. 129 deste Código:
Pena – Reclusão, de 1 (um) a 3 (três) anos.
§ 2º Se o suicídio se consuma ou se da automutilação resulta morte:
Pena – Reclusão, de 2 (dois) a 6 (seis) anos.
§ 3º A pena é duplicada:
I – se o crime é praticado por motivo egoístico, torpe ou fútil;
II – se a vítima é menor ou tem diminuída, por qualquer causa, a capacidade de resistência.
§ 4º A pena é aumentada até o dobro se a conduta é realizada por meio da rede de computadores, de rede social ou transmitida em tempo real.
§ 5º Aumenta-se a pena em metade se o agente é líder ou coordenador de grupo ou de rede virtual.
§ 6º Se o crime de que trata o § 1º deste artigo resulta em lesão corporal de natureza gravíssima e é cometido contra menor de 14 (quatorze) anos ou contra quem, por enfermidade ou deficiência mental, não tem o necessário discernimento para a prática do ato, ou que, por qualquer outra causa, não pode oferecer resistência, responde o agente pelo crime descrito no § 2º do art. 129 deste Código.
§ 7º Se o crime de que trata o § 2º deste artigo é cometido contra menor de 14 (quatorze) anos ou contra quem não tem o necessário discernimento para a prática do ato, ou que, por qualquer outra causa, não pode oferecer resistência, responde o agente pelo crime de homicídio, nos termos do art. 121 deste Código.

Para o Direito Penal brasileiro, não é passível de punição a conduta do agente que tem como objetivo o extermínio da sua própria vida, ou seja, aquele que comete o suicídio (autocídio/autoquiria), bem como a possível lesão que o sujeito venha a sofrer caso sua tentativa não obtenha sucesso, devido à falta de previsão legal para tal conduta.

Contudo, o objetivo da norma penal ao tipificar essa conduta é punir o agente que participa na ocorrência do crime, auxiliando, induzindo ou instigando alguém a cometer o suicídio.

Classificação

É crime simples, comum, e formal, pois sua consumação independe de resultado. É crime de forma livre. Pode ser praticado por ação ou por **omissão imprópria**, quando presente o dever de agir (art. 13, § 2º, CP).

Condutas acessórias à prática do suicídio:
▷ **Induzir:** implantar a ideia.
▷ **Instigar:** reforçar a ideia preexistente.
▷ **Auxiliar:** intromissão no processo físico de causação.

> **Fique ligado**
>
> O crime previsto no art. 122 do CP é um crime condicionado ao resultado (morte ou lesão), pois se não se consumar, não terá relevância penal alguma e, portanto, não admite tentativa.

Sujeitos

Sujeito ativo: crime comum, pode ser praticado por qualquer um.

Sujeito passivo: alguém que tenha capacidade para agir, pois, caso contrário, será crime de homicídio. Se ela tiver relativa capacidade (de 14 até fazer 18 anos – art. 224, "a", e 217-A, CP), incorrerá na pena do art. 122, § 3º, II, do CP.

Natureza jurídica do art. 122 do CP: de acordo com Nelson Hungria, Luiz Regis Prado, Aníbal Bruno e Rogério Greco é uma condição objetiva de punibilidade porque o crime se perfaz quando se instiga, induz ou auxilia. Entretanto, cabe destacar que a nova redação do art. 122 não mais condiciona a existência do crime ao resultado lesão grave ou morte. Assim, a prática de umas condutas de induzir, instigar ou auxiliar o suicídio ou à automutilação já é suficiente para configurar o crime, com ou sem resultado.

Art. 13, § 2º, CP A omissão é penalmente relevante quando o omitente devia e podia agir para evitar o resultado. O dever de agir incumbe a quem:
a) Tenha por lei obrigação de cuidado, proteção ou vigilância;
b) De outra forma, assumiu a responsabilidade de impedir o resultado;
c) Com seu comportamento anterior, criou o risco da ocorrência do resultado.

A conduta só é punida na forma dolosa (o agente que participa), não existindo previsão para modalidade culposa.

Descrição do crime: é conhecido também como o crime de participação em suicídio. Ademais, a participação deve dirigir-se a pessoa(as) determinada(as), pois não é punível a participação genérica (um filme, livro, que estimule o pensamento suicida).

Sendo a conduta criminosa composta por vários verbos (induzir, instigar, auxiliar), ainda que o agente realize as três condutas, o crime será único, respondendo desta forma, apenas pelo art. 122 do CP.

> Na participação material, o auxílio deve ser acessório, pois, caso seja direto e imediato, o crime será o de homicídio, visto que o sujeito não pode, em hipótese alguma, realizar uma conduta apta a eliminar a vida da vítima. "A" empresta sua arma de fogo para "B", contudo, "B" solicita para que esse ("A") efetue o disparo em sua cabeça.

CRIMES CONTRA A PESSOA

O auxílio deve ser eficaz, ou seja, precisa contribuir efetivamente para o suicídio. Desse modo, se "A" empresta uma arma de fogo para "B" se matar, mas este acaba utilizando uma corda (enforcamento), nesse caso, a conduta de "A" será atípica.

Exige-se que o agente imprima seriedade em sua conduta, querendo que a vítima efetivamente se suicide (dolo).

Não há crime se o agente fala, por brincadeira, para a vítima se matar e esta realmente se mata.

> Não caracteriza constrangimento ilegal a coação (força) exercida para impedir o suicídio (art. 146, § 3º, II, CP). "A" induz "B" a suicidar-se e "C" empresta a arma de fogo. "B" se mata. "A" e "C" responderão como autores do crime previsto no art. 122 do CP.

▷ **Pacto de morte ou suicídio a dois**

Duas pessoas resolvem se suicidar conjuntamente. Ex.: câmara de gás. Podem ocorrer as seguintes situações:		
"A" e "B" sobreviveram e não ocorreu lesão corporal grave (ou gravíssima)	Os dois abriram a torneira de gás	Os dois responderão por tentativa de homicídio
"A" e "B" sobreviveram e não ocorreu lesão corporal grave (ou gravíssima)	"A" abriu a torneira	"A" responderá por tentativa de homicídio e "B" não responderá por nada (fato atípico)
"A" e "B" sobreviveram, mas "B" ficou com lesão corporal grave (ou gravíssima)	"A" abriu a torneira	"A" responderá por tentativa de homicídio e "B" responderá por participação em suicídio (art. 122)
"A" morreu e "B" sobreviveu	"A" abriu a torneira	"B" responderá por participação em suicídio (art. 122)
"A" morreu e "B" sobreviveu	"B" abriu a torneira	"B" responderá por homicídio

Roleta-russa e duelo americano

Os sobreviventes responderão pelo crime	
Roleta-russa	A arma de fogo (revólver) é municiada com um único projétil, sendo o gatilho acionado por ambos os participantes – conforme sua ordem – girando o "tambor" da arma a cada nova tentativa. "A" gira o tambor, mira em sua cabeça, e aciona o gatilho
Duelo-americano	Existem duas armas, sendo que apenas uma está municiada, cada um escolhe a sua e efetiva o disparo contra si mesmo, desconhecendo qual efetivamente está carregada

Formas qualificadas

Verifica-se que, com as modificações introduzidas no referido crime, tem-se agora as qualificadoras de lesão grave ou gravíssima (que antes tornava atípico o crime) e morte, em que ambas eram apenas consideradas como condição para a tipificação do crime:

▷ Se da automutilação ou da tentativa de suicídio resulta lesão corporal de natureza grave ou gravíssima, nos termos dos §§ 1º e 2º do art. 129 deste Código – pena de 1 a 3 anos;

▷ Se o suicídio se consuma ou se da automutilação resulta morte – pena de 2 a 6 anos.

Formas majoradas

A pena é duplicada (aqui o aumento será aplicado em dobro, o que não é até o dobro, mas, sim, em dobro):

▷ Se o crime é praticado por motivo egoístico, torpe ou fútil;

▷ Se a vítima é menor ou tem diminuída, por qualquer causa, a capacidade de resistência.

A pena é aumentada até o dobro se a conduta é realizada por meio da rede de computadores, de rede social ou transmitida em tempo real.

Aumenta-se a pena em metade se o agente é líder ou coordenador de grupo ou de rede virtual.

O que antes também não era previsto, agora se tem uma maior punição dos líderes/administradores/fundadores de grupos de comunicação, devido ao seu imenso poder de persuasão sobre seus "seguidores".

3.1.9 Infanticídio

> **Art. 123, CP** *Matar, sob a influência do estado puerperal, o próprio filho, durante o parto ou logo após:*
> *Pena – Detenção, de dois a seis anos.*

O art. 123 do CP é um homicídio especial, dotado de especializantes, possuindo pena menor, o que implica o fato de ser considerado homicídio privilegiado.

Requisitos

▷ Praticado pela própria mãe contra seu filho.

▷ Durante ou logo após o parto.

▷ Contra recém-nascido (neonato).

▷ Sob influência de estado puerpério (lapso temporal até que a mulher volte ao ciclo menstrual normal).

Trata-se de crime próprio (praticado pela própria mãe).

É um crime comissivo (ação) ou omissivo (omissão imprópria), sendo também um crime material, consuma-se, efetivamente, com a morte da vítima.

Sujeitos

Sujeito ativo: o sujeito ativo aqui é a mãe, sob influência do estado puerperal.

Indaga-se se o crime em questão admite concurso de pessoas (coautoria e participação)? Sobre essa pergunta existem duas correntes:

▷ **1ª corrente:** o estado puerperal é condição personalíssima incomunicável, logo, não admite concurso de pessoas. Mas se atente que o CP não reconhece essa condição personalíssima – não tem previsão do art. 30 do CP.

▷ **2ª corrente:** o estado puerperal é condição pessoal comunicável, pelo que é admitido o concurso de agentes (majoritária).

Alguns autores dividem dessa forma:

▷ **1ª situação:** parturiente e médico matam o nascente ou o neonato. Parturiente responde pelo art. 123 e médico também responde pelo art. 123 em coautoria.

▷ **2ª situação:** parturiente, auxiliada pelo médico, mata nascente ou neonato. A parturiente responde pelo art. 123 e o médico também, como partícipe.

NOÇÕES DE DIREITO PENAL

▷ **3ª situação:** médico, auxiliado pela parturiente, mata nascente ou neonato. O médico responderá pelo crime de homicídio e a parturiente, também responderá pelo art. 121 do CP na qualidade de partícipe. Mas aqui surgem duas correntes em face da injustiça existente. Corrente majoritária: o médico responde pelo art. 121 do CP e a parturiente responde pelo art. 123 para sanar a injustiça existente.

Sujeito passivo: é o próprio filho, ou seja, somente aquele que é o nascente (durante o parto) ou neonato (logo após o parto).

Diante da especialidade, tanto do sujeito ativo como do sujeito passivo, o crime é considerado bipróprio.

Supondo que a mãe mate aquele que supõe ser seu filho, mas na verdade é filho de outrem. Nesse caso continuará respondendo pelo crime de infanticídio, diante da aplicação do art. 20, § 3º, do CP (erro quanto à pessoa) que determina a consideração das qualidades da vítima virtual.

Conduta

A conduta punível é tirar a vida extrauterina do próprio filho, durante ou logo após o parto.

Tem-se o **matar** + as seguintes especializantes: elemento temporal constitutivo do tipo – durante ou logo após o parto. Se for antes do parto, o crime é de aborto. Se, após o parto, o crime é de homicídio.

▷ **Influência do estado puerperal:** a doutrina afirma que, o "logo após" perdura enquanto presente a influência do estado puerperal. Enquanto a gestante estiver sob a influência do estado puerperal, o elemento temporal constitutivo estará presente. Estado puerperal é um desequilíbrio fisio-psíquico.

▷ **Estado puerperal:** conforme Sanches, é o estado que envolve a parturiente durante a expulsão da criança do ventre materno, produzindo profundas alterações psíquicas e físicas.

Puerpério é o período que se estende do início do parto até a volta da mulher às condições pré-gravidez.

É preciso, também, que haja uma relação de causa e efeito entre o estado puerperal e o crime, pois nem sempre ele produz perturbações psíquicas na parturiente. Esse alerta se encontra na exposição de motivos do CP.

Dependendo do grau do estado puerperal, é possível que a parturiente seja tratada como inimputável ou semi-imputável. Dependendo do grau de desequilíbrio fisio-psíquico, a parturiente pode sofrer o mesmo tratamento do inimputável ou semi-imputável. Essa é a posição de Mirabete.

Tipo subjetivo

O crime descrito no art. 123 é punido a título de dolo, não havendo possibilidade de punição na modalidade culposa.

Consumação e tentativa: o crime consuma-se com a morte, sendo perfeitamente possível a tentativa.

3.1.10 Aborto provocado pela gestante ou com seu consentimento

Art. 124, CP Provocar aborto em si mesma ou consentir que outrem lhe provoque:
Pena – Detenção, de um a três anos.

O crime de aborto ocorre quando há a interrupção da gravidez, ocasionando a morte do produto da geração, procriação, concepção, ou seja, é a eliminação da vida intrauterina.

Sob o aspecto jurídico, a gravidez tem início com a nidação (implantação do óvulo fecundado no útero – parede uterina).

Portanto, não há crime de aborto quando da utilização de meios que inibem a fixação do ovo na parede uterina. É o que ocorre com o diafragma intrauterino (DIU).

▷ **Espécies de aborto:**
- **Criminoso:** interrupção dolosa da gravidez (arts. 124 a 127, CP).
- **Legal ou permitido:** não há crime por expressa previsão legal (art. 128, CP):
  - Quando não há outro meio para salvar a vida da gestante (aborto necessário ou terapêutico);
  - Quando a gravidez resulta de estupro (aborto sentimental ou humanitário).
- **Natural:** interrupção espontânea da gravidez. Não há crime.
- **Acidental:** a gestante sofre um acidente qualquer e perde o bebê. Não é crime, por ausência de dolo.
- **Eugênico ou eugenésico:** interrupção da gravidez quando há anomalia ou algum defeito genético. É crime, exceto o aborto de anencéfalo.
- **Econômico ou social:** interrupção da gravidez para não agravar a situação de miséria enfrentada pela mãe ou por sua família. É crime.

Objetividade jurídica

A objetividade jurídica é a vida humana. No aborto provocado por terceiro sem o consentimento da gestante (art. 125), protege-se também a integridade física e psíquica da gestante.

Objeto material

O objeto material é o produto da concepção (óvulo fecundado, embrião ou feto).

Deve haver prova da gravidez, pois se a mulher não está grávida, ou se o feto já havia morrido por outro motivo qualquer, será crime impossível por absoluta impropriedade do objeto (art. 17, CP).

O feto deve estar alojado no útero materno. Desse modo, se ocorrer a destruição de um tubo de ensaio que contém um óvulo fertilizado *in vitro*, não haverá aborto.

O feto não necessita ter viabilidade; basta que esteja vivo antes do crime.

Sujeitos do crime

▷ **Sujeito ativo:** os crimes do art. 124 do CP são de mão própria, pois somente a gestante pode provocar aborto em si mesma ou consentir que um terceiro lhe provoque. Não admitem coautoria, mas admite participação. É crime comum nos demais casos.

▷ **Sujeito passivo:** é o feto. No aborto provocado por terceiro sem o consentimento da gestante (art. 125), as vítimas são o feto e a gestante.

É crime de forma livre. Pode ser praticado de forma comissiva ou omissiva (ex.: deixar dolosamente de ingerir medicamentos necessários para a preservação da gravidez). Se, contudo, o meio de execução for absolutamente ineficaz será crime impossível (ex.: despachos, rezas e simpatias).

Elemento subjetivo

É o dolo direto ou eventual. Não existe o crime de aborto culposo.

Se a própria gestante agir culposamente e ensejar o aborto, o fato será atípico. Já o terceiro que provoca aborto por culpa responde por lesão corporal culposa contra a gestante.

Consumação e tentativa

Ocorre com a morte do feto. É dispensável a expulsão do produto da concepção. É admitida a tentativa. Ex.: realizou manobras abortivas e o feto foi expulso com vida: tentativa de aborto.

Ex. 1: o agente quer ferir a gestante e realiza manobras abortivas e o feto é expulso com vida – lesão corporal grave (aceleração de parto – art. 129, § 1º, IV, CP).

Ex. 2: realizou manobras abortivas e o feto foi expulso com vida. Logo em seguida, o agente mata o feto – tentativa de aborto e homicídio em concurso material.

Ex. 3: realizou manobras abortivas e o feto foi expulso com vida, mas morreu alguns dias depois em razão da manobra realizada – aborto consumado.

Classificação doutrinária

O aborto é crime material, próprio e de mão própria ou comum, instantâneo, comissivo ou omissivo, de dano, unissubjetivo, unilateral ou de concurso eventual, plurisubjetivo ou de concurso necessário, plurissubsistente, de forma livre, progressivo.

O art. 20 da Lei Contravenções Penais diz que constitui contravenção penal a conduta de anunciar processo, substância ou objeto destinado a provocar aborto.

Análise do tipo penal

▷ **1ª parte:** provocar aborto em si.

É o autoaborto, um crime próprio e de mão própria.

Admite participação:

> Mulher gestante ingere medicamento abortivo que lhe foi dado por seu namorado e provoca o aborto. Nessa situação, a gestante é autora de autoaborto e seu namorado é partícipe (induzir, instigar ou auxiliar) desse crime. Todavia, se o namorado tivesse executado qualquer ato de provocação do aborto seria autor do crime previsto no art. 126 do CP (aborto com o consentimento da gestante).

O partícipe do autoaborto, além de responder por esse crime, pratica ainda homicídio culposo ou lesão corporal culposa se ocorrer morte ou lesão corporal grave em relação à gestante, pois o disposto no art. 127 não se aplica ao crime do art. 124.

Quanto à gestante que provoca aborto em si mesma, o aborto legal ou permitido, duas situações podem ocorrer:

- Se for aborto necessário ou terapêutico: não há crime (estado de necessidade);
- Se for aborto sentimental ou humanitário: há crime, pois nesta modalidade somente é autorizado no aborto praticado pelo médico.

▷ **2ª parte:** consentir para que terceiro lhe provoque o aborto.

O legislador criou uma exceção à teoria monista ou unitária no concurso de pessoas (art. 29, *caput*, CP) e criou crimes distintos: a gestante responde pelo art. 124, 2ª parte, do CP, e o terceiro que provoca o aborto responde pelo art. 126 do CP.

Esse crime é de mão própria, pois somente a gestante pode prestar o consentimento. Não admite coautoria, mas admite participação.

A gestante dever ter capacidade e discernimento para consentir (ser maior de 14 anos e ter integridade mental). E o consentimento deve ser válido (isento de fraude e não tenha sido obtido por meio de violência ou grave ameaça).

3.1.11 Aborto provocado por terceiro

Art. 125, CP *Provocar aborto, sem o consentimento da gestante:*
Pena – Reclusão, de três a dez anos.

Sujeito ativo: qualquer pessoa.

Sujeito passivo: produto da concepção feto e a gestante.

Trata-se da forma mais grave do crime de aborto, pois é cometido sem o consentimento da gestante.

De acordo com a jurisprudência, aquele que desfere chute no ventre de mulher, sabendo de sua gravidez, responde pelo crime de aborto (art. 127, CP).

Art. 126, CP *Provocar aborto com o consentimento da gestante:*
Pena – Reclusão, de um a quatro anos.

Parágrafo único. *Aplica-se a pena do artigo anterior, se a gestante não é maior de quatorze anos, ou é alienada ou débil mental, ou se o consentimento é obtido mediante fraude, grave ameaça ou violência.*

Considerações

É crime de concurso necessário.

O legislador criou uma exceção à teoria monista ou unitária no concurso de pessoas (art. 29, *caput*, CP) e criou crimes distintos: a gestante responde pelo art. 124, 2ª parte, CP, e o terceiro que provoca o aborto responde pelo art. 126 do CP.

O consentimento da gestante (expresso ou tácito) deve subsistir até a consumação do aborto. Se durante a prática do crime ela se arrepender e solicitar ao terceiro a paralisação das manobras letais, mas não for obedecida, para ela o fato será atípico, e o terceiro responderá pelo crime do art. 125 do CP.

Se três ou mais pessoas associarem-se para o fim de praticarem abortos, responderão pelo crime de associação criminosa (art. 288, CP) em concurso material com os abortos efetivamente realizados.

Se não tiver o consentimento da gestante responde pelo art. 125 do CP.

Caso a gestante consentir, mas seu consentimento não seja válido, por se enquadrar em alguma das hipóteses do parágrafo único do art. 126 (gestante não maior de 14 anos ou alienada mental ou consentimento obtido por meio de fraude, grave ameaça ou violência), os agentes responderão pelo crime do art. 125 do CP.

3.1.12 Forma qualificada

Art. 127, CP *As penas cominadas nos dois artigos anteriores são aumentadas de um terço, se, em consequência do aborto ou dos meios empregados para provocá-lo, a gestante sofre lesão corporal de natureza grave; e são duplicadas, se, por qualquer dessas causas, lhe sobrevém a morte.*

Fique ligado
O aborto de feto anencefálico é uma espécie de aborto eugênico.

Esses resultados são preterdolosos advindos da prática abortiva, ou seja, são resultados que só poderão ser imputados a título de culpa. Se houver dolo em relação a esses resultados, haverá concurso.

3.1.13 Aborto necessário

Art. 128, CP *Não se pune o aborto praticado por médico:*
Aborto necessário
I – se não há outro meio de salvar a vida da gestante;

Depende de dois requisitos:

▷ Que a vida da gestante corra perigo em razão da gravidez;
▷ Que não exista outro meio de salvar sua vida.

O risco para a vida da gestante não precisa ser atual. Basta que exista, isto é, que no futuro possa colocar em perigo a vida da mulher.

Não necessita do consentimento da gestante e não haverá crime quando a gestante se recusa a fazê-lo e o médico provoca o aborto necessário.

Se o aborto necessário for realizado por **enfermeira**, ou por qualquer pessoa que não o médico, duas situações podem ocorrer:

▷ Há perigo atual para a gestante: estado de necessidade (art. 24, CP);
▷ Não há perigo atual: há crime de aborto.

3.1.14 Aborto no caso de gravidez resultante de estupro

Art. 127, II, CP *Se a gravidez resulta de estupro e o aborto é precedido de consentimento da gestante ou quando incapaz, de seu representante legal.*

Necessita de três requisitos:
▷ Ser praticado por médico;
▷ Consentimento válido da gestante ou de seu representante legal (se for incapaz);
▷ Gravidez resultante de estupro.

Nesta hipótese, como não há perigo atual para a vida da gestante, haverá o crime de aborto se praticado por qualquer pessoa que não seja o médico.

O aborto será permitido mesmo que a gravidez resulte de ato libidinoso diverso da conjunção carnal (ex.: sexo anal, estupro de vulnerável) em razão da mobilidade dos espermatozoides. É considerada uma hipótese de analogia *in bonam partem*.

Não se exige autorização judicial para a realização desta espécie de aborto permitido.

São causas especiais de exclusão da ilicitude. Embora o aborto praticado em tais situações seja fato típico, não há crime pelo fato de serem hipóteses admitidas pelo ordenamento jurídico.

Ambos devem ser praticados por médico (este não precisa de autorização judicial para realizar estas espécies de aborto).

▷ **Aborto sentimental:** também é autorizado quando a gravidez decorrer de estupro de vulnerável (analogia *in bonam partem*).
▷ **Aborto econômico:** não está previsto no ordenamento jurídico. Se praticado, será crime de aborto.

De acordo com o Código Penal, existem apenas duas modalidades permissivas de aborto previstas no art. 128 do CP: aborto necessário e aborto sentimental.

No entanto, em abril de 2012, o STF, no julgamento da ADPF nº 54, passou a admitir uma terceira modalidade: o aborto de feto anencefálico (malformação fetal que leva à ausência de cérebro e à impossibilidade de vida).

Para tanto, não há necessidade de autorização judicial. Basta um laudo formal do médico atestando a anencefalia e a inviabilidade de vida.

3.2 Lesões corporais

Art. 129, CP *Ofender a integridade corporal ou a saúde de outrem:*
Pena – Detenção, de três meses a um ano.

Lesão corporal de natureza grave
§ 1º Se resulta:
I – Incapacidade para as ocupações habituais, por mais de trinta dias;
II – Perigo de vida;
III – Debilidade permanente de membro, sentido ou função;
IV – Aceleração de parto:
Pena – Reclusão, de um a cinco anos.

§ 2º Se resulta:
I – Incapacidade permanente para o trabalho;
II – Enfermidade incurável;
III – Perda ou inutilização do membro, sentido ou função;
IV – Deformidade permanente;
V – Aborto:
Pena – Reclusão, de dois a oito anos.

Lesão corporal seguida de morte
§ 3º Se resulta morte e as circunstâncias evidenciam que o agente não quis o resultado, nem assumiu o risco de produzi-lo:
Pena – Reclusão, de quatro a doze anos.

Diminuição de pena
§ 4º Se o agente comete o crime impelido por motivo de relevante valor social ou moral ou sob o domínio de violenta emoção, logo em seguida a injusta provocação da vítima, o juiz pode reduzir a pena de um sexto a um terço.

Substituição da Pena:
§ 5º O juiz, não sendo graves as lesões, pode ainda substituir a pena de detenção pela de multa, de duzentos mil réis a dois contos de réis:
I – Se ocorre qualquer das hipóteses do parágrafo anterior;
II – Se as lesões são recíprocas.

Lesão Corporal Culposa
§ 6º Se a lesão é culposa:
Pena – Detenção, de dois meses a um ano.

Aumento de pena
§ 7º Aumenta-se a pena de 1/3 (um terço) se ocorrer qualquer das hipóteses dos §§ 4º e 6º do art. 121 deste Código.

§ 8º Aplica-se à lesão culposa o disposto no § 5º do art. 121.

Violência doméstica
§ 9º Se a lesão for praticada contra ascendente, descendente, irmão, cônjuge ou companheiro, ou com quem conviva ou tenha convivido, ou, ainda, prevalecendo-se o agente das relações domésticas, de coabitação ou de hospitalidade.
Pena – Detenção, de 3 (três) meses a 3 (três) anos.

§ 10 Nos casos previstos nos §§ 1º a 3º deste artigo, se as circunstâncias são as indicadas no § 9º deste artigo, aumenta-se a pena em 1/3 (um terço).

§ 11 Na hipótese do § 9º deste artigo, a pena será aumentada de um terço se o crime for cometido contra pessoa portadora de deficiência.

§ 12 Se a lesão for praticada contra autoridade ou agente descrito nos arts. 142 e 144 da Constituição Federal, integrantes do sistema prisional e da Força Nacional de Segurança Pública, no exercício da função ou em decorrência dela, ou contra seu cônjuge, companheiro ou parente consanguíneo até terceiro grau, em razão dessa condição, a pena é aumentada de um a dois terços.

Essa qualificadora foi inserida pela Lei nº 13.142/2015.

São autoridades previstas na Constituição Federal:

Art. 142, CF/1988 *As Forças Armadas, constituídas pela Marinha, pelo Exército e pela Aeronáutica, são instituições nacionais permanentes e regulares, organizadas com base na hierarquia e na disciplina, sob a autoridade suprema do presidente da República, e destinam-se à defesa da Pátria, à garantia dos poderes constitucionais e, por iniciativa de qualquer destes, da lei e da ordem. [...]*

Art. 144, CP *A segurança pública, dever do Estado, direito e responsabilidade de todos, é exercida para a preservação da ordem pública e da incolumidade das pessoas e do patrimônio, através dos seguintes órgãos: [...]*
I – Polícia federal;
II – Polícia rodoviária federal;
III – Polícia ferroviária federal;
IV – Polícias civis;
V – Polícias militares e corpos de bombeiros militares;
VI – polícias penais federal, estaduais e distrital (EC nº 104/2019).
§ 8º Guardas municipais.

Art. 129, § 13, CP *Se a lesão for praticada contra a mulher, por razões da condição do sexo feminino, nos termos do § 2º-A do art. 121 deste Código: (Incluído pela Lei nº 14.188, de 2021)*
Pena – Reclusão, de 1 (um) a 4 (quatro anos). (Incluído pela Lei nº 14.188, de 2021)

CRIMES CONTRA A PESSOA

Lesão corporal é a ofensa humana direcionada à integridade corporal ou à saúde de outra pessoa, quer do ponto de vista anatômico, quer do ponto de vista fisiológico ou mental. A dor, por si só, não caracteriza lesão corporal.

No crime de lesão corporal, protege-se a incolumidade física em sentido amplo: saúde física ou corporal; saúde fisiológica (correto funcionamento do organismo) e saúde mental (psicológica).

Topografia do art. 129	
caput	Lesão dolosa leve
§ 1º	Lesão dolosa grave – Atenção! O § 1º não traz somente a lesão dolosa grave. Ele também tem lesão preterdolosa grave.
§ 2º	Lesão dolosa gravíssima – também no § 2º tem preterdolo
§ 3º	Lesão seguida de morte – está genuinamente preterdolosa
§ 4º	Lesão dolosa privilegiada
§ 5º	Lesão culposa
§ 6º	Majorantes
§ 7º	Perdão judicial
§§ 9º, 10 e 11	Violência doméstica e familiar – aqui não é só contra mulher
§ 12	Praticada contra autoridade policial
§ 13	Praticada contra a mulher, por razões da condição do sexo feminino

Classificação

Pode ser praticado por ação ou omissão, quando presente o dever de agir para evitar o resultado, art. 13, § 2º, do CP. A mãe que deixa o filho pequeno sozinho na cama, desejando que ele caísse e se machucasse.

É crime de forma livre. Pode ser praticado por ação ou omissão. Pratica lesão quem cria ferimento ou quem agrava o ferimento que já existe.

Elemento subjetivo é o dolo (direto ou eventual) conhecido como *animus laedendi*, mas há também a culpa no § 6º (lesão corporal culposa) e o preterdolo no § 3º (lesão corporal seguida de morte).

> **Fique ligado**
> Qual crime é praticado pelo policial militar que agride uma pessoa? Abuso de autoridade e lesão corporal.

Sujeitos do crime

Sujeito ativo: é crime comum, podendo ser praticado por qualquer pessoa.

Sujeito passivo: em regra, qualquer pessoa.

Exceções: art. 129, § 1º, IV (aceleração de parto) e art. 129, § 2º, V (lesão que resulta aborto). Nessas duas hipóteses, as vítimas são, necessariamente, gestantes. Também na lesão qualificada pela violência doméstica a vítima precisa ser ascendente, descendente, irmã, cônjuge ou companheira do agressor. No § 13, da Lei nº 14.188/2021, a vítima, necessariamente, é mulher.

Consumação e tentativa

Por ser crime material, consuma-se com a efetiva lesão da vítima. A pluralidade de lesões contra a mesma vítima e no mesmo contexto temporal caracteriza crime único, mas deve influenciar na dosimetria da pena-base (art. 59, CP).

A tentativa só é cabível nas modalidades dolosas. Não cabe tentativa na lesão culposa e na lesão corporal seguida de morte.

▷ **Lesão corporal (art. 29, CP):** lesionar a vítima.
▷ **Contravenção penal de vias de fato (art. 21, Lei das Contravenções Penais):** agredir a vítima, sem lesioná-la. Ex.: empurrão, puxão de cabelo.

Lesão corporal leve

A ação penal é pública condicionada à representação da vítima, de competência dos juizados especiais criminais (art. 88, Lei nº 9.099/1995).

O conceito de lesão leve é considerado por exclusão: será de natureza leve se não for a lesão de natureza grave ou gravíssima.

Há jurisprudência admitindo o princípio da insignificância na lesão corporal, quanto às lesões levíssimas. Na doutrina, esse posicionamento é adotado por José Henrique Pierangeli.

3.2.1 Lesão corporal de natureza grave

> Art. 129, § 1º, CP Se resulta:
> I – Incapacidade para as ocupações habituais, por mais de trinta dias;
> II – Perigo de vida;
> III – Debilidade permanente de membro, sentido ou função;
> IV – Aceleração de parto;
> Pena – Reclusão, de um a cinco anos.

Trata-se de infração de médio potencial ofensivo, considerando que a pena mínima é de 1 ano. A ação penal é pública incondicionada.

Incapacidade para as ocupações habituais por mais de 30 dias

As ocupações habituais são aquelas rotineiras, físicas ou mentais, do cotidiano do ofendido e não apenas seu trabalho. É suficiente tratar-se de ocupação concreta, pouco importando se lucrativa ou não.

A atividade deve ser lícita, sendo indiferente se moral ou imoral.

Um bebê de tenra idade pode ser vítima dessa lesão? A resposta é afirmativa e há jurisprudência nesse sentido, trazendo como exemplo a hipótese em que o bebê, em razão da agressão não pode ser alimentado, pelo prazo de 30 dias.

É irrelevante a idade da vítima (pode ser idosa ou criança).

São exigidos dois exames periciais: um inicial realizado logo após o crime; e um exame complementar realizado logo que decorra o prazo de 30 dias da data do crime.

Supondo que a vítima sofra uma lesão ficando com um hematoma no olho, e, por vergonha não saiu de casa pelo prazo superior a 30 dias, nessa hipótese, restou configurado o delito de lesões corporais graves? Ensina a doutrina, seguida pela jurisprudência, que a relutância por vergonha de praticar as ocupações habituais não agrava o crime. É a lesão que deve incapacitar o agente e não a vergonha da lesão.

Perigo de vida

Perigo de vida é a possibilidade grave, concreta e imediata de a vítima morrer em consequência das lesões sofridas. Trata-se de perigo concreto, comprovado por perícia médica, que deve indicar, de modo preciso e fundamentado, no que consistiu o perigo de vida proporcionado à vítima. Nesta hipótese, é crime tipicamente preterdoloso, pois o resultado agravador deve resultar de culpa do agente.

Se o agente, ao praticar a lesão, quis o resultado ou assumiu o risco de produzi-lo, responderá por tentativa de homicídio.

O crime preterdoloso não está apenas na lesão corporal seguida de morte. O perigo de vida é um resultado necessariamente preterdoloso.

Debilidade permanente de membro, sentido ou função

Debilidade é a diminuição ou o enfraquecimento da capacidade funcional. Há de ser permanente, isto é, duradoura e de recuperação incerta. Não se exige perpetuidade. Ex.: o agente não fica cego, mas tem reduzida a capacidade visual.

Membros	São os braços, as pernas, as mãos e os pés.
Sentidos	São os mecanismos sensoriais por meio dos quais percebemos o mundo externo: visão, audição, tato, olfato e paladar.
Função	É a atividade inerente a um órgão ou aparelho do corpo humano: respiratória, circulatória, digestiva etc.

A perda ou inutilização de membro sentido ou função é lesão corporal gravíssima (art. 129, § 2º, III, CP).

Órgãos duplos (como rins, olhos, pulmões): a perda de um deles caracteriza lesão grave pela debilidade permanente. Já a perda de ambos configura lesão corporal gravíssima pela perda ou inutilização.

A recuperação do membro, sentido ou função por meio cirúrgico ou ortopédico não exclui a qualificadora, pois a vítima não é obrigada a submeter-se a tais procedimentos.

Aceleração de parto

É a antecipação do parto, o parto prematuro. A criança nasce com vida e continua a viver.

Para incidir essa qualificadora do inciso IV, é imprescindível que o agente saiba ou pudesse saber que a vítima da lesão era gestante, sob pena de restar caracterizada a responsabilidade penal objetiva, vedada pelo ordenamento jurídico. É necessário observar ainda que, em nenhuma dessas hipóteses o agente aceita ou quer o abortamento.

Se em consequência da lesão o feto for expulso morto do ventre materno, o crime será de lesão corporal gravíssima em razão do aborto (art. 129, § 2º, V, CP).

3.2.2 Lesão corporal dolosa gravíssima

Art. 129, § 2º, CP Se resulta:
I – Incapacidade permanente para o trabalho;
II – Enfermidade incurável;
III – Perda ou inutilização do membro, sentido ou função;
IV – Deformidade permanente;
V – Aborto.
Pena – Reclusão, de dois a oito anos.

Em concurso, restou indagado se a expressão gravíssima era criação da lei, doutrina ou jurisprudência. Referida expressão é criação da doutrina que foi seguida pela jurisprudência.

A Lei nº 9.455/1997, que é a lei de tortura, adotou a expressão doutrinária gravíssima. Na lei de tortura, no art. 1º, § 3º, há expressa menção à lesão grave ou gravíssima.

Incapacidade permanente para o trabalho

Deve tratar-se de incapacidade genérica para o trabalho, ou seja, a vítima fica impossibilitada de exercer qualquer tipo de atividade laborativa remunerada.

A incapacidade não significa perpetuidade, basta que seja uma incapacidade duradoura, dilatada no tempo.

Enfermidade incurável

É a alteração prejudicial da saúde por processo patológico, físico ou psíquico, que não pode ser eficazmente combatida com os recursos da medicina à época do crime. Deve ser provada por exame pericial.

Também é considerada incurável a enfermidade que somente pode ser enfrentada por procedimento cirúrgico complexo ou mediante tratamentos experimentais ou penosos, pois a vítima não pode ser obrigada a enfrentar tais situações.

A transmissão intencional do vírus da Aids no Brasil é tida como de natureza letal, pelo que é considerada tentativa de homicídio. O certo seria a criação de tipo penal específico sobre a transmissão intencional do vírus da Aids.

Em recente julgado, o STF afastou essa ideia. A Suprema Corte entendeu, recentemente, que não se trata de tentativa de homicídio a transmissão intencional do vírus da Aids.

Perda ou inutilização de membro, sentido ou função

▷ **Perda:** é a amputação, a destruição ou privação de membro (ex.: arrancar um braço), sentido (ex.: perda da audição), função (ex.: ablação do pênis que extingue a função reprodutora). Pode concretizar-se por meio de mutilação (o membro, sentido ou função é eliminado diretamente pela conduta do agressor) ou amputação (resulta da intervenção médico-cirúrgica realizada para salvar a vida do ofendido).

▷ **Inutilização:** falta de aptidão do órgão para desempenhar sua função específica. O membro ou órgão continua ligado ao corpo da vítima, mas incapacitado para desempenhar as atividades que lhe são próprias. Ex.: a vítima ficou paraplégica.

A correção corporal da vítima por meios ortopédicos ou próteses não afasta a qualificadora, ao contrário do reimplante realizado com êxito.

A perda de parte do movimento de um membro (braço, perna, mão ou pé) configura lesão grave pela debilidade permanente. Todavia, a perda de todo o movimento caracteriza lesão corporal gravíssima pela inutilização.

Deformidade permanente

Segundo doutrina, a jurisprudência majoritária, essa qualificadora está intimamente relacionada a questões estéticas. Desse modo, precisa ser visível, mas não necessariamente na face, e capaz de causar impressão vexatória em quem olha a vítima.

A vítima não é obrigada a se submeter a intervenção cirúrgica para a reparação da deformidade. Caso, no entanto, submeta-se e a deformidade seja corrigida, desaparecerá a qualificadora, sendo cabível, inclusive, a revisão criminal. A correção da deformidade com o uso de prótese (ex.: olho de vidro, orelha de borracha ou aparelho ortopédico) não exclui a qualificadora.

Aborto

Essa qualificadora é necessariamente preterdolosa. Há dolo na lesão e culpa no aborto. Se o agente quer, ou assume o risco do aborto, haverá concurso de crimes.

A interrupção da gravidez, com a consequente morte do produto da concepção, deve ter sido provocada culposamente, pois se trata de crime preterdoloso. Se a morte do feto foi proposital, o sujeito responderá por dois crimes: lesão corporal em concurso formal impróprio com aborto sem o consentimento da gestante (art. 125). É obrigatório o conhecimento da gravidez por parte do agressor.

3.2.3 Lesão corporal seguida de morte

Art. 129, § 3º, CP Se resulta morte e as circunstâncias evidenciam que o agente não quis o resultado, nem assumiu o risco de produzi-lo. Pena – Reclusão, de quatro a doze anos.

É crime exclusivamente preterdoloso (dolo no antecedente [lesão] e culpa no consequente [morte]). Esse crime não vai a júri, considerando que não há dolo na morte.

A morte foi ocasionada a título culposo – temos o típico caso de crime preterdoloso (dolo na conduta antecedente e culpa na posterior).

Se presente o dolo direto ou dolo eventual quanto ao resultado morte, o sujeito responderá por homicídio doloso.

Essa modalidade de lesão corporal não admite tentativa.

3.2.4 Lesão corporal privilegiada

Diminuição de pena
Art. 129, § 4º, CP Se o agente comete o crime impelido por motivo de relevante valor social ou moral ou sob o domínio de violenta emoção, logo em seguida a injusta provocação da vítima, o juiz pode reduzir a pena de um sexto a um terço.

Esse privilégio se aplica a todos os tipos de lesão dolosa, contudo, é incabível nas lesões culposas.

São as mesmas características do homicídio privilegiado (art. 121, § 1º, CP).

Substituição da pena
Art. 129, § 5º, CP O juiz, não sendo graves as lesões, pode ainda substituir a pena de detenção pela de multa:
I – Se ocorre qualquer das hipóteses do parágrafo anterior;
II – Se as lesões são recíprocas.

A situação da substituição de penas somente se aplica ao *caput*, considerando que exige que as lesões corporais não sejam graves. A possibilidade de substituição, assim, somente se dá com a hipótese de lesões leves.

▷ Quando a lesão corporal leve for privilegiada: desse modo, caso as lesões sejam leves, o juiz terá duas opções: reduzir a pena de 1/6 a 1/3 (§ 4º) ou substituí-la por multa (§ 5º);

▷ Se as lesões leves forem recíprocas: uma pessoa agride outra e, cessada essa primeira agressão, ocorre uma outra lesão pela primeira vítima.

3.2.5 Lesão corporal culposa

Art. 129, § 6º, CP Se a lesão é culposa:
Pena – Detenção, de dois meses a um ano.

Ocorre lesão corporal culposa quando o agente faltou com seu dever de cuidado objetivo por meio de imprudência, negligência ou imperícia. Desse modo, as consequências, embora previsíveis, não foram previstas pelo agente, ou se foram, ele não assumiu o risco de produzir o resultado.

Essa espécie de lesão depende de representação da vítima ou de seu representante legal (art. 88, Lei nº 9.099/1995), pois é crime de ação penal pública condicionada a representação e infração penal de menor potencial ofensivo (pena máxima menor que 2 anos).

Diferentemente do que ocorre com as lesões dolosas (que podem ser leves, graves ou gravíssimas), o CP não fez distinção com relação às lesões culposas. Desse modo, qualquer que seja a intensidade da lesão, o agente responderá por lesão corporal culposa. A gravidade da lesão será levada em consideração na fixação da pena-base (art. 59).

3.2.6 Aumento de pena

Art. 129, § 7º, CP Aumenta-se a pena de um terço, se ocorrer qualquer das hipóteses do art. 121, §§ 4º e 6º.
Art. 121, § 4º, CP No homicídio culposo, a pena é aumentada de 1/3 (um terço), se o crime resulta de inobservância de regra técnica de profissão, arte ou ofício, ou se o agente deixa de prestar imediato socorro à vítima, não procura diminuir as consequências do seu ato, ou foge para evitar prisão em flagrante. Sendo DOLOSO o homicídio, a pena é aumentada de 1/3 (um terço) se o crime é praticado contra pessoa menor de 14 (quatorze) ou maior de 60 (sessenta) anos.

Art. 121, § 6º, CP A pena é aumentada de 1/3 (um terço) até a metade se o crime for praticado por milícia privada, sob o pretexto de prestação de serviço de segurança, ou por grupo de extermínio.
Art. 121, § 8º, CP Aplica-se à lesão culposa o disposto no § 5º do art. 121.
Art. 121, § 5º, CP Na hipótese de homicídio CULPOSO, o juiz poderá deixar de aplicar a pena, se as consequências da infração atingirem o próprio agente de forma tão grave que a sanção penal se torne desnecessária.

Violência doméstica
Art. 129, CP [...]

§ 9º Se a lesão for praticada contra ascendente, descendente, irmão, cônjuge ou companheiro, ou com quem conviva ou tenha convivido, ou, ainda, prevalecendo-se o agente das relações domésticas, de coabitação ou de hospitalidade:
Pena – Detenção, de 3 (três) meses a 3 (três) anos.

§ 10 Nos casos previstos nos §§ 1º a 3º deste artigo, se as circunstâncias são as indicadas no § 9º deste artigo, aumenta-se a pena em 1/3 (um terço).

§ 11 Na hipótese do § 9º deste artigo, a pena será aumentada de um terço se o crime for cometido contra pessoa portadora de deficiência.

A forma qualificada do § 9º só se aplica à lesão corporal leve.

§ 13 Se a lesão for praticada contra a mulher, por razões da condição do sexo feminino, nos termos do § 2º-A do art. 121 deste Código:
Pena – Reclusão, de 1 (um) a 4 (quatro anos).

A Lei nº 14.188/2021 acrescentou o § 13 ao art. 129. Trata-se de nova qualificadora para a lesão corporal simples (leve) cometida contra a mulher por razões da condição do sexo feminino. Assim, se a lesão for praticada contra a mulher, por razões da condição do sexo feminino, a conduta se enquadra no § 13 do art.129.

Nos demais casos (ex.: vítima homem) a conduta continua sendo tipificada no § 9º do art. 129 do CP.

Se a lesão for grave, gravíssima ou seguida de morte, aplica-se o § 1º (grave), § 2º (gravíssima) ou o § 3º (lesão seguida de morte) cumulada com a causa de aumento de pena do § 10.

Pode ser causa supralegal de exclusão da ilicitude (somente na lesão corporal leve), desde que presentes os seguintes requisitos, cumulativos:

▷ Deve ser expresso;
▷ Deve ser livre (não pode ter sido concedido em razão de coação ou ameaça);
▷ Deve ser moral e respeitar os bons costumes;
▷ Deve ser prévio à consumação da lesão;
▷ O ofendido deve ser capaz para consentir (maior de 18 anos e mentalmente capaz).

É irrelevante o consentimento do ofendido nos crimes de lesão corporal grave, gravíssima e seguida de morte, pois o bem jurídico protegido nestas hipóteses é indisponível.

Autolesão: em razão do princípio da alteridade, não se pune a autolesão. Todavia, pode caracterizar o crime descrito no art. 171, § 2º V, do CP (fraude para recebimento de indenização ou valor de seguro).

> Jogador de golfe quebra o próprio braço para receber o valor do seguro.

Lesões em atividades esportivas: há a exclusão da ilicitude em razão do exercício regular do direito.

Cirurgias emergenciais: se há risco de morte do paciente, o médico que atua sem o consentimento do operado estará amparado pelo estado de necessidade de terceiro. Se não há risco de morte, a cirurgia depende de consentimento da vítima ou de seu representante legal para afastar o crime pelo exercício regular do direito.

NOÇÕES DE DIREITO PENAL

Cirurgia de mudança de sexo: não há crime de lesão corporal gravíssima por ausência de dolo de lesionar a integridade corporal ou a saúde do paciente. Atualmente é permitida a realização dessa cirurgia – redesignação sexual – inclusive na rede pública de saúde (Portaria nº 1.707/2008, do Ministério da Saúde). Desse modo, o médico que realiza este procedimento não comete crime por estar acobertado pelo exercício regular de direito.

Cirurgia de esterilização sexual: não há crime na conduta do médico que realiza esta cirurgia (vasectomia, ligadura de trompas etc.) com a autorização do paciente, apesar da eliminação da função reprodutora. Exercício regular de direito.

3.3 Periclitação da vida e da saúde

3.3.1 Perigo de contágio venéreo

> *Art. 130, CP* Expor alguém, por meio de relações sexuais ou qualquer ato libidinoso, a contágio de moléstia venérea, de que sabe ou deve saber que está contaminado:
> Pena – Detenção, de três meses a um ano, ou multa.
> § 1º Se é intenção do agente transmitir a moléstia:
> Pena – Reclusão, de um a quatro anos, e multa.
> § 2º Somente se procede mediante representação.

Esse crime configura-se quando o agente transmite ou expõe a perigo de contágio de uma doença venérea (sífilis, gonorreia etc.), bem como, caso ele a desconheça, venha a infectar uma possível vítima.

A forma de transmitir a doença pode ser por meio de relações sexuais (conjunção carnal), ou por qualquer outro ato libidinoso (ação que satisfaça a libido do agente, beijo lascivo, sexo oral, sexo anal, masturbação etc.).

Se a intenção do agente é transmitir a doença, por tratar-se de crime formal, não é necessário o contágio.

> **Fique ligado**
>
> A Aids não é considerada uma moléstia venérea, visto que pode ser contraída ou transmitida de diversas formas, além do contato sexual.

O § 1º traz a forma qualificada do crime, ou seja, quando o agente tem a intenção (dolo) de transmitir a doença.

3.3.2 Perigo de contágio de moléstia grave

> *Art. 131, CP* Praticar, com o fim de transmitir a outrem moléstia grave de que está contaminado, ato capaz de produzir o contágio:
> Pena – Reclusão, de um a quatro anos, e multa.

Trata-se de crime de dano (caso exponha a perigo sem querer ou assumir o risco será hipótese do art. 132 do CP), Formal (não precisa transmitir) e de forma livre.

Nesse delito, o agente tem o fim especial de agir, ou seja, pratica um ato (diverso do contato sexual) com a intenção de transmitir uma moléstia grave (qualquer doença que acarrete prejuízo a saúde da vítima – não sendo venérea), por exemplo, sarampo, tuberculose etc.

Ademais, em relação à AIDS, visto seu grau letal, é considerado como tentativa de homicídio (art. 121, CP), não há possibilidade alguma de enquadrá-la como moléstia grave.

3.3.3 Perigo para vida ou saúde de outrem

> *Art. 132, CP* Expor a vida ou a saúde de outrem a perigo direto e iminente:
> Pena – Detenção, de três meses a um ano, se o fato não constitui crime mais grave.
> **Parágrafo único.** A pena é aumentada de um sexto a um terço se a exposição da vida ou da saúde de outrem a perigo decorre do transporte de pessoas para a prestação de serviços em estabelecimentos de qualquer natureza, em desacordo com as normas legais.

Estará configurado o crime quando o agente, de qualquer forma, expõe ao perigo a vida de uma pessoa determinada. Tal ação pode ser praticada de forma livre, ou seja, não exige uma conduta específica.

Soltar uma pedra do alto de um viaduto sobre um carro que passa pela rodovia com intenção de causar um acidente.

Caso a conduta do agente não seja contra uma pessoa determinada, restará configurado crime diverso que será avaliado de acordo com a situação (arts. 250 a 259, CP).

3.3.4 Abandono de incapaz

> *Art. 133, CP* Abandonar pessoa que está sob seu cuidado, guarda, vigilância ou autoridade, e, por qualquer motivo, incapaz de defender-se dos riscos resultantes do abandono:
> Pena – Detenção, de seis meses a três anos.
> § 1º Se do abandono resulta lesão corporal de natureza grave:
> Pena – Reclusão, de um a cinco anos.
> § 2º Se resulta a morte:
> Pena – Reclusão, de quatro a doze anos.
> **Aumento de pena**
> § 3º As penas cominadas neste artigo aumentam-se de um terço:
> I – Se o abandono ocorre em lugar ermo;
> II – Se o agente é ascendente ou descendente, cônjuge, irmão, tutor ou curador da vítima.
> III – Se a vítima é maior de 60 (sessenta) anos.

Trata-se de crime próprio. O tipo penal incrimina a conduta do agente, que tendo o dever de cuidado, guarda, vigilância ou autoridade abandona, desampara, deixa de prestar o devido cuidado com aquele que seja incapaz de se proteger (defender). O agente possui a condição de garantidor – dever de agir.

A mãe deixa o filho em um parque central enquanto percorre lojas realizando compras, ou então, deixa-o dentro do veículo enquanto está no interior de um supermercado. Uma babá, que deixa a criança sozinha dentro de casa enquanto vai à feira.

O incapaz não precisa ser necessariamente uma criança. Por exemplo, uma instrutora de escola de natação que deixa os alunos sozinhos na piscina enquanto vai ao banheiro.

Se o abandono se dá em uma situação em que não há risco, não haverá crime. Para a existência do delito deve haver o dolo de perigo.

Ademais, os parágrafos primeiro e segundo qualificam o crime quando do abandono resultar lesão corporal de natureza grave, ou a morte do incapaz. Por conseguinte, a pena será aumentada (majorante) quando o abandono ocorrer em local ermo, se o incapaz for ascendente, descendente, cônjuge, irmão, tutor, curador, ou se a vítima for maior de 60 anos, conforme o § 3º do referido artigo.

3.3.5 Exposição ou abandono de recém-nascido

> *Art. 134, CP* Expor ou abandonar recém-nascido, para ocultar desonra própria:
> Pena – Detenção, de seis meses a dois anos.
> § 1º Se do fato resulta lesão corporal de natureza grave:
> Pena – Detenção, de um a três anos.
> § 2º Se resulta a morte:
> Pena – Detenção, de dois a seis anos.

Esse delito é considerado uma forma privilegiada do crime de abandono de incapaz, artigo anterior, no entanto, nesse caso, a vítima é determinada (o recém-nascido) ademais, tal conduta visa a proteção da honra do agente.

Pode-se citar o exemplo de uma jovem de 18 anos, mãe solteira, que abandona seu filho recém-nascido para preservar sua imagem perante a família.

Por conseguinte, também existe a forma qualificada do crime, expressa nos parágrafos primeiro e segundo, no caso de a ação resultar em lesão corporal de natureza grave ou a morte do recém-nascido.

3.3.6 Omissão de socorro

Art. 135, CP Deixar de prestar assistência, quando possível fazê-lo sem risco pessoal, à criança abandonada ou extraviada, ou à pessoa inválida ou ferida, ao desamparo ou em grave e iminente perigo; ou não pedir, nesses casos, o socorro da autoridade pública:
Pena – Detenção, de um a seis meses, ou multa.
Parágrafo único. A pena é aumentada de metade, se da omissão resulta lesão corporal de natureza grave, e triplicada, se resulta a morte.

Essa norma penal tipifica a conduta omissa do agente que não presta auxílio – desde que tal prestação não incorra em risco pessoal – ou, quando não puder fazê-lo, deixa de pedir o socorro da autoridade pública.

Classificação

É considerado um crime comum, visto que pode ser praticado por qualquer pessoa.

É um crime omissivo próprio ou puro, pois a conduta omissiva está prevista no artigo em análise, ocorrendo quando o agente deixa de fazer o que lhe é imposto por lei – prestar socorro.

Comumente é praticado apenas por uma pessoa, sendo que é perfeitamente possível que haja o concurso de agentes (art. 29, CP).

Sujeitos do crime

Sendo crime comum, o sujeito ativo pode ser qualquer pessoa, enquanto o sujeito passivo são as pessoas elencadas no *caput* do próprio artigo: criança abandonada ou extraviada (perigo abstrato). Pessoa ferida ou inválida com sérias dificuldades de movimentação (perigo abstrato). Ao desamparo ou em grave e eminente perigo (perigo concreto).

Consumação e tentativa

O crime se consuma no momento da omissão. Ademais, não se configura o crime quando a vítima ofereça resistência que torne impossível a prestação de auxílio, ou então, caso ela esteja manifestamente em óbito.

Não admite tentativa.

Descrição do crime

O crime pode ser cometido de duas formas distintas:

▷ **Falta de assistência imediata:** o agente pode prestar socorro, sem risco pessoal, mas deliberadamente não o faz.
▷ **Falta de assistência mediata:** o agente não pode prestar pessoalmente o socorro, mas também não solicita o auxílio da autoridade pública.

A simples condição de médico não o coloca como garantidor.

Pessoa inválida e pessoa ferida: é imprescindível que se encontrem ao desamparo no momento da omissão.

Se apenas uma pessoa presta o socorro, quando diversas poderiam tê-lo feito sem risco pessoal, não há crime para ninguém.

Omissão de socorro a pessoa idosa (igual ou superior a 60 anos), responde conforme o art. 97, da Lei nº 10.741/2003 (Estatuto do Idoso) – princípio da especialidade.

Parágrafo único. A pena é aumentada de metade, se da omissão resulta lesão corporal de natureza grave, e triplicada, se resulta a morte.

A causa de aumento de pena é exclusivamente preterdolosa, o agente tem o dolo de se omitir (não presta o socorro) e disto, acaba resultando uma consequência não desejada pelo omitente.

3.3.7 Condicionamento de atendimento médico-hospitalar emergencial

Art. 135-A, CP Exigir cheque-caução, nota promissória ou qualquer garantia, bem como o preenchimento prévio de formulários administrativos, como condição para o atendimento médico-hospitalar emergencial:
Pena – Detenção, de 3 (três) meses a 1 (um) ano, e multa.
Parágrafo único. A pena é aumentada até o dobro se da negativa de atendimento resulta lesão corporal de natureza grave, e até o triplo se resulta a morte.

Esse delito tipifica a conduta do estabelecimento que presta atendimento médico-hospitalar emergencial e venha a exigir cheque, nota promissória ou qualquer garantia, como também, que sejam preenchidos formulários como condição necessária para que o socorro/atendimento médico seja prestado.

Existe ainda o aumento de pena, tratado no parágrafo único, que incide quando a conduta negativa resulta em lesão corporal grave ou morte.

Inserido no Código Penal pela Lei nº 12.653/2012, a fim de coibir uma prática que era comum em estabelecimentos médico-hospitalares particulares.

3.3.8 Maus-tratos

Art. 136, CP Expor a perigo a vida ou a saúde de pessoa sob sua autoridade, guarda ou vigilância, para fim de educação, ensino, tratamento ou custódia, quer privando-a da alimentação ou cuidados indispensáveis, quer sujeitando-a a trabalho excessivo ou inadequado, quer abusando de meios de correção ou disciplina:
Pena – Detenção, de dois meses a um ano, ou multa.
§ 1º Se do fato resulta lesão corporal de natureza grave:
Pena – Reclusão, de um a quatro anos.
§ 2º Se resulta a morte:
Pena – Reclusão, de quatro a doze anos.
§ 3º Aumenta-se a pena de um terço, se o crime é praticado contra pessoa menor de 14 (catorze) anos.

Esse artigo tipifica a conduta do agente que pratica, sob a pessoa que esteja subordinada à sua autoridade, guarda ou vigilância, atos não condizentes como forma ou a pretexto de educá-la, ensiná-la, tratá-la ou reprimi-la.

Classificação

Trata-se de crime próprio, ou seja, o sujeito ativo deve ser superior hierárquico do sujeito passivo.

É um crime comissivo ou omissivo, porém suas condutas são vinculadas, ou seja, o artigo traz, expressamente, a forma como a conduta do agente deve ocorrer.

Haverá crime único desde que as condutas sejam praticadas contra a mesma vítima e no mesmo contexto fático.

Sujeitos do crime

Sujeito ativo: é um crime próprio, ou seja, somente aquele que tem o sujeito passivo sob sua autoridade, guarda ou vigilância, para fins de educação, ensino, tratamento ou custódia.

Sujeito passivo: é aquele que se encontra sob a autoridade, guarda ou vigilância de outra pessoa, para fins de educação, ensino, tratamento ou custódia.

Consumação e tentativa

O crime consuma-se com a exposição da vítima ao perigo. Não se exige o dano efetivo.

A conduta de privação de alimentos ou cuidados indispensáveis (modalidade omissiva) não admite tentativa. Contudo, as demais condutas admitem a tentativa.

Descrição do crime

Apenas pode ser executado pelos meios/condutas indicados no tipo penal, sendo as seguintes:
▷ Privar a vítima de alimentos ou cuidados indispensáveis: caso a intenção do agente, ao privar a vítima de alimentos, seja matá-la, responderá pelo crime de homicídio (tentado ou consumado);
▷ Sujeitar a vítima a trabalhos excessivos ou inadequados;
▷ Abusar dos meios de disciplina ou correção.

As formas qualificadas do crime de maus-tratos (lesão corporal de natureza grave e morte) são exclusivamente preterdolosas – conduta dolosa no antecedente e culpa no consequente.

Aumenta-se a pena de 1/3 se o crime é praticado contra pessoa menor de 14 anos.

A esposa não pode ser vítima de maus-tratos pelo marido, visto que não se encontra sob sua autoridade, guarda ou vigilância. Desse modo, o marido poderá responder pelo crime de lesão corporal (art. 129, CP).

Tratando-se de criança ou adolescente sujeita à autoridade, guarda ou vigilância de alguém e submetida a vexame ou constrangimento, aplica-se o art. 232 da Lei nº 8.069/1990 (ECA): submeter criança ou adolescente sob sua autoridade, guarda ou vigilância a vexame ou a constrangimento: *Pena – Detenção de seis meses a dois anos.*

A diferença entre o crime de maus-tratos e o crime de tortura (Lei nº 9.455/1997), reside no fato de que nessa a vítima é submetida a intenso sofrimento físico ou mental como forma de aplicar castigo pessoal ou medida de caráter preventivo (art. 1º, II, Lei nº 9.455/1997).

Caso a vítima seja idosa, incide o crime previsto no art. 99 da Lei nº 10.741/2003 (Estatuto do Idoso).

3.4 Rixa

> **Art. 137, CP** *Participar de rixa, salvo para separar os contendores: Pena – Detenção, de quinze dias a dois meses, ou multa.*
>
> **Parágrafo único.** *Se ocorre morte ou lesão corporal de natureza grave, aplica-se, pelo fato da participação na rixa, a pena de detenção, de seis meses a dois anos.*

A rixa é um conflito tumultuoso que ocorre entre três ou mais pessoas, acompanhada de vias de fato (luta, briga), em que os participantes desferem violências recíprocas, não sendo possível identificar dois grupos distintos.

Trata-se de crime comum, pois pode ser praticado por qualquer pessoa. Ainda, enquadra-se em um delito plurissubjetivo, plurilateral ou de concurso necessário, visto que, para configurar o crime, devem existir no mínimo três pessoas. Por conseguinte, basta que apenas um dos participantes seja imputável (dois menores e um maior de 18 anos).

Também é considerado um crime de condutas contrapostas, ou seja, todos os participantes trocam agressões entre si, ora apanham, ora batem.

Sujeitos do crime

No crime de rixa, ao mesmo tempo em que o agente é sujeito ativo, ele também é sujeito passivo, pois assim como agride também sofre agressão – reciprocidade.

Consumação e tentativa

A consumação ocorre quando os participantes iniciam as vias de fato ou ainda as violências recíprocas.

Admite a tentativa, quando ocorre, por exemplo, a intervenção policial quando se iniciariam as agressões.

Descrição do crime

Os três ou mais rixosos devem combater entre si, pois participa da rixa quem nela pratica, agressivamente, atos de violência material.

Não há rixa quando lutam entre si dois ou mais grupos contrários, perfeitamente definidos. Nesse caso, os membros de cada grupo devem ser responsabilizados pelos ferimentos produzidos nos membros do grupo contrário.

> O crime pode ser praticado de forma comissiva (o agente participa efetivamente da rixa) ou omissiva (quando o omitente podia e devia agir para evitar o resultado). O policial que assiste a três pessoas brigando entre si e nada faz para impedir o resultado.

Não há crime na conduta de quem ingressou no tumulto somente para separar os contendores.

Sendo considerado um crime de perigo abstrato, para que se configure o delito não há necessidade de que os participantes sofram lesões, o simples fato de participar da rixa já configura o em crime.

O contato físico é dispensável, sendo perfeitamente possível a rixa a distância com o arremesso de objetos, tiros etc.

Na possibilidade em que ocorrer lesão corporal de natureza leve em algum dos participantes e o agente que a causou possa ser identificado, nessa hipótese, ele responderá pelo crime de rixa em concurso material com o crime de lesão, se resulta em lesão corporal grave/gravíssima ou a morte, estará configurado o crime de rixa qualificada.

A briga entre torcidas não configura rixa, mas, sim, o tipo penal descrito no art. 41-B da Lei nº 10.671/2003 (Estatuto do Torcedor). Trata-se de um tipo penal específico incluído pela Lei nº 12.299/2010.

Rixa qualificada também é conhecida como rixa complexa.

> **Parágrafo único.** *Se ocorre morte ou lesão corporal de natureza grave, aplica-se, pelo fato da participação na rixa, a pena de detenção, de seis meses a dois anos.*

Trata-se de um dos últimos resíduos da responsabilidade penal objetiva – antigamente adotada pelo ordenamento jurídico brasileiro –, pois, nessa hipótese, independe qual dos rixosos foi o responsável pela produção do resultado agravador (lesão corporal grave ou morte) todos aqueles que participaram responderão na modalidade qualificada.

Ainda, não importa se a morte ou a lesão corporal grave seja produzida em um dos rixosos ou então em uma terceira pessoa, alheia à rixa (apaziguador ou mero transeunte).

Há aqui três sistemas de punição:
▷ **Sistema da solidariedade absoluta:** se da rixa resultar lesão grave ou morte, todos os participantes respondem pelo evento (lesão grave ou homicídio), independentemente de se apurar quem foi seu real autor.
▷ **Sistema da cumplicidade correspectiva:** havendo lesão grave ou morte, e não sendo apurado seu autor, todos os participantes respondem por esse resultado, sofrendo, entretanto, sanção intermediária à de um autor e de um partícipe.
▷ **Sistema da autonomia:** a rixa é punida por si mesma, independentemente do resultado morte ou lesão grave, o qual, se ocorrer, somente qualificará o delito. Apenas o causador da lesão grave ou morte, se identificado, é que responderá também pelos delitos dos arts. 121 e 129 do CP.

O CP adotou o princípio ou sistema da autonomia, nos termos do art. 137, parágrafo único:

> **Parágrafo único.** *Se ocorre morte ou lesão corporal de natureza grave, aplica-se, pelo fato da participação na rixa, a pena de detenção, de seis meses a dois anos.*

CRIMES CONTRA A PESSOA

Até mesmo o rixoso que sofreu lesão corporal grave responde pela rixa qualificada (todos os que se envolvem no tumulto, daí sobrevindo lesão corporal grave ou morte respondem pela rixa qualificada).

O resultado agravador (lesão corporal grave ou a morte) pode ser doloso ou culposo, não se tratando de crime essencialmente preterdoloso.

Caso o resultado seja lesões leves ou ocorra uma tentativa de homicídio, não é capaz de qualificar a rixa.

> "A" participou da rixa, mas abandonou antes da produção do resultado agravador (lesão corporal grave ou morte). "A" responde por rixa qualificada, pois concorreu com seu comportamento anterior para a produção do resultado. "A" ingressou na rixa depois da produção do resultado agravador (lesão corporal grave ou morte). "A" responde por rixa simples.

3.4.1 Rixa × legítima defesa

Durante uma rixa um dos participantes, "A" empunha uma arma para matar "B"; este, em sua defesa, consegue defender-se, toma a arma de "A" e o mata. Nessa situação, caso "A" conseguisse matar "B", deveria responder pelo crime de rixa qualificada (resultando morte de um dos participantes) em concurso material com o crime de homicídio. Contudo, como "B" conseguiu reagir, em relação ao crime de homicídio que "A" tentara contra ele, caberá à exclusão de ilicitude (legítima defesa) em relação ao crime de homicídio (morte de "A"), porém, ainda assim, "B" e "C" responderão por rixa qualificada, pois a legítima defesa não é relevante para excluir a qualificação do crime de rixa.

NOÇÕES DE DIREITO PENAL

4 CRIMES CONTRA O PATRIMÔNIO

4.1 Furto

*Art. 155, CP Subtrair, para si ou para outrem, coisa alheia móvel:
Pena – Reclusão, de um a quatro anos, e multa.*

§ 1º A pena aumenta-se de um terço, se o crime é praticado durante o repouso noturno.

§ 2º Se o criminoso é primário, e é de pequeno valor a coisa furtada, o juiz pode substituir a pena de reclusão pela de detenção, diminuí-la de um a dois terços, ou aplicar somente a pena de multa.

§ 3º Equipara-se à coisa móvel a energia elétrica ou qualquer outra que tenha valor econômico.

Furto qualificado

§ 4º A pena é de reclusão de dois a oito anos, e multa, se o crime é cometido:
I – com destruição ou rompimento de obstáculo à subtração da coisa;
II – com abuso de confiança, ou mediante fraude, escalada ou destreza;
III – com emprego de chave falsa;
IV – mediante concurso de duas ou mais pessoas.

§ 4º-A A pena é de reclusão de 4 (quatro) a 10 (dez) anos e multa, se houver emprego de explosivo ou de artefato análogo que cause perigo comum.

§ 4º-B A pena é de reclusão, de 4 (quatro) a 8 (oito) anos, e multa, se o furto mediante fraude é cometido por meio de dispositivo eletrônico ou informático, conectado ou não à rede de computadores, com ou sem a violação de mecanismo de segurança ou a utilização de programa malicioso, ou por qualquer outro meio fraudulento análogo.

§ 4º-C. A pena prevista no § 4º-B deste artigo, considerada a relevância do resultado gravoso:
I – aumenta-se de 1/3 (um terço) a 2/3 (dois terços), se o crime é praticado mediante a utilização de servidor mantido fora do território nacional;
II – aumenta-se de 1/3 (um terço) ao dobro, se o crime é praticado contra idoso ou vulnerável.

§ 5º A pena é de reclusão de três a oito anos, se a subtração for de veículo automotor que venha a ser transportado para outro Estado ou para o exterior.

§ 6º A pena é de reclusão de 2 (dois) a 5 (cinco) anos se a subtração for de semovente domesticável de produção, ainda que abatido ou dividido em partes no local da subtração.

§ 7º A pena é de reclusão de 4 (quatro) a 10 (dez) anos e multa, se a subtração for de substâncias explosivas ou de acessórios que, conjunta ou isoladamente, possibilitem sua fabricação, montagem ou emprego.

O crime de furto está descrito no rol dos crimes contra o patrimônio, mais precisamente, no Título II do Código Penal. Furto é se apropriar de algo alheio para si ou para outra pessoa.

Existem várias modalidades de furto, dentre as quais se destacam: o furto de coisa comum, furto privilegiado e o furto qualificado. Há que se distinguir furto de roubo: a principal diferença entre os dois é que no roubo há emprego de violência e no furto não há.

Bem jurídico tutelado

Tutela-se o patrimônio, a posse e a detenção, desde que legítimas.

Classificação

É considerado um crime comum (praticado por qualquer pessoa) e material (para sua consumação exige um resultado naturalístico).

É um crime doloso (ânimo de assenhoramento definitivo da coisa. Vontade de se tornar dono/proprietário do bem).

Sujeitos do crime

Sujeito ativo: qualquer pessoa (exceto o proprietário).
Sujeito passivo: qualquer pessoa (proprietário, possuidor ou detentor do bem). Pode ser pessoa física ou jurídica.

Consumação e tentativa

De acordo com a teoria da inversão da posse, ocorre a consumação do furto quando o bem sai da esfera de disponibilidade da vítima e passa para a do autor do delito.

De acordo com o STJ, não se exige a posse mansa e pacífica do bem para a sua consumação, bastando que o agente obtenha a simples posse do bem, ainda que por um curto período.

Precedentes do STJ e STF considera-se consumado o crime de furto com a simples posse, ainda que breve, do bem subtraído, não sendo necessária que ela se dê de forma mansa e pacífica, bastando que cesse a clandestinidade, ainda que por curto espaço de tempo.

▷ Pungista (vulgarmente conhecido como batedor de carteira) coloca a mão no bolso da vítima, mas a carteira está no outro bolso: tentativa de furto;
▷ Pungista coloca a mão no bolso da vítima, mas a carteira está em casa: crime impossível (art. 17, CP).

Furto consumado

▷ Há perda dos bens subtraídos.
▷ Auto de Prisão em Flagrante (APF) de apenas um dos agentes e fuga dos comparsas.
▷ Subtração e posse de apenas parte dos bens.
▷ APF no caso de flagrante presumido.
▷ Por circunstâncias alheias à vontade do agente, este não consegue consumar o furto. É admitida a tentativa, pois se trata de crime material (exige resultado).

Tipo subjetivo

O delito é punido a título de dolo, mas, atente-se que é necessária a vontade de apoderamento definitivo, ou seja, a intenção de não mais devolver a coisa à vítima.

O furto de uso é fato atípico. Mas, para ser caracterizado o furto de uso são necessários três requisitos: a intenção desde o início de uso momentâneo da coisa, ser coisa não consumível (infungível) e a restituição seja imediata e integral à vítima.

Qual crime pratica o proprietário que subtrai coisa sua na legítima posse de terceiro? Há prática do delito de exercício arbitrário das próprias razões. Aqui, pode se enquadrar no art. 345 ou no art. 346 do CP, a depender da qualidade da posse do agente.

▷ **A coisa pública de uso comum, pode ser objeto material de furto?**

A coisa pública, de uso comum, a todos pertence, não podendo ser subtraída e configurar furto. Sucede que, dependendo da situação, há possibilidade da prática de crime ambiental, do delito de usurpação de águas e do crime de dano. Ex.: furto de parte de estátua.

A vigilância física ou eletrônica em estabelecimentos comerciais torna o crime impossível? Primeiramente, deve-se analisar a natureza do equipamento. Se, por exemplo, há um equipamento que impede por si só a saída do estabelecimento com o bem, seria configurado o crime impossível. O fato de haver câmeras ou seguranças apenas dificulta a consumação.

4.1.1 Furto noturno

Art. 155, § 1º, CP A pena aumenta-se de um terço, se o crime é praticado durante o repouso noturno.

CRIMES CONTRA O PATRIMÔNIO

O repouso noturno só era aplicado ao furto simples (*caput*). Porém, atualmente a jurisprudência admite a previsão do aumento de pena tanto para o furto simples (*caput*) quanto para o furto qualificado (§§ 4º e 5º).

Aplica-se essa causa de aumento de pena, desde que o fato seja praticado durante o repouso noturno. Não importa se a casa estava ou não habitada, ou o seu morador estava ou não dormindo (divergência).

Aplica-se essa majorante, também, aos furtos cometidos durante o repouso noturno em veículos estacionados em vias públicas, bem como em estabelecimentos comerciais (divergência jurisprudencial).

▷ **Repouso noturno:** período em que as pessoas se recolhem em suas casas para descansarem (dormirem). Varia conforme a região: grandes metrópoles ou pequenas cidades do interior.

▷ **Noite:** ausência de luz solar. Período que vai da aurora ou crepúsculo.

4.1.2 Furto privilegiado

> *Art. 155, § 2º, CP Se o criminoso é primário, e é de pequeno valor a coisa furtada, o juiz pode substituir a pena de reclusão pela de detenção, diminuí-la de um a dois terços, ou aplicar somente a pena de multa.*

Aplica-se apenas ao furto simples (*caput*) e ao furto noturno. Não se aplica ao furto qualificado (§§ 4º e 5º).

Criminoso primário: aquele que não é reincidente. Não precisa ser portador de bons antecedentes. Se já transcorrido o prazo de 5 anos entre a data de cumprimento ou extinção da pena e a infração penal posterior, o agente readquire a sua condição de primário (art. 64, I, CP).

Coisa subtraída de pequeno valor: bem cujo valor seja de até um salário-mínimo na data do fato.

"Coisa de pequeno valor" não se confunde com "coisa de valor insignificante". A primeira, se também presente a primariedade do agente, enseja a incidência do privilégio; a segunda conduz à atipicidade do fato, em decorrência do princípio da insignificância (criminalidade de bagatela).

Presentes esses dois requisitos legais, o juiz é obrigado a aplicar o privilégio ao criminoso (direito subjetivo do acusado).

4.1.3 Furto qualificado-privilegiado

O STF aceita a possibilidade de se aplicar o privilégio (art. 155, § 2º, CP) às figuras qualificadas (art. 155, §§ 4º e 5º, CP) desde que não haja imposição isolada de pena de multa em decorrência do privilégio.

O STF entendeu que no furto qualificado pelo concurso de agentes, não há óbice ao reconhecimento do privilégio, desde que estejam presentes os requisitos ensejadores de sua aplicação, quais sejam, a primariedade do agente e o pequeno valor da coisa furtada.

> *§ 3º Equipara-se à coisa móvel a energia elétrica ou qualquer outra que tenha valor econômico.*

Trata-se de norma penal interpretativa. Entende por qualquer outra energia térmica, mecânica, radioatividade e genética (sêmen de animal).

4.1.4 Furto de sinal de TV a cabo

1ª corrente: não é crime. A energia se consome, se esgota e pode, inclusive, terminar, ao passo que sinal de TV não se consome, não diminui. É adotada por Bittencourt.

2ª corrente: o furto de sinal de TV encaixa-se no § 3º do art. 155, pois é uma forma de energia. É uma corrente adotada pelo STJ.

Furto de energia × estelionato no consumo de energia

▷ **Furto de energia elétrica**

No furto de energia elétrica, o agente não está autorizado via contrato, consumir energia. O agente, mediante artifício, por exemplo, ligação clandestina, subtrai a energia.

▷ **Estelionato no consumo de energia**

Nesse caso o agente está autorizado, via contrato, a consumir energia. O agente, mediante fraude, altera o medidor de consumo da energia, indicando valor menor que o efetivamente consumido.

4.1.5 Furto qualificado

> *§ 4º A pena é de reclusão de dois a oito anos, e multa, se o crime é cometido:*
>
> *I – Com destruição ou rompimento de obstáculo à subtração da coisa;*

Arrombamento de fechaduras, janelas, portas, cadeados, cofres, trincos.

Se o obstáculo destruído for inerente à própria coisa não incidirá esta forma qualificada.

> Quebrar o vidro da porta de um carro com o objetivo de furtar o veículo (furto simples). Todavia, caso o agente quebre o vidro apenas para viabilizar o furto do *CD-player*, ou de qualquer outro objeto que se encontra em seu interior, responderá por furto qualificado.

Se o agente apenas desliga o alarme, não incidirá a qualificadora, pois não houve destruição ou rompimento de obstáculo.

Caso a violência seja empregada após a consumação do furto, o agente responderá por furto em concurso com o crime de dano (art. 163).

O furto de uma bolsa para obter o que está em seu interior não qualifica o delito, pois a bolsa não é obstáculo e, sim, forma de transportar as coisas. O obstáculo seria um cadeado.

Há decisões que entendem pela aplicabilidade da qualificadora quando há ligação direta no veículo.

> *Art. 155, II, CP Com abuso de confiança, ou mediante fraude, escalada ou destreza;*

▷ Confiança é circunstância subjetiva incomunicável no concurso de pessoas (art. 30, CP).

> Famulato (furto praticado por empregado doméstico contra o patrão).

Essa qualificadora pressupõe dois requisitos:

▷ A vítima tem de depositar, por qualquer motivo (amizade, parentesco, relações profissionais etc.), uma especial confiança no agente.

▷ O agente deve se aproveitar de alguma facilidade decorrente da confiança nele depositada para cometer o crime.

Furto mediante abuso de confiança: o agente tem mero contato com a coisa. O agente pode até ter posse, mas essa é uma posse precária vigiada. O dolo está presente desde o início da posse.

Apropriação indébita: o agente exerce a posse em nome de outrem. O agente tem posse desvigiada. O dolo é superveniente à posse.

Fraude é o artifício (emprego de algum objeto, instrumento ou vestimenta para enganar o titular do bem) ou ardil (conversa enganosa), isto é, o meio enganoso empregado pelo agente para diminuir a vigilância da vítima ou de terceiro sobre um bem móvel, permitindo ou facilitando sua subtração.

▷ A fraude como qualificadora há de ser empregada antes ou durante a subtração da coisa, ou seja, antecede a consumação do crime.

▷ Um ponto muito relevante é a diferenciação entre furto mediante fraude e estelionato.

Destreza: trata-se de peculiar habilidade física ou manual permitindo ao agente despojar a vítima sem que esta perceba. Ex.: batedores de carteira ou punguistas.

NOÇÕES DE DIREITO PENAL

▷ **Furto mediante fraude:** é qualificadora do crime. Deve ser empregada antes ou durante a subtração do bem. É utilizada para **diminuir a vigilância** da vítima sobre o bem, permitindo ou facilitando a subtração. Há a subtração do bem sem que a vítima perceba.

> "A" e "B", bandidos, se disfarçam de técnicos de TV a cabo e pedem para consertar a TV de "C". Enquanto "C" permanece em seu quarto "A" e "B" aproveitam sua distração para furtar objetos na sala de estar.

▷ **Estelionato (art. 171, CP):** é elementar do crime. Antecede o apossamento da coisa. É utilizada para induzir a vítima em erro, mediante uma falsa percepção da realidade. Ocorre a entrega espontânea (embora viciada) do bem pela vítima ao agente.

> "A" se disfarça de manobrista e fica parado em frente a um restaurante. "B" entrega seu veículo para que o falso manobrista o estacione. "A" desaparece com o carro.

Art. 155, III, CP Com emprego de chave falsa;

Segundo alguns autores, chave falsa é todo o instrumento, com ou sem forma de chave, destinado a abrir fechaduras. Ex.: grampos, arames, estiletes, micha etc.

A chave verdadeira, obtida fraudulentamente, não gera a qualificadora do inciso III.

Art. 155, IV, CP Mediante concurso de duas ou mais pessoas.

Responderá por furto qualificado mesmo se um dos integrantes for menor de 18 anos.

> *§ 4º-A A pena é de reclusão de 4 (quatro) a 10 (dez) anos e multa, se houver emprego de explosivo ou de artefato análogo que cause perigo comum.*

A Lei nº 13.645/2018 inseriu uma nova qualificadora ao crime de furto, com o intuito de criminalizar mais gravemente a conduta relacionada à subtração com o emprego de explosivo ou artefato análogo, como o que acontece com os caixas de banco.

> *§ 4º-B A pena é de reclusão, de 4 (quatro) a 8 (oito) anos, e multa, se o furto mediante fraude é cometido por meio de dispositivo eletrônico ou informático, conectado ou não à rede de computadores, com ou sem a violação de mecanismo de segurança ou a utilização de programa malicioso, ou por qualquer outro meio fraudulento análogo.*
>
> *§ 4º-C A pena prevista no § 4º-B deste artigo, considerada a relevância do resultado gravoso:*
>
> *I – aumenta-se de 1/3 (um terço) a 2/3 (dois terços), se o crime é praticado mediante a utilização de servidor mantido fora do território nacional;*
>
> *II – aumenta-se de 1/3 (um terço) ao dobro, se o crime é praticado contra idoso ou vulnerável.*

A Lei nº14.155/2021 alterou as disposições do art. 155 e inseriu o § 4º-B, prevendo nova qualificadora ao delito de furto quando cometido mediante fraude por meio de dispositivo eletrônico ou informático. Também acrescentou o § 4º-C, passando a prever duas causas de aumento para a conduta do § 4º-B, quando o delito de furto mediante fraude em dispositivo eletrônico for cometido por meio de servidor localizado fora do território brasileiro ou contra idoso ou pessoa vulnerável.

A fim de incidência da nova qualificadora, pode-se citar a conduta do agente que invade computador de terceiro e nele instala programa malicioso (*malware*) e, então, descobre senhas bancárias e subtrai valores da conta bancária da vítima, por exemplo.

> *§ 5º A pena é de reclusão de 3 (três) a 8 (oito) anos, se a subtração for de veículo automotor que venha a ser transportado por outro Estado ou para o exterior.*
>
> *§ 6º A pena é de reclusão de 2 (dois) a 5 (cinco) anos se a subtração for de semovente domesticável de produção, ainda que abatido ou dividido em partes no local da subtração.*
>
> *§ 7º A pena é de reclusão de 4 (quatro) a 10 (dez) anos e multa, se a subtração for de substâncias explosivas ou de acessórios que, conjunta ou isoladamente, possibilitem sua fabricação, montagem ou emprego.*

Ademais, outra modificação feita pela Lei nº 13.654/2018 foi a inserção do § 7º no art. 155 do CP. Essa alteração pune mais gravemente a subtração de explosivos ou acessórios para a fabricação, montagem ou emprego.

4.1.6 Bens imóveis e energia elétrica

Os bens considerados imóveis pela legislação civil e que puderem ser deslocados de um local para outro podem ser objeto de furto. Ex.: navios, prédios, terrenos, carro, moto, animal de estimação, celular.

A energia elétrica ou qualquer outra que possua valor econômico é equiparada a coisa móvel (art. 155, § 3º, CP). Ex.: energia genética, energia nuclear, energia mecânica. Desse modo, a ligação clandestina de energia elétrica "gato" é crime de furto.

4.1.7 Modalidades de furto

Abigeato: furto de gado.

Famulato: furto praticado pelo empregado doméstico contra o patrão. Não precisa ser realizado na residência do patrão, pode ser em qualquer lugar.

Furto famélico: hipótese em que o agente subtrai alimentos para saciar sua fome ou de sua família, pois se encontra em situação de extrema miséria e pobreza.

O furto famélico configura estado de necessidade, preenchidos os seguintes requisitos:

▷ Fato praticado para mitigar a fome;
▷ Que haja subtração de coisa capaz de contornar imediatamente e diretamente a emergência (fome);
▷ Inevitabilidade do comportamento lesivo;
▷ Impossibilidade de trabalho ou insuficiência dos recursos auferidos.

Somente pode ser aplicado o furto famélico àquele que está desempregado? Não. Caso os recursos obtidos sejam insuficientes, pode ser reconhecido o furto famélico.

O consentimento do ofendido, antes ou durante a subtração, torna o fato atípico (bem disponível), mas após a subtração, o fato será típico.

Não existe furto culposo.

É possível o furto privilegiado + repouso noturno.

É possível o furto privilegiado + furto qualificado desde que não haja imposição isolada da pena de multa em decorrência do privilégio.

4.1.8 Princípio da insignificância no furto

O princípio da insignificância é causa supralegal de exclusão da tipicidade (o fato não será crime).

Exige a presença dos seguintes requisitos:

▷ **Requisitos objetivos:** mínima ofensividade da conduta; ausência de periculosidade social; reduzido grau de reprovabilidade do comportamento; e inexpressividade da lesão jurídica.
▷ **Requisitos subjetivos:** importância do objeto material para a vítima (situação econômica + valor sentimental do bem); e circunstâncias e resultado do crime.

O princípio da insignificância, desde que presentes seus requisitos objetivos e subjetivos, é em tese aplicável tanto ao furto simples como ao furto qualificado. Ex.: duas pessoas, em concurso de agentes, furtam uma penca de bananas.

CRIMES CONTRA O PATRIMÔNIO

Subtração de cartão bancário ou de crédito: não há crime de furto (princípio da insignificância). Eventual utilização do cartão, para saques em dinheiro ou compras em geral, caracteriza o crime de estelionato (art. 171, CP).

4.1.9 Furtos × outros crimes semelhantes

Principais diferenças entre os crimes que mais são confundidos em provas de concurso:

Furto × apropriação indébita

O furto é diferente da apropriação indébita (art. 168, CP), pois no primeiro a posse é vigiada e a subtração reside exatamente na retirada do bem dessa esfera de vigilância. Já no segundo, a vítima entrega ao agente a posse desvigiada de um bem.

Furto × peculato

O funcionário público que subtrai ou concorre para que seja subtraído bem público ou particular, que se encontra sob a guarda ou custódia da Administração Pública, valendo-se da facilidade que seu cargo lhe proporciona, pratica o crime de peculato furto (art. 312, § 1º, CP), também conhecido como peculato impróprio.

Furto × exercício arbitrário das próprias razões

Se um credor subtrai bens do devedor para se ressarcir de dívida não paga, o crime não será de furto, mas de exercício arbitrário das próprias razões (art. 345, CP).

É pacífico o entendimento de que a coisa abandonada (*res derelicta*), a coisa de ninguém (*res nullius*) não podem ser objeto do crime de furto, como também a coisa perdida (*res desperdita*), porém a coisa perdida constitui o crime de apropriação de coisa achada (art. 169, II, CP).

O ser humano não pode ser objeto de furto, salvo se forem partes definidas e com valor econômico. Ex.: cabelo.

Cadáver pode ser objeto de furto, desde que possua dono. Ex.: cadáver de faculdade de Medicina.

> **Art. 155, § 5º, CP** A pena é de reclusão de três a oito anos, se a subtração for de veículo automotor que venha a ser transportado para outro Estado ou para o exterior.

Essa qualificadora só incide quando o furto for de veículo automotor, não abrangendo embarcação nem aeronave, além disso, o veículo automotor deve ser levado para outro estado ou país. O legislador esqueceu-se de colocar o DF na qualificadora, porém a doutrina entende que o Distrito Federal está abrangido também, pois a norma ao utilizar a expressão estado considerou os entes da federação, dentre eles o Distrito Federal.

Não basta a mera intenção de ultrapassar os limites do estado ou do país, é necessária a transposição de fronteiras para que o delito qualificado seja consumado.

4.1.10 Furto de coisa comum

> **Art. 156, CP** Subtrair o condômino, coerdeiro ou sócio, para si ou para outrem, a quem legitimamente a detém, a coisa comum:
> Pena – Detenção, de seis meses a dois anos, ou multa.
> § 1º Somente se procede mediante representação.
> § 2º Não é punível a subtração de coisa comum fungível, cujo valor não exceda a quota a que tem direito o agente.

4.2 Roubo

> **Art. 157, CP** Subtrair coisa móvel alheia, para si ou para outrem, mediante grave ameaça ou violência a pessoa, ou depois de havê-la, por qualquer meio, reduzido à impossibilidade de resistência:
> Pena – Reclusão, de quatro a dez anos, e multa.
> § 1º Na mesma pena incorre quem, logo depois de subtraída a coisa, emprega violência contra pessoa ou grave ameaça, a fim de assegurar a impunidade do crime ou a detenção da coisa para si ou para terceiro.
> § 2º A pena aumenta-se de 1/3 (um terço) até metade:
> I – (Revogado.);
> II – se há o concurso de duas ou mais pessoas;
> III – se a vítima está em serviço de transporte de valores e o agente conhece tal circunstância.
> IV – se a subtração for de veículo automotor que venha a ser transportado para outro Estado ou para o exterior;
> V – se o agente mantém a vítima em seu poder, restringindo sua liberdade.
> VI – se a subtração for de substâncias explosivas ou de acessórios que, conjunta ou isoladamente, possibilitem sua fabricação, montagem ou emprego.
> VII – se a violência ou grave ameaça é exercida com emprego de arma branca;
> § 2º-A A pena aumenta-se de 2/3 (dois terços):
> I – se a violência ou ameaça é exercida com emprego de arma de fogo;
> II – se há destruição ou rompimento de obstáculo mediante o emprego de explosivo ou de artefato análogo que cause perigo comum.
> § 2º-B Se a violência ou grave ameaça é exercida com emprego de arma de fogo de uso restrito ou proibido, aplica-se em dobro a pena prevista no caput deste artigo.
> § 3º Se da violência resulta:
> I – lesão corporal grave, a pena é de reclusão de 7 (sete) a 18 (dezoito) anos, e multa;
> II – morte, a pena é de reclusão de 20 (vinte) a 30 (trinta) anos, e multa.

O crime de roubo está tipificado no rol dos crimes contra o patrimônio. Esse crime assemelha-se muito ao crime de furto, contudo possui elementos que, agregados à conduta "subtrair", formam um novo crime.

No roubo, há a subtração de coisa móvel alheia, porém com o emprego de violência ou grave ameaça contra a pessoa, elementos esses que empregados, fazem com que a vítima entregue a coisa móvel, funcionando como circunstâncias especiais que revelam a distinção para o crime furto.

Classificação

É crime comum/formal (STJ e STF)/instantâneo/plurissubsistente/de dano/de concurso eventual.

Ofende o patrimônio, a integridade física e a liberdade individual da vítima (crime complexo).

É crime de forma livre: admite qualquer meio de execução.

▷ **Emprego de grave ameaça:** denominada de violência moral ou *vis compulsiva* (consiste na promessa de mal grave, iminente e passível de realização);

▷ **Emprego de violência:** denominada de violência própria, violência física ou *vis absoluta* (consiste no emprego de força física sobre a vítima, mediante lesão corporal ou vias de fato, para facilitar a subtração do bem;

▷ Qualquer outro meio que reduza a vítima à impossibilidade de resistência.

Também conhecida como **violência imprópria ou violência indireta**. Abrange todos os outros meios (diferentes da violência ou grave ameaça) que impossibilitam a resistência da vítima no momento da execução do roubo. Ex.: drogar ou embriagar a vítima, usar soníferos (golpe do "boa noite, Cinderela") ou hipnose etc.

Não admite o princípio da insignificância, pois o desvalor da conduta é elevado, o que justifica a rigorosa atuação do Direito Penal.

NOÇÕES DE DIREITO PENAL

O elemento subjetivo é o dolo e exige-se o fim de assenhoramento definitivo da coisa (*animus rem sibi habendi*). Não é admitida a modalidade culposa.

O crime de roubo admite arrependimento posterior? Para a maioria da doutrina, o roubo próprio admite arrependimento posterior quando praticado mediante violência imprópria (ex.: uso de psicotrópicos). Para a minoria, violência imprópria não admite arrependimento posterior, pois não deixa de ser espécie de violência.

Sujeitos do crime

Sujeito ativo: qualquer pessoa (crime comum), exceto o proprietário da coisa alheia móvel.

Sujeito passivo: o proprietário, possuidor ou detentor da coisa alheia móvel, assim como qualquer outra pessoa que seja atingida pela violência ou grave ameaça. Pessoa jurídica também pode ser sujeito passivo.

Consumação e tentativa

Consuma-se o crime de roubo quando o agente torna-se possuidor do bem subtraído mediante grave ameaça ou violência. Para que o agente torne-se possuidor, é desnecessário que a coisa saia da esfera de vigilância da vítima, bastando que cesse a clandestinidade ou a violência. Para essa corrente, o crime de roubo é formal.

A tentativa é plenamente admitida, haja vista o caráter plurissubsistente do crime de roubo.

▷ **Situações nas quais o roubo é considerado consumado:** destruição ou perda do bem subtraído. Prisão em flagrante de um dos ladrões e fuga do(s) comparsa(s) com o bem subtraído.

4.2.1 Roubo impróprio

Art. 157, § 1º, CP Na mesma pena incorre quem, logo depois de subtraída a coisa, emprega violência contra pessoa ou grave ameaça, a fim de assegurar a impunidade do crime ou a detenção da coisa para si ou para terceiro.

	Roubo próprio (*caput*)	Roubo impróprio (§ 1º)
Meios de execução	Violência ou grave ameaça ou qualquer outro meio que reduza a vítima à impossibilidade de resistência (violência imprópria)	Violência ou grave ameaça
Momento de emprego do meio de execução	Antes ou durante a subtração do bem	Logo depois de subtrair a coisa, mas antes da consumação do furto
Finalidade do meio de execução	Permitir a subtração do bem	Assegurar a impunidade do crime ou a detenção da coisa (o bem já foi subtraído)

O roubo impróprio não admite a violência imprópria (qualquer outro meio que reduza a vítima à impossibilidade de resistência). **Para se falar em roubo impróprio, é imprescindível o prévio apoderamento da coisa.**

O roubo impróprio consuma-se quando o sujeito utiliza a violência à pessoa ou grave ameaça, ainda que não tenha êxito em sua finalidade de assegurar a impunidade do crime ou a detenção da coisa subtraída para si ou para terceiro (**é crime formal**).

4.2.2 Causas de aumento de pena

§ 2º A pena aumenta-se de um terço até metade:
I – (Revogado.);
II – Se há o concurso de duas ou mais pessoas;
III – Se a vítima está em serviço de transporte de valores e o agente conhece tal circunstância.
IV – Se a subtração for de veículo automotor que venha a ser transportado para outro Estado ou para o exterior;
V – Se o agente mantém a vítima em seu poder, restringindo sua liberdade.

Se o crime é cometido em concurso de agentes e somente um deles utiliza a arma, a causa de aumento de pena se estende a todos os envolvidos no roubo, independentemente de serem coautores ou partícipes.

Arma de fogo	Efetivo uso: incide a causa de aumento. Porte ostensivo: incide a causa de aumento. Porte simulado de arma: não incide a causa de aumento, mas caracteriza o roubo simples (grave ameaça).
Arma com defeito	Absoluta ineficácia de arma: não incide a causa de aumento, mas caracteriza o roubo simples (grave ameaça). Relativa ineficácia de arma: incide a causa do aumento.
Arma desmuniciada	Não incide a causa de aumento, mas caracteriza o roubo simples (grave ameaça). Conforme entendimento do STF, a arma desmuniciada ou sem possibilidade de pronto municiamento não configura o crime tipificado no art. 14 da Lei nº 10.826/2003 (Estatuto do Desarmamento).
Arma de brinquedo	Não incide a causa de aumento, mas caracteriza o roubo simples (grave ameaça).

▷ Se há o concurso de duas ou mais pessoas: incide essa qualificadora ainda que um dos envolvidos seja inimputável (ex.: menor de 18 anos) ou não possa ser identificado. Essa qualificadora incide ainda que apenas um dos envolvidos no roubo pratique atos executórios ou esteja presente no local do crime. Desse modo, aplica-se tanto aos coautores quanto aos partícipes.

▷ Se a vítima está em serviço de transporte de valores e o agente conhece tal circunstância: tem por finalidade conceder maior proteção às pessoas que prestam serviços relacionados ao transporte de valores, excluindo-se o proprietário dos bens. Ex.: carros-fortes, *office-boys*, estagiários, funcionários de bancos etc. Exige-se que o agente tenha conhecimento dessa circunstância.

▷ Se a subtração for de veículo automotor que venha a ser transportado para outro estado ou para o exterior: fundamenta-se na maior dificuldade de recuperação do bem pela vítima, quando ocorre a transposição de fronteiras estaduais ou internacionais.

Não incide essa causa de aumento de pena na hipótese de transporte de componentes isolados (peças) do veículo automotor para outro estado ou para o exterior.

Essa majorante só incide quando o roubo for de veículo automotor, não abrangendo embarcação nem aeronave. Além disso, a causa de aumento de pena somente terá incidência quando o veículo automotor efetivamente for transportado para outro estado ou para o exterior.

A majorante é compatível com a forma tentada em uma única hipótese: quando o agente é perseguido logo após a subtração e foge em direção à fronteira de outro país ou estado, mas acaba sendo preso antes que transponha a fronteira. Nesse caso, basta a intenção do agente de transpor a fronteira para a aplicação do aumento de pena.

> Um veículo foi roubado e desmanchado em Cascavel (PR) e suas peças foram encaminhadas para São Paulo ou para o Paraguai.

▷ Se o agente mantém a vítima em seu poder, restringindo sua liberdade: na hipótese dessa qualificadora, a vítima deve ter restringida sua liberdade por tempo juridicamente relevante. Ex.: Marcelo, mediante grave ameaça, subtrai o carro de Rafael e com ele permanece até abandoná-lo em um local distante, evitando, dessa forma, o pedido de socorro às autoridades.

▷ Se a subtração for de substâncias explosivas ou de acessórios que, conjunta ou isoladamente, possibilitem sua fabricação, sua montagem ou seu emprego.

Trata-se de mais uma alteração marcada pela Lei nº 13.654/2018. Nesse caso, vale a pena destacar o objeto material do roubo. Em se tratando de explosivos ou acessórios para fabricação, montagem ou emprego, haverá aumento de pena.

> **Fique ligado**
>
> Em se tratando de simulacro, permanece o entendimento de que ainda é roubo (pois tem capacidade de constranger), mas é descaracterizado do aumento de pena!

4.2.3 Se a violência ou ameaça é exercida com emprego de arma de fogo

Aqui incide o aumento apenas com o uso da arma de fogo (arma própria) e desde que não seja de uso restrito ou proibido (já que, com a alteração do Pacote Anticrime, agora há a previsão do § 2º-B com aumento de pena até o dobro).

Outra inovação do mesmo pacote legislativo foi a "ressurreição" do uso de arma branca (ou arma imprópria) no § 2º em seu inciso VII (aumento de 1/3 a 1/2).

> *§ 2º-A A pena aumenta-se de 2/3 (dois terços):*
>
> *I – se a violência ou ameaça é exercida com emprego de arma de fogo.*

A Lei nº 13.654/2018 inseriu o § 2º-A, restringindo o aumento de pena no crime de furto. Agora, será considerado aumento de pena apenas em se tratando de arma própria (fogo), não abrangendo mais a arma imprópria. Além disso, entende o STF que é desnecessária a perícia na arma e a apreensão (desde que haja outros meios de prova) para o enquadramento do aumento. Cabe à parte comprovar a ineficácia do meio.

> *II – se há destruição ou rompimento de obstáculo mediante o emprego de explosivo ou de artefato análogo que cause perigo comum.*

Perceba aqui a única diferença com furto (art. 155), já que lá, no furto, há a previsão de qualificadora para rompimento ou destruição de obstáculo em qualquer modalidade de ruptura ou destruição. Ao contrário aqui, no roubo (art. 157), não se trata de qualificadora, mas, sim, de majorante (ou causa de aumento) em que apenas incidirá tal majoração caso de rompimento ou destruição com explosivos ou artefato análogo.

A inovação do **Pacote Anticrime** consistiu no aumento em dobro para tal utilização de arma de uso proibido como fruto da violência ou ameaça empregada pelo agente, além de também ter inserido tal previsão no rol dos crimes hediondos.

4.2.4 Roubo qualificado

> *§ 3º Se da violência resulta:*
>
> *I – lesão corporal grave, a pena é de reclusão de 7 (sete) a 18 (dezoito) anos, e multa;*
>
> *II – morte, a pena é de reclusão de 20 (vinte) a 30 (trinta) anos, e multa.*

Assim, existem duas qualificadoras do crime de roubo: a qualificação por lesão grave e ou pela morte, fato conhecido como latrocínio.

De acordo com o texto legal, somente é possível a incidência das qualificadoras quando o resultado agravador resultar de violência. Desse modo, se resultar de grave ameaça não incidirá esta qualificadora.

Imagine a seguinte situação hipotética: "A" apontou uma arma de fogo para "B", senhora de 80 anos, e anunciou o assalto. "B", com o susto da situação, sofreu um infarto fulminante e morreu em razão da grave ameaça empregada, momento em que "A" subtrai a bolsa da vítima. Nessa situação, "A" responderá por roubo consumado em concurso formal com homicídio culposo.

Segundo o art. 1º, II, "c" da Lei nº 8.072/1990, o latrocínio, consumado ou tentado, **é crime hediondo**.

De acordo com a Súmula nº 603 do STF, a competência para o processo e julgamento do latrocínio é do juiz singular e não do Tribunal do Júri. Isso ocorre porque o latrocínio é crime contra o patrimônio e o Tribunal do Júri só é competente para julgar os crimes dolosos contra a vida.

O resultado agravador (morte) pode ter sido causado de forma **dolosa ou culposa**. Percebe-se, então, que o latrocínio não é crime exclusivamente preterdoloso (dolo no antecedente e culpa no consequente). Admite-se a tentativa se o resultado agravador, morte, ocorrer de forma dolosa.

Qual crime pratica o assaltante que, duas semanas após o delito, mata gerente que o reconheceu como um dos criminosos? Não pode ser o art. 157, § 3º, uma vez que exige o fator tempo e o fator nexo. O crime será de roubo em concurso material com homicídio qualificado pela conexão consequencial.

> *Súmula nº 610 – STF Há crime de latrocínio, quando o homicídio se consuma, ainda que não realize o agente a subtração de bens da vítima.*

Atenção para as seguintes situações:

Subtração do bem	Morte da vítima	Latrocínio
Consumada	Consumada	Consumado
Tentada	Consumada	Consumado
Tentada	Tentada	Tentado
Consumada	Tentada	Tentado

4.3 Extorsão

> *Art. 158, CP Constranger alguém, mediante violência ou grave ameaça, e com o intuito de obter para si ou para outrem indevida vantagem econômica, a fazer, tolerar que se faça ou deixar fazer alguma coisa:*
>
> *Pena – Reclusão, de quatro a dez anos, e multa.*
>
> *§ 1º Se o crime é cometido por duas ou mais pessoas, ou com emprego de arma, aumenta-se a pena de um terço até metade.*
>
> *§ 2º Aplica-se à extorsão praticada mediante violência o disposto § 3º do artigo anterior.*
>
> *§ 3º Se o crime é cometido mediante a restrição da liberdade da vítima, e essa condição é necessária para a obtenção da vantagem econômica, a pena é de reclusão, de 6 (seis) a 12 (doze) anos, além da multa; se resulta lesão corporal grave ou morte, aplicam-se as penas previstas no art. 159, §§ 2º e 3º, respectivamente.*

A extorsão, ao contrário do roubo, não pode ser praticada mediante violência imprópria (qualquer outro meio que reduza a vítima à impossibilidade de resistência).

Segundo Nelson Hungria, uma das formas mais frequentes de extorsão é a famosa "chantagem" (praticada mediante ameaça de revelação de fatos escandalosos ou difamatórios, para coagir o ameaçado a "comprar" o silêncio do ameaçador). Trata-se de crime de ação penal pública incondicionada.

Classificação

Extorsão é crime comum/de forma livre/formal/instantâneo/plurissubsistente/de dano/doloso (não admite a modalidade culposa)/de concurso eventual.

É considerado um crime complexo, pois protege vários bens jurídicos (patrimônio, integridade física e liberdade individual).

É crime formal de consumação antecipada. A obtenção da indevida vantagem econômica pelo agente é exaurimento do crime que será levado em consideração na dosimetria da pena-base (art. 59, CP).

Sujeitos do crime

Por ser um crime comum, não se exige uma qualidade especial do sujeito ativo ou passivo, portanto pode ser cometido/sofrido por qualquer pessoa.

Consumação e tentativa

Súmula nº 96 – STJ O crime de extorsão consuma-se independentemente da obtenção da vantagem indevida.

A tentativa é admitida.

4.3.1 Aumento de pena

▷ Se o crime é cometido por duas ou mais pessoas;
▷ Se o crime é cometido com emprego de arma.

4.3.2 Extorsão qualificada

Art. 158, § 2º, CP Aplica-se à extorsão praticada mediante violência o disposto no § 3º do artigo anterior.

Se, da **violência** resulta lesão corporal grave (7 a 18 anos), se resulta morte (20 a 30 anos).

Se o resultado agravador (lesão corporal grave ou morte) ocorrer em razão da grave ameaça empregada, o agente responderá pelo crime de extorsão simples (*caput*).

A extorsão qualificada pela morte, consumada ou tentada é **crime hediondo** (art. 1º, III, Lei nº 8.072/1990).

4.3.3 Extorsão mediante restrição da liberdade da vítima

§ 3º Se o crime é cometido mediante a restrição da liberdade da vítima, e essa condição é necessária para a obtenção da vantagem econômica, a pena é de reclusão, de 6 (seis) a 12 (doze) anos, além da multa; se resulta lesão corporal grave ou morte, aplicam-se as penas previstas no art. 159, §§ 2º e 3º, respectivamente.

Popularmente conhecido como o crime de "sequestro relâmpago". Esse delito, além de atentar contra o patrimônio da vítima, viola também sua liberdade de locomoção. Ex.: "A", mediante uso de arma de fogo, ameaça de morte "B", que estava saindo de sua residência, e o constrange a dirigir seu veículo até um caixa eletrônico para que "B" saque dinheiro para entregar a "A".

Diferencia-se do Roubo (art. 157, § 2º, V, CP), pois é imprescindível um comportamento de "B" (digitar a senha do cartão do banco) para a consumação do crime de extorsão.

4.3.4 Sequestro relâmpago × extorsão mediante sequestro

▷ **Sequestro relâmpago (art. 158, § 3º, CP):** restrição da liberdade. Não há encarceramento da vítima. Finalidade de se obter indevida vantagem econômica.

▷ **Extorsão mediante sequestro (art. 159, CP):** privação da liberdade. A vítima é colocada no cárcere. Finalidade de se obter qualquer vantagem, como condição ou preço do resgate.

Se a vantagem é devida (legítima), verdadeira ou supostamente, o agente responderá pelo crime de exercício arbitrário das próprias razões (art. 345, CP).

A vantagem indevida deve ser econômica, pois se não o for, estará afastado o crime de extorsão. Ex.: "A", mediante violência ou grave ameaça, coage "B" a assumir a autoria de um crime de difamação praticado contra "C".

4.3.5 Diferenças entre o crime de extorsão e roubo

▷ **Roubo:** o ladrão subtrai. O agente busca vantagem imediata. Não admite bens imóveis. Admite violência imprópria. A colaboração da vítima é dispensável.

▷ **Extorsão:** o extorsionário faz com que a vítima lhe entregue. O agente busca vantagem mediata (futura). Admite bens imóveis também. Não admite violência imprópria. A colaboração da vítima é indispensável.

4.3.6 Diferenças entre o crime de extorsão e constrangimento ilegal

A **extorsão** distingue-se do crime de constrangimento ilegal (art. 146, CP), pois, no primeiro, há a presença de um elemento subjetivo do tipo (especial fim de agir do agente) representado pela vontade de **obter indevida vantagem econômica, para si ou para outrem**.

4.3.7 Diferenças entre o crime de extorsão e concussão

▷ **Extorsão (art. 158):** crime contra o patrimônio. Há emprego de violência ou grave ameaça. Em regra, é praticado por particular, mas funcionário público pode praticar caso empregue violência ou grave ameaça.

▷ **Concussão (art. 316):** crime contra a Administração Pública. Não há emprego de violência ou grave ameaça. Em regra, é praticado por funcionário público, mas particular pode ser coautor ou partícipe.

É possível concurso de crimes de roubo e extorsão, por exemplo o agente, após roubar o carro da vítima, a obriga a entregar o cartão bancário com a senha, conforme STJ.

4.4 Extorsão mediante sequestro

Art. 159, CP Sequestrar pessoa com o fim de obter, para si ou para outrem, qualquer vantagem, como condição ou preço do resgate:
Pena – Reclusão, de oito a quinze anos.
§ 1º Se o sequestro dura mais de 24 (vinte e quatro) horas, se o sequestrado é menor de 18 (dezoito) ou maior de 60 (sessenta) anos, ou se o crime é cometido por bando ou quadrilha:
Pena – Reclusão, de doze a vinte anos.
§ 2º Se do fato resulta lesão corporal de natureza grave:
Pena – Reclusão, de dezesseis a vinte e quatro anos.
§ 3º Se resulta a morte:
Pena – Reclusão, de vinte e quatro a trinta anos.
§ 4º Se o crime é cometido em concurso, o concorrente que o denunciar à autoridade, facilitando a libertação do sequestrado, terá sua pena reduzida de um a dois terços.

Objetividade jurídica

Patrimônio e liberdade individual. Integridade física e vida humana (§§ 2º e 3º).

▷ **É crime complexo.** Resulta da fusão da extorsão (art. 158) e sequestro (art. 148).

CRIMES CONTRA O PATRIMÔNIO

Objeto material

A pessoa privada de sua liberdade e também aquela lesada em seu patrimônio.

É crime hediondo em todas as suas modalidades (tentados ou consumados) (art. 1º, IV, Lei nº 8.072/1990).

Núcleo do tipo

"Sequestrar": privar uma pessoa de sua liberdade de locomoção por tempo juridicamente relevante.

Sujeitos do crime

Sujeito ativo: qualquer pessoa (crime comum). Se o sujeito ativo for funcionário público e cometer o crime no exercício de suas funções, responderá também pelo crime de abuso de autoridade (Lei nº 13.869/2019). Pessoa que simula o próprio sequestro para extorquir seus pais, mediante o auxílio de terceiros, responde por extorsão (art. 158).

Sujeito passivo: pessoa que sofre a lesão patrimonial e pessoa privada de sua liberdade. A vítima deve ser necessariamente uma pessoa humana. Desse modo, a privação da liberdade de um animal (de extinção ou raça) configura o crime de extorsão (art. 158, CP). Se a vítima for menor de 18 anos ou maior de 60 anos, o crime será qualificado (§ 1º).

Supondo que haja subtração de animal de outrem e informa que somente será devolvido caso seja pago resgate. Há prática do crime de extorsão mediante sequestro? Não haverá tal crime já que o tipo penal se remete à pessoa. Nessa hipótese, será configurado o delito de extorsão.

Elemento subjetivo

Dolo + (especial fim de agir) com o fim de obter, para si ou para outrem, qualquer vantagem, como condição ou preço do resgate. Não se admite a modalidade culposa.

Espécie da vantagem

A maioria da doutrina entende que a vantagem deve ser econômica e indevida.

Se a vantagem for devida, o agente responderá pelos crimes de sequestro (art. 148) e exercício arbitrário das próprias razões (art. 345) em concurso formal.

Consumação e tentativa

Consuma-se com a privação da liberdade da vítima, independente da obtenção da vantagem pelo agente. É crime formal. A tentativa é possível.

Juízo competente

O juízo competente para julgamento é o do local em que ocorreu o sequestro da vítima, e não o da entrega do eventual resgate.

Se os parentes da vítima realizarem o pagamento do resgate, ocorrerá o exaurimento do crime.

Crime permanente

É crime permanente (a consumação se prolonga no tempo e dura todo o período em que a vítima estiver privada de sua liberdade).

Por ser crime permanente, é cabível a prisão em flagrante a qualquer tempo, enquanto durar a permanência.

A privação da liberdade do sequestrado há de ser mantida por tempo juridicamente relevante.

Classificação doutrinária

Crime comum/de forma livre/formal/permanente/plurissubsistente/de dano/de concurso eventual.

Ação penal

A ação penal é pública incondicionada em todas as espécies do crime.

Figuras qualificadas

§ 1º Se o sequestro dura mais de 24 (vinte e quatro) horas, se o sequestrado é menor de 18 (dezoito) ou maior de 60 (sessenta) anos, ou se o crime é cometido por bando ou quadrilha.
Pena – Reclusão de 12 a 20 anos.

Incide a qualificadora quando na data do sequestro a vítima possuía, por exemplo, 59 anos e 11 meses e na data da libertação possuía mais de 60 anos, pois o crime de extorsão mediante sequestro é crime permanente (a consumação prolonga-se no tempo por vontade do agente).

E se o crime se deu em exatas 24 horas, incide a qualificadora? Não. Tem que ser mais de 24 horas.

Se o crime é cometido por associação criminosa e esta for usada para qualificar o delito, não pode haver a punição pelo art. 288 do CP, sob pena de ocorrência do *bis in idem*.

§ 2º Se do fato resulta lesão corporal de natureza grave:
Pena – Reclusão de 16 a 24 anos.
§ 3º Se resulta a morte:
Pena – Reclusão de 24 a 30 anos.

No roubo e na extorsão só existe a qualificadora quando a lesão corporal de natureza grave ou a morte resultam da "violência", ao passo que, nessa hipótese, o crime será qualificado quando do fato resultar lesão corporal de natureza grave ou morte. Portanto o resultado agravador pode ser provocado por violência própria, violência imprópria ou grave ameaça.

Não incidirá esta qualificadora se o resultado agravador for produzido por força maior, caso fortuito ou culpa de terceiro. Ex.: cai um raio no barraco onde a vítima era mantida em cativeiro e esta morre.

A morte ou lesão corporal grave podem ter sido provocadas dolosa ou culposamente. Não é crime exclusivamente preterdoloso (dolo no antecedente e culpa no consequente).

A pena da extorsão mediante sequestro qualificada pela morte (24 a 30 anos) é a maior do Código Penal.

Delação premiada

*§ 4º Se o crime é cometido em concurso, o concorrente que o denunciar à autoridade, **facilitando a libertação do sequestrado**, terá sua pena reduzida de um a dois terços.*

É causa especial de diminuição da pena que somente pode ser aplicada pelo juiz (delegados e promotores não podem).

Requisitos para a incidência deste parágrafo:

▷ Prática do crime em concurso de pessoas: não é exigível associação criminosa, basta o concurso de pessoas;

▷ Esclarecimento por parte de um dos criminosos a autoridade sobre o crime;

▷ Facilitação da libertação do sequestrado, ou seja, que a delação seja eficaz.

De acordo com a jurisprudência, deve ser aplicada a delação premiada quando a vítima é libertada diretamente por um dos sequestradores.

A redução de pena é proporcional conforme a maior ou menor colaboração do agente. Quanto mais auxiliar, maior a redução.

A delação deve ser eficaz, ou seja, deve ter contribuído decisivamente para a libertação da vítima. Desse modo, a pena não será diminuída se o refém foi solto por outro motivo qualquer, diverso da informação prestada pelo sequestrador.

Presentes os requisitos legais, o juiz é obrigado a reduzir a pena do criminoso (é direito subjetivo do réu).

A redução da pena da delação premiada não se comunica aos demais coautores ou partícipes que não denunciaram o fato à autoridade (circunstância pessoal), pois não facilitaram a libertação do refém.

4.5 Extorsão indireta

Art. 160, CP Exigir ou receber, como garantia de dívida, abusando da situação de alguém, documento que pode dar causa a procedimento criminal contra a vítima ou contra terceiro:
Pena – Reclusão, de um a três anos, e multa.

O crime de extorsão se consuma quando é realizada a conduta de constrangimento mediante o uso de violência ou grave ameaça, portanto, considerado crime formal. A obtenção da vantagem indevida configura mero exaurimento do crime.

4.6 Usurpação

Alteração de limites

Art. 161, CP Suprimir ou deslocar tapume, marco, ou qualquer outro sinal indicativo de linha divisória, para apropriar-se, no todo ou em parte, de coisa imóvel alheia:
Pena – Detenção, de um a seis meses, e multa.
§ 1º Na mesma pena incorre quem:

Usurpação de águas

I – Desvia ou represa, em proveito próprio ou de outrem, águas alheias;

Esbulho possessório

II – Invade, com violência a pessoa ou grave ameaça, ou mediante concurso de mais de duas pessoas, terreno ou edifício alheio, para o fim de esbulho possessório.
§ 2º Se o agente usa de violência, incorre também na pena a esta cominada.
§ 3º Se a propriedade é particular, e não há emprego de violência, somente se procede mediante queixa.

4.6.1 Supressão ou alteração de marca em animais

Art. 162, CP Suprimir ou alterar, indevidamente, em gado ou rebanho alheio, marca ou sinal indicativo de propriedade:
Pena – Detenção, de seis meses a três anos, e multa.

4.7 Dano

Art. 163, CP Destruir, inutilizar ou deteriorar coisa alheia:
Pena – Detenção, de um a seis meses, ou multa.
Parágrafo único. Se o crime é cometido:
I – Com violência à pessoa ou grave ameaça;
II – Com emprego de substância inflamável ou explosiva, se o fato não constitui crime mais grave;
III – Contra o patrimônio da União, de Estado, do Distrito Federal, de Município ou de autarquia, fundação pública, empresa pública, sociedade de economia mista ou empresa concessionária de serviços públicos;
IV – Por motivo egoístico ou com prejuízo considerável para a vítima:
Pena – Detenção, de seis meses a três anos, e multa, além da pena correspondente à violência.

Objetividade jurídica

Patrimônio das pessoas físicas ou jurídicas.

Não há crime de dano quando a conduta do agente recair sobre *res derelicta* (coisa abandonada) ou *res nullius* (coisa de ninguém). Todavia, se a conduta recair sobre *res desperdita* (coisa perdida) haverá crime, pois se trata de coisa alheia.

Objeto material

Coisa alheia, móvel ou imóvel, sobre a qual incide a conduta do agente.

Dano em documentos (públicos ou privados)

Se o agente danificou para impedir utilização do documento como prova de algum fato juridicamente relevante, responderá pelo crime de supressão de documento (art. 305, CP). Todavia, se a conduta foi praticada unicamente com o objetivo de prejudicar o patrimônio da vítima, responderá o agente pelo crime de dano (art. 163, CP).

Tipo misto alternativo, crime de ação múltipla ou de conteúdo variado

Haverá crime único na prática de várias condutas com objeto material no mesmo contexto fático.

É crime de forma livre = admite qualquer meio de execução.

Pode ser praticado por omissão, desde que presente o dever jurídico de agir (art. 13, § 2º, CP).

Empregada doméstica deixa, dolosamente, de fechar as janelas da casa da patroa durante uma chuva para que sejam danificados os objetos eletrônicos da casa.

O agente que pratica a conduta de pichar, grafitar ou por qualquer outro meio conspurcar (poluir) edificação ou monumento urbano responderá pelo crime previsto no art. 65 da Lei nº 9.605/1998 (Lei dos Crimes Ambientais).

Núcleos do tipo

Destruir: extinguir a coisa (dano físico total). Ex.: quebrar totalmente um espelho; queimar um telefone celular.

Inutilizar: tornar uma coisa imprestável aos fins a que se destina.
| Retirar a bateria de um carro.

Deteriorar: estragar parcialmente um bem, diminuindo-lhe o valor ou a utilidade (dano físico parcial). Ex.: riscar a lataria de um veículo.

Conduta de fazer desaparecer coisa alheia não é crime de dano.

> Ex. 1: Pedro faz sumir o celular de Rafael, seu desafeto. Nessa situação, Pedro responderá civilmente por sua conduta. Não responderá pelo crime de dano (art. 163, CP).
> Ex. 2: "A" abre a porteira da fazenda de "B", seu desafeto, para que desapareça o cavalo de propriedade deste último. "A" responderá civilmente por sua conduta.

Sujeitos do crime

Sujeito ativo: é crime comum, pode ser praticado por qualquer pessoa, exceto o proprietário da coisa.

Se o proprietário danificar coisa própria, que se acha em poder de terceiro por determinação judicial ou convenção, responderá pelo previsto no art. 346 do CP.

Sujeito passivo: qualquer pessoa (proprietário ou possuidor legítimo da coisa).

CRIMES CONTRA O PATRIMÔNIO

Elemento subjetivo

É o dolo. A finalidade do agente deve ser unicamente destruir, inutilizar ou deteriorar coisa alheia.

> **Fique ligado**
>
> **Não existe o crime de dano culposo.**
> Se o dano se constituir em meio para a prática de outro crime, ou então como qualificadora de outro crime, será por este absorvido. Ex.: furto qualificado pela destruição ou rompimento de obstáculo (art. 155, § 4º, I, CP): o dano, crime-meio, será absorvido pelo furto, crime-fim.

Consumação e tentativa

É crime material. Desse modo, ele se consuma quando o agente efetivamente destrói, inutiliza ou deteriora a coisa alheia. A tentativa é plenamente possível.

4.7.1 Dano simples

O crime de dano simples (*caput*) é Infração de Menor Potencial Ofensivo (IMPO), de competência do juizado especial e de ação penal privada (art. 167, CP).

Classificação doutrinária

Crime comum/material/doloso/de forma livre/instantâneo/plurissubjetivo/de concurso eventual e não transeunte (deixa vestígios materiais).

4.7.2 Dano qualificado

Art. 163, CP [...]
Parágrafo único. Se o crime é cometido:
I – Com violência à pessoa ou grave ameaça;
II – Com emprego de substância inflamável ou explosiva, se o fato não constitui crime mais grave;
III – Contra o patrimônio da União, de Estado, do Distrito Federal, de Município ou de autarquia, fundação pública, empresa pública, sociedade de economia mista ou empresa concessionária de serviços públicos;
IV – Por motivo egoístico ou com prejuízo considerável para a vítima:
Pena – Detenção, de seis meses a três anos, e multa, além da pena correspondente à violência.

4.7.3 Com violência à pessoa ou grave ameaça

A vítima da violência ou grave ameaça pode ser pessoa diversa da vítima do dano. Ex.: ameaçar a empregada doméstica de seu vizinho para quebrar a vidraça de sua janela.

A violência ou grave ameaça deve ocorrer antes ou durante a prática do crime de dano, pois, se ocorrer depois, o agente responderá pelo crime de dano simples em concurso material com o crime de lesão corporal (art. 129) ou ameaça (art. 147).

De acordo com o art. 167, do CP, nesta hipótese de dano a ação penal será pública incondicionada.

4.7.4 Com emprego de substância inflamável ou explosiva, se o fato não constitui crime mais grave

A expressão "*se o fato não constitui crime mais grave*" informa que essa qualificadora é expressamente subsidiária, ou seja, somente incidirá o dano qualificado quando a lesão ao patrimônio alheio não caracterizar um crime mais grave, nem funcionar como meio de execução de um delito mais grave. Ex.: "A" explode o carro de "B" que estava no estacionamento: "A" responderá pelo crime de dano qualificado. Todavia se "A" explodiu o carro de "B" com a intenção de matá-lo, e efetivamente alcançou esse resultado responderá pelo crime de homicídio qualificado (art. 121, § 2º, III, CP).

De acordo com o art. 167 do CP, nesta hipótese de dano, **a ação penal será pública incondicionada**.

4.7.5 Contra o patrimônio da União, de estado, do DF, de município ou de autarquia, fundação pública, empresa pública, sociedade de economia mista ou empresa concessionária de serviços públicos

A Lei nº 13.531/2017 adicionou ao crime de dano qualificado todos os entes da Administração Direta mais os concessionários de serviços públicos, o que de fato foi bem aplicado ao que acontece no dia a dia.

De acordo com o entendimento do STJ, o preso que danifica (destrói, deteriora ou inutiliza) as paredes e grades da cela dos presídios ou delegacias, com o objetivo de fuga não responde pelo crime de dano. Vejamos uma jurisprudência sobre o tema:

> *Art. 163, III, parágrafo único, CP*
> *1. Conforme entendimento, há muito fixado nesta Corte Superior (STF), para a configuração do crime de dano, previsto no art. 163 do CPB, é necessário que a vontade seja voltada para causar prejuízo patrimonial ao dono da coisa (animus nocendi). Dessa forma, o preso que destrói ou inutiliza as grades da cela onde se encontra, com o intuito exclusivo de empreender fuga, não comete crime de dano. 2. Parecer do MPF pela concessão da ordem. 3. Ordem concedida, para absolver o paciente do crime de dano contra o patrimônio público.*

De acordo com o art. 167, do CP, nesta hipótese de dano **a ação penal será pública incondicionada**.

4.7.6 Por motivo egoístico ou com prejuízo considerável para a vítima

Motivo egoístico é aquele ligado à obtenção de um futuro benefício, de ordem moral ou econômica. Ex.: "A" e "B" foram aprovados na segunda fase do concurso de delegado de Polícia Civil de um estado qualquer. Então, no dia da prova oral, "A" sabota o carro de "B" para que este não consiga chegar a tempo para realizar o exame e seja eliminado do concurso.

De acordo com o art. 167 do CP, nesta hipótese de dano, **a ação penal é privada**.

> **Fique ligado**
>
> Aquele que destrói cadáver ou parte dele responde pelo crime previsto no art. 211 do CP.

4.8 Introdução ou abandono de animais em propriedade alheia

Art. 164, CP Introduzir ou deixar animais em propriedade alheia, sem consentimento de quem de direito, desde que o fato resulte prejuízo:
Pena – Detenção, de quinze dias a seis meses, ou multa.

4.9 Dano em coisa de valor artístico, arqueológico ou histórico

Art. 165, CP Destruir, inutilizar ou deteriorar coisa tombada pela autoridade competente em virtude de valor artístico, arqueológico ou histórico:
Pena – Detenção, de seis meses a dois anos, e multa.

4.10 Alteração de local especialmente protegido

Art. 166, CP Alterar, sem licença da autoridade competente, o aspecto de local especialmente protegido por lei:
Pena – Detenção, de um mês a um ano, ou multa.

Ação penal

Art. 167, CP Nos casos do art. 163, do inciso IV do seu parágrafo e do art. 164, somente se procede mediante queixa.

4.11 Apropriação indébita

Art. 168, CP Apropriar-se de coisa alheia móvel, de que tem a posse ou a detenção:
Pena – Reclusão, de um a quatro anos, e multa.
§ 1º A pena é aumentada de um terço, quando o agente recebeu a coisa:
I – Em depósito necessário;
II – Na qualidade de tutor, curador, síndico, liquidatário, inventariante, testamenteiro ou depositário judicial;
III – Em razão de ofício, emprego ou profissão.

A principal característica do crime de apropriação indébita é a existência de uma situação de quebra de confiança, pois a vítima entrega, voluntariamente, uma coisa móvel ao agente, e este, logo em seguida, inverte seu ânimo no tocante ao bem, passando a comportar-se como seu dono.

Objetividade jurídica

Apoderamento de coisa alheia móvel, sem o consentimento do proprietário.

Objeto material

Coisa alheia móvel sobre a qual recai a conduta criminosa (imóveis não).

Para o STJ, é possível a prática do crime de apropriação indébita de coisas fungíveis (móveis que podem substituir-se por outros da mesma espécie, qualidade e quantidade). Ex.: dinheiro.

Núcleo do tipo

É o verbo "apropriar" que significa tomar para si, fazer sua coisa alheia.

Posse/detenção legítima e desvigiada

A posse ou a detenção do bem deve ser legítima e também desvigiada. Desse modo, o crime de apropriação indébita deve preencher os seguintes requisitos.

A vítima entrega o bem voluntariamente: se houver fraude para a entrega o crime será de estelionato, se houver violência ou grave ameaça à pessoa o crime será de roubo ou de extorsão.

O agente tem a posse ou detenção desvigiada do bem: se a posse ou detenção for vigiada e o bem for retirado da vítima sem sua autorização o crime será de furto.

O agente recebe o bem de boa-fé: se ao receber o bem o agente já tinha a intenção de apropriar-se dele, o crime será de estelionato. Observação: a boa-fé é presumida.

Modificação posterior no comportamento do agente: após entrar licitamente (de boa-fé) na posse ou detenção da coisa, o agente passa a se comportar como se fosse dono. Momento em que apresenta seu ânimo de assenhoramento definitivo (*animus rem sibi habendi*). Essa alteração no comportamento do agente ocorre de duas formas:

Prática de algum ato de disposição (venda, doação, locação, troca etc.). Também conhecida como apropriação indébita própria.

Recusa na restituição (a vítima solicita a devolução do bem e o agente expressamente se recusa a devolver). Também denominada **negativa de restituição**.

Sujeitos do crime

Sujeito ativo: qualquer pessoa, desde que tenha a posse ou detenção lícita da coisa alheia móvel. Sempre pessoa diversa do proprietário.

Sujeito passivo: proprietário ou possuidor (pessoa física ou jurídica) do bem.

> Se o agente é funcionário público e apropria-se de dinheiro, valor ou qualquer outro bem móvel, público ou particular (sob a guarda ou custódia da Administração Pública), de que tem a posse em razão do cargo, responderá pelo crime de peculato-apropriação (art. 312, *caput*, 1ª parte, CP). Em regra, a prova desse delito depende da prática de algum ato incompatível com a vontade de restituir.

Elemento subjetivo

Dolo. Doutrina e jurisprudência defendem a necessidade do ânimo de assenhoramento definitivo da coisa. Desse modo, não responderá por este crime aquele que simplesmente se esquece de devolver o bem na data previamente combinada. Não se admite a modalidade culposa.

Apropriação indébita "de uso"

Não se pune a apropriação indébita "de uso": situação em que a pessoa usa momentaneamente a coisa alheia, para, em seguida, restituí-la integralmente ao seu proprietário.

Diferenças entre apropriação indébita e estelionato

▷ **Apropriação indébita (art. 168, CP):** o dolo é posterior ou subsequente. A pessoa recebe a posse ou detenção de coisa de maneira legítima, surgindo a vontade de se apropriar posteriormente. Ex.: pessoa vai a uma locadora de veículos, aluga um veículo, gosta dele e decide não devolver.

▷ **Estelionato (art. 171, CP):** o dolo é anterior ou antecedente. O agente já possuía a intenção de se apropriar do bem antes de alcançar a sua posse ou detenção. Ex.: pessoa vai a uma locadora de veículos, já com a intenção de alugar o veículo e não o devolver.

Consumação

Ocorre quando o agente inverte seu ânimo em relação a coisa alheia móvel, ou seja, ele passa a se comportar como dono do bem. Pode se dar de duas maneiras:

▷ **Apropriação indébita própria:** consuma-se com a prática de algum ato de disposição do bem, incompatível com a condição de possuidor ou detentor. Ex.: vender, doar, permutar, emprestar o bem.

▷ **Negativa de restituição:** consuma-se no momento em que o agente se recusar expressamente a devolver o bem ao seu proprietário.

Tentativa

A apropriação indébita própria admite tentativa. Ex.: "A" é preso em flagrante quando doava os DVDs de "B", do qual tinha a posse legítima e desvigiada.

A apropriação indébita negativa de restituição não admite tentativa (*conatus*), pois é crime unissubsistente: ou o sujeito recusa a devolver o bem, e o crime estará consumado, ou o devolve ao dono, e o fato será atípico.

Ação penal

A ação penal é pública incondicionada.

CRIMES CONTRA O PATRIMÔNIO

Competência

Local em que o agente se apropria da coisa alheia móvel, dela dispondo ou negando-se a restituí-la ao seu titular. (art. 70, *caput*, CPP).

Quando o crime de apropriação indébita for praticado por algum representante (comercial ou não) da vítima, a competência será do local em que o agente deveria ter prestado contas dos valores recebidos.

Classificação doutrinária

Crime comum/material/de forma livre/de concurso eventual/doloso/em regra plurissubsistente, ou unissubsistente (negativa de restituição) /instantâneo. Ex.: o art. 102 do Estatuto do Idoso (Lei nº 10.741/2003) prevê uma modalidade especial de apropriação indébita, quando praticada contra idoso:

> *Art. 102, CP. Apropriar-se de ou desviar bens, proventos, pensão ou qualquer outro rendimento do idoso, dando-lhes aplicação diversa da de sua finalidade:*
> *Pena – Reclusão de 1 a 4 anos.*

O art. 5º, *caput*, da Lei nº 7.492/1986 (Lei dos Crimes contra o Sistema Financeiro Nacional) também contém uma modalidade especial de apropriação indébita:

> *Art. 5º, CP. Apropriar-se, quaisquer das pessoas mencionadas no art. 25 desta lei, de dinheiro, título, valor ou qualquer outro bem móvel de que tem a posse, ou desviá-lo em proveito próprio ou alheio:*
> *Pena – Reclusão de 2 a 6 anos e multa.*

Trata-se de crime próprio, pois somente pode ser praticado pelo controlador e pelos administradores de instituição financeira (diretores e gerentes).

4.11.1 Aumento de pena

> *§ 1º A pena é aumentada de um terço, quando o agente recebeu a coisa:*
> *I – Em depósito necessário;*
> *II – Na qualidade de tutor, curador, síndico, liquidatário, inventariante, testamenteiro ou depositário judicial;*
> *III – Em razão de ofício, emprego ou profissão.*

A pena será aumentada de um terço quando o agente recebeu a coisa:

▷ Em depósito necessário:

De acordo com a doutrina majoritária, essa causa de aumento de pena incide apenas no **depósito necessário miserável, previsto no art. 647, II, do Código Civil** (é o que se efetua por ocasião de alguma calamidade, como inundação, incêndio, saque ou naufrágio).

▷ Na qualidade de tutor, curador, síndico, liquidatário, inventariante, testamenteiro ou depositário judicial:

O fundamento do tratamento penal mais rigoroso repousa na relevância das funções exercidas pelas pessoas indicadas neste inciso, as quais recebem coisas alheias para guardar consigo, necessariamente, até o momento da devolução.

> **Fique ligado**
>
> A palavra "síndico" deve ser substituída pela expressão "administrador judicial", em razão da alteração ocorrida pela Lei nº 11.101/2005 (Lei de Falência e Recuperação Judicial do Empresário e da Sociedade Empresária).

▷ Em razão de ofício, emprego ou profissão: não necessita de relação de confiança entre o agente e a vítima.

▷ **Emprego:** prestação de serviço em subordinação e dependência. Ex.: dono de um supermercado e seus funcionários.

▷ **Ofício:** ocupação mecânica ou manual, que necessita de um determinado grau de habilidade, e que seja útil ou necessário às pessoas em geral. Ex.: mecânico, sapateiro etc.

▷ **Profissão:** atividade em que não há hierarquia e necessita de conhecimentos específicos (técnico e intelectual). Ex.: advogado, dentista, médico, arquiteto, contador etc.

4.11.2 Apropriação indébita privilegiada

O art. 170 do CP dispõe o seguinte: nos crimes previstos neste capítulo, aplica-se o disposto no art. 155, § 2º.

> *Art. 155, § 2º, CP Se o criminoso é primário, e é de pequeno valor a coisa furtada, o juiz pode substituir a pena de reclusão pela de detenção, diminuí-la de um a dois terços, ou aplicar somente a pena de multa.*

Portanto, é possível a caracterização da apropriação indébita privilegiada, em qualquer de suas espécies.

> *Art. 168-A, CP Deixar de repassar à previdência social as contribuições recolhidas dos contribuintes, no prazo e forma legal ou convencional:*
> *Pena – Reclusão, de 2 (dois) a 5 (cinco) anos, e multa.*
> *§ 1º Nas mesmas penas incorre quem deixar de:*
> *I – Recolher, no prazo legal, contribuição ou outra importância destinada à previdência social que tenha sido descontada de pagamento efetuado a segurados, a terceiros ou arrecadada do público;*
> *II – Recolher contribuições devidas à previdência social que tenham integrado despesas contábeis ou custos relativos à venda de produtos ou à prestação de serviços;*
> *III – Pagar benefício devido a segurado, quando as respectivas cotas ou valores já tiverem sido reembolsados à empresa pela previdência social.*
> *§ 2º É extinta a punibilidade se o agente, espontaneamente, declara, confessa e efetua o pagamento das contribuições, importâncias ou valores e presta as informações devidas à previdência social, na forma definida em lei ou regulamento, antes do início da ação fiscal.*
> *§ 3º É facultado ao juiz deixar de aplicar a pena ou aplicar somente a de multa se o agente for primário e de bons antecedentes, desde que:*
> *I – Tenha promovido, após o início da ação fiscal e antes de oferecida a denúncia, o pagamento da contribuição social previdenciária, inclusive acessórios; ou*
> *II – O valor das contribuições devidas, inclusive acessórios, seja igual ou inferior àquele estabelecido pela previdência social, administrativamente, como sendo o mínimo para o ajuizamento de suas execuções fiscais.*
> *§ 4º A faculdade prevista no § 3º deste artigo não se aplica aos casos de parcelamento de contribuições cujo valor, inclusive dos acessórios, seja superior àquele estabelecido, administrativamente, como sendo o mínimo para o ajuizamento de suas execuções fiscais.*

Objetividade jurídica

Seguridade social (saúde, previdência e assistência social – art. 194, CF/1988). Não se trata de crime contra o patrimônio.

Objeto material

Contribuição previdenciária arrecadada e não recolhida.

Núcleo do tipo

Deixar de repassar, significa **deixar de recolher**. Recolher é depositar a quantia recebida – descontada ou cobrada.

É crime omissivo próprio ou puro (não admite tentativa).

Lei penal em branco homogênea

Deve ser complementada pela legislação previdenciária em relação aos prazos de recolhimento.

NOÇÕES DE DIREITO PENAL

Sujeitos do crime

Sujeito ativo: qualquer pessoa, crime comum (admite coautoria e participação).

> **Fique ligado**
> Pessoa jurídica não pode ser sujeito ativo.

Sujeito passivo: União Federal.

Competência

Sendo o sujeito ativo União Federal, a competência será da Justiça Federal (crime praticado em detrimento dos interesses da União).

Elemento subjetivo

É o dolo.

É dispensável (prescindível) o fim de assenhoramento definitivo (*animus rem sibi habendi*), pois o núcleo do tipo é "deixar de repassar", e não "se apropriar" como no crime de apropriação indébita.

Não admite a forma culposa.

Consumação

Para a maioria da doutrina, é crime formal. Para o STF, é crime material, pois deve haver a efetiva lesão aos cofres da União.

Se a conduta for praticada mediante fraude, o crime será de sonegação de contribuição previdenciária, previsto no art. 337-A do CP.

É crime unissubsistente

A conduta se exterioriza em um único ato, suficiente para a consumação.

Ação penal

Ação penal pública incondicionada.

Hipótese de dificuldades financeiras

Firmou-se o entendimento de que há inexigibilidade de conduta diversa (causa supralegal de exclusão da culpabilidade).

O STJ já decidiu que o fato é atípico em face da ausência de dolo.

Extinção da punibilidade

§ 2º É extinta a punibilidade se o agente, espontaneamente, declara, confessa e efetua o pagamento das contribuições, importâncias ou valores e presta as informações devidas à previdência social, na forma definida em lei ou regulamento, antes do início da ação fiscal.

A ação fiscal tem início com a lavratura do Termo de Início da Ação Fiscal (TIAF).

Para que ocorra a extinção da punibilidade, devem-se preencher, cumulativamente, três requisitos:

▷ Espontânea declaração e confissão do débito;
▷ Prestação de informações à Previdência Social;
▷ Pagamento integral do débito previdenciário antes do início da ação fiscal.

Perdão judicial e aplicação isolada de pena de multa

§ 3º É facultado ao juiz deixar de aplicar a pena ou aplicar somente a de multa se o agente for primário e de bons antecedentes, desde que:
I – Tenha promovido, após o início da ação fiscal e antes de oferecida a denúncia, o pagamento da contribuição social previdenciária, inclusive acessórios; ou

> **Fique ligado**
> Para o STJ, o pagamento integral do débito previdenciário, antes ou depois do recebimento da denúncia, é causa de extinção da punibilidade (art. 9º, § 2º, Lei nº 10.684/2003) (HC 63.168/SC).

A hipótese do inciso I não se aplica mais, em razão regra contida no art. 9, § 2º, da Lei nº 10.684/2003, e do entendimento do STJ sobre o assunto.

II – O valor das contribuições devidas, inclusive acessórios, seja igual ou inferior àquele estabelecido pela previdência social, administrativamente, como sendo o mínimo para o ajuizamento de suas execuções fiscais.

Perdão judicial e parcelamento

§ 4º A faculdade prevista no § 3º deste artigo não se aplica aos casos de parcelamento de contribuições cujo valor, inclusive dos acessórios, seja superior àquele estabelecido, administrativamente, como sendo o mínimo para o ajuizamento de suas execuções fiscais.

Justa causa e prévio esgotamento da via administrativa

A Lei nº 9.430/1996 dispõe sobre a legislação tributária federal, as contribuições para a seguridade social, o processo administrativo de consulta; e dá outras providências:

Art. 83, CP A representação fiscal para fins penais relativa aos crimes contra a ordem tributária previstos nos arts. 1º e 2º da Lei nº 8.137, de 27 de dezembro de 1990, e aos crimes contra a Previdência Social, previstos nos arts. 168-A e 337-A do Decreto-lei nº 2.848, de 7 de dezembro de 1940 (Código Penal), será encaminhada ao Ministério Público depois de proferida a decisão final, na esfera administrativa, sobre a exigência fiscal do crédito tributário correspondente.

§ 1º Na hipótese de concessão de parcelamento do crédito tributário, a representação fiscal para fins penais somente será encaminhada ao Ministério Público após a exclusão da pessoa física ou jurídica do parcelamento.

§ 2º É suspensa a pretensão punitiva do Estado referente aos crimes previstos no caput, durante o período em que a pessoa física ou a pessoa jurídica relacionada com o agente dos aludidos crimes estiver incluída no parcelamento, desde que o pedido de parcelamento tenha sido formalizado antes do recebimento da denúncia criminal.

§ 3º A prescrição criminal não corre durante o período de suspensão da pretensão punitiva.

§ 4º Extingue-se a punibilidade dos crimes referidos no caput quando a pessoa física ou a pessoa jurídica relacionada com o agente efetuar o pagamento integral dos débitos oriundos de tributos, inclusive acessórios, que tiverem sido objeto de concessão de parcelamento.

Forma privilegiada

Nos termos do art. 170 do CP, aplica-se o art. 155, § 2º para esse crime (forma privilegiada).

4.11.3 Apropriação de coisa havida por erro, caso fortuito ou força da natureza

Art. 169, CP Apropriar-se alguém de coisa alheia vinda ao seu poder por erro, caso fortuito ou força da natureza:
Pena – Detenção, de um mês a um ano, ou multa.
Parágrafo único. Na mesma pena incorre:
I – Quem acha tesouro em prédio alheio e se apropria, no todo ou em parte, da quota a que tem direito o proprietário do prédio;
II – Quem acha coisa alheia perdida e dela se apropria, total ou parcialmente, deixando de restituí-la ao dono ou legítimo possuidor ou de entregá-la à autoridade competente, dentro no prazo de quinze dias.
Art. 170, CP Nos crimes previstos neste Capítulo, aplica-se o disposto no art. 155, § 2º.

CRIMES CONTRA O PATRIMÔNIO

4.12 Estelionato e outras fraudes

Art. 171, CP Obter, para si ou para outrem, vantagem ilícita, em prejuízo alheio, induzindo ou mantendo alguém em erro, mediante artifício, ardil, ou qualquer outro meio fraudulento:

Pena – Reclusão, de um a cinco anos, e multa, de quinhentos mil réis a dez contos de réis.

§ 1º Se o criminoso é primário, e é de pequeno valor o prejuízo, o juiz pode aplicar a pena conforme o disposto no art. 155, § 2º.

§ 2º Nas mesmas penas incorre quem:

I – vende, permuta, dá em pagamento, em locação ou em garantia coisa alheia como própria;

II – vende, permuta, dá em pagamento ou em garantia coisa própria inalienável, gravada de ônus ou litigiosa, ou imóvel que prometeu vender a terceiro, mediante pagamento em prestações, silenciando sobre qualquer dessas circunstâncias;

III – defrauda, mediante alienação não consentida pelo credor ou por outro modo, a garantia pignoratícia, quando tem a posse do objeto empenhado;

IV – defrauda substância, qualidade ou quantidade de coisa que deve entregar a alguém;

V – destrói, total ou parcialmente, ou oculta coisa própria, ou lesa o próprio corpo ou a saúde, ou agrava as consequências da lesão ou doença, com o intuito de haver indenização ou valor de seguro;

VI – emite cheque, sem suficiente provisão de fundos em poder do sacado, ou lhe frustra o pagamento.

§ 2º-A A pena é de reclusão, de 4 (quatro) a 8 (oito) anos, e multa, se a fraude é cometida com a utilização de informações fornecidas pela vítima ou por terceiro induzido a erro por meio de redes sociais, contatos telefônicos ou envio de correio eletrônico fraudulento, ou por qualquer outro meio fraudulento análogo. (Incluído pela Lei nº 14.155, de 2021)

§ 2º-B A pena prevista no § 2º-A deste artigo, considerada a relevância do resultado gravoso, aumenta-se de 1/3 (um terço) a 2/3 (dois terços), se o crime é praticado mediante a utilização de servidor mantido fora do território nacional.

§ 3º A pena aumenta-se de um terço, se o crime é cometido em detrimento de entidade de direito público ou de instituto de economia popular, assistência social ou beneficência.

§ 4º A pena aumenta-se de 1/3 (um terço) ao dobro, se o crime é cometido contra idoso ou vulnerável, considerada a relevância do resultado gravoso.

§ 5º Somente se procede mediante representação, salvo se a vítima for:

I – a Administração Pública, direta ou indireta;

II – criança ou adolescente;

III – pessoa com deficiência mental; ou

IV – maior de 70 (setenta) anos de idade ou incapaz.

Esse crime tem o objetivo de punir a conduta do agente que, utilizando-se de **fraude**, induz ou mantém alguém em erro, no intuito de obter uma vantagem ilícita sobre a vítima.

Classificação

Trata-se de comum, ou seja, pode ser praticado por qualquer pessoa.

É um crime instantâneo – consuma-se no momento da prática do ato – com efeitos permanentes.

Admite a modalidade comissiva (pratica a conduta do estelionato) ou omissiva (mantém a vítima em erro).

Sujeitos do crime

Sujeito ativo: sendo um crime comum, admite qualquer pessoa.

Sujeito passivo: qualquer pessoa – física ou jurídica – que seja mantida em erro, desde que seja determinada, NÃO se admite uma vítima incerta.

O crime de estelionato exige vítima certa e determinada, logo, se a vítima for incerta ou indeterminada, trata-se de crime contra a economia popular (art. 2º, XI, Lei nº 1.521/1951).

| Adulteração de balança, de bomba de combustível, de taxímetro.

Se a vítima for incapaz ou alienada, o crime será o do art. 173 do CP: abuso de incapazes.

Art. 173, CP Abusar, em proveito próprio ou alheio, de necessidade, paixão ou inexperiência de menor, ou da alienação ou debilidade mental de outrem, induzindo qualquer deles à prática de ato suscetível de produzir efeito jurídico, em prejuízo próprio ou de terceiro.

Consumação e tentativa

Admite tentativa, ademais a fraude deve ser idônea a ludibriar a vítima, pois, do contrário, será **crime impossível** em face da ineficácia absoluta do meio de execução (art. 17, CP).

Consuma-se com a obtenção da vantagem ilícita causando o prejuízo à vítima, passando pelos momentos de:

▷ Emprego de fraude pelo agente;
▷ Situação de erro na qual a vítima é colocada ou mantida;
▷ Obtenção de vantagem ilícita pelo agente;
▷ Prejuízo sofrido pela vítima.

Descrição

A vantagem **ilícita** deve ser de natureza econômica (patrimonial): se a vantagem for **lícita**, estará configurado o crime de exercício arbitrário das próprias razões, art. 345 do CP: *fazer justiça pelas próprias mãos, para satisfazer pretensão, embora legítima, salvo quando a lei o permite.*

▷ O STF entendeu que o ponto eletrônico, ou a cola eletrônica são fatos atípicos em face da inexistência de vantagem econômica. Esse foi o entendimento prevalecente, apesar de haver minoria do STF que afirma tratar-se de fato típico.
▷ O silêncio pode ser usado como meio fraudulento para a prática de estelionato, bem como a mentira (tem que ser fraudulenta).
▷ A fraude bilateral não exclui o crime.

Formas de execução

Ardil: caracteriza-se pela fraude de forma intelectual, fraude moral, representada pela conversa enganosa. É a lábia. Ex.: "A", alegando ser especialista em manutenção de computadores, convence "B" a entregar-lhe seu notebook para conserto.

Artifício: caracteriza-se pela fraude de forma material. O agente utiliza algum instrumento ou objeto para enganar a vítima. Ex.: "A" se disfarça de manobrista e fica parado na porta de um restaurante para que "B" voluntariamente lhe entregue seu carro. Ou ainda, aquele que utiliza o bilhete premiado ou um documento falso.

Qualquer outro meio fraudulento: é uma situação de interpretação analógica. O silêncio. "A" comerciante entrega a "B", cliente, troco além do devido, mas este nada fala e nada faz, ficando com o dinheiro para si.

Estelionato e crime impossível: qualquer que seja o meio de execução (artifício, ardil ou outro meio fraudulento) empregado na prática da conduta, somente haverá a tentativa quando apresentar idoneidade para enganar a vítima. A idoneidade leva em conta as condições pessoais do ofendido. Se o meio fraudulento for capaz de enganar a vítima, estará caracterizado o *conatus*. Caso não tenha intenção de iludir a vítima ou apresente-se grosseiro será crime impossível, pois há impropriedade absoluta do meio de execução (art. 17, CP).

Estelionato e reparação do dano: a reparação do dano não apaga o crime de estelionato, porém, dependendo do momento que ocorrer a indenização à vítima, podem ocorrer as seguintes situações:

▷ Se anterior ao recebimento da denúncia ou queixa, é possível o reconhecimento do arrependimento posterior, isso diminuirá a pena de 1/3 a 2/3, nos termos do art. 16 do CP.

▷ Se antes da sentença, pode ser aplicada a atenuante genérica de acordo com o art. 65, III, "b", parte final, do CP.

▷ Se posterior à sentença, não surte efeito algum.

Pratica estelionato em sua modalidade fundamental (art. 171, *caput*, CP):

Ex. 1: "A" portando folha de cheque de "B" chega ao comércio e, passando-se por "B", emite a cártula e obtém vantagem em prejuízo alheio.

Ex. 2: "A" se apodera (furto, roubo) de folha de cheque de "B" e a preenche indevidamente utilizando-a como meio fraudulento para induzir ou manter alguém em erro, e, por consequência, obtém vantagem ilícita em prejuízo alheio.

Ex. 3: "A" está com sua conta bancária encerrada, mas continua comprando objetos e pagando com as folhas de cheques que ainda possui.

Ex. 4: "A" cria uma conta bancária com documentos falsos e, posteriormente, emite cheques sem suficiente provisão de fundos para comprar objetos.

4.12.1 Estelionato privilegiado

§1º Se o criminoso é primário, e é de pequeno valor o prejuízo, o juiz pode aplicar a pena conforme o disposto no art. 155, §2º.

O prejuízo de "pequeno valor" deve ser dano igual ou inferior a um salário-mínimo vigente à época do fato.

4.12.2 Absorção do crime de falso

Súmula nº 17 – STJ Quando o falso se exaure no estelionato, sem mais potencialidade lesiva, é por este absorvido.

Empregando a fraude, sem a intenção de se enriquecer e só com a intenção de prejudicar alguém, não se trata de estelionato. É necessário buscar a obtenção de indevida vantagem econômica.

Quando o agente, mediante fraude, consegue obter da vítima um título de crédito, o delito está consumado? Não, enquanto o título não é convertido em valor material, não há efetivo proveito do agente, podendo ser impedido de realizar a conversão por circunstâncias alheias a sua vontade. Assim, o crime ainda está na fase de execução. (**majoritária**).

4.12.3 Figuras equiparadas

§ 2º Nas mesmas penas incorre quem:

Disposição de coisa alheia como própria

I – Vende, permuta, dá em pagamento, em locação ou em garantia coisa alheia como própria;

Nessa situação, admite-se que o bem seja móvel ou imóvel. É quando o agente, na posse do bem de um terceiro, utiliza-o como se fosse próprio.

> O inquilino de um imóvel, que aluga para uma terceira pessoa por um valor superior, na intenção de obter lucro, sem o consentimento ou ciência do proprietário real do imóvel.

Alienação ou oneração fraudulenta de coisa própria

II – Vende, permuta, dá em pagamento ou em garantia coisa própria inalienável, gravada de ônus ou litigiosa, ou imóvel que prometeu vender a terceiro, mediante pagamento em prestações, silenciando sobre qualquer dessas circunstâncias;

Nessa situação, o bem é da própria pessoa, podendo também ser imóvel ou móvel.

Ex.: o agente vende veículo para três pessoas ao mesmo tempo, no entanto, tal bem se encontra em busca e apreensão por falta de pagamento, existe um ônus judicial sobre o patrimônio.

Trata-se de crime de duplo resultado: vantagem + prejuízo, punindo-se aquele que pratica um dos núcleos do tipo, silenciando sobre a circunstância.

Defraudação de penhor

III – Defrauda, mediante alienação não consentida pelo credor ou por outro modo, a garantia pignoratícia, quando tem a posse do objeto empenhado;

Seria a hipótese em que, um devedor, recebendo algo como penhor (garantia) de um credor, pratica ato de posse do bem, sem o consentimento dele (credor).

Ex.: um empresário resolve penhorar seu veículo para levantar fundos para o investimento na sua empresa, entretanto a empresa que penhorou o veículo decide alugá-lo para que possa obter lucro.

Fraude na entrega de coisa

IV – Defrauda substância, qualidade ou quantidade de coisa que deve entregar a alguém;

Pode ocorrer tanto em bens móveis quanto imóveis. Ex.: uma construtora vende imóveis na planta com dimensão de 200 m², contudo, ao cabo das obras, na entrega da chave aos proprietários, esses constatam que os imóveis só possuem 170 m².

Caso a qualidade, quantidade do objeto seja superior, não existe o crime (se o imóvel tivesse 230 m², por exemplo).

Deve-se ter em mente que, na hipótese de relação comercial, pode-se estar diante do art. 175 do CP.

Fraude para recebimento de indenização ou valor de seguro

V – Destrói, total ou parcialmente, ou oculta coisa própria, ou lesa o próprio corpo ou a saúde, ou agrava as consequências da lesão ou doença, com o intuito de haver indenização ou valor de seguro;

É pressuposto fundamental deste crime, a prévia existência de um contrato de seguro em vigor. Caso não exista seguro, será crime impossível, diante da impropriedade absoluta do objeto material (art. 17, CP). Nessa situação, o sujeito passivo desse crime será necessariamente a seguradora, sendo também admissível a hipótese de tentativa.

Por conseguinte, é um crime formal, ou seja, consuma-se com a prática da conduta típica (destruir, ocultar, autolesionar e agravar), ainda que o sujeito não consiga alcançar a indevida vantagem econômica pretendida.

Fique ligado

Somente existe o crime, quando provado que, desde o início, existe a má-fé do agente, ou seja, desde o momento em que colocou o cheque em circulação ele já não tinha intenção de honrar seu pagamento; seja pela ausência de suficiência de provisão de fundos, seja pela frustração de seu pagamento. Assim, deve haver a finalidade específica que é a intenção de fraudar/enganar a vítima. Cuidado para não confundir esta hipótese de estelionato com o crime de incêndio doloso qualificado (art. 250, § 1º, I, CP). Ex.: Marcelo ateou fogo em sua loja de tecidos, com a finalidade de obter o respectivo seguro, colocando em risco os imóveis vizinhos. Em razão dessa conduta, Marcelo responderá por crime de incêndio doloso qualificado pelo intuito de obter vantagem econômica em proveito próprio.

Na hipótese em que a fraude é perpetrada por terceiro, sem o conhecimento do segurado, sabendo que esse será o beneficiário do valor da apólice, o delito será o previsto no art. 171, *caput*, do CP.

CRIMES CONTRA O PATRIMÔNIO

Fraude no pagamento por meio de cheque

VI – Emite cheque, sem suficiente provisão de fundos em poder do sacado, ou lhe frustra o pagamento.

Sujeito ativo: é um crime próprio (o titular da conta bancária), ademais, admite coautoria e participação.

Sujeito passivo: a pessoa física ou jurídica que suporta prejuízo patrimonial.

Súmula nº 246 – STF Comprovado não ter havido fraude, não se configura crime de emissão de cheque sem fundos.

"A" compra um produto na loja de "B", no momento da compra não possui dinheiro na conta. Ocorre que pretenda realizar o depósito na conta antes que "B" apresentasse a folha de cheque ao banco. Todavia, acaba se esquecendo de realizar o depósito. Desse modo, o cheque é devolvido por falta de fundos. **Não é crime**, pois o inciso VI do art. 171 do CP, não admite a forma culposa.

Essa modalidade de estelionato se consuma no instante em que o banco se nega a efetuar o pagamento do cheque, quer pela ausência de fundos, quer pelo recebimento de contraordem (sustação) expedida pelo correntista, daí resulta o prejuízo patrimonial do ofendido. É crime material.

A falsidade ideológica é *ante factum* impunível, pois quem assina o cheque é o responsável pela fraude e não outra pessoa.

O crime do inciso VI do art. 171, pode ser praticado de duas formas:

▷ O agente coloca o cheque em circulação sem ter dinheiro suficiente na conta;
▷ O agente possui fundos quando da emissão do cheque, no entanto, antes do beneficiário apresentar o título, o agente retira todo o numerário depositado ou apresenta uma contraordem de pagamento (sustação).

Fraude do cheque ocorre pelo agente que tem a conta encerrada, não é este estelionato do inciso VI, é estelionato simples do *caput*.

Competência até o recebimento da denúncia

A Lei nº 14.155/2021 realizou importante alteração na competência para o julgamento do crime de estelionato, sobretudo a fraude no pagamento por meio de cheque.

Até então, as Súmulas nº 521 do STF e nº 244 do STJ, previam que o foro do local onde se deu a recusa do pagamento pelo sacado era competente para o processo e julgamento dos crimes de estelionato.

Não obstante, a Lei nº 14.155/2021, inseriu o § 4º ao art. 70 do CPP, prevendo o seguinte:

§ 4º Nos crimes previstos no art. 171 do Código Penal, quando praticados mediante depósito, mediante emissão de cheques sem suficiente provisão de fundos em poder do sacado ou com o pagamento frustrado ou mediante transferência de valores, a competência será definida pelo local do domicílio da vítima, e, em caso de pluralidade de vítimas, a competência firmar-se-á pela prevenção.

Como se observa, agora a regra é que o Juízo competente é do local do domicílio da vítima, independentemente de onde se deu a recusa do cheque, ou no caso de transferência de valores, o local onde o autor obteve a vantagem.

Assim, restam superadas as Súmulas nº 521 do STF e nº 244 do STJ.

Desse modo, entende-se que o pagamento de cheque sem previsão de fundos, até o recebimento da denúncia, impede o prosseguimento da ação penal, ou seja, é causa extintiva de punibilidade.

Na hipótese do inciso VI do art. 171, a tentativa é possível, ex.: o correntista dolosamente emite um cheque sem suficiente provisão de fundos, mas seu pai, agindo sem seu conhecimento, deposita montante superior em sua conta corrente antes da apresentação da folha de cheque.

Segundo STJ, a emissão de cheques como garantia de dívida (pós-datado), e não como ordem de pagamento à vista, não constitui crime de estelionato, na modalidade prevista no art. 171, § 2º, VI, do CP. Entretanto, é possível a responsabilização do agente pelo estelionato na modalidade fundamental, se demonstrado seu dolo em obter vantagem ilícita em prejuízo alheio no momento da emissão fraudulenta do cheque.

Mas se atente que, se o agente pós-datar o cheque sabendo da inexistência de fundos, há má-fé e configurará o art. 171, *caput*, do CP. Assim, se emissão do cheque é fraudulenta (presente a má-fé) caracteriza o art. 171, *caput*.

Não é crime de estelionato a emissão de cheque sem fundos para pagamento de:

▷ Dívida anteriormente existente: nessa hipótese a razão do prejuízo da vítima é diferente da fraude no pagamento por meio de cheque. Ex.: "A" compra algumas roupas fiado na loja de "B" e não efetua o pagamento na data combinada. Seis meses após a compra, após insistentes cobranças de "B", "A" emite um cheque sem fundos para quitar a dívida.

▷ Dívidas de jogos ilícitos. Ex.: apostas ilegais ou jogo do bicho.

▷ Programas sexuais com prostitutas ou garotos de programa.

Cheque

▷ Emitir cheque, encerrando, logo após, a conta: tem-se o art. 171, § 2º, VI, aplicando-se as Súmulas nº 521 do STF e nº 224 do STJ.

▷ Emitir cheque de conta encerrada: aplica-se o art. 171, *caput*, sem aplicação das súmulas.

▷ Frustrar pagamento de cheque para não pagamento de dívida de jogo é crime? Nos termos do art. 814 do CC, as dívidas de jogo não obrigam a pagamento, mas não se pode recobrar dívida dessa natureza então paga.

Fraude eletrônica

§ 2º-A pena é de reclusão, de 4 (quatro) a 8 (oito) anos, e multa, se a fraude é cometida com a utilização de informações fornecidas pela vítima ou por terceiro induzido a erro por meio de redes sociais, contatos telefônicos ou envio de correio eletrônico fraudulento, ou por qualquer outro meio fraudulento análogo.

Súmula nº 73 – STJ A utilização de papel-moeda grosseiramente falsificado configura, em tese, o crime de estelionato, de competência da Justiça Estadual.

A Lei nº 14.155/2021 inseriu o § 2º-A, que prevê a qualificadora do estelionato mediante fraude eletrônica. Nesse caso, o agente obtém vantagem ilícita com a utilização de informações fornecidas pela vítima ou por terceiro induzido a erro por meio de redes sociais (Facebook, Instagram etc.), contatos telefônicos ou e-mail fraudulento.

A título de exemplo, tem-se a situação típica em que o agente insere anúncio falso em página clonada na internet, e a vítima, confiando na idoneidade da oferta e do produto, realiza o pagamento, mas não recebe o bem ofertado.

§ 2º-B A pena prevista no § 2º-A deste artigo, considerada a relevância do resultado gravoso, aumenta-se de 1/3 (um terço) a 2/3 (dois terços), se o crime é praticado mediante a utilização de servidor mantido fora do território nacional.

A Lei nº 14.155/2021 também inseriu causa de aumento nos casos em que a conduta prevista no § 2º-A ocorra mediante servidor localizado no exterior, sendo a pena majorada de 1/3 a 2/3 (art. 171, § 3º, CP). A pena aumenta-se de 1/3 se o crime for cometido em detrimento

NOÇÕES DE DIREITO PENAL

de entidade de direito público ou de instituto de economia popular, assistência social ou beneficência.

Fundamenta-se na maior extensão dos danos produzidos, pois com a lesão ao patrimônio público e ao interesse social toda coletividade é prejudicada.

> *Súmula nº 24 – STJ Aplica-se ao crime de estelionato, em que figure como vítima entidade autárquica da Previdência Social, a qualificadora do § 3º do art. 171, CP.*

Não se aplica o § 3º no caso de estelionato contra o Banco do Brasil, considerando que esta não é entidade de Direito Público.

Jogos de azar: há o crime de estelionato caso seja empregado meio fraudulento visando eliminar totalmente a possibilidade de vitória por parte dos jogadores.

Adulteração de máquina de caça-níquel para que os apostadores nunca vençam.

Falsidade documental: o sujeito que falsifica documento (público ou particular) e, posteriormente, dele se vale para enganar alguém, obtendo vantagem ilícita em prejuízo alheio responderia, EM TESE, por dois crimes: estelionato e falsidade documental (art. 171, *caput*, e art. 297 [documento público] ou art. 298 [documento particular]), contudo, nessa situação, o crime de estelionato absorve o crime de falsidade documental. É esse o teor da súmula do STJ:

> *Súmula nº 17 – STJ Quando o falso se exaure no estelionato, sem mais potencialidade lesiva, é por este absorvido.*

Ocorre o princípio da consunção, que é quando o crime-fim (estelionato) absorve o crime-meio (falsidade documental). Isso desde que a fé pública, o patrimônio ou outro bem jurídico qualquer não possam mais ser atacados pelo documento falsificado e utilizado por alguém como meio fraudulento para obtenção de vantagem ilícita em prejuízo alheio.

> *§ 4º A pena aumenta-se de 1/3 (um terço) ao dobro, se o crime é cometido contra idoso ou vulnerável, considerada a relevância do resultado gravoso.*

Por fim, a Lei nº 14.155/2021 também alterou o art. 171, § 4º, do CP. Anteriormente, nos casos em que o crime era cometido contra idoso, a pena era aplicada em dobro. Contudo, a nova previsão determina que a pena pode ser majorada de 1/3 até o dobro. Assim, trata-se de *novatio legis in mellius* (mais benéfica).

4.12.4 Competência

O art. 70 do CPP prevê que a competência será, em regra, determinada pelo lugar em que se consumar a infração. Verifica-se nessa regra que no estelionato o juízo competente será o do local em que o sujeito obteve a vantagem ilícita em prejuízo alheio. Contudo, cumpre destacar que nos casos da prática de estelionato mediante depósito, mediante emissão de cheques sem suficiente provisão de fundos em poder do sacado ou com o pagamento frustrado ou mediante transferência de valores, a competência será definida pelo local do domicílio da vítima, nos termos do art. 70, § 4º, do CPP (Lei nº 14.155/2021).

> *Súmula nº 107 – STJ Compete à justiça comum estadual processar e julgar crime de estelionato praticado mediante falsificação das guias de recolhimento das contribuições previdenciárias, quando não ocorre lesão à autarquia federal.*

É crime de competência da Justiça Estadual. No entanto, será de competência da Justiça Federal quando for praticado em detrimento de bens, serviços ou interesses da União ou suas entidades autárquicas ou empresas públicas (art. 109, IV, CF/1988).

> *Súmula nº 48 – STJ Compete ao juízo do local da obtenção da vantagem ilícita processar e julgar crime de estelionato cometido mediante falsificação de cheque. Esta súmula está relacionada ao crime definido pelo estelionato em sua modalidade fundamental (caput).*

4.12.5 Ação penal

Perceba *mais uma alteração do Pacote Anticrime, estabelecendo o § 5º, agora expressamente, que a ação penal será condicionada à representação, salvo quando a vítima for:*

▷ *a Administração Pública, direta ou indireta;*
▷ *criança ou adolescente;*
▷ *pessoa com deficiência mental;*
▷ *maior de 70 anos de idade ou incapaz.*

4.13 Duplicata simulada

> *Art. 172, CP Emitir fatura, duplicata ou nota de venda que não corresponda à mercadoria vendida, em quantidade ou qualidade, ou ao serviço prestado.*
> *Pena – Detenção, de 2 (dois) a 4 (quatro) anos, e multa.*
> *Parágrafo único. Nas mesmas penas incorrerá aquele que falsificar ou adulterar a escrituração do Livro de Registro de Duplicatas.*

4.14 Abuso de incapazes

> *Art. 173, CP Abusar, em proveito próprio ou alheio, de necessidade, paixão ou inexperiência de menor, ou da alienação ou debilidade mental de outrem, induzindo qualquer deles à prática de ato suscetível de produzir efeito jurídico, em prejuízo próprio ou de terceiro:*
> *Pena – Reclusão, de dois a seis anos, e multa.*

4.15 Induzimento à especulação

> *Art. 174, CP Abusar, em proveito próprio ou alheio, da inexperiência ou da simplicidade ou inferioridade mental de outrem, induzindo-o à prática de jogo ou aposta, ou à especulação com títulos ou mercadorias, sabendo ou devendo saber que a operação é ruinosa:*
> *Pena – Reclusão, de um a três anos, e multa.*

4.16 Fraude no comércio

> *Art. 175, CP Enganar, no exercício de atividade comercial, o adquirente ou consumidor:*
> *I – Vendendo, como verdadeira ou perfeita, mercadoria falsificada ou deteriorada;*
> *II – Entregando uma mercadoria por outra:*
> *Pena – Detenção, de seis meses a dois anos, ou multa.*
> *§ 1º Alterar em obra que lhe é encomendada a qualidade ou o peso de metal ou substituir, no mesmo caso, pedra verdadeira por falsa ou por outra de menor valor; vender pedra falsa por verdadeira; vender, como precioso, metal de outra qualidade:*
> *Pena – Reclusão, de um a cinco anos, e multa.*
> *§ 2º É aplicável o disposto no art. 155, § 2º.*

4.17 Outras fraudes

> *Art. 176, CP Tomar refeição em restaurante, alojar-se em hotel ou utilizar-se de meio de transporte sem dispor de recursos para efetuar o pagamento:*
> *Pena – Detenção, de quinze dias a dois meses, ou multa.*
> *Parágrafo único. Somente se procede mediante representação, e o juiz pode, conforme as circunstâncias, deixar de aplicar a pena.*

4.18 Fraudes e abusos na fundação ou administração de sociedade por ações

> *Art. 177, CP Promover a fundação de sociedade por ações, fazendo, em prospecto ou em comunicação ao público ou à assembleia, afirmação falsa sobre a constituição da sociedade, ou ocultando fraudulentamente fato a ela relativo:*
> *Pena – Reclusão, de um a quatro anos, e multa, se o fato não constitui crime contra a economia popular.*

CRIMES CONTRA O PATRIMÔNIO

§ 1º Incorrem na mesma pena, se o fato não constitui crime contra a economia popular:

I – O diretor, o gerente ou o fiscal de sociedade por ações, que, em prospecto, relatório, parecer, balanço ou comunicação ao público ou à assembleia, faz afirmação falsa sobre as condições econômicas da sociedade, ou oculta fraudulentamente, no todo ou em parte, fato a elas relativo;

II – O diretor, o gerente ou o fiscal que promove, por qualquer artifício, falsa cotação das ações ou de outros títulos da sociedade;

III – O diretor ou o gerente que toma empréstimo à sociedade ou usa, em proveito próprio ou de terceiro, dos bens ou haveres sociais, sem prévia autorização da assembleia geral;

IV – O diretor ou o gerente que compra ou vende, por conta da sociedade, ações por ela emitidas, salvo quando a lei o permite;

V – O diretor ou o gerente que, como garantia de crédito social, aceita em penhor ou em caução ações da própria sociedade;

VI – O diretor ou o gerente que, na falta de balanço, em desacordo com este, ou mediante balanço falso, distribui lucros ou dividendos fictícios;

VII – O diretor, o gerente ou o fiscal que, por interposta pessoa, ou conluiado com acionista, consegue a aprovação de conta ou parecer;

VIII – O liquidante, nos casos dos nºs I, II, III, IV, V e VII;

IX – O representante da sociedade anônima estrangeira, autorizada a funcionar no País, que pratica os atos mencionados nos nºs I e II, ou dá falsa informação ao governo.

§ 2º Incorre na pena de detenção, de seis meses a dois anos, e multa, o acionista que, a fim de obter vantagem para si ou para outrem, negocia o voto nas deliberações de assembleia geral.

4.19 Emissão irregular de conhecimento de depósito ou warrant

Art. 178, CP Emitir conhecimento de depósito ou warrant, em desacordo com disposição legal:

Pena – Reclusão, de um a quatro anos, e multa.

4.20 Fraude à execução

Art. 179, CP Fraudar execução, alienando, desviando, destruindo ou danificando bens, ou simulando dívidas:

Pena – Detenção, de seis meses a dois anos, ou multa.

Parágrafo único. Somente se procede mediante queixa.

4.21 Receptação

Art. 180, CP Adquirir, receber, transportar, conduzir ou ocultar, em proveito próprio ou alheio, coisa que sabe ser produto de crime, ou influir para que terceiro, de boa-fé, a adquira, receba ou oculte:

Pena – Reclusão, de um a quatro anos, e multa.

Receptação qualificada

§ 1º Adquirir, receber, transportar, conduzir, ocultar, ter em depósito, desmontar, montar, remontar, vender, expor à venda, ou de qualquer forma utilizar, em proveito próprio ou alheio, no exercício de atividade comercial ou industrial, coisa que deve saber ser produto de crime:

Pena – Reclusão, de três a oito anos, e multa.

§ 2º Equipara-se à atividade comercial, para efeito do parágrafo anterior, qualquer forma de comércio irregular ou clandestino, inclusive o exercício em residência.

§ 3º Adquirir ou receber coisa que, por sua natureza ou pela desproporção entre o valor e o preço, ou pela condição de quem a oferece, deve presumir-se obtida por meio criminoso:

Pena – Detenção, de um mês a um ano, ou multa, ou ambas as penas.

§ 4º A receptação é punível, ainda que desconhecido ou isento de pena o autor do crime de que proveio a coisa.

§ 5º Na hipótese do § 3º, se o criminoso é primário, pode o juiz, tendo em consideração as circunstâncias, deixar de aplicar a pena. Na receptação dolosa aplica-se o disposto no § 2º do art. 155.

§ 6º Tratando-se de bens e instalações do patrimônio da União, Estado, Município, empresa concessionária de serviços públicos ou sociedade de economia mista, a pena prevista no caput deste artigo aplica-se em dobro.

Receptação de animal

Art. 180-A, CP Adquirir, receber, transportar, conduzir, ocultar, ter em depósito ou vender, com a finalidade de produção ou de comercialização, semovente domesticável de produção, ainda que abatido ou dividido em partes, que deve saber ser produto de crime:

Pena – Reclusão, de 2 (dois) a 5 (cinco) anos, e multa.

O art. 180 do CP tipifica a conduta do agente que adquire, recebe, transporta, conduz, dentre outras condutas, com intuito de obter vantagem, produto de crime (furto, roubo, extorsão, estelionato etc.). É considerado como delito, a conduta de adquirir (receptação própria), como a de influenciar para que uma terceira pessoa adquira esses produtos (receptação imprópria).

Classificação

A conduta do *caput* é considerada como um crime comum, pois pode ser praticada por qualquer agente. Ademais, no § 1º, considera-se crime próprio, pois exige uma qualidade específica do agente, devendo ele ser comerciante ou industrial, mesmo que ele exerça de forma clandestina ou ilegal. Ex.: um ferro velho que vende peças de veículos furtados.

A receptação é crime acessório, pois depende da existência do crime anterior. Não é necessário que o crime anterior seja contra o patrimônio. Ex.: receptar bem oriundo do crime de corrupção passiva.

É um crime de ação múltipla e conteúdo variado, ou seja, a prática de várias condutas contra o mesmo bem, caracteriza crime único (adquire e vende).

O bem imóvel não pode ser objeto material do crime de receptação, somente bens móveis.

Sujeitos do crime

Sujeito ativo (*caput*): pode ser qualquer pessoa, exceto quem seja autor ou coautor do crime antecedente (furto, extorsão, roubo).

Sujeito ativo (da receptação qualificada § 1º): é um crime próprio, somente aquela pessoa que desempenha atividade comercial ou industrial.

Dono de ferro velho de carros e peças usadas.
▷ Admite a participação.
▷ A atividade deve ser habitual ou contínua.

Sujeito passivo: é a vítima do crime anterior, ou seja, donde veio o produto do furto.

Consumação e tentativa

Receptação própria (*caput*): adquirir, receber – crime material/instantâneo – transportar, conduzir ou ocultar – crime permanente – ambos admitem a tentativa.

Receptação imprópria (2ª parte do *caput*): influir – crime formal e unissubsistente – não admite tentativa.

4.21.1 Receptação própria × imprópria

Própria: adquirir, receber, transportar, conduzir ou ocultar, em proveito próprio ou alheio, coisa que sabe ser produto de crime.

Imprópria: ou **influir** para que terceiro, de boa-fé, a adquira, receba ou oculte.

Na receptação **imprópria**, caso o agente influenciador seja o autor do crime antecedente, responderá **apenas** por esse delito, e não pela

NOÇÕES DE DIREITO PENAL

receptação. Trata-se de *post factum impunível*. Ex.: "A" coautor do furto de um computador, influi para que "B", de boa-fé, o compre.

A expressão "coisa que sabe" é indicativa de dolo direto e implicitamente abrange o dolo eventual? Prevalece que, a expressão coisa que sabe indica apenas dolo direto. Assim, o *caput* do artigo não pune o dolo eventual.

Imagine que Rogério venda um carro à Vânia. Uma semana após a venda, Vânia ficou sabendo que o carro é produto de crime, mas permanece com ele. Houve prática de receptação? Nesse caso, não se pode esquecer que se trata de dolo superveniente, e esse não configura o crime. Assim, o dolo superveniente não configura o crime. A má-fé deve ser contemporânea a qualquer das condutas previstas no tipo.

4.21.2 Receptação culposa

> § 3º Adquirir ou receber coisa que, por sua natureza ou pela desproporção entre o valor e o preço, ou pela condição de quem a oferece, deve presumir-se obtida por meio criminoso:
> Pena – Detenção, de 1 (um) mês a 1 (um) ano, ou multa, ou ambas as penas.

É necessário observar três circunstâncias que indicam ser o bem produto de crime:

▷ Sua natureza;

▷ Desproporção entre valor e preço;

▷ Condição de quem a oferece.

No crime de receptação simples (*caput*), é necessário que o agente tenha certeza de que o bem é produto de crime, pois, em caso de dúvida (culpa ou dolo eventual), o agente responderá pelo crime de receptação culposa (§ 3º).

4.21.3 Norma penal explicativa

> § 4º A receptação é punível, ainda que desconhecido ou isento de pena o autor do crime de que proveio a coisa.

Ainda que ocorra a extinção da punibilidade do crime antecedente, haverá o crime de receptação (art. 180, CP).

| A morte do agente do crime anterior, prescrição etc.

Esse parágrafo dá certa autonomia ao crime de receptação em relação ao crime antecedente.

> Ricardo, menor de idade, subtrai o DVD de um veículo e o vende a Marcelo, o qual conhece a origem criminosa do bem. Nesta situação, mesmo sendo Ricardo inimputável, Marcelo responderá pelo crime de receptação.

Segundo alguns autores, a receptação é crime acessório e pressupõe outro crime para que exista. Sucede que não há submissão à punição do crime principal para que seja punido, ou seja, sua punição é independente.

Se o crime pressuposto está prescrito ou teve extinta a punibilidade, não desaparece a receptação.

4.21.4 Receptação privilegiada

> § 5º Na hipótese do § 3º Receptação culposa, se o criminoso é primário, pode o juiz, tendo em consideração as circunstâncias, deixar de aplicar a pena. Na receptação dolosa aplica-se o disposto no § 2º do art. 155.
> Art. 155, § 2º Se o criminoso é primário, e é de pequeno valor a coisa furtada, o juiz pode substituir a pena de reclusão pela de detenção, diminuí-la de um a dois terços, ou aplicar somente a pena de multa.

A receptação privilegiada (2ª parte do § 5º) somente se aplica à receptação dolosa (própria ou imprópria); culposa e qualificada, não!

Receptação culposa (§ 3º) + Criminoso primário + Tendo em consideração as circunstâncias = Perdão judicial (juiz deixa de aplicar a pena)	Receptação dolosa (*caput*) + Criminoso primário + Coisa de pequeno valor = Art. 155, § 2º, CP: Substituir a pena de reclusão pela de detenção; Diminuí-la de 1/3 a 2/3 ou aplicar somente a pena de multa

4.21.5 Aumento de pena

> § 6º Tratando-se de bens e instalações do patrimônio da União, estado, município, empresa concessionária de serviços públicos ou sociedade de economia mista, a pena prevista no caput deste artigo aplica-se em dobro.

Fique ligado

Caso o bem seja produto de contravenção penal, não existirá o crime de receptação. O fato será atípico, pois esse delito somente existe em caso de bem produto de crime.

Aplicável somente para a receptação **simples** (*caput*). Não se aplica à receptação qualificada nem à culposa.

É possível a **receptação da receptação**, por exemplo, "A" adquire um relógio produto de furto e o vende a "B", este vende o mesmo bem a "C" ciente de sua origem criminosa.

> Art. 180-A, CP Adquirir, receber, transportar, conduzir, ocultar, ter em depósito ou vender, com a finalidade de produção ou de comercialização, semovente domesticável de produção, ainda que abatido ou dividido em partes, que deve saber ser produto de crime:
> Pena – Reclusão, de 2 (dois) a 5 (cinco) anos, e multa.

4.22 Disposições gerais

4.22.1 Imunidades penais absolutas ou escusas absolutórias

> Art. 181, CP É isento de pena quem comete qualquer dos crimes previstos neste título, em prejuízo:
> I – Do cônjuge, na constância da sociedade conjugal;
> II – De ascendente ou descendente, seja o parentesco legítimo ou ilegítimo, seja civil ou natural.

Trata-se de causa de extinção da punibilidade. No caso do inciso I, abrange-se também a união estável, os separados de fato e ainda as uniões homoafetivas. Não importa o regime de comunhão de bens do casamento. Ex.: separação total de bens.

No caso do inciso II, não se aplica esta escusa na hipótese de parentesco por afinidade (sogra, genro, cunhado...). Outrossim, verifica-se que não há abrangência aos colaterais e afins.

4.22.2 Imunidade patrimonial relativa

> Art. 182, CP Somente se procede mediante representação, se o crime previsto neste título é cometido em prejuízo:
> I – Do cônjuge desquitado ou judicialmente separado;
> II – De irmão, legítimo ou ilegítimo;
> III – De tio ou sobrinho, com quem o agente coabita.

Após a entrada em vigor da Lei nº 6.515/1977, o desquite não existe mais no ordenamento jurídico brasileiro.

Aos ex-cônjuges divorciados não se aplica essa imunidade.

No caso dos incisos II e III, é necessária efetiva coabitação, para incidência dessa imunidade.

CRIMES CONTRA O PATRIMÔNIO

> **Fique ligado**
> Esse é um dos artigos do Código Penal que mais caem em concurso. Portanto, é muito importante decorá-lo!

4.22.3 Inaplicabilidade das imunidades

Art. 183, CP *Não se aplica o disposto nos dois artigos anteriores:*
I – Se o crime é de roubo ou de extorsão, ou, em geral, quando haja emprego de grave ameaça ou violência à pessoa;
II – Ao estranho que participa do crime;
III – Se o crime é praticado contra pessoa com idade igual ou superior a 60 (sessenta) anos.

> **Fique ligado**
> Esse inciso foi incluído pelo Estatuto do Idoso (Lei nº 10.741/2003). **Preste muita atenção,** pois este é um dos dispositivos deste assunto que mais cai em concurso público.

▷ **É aplicada a imunidade na violência doméstica e familiar contra a mulher no ambiente familiar?**

- **1ª corrente:** para Maria Berenice Dias, jurista brasileira, não se admite imunidade patrimonial na violência doméstica e familiar contra a mulher, benefício afastado pelo art. 7º, IV, da Lei nº 11.340/2006.
- **2ª corrente:** diz que a Lei Maria da Penha não vedou, expressamente, qualquer imunidade, diferente do Estatuto do Idoso que vedou a imunidade para o idoso.

Tem prevalecido a 2ª corrente.

5 CRIMES CONTRA A ADMINISTRAÇÃO PÚBLICA

5.1 Crimes praticados por funcionário público contra a administração em geral

5.1.1 Peculato

> **Art. 312, CP** *Apropriar-se o funcionário público de dinheiro, valor ou qualquer outro bem móvel, público ou particular, de que tem a posse em razão do cargo, ou desviá-lo, em proveito próprio ou alheio:*
> *Pena – Reclusão, de dois a doze anos, e multa.*
> *§ 1º Aplica-se a mesma pena, se o funcionário público, embora não tendo a posse do dinheiro, valor ou bem, o subtrai, ou concorre para que seja subtraído, em proveito próprio ou alheio, valendo-se de facilidade que lhe proporciona a qualidade de funcionário.*
> *Peculato culposo*
> *§ 2º Se o funcionário concorre culposamente para o crime de outrem:*
> *Pena – Detenção, de três meses a um ano.*
> *§ 3º No caso do parágrafo anterior, a reparação do dano, se precede à sentença irrecorrível, extingue a punibilidade; se lhe é posterior, reduz de metade a pena imposta.*

Esse artigo tem por objetivo tipificar a conduta do funcionário público que, aproveitando do cargo que ocupa, apropria-se de bem público ou particular. É necessário que o agente utilize das facilidades do seu cargo, pois, se não o fizer, responderá normalmente, a depender do caso concreto, nos crimes elencados no Título II – Dos Crimes Contra o Patrimônio, do Código Penal. Por exemplo, o furto (art. 155, CP).

Peculato apropriação

> **Art. 312, CP** *Apropriar-se o funcionário público de dinheiro, valor ou qualquer outro bem **móvel, público ou particular**, de que tem a posse em razão do cargo. [...]*

Nessa situação, o funcionário público já possui a posse ou detenção lícita do bem (em razão do cargo que ocupa), porém passa a se comportar como se fosse o dono (pratica atos de disposição da coisa, venda, troca, doação etc.), não mais devolvendo ou restituindo o bem à Administração Pública.

Peculato-desvio

> **Art. 312, CP** *[...] ou desviá-lo, em proveito próprio ou alheio.*

Também chamado de **peculato próprio**, valendo-se do cargo, o agente desvia, em proveito próprio ou de outrem, dinheiro, valor ou qualquer outro bem móvel, público ou particular.

Peculato furto

Também chamado de **peculato impróprio**. Só haverá esse crime se o funcionário público se valer dessa qualidade para subtrair o bem; caso contrário, o crime será o de furto (art. 155, CP). Caso o particular não tenha conhecimento da qualidade de funcionário público, responderá por furto, enquanto esse último responderá por peculato. Ex.: a) "A", funcionário público, valendo-se do cargo, subtrai bem móvel da administração com auxílio de "B", o qual conhecia sua função. Ambos respondem por peculato (art. 312, CP); b) "A", funcionário público, valendo-se do cargo, subtrai bem móvel da administração com auxílio de "B", o qual desconhecia a função de "A". "A" responderá por peculato (art. 312, CP) e "B", por furto (art. 155, CP); c) "A", funcionário público, sem aproveitar do cargo que ocupa, com auxílio de "B", subtrai bem móvel da repartição em que "A" trabalha. Ambos respondem por furto (art. 155, CP).

São considerados crimes próprios, pois exigem a qualidade de funcionário público para sua classificação. A conduta é sempre dolosa (apropriar-se, desviar, subtrair). Existe, no entanto, previsão para modalidade culposa (vide § 2º, peculato culposo).

É um crime comissivo, por conseguinte, pode incorrer em omissão imprópria, quando o agente, como garantidor, podendo evitar, nada faz para que o crime não seja consumado (art. 13, § 2º, CP).

Sujeitos do crime

Sujeito ativo: o funcionário público (crime próprio), mas se admite coautoria e participação de particulares, desde que tenham conhecimento da qualidade de funcionário público do agente. Se comprovado que o particular desconhecia a qualidade funcional do agente, responde por apropriação indébita.

Sujeito passivo: o Estado e, secundariamente, o particular (pessoa física ou jurídica), diretamente lesada em seu patrimônio.

Consumação e tentativa

Admite tentativa, salvo o peculato culposo, pois os crimes culposos não admitem a modalidade culposa.

Peculato apropriação e peculato furto são crimes materiais, pois estarão consumados com a efetiva posse do bem móvel. No caso do peculato-desvio, é um crime formal, pois se consuma quando ocorre o desvio do destino da verba.

Figura culposa

> **Art. 312, § 2º, CP** *Se o funcionário concorre culposamente para o crime de outrem:*

Essa situação ocorre quando o funcionário público, por imprudência, imperícia ou negligência, permite que um terceiro pratique um crime contra a Administração Pública. Caso o agente não seja funcionário público, ou sendo, não se utilize das facilidades que o cargo lhe proporciona para a subtração, incorrerá no crime de furto.

É importante considerar que:

▷ É o único crime culposo da espécie dos delitos funcionais;
▷ É o único crime de menor potencial ofensivo entre os delitos funcionais.

O funcionário público só responderá por esse crime se o crime doloso de outrem (terceiro) chegar a se consumar.

Qual crime de outrem? Qualquer crime ou apenas algumas modalidades de crime? O § 2º merece uma interpretação topográfica. Então, esse crime de outrem só pode ser o do § 1º. Desse modo, só existe o crime de peculato culposo quando o funcionário público concorre culposamente para um peculato-furto ou peculato próprio (apropriação ou desvio), de outrem. Prevalece essa corrente, que é a restritiva.

No que tange ao diretor de sindicato que se apropria de quantia, ele não praticará peculato, pois não é funcionário público, sequer por equiparação. Não é o diretor de sindicato funcionário público típico ou atípico.

> *§ 3º No caso do parágrafo anterior, a reparação do dano, se precede à sentença irrecorrível, extingue a punibilidade; se lhe é posterior, reduz de metade a pena imposta.*

No crime de peculato culposo, a reparação do dano, se precede (é anterior) à sentença irrecorrível, extingue a punibilidade; se é posterior, reduz pela metade a pena imposta – somente para o caso de peculato culposo. No peculato doloso, não é possível aplicação do § 3º.

Sentença irrecorrível

Antes da sentença irrecorrível, extingue a punibilidade. Para a reparação do dano após a sentença irrecorrível, há redução de metade da pena imposta, e isso é feito pelo juiz da execução penal.

CRIMES CONTRA A ADMINISTRAÇÃO PÚBLICA

Peculato × roubo

Se a posse do bem (peculato apropriação ou desvio) decorre de violência ou grave ameaça, há crime de roubo (art. 157) ou extorsão (art. 158, CP).

O peculato de uso não é crime, mas pode caracterizar ato de improbidade administrativa (art. 9º, Lei nº 8.429/1992). É o fato em que, por exemplo, um funcionário público apropria-se temporariamente de veículo público, no intuito de realizar diligências de caráter pessoal, restituindo o veículo ao pátio da repartição logo após o uso.

Se há desvio da verba em proveito da própria Administração, com utilização diversa da prevista em sua destinação, configura-se o crime do art. 315 do CP.

Princípio da insignificância

O princípio da insignificância é causa supralegal de exclusão da tipicidade, ou seja, o fato não será considerado crime. Assim, há duas posições sobre o assunto:

▷ **STJ: não admite** a incidência do princípio da insignificância nos crimes contra a Administração Pública, pois a norma penal busca resguardar o aspecto patrimonial e a moral administrativa (Súmula nº 599).

▷ **STF: admite** a aplicação do princípio da insignificância nos crimes contra a administração pública (HC 107370/SP, rel. Min. Gilmar Mendes, 26/04/2011).

5.1.2 Peculato mediante erro de outrem

Art. 313, CP Apropriar-se de dinheiro ou qualquer utilidade que, no exercício do cargo, recebeu por erro de outrem:
Pena – Reclusão, de um a quatro anos, e multa.

Conduta

Pune-se a conduta do agente que inverter, no exercício do seu cargo, a posse de valores recebidos por erro de terceiro. O bem apoderado, ao contrário do que ocorre no peculato apropriação, não está naturalmente na posse do agente, derivando de erro alheio.

O erro do ofendido deve ser espontâneo, pois, se provocado pelo funcionário, poderá configurar o crime de estelionato.

Classificação

É considerado crime próprio, pois exige a qualidade de funcionário público para sua classificação.

A conduta é sempre dolosa (apropriar-se). Não existe, no entanto, a forma culposa.

É um crime comissivo, por conseguinte, pode incorrer em omissão imprópria, quando o agente, como garantidor, podendo evitar, nada faz para que o crime não seja consumado (art. 13, § 2º, CP).

Sujeitos do crime

Sujeito ativo: o funcionário público (crime próprio), mas se admite coautoria e participação de particulares, desde que tenham conhecimento da qualidade de funcionário público do agente.

Sujeito passivo: o Estado e, secundariamente, o particular (pessoa física ou jurídica), diretamente lesada em seu patrimônio.

Consumação e tentativa

Admite tentativa!

Sendo um crime material, consuma-se com a efetiva apropriação. Nesse caso, há divergência – alguns autores sustentam que a consumação se dará somente quando o agente percebe o erro de terceiro e não o desfaz, ou seja, a consumação não se dá no momento do recebimento da coisa, mas no instante em que o agente se apropria da coisa recebida por erro, agindo como se fosse dono.

Descrição

O funcionário público que, no exercício do cargo, recebeu de terceiro, o qual estava em erro, dinheiro ou qualquer outra utilidade e não prossegue com a efetiva destinação correta do recurso.

Apropriação coisa havida por erro

Se o funcionário público apropriou-se de dinheiro ou qualquer utilidade que recebeu fora do exercício do cargo, responderá pelo crime de apropriação de coisa havida por erro, caso fortuito ou força da natureza.

Art. 169, CP Apropriar-se alguém de coisa alheia vinda ao seu poder por erro, caso fortuito ou força da natureza.

Se o particular, por engano quanto à pessoa, coisa ou obrigação, entrega objeto a funcionário público, em razão do cargo deste, e se ele se apropria do bem, há crime de peculato mediante erro de outrem (art. 313, CP).

5.1.3 Inserção de dados falsos em sistema de informações

Art. 313-A, CP Inserir ou facilitar, o funcionário autorizado, a inserção de dados falsos, alterar ou excluir indevidamente dados corretos nos sistemas informatizados ou bancos de dados da Administração Pública com o fim de obter vantagem indevida para si ou para outrem ou para causar dano:
Pena – Reclusão, de 2 (dois) a 12 (doze) anos, e multa.

Pune-se a conduta do funcionário público autorizado que insere ou facilita inserção de dados falsos, altera ou exclui indevidamente dados nos sistemas de informação da Administração Pública com o objetivo de receber vantagem indevida. Tal crime é também conhecido como **peculato eletrônico**.

Classificação

Trata-se de crime de mão própria, pois exige a qualidade de funcionário público autorizado para sua classificação, ou seja, não é qualquer funcionário público, mas, sim, aquele autorizado a inserir, alterar ou excluir dados nos sistemas informatizados ou banco de dados.

A conduta é sempre dolosa (inserir, alterar ou excluir). Não existe, no entanto, a possibilidade da forma culposa.

É um crime comissivo, por conseguinte, pode incorrer em omissão imprópria, quando o agente, como garantidor, podendo evitar, nada faz para que o crime não seja consumado (art. 13, § 2º, CP).

Sujeitos do crime

Sujeito ativo: o funcionário público autorizado (crime de mão própria), sendo possível a coautoria e participação do particular que tenha consciência da função pública do agente.

Sujeito passivo: o Estado e, secundariamente, o particular (pessoa física ou jurídica), diretamente lesada em seu patrimônio.

Consumação e tentativa

Admite tentativa: sendo um crime formal, consuma-se com a devida inserção, alteração ou exclusão, não sendo necessário o efetivo recebimento da vantagem indevida, considerada apenas mero exaurimento do crime.

Visa punir o funcionário autorizado, o qual detém acesso aos sistemas de informação da Administração Pública e, aproveitando-se dessa situação, realiza condutas indevidas causando prejuízo para Administração, bem como aos particulares.

Erro de tipo

É possível a ocorrência do erro do tipo, escusável ou inescusável, do agente que acredita estar agindo corretamente e acaba inserindo, excluindo ou alterando de forma equivocada dados verdadeiros.

Mesmo sendo um crime de mão própria, é possível a figura da participação e coautoria, seja ela material ou moral.

5.1.4 Modificação ou alteração não autorizada de sistema de informações

> *Art. 313-B, CP Modificar ou alterar, o funcionário, sistema de informações ou programa de informática sem autorização ou solicitação de autoridade competente:*
> *Pena – Detenção, de 3 (três) meses a 2 (dois) anos, e multa.*
> *Parágrafo único. As penas são aumentadas de um terço até a metade se da modificação ou alteração resulta dano para a Administração Pública ou para o administrado.*

Consiste em punir a conduta do funcionário público que modifica ou altera, sem autorização, os sistemas de informações da Administração Pública.

Classificação

É considerado crime próprio, pois exigem a qualidade de funcionário público para sua classificação.

A conduta é sempre dolosa (modificar, alterar). Não existe, no entanto, a possibilidade da forma culposa.

É um crime comissivo, por conseguinte, pode incorrer em omissão imprópria, quando o agente, como garantidor, podendo evitar, nada faz para que o crime não seja consumado (art. 13, § 2º, CP).

Sujeitos do crime

Sujeito ativo: funcionário público (crime próprio), não exigindo a qualidade de ser funcionário autorizado; ademais, é possível a coautoria e a participação do particular que tenha consciência da função pública do agente.

Sujeito passivo: o Estado e, secundariamente, o particular (pessoa física ou jurídica), diretamente prejudicada.

Consumação e tentativa

Admite tentativa.

O crime consuma-se no momento da efetiva modificação ou alteração do sistema de informação, sendo que, se resultar em dano, é causa de aumento de pena conforme parágrafo único do art. 313-B, CP.

Descrição

Para configuração do crime em tela, é necessário que a modificação ou alteração ocorra sem autorização, pois tal conduta resume-se ao dolo do agente, à vontade livre de provocar as modificações.

Os crimes previstos nos arts. 313-A e 313-B, do CP, são conhecidos como peculato eletrônico.

5.1.5 Extravio, sonegação ou inutilização de livro ou documento

> *Art. 314, CP Extraviar livro oficial ou qualquer documento, de que tem a guarda em razão do cargo; sonegá-lo ou inutilizá-lo, total ou parcialmente:*
> *Pena – Reclusão, de um a quatro anos, se o fato não constitui crime mais grave.*

Para a configuração desse crime, é indispensável que o funcionário público tenha a posse do livro ou documento em razão do cargo que ocupa. É considerado um **crime subsidiário**.

Classificação

É considerado crime próprio, pois exige a qualidade de funcionário público para sua classificação. A conduta é sempre dolosa (extravio, inutilização, sonegação). Não existe, no entanto, a possibilidade da forma culposa.

É um crime comissivo, por conseguinte, pode incorrer em omissão imprópria, quando o agente, como garantidor, podendo evitar, nada faz para que o crime não seja consumado (art. 13, § 2º, CP).

Sujeitos do crime

Sujeito ativo: somente funcionário público (crime próprio); ademais, é possível a coautoria e participação do particular que tenha consciência da função pública do agente. Sendo o sujeito ativo servidor em exercício junto à repartição fiscal ou tributária, o extravio de livre oficial, processo fiscal ou qualquer documento por ele causado, configura crime especial previsto no art. 3º, I, da Lei nº 8.137/1990.

Sujeito passivo: o Estado e, por conseguinte, o particular (pessoa física ou jurídica) prejudicada.

Consumação e tentativa

Admite tentativa.

O crime consuma-se no momento do efetivo extravio ou inutilização, mesmo que seja de forma parcial, bem como com a sonegação.

Descrição

Por ser um crime subsidiário, a depender do resultado naturalístico que ocasionar, o crime será absorvido de acordo com sua especificidade (princípio da consunção), conforme em alguns dos casos expostos a seguir:

▷ Quando há o dolo específico de agir, responde pelo art. 305 do CP;
▷ Caso o funcionário não seja o responsável pela guarda do livro ou do documento, responderá pelo art. 337 do CP;
▷ Se praticado por advogado ou procurador, responderá pelo art. 356 do CP.

O crime tipificado no art. 314, além de ser próprio, é subsidiário em relação ao delito previsto no art. 305, que exige dolo específico. O quadro a seguir apresenta as diferenças.

	Art. 305 Supressão de documento público.	**Art. 314** Extravio, sonegação ou inutilização de livro ou documento.
Objetividade jurídica	Crime contra a fé pública	Crime contra a Administração Pública
Sujeito ativo	Qualquer pessoa (crime comum)	Funcionário público (crime próprio)
Conduta	Destruir, suprimir ou ocultar documento público ou particular verdadeiro	Extraviar, sonegar ou inutilizar livro oficial ou qualquer documento de que tem guarda em razão do cargo
Tipo subjetivo	Há finalidade específica de tirar proveito próprio ou de outrem, ou visando causar prejuízo alheio	Não se exige qualquer finalidade específica
Pena	Reclusão, de 2 a 6 anos, e multa, se o documento é público, e reclusão, de 1 a 5 anos, e multa, se o documento é particular	Reclusão de 1 a 4 anos, se o fato não constitui crime mais grave

CRIMES CONTRA A ADMINISTRAÇÃO PÚBLICA

5.1.6 Emprego irregular de verbas ou rendas públicas

Art. 315, CP *Dar às verbas ou rendas públicas aplicação diversa da estabelecida em lei:*
Pena – Detenção, de um a três meses, ou multa.

Esse tipo penal visa penalizar o administrador público que destina verba pública para projetos, despesas ou gastos que não foram previstos no Orçamento Público (OP) ou, então, que não foram autorizados pela Lei Orçamentária Anual.

Classificação

São considerados crimes próprios, pois exigem a qualidade específica do funcionário público dotado de competência para utilizar e destinar as verbas públicas.

A conduta é sempre dolosa (destinar a verba para outra situação a qual não era prevista). Não existe possibilidade para modalidade culposa.

É um crime comissivo, por conseguinte, pode incorrer em omissão imprópria, quando o agente, como garantidor, podendo evitar, nada faz para que o crime não seja consumado (art. 13, § 2º, CP).

Sujeitos do crime

Sujeito ativo: é crime próprio, pois o sujeito ativo será somente aquele funcionário público que tenha o poder de administração de verbas ou rendas pública (ex.: presidente da República, ministros, governadores etc.); ademais, é possível a coautoria e a participação do particular que tenha consciência da função pública do agente. Tratando-se de prefeito municipal, há crime próprio, prevalecendo pelo princípio da especialidade o disposto no art. 1º, III, do Decreto-lei nº 201/1967.

Sujeito passivo: o Estado e, secundariamente, o particular (pessoa física ou jurídica), diretamente prejudicada.

Consumação e tentativa

Admite tentativa.

O crime consuma-se no momento da efetiva destinação ou aplicação das verbas ou rendas públicas. A simples destinação, sem posterior aplicação, constitui tentativa, gerando perigo para a regularidade administrativa.

Descrição

Caso o agente público seja o presidente da República, ele responderá pela Lei de Improbidade Administrativa (art. 11, Lei nº 1.079/1950). Por conseguinte, sendo prefeito, responderá pelo art. 1º, III, do Decreto-lei nº 201/1967.

Entendimento do STF

Segundo o STF:

RT 617/396: *se o orçamento for aprovado por decreto do próprio Poder Executivo, e não por lei, não há o que se falar nesse crime.*

RT 883/462: *para que caracterize esse crime, é necessário que a lei que destina as verbas ou rendas públicas seja em sentido formal e material.*

5.1.7 Concussão

Art. 316, CP *Exigir, para si ou para outrem, direta ou indiretamente, ainda que fora da função ou antes de assumi-la, mas em razão dela, vantagem indevida:*
Pena – Reclusão, de 2 (dois) a 12 (doze) anos, e multa.
§ 1º Se o funcionário exige tributo ou contribuição social que sabe ou deveria saber indevido, ou, quando devido, emprega na cobrança meio vexatório ou gravoso, que a lei não autoriza:
Pena – Reclusão, de três a oito anos, e multa.

§ 2º Se o funcionário desvia, em proveito próprio ou de outrem, o que recebeu indevidamente para recolher aos cofres públicos:
Pena – Reclusão, de dois a doze anos, e multa.

No crime de concussão, o funcionário público exige uma vantagem indevida e a vítima, temendo represálias, cede a essa exigência. Trata-se de uma forma especial de extorsão, executada por funcionário público.

Classificação

São considerados crimes próprios, pois exigem uma qualidade específica: ser funcionário público.

A conduta é sempre dolosa (exigir). Não existe possibilidade para modalidade culposa.

É um crime comissivo, por conseguinte, pode incorrer em omissão imprópria, quando o agente, como garantidor, podendo evitar, nada faz para que o crime não seja consumado (art. 13, § 2º, CP).

Sujeitos do crime

Sujeito ativo: somente funcionário público (crime próprio); ademais, é possível a coautoria e participação do particular que tenha consciência da função pública do agente.

Sujeito passivo: o Estado e, por conseguinte, o particular (pessoa física ou jurídica) prejudicada.

Consumação e tentativa

Admite tentativa.

O crime é formal, assim, está consumado no momento da exigência.

Descrição

Sendo um crime formal, e a consumação ocorrendo com a mera exigência da vantagem indevida, pouco importa se o funcionário público recebe ou não. Porém, caso receba, haverá o exaurimento do crime.

> **Fique ligado**
>
> É atípica a conduta do particular (vítima) que efetivamente entregou o dinheiro exigido pelo funcionário público, pois ele agiu dessa forma por medo de represálias.

Vantagem devida

Se a vantagem for devida, o agente funcionário público responderá pelo crime de abuso de autoridade (Lei nº 13.869/2019).

O particular que se disfarça de policial e exige dinheiro (vantagem indevida) para não efetuar a prisão de alguém responderá pelo crime de extorsão (art. 158, CP).

Caso a vantagem seja para a própria Administração Pública, poderá haver o crime de excesso de exação (art. 316, § 1º, CP).

Mesmo que seja funcionário público, mas não tenha a competência para a prática do mal prometido, não responde por esse crime, mas por extorsão.

No crime de concussão, o agente exige a vantagem indevida. Ademais, no crime de corrupção passiva (art. 317, CP), o agente solicita, recebe ou aceita promessa de vantagem indevida.

5.1.8 Excesso de exação

Art. 316, CP [...]
§ 1º Se o funcionário exige tributo ou contribuição social que sabe ou deveria saber indevido, ou, quando devido, emprega na cobrança meio vexatório ou gravoso, que a lei não autoriza:
Pena – Reclusão, de três a oito anos, e multa.

§ 2º Se o funcionário desvia, em proveito próprio ou de outrem, o que recebeu indevidamente para recolher aos cofres públicos:
Pena – Reclusão, de dois a doze anos, e multa.

Trata-se da cobrança integral e pontual de tributos, em que o funcionário público exige ilegalmente tributo ou contribuição social em benefício da Administração Pública.

Classificação

É considerado crime próprio, pois exige uma qualidade específica, ser funcionário público.

A conduta é sempre dolosa (exigir tributo ou contribuição social ou desviar o recebimento indevido). Não existe possibilidade para modalidade culposa.

É um crime comissivo, por conseguinte, pode incorrer em omissão imprópria, quando o agente, como garantidor, podendo evitar, nada faz para que o crime não seja consumado (art. 13, § 2º, CP).

Sujeitos do crime

Sujeito ativo: somente funcionário público (crime próprio); ademais, é possível a coautoria e a participação do particular que tenha consciência da função pública do agente.

Sujeito passivo: o Estado e, por conseguinte, o particular (pessoa física ou jurídica) prejudicada.

Consumação e tentativa

Admite tentativa.

O § 1º do art. 316, do CP diz que o crime é formal, assim, está consumado no momento da exigência do tributo ou contribuição social por meio vexatório e gravoso, mesmo que a vítima não realize o pagamento. Já o § 2º refere-se ao crime material, sendo consumado no momento que ocorre o desvio em proveito próprio ou de outrem, tendo recebido indevidamente.

Descrição

▷ Art. 316, 1ª parte, § 1º do excesso de exação: Exigir um tributo ou contribuição social que sabe ou deveria saber indevido. Ex.: tributo que já foi pago pelo contribuinte; ou quantia cobrada é superior à fixada em lei.

O referido tipo penal configura-se com a conduta do funcionário público exigir um tributo ou contribuição social devido, porém empregando meio vexatório ou gravoso, que a lei não autoriza. Ex.: meio vexatório = humilhar, causar vergonha ou constrangimento na vítima. Meio gravoso = causar despesas adicionais ao contribuinte.

▷ Art. 316, § 2º, CP (forma qualificada): o desvio do tributo ou contribuição social indevido ocorre antes de sua incorporação aos cofres públicos, pois, caso ocorra depois, o funcionário público responderá pelo crime de peculato desvio.

Tributos

De acordo com o STF, existem cinco espécies de tributos: **impostos, taxas, contribuições de melhoria, empréstimos compulsórios e contribuições sociais.**

Segundo o STJ, **a custa e os emolumentos concernentes aos serviços notariais e registrais possuem natureza tributária**, qualificando-se como taxas remuneratórias de serviços públicos. Desse modo, comete o crime de excesso de exação aquele que exige custas ou emolumentos que sabe ou deveria saber indevido.

Prevalece que a expressão "deveria saber" configura dolo eventual, entretanto, há doutrina no sentido de que se trata de modalidade culposa do tipo.

5.1.9 Corrupção passiva

Art. 317, CP Solicitar ou receber, para si ou para outrem, direta ou indiretamente, ainda que fora da função ou antes de assumi-la, mas em razão dela, vantagem indevida, ou aceitar promessa de tal vantagem:
Pena – Reclusão, de 2 (dois) a 12 (doze) anos, e multa.

§ 1º A pena é aumentada de um terço, se, em consequência da vantagem ou promessa, o funcionário retarda ou deixa de praticar qualquer ato de ofício ou o pratica infringindo dever funcional.
§ 2º Se o funcionário pratica, deixa de praticar ou retarda ato de ofício, com infração de dever funcional, cedendo a pedido ou influência de outrem:
Pena – Detenção, de três meses a um ano, ou multa.

Apesar de possuir certas semelhanças com o delito de concussão, nesse delito, pode-se dizer que é menos constrangedor para a vítima, pois não há a coação moral da exigência, a honra da imagem do emprego vexatório; ocorre apenas a solicitação, o recebimento ou a simples promessa de recebimento.

Classificação

É considerado crime próprio, pois exigem uma qualidade específica: ser funcionário público.

A conduta é sempre dolosa (solicita, recebe ou aceita promessa). Não existe possibilidade para modalidade culposa.

É um crime comissivo, por conseguinte, pode incorrer em omissão imprópria, quando o agente, como garantidor, podendo evitar, nada faz para que o crime não seja consumado (art. 13, § 2º, CP).

Sujeitos do crime

Sujeito ativo: é o funcionário público no exercício da função, aquele fora da função, mas em razão dela, ou o particular que está na iminência de assumir, e atue criminosamente em razão dela. Pode ter a participação do particular que tenha consciência da função pública do agente.

Sujeito passivo: o Estado e, por conseguinte, o particular (pessoa física ou jurídica) prejudicada. O particular só será vítima se a corrupção partir do funcionário corrupto.

Consumação e tentativa

Admite tentativa somente na modalidade solicitar, quando formulada por meio escrito (carta interceptada).

O crime é formal, assim, nesse delito, existem três momentos em que o crime pode se consumar. No momento da **solicitação**, no momento do **recebimento** ou, então, no instante em que o agente aceita a **promessa de recebimento**. Independe do efetivo pagamento ou recebimento para o crime estar consumado; caso ocorra, será mero exaurimento do crime.

Descrição

Solicitar: a conduta parte do funcionário público, que pede a vantagem indevida. Nessa situação, o funcionário público responde por corrupção passiva e **o particular, caso entregue a vantagem indevida, não responderá por crime algum (fato atípico).**

Receber: a conduta parte do particular que oferece a vantagem indevida e o funcionário público recebe. Nessa situação, o funcionário público responde por corrupção passiva e o particular, por corrupção ativa.

Aceitar promessa de tal vantagem: a conduta parte do particular, que promete vantagem indevida ao funcionário público e este aceita a promessa. Nessa situação, o funcionário público responde por corrupção passiva e o particular, por corrupção ativa.

Fique ligado

Não é necessário que o funcionário público efetivamente receba a vantagem prometida, pois o crime estará consumado com a mera aceitação de promessa.

CRIMES CONTRA A ADMINISTRAÇÃO PÚBLICA

Espécies de corrupção passiva

▷ **Corrupção passiva própria:** o funcionário público negocia um ato ilícito. Ex.: a Polícia Rodoviária Federal (PRF) solicita R$ 100,00 para não multar motorista sem carteira de habilitação.

▷ **Corrupção passiva imprópria:** o funcionário público negocia um ato lícito. Ex.: juiz de Direito recebe dinheiro de autor de ação judicial para agilizar os trâmites do processo.

Mesmo que a propina seja para a prática de ato legal, ocorrerá o crime em estudo. Ex.: comerciantes dão dinheiro para que policiais militares realizem rondas diárias no bairro onde os comerciantes trabalham. É crime, pois os servidores públicos já são remunerados pelo Estado para realizarem essas atividades.

Promessa vantagem indevida

Particular que oferece ou promete vantagem indevida: o particular que oferece ou promete vantagem indevida ao funcionário público responde pelo crime de corrupção ativa (art. 333, CP).

Exceção à teoria unitária ou monista no concurso de pessoas:

Art. 29, CP Quem, de qualquer modo, concorre para o crime incide nas penas a este cominadas, na medida de sua culpabilidade.

Portanto, a regra é que todos aqueles que concorrem para a prática de um crime responderão pelo mesmo crime. Como se trata de **exceção**, o funcionário público que recebe ou aceita promessa de vantagem indevida responde por corrupção passiva (art. 317), enquanto o particular que oferece ou promete vantagem indevida responde por corrupção ativa (art. 333).

Não configura o crime de corrupção passiva o recebimento, pelo funcionário público, de gratificações usuais de pequeno valor por serviços extraordinários (desde que não se trate de ato contrário à lei) ou pequenas doações ocasionais, geralmente no Natal ou no Ano Novo.

Caso a vantagem recebida seja revertida em favor da própria Administração Pública não haverá o crime de corrupção passiva. Todavia, o funcionário público estará sujeito à prática de ato de improbidade administrativa (Lei nº 8.429/1992).

Aumento de pena

Art. 317, § 1º, CP pena é aumentada de um terço, se, em consequência da vantagem ou promessa, o funcionário retarda ou deixa de praticar qualquer ato de ofício ou o pratica infringindo dever funcional.

O que seria o exaurimento do crime funciona como causa de aumento de pena para o funcionário público. A pena será aumentada em 1/3.

Se a violação praticada pelo agente público constitui, por si só, um novo crime, haverá concurso formal ou material entre a corrupção e a infração dela resultante. Todavia, nessa hipótese, a corrupção deixa de ser qualificada, pois, do contrário, incidirá no *bis in idem*, considerando-se o mesmo fato duas vezes em prejuízo do funcionário réu.

Corrupção passiva privilegiada

Art. 317, § 2º, CP Se o funcionário pratica, deixa de praticar ou retarda ato de ofício, com infração de dever funcional, cedendo a pedido ou influência de outrem:
Pena – Detenção, de três meses a um ano, ou multa.

Punem-se, nesse dispositivo, os famigerados favores administrativos. Nessa hipótese, o particular não oferece ou promete vantagem indevida ao funcionário público; ele apenas pede para que este "dê um jeitinho" de praticar, deixar de praticar ou retardar ato de ofício, com infração de dever funcional.

Marcelo é abordado em uma *blitz* e seu veículo está com o Imposto sobre Propriedades de Veículos Automotores (IPVA) atrasado. Diante disso, ele pede ao policial rodoviário que não aplique a devida multa ou apreenda seu veículo. O policial atende ao pedido. Nessa situação, o policial praticou o crime de corrupção passiva privilegiada e Marcelo é partícipe desse crime.

O § 2º tem grande incidência em concursos. É o famoso "dar um jeitinho".

Diferenças importantes

▷ **Corrupção passiva privilegiada (art. 317, § 2º, CP):** ocorre quando o funcionário pratica, deixa de praticar ou retarda ato de ofício, com infração de dever funcional, **cedendo a pedido ou influência de outrem**.

▷ **Prevaricação (art. 319, CP):** ocorre quando se retarda ou deixa de praticar, indevidamente, ato de ofício, ou ao praticá-lo contra disposição expressa de lei **para satisfazer interesse ou sentimento pessoal**. Não há intervenção alheia nesse crime.

5.1.10 Facilitação de contrabando ou descaminho

Art. 318, CP Facilitar, com infração de dever funcional, a prática de contrabando ou descaminho (art. 334):
Pena – Reclusão, de 3 (três) a 8 (oito) anos, e multa.

Conduta: a conduta criminosa consiste em facilitar, por ação ou omissão, o contrabando ou o descaminho.

Sujeitos do crime

Sujeito ativo: é crime próprio; somente o funcionário público incumbido de impedir a prática do contrabando ou descaminho poderá intentá-lo. Caso não ostente essa atribuição funcional, responderá pelo delito de contrabando ou descaminho, na condição de partícipe.

Sujeito passivo: o Estado.

Exceção à teoria unitária ou monista no concurso de pessoas (art. 29, CP)

O funcionário público que facilita, com infração de dever funcional, a prática de contrabando ou descaminho, responde pelo crime do art. 318. Já o particular que realiza o contrabando ou descaminho responde pelo crime do art. 334 ou art. 334-A.

NOÇÕES DE DIREITO PENAL

Conceito

Se a mercadoria importada ou exportada for arma de fogo, acessório ou munição, sem autorização da autoridade competente, o agente responderá pelo crime previsto no art. 18 da Lei nº 10.826/2003 (Estatuto do Desarmamento) = tráfico internacional de arma de fogo.

Contrabando: é a importação ou exportação de mercadoria cuja entrada ou saída é proibida no Brasil. Ex.: máquinas caça-níquel, cigarros, quando em desacordo com autorização legal.

Descaminho: a importação ou exportação é permitida, porém o agente frauda o pagamento do tributo devido.

Consumação

Ocorre quando o funcionário público efetivamente facilita o contrabando ou descaminho. É crime formal ou de consumação antecipada.

Não é necessário que a outra pessoa (autor do crime de contrabando ou descaminho – art. 334) tenha sucesso em sua empreitada criminosa. Desse modo, mesmo que essa outra pessoa não obtenha êxito na realização do crime do art. 334, o crime de contrabando e descaminho estará consumado, pois é crime formal.

Tentativa

Admitida somente na forma comissiva (ação). A forma omissiva não admite o *conatus*.

Elemento subjetivo

Súmula nº 151 – STJ *A competência para o processo e julgamento por crime de contrabando e descaminho define-se pela prevenção do Juízo Federal do lugar da apreensão dos bens.*

Não se admite a modalidade culposa, somente dolosa.

Competência

Os crimes de contrabando e descaminho é da competência da **Justiça Federal**, pois ofende interesse da União (art. 109, IV, CF/1988).

Prevenir e reprimir o contrabando e o descaminho são atribuições da Polícia Federal (art. 144, § 1º, II, CF/1988).

5.1.11 Prevaricação

Art. 319, CP *Retardar ou deixar de praticar, indevidamente, ato de ofício, ou praticá-lo contra disposição expressa de lei, para satisfazer interesse ou sentimento pessoal:*
Pena – Detenção, de três meses a um ano, e multa.

Para que configure o delito de prevaricação, faz-se necessário que a ação ou omissão seja praticada de maneira indevida e infrinja o dever funcional do agente público.

Classificação

É considerado crime de mão própria, pois exige uma qualidade específica (ser funcionário público) e possuir determinado dever funcional. Assim, é imprescindível que o funcionário tenha a atribuição para a prática do ato, pois, do contrário, não se pode considerar violação ao dever funcional.

A conduta é sempre dolosa, a qual se divide em três tipos:

▷ Retardar indevidamente ato de ofício;
▷ Deixar de praticar ato de ofício;
▷ Praticar contra disposição expressa em lei.

Não admite a forma culposa.

Sujeitos do crime

Sujeito ativo: somente funcionário público (crime próprio).
Sujeito passivo: o Estado e, por conseguinte, o particular (pessoa física ou jurídica) prejudicada.

Consumação e tentativa

Consuma-se o crime com o retardamento, a omissão ou a prática do ato, sendo dispensável a satisfação do interesse visado pelo servidor.

A tentativa não é admitida nas condutas de retardar ou deixar de praticar, pois é crime omissivo próprio ou puro. Já a conduta de praticá-lo contra disposição expressa de lei admite a tentativa por ser crime comissivo, ou seja, que exige uma ação.

É um crime formal. Para sua consumação, basta a intenção do funcionário público de satisfazer interesse ou sentimento pessoal, mesmo que não consiga êxito na concretização desse resultado.

Descrição

Crime de ação múltipla ou de conteúdo variado: retardar, deixar de praticar ou praticá-lo. A realização de mais de uma dessas ações, no mesmo contexto fático, caracteriza crime único. Todavia, tal fato será levado em conta pelo juiz no momento de fixação da pena-base (art. 59, CP).

Considerações

> **Retardar (atrasar/adiar):** o funcionário público não realiza o ato de ofício dentro do prazo legal.
> **Deixar de praticar (abster-se de praticar):** não praticar o ato de ofício
>
> +
>
> **Indevidamente (injustificavelmente/ilegalmente)**
>
> =
>
> **Prevaricação**

Nessas duas hipóteses, a prevaricação é crime omissivo próprio ou puro (condutas omissivas). Não admite tentativa (*conatus*). Não há crime quando o funcionário público deixa de agir em razão de caso fortuito ou força maior. Ex.: a falta de efetivo (pessoal) na repartição, incêndio, inundação etc.

> **Praticar (realizar um ato)**
>
> +
>
> **Contra disposição expressa de lei**
>
> =
>
> **Prevaricação**

Nessa hipótese, a prevaricação é crime comissivo. Admite tentativa (*conatus*).

Pessoalidade

Interesse pessoal: é qualquer vantagem ou proveito de caráter moral ou patrimonial. Caso o funcionário público exija ou receba uma vantagem indevida a pretexto de praticar, retardar ou omitir a prática de um ato de ofício, o crime será de concussão (art. 316, CP) ou corrupção passiva (art. 317, CP).

Sentimento pessoal: vingança, ódio, amizade, inimizade, inveja, amor.

Promotor de Justiça solicita o arquivamento de inquérito policial que investiga crime que supostamente foi praticado por seu amigo de infância.

A desídia (preguiça), a negligência ou o comodismo (sem o fim de satisfazer interesse ou sentimento pessoal): não há crime de prevaricação. Todavia, o funcionário público poderá incorrer em ato de improbidade administrativa.

Diferenças importantes
▷ **Prevaricação (art. 319, CP):** retardar ou deixar de praticar indevidamente ato de ofício, ou praticá-lo contra disposição expressa de lei, para satisfazer interesse ou sentimento pessoa.
▷ **Condescendência criminosa (art. 320, CP):** deixar o funcionário, por indulgência, de responsabilidade subordinado que cometeu infração no exercício do cargo ou, quando lhe falte competência, não levar o fato ao conhecimento da autoridade competente.

5.1.12 Prevaricação imprópria

Art. 319-A, CP Deixar o Diretor de Penitenciária e/ou agente público de cumprir seu dever de vedar ao preso o acesso a aparelho telefônico, de rádio ou similar, que permita a comunicação com outros presos ou com o ambiente externo:
Pena – Detenção, de 3 (três) meses a 1 (um) ano.

Esse crime foi introduzido pela Lei nº 11.466/2007 e recebe várias denominações por parte da doutrina –prevaricação imprópria, prevaricação em presídios, omissão do dever de vedar ao preso o acesso a aparelhos de comunicação. Todas essas classificações são aceitáveis, haja vista o legislador não conferir, na elaboração do tipo, o *nomem iuris* da conduta, deixando para que a doutrina o fizesse.

Classificação

É um crime doloso, não exigindo qualquer fim específico da conduta. Não é admitida a culpa.

É um crime simples, pois ofende um único bem jurídico, e é um crime próprio, ou seja, podendo ser cometido somente por agente público que tenha o dever funcional de impedir a entrada de aparelhos de comunicação, como o diretor de Penitenciária e/ou agente público.

Sujeitos do crime

Sujeito ativo: por ser um crime próprio, pode ser cometido por agente público, que deve ser interpretado de forma restrita, pois o agente deve ser incumbido de evitar a conduta descrita no tipo. Para exemplificar, podemos citar os agentes penitenciários, carcereiros e até mesmo pelos policiais responsáveis pela escolta.

O preso que for encontrado na posse de aparelho de comunicação não comete esse crime, contudo, incide em falta grave. Já o particular que fornece o aparelho para o preso comete o crime do art. 349-A do CP.

Consumação e tentativa

Por ser um crime formal, dá-se a consumação quando o agente público ou diretor de Penitenciária não faz nada para impedir a entrada de aparelho de comunicação ao preso, contudo, devendo saber que tal situação é ilícita. É dispensável o efetivo acesso do preso ao aparelho de comunicação.

Não é possível a tentativa, haja vista ser esse um crime omissivo próprio.

Descrição do crime

A finalidade desse crime é impedir que o preso tenha acesso a qualquer tipo de aparelho de comunicação que possa se comunicar com qualquer pessoa (familiares, advogados, outros presos). Os aparelhos eletrônicos podem ser telefones (fixos ou móveis) *walkie-talkies* ou uma *webcam*, por exemplo.

O fato é atípico quando o aparelho não tem nenhuma capacidade de comunicação ou, de qualquer forma, impossibilitado de funcionar. O mesmo acontece para cópias falsas de aparelhos.

Telefones celulares sem crédito tipificam a conduta, pois se verifica a possibilidade da obtenção de créditos de formas ilícitas, por exemplo, extorsões baseadas em falsos sequestros. Caracteriza-se a conduta até mesmo quando o aparelho não tiver bateria, visto que existem meios alternativos para sua ativação.

5.1.13 Condescendência criminosa

Art. 320, CP Deixar o funcionário, por indulgência, de responsabilizar subordinado que cometeu infração no exercício do cargo ou, quando lhe falte competência, não levar o fato ao conhecimento da autoridade competente:
Pena – Detenção, de quinze dias a um mês, ou multa.

Esse tipo penal tem por objetivo punir o superior hierárquico que, por indulgência (clemência), deixa de punir seu subordinado, bem como aquele que, sem competência para responsabilização, tendo conhecimento de alguma infração, não leva a informação aquém de competência para punir o agente público.

Tem como base o poder disciplinar da Administração Pública.

Classificação

É considerado um crime próprio: omissivo próprio, ou seja, ato está na inação (deixar de agir).

O dolo está na conduta de se **omitir**, assim, não admite a forma culposa.

Sujeitos do crime

Sujeito ativo: somente funcionário público hierarquicamente superior ao servidor infrator.

Sujeito passivo: o Estado e, por conseguinte, o particular, pessoa física ou jurídica prejudicada.

Consumação e tentativa

Não admite tentativa.

É um crime formal e omissivo próprio ou puro. Consuma-se quando o funcionário superior, depois de tomar conhecimento da infração, suplanta prazo legalmente previsto para a tomada de providências contra o subordinado infrator.

Descrição do crime

O crime ocorre com a mera omissão do funcionário público que, ao tomar conhecimento da infração (administrativa ou penal) cometida pelo subordinado no exercício do cargo, deixa de tomar qualquer providência para responsabilizá-lo ou, quando lhe faltar competência para tanto, não levar o fato ao conhecimento da autoridade competente. Não necessita da efetiva impunidade do infrator.

> *Se o funcionário público superior hierárquico omite-se para atender sentimento ou interesse pessoal, responderá pelo crime de prevaricação. Se o superior hierárquico omite-se com o objetivo de receber alguma vantagem indevida do funcionário público infrator, responderá pelo crime de corrupção passiva (art. 317, CP). Não configura o crime em tela eventuais irregularidades praticadas pelo subordinado extra officio (fora do cargo) e toleradas pelo superior hierárquico.*

O fato será atípico quando o superior hierárquico, por negligência, não tomar conhecimento da infração cometida pelo funcionário público subalterno no exercício do cargo.

Nexo funcional

Deve haver o nexo funcional, ou seja, a infração deve ter sido praticada no exercício do cargo público ocupado pelo funcionário público.

Policial civil pratica peculato e o delegado, após tomar conhecimento do caso, por indulgência (tolerância), não faz nada.

Indulgência: é sinônimo de tolerância, perdão, clemência.

5.1.14 Advocacia administrativa

Art. 321, CP Patrocinar, direta ou indiretamente, interesse privado perante a administração pública, valendo-se da qualidade de funcionário:
Pena – Detenção, de um a três meses, ou multa.
Parágrafo único. *Se o interesse é ilegítimo:*
Pena – Detenção, de três meses a um ano, além da multa.

Esse delito visa tipificar a conduta do agente que tem por objetivo defender, apadrinhar, advogar, interesse alheio perante a Administração Pública.

Classificação

É considerado crime próprio, pois exige uma qualidade específica: ser funcionário público.

A conduta é sempre dolosa. Pode ser praticada pela ação ou omissão. Não existe possibilidade para modalidade culposa.

É um crime comissivo, por conseguinte, pode incorrer em omissão imprópria, quando o agente, como garantidor, podendo evitar, nada faz para que o crime não seja consumado (art. 13, § 2º, CP).

Sujeitos do crime

Sujeito ativo: somente funcionário público (crime próprio). Não necessariamente advogado, como diversas questões afirmam. Admite-se o concurso de terceiro não qualificado, na modalidade de coautoria ou participação, desde que conhecedor da condição funcional do agente público.

Sujeito passivo: o Estado e, por conseguinte, o particular (pessoa física ou jurídica) prejudicada.

Consumação e tentativa

Admite tentativa.

Consuma-se com a prática de ato revelador do patrocínio, que ofenda a moralidade administrativa, independentemente de obtenção de vantagem.

Descrição do crime

Utilizando da qualidade de funcionário, o agente público defende interesse alheio de forma direta: pelo próprio funcionário ou, então, de forma indireta, pela participação de terceiro.

Necessidade de patrocínio

A advocacia administrativa exige mais do que um mero ato de encaminhamento ou protocolado de papéis. É necessário que se verifique o efetivo patrocínio de uma causa, complexa ou não, perante a administração.

Figura qualificadora

Parágrafo único. *Se o interesse é ilegítimo:*
Para ensejar na qualificadora, o agente que pratica o ato de patrocínio deve ter conhecimento de que o pleito é ilegítimo.

Responsabilidade

Caso o patrocínio seja referente à instauração de processo licitatório ou à celebração de contrato junto à Administração Pública, cuja invalidação seja decretada pelo Judiciário, o agente responderá pelo delito do art. 337-G do CP.

5.1.15 Violência arbitrária

Art. 322, CP Praticar violência, no exercício de função ou a pretexto de exercê-la:
Pena – Detenção, de seis meses a três anos, além da pena correspondente à violência.

Esse delito tem por objetivo tipificar a conduta do agente público que atua com violência no exercício da sua função ou a pretexto dela. A Lei nº 13.869/2019 (Abuso de Autoridade) deve revitalizar a aplicação, ainda que subsidiária, do delito de violência arbitrária, visto que parcela doutrina entendia que ter ocorrido sua revogação tácita pela revogada Lei nº 4.898/1965.

Classificação

A conduta é sempre dolosa: pode ser praticada pela ação ou omissão. Não existe possibilidade para modalidade culposa.

É um crime comissivo, por conseguinte, pode incorrer em omissão imprópria, quando o agente, como garantidor, podendo evitar, nada faz para que o crime não seja consumado (art. 13, § 2º, CP).

Sujeitos do crime

Sujeito ativo: somente funcionário público (crime próprio); não exige a qualidade específica de ser um policial; ademais, é possível a coautoria e participação do particular que tenha consciência da função pública do agente.

Sujeito passivo: o Estado e, por conseguinte, o particular (pessoa física ou jurídica) prejudicada.

Consumação e tentativa

Admite tentativa.

Consuma-se no momento da prática do ato de violência (ação), com a lesão provocada.

Descrição do crime

Não é condição necessária que para incidir em violência arbitrária ou abuso de autoridade a condição específica de policial. Ex.: um fiscal sanitário que, no gozo de suas atribuições, ao encontrar uma bandeja de iogurte vencida, decide por lacrar o estabelecimento pelo prazo de 90 dias, além da aplicação da multa de R$ 100 mil. Nessa hipótese, é claro observar que o agente abusou da atribuição do seu cargo prejudicando um particular, pois sua decisão não foi proporcional ao agravo.

Figura qualificadora especial

Caso o agente seja ocupante de cargo em comissão, função de direção ou assessoramento (art. 327, § 2º, CP). O simples emprego de intimidação moral, formada por ameaças, não é suficiente para caracterizar o crime desse artigo.

A pena do crime de violência arbitrária será somada à pena correspondente à violência.

5.1.16 Abandono de função

Art. 323, CP Abandonar cargo público, fora dos casos permitidos em lei:
Pena – Detenção, de quinze dias a um mês, ou multa.
§ 1º Se do fato resulta prejuízo público:
Pena – Detenção, de três meses a um ano, e multa.
§ 2º Se o fato ocorre em lugar compreendido na faixa de fronteira:
Pena – Detenção, de um a três anos, e multa.

CRIMES CONTRA A ADMINISTRAÇÃO PÚBLICA

Tutela-se o regular desenvolvimento das atividades administrativas, punindo-se a interrupção do trabalho do servidor público que abandona suas atividades, fora dos casos permitidos em lei.

Classificação

Trata-se de um crime de mão própria, ou seja, que só pode ser cometido pelo próprio agente.

É um crime omissivo próprio, cometido por um funcionário específico, quando não cumpre com suas funções.

Pune-se somente na modalidade dolosa.

Sujeitos do crime

Sujeito ativo: embora o dispositivo diga abandono de função, entende a doutrina que somente o funcionário ocupante de cargo público pode cometer o crime, logo, não prevalece a regra do art. 327 do CP.

Sujeito passivo: a Administração Pública.

Consumação e tentativa

Não admite tentativa.

É consumado após um tempo relevante, sendo previsto uma probabilidade de dano à Administração, porém sem necessidade que esse realmente ocorra para a efetiva consumação do crime.

Há doutrinadores que dizem que só haverá o crime de abandono após 31 dias ou mais de ausência injustificada no trabalho.

Descrição do crime

Forma qualificada pelo prejuízo

§ 1º Se do fato resulta prejuízo público:
Pena – Detenção, de três meses a um ano, e multa.

Nessa hipótese, compreende duas espécies de prejuízo, sendo o prejuízo social ou coleto, bem como aquele que afeta os serviços públicos e o interesse da coletividade.

Forma qualificada pelo lugar de fronteira

§ 2º Se o fato ocorre em lugar compreendido na faixa de fronteira:
Pena – Detenção, de um a três anos, e multa.

Considera-se fronteira a faixa situada até 150 km de largura, ao longo das fronteiras terrestres.

5.1.17 Exercício funcional ilegalmente antecipado ou prolongado

Art. 324, CP Entrar, no exercício de função pública antes de satisfeitas as exigências legais, ou continuar a exercê-la, sem autorização, depois de saber oficialmente que foi exonerado, removido, substituído ou suspenso:
Pena – Detenção, de quinze dias a um mês, ou multa.

O exercício ilegal de função pública afeta toda uma estrutura organizacional da Administração Pública, influindo diretamente na prestação de serviço público e no seu normal funcionamento. O referido crime tem por finalidade punir quem entra, exerce ou continua no serviço público de forma ilegal. É um crime de ação penal pública incondicionada.

Classificação

É um crime simples, de mão própria e formal.

É um crime doloso, não existindo a modalidade culposa.

Sujeitos do crime

Sujeito ativo: é o funcionário público já nomeado que ainda não cumpriu todas as exigências para entrar no cargo ou que deixou de ser funcionário por ter sido exonerado, suspenso, removido etc. Se for pessoa inteiramente alheia à função pública, o crime é o previsto no art. 328 do CP.

Sujeito passivo: é o Estado.

Consumação e tentativa

Por ser um crime formal, o delito consuma-se com o primeiro ato realizado pelo funcionário público em alguma das condições do tipo penal, não necessitando que a Administração Pública sofra um efetivo dano ou prejuízo. A tentativa é possível, haja vista o caráter plurissubsistente do crime.

Descrição do crime

A primeira parte do *caput* versa uma norma penal em branco homogênea, pois necessita de complementação por legislação específica para saber quais são as exigências legais. Já a segunda parte do *caput* descreve um elemento normativo específico, sendo necessário que o agente tenha o efetivo conhecimento de sua situação perante a Administração Pública.

Aquele que ingressa no exercício da função pública, antes de apresentar sua declaração de bens, incide no crime em tela se praticar algum ato inerente ao cargo.

5.1.18 Violação de sigilo funcional

Art. 325, CP Revelar fato de que tem ciência em razão do cargo e que deva permanecer em segredo, ou facilitar-lhe a revelação:
Pena – Detenção de seis meses a dois anos, ou multa, se o fato não constitui crime mais grave.
§ 1º Nas mesmas penas deste artigo incorre quem:
I – Permite ou facilita, mediante atribuição, fornecimento e empréstimo de senha ou qualquer outra forma, o acesso de pessoas não autorizadas a sistemas de informações ou banco de dados da Administração Pública;
II – Se utiliza, indevidamente, do acesso restrito.
§ 2º Se da ação ou omissão resulta dano à Administração Pública ou a outrem:
Pena – Reclusão, de dois a seis anos, e multa.

Certos assuntos da Administração Pública possuem caráter sigiloso e são imprescindíveis à segurança da sociedade e do Estado. Esse artigo tem por finalidade preservar os interesses públicos, privados e coletivos do sigilo das informações necessárias ao normal funcionamento da máquina pública. É um crime de ação penal pública incondicionada.

Classificação

É um crime simples, de mão própria (somente pode ser cometido por funcionário público que tenha o dever de assegurar o sigilo) e formal. É considerado um crime doloso, não tendo especificado em seu tipo penal um especial fim de agir. Não admite a modalidade culposa.

Sujeitos do crime

Sujeito ativo: por ser um crime de mão própria, exige-se uma qualidade especial do sujeito ativo do crime, podendo ser tanto o funcionário público em efetivo exercício, quanto o aposentado, afastado ou em disponibilidade, podendo o particular ser partícipe do crime (art. 325, CP) se concorreu de qualquer modo com a revelação da informação.

Sujeito passivo: é o ente público que teve seu segredo revelado e, eventualmente, o particular lesado pela revelação do segredo.

Consumação e tentativa

O delito passa a ser consumado quando a informação sigilosa é revelada à terceira pessoa, não exigindo que tal informação seja de conhecimento geral do público. A tentativa somente é aceita se for uma conduta por escrito e, por circunstâncias alheias à vontade do agente, a carta não chega ao destino.

Descrição do crime

▷ **Figuras equiparadas do § 1º:** inciso I. Ex.: "A", analista da Receita Federal, revela a senha do banco de dados do cadastro dos contribuintes, para que sua amiga encontre o endereço de seu ex-namorado; "A", analista da Receita Federal, utiliza a senha restrita do banco de dados dos servidores para descobrir informações fiscais de seus colegas de repartição.

▷ **Qualificadora do § 2º:** existe a lesão à Administração Pública ou a algum particular, ou seja, é considerado um crime de dano. Aplicando-se o princípio da especialidade, a violação de sigilo funcional envolvendo certames de interesse público não caracteriza o crime do art. 325, mas, sim, o do art. 311-A do CP.

5.1.19 Violação de sigilo de proposta de concorrência

Art. 326, CP Devassar o sigilo de proposta de concorrência pública, ou proporcionar a terceiro o ensejo de devassá-lo:
Pena – Detenção, de três meses a um ano, e multa.

Revogado tacitamente pelo art. 337-J do Código Penal, pois se trata de norma contemporânea, que incrimina a prática do delito não só em concorrência, mas em qualquer modalidade de licitação.

5.1.20 Funcionário público

Art. 327, CP Considera-se funcionário público, para os efeitos penais, quem, embora transitoriamente ou sem remuneração, exerce cargo, emprego ou função pública.
§ 1º Equipara-se a funcionário público: quem exerce cargo, emprego ou função em entidade paraestatal, e quem trabalha para empresa prestadora de serviço contratada ou conveniada para a execução de atividade típica da Administração Pública.
§ 2º A pena será aumentada da terça parte quando os autores dos crimes previstos neste Capítulo forem ocupantes de cargos em comissão ou de função de direção ou assessoramento de órgão da administração direta, sociedade de economia mista, empresa pública ou fundação instituída pelo poder público.

Para fins penais, considera-se funcionário público aquele que trabalha para uma empresa particular que mantém convênio com o Poder Público, e para este presta serviço.

São funcionários públicos não só aqueles que desempenham cargos criados por lei, regularmente investidos e nomeados, remunerados pelos cofres públicos, como também os que exercem emprego público (contratados, mensalistas, diaristas, tarefeiros, nomeados a título precário) e, ainda, todos que, de qualquer forma, exercem função pública.

NOÇÕES DE DIREITO PROCESSUAL PENAL

NOÇÕES DE DIREITO PROCESSUAL PENAL

1 INQUÉRITO POLICIAL

A persecução criminal apresenta dois momentos distintos: o da investigação e o da ação penal. A investigação é a atividade preparatória da ação penal, de caráter preliminar e informativo. Já a ação penal consiste no pedido de julgamento da pretensão punitiva.

Em outros termos, a persecução penal estatal se constitui de duas etapas:

▷ Investigação preliminar: gênero do qual é espécie o inquérito policial, cujo objetivo é formar lastro probatório mínimo para a deflagração válida da fase seguinte;

▷ Processo penal: é desencadeado pela propositura de ação penal perante o judiciário.

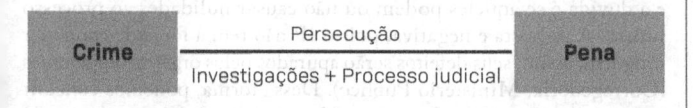

Crime	Persecução	Pena
	Investigações + Processo judicial	

1.1 Conceito de inquérito policial

Inquérito policial (IP) é um **procedimento administrativo** inquisitivo, anterior ao processo, presidido pela autoridade policial (delegado de Polícia) que conduz diligências, as quais objetivam apurar: autoria (responsável pelo crime); materialidade (existência) e circunstâncias com a finalidade de possibilitar que o titular da ação penal possa ingressar em juízo.

1.2 Natureza jurídica

Trata-se de um **procedimento administrativo**, quando verificamos o quesito Procedimento – uma vez que não se trata de processo judicial nem de processo administrativo, porquanto dele não resulta a imposição direta de nenhuma sanção.

O IP é um procedimento administrativo, porque é realizado pela polícia judiciária, que é um órgão do Poder Executivo, que tem como função típica administrar a coisa pública.

1.3 Características do inquérito policial

1.3.1 Inquisitivo

No inquérito policial não há partes, acusação e defesa; temos somente o delegado de Polícia investigando um crime e, consequentemente, um suspeito. Nele, não há contraditório nem ampla defesa.

A investigação não observa o contraditório, pois a Polícia não tem a obrigação de avisar um suspeito que o está investigando; e não há ampla defesa, porque o inquérito não pode, em regra, fundamentar uma sentença condenatória, tendo o suspeito possibilidade de se defender durante o processo.

> *Art. 5º, LV, CF/1988 Aos litigantes, em processo judicial ou administrativo, e aos acusados em geral são assegurados o contraditório e ampla defesa, com os meios e recursos a ela inerentes.*

Como na fase da investigação não existe nenhuma acusação nem partes, não há que se falar em contraditório e ampla defesa, pois o Direito Constitucional previsto no art. 5º, LV, da CF/1988 é válido para as partes de um processo. Além do inquérito policial não ter partes, é um procedimento e não um processo, conforme descrito na Constituição Federal.

1.3.2 Escrito

Todas as diligências realizadas no curso de um inquérito policial devem ser passadas a termo (escritas), para que seja facilitada a troca de informações entre os órgãos responsáveis pela persecução penal.

O delegado de Polícia tem a faculdade de filmar ou gravar diligências realizadas, mas isso não afasta a obrigação de transcrever todas por escrito.

> *Art. 405, § 1º, CPP Sempre que possível, o registro dos depoimentos do investigado, indiciado, ofendido e testemunhas será feito pelos meios ou recursos de gravação magnética, estenotipia, digital ou técnica similar, inclusive audiovisual, destinada a obter maior fidelidade das informações.*

Assim, é possível que o delegado, havendo meios, documente os atos do IP por meio das tecnologias existentes, inclusive captação de som e imagem.

1.3.3 Discricionário

Discricionariedade é a liberdade dentro da lei (esta determina ou autoriza a atuação do Estado). Assim, o delegado tem liberdade para a adoção e condução das diligências adotadas no curso de um inquérito policial.

O art. 6º do CPP traz um rol de possíveis procedimentos que podem ser adotados pela Polícia na condução de um inquérito; ele não é taxativo, pois a Polícia pode adotar qualquer uma daquelas diligências na ordem que entender melhor, ou seja, o rol é exemplificativo.

Não podemos entender discricionariedade como uma faculdade do delegado de iniciar ou não uma investigação, porque, conforme veremos adiante, em alguns casos a investigação é obrigatória. A discricionariedade refere-se ao fato de o delegado, sendo obrigado ou não a investigar, poder adotar as diligências que considere convenientes para a solução do crime, desde que esteja prevista tal diligência na lei.

Explica essa regra o fato de que cada crime é um acontecimento único no mundo e, assim, a solução deles não tem uma receita certa, devendo a autoridade policial saber utilizar, dentre os meios disponíveis, aqueles adequados à solução do caso.

1.3.4 Oficial

A realização do inquérito policial é atribuição de um órgão oficial do Estado (Polícia Judiciária), com a presidência deste incumbida à autoridade policial do respectivo órgão (delegado de Polícia – art. 2º, § 1º, Lei nº 12.830/2013).

> *Art. 2º, Lei nº 12.830/2013 As funções de polícia judiciária e a apuração de infrações penais exercidas pelo delegado de polícia são de natureza jurídica, essenciais e exclusivas de Estado.*

1.3.5 Oficioso

Ao tomar conhecimento de notícia de crime de ação penal pública incondicionada, a autoridade policial é obrigada a agir de ofício, independentemente de provocação da vítima e/ou qualquer outra pessoa.

Deve instaurar o inquérito policial de ofício, nos termos do art. 5º, I, do CPP, procedendo, então, às diligências investigatórias para obter elementos de informação quanto à infração penal e sua autoria.

No caso de crimes de ação penal pública condicionada à representação e de ação penal de iniciativa privada, a instauração do IP está condicionada à manifestação da vítima ou de seu representante legal.

1.3.6 Sigiloso

Ao contrário do que ocorre no processo, o inquérito não comporta publicidade, sendo procedimento essencialmente sigiloso, disciplinando o art. 20, do CPP:

> *Art. 20, CPP A autoridade assegurará no inquérito o sigilo necessário à elucidação do fato ou exigido pelo interesse da sociedade.*

Classificação do sigilo:

▷ **Sigilo externo**: destinado aos terceiros desinteressados e à imprensa;

▷ **Sigilo Interno**: destinado aos interessados no processo.

O sigilo do IP não atinge o juiz e o membro do Ministério Público.

Quanto ao advogado do investigado, o Estatuto da OAB traz, em art. 7º, XIV, a seguinte redação:

> *Art. 7º, EOAB São direitos do advogado: [...]*
> *XIV – examinar, em qualquer instituição responsável por conduzir investigação, mesmo sem procuração, autos de flagrante e de investigações de qualquer natureza, findos ou em andamento, ainda que conclusos à autoridade, podendo copiar peças e tomar apontamentos, em meio físico ou digital.*

INQUÉRITO POLICIAL

Súmula Vinculante nº 14 – STF
É direito do defensor, no interesse do representado, ter acesso amplo aos elementos de prova que, já documentados em procedimento investigatório realizado por órgão com competência de polícia judiciária, digam respeito ao exercício do direito de defesa.

1.3.7 Indisponível

A persecução criminal é de ordem pública e, uma vez iniciado o inquérito, o delegado de Polícia não pode dispor dele. Se diante de uma circunstância fática o delegado percebe que não houve crime, nem em tese, não deve iniciar o inquérito policial. Contudo, uma vez iniciado o procedimento investigativo, deve levá-lo até o final, não podendo arquivá-lo em virtude de expressa vedação contida no art. 17 do CPP.

Art. 17, CPP A autoridade policial não poderá mandar arquivar autos de inquérito.

1.3.8 Dispensável

Da leitura de dispositivos que regem a persecução penal preliminar, a exemplo art. 39, § 5º, do CPP, podemos concluir que o inquérito não é imprescindível para a propositura da ação penal.

Art. 39, § 5º, CPP O órgão do Ministério Público dispensará o inquérito, se com a representação forem oferecidos elementos que o habilitem a promover a ação penal, e, neste caso, oferecerá a denúncia no prazo de quinze dias.

O inquérito visa coletar indícios de autoria e materialidade do crime para que o titular da ação penal possa ingressar em juízo. Assim, se ele tiver esses indícios colhidos por outros meios, como por um inquérito não policial, o inquérito policial se torna dispensável.

Súmula nº 234 – STJ
A participação de membro do Ministério Público na fase investigatória criminal não acarreta seu impedimento ou suspeição para o oferecimento da denúncia.

1.4 Valor probatório do inquérito policial

O inquérito policial tem valor probatório relativo, pois ele serve para embasar o início do processo, mas não tem a força de, sozinho, sustentar uma sentença condenatória, porque as provas colhidas durante o IP não se submeteram ao contraditório e à ampla defesa. Enfatizamos que o valor probatório é relativo, uma vez que não fundamenta uma decisão judicial, porém pode dar margem à abertura de um processo criminal contra alguém.

Art. 155, CPP O juiz formará sua convicção pela livre apreciação da prova produzida em contraditório judicial, não podendo fundamentar sua decisão exclusivamente nos elementos informativos colhidos na investigação, ressalvadas as provas cautelares, não repetíveis e antecipadas.

1.4.1 Provas cautelares, não repetíveis e antecipadas

São as provas extraídas do inquérito policial e que têm a força de, eventualmente, sustentar uma sentença condenatória, conforme orienta o art. 155 do CPP.

Provas cautelares

São aquelas em que existe um risco de desaparecimento do objeto pelo decurso do tempo. Justificam-se pela necessidade, pela urgência.

Provas não renováveis ou irrepetíveis

São colhidas na fase investigatória, porque não podem ser produzidas novamente na fase processual devido ao seu fácil perecimento.

Perícia nos vestígios do crime: para que essas provas tenham valor probatório de justificar uma sentença na fase processual, é necessário que elas sejam submetidas à ampla defesa e ao contraditório diferido ou postergado, ou seja, durante a fase processual.

Prova antecipada

Aqui, referimo-nos às provas que, em regra, deveriam ser colhidas durante o curso do processo, e não durante o inquérito policial. Em alguns casos, é possível que o juiz antecipe a oitiva de uma testemunha para a fase das investigações, quando houver receio de que ela morra (idade avançada ou doença grave) ou, então, que a vítima se mude definitivamente para outro lugar, inviabilizando sua audição.

Art. 225, CPP Se qualquer testemunha houver de ausentar-se, ou, por enfermidade ou por velhice, inspirar receio de que ao tempo da instrução criminal já não exista, o juiz poderá, de ofício ou a requerimento de qualquer das partes, tomar-lhe antecipadamente o depoimento.

1.5 Vícios

Os vícios do inquérito policial são seus defeitos ou suas nulidades, e a dúvida é se aqueles podem ou não causar nulidades ao processo futuro. A resposta é negativa, pois o IP não tem a força de condenar ninguém; assim, seus defeitos serão apurados pelos órgãos competentes (Corregedoria, Ministério Público). Dessa forma, podemos concluir que o delegado não pode ser considerado impedido ou suspeito de presidir o IP pelas futuras partes.

1.6 Procedimento investigatório face aos servidores vinculados aos órgãos da segurança da pública (art. 144, CF/1988)

A Lei nº 13.964/2019 (Pacote Anticrime) incluiu o art. 14-A ao Código de Processo Penal, com a seguinte redação:

Art. 14-A, CPP Nos casos em que servidores vinculados às instituições dispostas no art. 144 da Constituição Federal figurarem como investigados em inquéritos policiais, inquéritos policiais militares e demais procedimentos extrajudiciais, cujo objeto for a investigação de fatos relacionados ao uso da força letal praticados no exercício profissional, de forma consumada ou tentada, incluindo as situações dispostas no art. 23 do Decreto-lei nº 2.848, de 7 de dezembro de 1940 (Código Penal), o indiciado poderá constituir defensor.

§ 1º Para os casos previstos no caput deste artigo, o investigado deverá ser citado da instauração do procedimento investigatório, podendo constituir defensor no prazo de até 48 (quarenta e oito) horas a contar do recebimento da citação.

§ 2º Esgotado o prazo disposto no § 1º deste artigo com ausência de nomeação de defensor pelo investigado, a autoridade responsável pela investigação deverá intimar a instituição a que estava vinculado o investigado à época da ocorrência dos fatos, para que essa, no prazo de 48 (quarenta e oito) horas, indique defensor para a representação do investigado.

§ 3º Havendo necessidade de indicação de defensor nos termos do § 2º deste artigo, a defesa caberá preferencialmente à Defensoria Pública, e, nos locais em que ela não estiver instalada, a União ou a Unidade da Federação correspondente à respectiva competência territorial do procedimento instaurado deverá disponibilizar profissional para acompanhamento e realização de todos os atos relacionados à defesa administrativa do investigado.

§ 4º A indicação do profissional a que se refere o § 3º deste artigo deverá ser precedida de manifestação de que não existe defensor público lotado na área territorial onde tramita o inquérito e com atribuição para nele atuar, hipótese em que poderá ser indicado profissional que não integre os quadros próprios da Administração.

§ 5º Na hipótese de não atuação da Defensoria Pública, os custos com o patrocínio dos interesses dos investigados nos procedimentos de que trata este artigo correrão por conta do orçamento próprio da instituição a que este esteja vinculado à época da ocorrência dos fatos investigados.

§ 6º As disposições constantes deste artigo se aplicam aos servidores militares vinculados às instituições dispostas no art. 142 da Constituição Federal, desde que os fatos investigados digam respeito a missões para a Garantia da Lei e da Ordem.

NOÇÕES DE DIREITO PROCESSUAL PENAL

1.7 Incomunicabilidade

É importante saber que a incomunicabilidade não foi recepcionada pela CF/1988 e está tacitamente sem efeitos, mas suas regras são cobradas em questão de concurso.

Art. 21, CPP A incomunicabilidade do indiciado dependerá sempre de despacho nos autos e somente será permitida quando o interesse da sociedade ou a conveniência da investigação o exigir.

Parágrafo único. A incomunicabilidade, que não excederá de três dias, será decretada por despacho fundamentado do Juiz, a requerimento da autoridade policial, ou do órgão do Ministério Público, respeitado, em qualquer hipótese, o disposto no artigo 89, inciso III, do Estatuto da Ordem dos Advogados do Brasil.

1.8 Notícia crime

Notícia crime (*notitia criminis*) é o conhecimento espontâneo ou provocado por parte da autoridade policial de um fato aparentemente criminoso. Por meio dela, a autoridade policial dará início às investigações.

1.8.1 Classificação da notícia crime

Ela é classificada em direta ou indireta, conforme veremos a seguir:

▷ **Notícia crime direta (cognição imediata ou espontânea):** a autoridade policial toma conhecimento de um fato supostamente criminoso por meio da atuação da própria Polícia, quando noticiado o crime pela imprensa ou comunicado anonimamente por um particular.

▷ **Notícia crime indireta (cognição mediata ou provocada):** a Polícia Judiciária toma conhecimento do crime por meio da comunicação de um terceiro identificado.

1.8.2 Espécies de notícia crime indireta

Requerimento

É a comunicação de um fato supostamente criminoso, realizado pela vítima ou por seu representante legal. Além de comunicar o crime, também serve como um pedido para que a Polícia inicie as investigações.

Segundo o CPP, diante de um requerimento, o delegado pode recusar-se a iniciar as investigações e, nesse caso, é cabível recurso ao chefe de Polícia (art. 5º, § 2º, CPP).

Art. 5º, § 2º, CPP Do despacho que indeferir o requerimento de abertura de inquérito caberá recurso para o chefe de Polícia.

Requisição

É a comunicação do crime feita à autoridade policial pelo promotor ou pelo juiz e uma determinação para o início das investigações. O delegado não pode se recusar a cumprir uma requisição.

Art. 13, CPP Incumbirá ainda à autoridade policial:
I – fornecer às autoridades judiciárias as informações necessárias à instrução e julgamento dos processos;
*II – **realizar as diligências requisitadas pelo juiz ou pelo Ministério Público**;*
III – cumprir os mandados de prisão expedidos pelas autoridades judiciárias;
IV – representar acerca da prisão preventiva.

Representação

É a comunicação do crime e, também, uma autorização para que o Estado atue, seja investigando e/ou processando o possível autor. A representação é apresentada pela vítima ou por seu representante legal nos crimes de ação penal pública condicionada a ela.

É importante saber que a falta da representação nos casos em que a investigação dependa dela impede a atuação do Estado, ou seja, a Polícia não pode investigar o fato, não pode lavrar um auto de prisão em flagrante e não haverá processo.

Requisição do ministro da justiça

É a comunicação do crime e, também, uma autorização política para que o delegado inicie as investigações. Será necessária especificamente em crimes de ação penal pública condicionada à requisição do Ministro da Justiça, a qual não tem caráter de ordem como a do juiz ou do promotor. O nome requisição foi adotado, porque o ato é praticado por uma autoridade da alta cúpula do Poder Executivo.

1.8.3 Notícia crime com força coercitiva ou notícia crime por apresentação

É comunicação de um crime decorrente de uma prisão em flagrante, porque a notícia crime manifesta-se com a simples apresentação do autor do delito à autoridade policial, pela pessoa que realizou a prisão.

1.9 Prazos para conclusão do inquérito policial

O inquérito policial não pode se estender indefinidamente (é temporário), dispondo o Código de Processo Penal e a legislação extravagante acerca dos prazos de sua conclusão.

1.9.1 Regra geral

Como regra geral, para os crimes da atribuição da Polícia Civil estadual, o prazo para a conclusão do inquérito é de 10 dias, estando o indiciado preso (prazo improrrogável), e de 30 dias, se o agente está solto. Este prazo comporta prorrogação, a requerimento do delegado e mediante autorização do juiz (art. 10, CPP), não especificando a lei qual o tempo de prorrogação nem quantas vezes poderá ocorrer, o que nos leva a crer que esta se dá em razão da natureza das diligências necessárias e a complexidade da investigação.

Art. 10, CPP O inquérito deverá terminar no prazo de 10 dias, se o indiciado tiver sido preso em flagrante, ou estiver preso preventivamente, contado o prazo, nesta hipótese, a partir do dia em que se executar a ordem de prisão, ou no prazo de 30 dias, quando estiver solto, mediante fiança ou sem ela.

Com o advento da Lei nº 13.964/2019, foi acrescentado o art. 3º-B ao CPP, o qual se encontra no tópico "Juiz das Garantias", passando a dispor, dentre as várias competências do juiz das garantias, a possibilidade de que este possa prorrogar o inquérito policial quando o investigado estiver preso.

*Art. 3º-B, § 2º, CPP Se o investigado estiver preso, o juiz das garantias poderá, mediante representação da autoridade policial e ouvido o Ministério Público, prorrogar, uma única vez, a duração do **inquérito por até 15 (quinze) dias**, após o que, se ainda assim a investigação não for concluída, a prisão será imediatamente relaxada.*

Reprodução simulada do fato

Art. 7º, CPP Para verificar a possibilidade de haver a infração sido praticada de determinado modo, a autoridade policial poderá proceder à reprodução simulada dos fatos, desde que esta não contrarie a moralidade ou a ordem pública.

A reprodução simulada do fato é a famosa reconstituição do crime; tem a finalidade de verificar se a infração foi praticada de determinado modo. Nesse caso, o suspeito não é obrigado a contribuir com a diligência, mas é obrigado a comparecer.

Indiciamento

É o ato da autoridade policial que comunica a uma pessoa que ela é a suspeita de ter praticado determinado crime e está sendo investigada em um inquérito policial. O indiciamento não é um ato discricionário, pois se fundamenta nas provas colhidas durante as diligências. Se as provas apontam um suspeito, ele deve ser indiciado; se não apontam, o delegado não pode indiciar ninguém.

Art. 2º, § 6º, Lei nº 12.830/2013 O indiciamento, privativo do delegado de polícia, dar-se-á por ato fundamentado, mediante análise técnico-jurídica do fato, que deverá indicar a autoria, materialidade e suas circunstâncias.

INQUÉRITO POLICIAL

Procedimento especial no CPP

Art. 13-A, CPP *Nos crimes previstos nos arts. 148, 149 e 149-A, no § 3º do art. 158 e no art. 159 do Decreto-lei nº 2.848, de 7 de dezembro de 1940 (Código Penal), e no art. 239 da Lei nº 8.069, de 13 de julho de 1990 (Estatuto da Criança e do Adolescente), o membro do Ministério Público ou o delegado de polícia poderá requisitar, de quaisquer órgãos do poder público ou de empresas da iniciativa privada, dados e informações cadastrais da vítima ou de suspeitos.*

Parágrafo único. *A requisição, que será atendida no prazo de 24 (vinte e quatro) horas, conterá:*

I – o nome da autoridade requisitante;

II – o número do inquérito policial; e

III – a identificação da unidade de polícia judiciária responsável pela investigação.

Art. 13-B *Se necessário à prevenção e à repressão dos crimes relacionados ao tráfico de pessoas, o membro do Ministério Público ou o delegado de polícia poderão requisitar, mediante autorização judicial, às empresas prestadoras de serviço de telecomunicações e/ou telemática que disponibilizem imediatamente os meios técnicos adequados – como sinais, informações e outros – que permitam a localização da vítima ou dos suspeitos do delito em curso.*

§ 1º Para os efeitos deste artigo, sinal significa posicionamento da estação de cobertura, setorização e intensidade de radiofrequência.

§ 2º Na hipótese de que trata o caput, o sinal:

I – não permitirá acesso ao conteúdo da comunicação de qualquer natureza, que dependerá de autorização judicial, conforme disposto em lei;

II – deverá ser fornecido pela prestadora de telefonia móvel celular por período não superior a 30 (trinta) dias, renovável por uma única vez, por igual período;

III – para períodos superiores àquele de que trata o inciso II, será necessária a apresentação de ordem judicial.

§ 3º Na hipótese prevista neste artigo, o inquérito policial deverá ser instaurado no prazo máximo de 72 (setenta e duas) horas, contado do registro da respectiva ocorrência policial.

§ 4º Não havendo manifestação judicial no prazo de 12 (doze) horas, a autoridade competente requisitará às empresas prestadoras de serviço de telecomunicações e/ou telemática que disponibilizem imediatamente os meios técnicos adequados – como sinais, informações e outros – que permitam a localização da vítima ou dos suspeitos do delito em curso, com imediata comunicação ao juiz.

Final do inquérito policial

O inquérito policial é finalizado com a produção de um documento chamado relatório. Nele, o delegado relatará as diligências realizadas.

O delegado não deve emitir opinião no relatório – ressalva feita à Lei nº 11.343/2006 (Lei de Drogas), prevendo que, na elaboração do relatório, a autoridade policial deva justificar as razões que a levaram à classificação do delito (art. 52).

Após a confecção do relatório, o IP estará concluído.

Destino dos autos do inquérito policial

Os autos do inquérito, integrados ao relatório, serão remetidos ao Judiciário (art. 10, § 1º, CPP), para que sejam acessados pelo titular da ação penal.

Art. 10, § 1º, CPP *A autoridade fará minucioso relatório do que tiver sido apurado e enviará autos ao juiz competente.*

Arquivamento do inquérito

Art. 28, CPP *Ordenado o arquivamento do inquérito policial ou de quaisquer elementos informativos da mesma natureza, o órgão do Ministério Público comunicará à vítima, ao investigado e à autoridade policial e encaminhará os autos para a instância de revisão ministerial para fins de homologação, na forma da lei. (Redação dada pela Lei nº 13.964/2019)*

Ordenado o arquivamento do IP, o membro do Ministério Público comunicará à vítima, ao investigado e à autoridade policial, devendo, ainda, encaminhar os autos para a instância de revisão ministerial para fins de homologação.

Assim, atualmente, o controle do arquivamento é feito pelo próprio órgão ministerial (MP) e não mais pelo juiz.

Efeitos do arquivamento do inquérito policial

Arquivado o inquérito policial, por despacho do juiz, a requerimento do promotor de Justiça, não pode a ação penal ser iniciada sem novas provas (Súmula nº 524 – STF). Assim, o arquivamento do IP veda o oferecimento da denúncia para a promoção da ação penal, mas tal vedação não é absoluta, pois, se surgirem novas provas, a acusação poderá ser oferecida e ser iniciada a ação penal.

Art. 18, CPP *Depois de ordenado o arquivamento do inquérito pela autoridade judiciária, por falta de base para a denúncia, a autoridade policial poderá proceder a novas pesquisas, se de outras provas tiver notícia.*

NOÇÕES DE DIREITO PROCESSUAL PENAL

2 AÇÃO PENAL

A ação penal é o início para todo o processo penal.

2.1 Condições da ação penal

Possibilidade jurídica do pedido

Para atender a essa condição, a ação penal precisa apenas ter sido ajuizada com base em conduta que demonstre fato típico.

Essa conduta típica se mostra quando cumprido o requisito da possibilidade jurídica do pedido.

Interesse de agir

No Processo Penal, a lide tem, **obrigatoriamente**, que ser resolvida pelas vias judiciárias. Assim, o titular da ação penal deverá provocar o Judiciário.

O interesse de agir, no Processo Penal, está muito ligado à utilização da via correta para dar andamento na lide.

Legitimidade *ad causam*

Trata-se de quem é pertinente para estar em determinado polo da demanda. O Ministério Público, por exemplo, deve estar no polo ativo no caso de denúncia de crimes hediondos, assim como o réu deve estar em polo passivo no processo.

2.2 Espécies de ação penal

Pública

▷ Incondicionada;
▷ Condicionada:
- Representação ofendido;
- Requisição Ministro da Justiça.

Privada

▷ Exclusiva;
▷ Personalíssima;
▷ Subsidiária da Pública;

2.3 Ação penal incondicionada

É a regra em nosso ordenamento processual penal. A titularidade é do Ministério Público de forma privativa, ou seja, somente ele possui o poder postulatório como pressuposto processual para a provocação do Poder Judiciário.

Há, no entanto, exceções a essa titularidade:
▷ Nesse caso, a lei deverá determinar se é **ação penal pública condicionada** ou **ação penal privada**;
▷ Nos casos em que o crime praticado atenta contra patrimônio ou interesse da União, estados e municípios, a ação penal **será sempre pública**.

> *Art. 24, CPP Nos crimes de ação pública, esta será promovida por denúncia do Ministério Público, mas dependerá, quando a lei o exigir, de requisição do Ministro da Justiça, ou de representação do ofendido ou de quem tiver qualidade para representá-lo. [...]*
>
> *§ 2º Seja qual for o crime, quando praticado em detrimento do patrimônio ou interesse da União, Estado e Município, a ação penal será pública.*

2.4 Princípios que regem a ação penal incondicionada

Obrigatoriedade

Se houver todos os indícios da materialidade do fato (delito), o MP **deverá** oferecer a denúncia.

Exceção: nos juizados especiais, já que nesses casos o titular da ação e o infrator transacionam de forma que não haja o ajuizamento da demanda.

Indisponibilidade

Após ter sido ajuizada a ação penal pública, seu titular **não poderá desistir ou transigir**.

O MP **não** poderá desistir da ação penal.

> *Art. 42, CPP O Ministério Público não poderá desistir da ação penal.*

Oficialidade

A ação penal pública **deverá** ser ajuizada por um órgão oficial. Se passado o prazo legal para ajuizamento da ação e o MP não o tiver feito, a lei prevê que o ofendido poderá promover a ação penal privada subsidiária da pública.

Durante o **prazo legal**, a ação penal pública é **exclusiva do MP**. O prazo legal para que o ofendido possa ajuizar a ação penal privada subsidiária da pública é de **6 meses**. Após este prazo, caso o ofendido não tenha ajuizado a ação, **a legitimidade volta a ser do MP**, exclusivamente, desde que não tenha sido extinta a punibilidade.

Divisibilidade

Caso haja **mais de 1 infrator**, o MP pode ajuizar a demanda apenas a um ou alguns deles, podendo deixar os demais para a demanda posterior. O MP **não** está obrigado a oferecer a denúncia sempre que uma investigação criminal for instaurada. Há casos em que o inquérito policial será arquivado.

> *Art. 28, CPP Ordenado o arquivamento do inquérito policial ou de quaisquer elementos informativos da mesma natureza, o órgão do Ministério Público comunicará à vítima, ao investigado e à autoridade policial e encaminhará os autos para a instância de revisão ministerial para fins de homologação, na forma da lei.*

2.5 Ação penal pública condicionada

Nesse caso, para que o MP possa ser o titular da ação penal e exercer de forma legítima tal direito, deverá estar presente o critério de **procedibilidade**, que nada mais é do que a requisição do ministro da Justiça ou, ainda, a representação do ofendido.

Nos casos de requisição do Ministro da Justiça, bem como do condicionamento à representação do ofendido, a representação admite retratação, desde que feita até o momento do oferecimento da denúncia.

No caso em que for ajuizada a ação penal sem a representação, tal nulidade poderá ser sanada se a vítima a apresentar em juízo dentro do prazo de 6 meses – já mencionado anteriormente.

A representação **não poderá ser dividida no que diz respeito aos autores do fato**. Mesmo não podendo haver fracionamento da representação, nada impede o MP de denunciar apenas um infrator por vez, de acordo como o que vimos no processo de divisibilidade.

Ofendido menor ou incapaz

Representante legal tem legitimidade.

Não tem representante legal?

Interesses colidem com os do representante?

▷ Juiz deverá nomear curador (art. 33, CPP);
▷ Tal curador não está obrigado a oferecer representação, apenas a analisar o que é bom ou não para o ofendido.

Prazo para representação: **6 meses**, a contar da data em que se é conhecido o autor do delito.

Representação poderá ser feita perante:
▷ MP;
▷ Autoridade policial;
▷ Juiz.

AÇÃO PENAL

Nos casos de ação penal pública condicionada à requisição do ministro da Justiça:
▷ Apenas para determinados crimes;
▷ **Não** há prazo decadencial para o oferecimento da requisição, desde que não esteja extinta a punibilidade do crime em questão.

2.6 Ação penal privada exclusiva

A vontade do ofendido em oferecer ou não a denúncia se sobrepõe ao interesse público.

Princípios

▷ **Oportunidade:** o ofendido ou demais legitimados poderão avaliar se darão ou não início ao processo, levando em consideração a **conveniência do ajuizamento da ação**.
▷ **Disponibilidade:** o ofendido (titular) pode desistir da ação penal.
▷ **Indivisibilidade:** não será possível fracionar a ação penal no que diz respeito aos infratores.

> *Art. 48, CPP A queixa contra qualquer dos autores do crime obrigará ao processo de todos, e o Ministério Público velará pela sua indivisibilidade.*
>
> *Art. 49 A renúncia ao exercício do direito de queixa, em relação a um dos autores do crime, a todos se estenderá.*

Prazo decadencial: **6 meses** contados a partir do momento em que o ofendido fica ciente de quem foi o infrator.

A queixa poderá ser oferecida:
▷ Pessoalmente;
▷ Por procurador com poderes especiais.

Ofendido faleceu. Quem pode ajuizar a ação penal?
▷ Cônjuge;
▷ Ascendente;
▷ Descendente;
▷ Irmão.

A ordem acima deverá ser respeitada.

Início do prazo para os legitimados

▷ **Ação penal já ajuizada:** prazo de **60 dias** para prosseguir na ação.
▷ **Ação penal ainda não ajuizada:** prazo se inicia com o óbito do ofendido.
▷ **Exceção:** ainda não era sabido o provável infrator.

2.7 Ação penal privada subsidiária da pública

Trata-se do caso em que a ação penal é pública, no entanto, por inércia do MP, é concedido por lei o direito de ajuizar a ação ao ofendido.

> *Art. 29, CPP Será admitida ação privada nos crimes de ação pública, se esta não for intentada no prazo legal, cabendo ao Ministério Público aditar a queixa, repudiá-la e oferecer denúncia substitutiva, intervir em todos os termos do processo, fornecer elementos de prova, interpor recurso e, a todo tempo, no caso de negligência do querelante, retomar a ação como parte principal.*

O ofendido terá o prazo de **6 meses** para oferecer a denúncia, que começa a correr a partir de findo o prazo para que o MP a ofereça.

> *Art. 38, CPP Salvo disposição em contrário, o ofendido, ou seu representante legal, decairá no direito de queixa ou de representação, se não o exercer dentro do prazo de seis meses, contado do dia em que vier a saber quem é o autor do crime, ou, no caso do art. 29 do dia em que se esgotar o prazo para o oferecimento da denúncia.*

Iniciado tal prazo para o ofendido, tanto ele quanto o MP têm legitimidade para oferecer a denúncia. Findo o prazo de **6 meses**, o ofendido perde o direito de ajuizar a ação penal, retornando tal direito exclusivamente para o MP.

Na ação penal privada subsidiária da pública, o MP atua como fiscal da lei, porém com atribuições mais amplas.

Nesses casos, o MP pode:
▷ **Aditar a queixa:** pode se referir a diversos aspectos (inclusão de réus, por exemplo).
▷ **Repudiar a queixa:** somente poderá fazê-lo quando alegar que não houve inércia.
▷ **Retomar a ação como parte principal:** o ofendido deixa a desejar na forma como conduz a causa e o MP retoma a ação como parte principal.

2.8 Ação penal personalíssima

Tipo de ação penal personalíssima exclusiva, na qual apenas o ofendido pode ajuizar a ação.

Caso o ofendido venha a falecer, não há a hipótese de estender a legitimidade aos sucessores.

Se o ofendido for menor, não há a possibilidade de o representante ajuizar a demanda.

2.9 Denúncia e queixa

Elementos

▷ **Exposição do fato criminoso:** a inicial deverá expor de forma detalhada o fato criminoso.
▷ **Qualificação do acusado:** a inicial deverá conter a qualificação do acusado. Caso não haja qualificação suficiente, deverão ser indicados elementos que tornem possível a identificação (tatuagem, marcas no corpo, características físicas).
▷ **Tipificação do delito:** deverá indicar qual dispositivo legal o acusado violou. Não é elemento indispensável.
▷ **Rol de testemunhas:** a inicial deverá conter o rol de testemunhas, caso haja.
▷ **Endereçamento:** a peça acusatória deverá ser endereçada ao juiz competente para apreciação do caso. O endereçamento errado não invalidará a peça.
▷ **Redação em vernáculo:** todos os atos processuais deverão ser redigidos em língua portuguesa.
▷ **Subscrição:** a inicial deverá ser assinada pelo membro do MP ou advogado querelante, quando for o caso.

2.10 Acordo de não persecução penal

Trata-se de uma espécie de transação, entre o MP e o suposto infrator, em que há uma transação penal buscando evitar o ajuizamento da ação.

> *Art. 28-A, CPP Não sendo caso de arquivamento e tendo o investigado confessado formal e circunstancialmente a prática de infração penal sem violência ou grave ameaça e com pena mínima inferior a 4 (quatro) anos, o Ministério Público poderá propor acordo de não persecução penal, desde que necessário e suficiente para reprovação e prevenção do crime, **mediante as seguintes condições ajustadas cumulativa e alternativamente:***
>
> *I – reparar o dano ou restituir a coisa à vítima, exceto na impossibilidade de fazê-lo;*
>
> *II – renunciar voluntariamente a bens e direitos indicados pelo Ministério Público como instrumentos, produto ou proveito do crime;*
>
> *III – prestar serviço à comunidade ou a entidades públicas por período correspondente à pena mínima cominada ao delito diminuída de um a dois terços, em local a ser indicado pelo juízo da execução, na forma do art. 46 do Decreto-lei nº 2.848, de 7 de dezembro de 1940 (Código Penal);*
>
> *IV – pagar prestação pecuniária, a ser estipulada nos termos do art. 45 do Decreto-lei nº 2.848, de 7 de dezembro de 1940 (Código Penal), a entidade pública ou de interesse social, a ser indicada pelo juízo da execução, que tenha, preferencialmente, como função proteger bens jurídicos iguais ou semelhantes aos aparentemente lesados pelo delito; ou*
>
> *V – cumprir, por prazo determinado, outra condição indicada pelo Ministério Público, desde que proporcional e compatível com a infração penal imputada.*

§ 1º Para aferição da pena mínima cominada ao delito a que se refere o caput deste artigo, serão consideradas as causas de aumento e diminuição aplicáveis ao caso concreto.

§ 2º O disposto no caput deste artigo não se aplica nas seguintes hipóteses:

I – se for cabível transação penal de competência dos Juizados Especiais Criminais, nos termos da lei;

II – se o investigado for reincidente ou se houver elementos probatórios que indiquem conduta criminal habitual, reiterada ou profissional, exceto se insignificantes as infrações penais pretéritas;

III – ter sido o agente beneficiado nos 5 anos anteriores ao cometimento da infração, em acordo de não persecução penal, transação penal ou suspensão condicional do processo; e

IV – nos crimes praticados no âmbito de violência doméstica ou familiar, ou praticados contra a mulher por razões da condição de sexo feminino, em favor do agressor.

§ 3º O acordo de não persecução penal será formalizado por escrito e será firmado pelo membro do Ministério Público, pelo investigado e por seu defensor.

§ 4º Para a homologação do acordo de não persecução penal, será realizada audiência na qual o juiz deverá verificar a sua voluntariedade, por meio da oitiva do investigado na presença do seu defensor, e sua legalidade.

§ 5º Se o juiz considerar inadequadas, insuficientes ou abusivas as condições dispostas no acordo de não persecução penal, devolverá os autos ao Ministério Público para que seja reformulada a proposta de acordo, com concordância do investigado e seu defensor.

§ 6º Homologado judicialmente o acordo de não persecução penal, o juiz devolverá os autos ao Ministério Público para que inicie sua execução perante o juízo de execução penal.

§ 7º O juiz poderá recusar homologação à proposta que não atender aos requisitos legais ou quando não for realizada a adequação a que se refere o § 5º deste artigo.

§ 8º Recusada a homologação, o juiz devolverá os autos ao Ministério Público para a análise da necessidade de complementação das investigações ou o oferecimento da denúncia.

§ 9º A vítima será intimada da homologação do acordo de não persecução penal e de seu descumprimento.

§ 10 Descumpridas quaisquer das condições estipuladas no acordo de não persecução penal, o Ministério Público deverá comunicar ao juízo, para fins de sua rescisão e posterior oferecimento de denúncia.

§ 11 O descumprimento do acordo de não persecução penal pelo investigado também poderá ser utilizado pelo Ministério Público como justificativa para o eventual não oferecimento de suspensão condicional do processo.

§ 12 A celebração e o cumprimento do acordo de não persecução penal não constarão de certidão de antecedentes criminais, exceto para os fins previstos no inciso III do § 2º deste artigo.

§ 13 Cumprido integralmente o acordo de não persecução penal, o juízo competente decretará a extinção de punibilidade.

§ 14 No caso de recusa, por parte do Ministério Público, em propor o acordo de não persecução penal, o investigado poderá requerer a remessa dos autos a órgão superior, na forma do art. 28 deste Código.

Pressupostos para proposição

▷ Infração penal;
▷ Sem violência ou grave ameaça;
▷ Pena **mínima inferior a 4 anos**;
▷ Acordo suficiente e necessário para prevenção do crime.

2.11 Da ação penal

Art. 24, CPP *Nos crimes de ação pública, esta será promovida por denúncia do Ministério Público, mas dependerá, quando a lei o exigir, de requisição do Ministro da Justiça, ou de representação do ofendido ou de quem tiver qualidade para representá-lo.*

§ 1º No caso de morte do ofendido ou quando declarado ausente por decisão judicial, o direito de representação passará ao cônjuge, ascendente, descendente ou irmão.

§ 2º Seja qual for o crime, quando praticado em detrimento do patrimônio ou interesse da União, Estado e Município, a ação penal será pública.

Art. 25 *A representação será irretratável, depois de oferecida a denúncia.*

Art. 26 *A ação penal, nas contravenções, será iniciada com o auto de prisão em flagrante ou por meio de portaria expedida pela autoridade judiciária ou policial.*

Art. 27 *Qualquer pessoa do povo poderá provocar a iniciativa do Ministério Público, nos casos em que caiba a ação pública, fornecendo-lhe, por escrito, informações sobre o fato e a autoria e indicando o tempo, o lugar e os elementos de convicção.*

Art. 28 *Ordenado o arquivamento do inquérito policial ou de quaisquer elementos informativos da mesma natureza, o órgão do Ministério Público comunicará à vítima, ao investigado e à autoridade policial e encaminhará os autos para a instância de revisão ministerial para fins de homologação, na forma da lei.*

§ 1º Se a vítima, ou seu representante legal, não concordar com o arquivamento do inquérito policial, poderá, no prazo de 30 dias do recebimento da comunicação, submeter a matéria à revisão da instância competente do órgão ministerial, conforme dispuser a respectiva lei orgânica.

§ 2º Nas ações penais relativas a crimes praticados em detrimento da União, Estados e Municípios, a revisão do arquivamento do inquérito policial poderá ser provocada pela chefia do órgão a quem couber a sua representação judicial.

Art. 28-A *Não sendo caso de arquivamento e tendo o investigado confessado formal e circunstancialmente a prática de infração penal sem violência ou grave ameaça e com pena mínima inferior a 4 anos, o Ministério Público poderá propor acordo de não persecução penal, desde que necessário e suficiente para reprovação e prevenção do crime, mediante as seguintes condições ajustadas cumulativa e alternativamente:*

I – reparar o dano ou restituir a coisa à vítima, exceto na impossibilidade de fazê-lo;

II – renunciar voluntariamente a bens e direitos indicados pelo Ministério Público como instrumentos, produto ou proveito do crime;

III – prestar serviço à comunidade ou a entidades públicas por período correspondente à pena mínima cominada ao delito diminuída de um a dois terços, em local a ser indicado pelo juízo da execução, na forma do art. 46 do Decreto-lei nº 2.848, de 7 de dezembro de 1940 (Código Penal);

IV – pagar prestação pecuniária, a ser estipulada nos termos do art. 45 do Decreto-lei nº 2.848, de 7 de dezembro de 1940 (Código Penal), a entidade pública ou de interesse social, a ser indicada pelo juízo da execução, que tenha, preferencialmente, como função proteger bens jurídicos iguais ou semelhantes aos aparentemente lesados pelo delito; ou

V – cumprir, por prazo determinado, outra condição indicada pelo Ministério Público, desde que proporcional e compatível com a infração penal imputada.

§ 1º Para aferição da pena mínima cominada ao delito a que se refere o caput deste artigo, serão consideradas as causas de aumento e diminuição aplicáveis ao caso concreto.

§ 2º O disposto no caput deste artigo não se aplica nas seguintes hipóteses:

I – se for cabível transação penal de competência dos Juizados Especiais Criminais, nos termos da lei;

II – se o investigado for reincidente ou se houver elementos probatórios que indiquem conduta criminal habitual, reiterada ou profissional, exceto se insignificantes as infrações penais pretéritas;

III – ter sido o agente beneficiado nos 5 anos anteriores ao cometimento da infração, em acordo de não persecução penal, transação penal ou suspensão condicional do processo; e

IV – nos crimes praticados no âmbito de violência doméstica ou familiar, ou praticados contra a mulher por razões da condição de sexo feminino, em favor do agressor.

AÇÃO PENAL

§ 3º O acordo de não persecução penal será formalizado por escrito e será firmado pelo membro do Ministério Público, pelo investigado e por seu defensor.

§ 4º Para a homologação do acordo de não persecução penal, será realizada audiência na qual o juiz deverá verificar a sua voluntariedade, por meio da oitiva do investigado na presença do seu defensor, e sua legalidade.

§ 5º Se o juiz considerar inadequadas, insuficientes ou abusivas as condições dispostas no acordo de não persecução penal, devolverá os autos ao Ministério Público para que seja reformulada a proposta de acordo, com concordância do investigado e seu defensor.

§ 6º Homologado judicialmente o acordo de não persecução penal, o juiz devolverá os autos ao Ministério Público para que inicie sua execução perante o juízo de execução penal.

§ 7º O juiz poderá recusar homologação à proposta que não atender aos requisitos legais ou quando não for realizada a adequação a que se refere o § 5º deste artigo.

§ 8º Recusada a homologação, o juiz devolverá os autos ao Ministério Público para a análise da necessidade de complementação das investigações ou o oferecimento da denúncia.

§ 9º A vítima será intimada da homologação do acordo de não persecução penal e de seu descumprimento.

§ 10 Descumpridas quaisquer das condições estipuladas no acordo de não persecução penal, o Ministério Público deverá comunicar ao juízo, para fins de sua rescisão e posterior oferecimento de denúncia.

§ 11 O descumprimento do acordo de não persecução penal pelo investigado também poderá ser utilizado pelo Ministério Público como justificativa para o eventual não oferecimento de suspensão condicional do processo.

§ 12 A celebração e o cumprimento do acordo de não persecução penal não constarão de certidão de antecedentes criminais, exceto para os fins previstos no inciso III do § 2º deste artigo

§ 13 Cumprido integralmente o acordo de não persecução penal, o juízo competente decretará a extinção de punibilidade.

§ 14 No caso de recusa, por parte do Ministério Público, em propor o acordo de não persecução penal, o investigado poderá requerer a remessa dos autos a órgão superior, na forma do art. 28 deste Código.

Art. 29 Será admitida ação privada nos crimes de ação pública, se esta não for intentada no prazo legal, cabendo ao Ministério Público aditar a queixa, repudiá-la e oferecer denúncia substitutiva, intervir em todos os termos do processo, fornecer elementos de prova, interpor recurso e, a todo tempo, no caso de negligência do querelante, retomar a ação como parte principal.

Art. 30 Ao ofendido ou a quem tenha qualidade para representá-lo caberá intentar a **ação privada**.

Art. 31 No caso de morte do ofendido ou quando declarado ausente por decisão judicial, o direito de oferecer queixa ou prosseguir na ação passará ao cônjuge, ascendente, descendente ou irmão.

Art. 32 Nos crimes de ação privada, o juiz, a requerimento da parte que comprovar a sua pobreza, nomeará advogado para promover a ação penal.

§ 1º Considerar-se-á pobre a pessoa que não puder prover às despesas do processo, sem privar-se dos recursos indispensáveis ao próprio sustento ou da família.

§ 2º Será prova suficiente de pobreza o atestado da autoridade policial em cuja circunscrição residir o ofendido.

Art. 33 Se o ofendido for **menor de 18 anos**, ou **mentalmente enfermo**, ou **retardado mental**, e não tiver representante legal, ou colidirem os interesses deste com os daquele, o direito de queixa poderá ser exercido por curador especial, nomeado, de ofício ou a requerimento do Ministério Público, pelo juiz competente para o processo penal.

Art. 34 Se o ofendido for **menor de 21 e maior de 18 anos**, o direito de queixa poderá ser exercido por ele ou por seu representante legal.

Art. 36 Se comparecer mais de uma pessoa com direito de queixa, terá preferência o cônjuge, e, em seguida, o parente mais próximo na ordem de enumeração constante do art. 31. Podendo, entretanto, qualquer delas prosseguir na ação, caso o querelante desista da instância ou a abandone.

Art. 37 As fundações, associações ou sociedades legalmente constituídas poderão exercer a ação penal, devendo ser representadas por quem os respectivos contratos ou estatutos designarem ou, no silêncio destes, pelos seus diretores ou sócios-gerentes.

Art. 38 Salvo disposição em contrário, o ofendido, ou seu representante legal, decairá no direito de queixa ou de representação, se não o exercer dentro do prazo de seis meses, contado do dia em que vier a saber quem é o autor do crime, ou, no caso do art. 29 do dia em que se esgotar o prazo para o oferecimento da denúncia.

Parágrafo único. Verificar-se-á a decadência do direito de queixa ou representação, dentro do mesmo prazo, nos casos dos arts. 24, parágrafo único, e 31.

Art. 39 O direito de representação poderá ser exercido, pessoalmente ou por procurador com poderes especiais, mediante declaração, escrita ou oral, feita ao juiz, ao órgão do Ministério Público, ou à autoridade policial.

§ 1º A representação feita oralmente ou por escrito, sem assinatura devidamente autenticada do ofendido, de seu representante legal ou procurador, será reduzida a termo, perante o juiz ou autoridade policial, presente o órgão do Ministério Público, quando a este houver sido dirigida.

§ 2º A representação conterá todas as informações que possam servir à apuração do fato e da autoria.

§ 3º Oferecida ou reduzida a termo a representação, a autoridade policial procederá a inquérito, ou, não sendo competente, remetê-lo-á à autoridade que o for.

§ 4º A representação, quando feita ao juiz ou perante este reduzida a termo, será remetida à autoridade policial para que esta proceda a inquérito.

§ 5º O órgão do Ministério Público dispensará o inquérito, se com a representação forem oferecidos elementos que o habilitem a promover a ação penal, e, neste caso, oferecerá a denúncia no prazo de quinze dias.

Art. 40 Quando, em autos ou papéis de que conhecerem, os juízes ou tribunais verificarem a existência de crime de ação pública, remeterão ao Ministério Público as cópias e os documentos necessários ao oferecimento da denúncia.

Art. 41 A denúncia ou queixa conterá a exposição do fato criminoso, com todas as suas circunstâncias, a qualificação do acusado ou esclarecimentos pelos quais se possa identificá-lo, a classificação do crime e, quando necessário, o rol das testemunhas.

Art. 42 O **Ministério Público não poderá desistir da ação penal**.

Art. 43. (Revogado pela Lei nº 11.719/2008).

Art. 44 A queixa poderá ser dada por procurador com poderes especiais, devendo constar do instrumento do mandato o nome do querelante e a menção do fato criminoso, salvo quando tais esclarecimentos dependerem de diligências que devem ser previamente requeridas no juízo criminal.

Art. 45 A queixa, ainda quando a ação penal for privativa do ofendido, poderá ser aditada pelo Ministério Público, a quem caberá intervir em todos os termos subsequentes do processo.

Art. 46 O prazo para oferecimento da denúncia, estando o réu preso, será de **5 dias**, contado da data em que o órgão do Ministério Público receber os autos do inquérito policial, e de **15 dias**, se o réu estiver solto ou afiançado. No último caso, se houver devolução do inquérito à autoridade policial (art. 16), contar-se-á o prazo da data em que o órgão do Ministério Público receber novamente os autos.

§ 1º Quando o Ministério Público dispensar o inquérito policial, o prazo para o oferecimento da denúncia contar-se-á da data em que tiver recebido as peças de informações ou a representação

§ 2º O prazo para o aditamento da queixa será de **3 dias**, contado da data em que o órgão do Ministério Público receber os autos, e, se este não se pronunciar dentro do tríduo, entender-se-á que não tem o que aditar, prosseguindo-se nos demais termos do processo.

Art. 47 Se o Ministério Público julgar necessários maiores esclarecimentos e documentos complementares ou novos elementos de convicção, deverá requisitá-los, diretamente, de quaisquer autoridades ou funcionários que devam ou possam fornecê-los.

Art. 48 A queixa contra qualquer dos autores do crime obrigará ao processo de todos, e o Ministério Público velará pela sua indivisibilidade.

NOÇÕES DE DIREITO PROCESSUAL PENAL

Art. 49 A renúncia ao exercício do direito de queixa, em relação a um dos autores do crime, a todos se estenderá.

Art. 50 A renúncia expressa constará de declaração assinada pelo ofendido, por seu representante legal ou procurador com poderes especiais.

Parágrafo único. A renúncia do representante legal do menor que houver completado 18 (dezoito) anos não privará este do direito de queixa, nem a renúncia do último excluirá o direito do primeiro.

Art. 51 O perdão concedido a um dos querelados aproveitará a todos, sem que produza, todavia, efeito em relação ao que o recusar.

Art. 52 Se o querelante for **menor de 21 e maior de 18 anos**, o direito de perdão poderá ser exercido por ele ou por seu representante legal, mas o perdão concedido por um, havendo oposição do outro, não produzirá efeito.

Art. 53 Se o querelado for mentalmente enfermo ou retardado mental e não tiver representante legal, ou colidirem os interesses deste com os do querelado, a aceitação do perdão caberá ao curador que o juiz lhe nomear.

Art. 54 Se o querelado for **menor de 21 anos**, observar-se-á, quanto à aceitação do perdão, o disposto no art. 52.

Art. 55 O perdão poderá ser aceito por procurador com poderes especiais.

Art. 56 Aplicar-se-á ao perdão extraprocessual expresso o disposto no art. 50.

Art. 57 A renúncia tácita e o perdão tácito admitirão todos os meios de prova.

Art. 58 Concedido o perdão, mediante declaração expressa nos autos, o querelado será intimado a dizer, dentro de três dias, se o aceita, devendo, ao mesmo tempo, ser cientificado de que o seu silêncio importará aceitação.

Parágrafo único. Aceito o perdão, o juiz julgará extinta a punibilidade.

Art. 59 A aceitação do perdão fora do processo constará de declaração assinada pelo querelado, por seu representante legal ou procurador com poderes especiais.

Art. 60 Nos casos em que somente se procede mediante queixa, considerar-se-á perempta a ação penal:

I – quando, iniciada esta, o querelante deixar de promover o andamento do processo durante **30 dias** seguidos;

II – quando, falecendo o querelante, ou sobrevindo sua incapacidade, não comparecer em juízo, para prosseguir no processo, dentro do prazo de **60 dias**, qualquer das pessoas a quem couber fazê-lo, ressalvado o disposto no art. 36;

III – quando o querelante deixar de comparecer, sem motivo justificado, a qualquer ato do processo a que deva estar presente, ou deixar de formular o pedido de condenação nas alegações finais;

IV – quando, sendo o querelante pessoa jurídica, esta se extinguir sem deixar sucessor.

Art. 61 Em qualquer fase do processo, o juiz, se reconhecer extinta a punibilidade, deverá declará-lo de ofício.

Parágrafo único. No caso de requerimento do Ministério Público, do querelante ou do réu, o juiz mandará autuá-lo em apartado, ouvirá a parte contrária e, se o julgar conveniente, concederá o prazo de cinco dias para a prova, proferindo a decisão dentro de cinco dias ou reservando-se para apreciar a matéria na sentença final.

Art. 62 No caso de morte do acusado, o juiz somente à vista da certidão de óbito, e depois de ouvido o Ministério Público, declarará extinta a punibilidade.

3 PRISÕES

3.1 Conceito

Prisão é uma restrição à liberdade de ir e vir (liberdade ambulatorial ou de locomoção), por meio do recolhimento ao cárcere por ordem fundamentada do juiz ou derivada da prisão em flagrante.

3.2 Espécies de prisão cautelar

Atualmente, existem três espécies de prisão cautelar: 1) prisão em flagrante, 2) preventiva e 3) temporária.

3.2.1 Prisão preventiva

É a medida cautelar de constrição da liberdade pessoal, cabível durante toda a persecução penal (inquérito policial + processo), decretada pelo juiz *ex-officio* no curso da ação penal, ou a requerimento do MP, do querelante, do assistente ou por representação da autoridade policial. Não tem prazo e justifica-se na presença dos requisitos estabelecidos na lei.

Note que a prisão preventiva teve alterações consideráveis conforme o Pacote Anticrime.

Tempo da prisão preventiva

Não há prazo definido em lei acerca da duração dela e estende-se no tempo enquanto houver necessidade, que é dosada pela presença de seus requisitos legais. Se eventualmente estes desaparecem, a prisão preventiva será revogada e nada impede que ela seja decretada novamente, caso algum dos requisitos reapareça.

Por sua vez, se ela se estende no tempo de maneira desproporcional, transforma-se em prisão ilegal e, nesse caso, merecerá relaxamento.

Cabimento

Será possível tanto na investigação policial como no processo.

Art. 311, CPP Em qualquer fase da investigação policial ou do processo penal, caberá a prisão preventiva decretada pelo juiz, a requerimento do Ministério Público, do querelante ou do assistente, ou por representação da autoridade policial.

Decretação

Art. 312, CPP A prisão preventiva poderá ser decretada como garantia da ordem pública, da ordem econômica, por conveniência da instrução criminal ou para assegurar a aplicação da lei penal, quando houver prova da existência do crime e indício suficiente de autoria e de perigo gerado pelo estado de liberdade do imputado.

§ 1º A prisão preventiva também poderá ser decretada em caso de descumprimento de qualquer das obrigações impostas por força de outras medidas cautelares (art. 282, § 4º).

§ 2º A decisão que decretar a prisão preventiva deve ser motivada e fundamentada em receio de perigo e existência concreta de fatos novos ou contemporâneos que justifiquem a aplicação da medida adotada.

Admissibilidade

Art. 313, CPP Nos termos do *art. 312 deste Código*, será admitida a decretação da prisão preventiva:

I – nos crimes dolosos punidos com pena privativa de liberdade máxima superior a 4 (quatro) anos.

II – se tiver sido condenado por outro crime doloso, em sentença transitada em julgado, ressalvado o disposto no inciso I do caput do art. 64 do Decreto-lei nº 2.848, de 7 de dezembro de 1940 – Código Penal.

III – se o crime envolver violência doméstica e familiar contra a mulher, criança, adolescente, idoso, enfermo ou pessoa com deficiência, para garantir a execução das medidas protetivas de urgência.

§ 1º Também será admitida a prisão preventiva quando houver dúvida sobre a identidade civil da pessoa ou quando esta não fornecer elementos suficientes para esclarecê-la, devendo o preso ser colocado imediatamente em liberdade após a identificação, salvo se outra hipótese recomendar a manutenção da medida.

§ 2º Não será admitida a decretação da prisão preventiva com a finalidade de antecipação de cumprimento de pena ou como decorrência imediata de investigação criminal ou da apresentação ou recebimento de denúncia.

Excludentes de ilicitude

Art. 314, CPP A prisão preventiva em nenhum caso será decretada se o juiz verificar pelas provas constantes dos autos ter o agente praticado o fato nas condições previstas nos incisos I, II e III do caput do art. 23 do Decreto-lei nº 2.848, de 7 de dezembro de 1940 – Código Penal.

Motivação

Art. 315, CPP A decisão que decretar, substituir ou denegar a prisão preventiva será sempre motivada e fundamentada.

§ 1º Na motivação da decretação da prisão preventiva ou de qualquer outra cautelar, o juiz deverá indicar concretamente a existência de fatos novos ou contemporâneos que justifiquem a aplicação da medida adotada.

§ 2º Não se considera fundamentada qualquer decisão judicial, seja ela interlocutória, sentença ou acórdão, que:

I – limitar-se à indicação, à reprodução ou à paráfrase de ato normativo, sem explicar sua relação com a causa ou a questão decidida.

II – empregar conceitos jurídicos indeterminados, sem explicar o motivo concreto de sua incidência no caso.

III – invocar motivos que se prestariam a justificar qualquer outra decisão.

IV – não enfrentar todos os argumentos deduzidos no processo capazes de, em tese, infirmar a conclusão adotada pelo julgador.

V – limitar-se a invocar precedente ou enunciado de súmula, sem identificar seus fundamentos determinantes nem demonstrar que o caso sob julgamento se ajusta àqueles fundamentos.

VI – deixar de seguir enunciado de súmula, jurisprudência ou precedente invocado pela parte, sem demonstrar a existência de distinção no caso em julgamento ou a superação do entendimento.

Art. 316 O juiz poderá, de ofício ou a pedido das partes, revogar a prisão preventiva se, no correr da investigação ou do processo, verificar a falta de motivo para que ela subsista, bem como novamente decretá-la, se sobrevierem razões que a justifiquem.

Parágrafo único. Decretada a prisão preventiva, deverá o órgão emissor da decisão revisar a necessidade de sua manutenção a cada 90 (noventa) dias, mediante decisão fundamentada, de ofício, sob pena de tornar a prisão ilegal.

3.2.2 Prisão temporária

É a prisão cautelar cabível apenas ao longo do inquérito policial, decretada pelo juiz a requerimento do MP ou por representação da autoridade policial (o juiz não pode decretar a medida de ofício e não pode ser requerida pelo querelante nos casos de ação penal privada), com prazo pré-estabelecido em lei, uma vez presente os requisitos do art. 1º da Lei nº 7.960/1989.

Prisão temporária

- É a prisão cautelar;
- Cabível apenas ao longo do IP;
- Decretada pelo juiz;
- Requerida pelo MP ou pelo delegado;
- Com prazo pré-estabelecido em lei;
- Uma vez presente os seus requisitos.

Cabimento

Art. 1º, Lei nº 7.960/1989 Caberá prisão temporária:

I – quando imprescindível para as investigações do inquérito policial;

II – quando o indicado não tiver residência fixa ou não fornecer elementos necessários ao esclarecimento de sua identidade;

NOÇÕES DE DIREITO PROCESSUAL PENAL

III – quando houver fundadas razões, de acordo com qualquer prova admitida na legislação penal, de autoria ou participação do indiciado nos seguintes crimes:

a) homicídio doloso (art. 121, caput, e seu § 2º);

b) sequestro ou cárcere privado (art. 148, caput, e seus §§ 1º e 2º);

c) roubo (art. 157, caput, e seus §§ 1º, 2º e 3º);

d) extorsão (art. 158, caput, e seus §§ 1º e 2º.);

e) extorsão mediante sequestro (art. 159, caput, e seus §§ 1º, 2º e 3º);

f) estupro (art. 213, caput, e sua combinação com o art. 223, caput, e parágrafo único);

g) atentado violento ao pudor (art. 214, caput, e sua combinação com o art. 223, caput, e parágrafo único);

h) rapto violento (art. 219, e sua combinação com o art. 223, caput, e parágrafo único);

i) epidemia com resultado de morte (art. 267, § 1º);

j) envenenamento de água potável ou substância alimentícia ou medicinal qualificado pela morte (art. 270, caput, combinado com art. 285);

l) quadrilha ou bando (art. 288), todos do Código Penal;

m) genocídio (arts. 1º, 2º e 3º da Lei nº 2.889, de 1º de outubro de 1956), em qualquer de suas formas típicas;

n) tráfico de drogas (art. 12 da Lei nº 6.368, de 21 de outubro de 1976);

o) crimes contra o sistema financeiro (Lei nº 7.492, de 16 de junho de 1986).

p) crimes previstos na Lei de Terrorismo.

O rol de crimes descrito é taxativo, o que significa que somente esses delitos comportam a medida e mais nenhum.

3.2.3 Prisão em flagrante

É a prisão cautelar de natureza administrativa que funciona como ferramenta de preservação social, autorizando a captura daquele que é surpreendido no instante em que pratica ou termina de concluir a infração penal. Caracteriza-se pela imediatidade entre o crime e a prisão. Essa modalidade de prisão comporta várias delas e, a seguir, exemplificaremos cada hipótese de flagrante, conforme o que vem sendo cobrado nos principais concursos do país.

Modalidades de flagrante

▷ **Flagrante obrigatório/coercitivo:** é aquele flagrante das autoridades policiais e seus agentes. A autoridade policial não tem qualquer discricionariedade quanto a prisão em flagrante ou não.

*Art. 301, CPP Qualquer do povo poderá e as autoridades policiais e seus agentes **deverão** prender quem quer que seja encontrado em flagrante delito.*

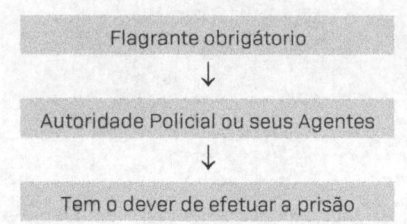

Flagrante obrigatório
↓
Autoridade Policial ou seus Agentes
↓
Tem o dever de efetuar a prisão

▷ **Flagrante facultativo:** é o flagrante que se aplica a qualquer pessoa do povo, não tendo o sujeito a obrigação de agir.

Art. 301, CPP Qualquer do povo poderá e as autoridades policiais e seus agentes deverão prender quem quer que seja encontrado em flagrante delito.

Flagrante facultativo
↓
Qualquer pessoa do povo
↓
Poderá realizar o flagrante

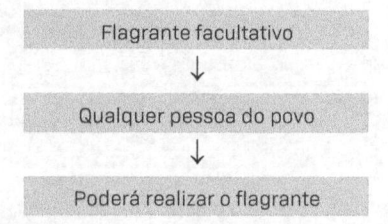

Esquematizando o tema:

Art. 301	Espécie de flagrante
Qualquer do povo PODERÁ	FACULTATIVO
As autoridades policiais e seus agentes DEVERÃO	OBRIGATÓRIO

Excludente de licitude	Infração em tese
Exercício regular do direito	Constrangimento ilegal
Estrito cumprimento do dever legal	Abuso de autoridade

▷ **Flagrante próprio (real/perfeito/propriamente dito)** tem cabimento em duas hipóteses:
- Quando o agente está cometendo o delito, ou seja, está em plena prática dos atos executórios;
- Acaba de cometer o delito, isto é, o agente terminou de concluir a prática da infração penal, ficando evidente que é o autor do crime.

Art. 302, CPP Considera-se em flagrante delito quem:
I – Está cometendo a infração penal;
II – Acaba de cometê-la;

▷ **Flagrante impróprio (irreal/imperfeito/quase flagrante):** é a espécie de flagrante que ocorre quando o criminoso conclui o crime ou é interrompido pela chegada de terceiros e foge, sem ser preso no local, fazendo com que se inicie uma perseguição, seja pela polícia, pela vítima ou por terceiro.

Art. 302 Considera-se em flagrante delito quem: [...]
III – É perseguido, logo após, pela autoridade, pelo ofendido ou por qualquer pessoa, em situação que faça presumir ser autor da infração.

▷ **Flagrante presumido (ficto ou assimilado):** o criminoso é encontrado logo depois de praticar o crime, com objetos, armas ou papéis que faça presumir ser ele o autor do delito. Nesse caso, não há perseguição.

Art. 302 Considera-se em flagrante delito quem: [...]
IV – É encontrado, logo depois, com instrumentos, armas, objetos ou papéis que façam presumir ser ele autor da infração.

▷ **Flagrante forjado:** é o flagrante realizado para incriminar um inocente. A prisão é ilegal e o forjador responderá criminalmente por denunciação caluniosa (art. 339, CP).

▷ **Flagrante esperado:** ocorre quando a Polícia toma conhecimento da possibilidade da ocorrência de um crime, então, fica em campana, aguardando que se iniciem os primeiros atos executórios, na expectativa de concretizar a captura. Devido à falta de previsão legal do flagrante esperado, quando a tomada se concretiza, ele se transforma em flagrante próprio. Assim, essa é uma modalidade viável para autorizar a prisão em flagrante.

No flagrante esperado, a Polícia em nada contribui com a prática do delito; ela simplesmente toma conhecimento do crime que está por vir e aguarda o delito acontecer para realizar a prisão. Não confundir com o flagrante preparado.

▷ **Flagrante preparado (provocado/delito putativo por obra do agente provocador):** ocorre quando o agente provocador (em regra, a Polícia, podendo também ser terceiro) induz ou instiga alguém a cometer um crime. Não é admitida no Brasil a prisão – é ilegal –, e o fato praticado não constitui crime, pois é atípico, sendo a consumação da ação impossível, haja vista que, durante os atos executórios, haverá a prisão.

Súmula nº 145 – STF
Não há crime, quando a preparação do flagrante pela polícia torna impossível a sua consumação.

PRISÕES

▷ **Flagrante postergado (diferido/estratégico/ação controlada):** caracteriza-se pela possibilidade que a Polícia – e somente ela – tem de retardar a prisão em flagrante, na expectativa de realizá-la em um momento mais adequado para a colheita de provas, para a captura do maior número de infratores e, também, a fim de conseguir o enquadramento no delito principal da facção criminosa. Ele é possível no **art. 53, Lei nº 11.343/2006**.

> *Art. 53, Lei nº 11.343/2006 Em qualquer fase da persecução criminal relativa aos crimes previstos nesta Lei, são permitidos, além dos previstos em lei, mediante autorização judicial e ouvido o Ministério Público, os seguintes procedimentos investigatórios:*
>
> *I – A infiltração por agentes de polícia, em tarefas de investigação, constituída pelos órgãos especializados pertinentes;*
>
> *II – A não atuação policial sobre os portadores de drogas, seus precursores químicos ou outros produtos utilizados em sua produção, que se encontrem no território brasileiro, com a finalidade de identificar e responsabilizar maior número de integrantes de operações de tráfico e distribuição, sem prejuízo da ação penal cabível.*
>
> *Parágrafo único. Na hipótese do inciso II deste artigo, a autorização será concedida desde que sejam conhecidos o itinerário provável e a identificação dos agentes do delito ou de colaboradores.*

Fases da prisão em flagrante

▷ **Captura:** emprego da força – a força pode ser utilizada, porém com moderação. Referente ao tema, importante o teor constante do art. 292 do CPP.

> *Art. 292, CPP Se houver, ainda que por parte de terceiros, resistência à prisão em flagrante ou à determinada por autoridade competente, o executor e as pessoas que o auxiliarem poderão usar dos meios necessários para defender-se ou para vencer a resistência, do que tudo se lavrará auto subscrito também por duas testemunhas.*

Uso de algemas

Trata-se de uma medida de natureza excepcional, devendo ser utilizado utilizada quando houver risco de fuga OU agressão do preso contra policiais, membros da sociedade ou até a si mesmo.

Súmula Vinculante nº 11 – STF

Só é lícito o uso de algemas em casos de resistência e de fundado receio de fuga ou de perigo à integridade física própria ou alheia, por parte do preso ou de terceiros, justificada a excepcionalidade por escrito, sob pena de responsabilidade disciplinar, civil e penal do agente ou da autoridade e de nulidade da prisão ou do ato processual a que se refere, sem prejuízo da responsabilidade civil do Estado.

> *Art. 292, parágrafo único, CPP É vedado o uso de algemas em mulheres grávidas durante os atos médico-hospitalares preparatórios para a realização do parto e durante o trabalho de parto, bem como em mulheres durante o período de puerpério imediato.*

▷ **Condução coercitiva:** não se imporá prisão em flagrante.
- Lei dos Juizados Especiais Criminais;
- Porte de drogas para consumo pessoal;
- CTB.

▷ **Lavratura do auto de prisão em flagrante:** possibilidade de concessão de fiança pela própria autoridade policial, nos moldes previstos pelo art. 322 do CPP.

> *Art. 322, CPP A autoridade policial somente poderá conceder fiança nos casos de infração cuja pena privativa de liberdade máxima não seja superior a 4 (quatro) anos.*
>
> *Parágrafo único. Nos demais casos, a fiança será requerida ao juiz, que decidirá em 48 (quarenta e oito) horas.*

▷ **Convalidação judicial da prisão em flagrante:** essa convalidação judicial constitui-se no procedimento que deverá ser observado pelo juiz quando do recebimento do auto de prisão em flagrante.

Cumpre recordarmos que a obrigatoriedade de comunicação da prisão ao juiz encontra-se prevista na legislação ao teor do art. 306, do Código de Processo Penal, o que dispõe:

> *Art. 306 A prisão de qualquer pessoa e local onde se encontre serão comunicados imediatamente ao juiz competente, ao Ministério Público e a família do preso ou a pessoa por ele indicada.*
>
> *§ 1º Em até 24 (vinte e quatro horas) após a realização da prisão, será encaminhado ao juiz competente o auto de prisão em flagrante e, caso o autuado não informe o nome de seu advogado, cópia integral para Defensoria Pública.*
>
> *§ 2º No mesmo prazo, será entregue ao preso, mediante recibo, a nota de culpa (termo de ciência das garantias constitucionais), assinada pela autoridade, com o motivo da prisão, o nome do condutor e os das testemunhas.*

Audiência de custódia: audiência de custódia consiste no direito que a pessoa presa em flagrante possui de ser conduzida (levada), sem demora, à presença de uma autoridade judicial (magistrado) que analisará se os direitos fundamentais dessa pessoa foram respeitados (por exemplo: se não houve tortura), se a prisão em flagrante foi legal e se a prisão cautelar deve ser decretada ou se o preso poderá receber a liberdade provisória ou medida cautelar diversa da prisão.

> *Art. 310, CPP Após receber o auto de prisão em flagrante, no prazo máximo de até 24 (vinte e quatro) horas após a realização da prisão, o juiz deverá promover audiência de custódia com a presença do acusado, seu advogado constituído ou membro da Defensoria Pública e o membro do Ministério Público, e, nessa audiência, o juiz deverá, fundamentadamente.*
>
> *I – relaxar a prisão ilegal; o.*
>
> *II – converter a prisão em flagrante em preventiva, quando presentes os requisitos constantes do art. 312 deste Código, e se revelarem inadequadas ou insuficientes as medidas cautelares diversas da prisão; o.*
>
> *III – conceder liberdade provisória, com ou sem fiança.*
>
> *§ 1º Se o juiz verificar, pelo auto de prisão em flagrante, que o agente praticou o fato em qualquer das condições constantes dos incisos I, II ou III do caput do art. 23 do Decreto-lei nº 2.848, de 7 de dezembro de 1940 (Código Penal), poderá, fundamentadamente, conceder ao acusado liberdade provisória, mediante termo de comparecimento obrigatório a todos os atos processuais, sob pena de revogação.*
>
> *§ 2º Se o juiz verificar que o agente é reincidente ou que integra organização criminosa armada ou milícia, ou que porta arma de fogo de uso restrito, deverá denegar a liberdade provisória, com ou sem medidas cautelares.*
>
> *§ 3º A autoridade que deu causa, sem motivação idônea, à não realização da audiência de custódia no prazo estabelecido no caput deste artigo responderá administrativa, civil e penalmente pela omissão.*
>
> *§ 4º Transcorridas 24 (vinte e quatro) horas após o decurso do prazo estabelecido no caput deste artigo, a não realização de audiência de custódia sem motivação idônea ensejará também a ilegalidade da prisão, a ser relaxada pela autoridade competente, sem prejuízo da possibilidade de imediata decretação de prisão preventiva.*

LEGISLAÇÃO EXTRAVAGANTE

1 LEI Nº 13.869/2019 – LEI DE ABUSO DE AUTORIDADE

A Lei de Abuso de Autoridade é o epíteto da Lei nº 13.869, de 5 de setembro de 2019, que possui sua base constitucional no art. 5º, XXXIV, "a", de nossa Carta Magna, dispositivo que trata do direito de petição em face dos Poderes Públicos em defesa de direitos contra a ilegalidade ou abuso de poder. Seu objetivo é buscar combater a arbitrariedade no exercício do poder pelos agentes públicos em geral, criminalizando uma série de condutas que anteriormente, no máximo, eram consideradas ilícitos administrativos.

É preciso ter em mente, no entanto, que o conceito de "abuso de autoridade" usado pela lei refere-se ao seu conceito legal – subordinado ao princípio da legalidade penal –, sendo mais estrito que o conceito visto em Direito Administrativo, em geral.

Essa nova lei revogou expressamente a Lei nº 4.898/1965, que tratava do mesmo assunto.

Importante observar que o prazo de vacatio legis (prazo para a lei entrar em vigor) previsto no art. 45 da lei é de 120 dias, contados a partir de sua publicação oficial, a qual ocorreu no dia 5 de setembro de 2019.

A lei sofreu diversos vetos pelo Presidente da República, sendo que vários deles foram derrubados pelo Congresso Nacional.

De forma polêmica, é certo que muitos dispositivos da referida lei serão alvo de questionamentos quanto a sua constitucionalidade, assim, é importante atentar-se para eventuais pronunciamentos do Supremo Tribunal Federal sobre a lei.

Por ser uma lei que trata diretamente da conduta de agentes públicos, é provável ser bastante cobrada em provas, especialmente, em carreiras policiais e jurídicas.

Para melhor clareza, estudaremos os dispositivos da lei um a um, comentando-os, desprezando-se, porém, aqueles que foram vetados pelo Presidente da República e cujo veto não foi derrubado pelo Congresso Nacional.

1.1 Disposições gerais

Art. 1º Esta Lei define os crimes de abuso de autoridade, cometidos por agente público, servidor ou não, que, no exercício de suas funções ou a pretexto de exercê-las, abuse do poder que lhe tenha sido atribuído.

§ 1º As condutas descritas nesta Lei constituem crime de abuso de autoridade quando praticadas pelo agente com a finalidade específica de prejudicar outrem ou beneficiar a si mesmo ou a terceiro, ou, ainda, por mero capricho ou satisfação pessoal.

§ 2º A divergência na interpretação de lei ou na avaliação de fatos e provas não configura abuso de autoridade.

O art. 1º da Lei deixa claro que suas disposições se aplicam aos agentes públicos em geral, seja ou não servidor (vide no próximo tópico o conceito de agente público para os efeitos desta lei).

Por outro lado, também esclarece que as condutas previstas na lei somente serão consideradas criminosas se forem praticadas com o dolo específico de prejudicar ou beneficiar alguém ou quando o ato for praticado por mero capricho ou satisfação pessoal. Sendo assim, os crimes previstos na lei não admitem a modalidade culposa (que é quando o agente não tem a intenção de produzir o resultado, mas age com imprudência, imperícia ou negligência).

Por fim, especialmente visando tranquilizar o trabalho dos juízes e autoridades policiais, e até para evitar que sejam vítimas de perseguições políticas, o § 2º do art. 1º estipula que a divergência na interpretação da lei ou avaliação de fatos e provas não configura abuso de autoridade.

1.2 Sujeitos do crime

Art. 2º É sujeito ativo do crime de abuso de autoridade qualquer agente público, servidor ou não, da administração direta, indireta ou fundacional de qualquer dos Poderes da União, dos Estados, do Distrito Federal, dos Municípios e de Território, compreendendo, mas não se limitando a:

I – servidores públicos e militares ou pessoas a eles equiparadas;
II – membros do Poder Legislativo;
III – membros do Poder Executivo;
IV – membros do Poder Judiciário;
V – membros do Ministério Público;
VI – membros dos tribunais ou conselhos de contas.

Parágrafo único. *Reputa-se agente público, para os efeitos desta Lei, todo aquele que exerce, ainda que transitoriamente ou sem remuneração, por eleição, nomeação, designação, contratação ou qualquer outra forma de investidura ou vínculo, mandato, cargo, emprego ou função em órgão ou entidade abrangidos pelo caput deste artigo.*

Sujeito ativo de um crime é a pessoa que pode praticá-lo, ou seja, é aquele a quem pode ser imputada a prática do crime.

No caso dos crimes previstos na Lei de Abuso de Autoridade, todo agente público pode incorrer em suas penas, ainda que não seja servidor público, uma vez que os incisos do art. 2º apontam apenas exemplos, conforme o caput deixa claro, ao dizer "compreendendo, mas não se limitando a".

Por sua vez, o conceito de agente público utilizado pela lei é bastante amplo, assemelhando-se àquele utilizado pela Lei de Improbidade Administrativa.

Assim, para a Lei de Abuso de Autoridade, basta que a pessoa exerça um cargo, mandato, emprego ou função em órgão da Administração Direta ou entidade da Administração Indireta, mesmo que de forma transitória ou sem remuneração, alcançando, desta forma, até mesmo trabalhadores terceirizados ou temporários.

1.3 Ação penal

Os crimes previstos na Lei de Abuso de Autoridade são de ação penal pública incondicionada. Isso quer dizer que quem é o titular legitimado para propor a ação processando o agente público é o Ministério Público, não havendo sequer necessidade de representação por parte de algum ofendido. Assim, tomando o Ministério Público conhecimento da prática de ato que configure abuso de autoridade, deverá ele propor de ofício a ação penal respectiva, mesmo que ninguém o requeira.

No entanto, até em obediência à norma constitucional, a mesma lei estabelece que será admitida ação privada se a ação penal pública não for intentada no prazo legal, cabendo ao Ministério Público aditar a queixa, repudiá-la e oferecer denúncia substitutiva, intervir em todos os termos do processo, fornecer elementos de prova, interpor recurso e, a todo tempo, no caso de negligência do querelante, retomar a ação como parte principal.

Dessa forma, se o Ministério Público não apresentar a ação no prazo legal, poderá o ofendido - na condição de querelante - propor ele mesmo a ação, desde que o faça, de acordo com o § 2º do art. 3º, no prazo de 6 meses contados da data em que se esgotar o prazo para oferecimento da denúncia.

Porém, ainda que seja o particular que proponha a ação (ação privada subsidiária da pública), continua sendo o Ministério Público o seu titular, podendo ele intervir no processo, inclusive, interpondo recursos e retomando a ação como parte principal, no caso de negligência do querelante.

O art. 39 da Lei de Abuso de Autoridade estipula que, na condução da ação penal, devem ser aplicadas as normas do Código de Processo Penal e da Lei dos Juizados Especiais (Lei nº 9.099/1995), o que, permite, por exemplo, desde que atendidos os requisitos desta última, considerar-se o crime como de pequeno potencial ofensivo e aplicar-se o sursis processual, suspendendo o respectivo processo.

1.4 Efeitos da condenação e penas restritivas de direitos

O Capítulo IV da Lei nº 13.869/2019 trata dos efeitos da condenação e também das penas restritivas de direitos que poderão ser aplicadas no caso dos crimes de abuso de autoridade.

1.4.1 Efeitos da condenação

A lei determina que são efeitos da condenação:

> *Art. 4º [...]*
>
> *I – tornar certa a obrigação de indenizar o dano causado pelo crime, devendo o juiz, a requerimento do ofendido, fixar na sentença o valor mínimo para reparação dos danos causados pela infração, considerando os prejuízos por ele sofridos;*
>
> *II – a inabilitação para o exercício de cargo, mandato ou função pública, pelo período de 1 (um) a 5 (cinco) anos;*
>
> *III – a perda do cargo, do mandato ou da função pública.*

Os efeitos previstos nos incisos II e III, porém, somente ocorrerão se houver reincidência em crime de abuso de autoridade e não são automáticos, ou seja, para que ocorram, o juiz deve prevê-los expressamente e de forma justificada em sua decisão.

Deve-se observar que, além desses efeitos específicos, existem outros, previstos na Constituição Federal ou em outras leis, como a perda dos direitos políticos após o trânsito em julgado da condenação (art. 15, III, da CF/1988).

1.4.2 Penas restritivas de direitos

A Constituição Federal, em seu art. 5º, inciso XLVI, prevê a aplicação de penas alternativas à prisão, nos casos e na forma previstos em lei.

No caso dos crimes de abuso de autoridade, o art. 5º da Lei nº 13.869/2019 prevê as seguintes penas:

a) Prestação de serviços à comunidade ou a entidades públicas; e

b) Suspensão do exercício do cargo, da função ou do mandato, pelo prazo de 1 (um) a 6 (seis) meses, com a perda dos vencimentos e das vantagens.

Essas penas podem ser aplicadas de forma autônoma ou cumulativamente. Além disso, cabe ao juiz, com base nos critérios previstos no Código Penal, decidir se a substituição da pena de prisão é adequada e suficiente em cada caso.

1.5 Sanções de natureza civil e administrativa

Além das imposições de caráter penal – prisão ou aplicação de penas restritivas de direitos –, a Lei de Abuso de Autoridade prevê que podem ser aplicadas concomitantemente as penalidades de natureza civil e administrativa cabíveis em cada caso. Isso decorre do princípio da independência entre as instâncias penal, civil e administrativa.

As notícias de crimes previstos na Lei nº 13.869/2019 que também configurarem falta funcional deverão serão informadas à autoridade competente para a abertura de eventual processo administrativo disciplinar.

Embora o art. 7º da lei estipule que as responsabilidades civil e administrativa são independentes da criminal, deixa claro que não se pode questionar sobre a existência ou a autoria do fato quando essas questões tenham sido decididas no juízo criminal, ou seja, se o juiz criminal decidiu que não houve crime ou que ficou provado que quem praticou o crime não foi o acusado, ele não poderá ser responsabilizado nas esferas cível e administrativa. No entanto, se o acusado for absolvido no âmbito penal por falta de provas, poderá ser condenado civil e administrativamente.

O art. 8º também traz disposição importante ao determinar que faz coisa julgada em âmbito cível, assim como no administrativo-disciplinar, a sentença penal que reconhecer expressamente ter sido o ato praticado com alguma excludente de ilicitude (estado de necessidade, legítima defesa, estrito cumprimento de dever legal ou exercício regular de direito).

1.6 Dos crimes e das penas

Em seus artigos 9º a 38, traz a Lei nº 13.869/2019 a descrição dos diversos crimes que configuram abuso de autoridade no âmbito criminal, lembrando que o princípio da legalidade do direito penal estipula que alguém só pode ser acusado de um crime se a conduta respectiva estiver prevista (tipificada) previamente em lei e a mesma lei também preveja as penas aplicáveis.

Reproduzimos no texto seguinte os artigos da lei que tipificam os crimes de abuso de autoridade, cujo estudo pertence ao campo do Direito Penal, devendo ser lidos com atenção:

> *Art. 9º Decretar medida de privação da liberdade em manifesta desconformidade com as hipóteses legais:*
>
> *Pena – detenção, de 1 (um) a 4 (quatro) anos, e multa.*
>
> *Parágrafo único. Incorre na mesma pena a autoridade judiciária que, dentro de prazo razoável, deixar de:*
>
> *I – relaxar a prisão manifestamente ilegal;*
>
> *II – substituir a prisão preventiva por medida cautelar diversa ou de conceder liberdade provisória, quando manifestamente cabível;*
>
> *III – deferir liminar ou ordem de habeas corpus, quando manifestamente cabível.*
>
> *Art. 10 Decretar a condução coercitiva de testemunha ou investigado manifestamente descabida ou sem prévia intimação de comparecimento ao juízo:*
>
> *Pena – detenção, de 1 (um) a 4 (quatro) anos, e multa.*
>
> *Art. 11 (Vetado).*
>
> *Art. 12 Deixar injustificadamente de comunicar prisão em flagrante à autoridade judiciária no prazo legal:*
>
> *Pena – detenção, de 6 (seis) meses a 2 (dois) anos, e multa.*
>
> *Parágrafo único. Incorre na mesma pena quem:*
>
> *I – deixa de comunicar, imediatamente, a execução de prisão temporária ou preventiva à autoridade judiciária que a decretou;*
>
> *II – deixa de comunicar, imediatamente, a prisão de qualquer pessoa e o local onde se encontra à sua família ou à pessoa por ela indicada;*
>
> *III – deixa de entregar ao preso, no prazo de 24 (vinte e quatro) horas, a nota de culpa, assinada pela autoridade, com o motivo da prisão e os nomes do condutor e das testemunhas;*
>
> *IV – prolonga a execução de pena privativa de liberdade, de prisão temporária, de prisão preventiva, de medida de segurança ou de internação, deixando, sem motivo justo e excepcionalíssimo, de executar o alvará de soltura imediatamente após recebido ou de promover a soltura do preso quando esgotado o prazo judicial ou legal.*
>
> *Art. 13 Constranger o preso ou o detento, mediante violência, grave ameaça ou redução de sua capacidade de resistência, a:*

LEI Nº 13.869/2019 – LEI DE ABUSO DE AUTORIDADE

I – exibir-se ou ter seu corpo ou parte dele exibido à curiosidade pública;
II – submeter-se a situação vexatória ou a constrangimento não autorizado em lei;
III – produzir prova contra si mesmo ou contra terceiro:
Pena – detenção, de 1 (um) a 4 (quatro) anos, e multa, sem prejuízo da pena cominada à violência.

Art. 14 (Vetado).

Art. 15 Constranger a depor, sob ameaça de prisão, pessoa que, em razão de função, ministério, ofício ou profissão, deva guardar segredo ou resguardar sigilo:
Pena – detenção, de 1 (um) a 4 (quatro) anos, e multa.
Parágrafo único. Incorre na mesma pena quem prossegue com o interrogatório:
I – de pessoa que tenha decidido exercer o direito ao silêncio; ou
II – de pessoa que tenha optado por ser assistida por advogado ou defensor público, sem a presença de seu patrono.

Violência Institucional

Art. 15-A Submeter a vítima de infração penal ou a testemunha de crimes violentos a procedimentos desnecessários, repetitivos ou invasivos, que a leve a reviver, sem estrita necessidade: (Incluído pela Lei nº 14.321/2022)
I – a situação de violência; ou (Incluído pela Lei nº 14.321/2022)
II – outras situações potencialmente geradoras de sofrimento ou estigmatização: (Incluído pela Lei nº 14.321/2022)
Pena – detenção, de 3 (três) meses a 1 (um) ano, e multa. (Incluído pela Lei nº 14.321/2022)
§ 1º Se o agente público permitir que terceiro intimide a vítima de crimes violentos, gerando indevida revitimização, aplica-se a pena aumentada de 2/3 (dois terços). (Incluído pela Lei nº 14.321/2022)
§ 2º Se o agente público intimidar a vítima de crimes violentos, gerando indevida revitimização, aplica-se a pena em dobro. (Incluído pela Lei nº 14.321/2022)

Art. 16 Deixar de identificar-se ou identificar-se falsamente ao preso por ocasião de sua captura ou quando deva fazê-lo durante sua detenção ou prisão:
Pena – detenção, de 6 (seis) meses a 2 (dois) anos, e multa.
Parágrafo único. Incorre na mesma pena quem, como responsável por interrogatório em sede de procedimento investigatório de infração penal, deixa de identificar-se ao preso ou atribui a si mesmo falsa identidade, cargo ou função.

Art. 17 (Vetado).

Art. 18 Submeter o preso a interrogatório policial durante o período de repouso noturno, salvo se capturado em flagrante delito ou se ele, devidamente assistido, consentir em prestar declarações:
Pena – detenção, de 6 (seis) meses a 2 (dois) anos, e multa.

Art. 19 Impedir ou retardar, injustificadamente, o envio de pleito de preso à autoridade judiciária competente para a apreciação da legalidade de sua prisão ou das circunstâncias de sua custódia:
Pena – detenção, de 1 (um) a 4 (quatro) anos, e multa.
Parágrafo único. Incorre na mesma pena o magistrado que, ciente do impedimento ou da demora, deixa de tomar as providências tendentes a saná-lo ou, não sendo competente para decidir sobre a prisão, deixa de enviar o pedido à autoridade judiciária que o seja.

Art. 20 Impedir, sem justa causa, a entrevista pessoal e reservada do preso com seu advogado:
Pena – detenção, de 6 (seis) meses a 2 (dois) anos, e multa.
Parágrafo único. Incorre na mesma pena quem impede o preso, o réu solto ou o investigado de entrevistar-se pessoal e reservadamente com seu advogado ou defensor, por prazo razoável, antes de audiência judicial, e de sentar-se ao seu lado e com ele comunicar-se durante a audiência, salvo no curso de interrogatório ou no caso de audiência realizada por videoconferência.

Art. 21 Manter presos de ambos os sexos na mesma cela ou espaço de confinamento:
Pena – detenção, de 1 (um) a 4 (quatro) anos, e multa.
Parágrafo único. Incorre na mesma pena quem mantém, na mesma cela, criança ou adolescente na companhia de maior de idade ou em ambiente inadequado, observado o disposto na Lei nº 8.069, de 13 de julho de 1990 (Estatuto da Criança e do Adolescente).

Art. 22 Invadir ou adentrar, clandestina ou astuciosamente, ou à revelia da vontade do ocupante, imóvel alheio ou suas dependências, ou nele permanecer nas mesmas condições, sem determinação judicial ou fora das condições estabelecidas em lei:
Pena – detenção, de 1 (um) a 4 (quatro) anos, e multa.
§ 1º Incorre na mesma pena, na forma prevista no caput deste art., quem:
I – coage alguém, mediante violência ou grave ameaça, a franquear-lhe o acesso a imóvel ou suas dependências;
II – (Vetado);
III – cumpre mandado de busca e apreensão domiciliar após as 21h (vinte e uma horas) ou antes das 5h (cinco horas).
§ 2º Não haverá crime se o ingresso for para prestar socorro, ou quando houver fundados indícios que indiquem a necessidade do ingresso em razão de situação de flagrante delito ou de desastre.

Art. 23 Inovar artificiosamente, no curso de diligência, de investigação ou de processo, o estado de lugar, de coisa ou de pessoa, com o fim de eximir-se de responsabilidade ou de responsabilizar criminalmente alguém ou agravar-lhe a responsabilidade:
Pena – detenção, de 1 (um) a 4 (quatro) anos, e multa.
Parágrafo único. Incorre na mesma pena quem pratica a conduta com o intuito de:
I – eximir-se de responsabilidade civil ou administrativa por excesso praticado no curso de diligência;
II – omitir dados ou informações ou divulgar dados ou informações incompletos para desviar o curso da investigação, da diligência ou do processo.

Art. 24 Constranger, sob violência ou grave ameaça, funcionário ou empregado de instituição hospitalar pública ou privada a admitir para tratamento pessoa cujo óbito já tenha ocorrido, com o fim de alterar local ou momento de crime, prejudicando sua apuração:
Pena – detenção, de 1 (um) a 4 (quatro) anos, e multa, além da pena correspondente à violência.

Art. 25 Proceder à obtenção de prova, em procedimento de investigação ou fiscalização, por meio manifestamente ilícito:
Pena – detenção, de 1 (um) a 4 (quatro) anos, e multa.
Parágrafo único. Incorre na mesma pena quem faz uso de prova, em desfavor do investigado ou fiscalizado, com prévio conhecimento de sua ilicitude.

Art. 26 (Vetado).

Art. 27 Requisitar instauração ou instaurar procedimento investigatório de infração penal ou administrativa, em desfavor de alguém, à falta de qualquer indício da prática de crime, de ilícito funcional ou de infração administrativa:
Pena – detenção, de 6 (seis) meses a 2 (dois) anos, e multa.
Parágrafo único. Não há crime quando se tratar de sindicância ou investigação preliminar sumária, devidamente justificada.

Art. 28 Divulgar gravação ou trecho de gravação sem relação com a prova que se pretenda produzir, expondo a intimidade ou a vida privada ou ferindo a honra ou a imagem do investigado ou acusado:
Pena – detenção, de 1 (um) a 4 (quatro) anos, e multa.

Art. 29 Prestar informação falsa sobre procedimento judicial, policial, fiscal ou administrativo com o fim de prejudicar interesse de investigado:
Pena – detenção, de 6 (seis) meses a 2 (dois) anos, e multa.
Parágrafo único. (Vetado).

Art. 30 Dar início ou proceder à persecução penal, civil ou administrativa sem justa causa fundamentada ou contra quem sabe inocente:
Pena – detenção, de 1 (um) a 4 (quatro) anos, e multa.
Art. 31 Estender injustificadamente a investigação, procrastinando-a em prejuízo do investigado ou fiscalizado:
Pena – detenção, de 6 (seis) meses a 2 (dois) anos, e multa.
Parágrafo único. Incorre na mesma pena quem, inexistindo prazo para execução ou conclusão de procedimento, o estende de forma imotivada, procrastinando-o em prejuízo do investigado ou do fiscalizado.
Art. 32 Negar ao interessado, seu defensor ou advogado acesso aos autos de investigação preliminar, ao termo circunstanciado, ao inquérito ou a qualquer outro procedimento investigatório de infração penal, civil ou administrativa, assim como impedir a obtenção de cópias, ressalvado o acesso a peças relativas a diligências em curso, ou que indiquem a realização de diligências futuras, cujo sigilo seja imprescindível:
Pena – detenção, de 6 (seis) meses a 2 (dois) anos, e multa.
Art. 33 Exigir informação ou cumprimento de obrigação, inclusive o dever de fazer ou de não fazer, sem expresso amparo legal:
Pena – detenção, de 6 (seis) meses a 2 (dois) anos, e multa.
Parágrafo único. Incorre na mesma pena quem se utiliza de cargo ou função pública ou invoca a condição de agente público para se eximir de obrigação legal ou para obter vantagem ou privilégio indevido.
Art. 34. (Vetado).
Art. 35 (Vetado).
Art. 36 Decretar, em processo judicial, a indisponibilidade de ativos financeiros em quantia que extrapole exacerbadamente o valor estimado para a satisfação da dívida da parte e, ante a demonstração, pela parte, da excessividade da medida, deixar de corrigi-la:
Pena – detenção, de 1 (um) a 4 (quatro) anos, e multa.
Art. 37 Demorar demasiada e injustificadamente no exame de processo de que tenha requerido vista em órgão colegiado, com o intuito de procrastinar seu andamento ou retardar o julgamento:
Pena – detenção, de 6 (seis) meses a 2 (dois) anos, e multa.
Art. 38 Antecipar o responsável pelas investigações, por meio de comunicação, inclusive rede social, atribuição de culpa, antes de concluídas as apurações e formalizada a acusação:
Pena – detenção, de 6 (seis) meses a 2 (dois) anos, e multa.

Capítulo VII – Do procedimento

Art. 39 Aplicam-se ao processo e ao julgamento dos delitos previstos nesta Lei, no que couber, as disposições do Decreto-Lei nº 3.689, de 3 de outubro de 1941 (Código de Processo Penal), e da Lei nº 9.099, de 26 de setembro de 1995.

Capítulo VIII – Disposições finais

Art. 40 O art. 2º da Lei nº 7.960, de 21 de dezembro de 1989, passa a vigorar com a seguinte redação:
"Art.2º ....
....
§ 4º-A O mandado de prisão conterá necessariamente o período de duração da prisão temporária estabelecido no caput deste artigo, bem como o dia em que o preso deverá ser libertado.
....
....
§ 7º Decorrido o prazo contido no mandado de prisão, a autoridade responsável pela custódia deverá, independentemente de nova ordem da autoridade judicial, pôr imediatamente o preso em liberdade, salvo se já tiver sido comunicada da prorrogação da prisão temporária ou da decretação da prisão preventiva.
§ 8º Inclui-se o dia do cumprimento do mandado de prisão no cômputo do prazo de prisão temporária." (NR)
Art. 41 O art. 10 da Lei nº 9.296, de 24 de julho de 1996, passa a vigorar com a seguinte redação:
"Art. 10 Constitui crime realizar interceptação de comunicações telefônicas, de informática ou telemática, promover escuta ambiental ou quebrar segredo da Justiça, sem autorização judicial ou com objetivos não autorizados em lei:
Pena – reclusão, de 2 (dois) a 4 (quatro) anos, e multa.
Parágrafo único. Incorre na mesma pena a autoridade judicial que determina a execução de conduta prevista no caput deste artigo com objetivo não autorizado em lei." (NR)
Art. 42 A Lei nº 8.069, de 13 de julho de 1990 (Estatuto da Criança e do Adolescente), passa a vigorar acrescida do seguinte art. 227-A:
"Art. 227-A Os efeitos da condenação prevista no inciso I do caput do art. 92 do Decreto-Lei nº 2.848, de 7 de dezembro de 1940 (Código Penal), para os crimes previstos nesta Lei, praticados por servidores públicos com abuso de autoridade, são condicionados à ocorrência de reincidência.
Parágrafo único. A perda do cargo, do mandato ou da função, nesse caso, independerá da pena aplicada na reincidência."
Art. 43 A Lei nº 8.906, de 4 de julho de 1994, passa a vigorar acrescida do seguinte art. 7º-B: (Promulgação partes vetadas)
'Art. 7º-B Constitui crime violar direito ou prerrogativa de advogado previstos nos incisos II, III, IV e V do caput do art. 7º desta Lei:
Pena – detenção, de 3 (três) meses a 1 (um) ano, e multa.'"
Art. 44 Revogam-se a Lei nº 4.898, de 9 de dezembro de 1965, e o § 2º do art. 150 e o art. 350, ambos do Decreto-Lei nº 2.848, de 7 de dezembro de 1940 (Código Penal).
Art. 45 Esta Lei entra em vigor após decorridos 120 (cento e vinte) dias de sua publicação oficial.

Brasília, 5 de setembro de 2019; 198º da Independência e 131º da República.

2 LEI Nº 8.072/1990 – LEI DE CRIMES HEDIONDOS

Dispõe sobre os crimes hediondos, nos termos do art. 5º, XLIII, CF/1988 e determina outras providências.

São considerados **hediondos** os seguintes crimes, todos tipificados no Decreto-lei nº2.848/1940 – Código Penal, consumados ou tentados:

▷ Homicídio (art. 121), quando praticado em atividade típica de grupo de extermínio, ainda que cometido por um só agente, e homicídio qualificado (art. 121, § 2º, incisos I a IX).

> *Art. 121 [...]*
> *Homicídio qualificado*
> *§ 2° Se o homicídio é cometido:*
> *I – mediante paga ou promessa de recompensa, ou por outro motivo torpe;*
> *II – por motivo fútil;*
> *III – com emprego de veneno, fogo, explosivo, asfixia, tortura ou outro meio insidioso ou cruel, ou de que possa resultar perigo comum;*
> *IV – à traição, de emboscada, ou mediante dissimulação ou outro recurso que dificulte ou torne impossível a defesa do ofendido;*
> *V – para assegurar a execução, a ocultação, a impunidade ou vantagem de outro crime:*
> *Pena - reclusão, de doze a trinta anos.*
> *Feminicídio*
> *VI – contra a mulher por razões da condição de sexo feminino:*
> *VII – contra autoridade ou agente descrito nos arts. 142 e 144 da Constituição Federal, integrantes do sistema prisional e da Força Nacional de Segurança Pública, no exercício da função ou em decorrência dela, ou contra seu cônjuge, companheiro ou parente consanguíneo até terceiro grau, em razão dessa condição:*
> *VIII – com emprego de arma de fogo de uso restrito ou proibido:*
> *Homicídio contra menor de 14 (quatorze) anos*
> *IX – contra menor de 14 (quatorze) anos:*
> *Pena - reclusão, de doze a trinta anos*

▷ Lesão corporal dolosa de natureza gravíssima (art. 129, § 2º) e lesão corporal seguida de morte (art. 129, § 3aº), quando praticadas contra autoridade ou agente descrito nos arts. 142 e 144 da Constituição Federal, integrantes do sistema prisional e da Força Nacional de Segurança Pública, no exercício da função ou em decorrência dela, ou contra seu cônjuge, companheiro ou parente consanguíneo até terceiro grau, em razão dessa condição.

▷ Roubo:
- Circunstanciado pela restrição de liberdade da vítima (art. 157, § 2º, V).
- Circunstanciado pelo emprego de arma de fogo (art. 157, § 2º-A, I) ou pelo emprego de arma de fogo de uso proibido ou restrito (art. 157, § 2º-B).
- Qualificado pelo resultado lesão corporal grave ou morte (art. 157, § 3º).

▷ Extorsão qualificada pela restrição da liberdade da vítima, ocorrência de lesão corporal ou morte (art. 158, § 3º).

▷ Extorsão mediante sequestro e na forma qualificada (art. 159, *caput*, e §§ 1º, 2º e 3º).

▷ Estupro (art. 213, *caput* e §§ 1º e 2º).

> **Estupro**
> **Art. 213, caput:** *Constranger alguém, mediante violência ou grave ameaça, a ter conjunção carnal ou a praticar ou permitir que com ele se pratique outro ato libidinoso.*
> **Art. 213, § 1º:** *Se da conduta resulta lesão corporal de natureza grave ou se a vítima é menor de 18 ou maior de 14 anos.*
> **Art. 213, § 2º:** *Se da conduta resulta morte.*

▷ Estupro de vulnerável (art. 217-A, *caput* e §§ 1º, 2º, 3º, 4º e 5º).

> *Art. 217-A Ter conjunção carnal ou praticar outro ato libidinoso com menor de 14 (catorze) anos: [...]*
> *§ 1º Incorre na mesma pena quem pratica as ações descritas no caput com alguém que, por enfermidade ou deficiência mental, não tem o necessário discernimento para a prática do ato, ou que, por qualquer outra causa, não pode oferecer resistência.*
> *§ 2º (Vetado)*
> *§ 3º Se da conduta resulta lesão corporal de natureza grave:*
> *Pena - reclusão, de 10 (dez) a 20 (vinte) anos.*
> *§ 4º Se da conduta resulta morte:*
> *Pena - reclusão, de 12 (doze) a 30 (trinta) anos.*
> *§ 5º As penas previstas no caput e nos §§ 1º, 3º e 4º deste artigo aplicam-se independentemente do consentimento da vítima ou do fato de ela ter mantido relações sexuais anteriormente ao crime.*

▷ Epidemia com resultado morte (art. 267, § 1º).

▷ Falsificação, corrupção, adulteração ou alteração de produto destinado a fins terapêuticos ou medicinais (art. 273, *caput* e § 1º, § 1º-A e § 1º-B, com a redação dada pela Lei nº 9.677, de 2 de julho de 1998).

▷ Favorecimento da prostituição ou de outra forma de exploração sexual de criança ou adolescente ou de vulnerável (art. 218-B, *caput*, e §§ 1º e 2º).

> **Favorecimento da prostituição ou de outra forma de exploração sexual de criança ou adolescente ou de vulnerável**
> *Art. 218-B Submeter, induzir ou atrair à prostituição ou outra forma de exploração sexual alguém menor de 18 (dezoito) anos ou que, por enfermidade ou deficiência mental, não tem o necessário discernimento para a prática do ato, facilitá-la, impedir ou dificultar que a abandone:*
> *Pena - reclusão, de 4 (quatro) a 10 (dez) anos.*
> *§ 1º Se o crime é praticado com o fim de obter vantagem econômica, aplica-se também multa.*
> *§ 2º Incorre nas mesmas penas:*
> *I – quem pratica conjunção carnal ou outro ato libidinoso com alguém menor de 18 (dezoito) e maior de 14 (catorze) anos na situação descrita no caput deste artigo;*
> *II – o proprietário, o gerente ou o responsável pelo local em que se verifiquem as práticas referidas no caput deste artigo.*

▷ Furto qualificado pelo emprego de explosivo ou de artefato análogo que cause perigo comum (art. 155, § 4º-A).

▷ Consideram-se também hediondos, tentados ou consumados:
- O crime de genocídio, previsto nos arts. 1º, 2º e 3º da Lei nº 2.889/1956;
- O crime de posse ou porte ilegal de arma de fogo de uso proibido, previsto no art. 16 da Lei nº 10.826/2003;
- O crime de comércio ilegal de armas de fogo, previsto no art. 17 da Lei nº 10.826/2003;
- O crime de tráfico internacional de arma de fogo, acessório ou munição, previsto no art. 18 da Lei nº 10.826/2003;
- O crime de organização criminosa, quando direcionado à prática de crime hediondo ou equiparado.

2.1 Crimes equiparados a hediondos

Consideram-se também hediondos, tentados ou consumados:

▷ O crime de genocídio, previsto nos arts. 1º, 2º e 3º da Lei nº 2.889/1956;

> *Art. 1º Quem, com a intenção de destruir, no todo ou em parte, grupo nacional, étnico, racial ou religioso, como tal:*
> *a) matar membros do grupo;*
> *b) causar lesão grave à integridade física ou mental de membros do grupo;*
> *c) submeter intencionalmente o grupo a condições de existência capazes de ocasionar-lhe a destruição física total ou parcial;*

d) adotar medidas destinadas a impedir os nascimentos no seio do grupo;
e) efetuar a transferência forçada de crianças do grupo para outro grupo.
Art. 2º *Associarem-se mais de 3 (três) pessoas para prática dos crimes mencionados no artigo anterior:*
Pena – *Metade da cominada aos crimes ali previstos.*
Art. 3º *Incitar, direta e publicamente alguém a cometer qualquer dos crimes de que trata o art. 1º:*
Pena – *Metade das penas ali cominadas.*

▷ O crime de posse ou porte ilegal de arma de fogo de uso proibido, previsto no art. 16 da Lei nº 10.826/2003.
▷ O crime de comércio ilegal de armas de fogo, previsto no art. 17 da Lei nº 110.826/2003.
▷ O crime de tráfico internacional de arma de fogo, acessório ou munição, previsto no art. 18 da Lei nº 10.826/2003.
▷ O crime de organização criminosa, quando direcionado à prática de crime hediondo ou equiparado.

2.2 Privilégios não aplicados aos crimes hediondos

Os crimes hediondos, a prática da tortura, o tráfico ilícito de entorpecentes e drogas afins e o terrorismo são insuscetíveis de:
▷ Anistia, graça e indulto;
▷ Fiança.

Art. 2º, § 1º *A pena por crime previsto neste artigo será cumprida inicialmente em regime fechado.*
§ 2º (Revogado pela Lei nº 13.964/2019)
§ 3º Em caso de sentença condenatória, o juiz decidirá fundamentadamente se o réu poderá apelar em liberdade.
§ 4º A prisão temporária, sobre a qual dispõe a Lei no 7.960, de 21 de dezembro de 1989, nos crimes previstos neste artigo, terá o prazo de 30 (trinta) dias, prorrogável por igual período em caso de extrema e comprovada necessidade.
Art. 3º *A União manterá estabelecimentos penais, de segurança máxima, destinados ao cumprimento de penas impostas a condenados de alta periculosidade, cuja permanência em presídios estaduais ponha em risco a ordem ou incolumidade pública.*

2.3 Regime inicial

O art. 2º, § 1º da Lei em estudo determina que a pena por crime hediondo será cumprida, inicialmente, em regime fechado. Contudo, a jurisprudência fixou entendimento que o regime inicial fechado não é obrigatório, ou seja, a hediondez ou a gravidade do crime não obriga, por si só, que o regime aplicado ao caso seja o mais grave, deve o magistrado analisar o caso concreto, e, apenas, após isso, decidir qual regime é o melhor a ser aplicado, respeitando os princípios constitucionais de individualização da pena e fundamentação das decisões.

Em caso de sentença condenatória, o juiz decidirá, fundamentadamente, se o réu poderá apelar em liberdade.

2.4 Prisão temporária

A prisão temporária, sobre a qual dispõe a Lei nº 7.960/1989, nos crimes hediondos, terá o prazo de 30 dias, prorrogável por igual período em caso de extrema e comprovada necessidade.

| Prisão Temporária | → | 30 dias | → | 30 dias |

A União manterá estabelecimentos penais, de segurança máxima, destinados ao cumprimento de penas impostas a condenados de alta periculosidade, cuja permanência em presídios estaduais ponha em risco a ordem ou incolumidade pública.

2.5 Alterações no Código Penal

Art. 5º *Ao art. 83 do Código Penal é acrescido o seguinte inciso: [...]*
Art. 83 *[...]*
V – cumprido mais de dois terços da pena, nos casos de condenação por crime hediondo, prática da tortura, tráfico ilícito de entorpecentes e drogas afins, e terrorismo, se o apenado não for reincidente específico em crimes dessa natureza.
Art. 6º *Os arts. 157, § 3º; 159, caput e seus §§ 1º, 2º e 3º; 213; 214; 223, caput e seu parágrafo único; 267, caput e 270; caput, todos do Código Penal, passam a vigorar com a seguinte redação: [...]*
Art. 157 *[...]*
§ 3º Se da violência resulta lesão corporal grave, a pena é de reclusão, de cinco a quinze anos, além da multa; se resulta morte, a reclusão é de vinte a trinta anos, sem prejuízo da multa.
Art. 159 *[...]*
Pena – reclusão, de oito a quinze anos.
§ 1º,
Pena – reclusão, de doze a vinte anos.
§ 2º,
Pena – reclusão, de dezesseis a vinte e quatro anos.
§ 3º,
Pena – reclusão, de vinte e quatro a trinta anos.
Art. 213 *[...]*
Pena – reclusão, de seis a dez anos.
Art. 214 *[...]*
Pena – reclusão, de seis a dez anos.
Art. 223 *[...]*
Pena – reclusão, de oito a doze anos.
Parágrafo único [...] Pena – reclusão, de doze a vinte e cinco anos.
Art. 267 *[...]*
Pena – reclusão, de dez a quinze anos.
Art. 270 *[...]*
Pena – reclusão, de dez a quinze anos.
Art. 7º *Ao art. 159 do Código Penal fica acrescido o seguinte parágrafo:*
Art. 159 *[...]*
§ 4º
Se o crime é cometido por quadrilha ou bando, o co-autor que denunciá-lo à autoridade, facilitando a libertação do seqüestrado, terá sua pena reduzida de um a dois terços.
Art. 8º *Será de três a seis anos de reclusão a pena prevista no art. 288 do Código Penal, quando se tratar de crimes hediondos, prática da tortura, tráfico ilícito de entorpecentes e drogas afins ou terrorismo.*
Parágrafo único. *O participante e o associado que denunciar à autoridade o bando ou quadrilha, possibilitando seu desmantelamento, terá a pena reduzida de um a dois terços.*
Art. 9º *As penas fixadas no art. 6º para os crimes capitulados nos arts. 157, § 3º, 158, § 2º, 159, caput e seus §§ 1º, 2º e 3º, 213, caput e sua combinação com o art. 223, caput e parágrafo único, 214 e sua combinação com o art. 223, caput e parágrafo único, todos do Código Penal, são acrescidas de metade, respeitado o limite superior de trinta anos de reclusão, estando a vítima em qualquer das hipóteses referidas no art. 224 também do Código Penal.*
Art. 10 *O art. 35 da Lei nº 6.368, de 21 de outubro de 1976, passa a vigorar acrescido de parágrafo único, com a seguinte redação:*
Art. 35 *[...]*
Parágrafo único. *Os prazos procedimentais deste capítulo serão contados em dobro quando se tratar dos crimes previstos nos arts. 12, 13 e 14.*

3 LEI Nº 9.455/1997 – LEI DE TORTURA

A prática da tortura encontra proibição expressa no art. 5º, inciso III, da Constituição Federal:

> III – ninguém será submetido a tortura nem a tratamento desumano ou degradante.

No mesmo sentido, a Convenção contra a Tortura e outros Tratamentos ou Penas Cruéis, Desumanos ou Degradantes (Decreto nº 40/1991) define que o termo "tortura" designa qualquer ato pelo qual dores ou sofrimentos agudos, físicos ou mentais, são infligidos intencionalmente a uma pessoa a fim de obter, dela ou de uma terceira pessoa, informações ou confissões; de castigá-la por ato que ela ou uma terceira pessoa tenha cometido ou seja suspeita de ter cometido; de intimidar ou coagir essa pessoa ou outras pessoas; ou por qualquer motivo baseado em discriminação de qualquer natureza; quando tais dores ou sofrimentos são infligidos por um funcionário público ou outra pessoa no exercício de funções públicas, ou por sua instigação, ou com seu consentimento ou sua aquiescência. Não se considerará como tortura as dores ou os sofrimentos que sejam consequência unicamente de sanções legítimas, ou que sejam inerentes a tais sanções ou delas decorram (art. 1º, 1).

Essa convenção determinou, em seu art. 4º, que cada Estado-Parte assegurará que os atos de tortura sejam considerados crimes segundo sua legislação penal.

A Lei nº 12.847/2013 instituiu o Sistema Nacional de Prevenção e Combate à Tortura (SNPCT), com o objetivo de fortalecer a prevenção e o combate à tortura, por meio de articulação e atuação cooperativa de seus integrantes, dentre outras formas, permitindo as trocas de informações e o intercâmbio de boas práticas.

Com esse objetivo, o Brasil editou a Lei nº 9.455/1997, para atender à Convenção assinada pelo País, com a finalidade de proteção de todos os seres humanos contra a prática de tortura.

Antes de dar prosseguimento a este estudo, devemos definir o que efetivamente se entende por tortura, levando em consideração a Lei nº 9.455/1997. Isso porque essa lei não seguiu integralmente o parâmetro legislativo que a fundamentou, permitindo a punição da tortura praticada não só por funcionário público, mas também por particulares. Nesse contexto, podemos entender a tortura como todo sofrimento físico ou mental que tenha como finalidade a obtenção de informação, declaração ou confissão; provocar uma ação ou omissão criminosa; causar sofrimento em razão de discriminação pela raça ou religião; ou ainda como meio de aplicação de castigo ou medida preventiva contra alguém sob sua guarda, poder ou autoridade.

Todos os crimes previstos na Lei de Tortura visam tutelar de maneira imediata o bem jurídico "dignidade humana". Sobre o tema, é relevante mencionar o precedente do Supremo Tribunal Federal sobre a definição de dignidade humana:

> [..] a dignidade da pessoa humana precede a Constituição de 1988 e esta não poderia ter sido contrariada, em seu art. 1º, III, anteriormente a sua vigência. [..] Tem razão a arguente ao afirmar que a dignidade não tem preço. As coisas têm preço, as pessoas têm dignidade. A dignidade não tem preço, vale para todos quantos participam do humano. Estamos, todavia, em perigo quando alguém se arroga o direito de tomar o que pertence à dignidade da pessoa humana como um seu valor (valor de quem se arrogue a tanto). É que, então, o valor do humano assume forma na substância e medida de quem o afirme e o pretende impor na qualidade e quantidade em que o mensure. Então o valor da dignidade da pessoa humana já não será mais valor do humano, de todos quantos pertencem à humanidade, porém de quem o proclame conforme o seu critério particular. Estamos então em perigo, submissos à tirania dos valores. (STF, Pleno, ADPF 153, voto do rel. Min. Eros Grau, j. 29.04.2010, DJe 06.08.2010). (grifo nosso)

De forma mediata, indireta, também se pretende tutelar a vida e a integralidade física da pessoa torturada.

Vale lembrar, ainda, que todos os crimes de tortura são dolosos, isto é, dependem da vontade consciente do agente que o realiza para sua caracterização. Em outras palavras, não há tortura culposa.

Em todos os casos, ademais, a ação penal será pública incondicionada, isto é, o Ministério Público não dependerá de representação da vítima para ingressar com a denúncia contra o suspeito.

Para facilitar o entendimento, vamos dividir a tortura em duas partes: inciso I e inciso II. Depois que tal assunto for compreendido, dividiremos cada parte conforme sua modalidade.

> **Art. 1º** Constitui crime de tortura:
> **I –** constranger alguém com emprego de violência ou grave ameaça, causando-lhe sofrimento físico ou mental:
> **a)** com o fim de obter informação, declaração ou confissão da vítima ou de terceira pessoa;
> **b)** para provocar ação ou omissão de natureza criminosa;
> **c)** em razão de discriminação racial ou religiosa; (grifo nosso)

A tortura prevista no inciso I fica condicionada ao preenchimento cumulativo de três elementos: o meio utilizado + as consequências sofridas pela vítima + a finalidade pretendida ou as razões do crime.

Meio utilizado	Violência ou grave ameaça
Consequências sofridas	Físicas ou mentais
Finalidades ou razões	Fim de obter informação, declaração ou confissão Provocar ação ou omissão de natureza criminosa Discriminação racial ou religiosa

Nessas hipóteses, o sujeito ativo pode ser qualquer pessoa, não se exigindo qualidade especial, de modo que o inciso I tratará de um crime comum.

> **II –** submeter alguém, sob sua guarda, poder ou autoridade, com emprego de violência ou grave ameaça, a intenso sofrimento físico ou mental, como forma de aplicar castigo pessoal ou medida de caráter preventivo. (grifo nosso)

Este inciso apresenta uma importante diferença com relação ao inciso anterior, pois trata de uma hipótese de crime próprio de tortura. Assim, o sujeito ativo nesse caso tem uma qualidade definida no tipo penal, de modo que somente os indivíduos nele descritos é que podem praticá-lo. Então, o crime descrito no inciso II somente será praticado por aquele que tem a guarda, o poder ou a autoridade sobre a vítima.

Sujeito ativo	Detentor	Guarda
		Poder
		Autoridade

E, ainda, devemos nos atentar à palavra "intenso". O legislador teve o cuidado de ressaltar que não será qualquer sofrimento a ser punido nesse tipo incriminador, apenas os que ensejam intenso sofrimento. A questão é que o intenso sofrimento é um tipo penal aberto, ou seja, dependerá do caso concreto para verificar sua aplicação, devendo o delegado de polícia apurar a intensidade do sofrimento recebido pela vítima, bem como ao Ministério Público comprovar a intensidade desse sofrimento e o juiz justificá-lo na sentença. Caso não seja verificado o "intenso sofrimento", o agente poderá responder pelo crime de maus-tratos.

Outro aspecto importante sobre este inciso é que há dolo específico nele, ou seja, a vontade de aplicar o sofrimento como forma de castigo pessoal ou medida de caráter preventivo.

O castigo se refere a uma conduta já praticada pela vítima. Assim, o agente tem a intenção de puni-la por algo já feito. Já a medida de caráter preventivo tem a finalidade de evitar que determinada conduta seja praticada, ela antecede a conduta, visando evitar sua ocorrência.

STJ. Recurso ordinário em habeas corpus. Tortura. Lesão corporal e cárcere privado. Crimes praticados em contexto de violência doméstica. Prisão em temporária convertida em preventiva. Circunstâncias dos crimes. Gravidade excessiva. Periculosidade social. Garantia da ordem pública. Custódia fundamentada e necessária. Condições pessoais favoráveis. Irrelevância. Coação ilegal não demonstrada. Reclamo improvido. 1. Não há o que se falar em constrangimento ilegal quando a constrição está devidamente justificada na garantia da ordem pública, em razão da gravidade efetiva dos delitos em tese praticados e da periculosidade social do acusado, bem demonstradas pelas circunstâncias em que ocorreu o fato criminoso. 2. Caso em que o recorrente foi denunciado pelos crimes de tortura, lesão corporal e cárcere privado, acusado de haver submetido um bebê de pouco mais de 1 ano de idade, que estava sob a sua autoridade, a intenso sofrimento físico e mental, utilizando de violência como forma de castigo pessoal, ofendendo também a sua integridade corporal. Além disso, o agente teria privado a liberdade da mãe da vítima, sua companheira, mediante cárcere privado, tentando evitar que a mesma prestasse socorro a filha que, em razão das agressões sofridas, se encontrava desfalecida. 3. Condições pessoais favoráveis não têm, em princípio, o condão de, isoladamente, revogar a prisão cautelar, se há nos autos elementos suficientes a demonstrar a necessidade da custódia. 4. Recurso ordinário improvido. (STJ – (5ª T.) – Rec. em HC 83785 – SP – Rel.: Min. Jorge Mussi – J. em 22/08/2017 – DJ 30/08/2017 – Doc. LEGJUR 177.1642.4004.6200)

Depois de termos nos dedicado à observação de cada inciso, analisaremos o que eles têm de semelhante e depois os dividiremos conforme sua modalidade.

Primeiramente, é pertinente compreender que, em todas as modalidades descritas anteriormente, o crime de tortura é material, isto é, para que o crime se configure, é necessário que ocorra o resultado naturalístico. Em ambos, admite-se a tentativa e, ainda, a desistência voluntária. E em todos os casos, a ação será pública incondicionada.

Modalidades de tortura	
Tortura-prova	Art. 1º, I, "a"
Tortura-crime	Art. 1º, I, "b"
Tortura discriminatória	Art. 1º, I, "c"
Tortura-castigo	Art. 1º, II

Art. 1º [...]
§ 1º Na mesma pena incorre quem submete pessoa presa ou sujeita à medida de segurança a sofrimento físico ou mental, por intermédio da prática de ato não previsto em lei ou não resultante de medida legal. (grifo nosso)
Pena – Reclusão, de dois a oito anos.

Neste parágrafo, é possível observar que a exigência é quanto ao sujeito passivo, de modo que apenas poderão ser vítimas nesse tipo incriminador as pessoas que estão presas ou sujeitas à medida de segurança.

Art. 1º [...]
§ 2º Aquele que se omite em face dessas condutas, quando tinha o dever de evitá-las ou apurá-las, incorre na pena de detenção de um a quatro anos. (grifo nosso)

Agora, falaremos da omissão diante da tortura. Nesse caso, o agente tinha o dever de evitar o cometimento da tortura ou de efetuar sua apuração, mas não o fez. Esse tipo penal tem uma peculiaridade, primeiramente temos que dividir o § 2º em duas partes.

A primeira parte diz respeito ao trecho "Aquele que se omite em face dessas condutas, quando tinha o dever de evitá-las"; portanto, estamos falando de um crime próprio, no qual somente podem ser sujeitos ativos as pessoas que tinham o dever de agir, as quais estão descritas no art. 13, § 2º do CP:

Art. 13, CP [...]
§ 2º A omissão é penalmente relevante quando o omitente devia e podia agir para evitar o resultado. O dever de agir incumbe a quem:

a) tenha por lei obrigação de cuidado, proteção ou vigilância;
b) de outra forma, assumiu a responsabilidade de impedir o resultado;
c) com seu comportamento anterior, criou o risco da ocorrência do resultado.

E a segunda parte se relaciona ao trecho " A omissão é penalmente relevante quando o omitente devia e podia agir para evitar o resultado". Neste caso, estamos falando de um crime próprio em que o sujeito ativo só poderá ser a autoridade competente para a apuração do fato.

Então, podemos concluir que o crime de omissão diante da tortura se divide em conduta omissiva de evitação e conduta omissiva de apuração.

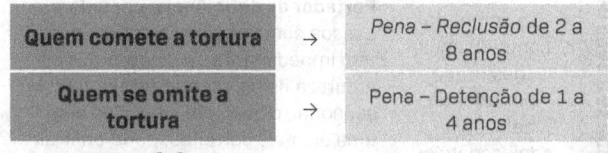

Quem comete a tortura	→	Pena – Reclusão de 2 a 8 anos
Quem se omite a tortura	→	Pena – Detenção de 1 a 4 anos

Art. 1º [...]
§ 3º Se resulta lesão corporal de natureza grave ou gravíssima, a pena é de reclusão de quatro a dez anos; se resulta morte, a reclusão é de oito a dezesseis anos.

A tortura será qualificada se dela houver como resultado lesão corporal de natureza grave, que são as hipóteses previstas no art. 129, § 1º, do CP, ou gravíssima, hipóteses previstas no art. 129, § 2º, do CP, ou se da tortura se resulta a morte.

3.1 Lesão corporal de natureza grave

Art. 129, CP [...]
§ 1º Se resulta:
I – Incapacidade para as ocupações habituais, por mais de trinta dias;
II – perigo de vida;
III – debilidade permanente de membro, sentido ou função;
IV – aceleração de parto.

3.2 Lesão corporal de natureza gravíssima

Art. 129, CP [...]
§ 2º Se resulta:
I – Incapacidade permanente para o trabalho;
II – enfermidade incurável;
III – perda ou inutilização do membro, sentido ou função;
IV – deformidade permanente;
V – aborto.

Tortura que resulta lesão corporal grave	→	Pena – Reclusão de 4 a 10 anos
Tortura que resulta lesão corporal gravíssima	→	Pena – Reclusão em 4 a 10 anos
Tortura que resulta morte	→	Pena – Reclusão de 8 a 16 anos

A tortura qualificada pelo resultado morte ocorre quando há dolo na conduta antecedente (tortura) e dolo ou culpa na consequente (lesão ou morte), exatamente o que ocorreu. A vítima era agredida consecutivamente pelo réu, culminando com sua morte, e condená-lo pelo art. 121, § 2º, inciso III, do CP, e pelo art. 1º, inciso II, § 4º, inciso II, da Lei nº 9.455/1997, incidiria no bis in idem (TJRJ, Apelação Criminal 7.584/2009, rel. Des. Suely Lopes Magalhães, j. em 25/11/2009).

Art. 1º [...]
§ 4º Aumenta-se a pena de um sexto até um terço:
I – se o crime é cometido por agente público;
II – se o crime é cometido contra criança, gestante, portador de deficiência, adolescente ou maior de 60 (sessenta) anos;
III – se o crime é cometido mediante sequestro.

LEI Nº 9.455/1997 – LEI DE TORTURA

Aumenta-se a pena de 1/6 a 1/3	Se cometido por agente público	**Funcionário público:** de acordo com o art. 327, do Código Penal, considera-se funcionário público, para os efeitos penais, quem, embora transitoriamente ou sem remuneração, exerce cargo, emprego ou função pública.
	Se cometido contra criança, gestante, portador de deficiência, adolescente ou maior de 60 anos	**Criança:** pessoa até 12 anos de idade incompletos (art. 2º da Lei 8.069/1990). **Adolescente:** pessoa entre 12 e 18 anos de idade (art. 2º da Lei 8.069/1990). **Portador de deficiência:** considera-se pessoa com deficiência aquela que tem impedimento de longo prazo de natureza física, mental, intelectual ou sensorial, o qual, em interação com uma ou mais barreiras, pode obstruir sua participação plena e efetiva na sociedade em igualdade de condições com as demais pessoas (art. 2º da Lei nº 13.146/2015). **Maior de 60 anos:** é a pessoa idosa conforme estabelece art. 1º do Estatuto do Idoso (Lei nº 10.741/2003).
	Se cometido mediante sequestro	**Sequestro:** é a privação da liberdade da vítima por tempo juridicamente relevante.

As causas de aumento de pena se aplicam também ao crime de omissão à tortura e às hipóteses de tortura qualificada, não se limitando aos crimes previstos no art. 1º.

Art. 1º [...]
§ 5º A condenação acarretará a perda do cargo, função ou emprego público e a interdição para seu exercício pelo dobro do prazo da pena aplicada.

Existem algumas pessoas que têm o dever de agir, ou seja, têm como obrigação o dever de proteger o indivíduo. Tanto no § 4º, inciso I, quanto no § 5º, o legislador visa garantir que o crime de tortura, quando praticado por agente público, tenha uma pena mais severa, uma vez que o agente público, dentro de suas funções, não age em nome próprio, mas, sim, em nome do Estado, sendo que é dever do Estado garantir a proteção aos indivíduos.

Assim, o crime de tortura, quando praticado por agente público, acarreta causa de aumento de pena e, ainda, perda do cargo e interdição para seu exercício.

Suponhamos que Afonso, carcereiro de determinado presídio, torture Daniel, sendo este um dos presos sob sua responsabilidade; suponhamos que Afonso seja condenado pelo crime de tortura e o juiz o sentencie a pena de 6 anos. Além da perda do cargo automática, Afonso só poderá exercer qualquer outra função pública depois de transcorrido o prazo de 12 anos, por força o previsto neste § 5º.

Vale ressaltar que a perda do cargo é, segundo o Supremo Tribunal Federal, efeito automático da condenação:

[...] a perda do cargo, função ou emprego público – que configura efeito extrapenal secundário – constitui consequência necessária que resulta, automaticamente, de pleno direito, da condenação penal imposta ao agente público pela prática do crime de tortura, ainda que se cuide de integrante da Polícia Militar, não se lhe aplicando, a despeito de tratar-se de Oficial da Corporação, a cláusula inscrita no art. 125, § 4º, da Constituição da República. Doutrina. Precedentes. (STF, 2ª T., AI 769.637, rel. Min. Celso de Melo, j. 25/06/2013, DJe 15/10/2013).

No mesmo sentido: "A perda do cargo, função ou emprego público é efeito automático da condenação pela prática do crime de tortura, não sendo necessária fundamentação concreta para a sua aplicação (STJ, 6ª T., AgRg no Ag 1388953/SP, rel. Min.Maria Thereza de Assis Moura, j. 20/06/2013, DJe 28/06/2013)."

Art. 1º [...]
§ 6º O crime de tortura é inafiançável e insuscetível de graça ou anistia.

Temos aqui um aspecto muito importante que merece atenção: o § 6º segue estritamente o que dispõe a Constituição Federal:

Art. 5º, CF/1988 [...]
XLIII – A lei considerará crimes inafiançáveis e insuscetíveis de graça ou anistia a prática da tortura, o tráfico ilícito de entorpecentes e drogas afins, o terrorismo e os definidos como crimes hediondos, por eles respondendo os mandantes, os executores e os que, podendo evitá-los, se omitirem.

Devemos frisar é que, para fins de concurso, o crime de tortura é equiparado a crime hediondo. Então, além da regra constitucional e da Lei de Tortura, seguimos ainda a regra da Lei nº 8.072/1990:

Art. 2º, Lei nº 8.072/1990 Os crimes hediondos, a prática da tortura, o tráfico ilícito de entorpecentes e drogas afins e o terrorismo são insuscetíveis de:
I – anistia, graça e indulto;
II – fiança.

Fique ligado!

Não esqueça que, para fins de concurso público, o crime de tortura é inafiançável, insuscetível de graça, anistia e indulto.

Embora haja discussão na doutrina, o Supremo Tribunal Federal decidiu que a Constituição Federal veda, implicitamente, o indulto àqueles que tenham praticado crimes hediondos e assemelhados (como é o caso da tortura), veja-se:

Crime hediondo: vedação de graça: inteligência. (...) é constitucional o art. 2º, I, da Lei nº 8.072/1990, porque, nele, a menção ao indulto é meramente expletiva da proibição de graça aos condenados por crimes hediondos ditada pelo art. 5º, XLIII, da Constituição. Na Constituição, a graça individual e o indulto coletivo – que ambos, tanto podem ser totais ou parciais, substantivando, nessa última hipótese, a comutação de pena – são modalidades do poder de graça do Presidente da República (art. 84, XII) - que, no entanto, sofre a restrição do art. 5º, XLIII, para excluir a possibilidade de sua concessão, quando se trata de condenação por crime hediondo. Proibida a comutação de pena, na hipótese do crime hediondo, pela Constituição, é irrelevante que a vedação tenha sido omitida no D. 3.226/99 (STF, 1ª T., HC 81.565, rel. Min. Sepúlveda Pertence, j. 19/02/2002, DJ 22/03/2002).

Art. 1º [...]
§ 7º O condenado por crime previsto nesta Lei, salvo a hipótese do § 2º, iniciará o cumprimento da pena em regime fechado. (grifo nosso)

Com exceção do crime de omissão à tortura, todos os crimes previstos nessa lei terão como regime inicial o fechado, sendo possível assim a progressão de regimes.

Súmula nº 698 – STF
Não se estende aos demais crimes hediondos a admissibilidade de progressão no regime de execução da pena aplicada ao crime de tortura.

Caso a questão pergunte sobre o início do cumprimento de pena de acordo com a jurisprudência do Supremo Tribunal Federal, a resposta será diferente do texto legal, pois a Corte Suprema entende inconstitucional qualquer determinação abstrata para o início do cumprimento de pena no regime fechado.

Art. 2º O disposto nesta Lei aplica-se ainda quando o crime não tenha sido cometido em território nacional, sendo a vítima brasileira ou encontrando-se o agente em local sob jurisdição brasileira.

Aplicação extra territorial da Lei nº 9.455/1997	Caso o crime seja cometido **fora do território nacional** quando:	a vítima for brasileira ou o agente esteja em local sob jurisdição brasileira.

4 LEI Nº 8.069/1990 - ESTATUTO DA CRIANÇA E DO ADOLESCENTE

4.1 Direito da criança e do adolescente

Inicialmente, o Estatuto da Criança e do Adolescente possui como conceito formal ser um conjunto de leis e princípios, que tem o objetivo de proteger de forma integral o melhor interessa a criança e ao adolescente.

Quando falamos do ponto de vista material, vemos o Estado exercendo um meio de garantir de forma efetiva a proteção dos direitos fundamentais da criança e do adolescente presentes no ECA. Assim, o ECA está inserido no âmbito do Direito Público, possuindo a competência concorrente.

4.2 Fases do direito da criança e do adolescente

O Direito da Infância e Juventude teve quatro fases principais:
1) fase da absoluta indiferença,
2) fase da mera imputação penal,
3) fase tutelar e
4) fase da proteção integral.

A seguir, veremos um resumo de cada uma dessas fases.

▷ **Fase da absoluta indiferença:** nesse momento, não havia preocupação direta com os direitos da criança e adolescentes por parte do Estado. Assim, não existiam normas regulamentadoras de direitos e deveres, tendo os pais o poder absoluto da vida de seus filhos, sem interferência legislativa ou social.

▷ **Fase da mera imputação penal:** aqui, o Direito veio como forma de reprimir os menores infratores. Dessa forma, em 1603 regiam as Ordenações Filipinas (o Código Legal português que possuía penalidade penal a partir de 7 anos); depois, entrou em vigor, em 1830, o Código Penal do império, no qual fixou a imputabilidade plena aos 14 anos, vindo assim o ordenamento de 1927, que imputou uma nova fase.

▷ **Fase da doutrina da situação irregular:** essa fase trouxe o menor como objeto do Direito, havendo uma discriminação gerada pela ligação de carência e delinquência, na qual o Estado intervia apenas com crianças e adolescentes em situação irregular.

É importante destacarmos que nesse momento ligava-se o menor carente (pobre ou abandonado) à condição de infrator, o que gerava ação apenas nessas condições, não havendo distinção entre os infantes. Assim, o Estado poderia retirar o menor do convívio de sua família, tendo em vista dificuldade financeira, ou seja, não se gerava meios de ajuda a família, retirava-se o menor do chamado "problema social".

Nesse momento, o destino desses menores caberia diretamente ao juiz, exercendo uma função judicial e normativa forte, uma vez que o juiz poderia editar atos normativos.

▷ **Fase da doutrina da proteção integral:** a Constituição Federal de 1988 (CF/88), junto ao ECA, trouxe a proteção integral da criança e do adolescente. O art. 1º do ECA diz que a lei trata da proteção integral da criança e do adolescente.

Ainda, o art. 227, caput, da CF/88 diz que:

> *Art. 227 É dever da família, da sociedade e do Estado assegurar à criança, ao adolescente e ao jovem, com absoluta prioridade, o direito à vida, à saúde, à alimentação, à educação, ao lazer, à profissionalização, à cultura, à dignidade, ao respeito, à liberdade e à convivência familiar e comunitária, além de colocá-los a salvo de toda forma de negligência, discriminação, exploração, violência, crueldade e opressão.*

Dessa forma, uma nova luz pairou sobre direito da criança e do adolescente, não mais como objeto e, sim, como ente principal dos cuidados e proteção da sociedade.

Nessa fase, diferente das demais, as normas se ampliaram a todos os menores de 18 anos, não ocorrendo mais a discriminação de nascimento, situação familiar, idade, sexo, raça, etnia/cor, religião/crença, deficiência, condição pessoal de desenvolvimento e aprendizagem, condição econômica, ambiente social, região e local de moradia ou outra condição que diferencie as pessoas, as famílias ou a comunidade em que vivem, conforme o art. 3º do ECA.

Ainda nesse contexto, o art. 4º, parágrafo único do ECA, observa a garantia de prioridade, ou seja, a primazia de receber proteção e socorro em quaisquer circunstâncias, bem como a preferência na formulação e na execução das políticas sociais e destinação privilegiada de recursos públicos.

Aqui, busca-se o melhor interesse para criança e ao adolescente, analisando o caso concreto e aplicando o que melhor se adeque ao "menor" (expressão antiquada uma vez que é familiarizada ao código de menores) e não mais aos pais e familiares.

4.3 Conceito de criança e de adolescente

A definição de criança e adolescente encontra-se no art. 2º do ECA, no qual criança é a pessoa até 12 anos de idade incompletos; já o adolescente possui entre 12 e 18 anos de idade. A distinção realizada pelo ECA é importante tendo em vista a regulamentação dos institutos, por exemplo, a medida socioeducativa, a qual se aplica apenas aos adolescentes.

4.4 Direito à vida e à saúde

É o principal direito de todo ser humano, sendo um direito dos infantes. É o que garante a existência, separando a concepção da morte encefálica (morte cerebral), que, para a Medicina e o Judiciário, é o momento em que se encerrada a vida humana.

Assim, o direito à vida abraça a proteção da integridade corporal e psíquica, vedando os maus-tratos, a tortura, as penas degradantes e hediondas e protegendo a honra, a imagem e a privacidade. Para a criança e ao adolescente, o direito à vida é ampliado, uma vez que o infante necessita de acesso livre ao lazer e a convivência familiar.

O direito à saúde vem atrelado ao direito à vida, tendo em vista que ele preserva a integridade física e mental, prevenindo doenças e realizando tratamentos.

Para garantir o direito à vida e à saúde, é necessária a aplicação de políticas públicas que permitam condições dignas desde a concepção à maior idade, conforme o art. 7 do ECA.

Importante ressaltar que o direito à vida não é o direito a sobreviver. Para reconhecermos o direito à vida, devemos reconhecer o direito à saúde, ao lazer e à convivência em família, pois o direito à vida requer uma vida digna.

Nesse contexto, o legislador preocupou-se com os direitos da mulher, visando a uma gestação saudável e planejada, criando programas e políticas de saúde pública para a educação e o planejamento reprodutivo, criando ainda o acompanhamento gestacional do início ao puerpério, contando com a amplitude da alimentação ao conforto para o nascimento seguro e humanizado em hospitais públicos. Aqui, o direito ao pré-natal e perinatal são devidos ao nascituro, sendo implementados mesmo contra a vontade da gestante

Dessa forma, o ECA, em seu art. 9º, exigiu que o Poder Público garantisse condições adequadas ao aleitamento materno, incluindo mães em situação privativa de liberdade. Ainda, a CF/1988 em seu art. 5º, inciso L, estabelece que a mãe presidiária possa permanecer com seu filho durante o período de amamentação. Mais uma vez, destaca-se que o direito é do nascituro e não da mãe.

O art. 11 do ECA trata do acesso ao Sistema Único de Saúde, que inclui, além de atendimento médico e tratamentos, a vacinação, o

LEI Nº 8.069/1990 - ESTATUTO DA CRIANÇA E DO ADOLESCENTE

fornecimento de medicamentos, próteses e qualquer outra tecnologia assistia, bem como a saúde odontológica.

Interligado ao art. 11, o art. 12 prevê o direito ao acompanhamento de um responsável ao infante em caso de internação, não abrangendo somente a figura dos pais ou tutor.

O art. 13 do ECA trata da suspeita de maus-tratos, segundo o qual é necessário comunicar obrigatoriamente o Conselho Tutelar em caso suspeita ou confirmação de castigo físico, de tratamento cruel ou degradante ou de maus tratos contra criança ou adolescente. A atual redação deu-se em razão ao caso do menino Bernardo,[1] (refere-se ao assassinato do menino de 11 anos Bernardo Ugolina, ocorrido em 4 de abril de 2014, por meio de superdose em do medicamento Midazolam, que lhe foi dado pela madrasta) sendo criada a Lei nº 13.010/2014, que ficou conhecida como Lei do Menino Bernardo ou Lei da Palmada, que resguarda o direito de a criança e o adolescente serem educados sem castigo físico ou tratamento degradante.

4.5 Direito à liberdade, ao respeito e à dignidade

4.5.1 Direito à liberdade

O art. 16 do ECA exemplifica os aspectos do direito à liberdade dos infantes:

> *Art. 16* O direito à liberdade compreende os seguintes aspectos:
> I - Ir e vir e estar nos logradouros públicos e espaços comunitários, ressalvadas as restrições legais;
> II - Opinião e expressão;
> III - Crença e culto religioso;
> IV - Brincar, praticar esportes e divertir-se;
> V - Participar da vida familiar e comunitária, sem discriminação;
> VI - Participar da vida política, na forma da lei;
> VII - Buscar refúgio, auxílio e orientação.

No que tange o direito de ir e vir, conforme explicito no art.16, I do ECA, deve-se observar as restrições legais, por exemplo, os arts. 83 a 85 do ECA, sendo restrições necessárias à integridade do infante. Já no inciso II, do mesmo artigo, vemos o direito à opinião e expressão, sendo este o direito a expressar-se intelectualmente, comunicar-se, inclusive artisticamente, expressando seus pensamentos e emitindo opiniões.

Fique ligado

A liberdade de crença e culto, abordada no inciso III do art. 16, compreende o direito de escolha à sua própria religião, incluindo o direito a não possuir fé ou crença religiosa.

Um assunto delicado, no entanto, são as testemunhas de Jeová, pois não aceitam receber transfusão de sangue. Aqui, vemos o direito à vida e à crença religiosa se encontrando; nesse caso, a maioria doutrinária entende que a religião não pode se sobrepor ao direito à vida, não podendo, assim, ocorrer a recusa dos pais ou responsáveis à realização da transfusão. No entanto, há uma corrente minoritária que entende que essa decisão caberia ao infante.

O inciso IV trata do direito de brincar, praticar esportes e divertir-se. Esse direito determina que o Estado proporcione lazer adequado aos infantes, como parques ou atividades gratuitas.

Quando falamos sobre participar da vida familiar e comunitária, sem discriminação, devemos entender que compreende a família natural e todos os demais, não apenas pai e mãe; quando falamos em comunidade, devemos entender que a criança deve ser acolhida por todos, e poder sair e socializar sem sofrer discriminações ou abusos.

No que tange a vida política, não falamos aqui de quando o pai ou a mãe leva o filho a urna para apertar o botão de votação e, sim, de quando o adolescente completa seus 16 anos e cria maturidade política, o que lhe faculta o direito de dar início a sua capacidade eleitoral.

Chegamos agora à liberdade ao refúgio, ao auxílio e à orientação. Isso significa que o infante tem o direito a sair de situações que lhe fazem mal e ser refugiado, auxiliado e orientado da melhor forma possível. Ex. o infante que sai de casa ao sofrer abusos. Nesse caso, o Estado deve lhe propiciar abrigo e auxílio com orientações de profissionais especializados, visando levar ao esclarecimento e melhor interesse.

4.5.2 Direito ao respeito

O art. 17 do ECA traz em seu texto os aspectos do direito ao respeito imposto aos infantes.

> *Art. 17* O direito ao respeito consiste na inviolabilidade da integridade física, psíquica e moral da criança e do adolescente, abrangendo a preservação da imagem, da identidade, da autonomia, dos valores, ideias e crenças, dos espaços e objetos pessoais.

Aqui, o legislador preocupou-se, mais uma vez, com a inviolabilidade física, psíquica e moral do infante, demonstrando assim o respeito aos direitos da personalidade, deixando expressa a inviolabilidade da imagem, da identidade, das ideias e crenças, dos objetos pessoais.

Vemos como exemplo do direito ao respeito, o segredo de justiça que é imposto em qualquer processo que tenha como parte infantes.

4.5.3 Direito à dignidade

Ao falamos sobre o direito à dignidade, é normal remetermos nosso pensamento diretamente aos direitos humanos e à dignidade da pessoa humana. No entanto, nesse momento "abraçamos" no ECA a proteção integral da criança e do adolescente, uma vez que o infante nessa fase passou a ser reconhecido e protegido pelo Estado.

O legislador passou a proteger o infante de qualquer forma de tratamento desumano, violento, que lhe cause medo ou sofrimento, até mesmo os que lhe causem vergonha.

Assim, não se admitem castigos físicos, humilhações, terror psicológico, nem mesmo se feito pelos pais, pois, como vimos anteriormente, a Lei nº 13.010/2014 inseriu no ECA a proibição a tais castigos.

Assim, em caso de castigo físico que cause lesão corporal, será o autor enquadrado no art. 129 do Código Penal e haverá punição com base neste, bem como se responsável pelo infante correra o risco de perder sua guarda.

4.6 Direito à convivência familiar

Inicialmente, devemos destacar que quando falamos sobre convivência familiar, falamos apenas em pai e mãe; a convivência estende-se aos avós, tios, primos, entre outros. Essa convivência é a garantia de um ambiente adequado ao desenvolvimento do infante de forma integral.

Vejamos a classificação de família pelo art. 25 do ECA:

> *Art. 25* Entende-se por família natural a comunidade formada pelos pais ou qualquer deles e seus descendentes.
> *Parágrafo único.* Entende-se por família extensa ou ampliada aquela que se estende para além da unidade pais e filhos ou da unidade do casal, formada por parentes próximos com os quais a criança ou adolescente convive e mantém vínculos de afinidade e afetividade.

---

1 Referente ao assassinato do menino Bernardo Ugolina, de 11 anos, ocorrido em 4 de abril de 2014, por meio de superdose do medicamento Midazolam, que lhe foi dado por sua madrasta.

O ECA visa sempre ao melhor interesse da criança e do adolescente. Nessa linha, entende-se que se manter no núcleo família ou próximo a ele sempre será o melhor, sendo a preferência auxiliar a família e reestabelecer a convivência.

Aqui, podemos incluir família cujos pais estejam em situação privativa de liberdade, em que o ECA prevê a convivência por visitas.

Podemos ver que a diferença histórica é gigante, pois antigamente retirava-se o menor do problema e hoje resolve-se o núcleo do problema para manter o infante próximo à sua família.

Excepcionalmente, caso a convivência do núcleo familiar natural (pai e mãe) não seja o melhor interesse ao infante, ele será inserido no núcleo familiar extensivo ou, em último caso, em família substituta conforme art. 28 do ECA.

4.6.1 Família substituta

A família substituta é a solução temporária para retirar o infante de uma situação de risco, conforme art. 98 do ECA, sendo o acolhimento de forma familiar ou institucional, conforme art. 101, incisos VII e VIII.

> *Art. 101 Verificada qualquer das hipóteses previstas no art. 98, a autoridade competente poderá determinar, dentre outras, as seguintes medidas: [...]*
> *VII – Acolhimento institucional;*
> *VIII – Inclusão em programa de acolhimento familiar;*

O acolhimento família é a retirada do infante de uma situação de risco, na qual o mesmo é levado para um lar de alguma família previamente cadastrada junto ao judiciário, como solução temporária para o manter em segurança, e posteriormente reintegrá-lo ao seio familiar. Durante o acolhimento a família acolhedora receberá um valor para cuidar do infante.

Já no acolhimento institucional, o infante é levado a um "abrigo" ou entidade de atendimento.

A permanência desses infantes no acolhimento é avaliada a cada 3 meses, em que há a tentativa de reintrodução no núcleo familiar.

4.6.2 Entrega de recém-nascido para adoção

Ocorre a entrega do recém-nascido para a adoção quando a gestante não se sente preparada para iniciar o vínculo materno. Dessa forma, a entrega da criança para a adoção visa inclui-la em um núcleo familiar seguro, no qual ela se desenvolverá integralmente. No entanto, o ECA, em seu art. 19-A, prevê hipóteses em que a adoção é irregular, como a escolha de um adotante específico.

Assim, quando a mãe manifesta seu interesse em entregar seu bebê à adoção, é feita uma avaliação psicológica com uma equipe profissional da vara da infância e juventude, no intuito de entender o motivo e identificar um possível estado puerperal.

Ainda, são analisadas a indicação paterna ou família extensa que tenha o interesse em cuidar do infante e receber sua guarda, uma vez que o ECA preza pelo melhor interesse da criança e do adolescente. Caso não ocorra interesse familiar, o infante será enviado ao acolhimento para futura adoção.

Tenha atenção – sempre – ao art. 48 do ECA, uma vez que ele trata do direito do adotado de conhecer sua origem. Vejamos:

> *Art. 48 O adotado tem direito de conhecer sua origem biológica, bem como de obter acesso irrestrito ao processo no qual a medida foi aplicada e seus eventuais incidentes, após completar 18 (dezoito) anos.*

4.6.3 Programa de apadrinhamento

Existem duas formas de apadrinhamento: afetivo e financeiro.

▷ **Apadrinhamento afetivo:** tenta promover um vínculo afetivo entre o infante e as pessoas da comunidade que se interessam pelo apadrinhamento. Tem o intuito de criar um laço de carinho, segurança e amor, uma vez que o infante em situação de espera para adoção não possui um vínculo familiar estável. Assim, o apadrinhamento busca suprir esse vínculo afetivo, fazendo com que o infante socialize com a família do padrinho e habitue-se com datas comemorativas, passeios etc.

▷ **Apadrinhamento financeiro:** é o ato de ajudar com uma contribuição mensal para cobrir os gastos financeiros do infante, não sendo necessário o contato direto, apenas o custeio de seus gastos.

O ECA estabelece ainda as regras para apadrinhar:

> *Art. 19-B A criança e ao adolescente em programa de acolhimento institucional ou familiar poderão participar de programa de apadrinhamento.*
> *§ 1º O apadrinhamento consiste em estabelecer e proporcionar à criança e ao adolescente vínculos externos à instituição para fins de convivência familiar e comunitária e colaboração com o seu desenvolvimento nos aspectos social, moral, físico, cognitivo, educacional e financeiro.*
> *§ 2º Podem ser padrinhos ou madrinhas pessoas maiores de 18 (dezoito) anos não inscritas nos cadastros de adoção, desde que cumpram os requisitos exigidos pelo programa de apadrinhamento de que fazem parte.*
> *§ 3º Pessoas jurídicas podem apadrinhar criança ou adolescente a fim de colaborar para o seu desenvolvimento.*
> *§ 4º O perfil da criança ou do adolescente a ser apadrinhado será definido no âmbito de cada programa de apadrinhamento, com prioridade para crianças ou adolescentes com remota possibilidade de reinserção familiar ou colocação em família adotiva.*
> *§ 5º Os programas ou serviços de apadrinhamento apoiados pela Justiça da Infância e da Juventude poderão ser executados por órgãos públicos ou por organizações da sociedade civil.*
> *§ 6º Se ocorrer violação das regras de apadrinhamento, os responsáveis pelo programa e pelos serviços de acolhimento deverão imediatamente notificar a autoridade judiciária competente.*

4.6.4 Poder familiar

O poder familiar é o conjunto de direitos e deveres que tem o intuito de prezar pela proteção segurança, educação, e desenvolvimento integral da criança e do adolescente, sendo ele atribuído aos pais mesmo que de filhos adotados ou fora do casamento.

Dessa forma, o poder familiar é um múnus público, ou seja, é um poder-dever (é um poder que gera a obrigação de zelar pelo desenvolvimento integral do infante). Além disso, é irrenunciável, tendo em vista que não há como abrir mão dele; é inalienável, ou seja, não pode ser transferido; é imprescritível, tendo em vista que não possuem validade; e é incompatível com a tutela, ou seja, não pode ser nomeado algum tutor.

Vejamos o rol exemplificativo dos deveres inerentes ao poder familiar de acordo com o art. 1.634 do CC:

> *Art. 1.634 Compete a ambos os pais, qualquer que seja a sua situação conjugal, o pleno exercício do poder familiar, que consiste em, quanto aos filhos:*
> *I – Dirigir-lhes a criação e a educação;*
> *II – Exercer a guarda unilateral ou compartilhada nos termos do art. 1.584;*
> *III – Conceder-lhes ou negar-lhes consentimento para casarem;*
> *IV – Numera-lhes tutor por testamento ou documento autêntico, se o outro dos pais não lhe sobreviver, ou o sobrevivo não puder exercer o poder familiar;*
> *V – Conceder-lhes ou negar-lhes consentimento para mudarem sua residência permanente para outro Município;*

LEI Nº 8.069/1990 - ESTATUTO DA CRIANÇA E DO ADOLESCENTE

VI – Numera-lhes tutor por testamento ou documento autêntico, se o outro dos pais não lhe sobreviver, ou o sobrevivo não puder exercer o poder familiar;

VII – Representá-los judicial e extrajudicialmente até os 16 (dezesseis) anos, nos atos da vida civil, e assisti-los, após essa idade, nos atos em que forem partes, suprindo-lhes o consentimento;

VIII – Reclamá-los de quem ilegalmente os detenha;

IX – Exigir que lhes prestem obediência, respeito e os serviços próprios de sua idade e condição.

Ainda, neste mesmo raciocínio, perderá o poder familiar aquele que praticar algum dos atos descritos no art. 1.638 do CC:

Parágrafo único. Perderá também por ato judicial o poder familiar aquele que:
I - Praticar contra outrem igualmente titular do mesmo poder familiar:
a) Homicídio, feminicídio ou lesão corporal de natureza grave ou seguida de morte, quando se tratar de crime doloso envolvendo violência doméstica e familiar ou menosprezo ou discriminação à condição de mulher;
b) Estupro ou outro crime contra a dignidade sexual sujeito à pena de reclusão;
II – Praticar contra filho, filha ou outro descendente:
a) Homicídio, feminicídio ou lesão corporal de natureza grave ou seguida de morte, quando se tratar de crime doloso envolvendo violência doméstica e familiar ou menosprezo ou discriminação à condição de mulher;
b) Estupro, estupro de vulnerável ou outro crime contra a dignidade sexual sujeito à pena de reclusão.

Portanto, o poder familiar é destituído apenas em casos de crime doloso contra outro titular do poder familiar ou contra os filhos.

4.6.5 Família substituta

Quando falamos em família substituta, estamos falando da retirada de um infante da sua família natural para a inserção em uma nova família, sempre em prol do melhor interesse ao infante, podendo ser atribuída a guarda, a tutela ou a adoção àquela família.

Assim, quando possível, o infante é ouvido por uma equipe profissional, e sua opinião é respeitada. No entanto, sempre objetivando do melhor interesse e levando-se em conta a afinada de parentesco, e manter grupos de irmãos juntos, sempre observando o art. 29 do ECA, in versus:

Art. 29 Não se deferirá colocação em família substituta a pessoa que revele, por qualquer modo, incompatibilidade com a natureza da medida ou não ofereça ambiente familiar adequado.

4.6.6 Guarda

A guarda pode ser definida como um poder, temporário ou definitivo, de um adulto com um infante no intuito de prezar pelo bem-estar físico e psíquico do infante, bem como a responsabilidade quanto às necessidades dele, sendo o infante dependente do guardião para todos os fins. Existem diversas formas de guarda. Dentre elas, destacam-se pela doutrina:

▷ **Guarda de fato:** é a guarda sem autorização, o chamado guardião não possui nenhum vínculo formal com o infante e não é seu responsável legal.

▷ **Guarda provisória:** a guarda provisória é uma transição judicial decorrente do pedido de tutela ou adoção.

▷ **Guarda definitiva:** nesse caso, o processo judicial é simples e puramente de guarda, não objetivando uma tutela ou adoção, sendo comum em casos de avós que cuidam se seus netos.

▷ **Guarda subsidiada:** é a guarda concedida em casos de acolhimento regulamenta pelo art. 34 do ECA.

▷ **Guarda derivada:** deferida em casos de pedido de tutela. Uma vez que quem detém a tutela detém a guarda.

▷ **Guarda peculiar:** visa suprir a falta eventual dos pais e se encontra prevista no art. 33, § 2º do ECA.

4.6.7 Tutela

A tutela é o momento em que o infante passa a ser de total responsabilidade legal do tutor, ou seja, ocorre o fim do poder familiar, sendo por perda ou suspensão desse poder. Geralmente, a tutela ocorre em caso de falecimento dos pais, ou com pais ausentes.

O tutor poderá ser nomeado em testamento pelos pais ou até mesmo por declaração de vontade, possuindo após a abertura da sucessão 30 dias para se manifestar judicialmente, no entanto, o juiz irá decidir em face do melhor interesse ao infante.

4.6.8 Adoção

Na adoção, retira-se totalmente o vínculo familiar, inserindo o infante em família substituta, quando não há mais meios de manter o vínculo familiar, sendo um ato jurídico em sentido estrito, conferindo ao infante o direito ao sobrenome, herança e formação de vínculo irrevogável.

> **ATENÇÃO**
> Importante ressaltar que a adoção se dá apenas por meio judicial!

Dessa forma, existem as seguintes espécies de adoção:

▷ **Adoção conjunta ou bilateral:** quando há um casal para a adoção, havendo rompimento do vínculo familiar materno e paterno.

▷ **Adoção unilateral:** quando o companheiro da mãe ou a do pai adota o filho do cônjuge.

▷ **Adoção póstuma:** quando o adotante falece no decorrer do processo, no entanto, a adoção é finalizada, pois houve manifestação de vontade.

▷ **Adoção intuito personae:** quando os pais escolhem diretamente a família substituta para quem entregarão o infante (Lei nº 12.010/2009), visando evitar que ocorressem favorecimentos ou até mesmo promessas de recompensa pela entrega do infante, restringiu esta forma de adoção, sendo permitidas apenas nos casos do art. 50, § 13 do ECA.

▷ **Adoção internacional:** quando o adotante é domiciliado fora do Brasil.

▷ **Adoção à brasileira:** quando o adotante registra o filho de outro como próprio, sendo caracterizado como crime perante o art. 242 do CP/40.

O ECA também estabelece alguns requisitos em seus artigos para a adoção.

Art. 42 Podem adotar os maiores de 18 (dezoito) anos, independentemente do estado civil.

Art. 43 A adoção será deferida quando apresentar reais vantagens para o adotando e fundar-se em motivos legítimos.

Art. 45 A adoção depende do consentimento dos pais ou do representante legal do adotando.

§ 1º O consentimento será dispensado em relação à criança ou adolescente cujos pais sejam desconhecidos ou tenham sido destituídos do pátrio poder, poder familiar.

Art. 46 A adoção será precedida de estágio de convivência com a criança ou adolescente, pelo prazo máximo de 90 (noventa) dias, observadas a idade da criança ou adolescente e as peculiaridades do caso.

Além destes requisitos, é necessário o prévio cadastro do adotante no Cadastro Nacional de Adoção, passando por todas as etapas de preparação psicológica e jurídica.

Após as etapas, ocorrerá a sentença de deferimento da adoção, que possui natureza constitutiva, criando o vínculo com a nova família e destituindo o vínculo anterior, sendo feito um novo registro de nascimento, constando o nome dos adotantes e do infante.

4.7 Direito à educação, à cultura, ao esporte e ao lazer

Um dos principais direitos do infante, que lhe garante o desenvolvimento pleno, é o direito a educação. Tal direito consta no art. 205 da CF/1988, que prevê a educação como direito de todos e dever do Estado e da família, e no art. 6º do ECA, que prevê a educação como um direito fundamental.

Vejamos o art. 54 do ECA:

> *Art. 54 É dever do Estado assegurar à criança e ao adolescente:*
> *I – Ensino Fundamental, obrigatório e gratuito, inclusive para os que a ele não tiveram acesso na idade própria;*
> *II – Progressiva extensão da obrigatoriedade e gratuidade ao ensino médio;*
> *III – Atendimento educacional especializado aos portadores de deficiência, preferencialmente na rede regular de ensino;*
> *IV - (Revogado)*
> *IV – Atendimento em creche e pré-escola às crianças de zero a cinco anos de idade;*
> *V – Acesso aos níveis mais elevados do ensino, da pesquisa e da criação artística, segundo a capacidade de cada um;*
> *VI – Oferta de ensino noturno regular, adequado às condições do adolescente trabalhador;*
> *VII – Atendimento no Ensino Fundamental, através de programas suplementares de material didático-escolar, transporte, alimentação e assistência à saúde.*
> *§ 1º O acesso ao ensino obrigatório e gratuito é direito público subjetivo.*
> *§ 2º O não oferecimento do ensino obrigatório pelo poder público ou sua oferta irregular importa responsabilidade da autoridade competente.*
> *§ 3º Compete ao poder público recensear os educandos no ensino fundamental, fazer-lhes a chamada e zelar, junto aos pais ou responsável, pela frequência à escola.*

Dessa forma, vemos a importância da educação, sendo garantida a todos, sem distinção de qualquer natureza, não podendo ser vetada a inscrição do aluno na escola, consoante o art. 6º da Lei nº 7.716/1989, que constitui crime o ato de recusar a matrícula do aluno ou até mesmo seu ingresso na escola.

Já o direito à cultura é facilitado criando-se programas culturais e esportivos voltados para os infantes. Vemos em locais que há a política de meia entrada, como uma forma de facilitar o acesso do estudante ou do menor de 18 anos, bem como os centros esportivos públicos criados nos estados e municípios.

4.8 Direito à profissionalização e à proteção no trabalho

Inicialmente, nossa Constituição prevê que o trabalho infantil pode iniciar-se aos 14 anos em casos de jovem aprendiz, sendo em outras hipóteses previsto apenas aos 16 anos.

Importante lembrar que ao adolescente que trabalha são garantidos todos os direitos trabalhistas e previdenciários, devendo, no entanto, respeitar a necessidade de capacitação profissional adequada ao mercado, sendo aqui o trabalho uma forma de aprendizado.

Por essa razão, existem algumas proibições que visam à proteção do adolescente, como a proibição ao trabalho noturno, perigoso e insalubre, proibição de labor em locais que prejudiquem sua formação física, ou proibição de labor em horário escolar.

4.9 Prevenção no ECA

A prevenção instituída no ECA é o ato de prevenir, ou seja, promover formas de evitar a violação dos direitos do infante. Vejamos o art. 70 do ECA:

> *Art. 70 É dever de todos prevenir a ocorrência de ameaça ou violação dos direitos da criança e do adolescente.*

Já o art. 70-A traz em seu texto um rol exemplificativo das prevenções necessárias:

> *Art. 70-A A União, os Estados, o Distrito Federal e os Municípios deverão atuar de forma articulada na elaboração de políticas públicas e na execução de ações destinadas a coibir o uso de castigo físico ou de tratamento cruel ou degradante e difundir formas não violentas de educação de crianças e de adolescentes, tendo como principais ações:*
> *I – A promoção de campanhas educativas permanentes para a divulgação do direito da criança e do adolescente de serem educados e cuidados sem o uso de castigo físico ou de tratamento cruel ou degradante e dos instrumentos de proteção aos direitos humanos;*
> *II – A integração com os órgãos do Poder Judiciário, do Ministério Público e da Defensoria Pública, com o Conselho Tutelar, com os Conselhos de Direitos da Criança e do Adolescente e com as entidades não governamentais que atuam na promoção, proteção e defesa dos direitos da criança e do adolescente;*
> *III – A formação continuada e a capacitação dos profissionais de saúde, educação e assistência social e dos demais agentes que atuam na promoção, proteção e defesa dos direitos da criança e do adolescente para o desenvolvimento das competências necessárias à prevenção, à identificação de evidências, ao diagnóstico e ao enfrentamento de todas as formas de violência contra a criança e ao adolescente;*
> *IV – O apoio E o incentivo às práticas de resolução pacífica de conflitos que envolvam violência contra a criança e ao adolescente;*
> *V – A inclusão, nas políticas públicas, de ações que visem a garantir os direitos da criança e do adolescente, desde a atenção pré-natal, e de atividades junto aos pais e responsáveis com o objetivo de promover a informação, a reflexão, o debate e a orientação sobre alternativas ao uso de castigo físico ou de tratamento cruel ou degradante no processo educativo;*
> *VI – A promoção de espaços Inter setoriais locais para a articulação de ações e a elaboração de planos de atuação conjunta focados nas famílias em situação de violência, com participação de profissionais de saúde, de assistência social e de educação e de órgãos de promoção, proteção e defesa dos direitos da criança e do adolescente.*
> *Parágrafo único. As famílias com crianças e adolescentes com deficiência terão prioridade de atendimento nas ações e políticas públicas de prevenção e proteção.*

Não obstante, o art. 70-B visa dar concretude à prevenção contra maus-tratos e violação de direitos de crianças e adolescentes, vejamos seu texto:

> *Art. 70-B As entidades, públicas e privadas, que atuem nas áreas a que se refere o art. 71, dentre outras, devem contar, em seus quadros, com pessoas capacitadas a reconhecer e comunicar ao Conselho Tutelar suspeitas ou casos de maus-tratos praticados contra crianças e adolescentes.*
> *Parágrafo único. São igualmente responsáveis pela comunicação de que trata este artigo, as pessoas encarregadas, por razão de cargo, função, ofício, ministério, profissão ou ocupação, do cuidado, assistência ou guarda de crianças e adolescentes, punível, na forma deste Estatuto, o injustificado retardamento ou omissão, culposos ou dolosos.*

Assim, podemos ver que a prevenção deve ser feita por todos da sociedade, englobando-se a responsabilidade social, política e judiciária para que o direito dos infantes seja respeitado, sem a ocorrência de violações e maus-tratos.

4.10 Prevenção especial referente à informação, à cultura, ao lazer, aos esportes, às diversões e aos espetáculos

Dentro da doutrina instituída na infância e juventude, há a prevenção especial que trata do acesso a eventos e espetáculos públicos, devendo regulamentar o acesso de qualificando sua natureza e indicando a faixa etária recomendada.

Art. 74 O poder público, através do órgão competente, regulará as diversões e espetáculos públicos, informando sobre a natureza deles, as faixas etárias a que não se recomendem, locais e horários em que sua apresentação se mostre inadequada.

Parágrafo único. Os responsáveis pelas diversões e espetáculos públicos deverão afixar, em lugar visível e de fácil acesso, à entrada do local de exibição, informação destacada sobre a natureza do espetáculo e a faixa etária especificada no certificado de classificação.

Art. 75 Toda criança ou adolescente terá acesso às diversões e espetáculos públicos classificados como adequados à sua faixa etária.

Parágrafo único. As crianças menores de dez anos somente poderão ingressar e permanecer nos locais de apresentação ou exibição quando acompanhadas dos pais ou responsável.

O STF entende que não é apenas o Estado que deve determinar o que é próprio ou não ao infante, sendo dever da família contribuir com a análise da programação correta, uma vez que os programas de rádio e televisão devem exibir os programas recomendados em horários adequados ao público infanta juvenil.

Art. 76 As emissoras de rádio e televisão somente exibirão, no horário recomendado para o público infanta juvenil, programas com finalidades educativas, artísticas, culturais e informativas.

Parágrafo único. Nenhum espetáculo será apresentado ou anunciado sem aviso de sua classificação, antes de sua transmissão, apresentação ou exibição.

Já os proprietários e funcionários de empresas que explorem a venda ou aluguel de fitas[2] de programação em vídeo cuidarão para que não haja venda ou locação em desacordo com a classificação atribuída pelo órgão competente, bem como a comercialização de revistas contendo imagens impróprias.

Art. 77 Os proprietários, diretores, gerentes e funcionários de empresas que explorem a venda ou aluguel de fitas de programação em vídeo cuidarão para que não haja venda ou locação em desacordo com a classificação atribuída pelo órgão competente.

Parágrafo único. As fitas a que alude este artigo deverão exibir, no invólucro, informação sobre a natureza da obra e a faixa etária a que se destinam.

Art. 78 As revistas e publicações contendo material impróprio ou inadequado a crianças e adolescentes deverão ser comercializadas em embalagem lacrada, com a advertência de seu conteúdo.

Parágrafo único. As editoras cuidarão para que as capas que contenham mensagens pornográficas ou obscenas sejam protegidas com embalagem opaca.

Art. 79 As revistas e publicações destinadas ao público infanto-juvenil não poderão conter ilustrações, fotografias, legendas, crônicas ou anúncios de bebidas alcoólicas, tabaco, armas e munições, e deverão respeitar os valores éticos e sociais da pessoa e da família.

O art. 80 trata dos estabelecimentos que explores jogos de azar ou apostas, que devem vetar a entrada de infantes.

Art. 80 Os responsáveis por estabelecimentos que explorem comercialmente bilhar, sinuca ou congênere ou por casas de jogos, assim entendidas as que realizem apostas, ainda que eventualmente, cuidarão para que não seja permitida a entrada e a permanência de crianças e adolescentes no local, afixando aviso para orientação do público.

4.11 Prevenção à venda de produtos e serviços

No âmbito do ECA, há diversas restrições de acesso a produtos e serviços, sendo seu rol exemplificativo no art. 81 do ECA:

Art. 81 É proibida a venda à criança ou ao adolescente de:
I – Armas, munições E explosivos;
II – Bebidas alcoólicas;
III – Produtos cujos componentes possam causar dependência física ou psíquica ainda que por utilização indevida;
IV – Fogos de estampido e de artifício, exceto aqueles que pelo seu reduzido potencial sejam incapazes de provocar qualquer dano físico em caso de utilização indevida;
V – Revistas e publicações a que alude o art. 78;
VI – Bilhetes lotéricos e equivalentes.

No art. 82 do ECA, existe a restrição de hospedagem de criança ou adolescente, nos seguintes termos:

Art. 82 É proibida a hospedagem de criança ou adolescente em hotel, motel, pensão ou estabelecimento congênere, salvo se autorizado ou acompanhado pelos pais ou responsável. Assim, a lei deixou claro que somente acompanhado pelos pais ou responsável, a criança ou adolescente poderá se hospedar em hotel, motel, pensão ou estabelecimento congênere.

4.12 Autorização para viajar

A Lei nº 13.812/2019 trouxe mudanças quanto à liberdade de trânsito de crianças e adolescentes sem os pais pelo País, sendo disposto no art. 83 do ECA que nenhuma criança ou adolescente menor de 16 anos poderá viajar para fora da comarca onde reside desacompanhado dos pais ou dos responsáveis sem expressa autorização judicial.

Ainda, o próprio art. 83 demonstra exceções em que não se exigirá autorização judicial:

Art. 83 Nenhuma criança poderá viajar para fora da comarca onde reside, desacompanhada dos pais ou responsável, sem expressa autorização judicial.

§ 1º A autorização não será exigida quando:
a) Tratar-se de comarca contígua à da residência da criança, se na mesma unidade da Federação, ou incluída na mesma região metropolitana;
b) A criança estiver acompanhada:
1) De ascendente ou colateral maior, até o terceiro grau, comprovado documentalmente o parentesco;
2) De pessoa maior, expressamente autorizada pelo pai, mãe ou responsável.

§ 2º A autoridade judiciária poderá, a pedido dos pais ou responsável, conceder autorização válida por dois anos.

No entanto, em se tratando de viagem ao exterior, o art. 84 do ECA prevê algumas necessidades:

Art. 84 Quando se tratar de viagem ao exterior, a autorização é dispensável, se a criança ou adolescente:
I - Estiver acompanhado de ambos os pais ou responsável;
II - Viajar na companhia de um dos pais, autorizado expressamente pelo outro através de documento com firma reconhecida.

Art. 85 Sem prévia e expressa autorização judicial, nenhuma criança ou adolescente nascido em território nacional poderá sair do País em companhia de estrangeiro residente ou domiciliado no exterior.

---

[2] Vale lembrar que o ECA é um estatuto antigo, da época em que existiam fitas cassetes, sendo hoje em dia o pensamento voltado para *sites*, *streaming* e DVDs.

Ainda a Resolução nº 131/2011, do Conselho Nacional de Justiça (CNJ), dispõe sobre a concessão de autorização de viagem para o exterior de crianças e adolescentes.

4.13 Política de Atendimento e Entidades de atendimento no ECA

O art. 86 do ECA aborda que a política de atendimento dos direitos da criança e do adolescente deve ser feita por meio de um conjunto de ações governamentais e não governamentais. Vejamos:

Art. 86 A política de atendimento dos direitos da criança e do adolescente far-se-á através de um conjunto articulado de ações governamentais e não-governamentais, da União, dos estados, do Distrito Federal e dos municípios.

Tendo em vista que existem diversas linhas de ações públicas, principalmente nos art. 87 e 88 do ECA, é importante nos atentarmos à leitura deles para não nos confundirmos.

Art. 87 São linhas de ação da política de atendimento:
I – Políticas sociais básicas;
II – Serviços, programas, projetos e benefícios de assistência social de garantia de proteção social e de prevenção e redução de violações de direitos, seus agravamentos ou reincidências;
III – Serviços especiais de prevenção e atendimento médico e psicossocial às vítimas de negligência, maus-tratos, exploração, abuso, crueldade e opressão;
IV – Serviço de identificação e localização de pais, responsável crianças e adolescentes desaparecidos;
V – proteção jurídico-social por entidades de defesa dos direitos da criança e do adolescente.
VI – Políticas e programas destinados a prevenir ou abreviar o período de afastamento do convívio familiar e a garantir o efetivo exercício do direito à convivência familiar de crianças e adolescentes
VII – Campanhas de estímulo ao acolhimento sob forma de guarda de crianças e adolescentes afastados do convívio familiar e à adoção, especificamente inter-racial, de crianças maiores ou adolescentes, com necessidades específicas de saúde ou com deficiências e de grupos de irmãos.
Art. 88 São diretrizes da política de atendimento:
I – Municipalização do atendimento;
II – Criação de conselhos municipais, estaduais e nacional dos direitos da criança e do adolescente, órgãos deliberativos e controladores das ações em todos os níveis, assegurada a participação popular paritária por meio de organizações representativas, segundo leis federal, estaduais e municipais;
III – Criação e manutenção de programas específicos, observada a descentralização político-administrativa;
IV – Manutenção de fundos nacional, estaduais e municipais vinculados aos respectivos conselhos dos direitos da criança e do adolescente;
V – Integração operacional de órgãos do Judiciário, Ministério Público, Defensoria, Segurança Pública e Assistência Social, preferencialmente em um mesmo local, para efeito de agilização do atendimento inicial a adolescente a quem se atribua autoria de ato infracional;
VI – Integração operacional de órgãos do Judiciário, Ministério Público, Defensoria, Conselho Tutelar e encarregados da execução das políticas sociais básicas e de assistência social, para efeito de agilização do atendimento de crianças e de adolescentes inseridos em programas de acolhimento familiar ou institucional, com vista na sua rápida reintegração à família de origem ou, se tal solução se mostrar comprovadamente inviável, sua colocação em família substituta, em quaisquer das modalidades previstas no art. 28 desta Lei;
VII – Mobilização da opinião pública para a indispensável participação dos diversos segmentos da sociedade;
VIII – Especialização e formação continuada dos profissionais que trabalham nas diferentes áreas da atenção à primeira infância, incluindo os conhecimentos sobre direitos da criança e sobre desenvolvimento infantil;
IX – Formação profissional com abrangência dos diversos direitos da criança e do adolescente que favoreça a intersetorialidade no atendimento da criança e do adolescente e seu desenvolvimento integral;
X – Realização e divulgação de pesquisas sobre desenvolvimento infantil e sobre prevenção da violência.

Insta salientarmos aqui que, em meio as diretrizes da política de atendimento a municipalização e a criação de conselhos nacionais, estaduais e municipais dos direitos da criança e do adolescente, temos uma função que é de interesse público, sendo a de membro do conselho nacional e dos conselhos estaduais e municipais.

4.14 Entidades de atendimento

As entidades de atendimento são as responsáveis por executar as políticas de atendimento, possuindo programas de proteção direcionados os infantes em situação de risco e programas de medidas sócio educativos

Destacamos a orientação e o apoio físico e psíquico necessários ao infante, bem como sua colocação em acolhimento familiar ou institucional.

O ECA diferencia as entidades governamentais e não governamentais, em seu art. 91:

Art. 91 As entidades não-governamentais somente poderão funcionar depois de registradas no Conselho Municipal dos Direitos da Criança e do Adolescente, o qual comunicará o registro ao Conselho Tutelar e à autoridade judiciária da respectiva localidade.
§ 1º Será negado o registro à entidade que:
I – Não ofereça instalações físicas em condições adequadas de habitabilidade, higiene, salubridade e segurança;
II – Não apresente plano de trabalho compatível com os princípios desta Lei;
III – Esteja irregularmente constituída;
IV – Tenha em seus quadros pessoas inidôneas.
V – Não se adequar ou deixar de cumprir as resoluções e deliberações relativas à modalidade de atendimento prestado expedidas pelos Conselhos de Direitos da Criança e do Adolescente, em todos os níveis.
§ 2º O registro terá validade máxima de 4 (quatro) anos, cabendo ao Conselho Municipal dos Direitos da Criança e do Adolescente, periodicamente, reavaliar o cabimento de sua renovação, observado o disposto no § 1º deste artigo.

4.14.1 Entidades de acolhimento institucional ou familiar

Os arts. 92 e 93 do ECA trazem as entidades de acolhimento institucional e familiar. Como vimos anteriormente, essas entidades visam acolher o infante para retorno a sua família ou em último caso adoção.

Para que os infantes sejam acolhidos deve-se haver uma decisão judicial, menos em casos urgentes em que não há tempo para tal ato, necessitando apenas da comunicação a vara de infância e juventude conforme art. 93 do ECA.

No máximo a cada 6 meses, o dirigente da entidade de acolhimento deverá enviar relatórios ao juiz, sobre a situação de cada infante.

Não obstante, o dirigente do acolhimento torna-se o guardião legal do infante, devendo cumprir o dever de zelar por ele. Em caso de descumprimento das obrigações o dirigente de entidade terá sua responsabilidade administrativa, civil e criminal apurada.

4.14.2 Entidades voltadas à internação

As entidades voltadas a internação visam à aplicação de medidas socioeducativa de aspecto pedagógico e punitivo.

O art. 94 do ECA institui observações necessárias as entidades:

Art. 94 As entidades que desenvolvem programas de internação têm as seguintes obrigações, entre outras:

I – Observar os direitos e garantias de que são titulares os adolescentes;

II – Não restringir nenhum direito que não tenha sido objeto de restrição na decisão de internação;

III – Oferecer atendimento personalizado, em pequenas unidades e grupos reduzidos;

IV – Preservar a identidade e oferecer ambiente de respeito e dignidade ao adolescente;

V – Diligenciar no sentido do restabelecimento e da preservação dos vínculos familiares;

VI – Comunicar à autoridade judiciária, periodicamente, os casos em que se mostre inviável ou impossível o reatamento dos vínculos familiares;

VII – Oferecer instalações físicas em condições adequadas de habitabilidade, higiene, salubridade e segurança e os objetos necessários à higiene pessoal;

VIII – Oferecer vestuário e alimentação suficientes e adequados à faixa etária dos adolescentes atendidos;

IX – Oferecer cuidados médicos, psicológicos, odontológicos e farmacêuticos;

X – Propiciar escolarização e profissionalização;

XI – Propiciar atividades culturais, esportivas e de lazer;

XII – Propiciar assistência religiosa àqueles que desejarem, de acordo com suas crenças;

XIII – Proceder a estudo social e pessoal de cada caso;

XIV – Reavaliar periodicamente cada caso, com intervalo máximo de seis meses, dando ciência dos resultados à autoridade competente;

XV – Informar, periodicamente, o adolescente internado sobre sua situação processual;

XVI – Comunicar às autoridades competentes todos os casos de adolescentes portadores de moléstias infectocontagiosas;

XVII – Fornecer comprovante de depósito dos pertences dos adolescentes;

XVIII – Manter programas destinados ao apoio e acompanhamento de egressos;

XIX – Providenciar os documentos necessários ao exercício da cidadania àqueles que não os tiverem;

XX – Manter arquivo de anotações onde constem data e circunstâncias do atendimento, nome do adolescente, seus pais ou responsável, parentes, endereços, sexo, idade, acompanhamento da sua formação, relação de seus pertences e demais dados que possibilitem sua identificação e a individualização do atendimento.

§ 1º Aplicam-se, no que couber, as obrigações constantes deste artigo às entidades que mantêm programas de acolhimento institucional e familiar.

§ 2º No cumprimento das obrigações a que alude este artigo as entidades utilizarão preferencialmente os recursos da comunidade.

4.15 Fiscalização das entidades

As entidades serão fiscalizadas pelo Judiciário, pelo Ministério Público e pelos Conselhos Tutelares, caso sejam encontradas irregularidades o art. 97 do ECA prevê as sanções aplicáveis administrativamente, sem prejuízo a responsabilidade civil e criminal pelas irregularidades.

4.16 Medidas de Proteção no ECA

As medidas de proteção visam evitar ou afastar o risco do infante, conforme a interpretação do art. 98 do ECA que nos traz as situações de risco.

Na aplicação das medidas de proteção, devem ser observadas as necessidades pedagógicas principalmente de vínculo familiar e social, conforme disposto no art. 100 do ECA.

Art. 100 Na aplicação das medidas levar-se-ão em conta as necessidades pedagógicas, preferindo-se aquelas que visem ao fortalecimento dos vínculos familiares e comunitários.

Parágrafo único. *São também princípios que regem a aplicação das medidas:*

I – Condição da criança e do adolescente como sujeitos de direitos: crianças e adolescentes são os titulares dos direitos previstos nesta e em outras Leis, bem como na Constituição Federal;

II – Proteção integral e prioritária: a interpretação e aplicação de toda e qualquer norma contida nesta Lei deve ser voltada à proteção integral e prioritária dos direitos de que crianças e adolescentes são titulares;

III – Responsabilidade primária e solidária do poder público: a plena efetivação dos direitos assegurados a crianças e a adolescentes por esta Lei e pela Constituição Federal, salvo nos casos por esta expressamente ressalvados, é de responsabilidade primária e solidária das 3 (três) esferas de governo, sem prejuízo da municipalização do atendimento e da possibilidade da execução de programas por entidades não governamentais;

IV – Interesse superior da criança e do adolescente: a intervenção deve atender prioritariamente aos interesses e direitos da criança e do adolescente, sem prejuízo da consideração que for devida a outros interesses legítimos no âmbito da pluralidade dos interesses presentes no caso concreto;

V – Privacidade: a promoção dos direitos e proteção da criança e do adolescente deve ser efetuada no respeito pela intimidade, direito à imagem e reserva da sua vida privada;

VI – Intervenção precoce: a intervenção das autoridades competentes deve ser efetuada logo que a situação de perigo seja conhecida;

VII – Intervenção mínima: a intervenção deve ser exercida exclusivamente pelas autoridades e instituições cuja ação seja indispensável à efetiva promoção dos direitos e à proteção da criança e do adolescente;

VIII – Proporcionalidade e atualidade: a intervenção deve ser a necessária e adequada à situação de perigo em que a criança ou o adolescente se encontram no momento em que a decisão é tomada;

IX – Responsabilidade parental: a intervenção deve ser efetuada de modo que os pais assumam os seus deveres para com a criança e ao adolescente;

X – Prevalência da família: na promoção de direitos e na proteção da criança e do adolescente deve ser dada prevalência às medidas que os mantenham ou reintegrem na sua família natural ou extensa ou, se isso não for possível, que promovam a sua integração em família adotiva;

XI – Obrigatoriedade da informação: a criança e ao adolescente, respeitado seu estágio de desenvolvimento e capacidade de compreensão, seus pais ou responsável devem ser informados dos seus direitos, dos motivos que determinaram a intervenção e da forma como está se processa

XII – Oitiva obrigatória e participação: a criança e ao adolescente, em separado ou na companhia dos pais, de responsável ou de pessoa por si indicada, bem como os seus pais ou responsável, têm direito a ser ouvidos e a participar nos atos e na definição da medida de promoção dos direitos e de proteção, sendo sua opinião devidamente considerada pela autoridade judiciária competente, observado o disposto nos §§ 1º e 2º do art. 28 desta Lei.

4.17 Medidas pertinentes aos pais e responsáveis

A situação de risco em sua maioria decorre de um problema familiar, dessa forma, a preocupação do ECA visa melhorar o núcleo familiar para o regresso do infante, assim o art. 129 do ECA prevê as medidas cabíveis aos pais.

> **Art. 129** *São medidas aplicáveis aos pais ou responsável:*
> *I – Encaminhamento a serviços e programas oficiais ou comunitários de proteção, apoio e promoção da família;*
> *II – Inclusão em programa oficial ou comunitário de auxílio, orientação e tratamento a alcoólatras e toxicômanos;*
> *III – Encaminhamento a tratamento psicológico ou psiquiátrico;*
> *IV – Encaminhamento a cursos ou programas de orientação;*
> *V – Obrigação de matricular o filho ou pupilo e acompanhar sua frequência e aproveitamento escolar;*
> *VI – Obrigação de encaminhar a criança ou adolescente a tratamento especializado;*
> *VII – Advertência;*
> *VIII – Perda da guarda;*
> *IX – Destituição da tutela;*
> *X – Suspensão ou destituição do pátrio poder, poder familiar.*
> **Parágrafo único.** *Na aplicação das medidas previstas nos incisos IX e X deste artigo, observar-se-á o disposto nos artes. 23 e 24.*

Vale ressaltar que não há aplicação de penalidades aos pais e responsáveis por ato infracional do infante.

4.18 Ato Infracional

Entrando na esfera criminal, é importante lembrar sempre que a criança e ao adolescente não cometem crimes, apenas ato infracional, não sendo criminalmente responsabilizados.

Assim, a criança que comete ato infracional fica sujeita a medidas de proteção elencadas no art. 101 do ECA; já os adolescentes, além de medidas de proteção, terão as medidas socioeducativas.

Quando o ato infracional é praticado pelo infante, o Estado é o responsável pela "reeducação". No entanto, o ECA, em seus art. 106 a 111, preocupou-se em garantir os direitos processuais e individuais do infante. (Importante realizar a leitura destes artigos!)

Importante mencionar que o adolescente só será privado de liberdade em casos de flagrante ou por ordem fundamentada do judiciário, devendo ser informado de seus direitos na apreensão.

O prazo máximo para a internação provisória é de 45 dias, não podendo esse prazo ser prorrogado, devendo a internação ser em entidade de internação específica.

4.19 Garantias processuais

As garantias processuais do adolescente, estão previstas no art. 111 do ECA:

> **Art. 111** *São asseguradas ao adolescente, entre outras, as seguintes garantias:*
> *I – Pleno e formal conhecimento da atribuição de ato infracional, mediante citação ou meio equivalente;*
> *II – Igualdade na relação processual, podendo confrontar-se com vítimas e testemunhas e produzir todas as provas necessárias à sua defesa;*
> *III – Defesa técnica por advogado;*
> *IV – Assistência judiciária gratuita e integral aos necessitados, na forma da lei;*
> *V – Direito de ser ouvido pessoalmente pela autoridade competente;*
> *VI – Direito de solicitar a presença de seus pais ou responsável em qualquer fase do procedimento.*

4.20 Medidas socioeducativas

As medidas socioeducativas são medidas que visam reeducar o infante que cometeu ato infracional, e decorre de uma sentença judicial.

Tem como objetivo, responsabilizar o adolescente quanto às consequências de seus atos, e incentivá-lo a reparar, bem como sua reintegração social e a garantia de seus direitos individuais.

Assim, no art. 112 do ECA, temos o rol taxativo das medidas socioeducacionais:

> **Art. 112** *Verificada a prática de ato infracional, a autoridade competente poderá aplicar ao adolescente as seguintes medidas:*
> *I – Advertência;*
> *II – Obrigação de reparar o dano;*
> *III – prestação de serviços à comunidade;*
> *IV – Liberdade assistida;*
> *V – Inserção em regime de semiliberdade;*
> *VI – Internação em estabelecimento educacional;*
> *VII – Qualquer uma das previstas no art. 101, I a VI.*
> *§ 1º A medida aplicada ao adolescente levará em conta a sua capacidade de cumpri-la, as circunstâncias e a gravidade da infração.*
> *§ 2º Em hipótese alguma e sob pretexto algum, será admitida a prestação de trabalho forçado.*
> *§ 3º Os adolescentes portadores de doença ou deficiência mental receberão tratamento individual e especializado, em local adequado às suas condições.*

4.20.1 Medidas socioeducativas em espécie

▷ **Advertência**

De acordo com o art. 115 do ECA, a advertência é a repreensão verbal, que será escrita e assinada.

▷ **Obrigação de reparar o dano**

Caso o ato infracional tenha causado danos patrimoniais, poderá a autoridade determinar que seja restituída a coisa ou o dano, no entanto, tal ato só é possível se o infante possuir patrimônio próprio.

▷ **Prestação de serviços à comunidade**

Essa modalidade é a prestação gratuita de serviços pelo infante a entidades comunitárias, hospitais ou outros estabelecimentos do governo, tendo sua jornada no máximo 8 horas semanais.

▷ **Liberdade assistida**

Sendo umas das medidas mais difíceis, a liberdade assistida é a forma de evitar uma reincidência, sendo o adolescente assistido e acompanhado por uma assistência interdisciplinar. Seu prazo mínimo é de 3 meses e deve ser fixada por juiz.

▷ **Semiliberdade**

Essa medida priva a liberdade do infante em parte, como um regime semiaberto, podendo ser fixada em sentença ou em transição de regime.

▷ **Internação**

A internação é à medida que priva a liberdade do infante, e tem aspecto pedagógico com assistência ao infante. Essa internação terá prazo determinado, no entanto, podendo durar no máximo 3 anos, sendo possível apenas nas hipóteses do art. 122 do ECA.

4.21 Remissão

A remissão é o perdão ao adolescente que comete ato infracional, sendo aplicada a medida menos rigorosa ao caso ou nenhuma medida.

Há quatro formas de remissão:

▷ **Remissão simples:** quando o perdão é simples, ou seja, sem nenhuma medida aplicada.
▷ **Remissão imprópria:** quando o perdão vem com alguma medida socioeducativa menos gravosa.
▷ **Remissão ministerial:** quando o perdão é dado pelo Ministério Público antes do início do processo conforme art. 126 do ECA.
▷ **Remissão pela autoridade judiciária:** quando já instaurado o processo há o perdão judicial, que implicará na suspensão ou extinção do processo conforme art. 188 do ECA.

Importante lembrar que a remissão não implica no reconhecimento da responsabilidade, não servindo como antecedente.

4.22 Conselho Tutelar

O Conselho Tutelar é um órgão que atua na promoção e fiscalização dos direitos dos infantes, sendo um órgão do Poder Executivo municipal, permanentemente autônomo.

O art. 132 do ECA dispõe que "em cada Município e em cada Região Administrativa do Distrito Federal haverá, no mínimo, 01 Conselho Tutelar como órgão integrante da administração pública local, composto de 5 (cinco) membros, escolhidos pela população local através de pleito eleitoral para mandato de 4 (quatro) anos, permitida recondução por novos processos de escolha."

Os membros do conselho tutelar são eleitos, as eleições acontecem de forma unificada no primeiro domingo após as eleições presidenciais no Brasil, sendo a posse no dia 10 de janeiro do subsequente.

São atribuições do Conselho Tutelar, dispostas no art. 136 do ECA:

> *Art. 136 São atribuições do Conselho Tutelar:*
> *I – Atender as crianças e adolescentes nas hipóteses previstas nos artes. 98 e 105, aplicando as medidas previstas no art. 101, I a VII;*
> *II – Atender e aconselhar os pais ou responsável, aplicando as medidas previstas no art. 129, I a VII;*
> *III – Promover a execução de suas decisões, podendo para tanto:*
> *a) requisitar serviços públicos nas áreas de saúde, educação, serviço social, previdência, trabalho e segurança;*
> *b) Representar junto à autoridade judiciária nos casos de descumprimento injustificado de suas deliberações.*
> *IV – Encaminhar ao Ministério Público notícia de fato que constitua infração administrativa ou penal contra os direitos da criança ou adolescente;*
> *V – Encaminhar à autoridade judiciária os casos de sua competência;*
> *VI – Providenciar a medida estabelecida pela autoridade judiciária, dentre as previstas no art. 101, de I a VI, para o adolescente autor de ato infracional;*
> *VII – Expedir notificações;*
> *VIII – Requisitar certidões de nascimento e de óbito de criança ou adolescente quando necessário;*
> *IX – Assessorar o Poder Executivo local na elaboração da proposta orçamentária para planos e programas de atendimento dos direitos da criança e do adolescente;*
> *X – Representar, em nome da pessoa e da família, contra a violação dos direitos previstos no art. 220, § 3º, inciso II, da Constituição Federal;*
> *XI – Representar ao Ministério Público para efeito das ações de perda ou suspensão do poder familiar, após esgotadas as possibilidades de manutenção da criança ou do adolescente junto à família natural.*
> *XII – Promover e incentivar, na comunidade e nos grupos profissionais, ações de divulgação e treinamento para o reconhecimento de sintomas de maus-tratos em crianças e adolescentes.*
> *Parágrafo único. Se, no exercício de suas atribuições, o Conselho Tutelar entender necessário o afastamento do convívio familiar, comunicará incontinenti o fato ao Ministério Público, prestando-lhe informações sobre os motivos de tal entendimento e as providências tomadas para a orientação, o apoio e a promoção social da família.*

5 LEI Nº 10.826/2003 - ESTATUTO DO DESARMAMENTO

5.1 Conceitos introdutórios

O Estatuto do Desarmamento é uma lei que possui normas de Direito Administrativo, Penal e Processual Penal, iremos focar o estudo acerca das infrações penais; contudo, para entender determinados pontos existentes na Lei, será necessário o conhecimento básico de alguns conceitos iniciais.

Por exemplo, o órgão responsável pela autorização e pelo registro de arma de fogo, em regra, é o SINARM (Sistema Nacional de Armas), alocado na Polícia Federal e instituído pelo Ministério da Justiça, cujas competências são exauridas do art. 3º da referida Lei.

5.1.1 Objetivo

▷ **Os objetivos estão expostos na ementa da Lei, quais sejam:**
- Dispõe sobre registro, posse, porte e comercialização de armas de fogo e munição;
- Dispõe sobre o Sistema Nacional de Armas – SINARM;
- Define crimes; e
- Dá outras providências.

O Estatuto tem incriminação apenas das armas de fogo, acessórios, munições e artefatos explosivos ou incendiários, não se aplicando às armas brancas (arts. 18 e 19 da LCP, ou art. 242 do ECA).

5.1.2 Norma penal em branco

▷ **A Lei nº 10.826/2003 não definiu o conceito do que é:**
- Arma de fogo, acessório e munição;
- De uso permitido, restrito e proibido; e
- Artefato explosivo ou incendiário.

Tais definições e outros complementos são regulados por diversos decretos, dentre eles: Decreto nº 9.607/2018 (Política Nacional de Exportação e Importação de Produtos de Defesa), , Decreto nº 9.847/2019 (Regulamento acerca do porte, da comercialização, do SIN'ARM e do SIGMA), Decreto nº 10.030/2019 (Regulamento de Produtos Controlados pelo Comando do Exército), Decreto nº 11.366/2023, além de outros.

Definições dadas pelo Decreto nº 10.030/2019 (Anexo III) e inclusões e alterações dadas pelo Decreto nº 10.627/2021	
Acervo de cidadão	Acervo de cidadão - Relação das armas de fogo pertencentes a uma pessoa física, destinadas à sua defesa pessoal para segurança própria.
Acessório de arma de fogo	artefatos listados nominalmente na legislação como Produto Controlado pelo Exército - PCE que, acoplados a uma arma, possibilitam a alteração da configuração normal do armamento, tal como um supressor de som.
Acessório explosivo	Engenho não muito sensível, de elevada energia de ativação, que tem por finalidade fornecer energia suficiente à continuidade de um trem explosivo e que necessita de um acessório iniciador para ser ativado.
Arma de fogo	Arma que arremessa projéteis empregando a força expansiva dos gases, gerados pela combustão de um propelente confinado em uma câmara, normalmente solidária a um cano, que tem a função de dar continuidade à combustão do propelente, além de direção e estabilidade ao projétil.
Carregador	Depósito ou receptáculo para armazenamento de cartuchos de munição para disparo em armas de fogo, integrante ou destacável do armamento.
Explosivo	Tipo de matéria que, quando iniciada, sofre decomposição muito rápida, com grande liberação de calor e desenvolvimento súbito de pressão.

Definições dadas pelo Anexo I do Decreto nº 10.030/2019	
Arma de fogo de uso permitido	As armas de fogo semiautomáticas ou de repetição que sejam: a) de porte, cujo calibre nominal, com a utilização de munição comum, não atinja, na saída do cano de prova, energia cinética superior a mil e duzentas libras-pé ou mil seiscentos e vinte joules; b) portáteis de alma lisa; ou c) portáteis de alma raiada, cujo calibre nominal, com a utilização de munição comum, não atinja, na saída do cano de prova, energia cinética superior a mil e duzentas libras-pé ou mil seiscentos e vinte joules.
Arma de fogo de uso restrito	As armas de fogo automáticas e as semiautomáticas ou de repetição que sejam: a) não portáteis; b) de porte, cujo calibre nominal, com a utilização de munição comum, atinja, na saída do cano de prova, energia cinética superior a mil e duzentas libras-pé ou mil seiscentos e vinte joules; ou c) portáteis de alma raiada, cujo calibre nominal, com a utilização de munição comum, atinja, na saída do cano de prova, energia cinética superior a mil e duzentas libras-pé ou mil seiscentos e vinte joules.
Arma de fogo de uso proibido	a) as armas de fogo classificadas de uso proibido em acordos e tratados internacionais dos quais a República Federativa do Brasil seja signatária; ou b) as armas de fogo dissimuladas, com aparência de objetos inofensivos.
Munição de uso restrito	As munições que: a) atinjam, na saída do cano de prova de armas de porte ou portáteis de alma raiada, energia cinética superior a mil e duzentas libras-pé ou mil seiscentos e vinte joules; b) sejam traçantes, perfurantes ou fumígenas; c) sejam granadas de obuseiro, de canhão, de morteiro, de mão ou de bocal; ou d) sejam rojões, foguetes, mísseis ou bombas de qualquer natureza.
Munição de uso proibido	As munições que sejam assim definidas em acordo ou tratado internacional de que a República Federativa do Brasil seja signatária e as munições incendiárias ou químicas.

LEI Nº 10.826/2003 - ESTATUTO DO DESARMAMENTO

Arma de fogo de porte	As armas de fogo de dimensões e peso reduzidos que podem ser disparadas pelo atirador com apenas uma de suas mãos, a exemplo de pistolas, revólveres e garruchas.
Arma de fogo portátil	As armas de fogo que, devido às suas dimensões ou ao seu peso, podem ser transportadas por uma pessoa, tais como fuzil, carabina e espingarda.
Arma de fogo não portátil art. 2º, IX)	As armas de fogo que, devido às suas dimensões ou ao seu peso, precisam ser transportadas por mais de uma pessoa, com a utilização de veículos, automotores ou não, ou sejam fixadas em estruturas permanentes.

Classificação e definição das armas de fogo: a classificação e definição das armas de fogo de uso permitido, restrito ou proibido, além das obsoletas e de valor histórico, serão disciplinadas por ato do chefe do Poder Executivo Federal, por meio de proposta do Comando do Exército, conforme expõe o caput do art. 23 do referido estatuto.

Art. 23 A classificação legal, técnica e geral bem como a definição das armas de fogo e demais produtos controlados, de usos proibidos, restritos, permitidos ou obsoletos e de valor histórico serão disciplinadas em ato do chefe do Poder Executivo Federal, mediante proposta do Comando do Exército.

§ 1º Todas as munições comercializadas no País deverão estar acondicionadas em embalagens com sistema de código de barras, gravado na caixa, visando possibilitar a identificação do fabricante e do adquirente, entre outras informações definidas pelo regulamento desta Lei.

§ 2º Para os órgãos referidos no art. 6º, somente serão expedidas autorizações de compra de munição com identificação do lote e do adquirente no culote dos projéteis, na forma do regulamento desta Lei.

§ 3º As armas de fogo fabricadas a partir de 1 (um) ano da data de publicação desta Lei conterão dispositivo intrínseco de segurança e de identificação, gravado no corpo da arma, definido pelo regulamento desta Lei, exclusive para os órgãos previstos no art. 6º.

§ 4º As instituições de ensino policial e as guardas municipais referidas nos incisos III e IV do 'caput' do art. 6º desta Lei e no seu § 7º Poderão adquirir insumos e máquinas de recarga de munição para o fim exclusivo de suprimento de suas atividades, mediante autorização concedida nos termos definidos em regulamento.

Em muitos lugares na referida Lei, haverá expressões que determinam a necessidade de complemento normativo, tais como: na forma [...], nas condições [...], nos termos do regulamento desta Lei; sem autorização ou em desacordo com determinação legal ou regulamentar.

5.1.3 SINARM e registro

Art. 1º O Sistema Nacional de Armas – SINARM, instituído no Ministério da Justiça, no âmbito da Polícia Federal, tem circunscrição em todo o território nacional.

O SINARM é órgão vinculado à Polícia Federal e o responsável pelo cadastramento e registro das armas de fogo em território nacional, salvo as das Forças Armadas e Auxiliares, bem como as dos órgãos que constem em seus registros próprios (art. 2º, parágrafo único) — estas serão cadastradas no SIGMA.

Art. 2º Ao SINARM compete:
I – identificar as características e a propriedade de armas de fogo, mediante cadastro;
II – cadastrar as armas de fogo produzidas, importadas e vendidas no País;
III – cadastrar as autorizações de porte de arma de fogo e as renovações expedidas pela Polícia Federal;
IV – cadastrar as transferências de propriedade, extravio, furto, roubo e outras ocorrências suscetíveis de alterar os dados cadastrais, inclusive as decorrentes de fechamento de empresas de segurança privada e de transporte de valores;
V – identificar as modificações que alterem as características ou o funcionamento de arma de fogo;
VI – integrar no cadastro os acervos policiais já existentes;
VII – cadastrar as apreensões de armas de fogo, inclusive as vinculadas a procedimentos policiais e judiciais;
VIII – cadastrar os armeiros em atividade no País, bem como conceder licença para exercer a atividade;
IX – cadastrar mediante registro os produtores, atacadistas, varejistas, exportadores e importadores autorizados de armas de fogo, acessórios e munições;
X – cadastrar a identificação do cano da arma, as características das impressões de raiamento e de microestriamento de projétil disparado, conforme marcação e testes obrigatoriamente realizados pelo fabricante;
XI – informar às Secretarias de Segurança Pública dos Estados e do Distrito Federal os registros e autorizações de porte de armas de fogo nos respectivos territórios, bem como manter o cadastro atualizado para consulta.
Parágrafo único. As disposições deste artigo não alcançam as armas de fogo das Forças Armadas e Auxiliares, bem como as demais que constem dos seus registros próprios.

Armas de fogo de uso restrito: compete ao Comando do Exército autorizar a aquisição e registrar as armas de fogo de uso restrito (art. 3º, parágrafo único).

Art. 3º É obrigatório o registro de arma de fogo no órgão competente.
Parágrafo único. As armas de fogo de uso restrito serão registradas no Comando do Exército, na forma do regulamento desta Lei.
Art. 27 Caberá ao Comando do Exército autorizar, excepcionalmente, a aquisição de armas de fogo de uso restrito.
Parágrafo único. O disposto neste artigo não se aplica às aquisições dos Comandos Militares.

5.1.4 Da posse de arma de fogo

A regra geral é que a população não tenha arma de fogo, daí o nome "Estatuto do Desarmamento". Contudo, um particular poderá obter a autorização para **posse de arma de fogo de uso permitido** (há diferença entre "posse" e "porte") caso preencha os requisitos necessários do art. 4º, que são, entre outros: curso técnico, avaliação psicológica, pagamento de taxas; bem como a idade mínima de 25 anos (art. 28).

Art. 4º Para adquirir arma de fogo de uso permitido o interessado deverá, além de declarar a efetiva necessidade, atender aos seguintes requisitos:
I – comprovação de idoneidade, com a apresentação de certidões negativas de antecedentes criminais fornecidas pela Justiça Federal, Estadual, Militar e Eleitoral e de não estar respondendo a inquérito policial ou a processo criminal, que poderão ser fornecidas por meios eletrônicos;
II – apresentação de documento comprobatório de ocupação lícita e de residência certa;
III – comprovação de capacidade técnica e de aptidão psicológica para o manuseio de arma de fogo, atestadas na forma disposta no regulamento desta Lei.
§ 1º O SINARM expedirá autorização de compra de arma de fogo após atendidos os requisitos anteriormente estabelecidos, em nome do requerente e para a arma indicada, sendo intransferível esta autorização.

§ 2º A aquisição de munição somente poderá ser feita no calibre correspondente à arma registrada e na quantidade estabelecida no regulamento desta Lei.

§ 3º A empresa que comercializar arma de fogo em território nacional é obrigada a comunicar a venda à autoridade competente, como também a manter banco de dados com todas as características da arma e cópia dos documentos previstos neste artigo.

§ 4º A empresa que comercializa armas de fogo, acessórios e munições responde legalmente por essas mercadorias, ficando registradas como de sua propriedade enquanto não forem vendidas.

§ 5º A comercialização de armas de fogo, acessórios e munições entre pessoas físicas somente será efetivada mediante autorização do SINARM.

§ 6º A expedição da autorização a que se refere o §1º será concedida, ou recusada com a devida fundamentação, no prazo de 30 (trinta) dias úteis, a contar da data do requerimento do interessado.

§ 7º O registro precário a que se refere o §4º prescinde do cumprimento dos requisitos dos incisos I, II e III deste artigo.

§ 8º Estará dispensado das exigências constantes do inciso III do 'caput' deste artigo, na forma do regulamento, o interessado em adquirir arma de fogo de uso permitido que comprove estar autorizado a portar arma com as mesmas características daquela a ser adquirida.

Art. 28 É vedado ao menor de 25 (vinte e cinco) anos adquirir arma de fogo, ressalvados os integrantes das entidades constantes dos incisos I, II, III, V, VI, VII e X do 'caput' do art. 6º desta Lei.

Diferenciação entre posse e porte: a posse de arma de fogo restringe-se à circunscrição residencial ou empresarial – desde que seja o proprietário ou o responsável legal. Já o porte é a autorização de levar a arma de fogo consigo além desses locais.

Art. 5º O certificado de Registro de Arma de Fogo, com validade em todo o território nacional, autoriza o seu proprietário a manter a arma de fogo exclusivamente no interior de sua residência ou domicílio, ou dependência desses, ou, ainda, no seu local de trabalho, desde que seja ele o titular ou o responsável legal pelo estabelecimento ou empresa.

§ 1º O certificado de registro de arma de fogo será expedido pela Polícia Federal e será precedido de autorização do SINARM.

§ 2º Os requisitos de que tratam os incisos I, II e III do art. 4º deverão ser comprovados periodicamente, em período não inferior a 3 (três) anos, na conformidade do estabelecido no regulamento desta Lei, para a renovação do Certificado de Registro de Arma de Fogo.

§ 3º O proprietário de arma de fogo com certificados de registro de propriedade expedido por órgão estadual ou do Distrito Federal até a data da publicação desta Lei que não optar pela entrega espontânea prevista no art. 32 desta Lei deverá renová-lo mediante o pertinente registro federal, até o dia 31 de dezembro de 2008, ante a apresentação de documento de identificação pessoal e comprovante de residência fixa, ficando dispensado do pagamento de taxas e do cumprimento das demais exigências constantes dos incisos I a III do 'caput' do art. 4º desta Lei.

§ 4º Para fins do cumprimento do disposto no §3º deste artigo, o proprietário de arma de fogo poderá obter, no Departamento de Polícia Federal, certificado de registro provisório, expedido na rede mundial de computadores — internet, na forma do regulamento e obedecidos os procedimentos a seguir:

I – emissão de certificado de registro provisório pela internet, com validade inicial de 90 (noventa) dias; e

II – revalidação pela unidade do Departamento de Polícia Federal do certificado de registro provisório pelo prazo que estimar como necessário para a emissão definitiva do certificado de registro de propriedade.

§5º Aos residentes em área rural, para os fins do disposto no 'caput' deste artigo, considera-se residência ou domicílio toda a extensão do respectivo imóvel rural.

Do porte de arma de fogo

Art. 6º É proibido o porte de arma de fogo em todo o território nacional, salvo para os casos previstos em legislação própria e para:

I – os integrantes das Forças Armadas;

II – os integrantes de órgãos referidos nos incisos I, II, III, IV e V do 'caput' do art. 144 da Constituição Federal e os da Força Nacional de Segurança Pública (FNSP);

III – os integrantes das guardas municipais das capitais dos Estados e dos Municípios com mais de 500.000 (quinhentos mil) habitantes, nas condições estabelecidas no regulamento desta Lei;

IV – os integrantes das guardas municipais dos Municípios com mais de 50.000 (cinquenta mil) e menos de 500.000 (quinhentos mil) habitantes, quando em serviço;

V – os agentes operacionais da Agência Brasileira de Inteligência e os agentes do Departamento de Segurança do Gabinete de Segurança Institucional da Presidência da República;

VI – os integrantes dos órgãos policiais referidos no art. 51, IV, e no art. 52, XIII, da Constituição Federal;

VII – os integrantes do quadro efetivo dos agentes e guardas prisionais, os integrantes das escoltas de presos e as guardas portuárias;

VIII – as empresas de segurança privada e de transporte de valores constituídas, nos termos desta Lei;

IX – para os integrantes das entidades de desporto legalmente constituídas, cujas atividades esportivas demandem o uso de armas de fogo, na forma do regulamento desta Lei, observando-se, no que couber, a legislação ambiental.

X – integrantes das Carreiras de Auditoria da Receita Federal do Brasil e de Auditoria-Fiscal do Trabalho, cargos de Auditor-Fiscal e Analista Tributário.

XI – os tribunais do Poder Judiciário descritos no art. 92 da Constituição Federal e os Ministérios Públicos da União e dos Estados, para uso exclusivo de servidores de seus quadros pessoais que efetivamente estejam no exercício de funções de segurança, na forma de regulamento a ser emitido pelo Conselho Nacional de Justiça – CNJ e pelo Conselho Nacional do Ministério Público – CNMP.

§1º As pessoas previstas nos incisos I, II, III, V e VI do 'caput' deste artigo terão direito de portar arma de fogo de propriedade particular ou fornecida pela respectiva corporação ou instituição, mesmo fora de serviço, nos termos do regulamento desta Lei, com validade em âmbito nacional para aquelas constantes dos incisos I, II, V e VI.

§ 1º-A (Revogado)

§ 1º-B Os integrantes do quadro efetivo de agentes e guardas prisionais poderão portar arma de fogo de propriedade particular ou fornecida pela respectiva corporação ou instituição, mesmo fora de serviço, desde que estejam:

I – submetidos a regime de dedicação exclusiva;

II – sujeitos à formação funcional, nos termos do regulamento; e

III – subordinados a mecanismos de fiscalização e de controle interno.

§ 1º-C (Vetado)

§ 2º A autorização para o porte de arma de fogo aos integrantes das instituições descritas nos incisos V, VI, VII e X do 'caput' deste artigo está condicionada à comprovação do requisito a que se refere o inciso III do 'caput' do art. 4º desta Lei nas condições estabelecidas no regulamento desta Lei.

§ 3º A autorização para o porte de arma de fogo das guardas municipais está condicionada à formação funcional de seus integrantes em estabelecimentos de ensino de atividade policial, à existência de mecanismos de fiscalização e de controle interno, nas condições estabelecidas no regulamento desta Lei, observada a supervisão do Ministério da Justiça.

§ 4º Os integrantes das Forças Armadas, das polícias federais e estaduais e do Distrito Federal, bem como os militares dos Estados e do Distrito Federal, ao exercerem o direito descrito no art. 4º, ficam dispensados do cumprimento do disposto nos incisos I, II e III do mesmo artigo, na forma do regulamento desta Lei.

§ 5º Aos residentes em áreas rurais, maiores de 25 (vinte e cinco) anos que comprovem depender do emprego de arma de fogo para prover sua subsistência alimentar familiar será concedido pela Polícia Federal o porte de arma de fogo, na categoria caçador para subsistência, de uma arma de uso permitido, de tiro simples, com 1 (um) ou 2 (dois) canos,

LEI Nº 10.826/2003 - ESTATUTO DO DESARMAMENTO

de alma lisa e de calibre igual ou inferior a 16 (dezesseis), desde que o interessado comprove a efetiva necessidade em requerimento ao qual deverão ser anexados os seguintes documentos:

I – documento de identificação pessoal;

II – comprovante de residência em área rural; e

III – atestado de bons antecedentes.

§ 6º O caçador para subsistência que der outro uso à sua arma de fogo, independentemente de outras tipificações penais, responderá, conforme o caso, por porte ilegal ou por disparo de arma de fogo de uso permitido. (Redação dada pela Lei nº 11.706, de 2008)

§ 7º Aos integrantes das guardas municipais dos Municípios que integram regiões metropolitanas será autorizado porte de arma de fogo, quando em serviço.

Art. 7º *As armas de fogo utilizadas pelos empregados das empresas de segurança privada e de transporte de valores, constituídas na forma da lei, serão de propriedade, responsabilidade e guarda das respectivas empresas, somente podendo ser utilizadas quando em serviço, devendo essas observar as condições de uso e de armazenagem estabelecidas pelo órgão competente, sendo o certificado de registro e a autorização de porte expedidos pela Polícia Federal em nome da empresa.*

§ 1º O proprietário ou diretor responsável de empresa de segurança privada e de transporte de valores responderá pelo crime previsto no parágrafo único do art. 13 desta Lei, sem prejuízo das demais sanções administrativas e civis, se deixar de registrar ocorrência policial e de comunicar à Polícia Federal perda, furto, roubo ou outras formas de extravio de armas de fogo, acessórios e munições que estejam sob sua guarda, nas primeiras 24 (vinte e quatro) horas depois de ocorrido o fato.

§ 2º A empresa de segurança e de transporte de valores deverá apresentar documentação comprobatória do preenchimento dos requisitos constantes do art. 4º desta Lei quanto aos empregados que portarão arma de fogo.

§ 3º A listagem dos empregados das empresas referidas neste artigo deverá ser atualizada semestralmente junto ao SINARM.

Art. 7º-A *As armas de fogo utilizadas pelos servidores das instituições descritas no inciso XI do art. 6º serão de propriedade, responsabilidade e guarda das respectivas instituições, somente podendo ser utilizadas quando em serviço, devendo estas observar as condições de uso e de armazenagem estabelecidas pelo órgão competente, sendo o certificado de registro e a autorização de porte expedidos pela Polícia Federal em nome da instituição.*

§ 1º A autorização para o porte de arma de fogo de que trata este artigo independe do pagamento de taxa.

§ 2º O presidente do tribunal ou o chefe do Ministério Público designará os servidores de seus quadros pessoais no exercício de funções de segurança que poderão portar arma de fogo, respeitado o limite máximo de 50% (cinquenta por cento) do número de servidores que exerçam funções de segurança.

§ 3º O porte de arma pelos servidores das instituições de que trata este artigo fica condicionado à apresentação de documentação comprobatória do preenchimento dos requisitos constantes do art. 4º desta Lei, bem como à formação funcional em estabelecimentos de ensino de atividade policial e à existência de mecanismos de fiscalização e de controle interno, nas condições estabelecidas no regulamento desta Lei.

§ 4º A listagem dos servidores das instituições de que trata este artigo deverá ser atualizada semestralmente no SINARM.

§ 5º As instituições de que trata este artigo são obrigadas a registrar ocorrência policial e a comunicar à Polícia Federal eventual perda, furto, roubo ou outras formas de extravio de armas de fogo, acessórios e munições que estejam sob sua guarda, nas primeiras 24 (vinte e quatro) horas depois de ocorrido o fato.

Art. 8º *As armas de fogo utilizadas em entidades desportivas legalmente constituídas devem obedecer às condições de uso e de armazenagem estabelecidas pelo órgão competente, respondendo o possuidor ou o autorizado a portar a arma pela sua guarda na forma do regulamento desta Lei.*

O porte de arma de fogo, geralmente, é proibido (principalmente aos particulares), porém, com regras específicas, os arts. 6º, 7º e 8º autorizam alguns agentes (a maioria se trata de órgãos públicos de segurança pública). Além de outros que possuem autorização emanada de outras leis específicas.

Basicamente, é autorizado para Agentes Públicos (em serviço ou fora dele):

Forças Armadas (art. 6º, *caput*, I)
Art. 142, *caput*, CF/1988: Marinha; Aeronáutica; Exército.

Órgãos de Segurança Pública e Força Nacional de Segurança Pública (art. 6º, *caput*, II)
Art. 144, *caput*, CF/1988: Polícia Federal; Polícia Rodoviária Federal; Polícia Ferroviária Federal; Polícias Civis; Polícias Militares e Corpo de Bombeiros Militares; Polícias penais federal, estaduais e distrital; Força Nacional de Segurança Pública – FNSP.

Guardas Municipais* (art. 6º, *caput*, III)
Capitais de Estado e Municípios com mais de 500 mil habitantes.

GSI-PR e ABIN (art. 6º, *caput*, V)
Agentes Operacionais da ABIN; Agentes de Segurança Presidencial do GSI-PR.

Polícia Legislativa Federal (art. 6º, *caput*, VI)
Polícia da Câmara dos Deputados (art. 51, IV, CF/1988); Polícia do Senado (art. 52, XIII, CF/1988).

Agentes Públicos (apenas em serviço):

Guardas Municipais* (art. 6º, *caput*, IV, e § 7º)
Municípios com **mais de 50** mil habitantes e **menos de 500** mil habitantes (art. 6º, *caput*, IV); Municípios que integrem **regiões metropolitanas** (art. 6º, § 7º).

Guardas prisionais e portuárias (art. 6º, *caput*, VII)
Agentes e guardas prisionais (poderão obter o porte para uso fora de serviço, desde que preencham os requisitos do § 1º-B do art. 6º); Integrantes de escolta de presos; Guardas portuários.

Auditoria Fiscal Federal Tributária e Trabalhista (art. 6º, *caput*, X).
Auditor-Fiscal da Receita Federal; Analista Tributário da Receita Federal; Auditor-Fiscal do Trabalho Federal.

Agentes de Segurança do Poder Judiciário e Ministério Público (art. 6º, *caput*, XI)
Porte em nome da instituição e uso em serviço: competência da **Polícia Federal** (art. 7º-A).

LEGISLAÇÃO EXTRAVAGANTE

Particulares:

Empresas de Segurança Privada e de Transporte de Valores (art. 6º, caput, VIII)
Porte em nome da empresa e uso apenas em serviço: competência da **Polícia Federal** (art. 7º).
Caçador para subsistência (art. 6º, §§ 5º e 6º)
Porte "caçador para subsistência" (residente em área rural): competência da **Polícia Federal**.
Atiradores, caçadores e colecionadores (art. 9º)
Integrantes (art. 6º, caput, IX) e entidades desportivas (art. 8º). Registro e porte de trânsito (guia de tráfego): competência do **Comando do Exército** (art. 9º).

Estrangeiros no Brasil:

Responsáveis pela segurança de cidadãos estrangeiros em visita ou sediados no Brasil.
Autorização do porte de arma de fogo: competência do **Ministério da Justiça** (art. 9º).
Representantes estrangeiros em competição internacional oficial de tiro no Brasil.
Registro e porte de trânsito: competência do **Comando do Exército** (art. 9º).

Art. 9º Compete ao Ministério da Justiça a autorização do porte de arma para os responsáveis pela segurança de cidadãos estrangeiros em visita ou sediados no Brasil e, ao Comando do Exército, nos termos do regulamento desta Lei, o registro e a concessão de porte de trânsito de arma de fogo para colecionadores, atiradores e caçadores e de representantes estrangeiros em competição internacional oficial de tiro realizada no território nacional.

	Autorização conforme os órgãos
Ministério da Justiça	Autorização do porte de arma para: Seguranças de cidadãos estrangeiros em visita ou sediados no Brasil.
Comando do Exército	Registro e concessão de porte de trânsito de arma de fogo para: Colecionadores; Atiradores; Caçadores; e Representantes estrangeiros em competição internacional oficial de tiro realizada no território nacional.

Perda automática: aquele que for abordado ou detido em estado de embriaguez ou sob o efeito drogas perderá automaticamente a eficácia do porte de arma de fogo (art. 10, § 2º).

Art. 10 A autorização para o porte de arma de fogo de uso permitido, em todo o território nacional, é de competência da Polícia Federal e somente será concedida após autorização do SINARM.
§1º A autorização prevista neste artigo poderá ser concedida com eficácia temporária e territorial limitada, nos termos de atos regulamentares, e dependerá de o requerente:
I – demonstrar a sua efetiva necessidade por exercício de atividade profissional de risco ou de ameaça à sua integridade física;
II – atender às exigências previstas no art. 4º desta Lei;
III – apresentar documentação de propriedade de arma de fogo, bem como o seu devido registro no órgão competente.

§ 2º A autorização de porte de arma de fogo, prevista neste artigo, perderá automaticamente sua eficácia caso o portador dela seja detido ou abordado em estado de embriaguez ou sob efeito de substâncias químicas ou alucinógenas.

Fique ligado

O uso ostensivo de arma de fogo para aqueles que possuem o porte é proibido. Ou seja, o sujeito que leva a arma consigo, mas a deixa aparecer. O resultado é o mesmo para quem seja detido embriagado portando a arma de fogo: cassação do porte e apreensão da arma (art. 20, Decreto nº 9.847/2019).

Art. 11 Fica instituída a cobrança de taxas, nos valores constantes do Anexo desta Lei, pela prestação de serviços relativos:
I – ao registro de arma de fogo;
II – à renovação de registro de arma de fogo;
III – à expedição de segunda via de registro de arma de fogo;
IV – à expedição de porte federal de arma de fogo;
V – à renovação de porte de arma de fogo;
VI – à expedição de segunda via de porte federal de arma de fogo.
§ 1º Os valores arrecadados destinam-se ao custeio e à manutenção das atividades do SINARM, da Polícia Federal e do Comando do Exército, no âmbito de suas respectivas responsabilidades.
§ 2º São isentas do pagamento das taxas previstas neste artigo as pessoas e as instituições a que se referem os incisos I a VII e X e o § 5º do art. 6º desta Lei.
Art. 11-A O Ministério da Justiça disciplinará a forma e as condições do credenciamento de profissionais pela Polícia Federal para comprovação da aptidão psicológica e da capacidade técnica para o manuseio de arma de fogo.
§1º Na comprovação da aptidão psicológica, o valor cobrado pelo psicólogo não poderá exceder ao valor médio dos honorários profissionais para realização de avaliação psicológica constante do item 1.16 da tabela do Conselho Federal de Psicologia.
§ 2º Na comprovação da capacidade técnica, o valor cobrado pelo instrutor de armamento e tiro não poderá exceder R$ 80,00 (oitenta reais), acrescido do custo da munição.
§ 3º A cobrança de valores superiores aos previstos nos §§ 1º e 2º deste artigo implicará o descredenciamento do profissional pela Polícia Federal.

5.1.5 Do comércio

A **comercialização, produção, importação, exportação ou manutenção** de armas de fogo em território nacional são permitidas desde que o estabelecimento comercial tenha sido previamente *autorizado pelo Comando do Exército (art. 24) e cadastrado no SINARM* (art. 2º, IX).

Art. 24 Excetuadas as atribuições a que se refere o art. 2º desta Lei, compete ao Comando do Exército autorizar e fiscalizar a produção, exportação, importação, desembaraço alfandegário e o comércio de armas de fogo e demais produtos controlados, inclusive o registro e o porte de trânsito de arma de fogo de colecionadores, atiradores e caçadores.

Comércio entre pessoas físicas: o comércio entre pessoas físicas só é possível mediante *autorização prévia do SINARM* (art. 4º, § 5º), bem como a atividade de armeiro (art. 2º, VIII).

Fique ligado

A proibição não se restringe apenas às armas de fogo, mas também às armas de brinquedos (art. 26).

Art. 26 São vedadas a fabricação, a venda, a comercialização e a importação de brinquedos, réplicas e simulacros de armas de fogo, que com estas se possam confundir.
Parágrafo único. Excetuam-se da proibição as réplicas e os simulacros destinados à instrução, ao adestramento, ou à coleção de usuário autorizado, nas condições fixadas pelo Comando do Exército.

LEI Nº 10.826/2003 - ESTATUTO DO DESARMAMENTO

5.1.6 Das armas de fogo apreendidas

Destinatário das armas de fogo apreendidas (art. 25): deverão ser encaminhadas ao Comando do Exército pela autoridade judiciária competente, em até 48 horas, desde que já tenha sido feito o laudo pericial, a juntada aos autos e não mais interessem à persecução penal, a fim de serem destruídas ou doadas aos órgãos de segurança pública (art. 144, CF/1988) ou às Forças Armadas (art. 142, CF/1988).

> **Art. 25** *As armas de fogo apreendidas, após a elaboração do laudo pericial e sua juntada aos autos, quando não mais interesserem à persecução penal serão encaminhadas pelo juiz competente ao Comando do Exército, no prazo de até 48 (quarenta e oito) horas, para destruição ou doação aos órgãos de segurança pública ou às Forças Armadas, na forma do regulamento desta Lei. (Redação dada pela Lei nº 13.886/2019)*
>
> *§ 1º As armas de fogo encaminhadas ao Comando do Exército que receberem parecer favorável à doação, obedecidos o padrão e a dotação de cada Força Armada ou órgão de segurança pública, atendidos os critérios de prioridade estabelecidos pelo Ministério da Justiça e ouvido o Comando do Exército, serão arroladas em relatório reservado trimestral a ser encaminhado àquelas instituições, abrindo-se-lhes prazo para manifestação de interesse.*
>
> *§1º-A As armas de fogo e munições apreendidas em decorrência do tráfico de drogas de abuso, ou de qualquer forma utilizadas em atividades ilícitas de produção ou comercialização de drogas abusivas, ou, ainda, que tenham sido adquiridas com recursos provenientes do tráfico de drogas de abuso, perdidas em favor da União e encaminhadas para o Comando do Exército, devem ser, após perícia ou vistoria que atestem seu bom estado, destinadas com prioridade para os órgãos de segurança pública e do sistema penitenciário da unidade da federação responsável pela apreensão.*
>
> *§ 2º O Comando do Exército encaminhará a relação das armas a serem doadas ao juiz competente, que determinará o seu perdimento em favor da instituição beneficiada.*
>
> *§ 3º O transporte das armas de fogo doadas será de responsabilidade da instituição beneficiada, que procederá ao seu cadastramento no SINARM ou no SIGMA.*
>
> *§ 4º (Vetado)*
>
> *§ 5º O Poder Judiciário instituirá instrumentos para o encaminhamento ao SINARM ou ao SIGMA, conforme se trate de arma de uso permitido ou de uso restrito, semestralmente, da relação de armas acauteladas em juízo, mencionando suas características e o local onde se encontram.*

5.1.7 Do Banco Nacional de Perfis Balísticos

Criação do Banco Nacional de Perfis Balísticos: a Lei nº 13.964/2019 (Pacote Anticrime) incluiu o art. 34-A no Estatuto do Desarmamento a fim de auxiliar o trabalho pericial com sistema automatizado e integrado.

> **Art. 34-A** *Os dados relacionados à coleta de registros balísticos serão armazenados no Banco Nacional de Perfis Balísticos.*
>
> *§ 1º O Banco Nacional de Perfis Balísticos tem como objetivo cadastrar armas de fogo e armazenar características de classe e individualizadoras de projéteis e de estojos de munição deflagrados por arma de fogo.*
>
> *§ 2º O Banco Nacional de Perfis Balísticos será constituído pelos registros de elementos de munição deflagrados por armas de fogo relacionados a crimes, para subsidiar ações destinadas às apurações criminais federais, estaduais e distritais.*
>
> *§ 3º O Banco Nacional de Perfis Balísticos será gerido pela unidade oficial de perícia criminal.*
>
> *§ 4º Os dados constantes do Banco Nacional de Perfis Balísticos terão caráter sigiloso, e aquele que permitir ou promover sua utilização para fins diversos dos previstos nesta Lei ou em decisão judicial responderá civil, penal e administrativamente.*
>
> *§ 5º É vedada a comercialização, total ou parcial, da base de dados do Banco Nacional de Perfis Balísticos.*
>
> *§ 6º A formação, a gestão e o acesso ao Banco Nacional de Perfis Balísticos serão regulamentados em ato do Poder Executivo federal.*

Justificado no Projeto de Lei nº 882/2019, de autoria do então Ministro Sérgio Moro, segundo o qual:

> *Registre-se, ainda, a introdução do art. 34-A., que disciplina a coleta de dados e armazenamento de perfis balísticos, através de um Banco Nacional gerenciados por Unidade Oficial de Perícia Criminal. Trata-se de modalidade de prova técnica essencial para a apuração de crimes praticados com arma de fogo, entre eles o homicídio, cujos índices de apuração não têm sido positivos. A Secretaria Nacional de Segurança Pública – SENASP, em nota técnica manifestou-se afirmando: 'A Criação do Banco Nacional de Perfis Balísticos, com sistemas automatizados em rede integrada, possibilitará a elucidação dos crimes envolvendo armas de fogo como Homicídios, Feminicídios, Latrocínios, Roubos, crimes realizados por Organizações Criminosas, dentre outros.'.*

5.2 Dos crimes e das penas

Bem jurídico tutelado: é a segurança pública e a paz social (incolumidade pública): preserva-se a coletividade e não apenas uma única pessoa, ou seja, **não é a incolumidade física**. A segurança pública, de acordo com a CF/1988 (art. 144, *caput*), é dever do Estado, porém de responsabilidade de todos. Assim, aqueles que atentem contra a preservação da ordem social e da incolumidade pública serão punidos de acordo com a Lei.

Ação penal: é pública incondicionada, uma vez que o bem jurídico tutelado pela norma é a incolumidade pública.

Sujeito passivo: o sujeito passivo imediato é a coletividade, ou seja, trata-se de crime vago e, em regra, de perigo abstrato e de mera conduta. Quase todos os delitos são dolosos e comissivos; contudo, haverá um ou outro que será culposo ou omissivo, como é o caso da omissão de cautela (art. 13, *caput*).

Fiança e liberdade provisória: geralmente, os crimes previstos na Lei nº 10.826/2003 são suscetíveis de liberdade provisória (todos) e afiançáveis (salvo os arts. 16, 17 e 18).

Delitos hediondos: os arts. 16, 17 e 18 são considerados crimes hediondos (art. 1º, parágrafo único, Lei nº 8.072/1990) e, por conseguinte, insuscetíveis de anistia, graça, indulto e fiança.

Inconstitucionalidade do art. 21º e dos parágrafos únicos dos arts. 14º e 15º: tais dispositivos foram considerados inconstitucionais segundo o Supremo Tribunal Federal (STF/ADI 3.112), uma vez que não estão incluídos no rol constitucional dos delitos inafiançáveis, conforme os incisos XLII, XLIII, XLIV, do art. 5º, da Carta Magna, quais sejam: racismo, tortura, tráfico ilícito de drogas, terrorismo, crimes hediondos e ação de grupos armados contra a ordem constitucional e o Estado Democrático.

> *A **proibição de estabelecimento de fiança** para os delitos de 'porte ilegal de arma de fogo de uso permitido' e de 'disparo de arma de fogo', **mostra-se desarrazoada**, porquanto são crimes de mera conduta, que não se equiparam aos crimes que acarretam lesão ou ameaça de lesão à vida ou à propriedade. [...] **Insusceptibilidade de liberdade provisória** quanto aos delitos elencados nos arts. 16, 17 e 18. **Inconstitucionalidade reconhecida**, visto que o texto magno não autoriza a prisão 'ex lege', em face dos princípios da presunção de inocência e da obrigatoriedade de fundamentação dos mandados de prisão pela autoridade judiciária competente. [...] Ação julgada procedente, em parte, para declarar a **inconstitucionalidade dos parágrafos únicos dos artigos 14 e 15 e do artigo 21** da Lei nº 10.826, de 22 de dezembro de 2003. STF, ADI 3.112/DF, Rel. Min. Ricardo Lewandowski, julgado em 02/05/2007, Tribunal Pleno, DJe 26/10/2007.*

Norma penal em branco: por se tratar de norma penal em branco, a definição de arma de fogo, munição e acessórios de uso permitido, restrito ou proibido e artefatos explosivos constam em outras normas infralegais. Lembre-se de que o Estatuto do Desarmamento cuida apenas de arma de fogo, acessórios e munições, mas não de arma branca (o porte dela poderá configurar contravenção penal).

Apenas um delito qualificado: somente o crime de "posse ou porte ilegal de arma de fogo de uso proibido" é qualificado (art. 16, §2º), já os arts. 19 e 20 se referem a majorantes (causas de aumento de pena).

LEGISLAÇÃO EXTRAVAGANTE

Abolitio criminis temporária ou vacatio legis indireta:

Art. 30 Os possuidores e proprietários de arma de fogo de uso permitido ainda não registrada deverão solicitar seu registro até o dia 31 de dezembro de 2008, mediante apresentação de documento de identificação pessoal e comprovante de residência fixa, acompanhados de nota fiscal de compra ou comprovação da origem lícita da posse, pelos meios de prova admitidos em direito, ou declaração firmada na qual constem as características da arma e a sua condição de proprietário, ficando este dispensado do pagamento de taxas e do cumprimento das demais exigências constantes dos incisos I a III do 'caput' do art. 4º desta Lei. (Redação dada pela Lei nº 11.706, de 19/06/2008) (Prazo prorrogado até 31/12/2009, de acordo com o art. 20 da Lei nº 11.922/2009)

Parágrafo único. Para fins do cumprimento do disposto no 'caput' deste artigo, o proprietário de arma de fogo poderá obter, no Departamento de Polícia Federal, certificado de registro provisório, expedido na forma do §4º do art. 5º desta Lei.

Art. 31 Os possuidores e proprietários de armas de fogo adquiridas regularmente poderão, a qualquer tempo, entregá-las à Polícia Federal, mediante recibo e indenização, nos termos do regulamento desta Lei.

Art. 32 Os possuidores e proprietários de arma de fogo poderão entregá-la, espontaneamente, mediante recibo, e, presumindo-se de boa-fé, serão indenizados, na forma do regulamento, ficando extinta a punibilidade de eventual posse irregular da referida arma.

A abolitio criminis temporária a que se referem os arts. 30 e 32 é aplicável somente à **posse de arma de fogo de uso permitido (art. 12)**, contudo, há duas datas que distinguem a aplicação:

▷ **Até 23/10/2005:** além do art. 12, também era cabível à "posse de arma de fogo de uso permitido com numeração raspada ou suprimida" (art. 16, § 1º, IV).

Súmula nº 513 – STJ: A 'abolitio criminis' temporária prevista na Lei nº 10.826/2003 aplica-se ao crime de posse de arma de fogo de uso permitido com numeração, marca ou qualquer outro sinal de identificação raspado, suprimido ou adulterado, praticado somente até 23/10/2005.

▷ **Após 23/10/2005 e até 31/12/2009:** somente aplicável ao art. 12, a posse de arma de fogo de uso permitido.

É típica a conduta de possuir arma de fogo de uso permitido com numeração, marca ou qualquer outro sinal de identificação raspado, suprimido ou adulterado, praticada após 23/10/2005, pois, em relação a esse delito, a 'abolitio criminis' temporária cessou nessa data, termo final da prorrogação dos prazos previstos na redação original dos arts. 30 e 32 da Lei nº 10.826/2003. A nova redação do art. 32 da Lei nº 10.826/2003, trazida pela Lei nº 11.706/2008, não mais suspendeu, temporariamente, a vigência da norma incriminadora ou instaurou uma 'abolitio criminis' temporária — conforme operado pelo art. 30 da mesma lei —, mas instituiu uma causa permanente de exclusão da punibilidade, consistente na entrega espontânea da arma. A causa extintiva da punibilidade, na hipótese legal, consiste em ato jurídico (entrega espontânea da arma), e tão somente se tiver havido a sua efetiva prática é que a excludente produzirá seus efeitos. Se isso não ocorreu, não é caso de aplicação da excludente. STJ, REsp 1.311.408/RN, Rel. Min. Sebastião Reis Júnior, julgado em 13/03/2013, Terceira Seção, DJe 20/05/2013.

5.2.1 Posse irregular de arma de fogo de uso permitido (art. 12)

Art. 12 Possuir ou manter sob sua guarda arma de fogo, acessório ou munição, de uso permitido, em desacordo com determinação legal ou regulamentar, no interior de sua residência ou dependência desta, ou, ainda no seu local de trabalho, desde que seja o titular ou o responsável legal do estabelecimento ou empresa:

Pena – detenção, de 1 (um) a 3 (três) anos, e multa.

Cuida-se, aqui, exclusivamente da **posse** de arma de fogo, acessório ou munição, **de uso permitido**. Portanto, atente-se se houver a expressão "porte", "de uso restrito" ou "de uso proibido", pois incorrerá em outro tipo penal: ou art. 14, ou art. 16.

Veja que o tipo penal versa apenas sobre arma de fogo, bem como toda a Lei nº 10.826/2003. Portanto, é **fato atípico** para o Estatuto do Desarmamento a posse ou o porte de **arma branca**, mas será contravenção penal (art. 19, LCP).

Descrição do crime

Sujeito ativo: é comum na primeira parte (não necessita de qualidade especial); enquanto, na segunda, é próprio, uma vez que somente "o titular ou o responsável legal do estabelecimento ou empresa" pode cometê-lo.

Condutas: como o tipo penal possui mais de um verbo, "possuir" e "manter", é considerado de ação múltipla (de conteúdo variado, tipo misto alternativo ou multinuclear).

Delimitação espacial: em sua residência, dependências dela ou em seu local de trabalho desde que seja o titular ou responsável pela empresa.

Caminhão não é residência (STJ): se o delito é de posse de arma de fogo e ocorreu dentro do prazo da 'vacatio legis' indireta, a pena deve ser extinta, mas tal causa de extinção não se estende ao porte de arma de fogo encontrada dentro do caminhão que o paciente dirigia. O conceito de residência não se confunde com o de veículo-caminhão, pois este é mero instrumento de trabalho. STJ, HC 116.052/MG, Rel. Min. Jane Silva (Des. Conv. do TJ/MG), julgado em 20/11/2008, 6ª Turma, DJe 09/12/2008.

Caminhão não é local de trabalho (STJ): configura delito de porte ilegal de arma de fogo se a arma é apreendida no interior de caminhão. O caminhão não é um ambiente estático, não podendo ser reconhecido como local de trabalho. STJ, REsp 1.219.901/MG, Rel. Min. Sebastião Reis Júnior, julgado em 24/04/2012, 6ª Turma, DJe 10/05/2012 (Vide Inf. 496).

Objeto material: arma de fogo, acessório ou munição, de uso permitido (norma penal em branco).

Elemento normativo jurídico: em desacordo com determinação legal ou regulamentar, isto é, sem o certificado de registro de arma de fogo (norma penal em branco).

Elemento subjetivo: delito exclusivamente doloso (não há tipificação da modalidade culposa) e sem necessidade de fim específico (dolo genérico).

Consumação e tentativa: trata-se de crime de perigo abstrato e de mera conduta, não necessitando de resultado naturalístico, além de ser delito permanente em que a sua consumação se protrai no tempo, portanto, a prisão em flagrante é possível em qualquer momento enquanto perdurar a sua guarda ou posse. Ainda que seja de difícil ocorrência, a tentativa é possível (plurissubsistente).

Sursis processual: trata-se de crime de médio potencial ofensivo (a pena mínima é de até 1 ano e a máxima é superior a 2 anos), no qual será julgado pelo Juizado Comum, contudo é cabível a suspensão condicional do processo (art. 89, Lei nº 9.099/1995).

Ação penal pública incondicionada: por se tratar de crime de perigo abstrato, no qual o bem jurídico tutelado é a incolumidade pública.

Fiança policial: uma vez que a pena máxima não é superior a 4 anos nem está no rol constitucional dos crimes inafiançáveis (art. 5º, incisos XLII, XLIII e XLIV, CF/1988), é possível a liberdade provisória mediante fiança policial (art. 322, CPP).

5.2.2 Omissão de cautela (art. 13º)

Art. 13 Deixar de observar as cautelas necessárias para impedir que menor de 18 (dezoito) anos ou pessoa portadora de deficiência mental se apodere de arma de fogo que esteja sob sua posse ou que seja de sua propriedade:

Pena – detenção, de 1 (um) a 2 (dois) anos, e multa.

Parágrafo único. Nas mesmas penas incorrem o proprietário ou diretor responsável de empresa de segurança e transporte de valores que deixarem de registrar ocorrência policial e de comunicar à Polícia Federal perda, furto, roubo ou outras formas de extravio de arma de fogo, acessório ou munição que estejam sob sua guarda, nas primeiras 24 (vinte e quatro) horas depois de ocorrido o fato.

LEI Nº 10.826/2003 - ESTATUTO DO DESARMAMENTO

Devemos ter cuidado quanto a esse artigo, pois, **no** *caput*, é um **delito culposo**; já **no parágrafo único, é doloso** (crime autônomo). Dessa forma, analisaremos as condutas em separado, inicialmente pela omissão de cautela prevista no caput.

As penas são as mesmas para as duas condutas, tanto no caput, quanto no parágrafo único, sendo que, em ambos os casos, estamos tratando de **infração de menor potencial ofensivo**: com pena máxima de 2 anos (art. 61, Lei nº 9.099/1995). Portanto, será julgado pelo Juizado Especial Criminal (JECRIM) e é admissível as suas benesses (art. 2º, Lei nº 9.099/1995), por exemplo: a transação penal e o sursis processual (art. 89, Lei nº 9.099/1995).

Ação penal: pública e incondicionada, de igual modo toda a Lei nº 10.826/2003, por se tratar de crimes de perigo em que o bem jurídico tutelado é a incolumidade pública.

Fiança em sede policial: também é possível nas duas situações, uma vez que a pena máxima é inferior a 4 anos.

Descrição do crime (*caput*)

Sujeitos do crime: com relação ao sujeito ativo é próprio, na medida em que o agente é o possuidor ou proprietário da arma de fogo; já o sujeito passivo imediato é a coletividade (crime vago) e, mediatamente, qualquer menor de 18 anos ou deficiente mental que venha efetivamente a se apoderar da arma de fogo: comum.

Objeto material: somente arma de fogo, porém de qualquer porte, seja de uso permitido, restrito ou proibido. Assim, será fato atípico quando se tratar de munições ou acessórios.

Elemento subjetivo e conduta: é a culpa na modalidade negligência, com a conduta de "deixar de observar as cautelas necessárias" (omissão do dever objetivo de cuidado).

Consumação e tentativa: consuma-se no exato momento em que há o apossamento pelo menor de 18 ou deficiente mental da arma de fogo independentemente da ocorrência de deflagração de munição ou crime mais grave (crime instantâneo e de perigo). Dessa forma, caso o agente viva sozinho e esqueça a arma de fogo sobre a mesa, será fato atípico, bem como se ele tiver o zelo necessário. Por exemplo, imagine que o agente tenha guardado a arma em um cofre, mas de qualquer forma a criança venha a se apoderar dela furtando a chave do cofre: não haverá crime. Outrossim, por ser delito culposo e omissivo puro, não se admite a tentativa: ou se consuma, ou não há crime.

Concurso material: caso o menor de 18 anos, ou o deficiente mental que tenha se apoderado da arma de fogo, venha a cometer um crime, por exemplo, um homicídio, o agente possuidor ou proprietário da arma de fogo responderá pela infração do art. 13 (omissão de cautela) e pelo outro delito cometido.

> **Fique ligado**
>
> É muito comum as bancas de concursos cobrarem acerca desse crime relacionado ao deficiente físico, mas é incorreto. Portanto, tenha muito cuidado e lembre-se que são apenas dois sujeitos que descrevem o tipo penal sobre se apoderar da arma de fogo:
> Menor de 18 anos de idade;
> Pessoa com deficiência mental.
> Deficiente físico: (fato atípico)

Descrição do crime (parágrafo único)

Sujeitos do crime: em relação ao sujeito ativo é próprio, pois somente "o proprietário ou diretor responsável" da empresa de segurança e transporte de valores poderá cometê-lo; já o sujeito passivo imediato é a coletividade (crime vago), contudo, há dois obstáculos nos estudos: o registro policial (qualquer delegacia) e a comunicação à Polícia Federal (especificamente).

Objeto material: arma de fogo, acessório ou munição que estejam sob sua guarda.

Elemento subjetivo e conduta: é exclusivamente doloso (não se admite a modalidade culposa) com condutas omissivas próprias de "deixar de registrar" ocorrência policial do sumiço e "deixar de comunicar" à Polícia Federal.

Consumação e tentativa: consuma-se após 24 horas do efetivo conhecimento do furto ou extravio (crime a prazo). Por conta disso, não se inicia a contagem do tempo enquanto não houver o conhecimento "do sumiço". A tentativa não é possível, por ser um crime omissivo próprio (ou omissivo puro).

5.2.3 Porte ilegal de arma de fogo de uso permitido (art. 14)

> *Art. 14 Portar, deter, adquirir, fornecer, receber, ter em depósito, transportar, ceder, ainda que gratuitamente, emprestar, remeter, empregar, manter sob guarda ou ocultar arma de fogo, acessório ou munição, de uso permitido, sem autorização e em desacordo com determinação legal ou regulamentar:*
>
> *Pena – reclusão, de 2 (dois) a 4 (quatro) anos, e multa.*
>
> *Parágrafo único. O crime previsto neste artigo é inafiançável, salvo quando a arma de fogo estiver registrada em nome do agente. (Vide Adin 3.112-1)*

Semelhantemente ao art. 12, este delito prevê incriminação pelo porte de arma de fogo, acessório ou munição, de uso permitido. Cuidado, pois, caso o agente possua autorização para posse de arma de fogo de uso permitido em sua residência e a leve consigo para o seu local de trabalho, sem ser proprietário ou responsável legal, configurará crime previsto no art. 14: porte ilegal de arma de fogo de uso permitido.

Além disso, se a arma de fogo, acessório ou munição forem "de uso restrito" ou "de uso proibido", o crime será o do art. 16 (posse ou porte ilegal de arma de fogo de uso restrito ou proibido).

> **Fique ligado**
>
> Cuida-se apenas de arma de fogo (toda a Lei nº 10.826/2003); portanto, é fato atípico para o Estatuto do Desarmamento o porte de arma branca: será contravenção penal (art. 19, LCP).

Descrição do crime

Sujeito ativo: comum, uma vez que qualquer pessoa pode cometê-lo, até mesmo um integrante dos órgãos de segurança pública cujo porte seja deferido, basta que esteja com arma de fogo diversa da qual lhe foi autorizada. Por exemplo: um policial militar que transporte no seu carro uma Winchester.44, do século XIX, totalmente funcional, que tenha ganhado de seu avô, porém sem certificado de registro (CR).

Condutas: como possui 13 verbos, é considerado tipo misto alternativo (de ação múltipla, de conteúdo variado ou multinuclear); assim, no mesmo contexto fático, a prática de mais de uma conduta pelo mesmo agente será crime único, por força do princípio da alternatividade.

Objeto material: arma de fogo, acessório ou munição, de uso permitido (norma penal em branco).

Arma desmuniciada, com defeito parcial e totalmente inapta: com relação à capacidade lesiva da arma, devemos entender como é a jurisprudência dos Tribunais Superiores e como é cobrado em prova, havendo algumas situações.

▷ **Arma desmontada ou desmuniciada:** é crime, do mesmo modo que carregar apenas uma única munição.

*O Supremo Tribunal Federal firmou o entendimento de que é de perigo abstrato o crime de porte ilegal de arma de fogo, sendo, portanto, **irrelevante** para sua configuração encontrar-se a **arma desmontada ou desmuniciada**. STF, HC 95.861/RJ, Rel. p/ ac. Min. Dias Toffoli, julgado em 02/06/2015, 2ª Turma, DJe 01/07/2015.*

*Este Superior Tribunal de Justiça tem jurisprudência pacificada no sentido de que o **porte ilegal de arma de fogo desmuniciada ou desmontada configura hipótese de perigo abstrato**, bastando apenas a prática do ato de levar consigo para a consumação do delito. Dessa forma, eventual nulidade do laudo pericial, ou até mesmo a sua ausência, **não impede o enquadramento da conduta**. STJ, AgRg no REsp 1.390.999/SP, Rel. Min. Laurita Vaz, julgado em 27/03/2014, 5ª Turma, DJe 03/04/2014. Precedente: STJ, AgRg no AREsp 179.022/DF, Rel. Min. Assusete Magalhães, julgado em 07/02/2013, 6ª Turma, DJe 05/04/2013.*

▷ **Arma com defeito parcial:** trata-se de objeto material com impropriedade relativa e, portanto, é típica.

*O mero fato de o **funcionamento de arma de fogo não ser perfeito** não afasta a tipicidade material do **crime definido** no art. 14 da Lei nº 10.826/2003. STF, HC 93.816/RS, Rel. Min. Joaquim Barbosa, julgado em 06/05/2008, 2ª Turma, DJe 01/08/2008 (Vide Inf. 505).*

▷ **Arma totalmente inidônea:** crime impossível, pela impropriedade absoluta do objeto material ou ineficácia absoluta do meio.

*Não está caracterizado o crime de porte ilegal de **arma de fogo** quando o instrumento apreendido sequer pode ser enquadrado no conceito técnico de arma de fogo, por estar quebrado e, de acordo com laudo pericial, **totalmente inapto** para realizar disparos. STJ, AgRg no AREsp 397.473/DF, Rel. Min. Marco Aurélio Bellizze, julgado 19/08/2014, 5ª Turma, DJe 25/08/2014 (Vide Inf. 544).*

Fique ligado

Para configurar o crime impossível, não só a arma de fogo deve ser totalmente inapta, mas também a arma estar desmuniciada ou as munições serem totalmente inaptas (deflagradas e percutidas ou estragadas).

---

*A Terceira Seção desta Corte pacificou entendimento no sentido de que o tipo penal de posse ou porte ilegal de arma de fogo cuida-se de delito de mera conduta ou de perigo abstrato, sendo irrelevante a demonstração de seu efetivo caráter ofensivo. Na hipótese, contudo, em que demonstrada por laudo pericial a **total ineficácia da arma de fogo** (inapta a disparar) **e das munições apreendidas** (deflagradas e percutidas), deve ser reconhecida a atipicidade da conduta perpetrada, diante da ausência de afetação do bem jurídico incolumidade pública, tratando-se de **crime impossível pela ineficácia absoluta do meio**. STJ, REsp 1.451.397/MG, Rel. Min. Maria Thereza de Assis Moura, julgado em 15/09/2015, 6ª Turma, DJe 01/10/2015 (Vide Inf. 570).*

É crime		
Arma desmontada ou desmuniciada.	Arma com defeito parcial.	Arma inapta e municiada.

Elemento subjetivo: delito exclusivamente doloso (não há tipificação da modalidade culposa) e sem necessidade de fim específico (dolo genérico).

Elemento normativo jurídico: sem autorização e em desacordo com determinação legal ou regulamentar (norma penal em branco).

Consumação e tentativa: é instantâneo nas condutas: adquirir, fornecer, receber, ceder, emprestar, remeter e empregar; permanente nas demais. A tentativa é possível.

Ação penal: pública incondicionada, por se tratar de crime de perigo abstrato e de mera conduta, no qual o bem jurídico tutelado é a incolumidade pública (segurança pública e paz social).

Fiança policial: o parágrafo único foi considerado inconstitucional pelo STF (ADI 3.112), portanto, é possível a fiança em sede policial (art. 322, CPP), já que sua pena máxima é de 4 anos e não está no rol constitucional dos crimes inafiançáveis (art. 5º, incs. XLII, XLIII e XLIV, CF/1988).

Concurso de crimes: normalmente, o porte ilegal de arma de fogo, tanto de uso permitido quanto de uso restrito, é crime-meio (menor e menos grave) para se atingir um crime-fim (maior e mais grave). Dessa forma, poderá ou não ocorrer a absorção do porte pelo crime mais grave (princípio da consunção), desde que seja no mesmo contexto fático. Por exemplo, o agente porta arma de fogo para o cometimento de um único homicídio ou roubo, então será possível a aplicação da consunção, havendo crime único. Portanto, tenha cuidado.

▷ **Roubo e porte, no mesmo contexto (logo após):** é crime único (princípio da consunção).

*O crime de porte de arma é **absorvido** pelo de roubo quando restar evidenciado o nexo de dependência ou de subordinação entre as duas condutas e que os delitos foram praticados em um mesmo contexto fático — o que caracteriza o princípio da consunção. STJ, Jurisprudência em Teses nº 51. Precedentes: HC 315.059/SP; AgRg no AREsp 484.845/DF; HC 249.718/RJ; HC 228.062/SC; HC 206.274/SP; HC 71.696/PR; HC 156.621/SP; HC 138.530/SP.*

*PRINCÍPIO DA CONSUNÇÃO. ABSORÇÃO DO PORTE ILEGAL DE ARMA PELO CRIME PATRIMONIAL. A posse de arma de fogo, **logo após** a execução de roubo com o seu emprego, **não constitui crime autônomo** previsto no art. 16, §1º, IV, da Lei nº 10.826/03, por se encontrar na linha de desdobramento do crime patrimonial. STF, RHC 123.399/RJ, Rel. Min. Dias Toffoli, julgado em 30/09/2014, 1ª Turma, DJe 17/11/2014.*

▷ **Roubo e porte, em contexto diverso (dias após):** configura concurso material de crimes (delitos autônomos).

*PRINCÍPIO DA CONSUNÇÃO. INAPLICABILIDADE. CIRCUNSTÂNCIAS FÁTICAS DISTINTAS. DELITOS AUTÔNOMOS. [...] o acusado foi flagrado na **posse ilegal da arma de fogo em momento distinto** ao da prática do crime de roubo, caracterizando, assim, uma nova conduta autônoma e independente, o que **impede a aplicação do princípio da consunção**. STJ, AgRg no AREsp 988.625/ES, Rel. Min. Ribeiro Dantas, julgado em 07/03/2017, 5ª Turma, DJe 15/03/2017. No mesmo sentido: HC 241.666/SP, HC 317.337/RJ.*

▷ **Homicídio e porte de arma de fogo: há duas situações possíveis:**

Caso ocorra **no mesmo contexto fático**, será **crime único**. Por exemplo, imagine que, logo após a prisão do estuprador de sua filha, o pai, sob o domínio de violenta emoção, saque a arma do coldre do policial que estava levando o meliante e, então, dispare contra o bandido.

*A jurisprudência desta Corte Superior de Justiça orienta no sentido de que o **crime de homicídio absorve o de porte ilegal de arma de fogo** quando as duas condutas delituosas guardem, entre si, uma **relação de meio e fim** estreitamente vinculadas. STJ, HC 126.944/MS, Rel. Min. Jorge Mussi, julgado em 04/03/2010, 5ª Turma, DJe 05/04/2010.*

Se o agente não possuir autorização de posse nem porte, mas tiver a arma de fogo previamente **(contexto diverso)**, haverá **concurso de crimes**.

*A conduta de portar armas ilegalmente **não pode ser absorvida** pelo crime de homicídio qualificado, quando resta evidenciada a existência de crimes autônomos, sem nexo de dependência ou subordinação. STJ, HC 226.373/SP, Rel. Min. Laurita Vaz, julgado em 26/02/2013, 5ª Turma, DJe 06/03/2013.*

*Embora seja admissível, não se revela possível, 'in casu', a aplicação do princípio da consunção, porquanto a conduta de portar a arma de um lado, e a tentativa de homicídio de outro, ao que se tem, decorrem de desígnios autônomos **não se verificando a relação de meio e fim** que autoriza a absorção de uma figura típica pela outra. STJ, HC 101.127/SP, Rel. Min. Felix Fischer, julgado em 02/10/2008, 5ª Turma, DJe 10/11/2008.*

LEI Nº 10.826/2003 - ESTATUTO DO DESARMAMENTO

▷ **Legítima defesa absorve o homicídio, mas não o porte ilegal de arma de fogo:** trata-se de delito autônomo.

Não se comunica a excludente de ilicitude que é a legítima defesa, relativa ao homicídio, ao crime autônomo de porte ilegal de arma. STF, HC 120.678/PR, Rel. p/ ac. Min. Marco Aurélio, julgado em 24/02/2015, 1ª Turma, DJe 06/04/2015.

Multiplicidade de armas do mesmo tipo penal: o porte de mais de uma arma de fogo, munição ou acessório, no mesmo contexto, e do mesmo tipo penal (e.g.: ou apenas do art. 14, ou apenas do art. 16), não configura concurso de crimes, mas, sim, crime único (princípio da consunção).

A apreensão de mais de uma arma de fogo, acessório ou munição, em um mesmo contexto fático, não caracteriza concurso formal ou material de crimes, mas delito único. STJ, Jurisprudência em Teses nº 23. Precedentes: HC 228.231/SP; HC 163.783/RJ; HC 194.697/SP; HC 104.669/RJ; HC 110.800/SP; AREsp 303.312/SP (Vide Inf. 488).

Multiplicidade de armas de tipos penais diferentes: o porte de mais de uma arma de fogo, munição ou acessório, no mesmo contexto, de uso permitido (art. 14) e de uso restrito ou proibido (art. 16), haverá concurso de crimes, porque estão em tipos penais diferentes. Quanto ser concurso material ou formal de crimes, há divergência doutrinária e, por conseguinte, a banca irá mencionar que ocorrerá apenas o concurso de crimes (sem adentrar às suas espécies, material ou formal).

Não há crime único, podendo haver concurso formal, quando, no mesmo contexto fático, o agente incide nas condutas dos arts. 14 (porte ilegal de arma de fogo de uso permitido) e 16 (posse ou porte ilegal de arma de fogo de uso restrito) da Lei nº 10.826/2003. STJ, Jurisprudência em Teses nº 23. Precedentes: HC 130.797/SP; HC 162.018/SP.

Não há crime único, podendo haver concurso material, quando, no mesmo contexto fático, o agente incide nas condutas dos arts. 14 (porte ilegal de arma de fogo de uso permitido) e 16 (posse ou porte ilegal de arma de fogo de uso restrito) da Lei nº 10.826/2003. STJ, Jurisprudência em Teses nº 23. Precedentes: HC 211.834/SP; REsp 1.418.900/AL.

Fique ligado

O Estatuto do Desarmamento prevê a incriminação não só de armas de fogo, mas também de munições e acessórios. Sendo assim, a conduta de levar consigo munições sem a referida arma de fogo, incorrerá em crime previsto no Estatuto (Lei nº 10.826/2003), até mesmo se estiver com partes da arma de fogo ou com ela desmuniciada. Do mesmo modo, quando se tratar de acessórios, por exemplo, uma mira telescópica.

5.2.4 Disparo de arma de fogo (art. 15)

Art. 15 *Disparar arma de fogo ou acionar munição em lugar habitado ou em suas adjacências, em via pública ou em direção a ela, desde que essa conduta não tenha como finalidade a prática de outro crime:*
Pena *– reclusão, de 2 (dois) a 4 (quatro) anos, e multa.*
Parágrafo único. *O crime previsto neste artigo é inafiançável. (Vide Adin 3.112-1)*

Cuida-se de crime subsidiário (soldado reserva), isto é, se o agente tiver intenção de crime mais grave, então será absorvido pelo delito maior. Além disso, só existirá o crime se for praticado em local habitado ou em sua direção.

Descrição do crime

Sujeito ativo: é comum, uma vez que pode ser praticado por qualquer pessoa.

Elemento subjetivo e conduta: é o dolo (não há modalidade culposa) de "disparar" arma de fogo ou "acionar" munição (tipo misto alternativo).

Delimitação espacial: são duas situações que devem ser somadas para o crime existir: em lugar habitado ou em suas adjacências; e em via pública ou em direção a ela. Se o agente efetuar o disparo em local ermo e desabitado, por exemplo, em uma área rural sem pessoas aos arredores, será fato atípico.

Objeto material: arma de fogo ou munição, de uso permitido, restrito ou proibido (norma penal em branco). O tipo penal não mencionou sobre "acessório" (fato atípico).

Consumação e tentativa: consuma-se no momento em que se der o disparo da arma ou o acionamento da munição (delito instantâneo) e de mera conduta (não é obrigatória ocorrência de resultado naturalístico a bem jurídico individual), sendo possível a tentativa (plurissubsistente).

▷ **Absorção do porte pelo disparo:** há duas situações a depender do contexto.

- **No mesmo contexto:** será **crime único,** havendo absorção do porte de arma de fogo de uso permitido (art. 14) pelo disparo de arma de fogo (princípio da consunção).

A jurisprudência desta Corte possui entendimento firmado no sentido de que não é automática a aplicação do princípio da consunção para absorção do delito de porte de arma de fogo pelo de disparo, dependendo das circunstâncias em que ocorreram as condutas. [...] Na hipótese dos autos, as instâncias ordinárias reconheceram que os crimes foram praticados no mesmo contexto fático, devendo ser aplicado o referido postulado para que a conduta menos grave (porte ilegal de arma de fogo) seja absorvida pela conduta mais grave (disparo de arma de fogo). STJ, AgRg no REsp 1.331.199/PR, Rel. Min. Ericson Maranho (Des. Conv. do TJ/SP), julgado em 23/10/2014, 6ª Turma, DJe 10/11/2014.

- **Em momentos distintos (contexto diverso):** haverá **concurso de crimes** (delitos autônomos).

Segundo iterativa jurisprudência desta Corte, não há falar em aplicação do princípio da consunção quando dos delitos de porte ilegal de arma e disparo de arma de fogo são praticados em momentos diversos, em contextos distintos. STJ, CC 134.342/GO, Rel. Min. Newton Trisotto (Des. Conv. do TJ/SC), julgado em 22/04/2015, 3ª Seção, DJe 05/05/2015. Precedentes: HC 128.533/MG; AgRg no REsp 1.347.003/SC; HC 214.606/RJ.

Concurso de crimes: normalmente, quando a finalidade for crime mais grave, então este absorverá o disparo, por se tratar de crime subsidiário, descrito no trecho: "desde que essa conduta não tenha como finalidade a prática de outro crime" (subsidiariedade explícita). Por exemplo: o agente dispara arma de fogo com a finalidade de se cometer um homicídio. Entretanto, o problema surge se o delito não for mais grave, há divergência doutrinária, como é o exemplo do disparo de arma de fogo e lesão corporal de natureza leve.

Nesse sentido, discorre Fernando Capez (apud Gonçalves & Júnior, 2016): Em resumo, o delito previsto no art. 15, 'caput', da Lei nº 10.826/2003 não é absorvido pelo crime de lesões corporais de natureza leve, em face de sua maior gravidade. Entendemos que o agente responde por ambos os crimes em concurso.

5.2.5 Posse ou porte ilegal de arma de fogo de uso restrito (art. 16)

Art. 16 *Possuir, deter, portar, adquirir, fornecer, receber, ter em depósito, transportar, ceder, ainda que gratuitamente, emprestar, remeter, empregar, manter sob sua guarda ou ocultar arma de fogo, acessório ou munição de uso restrito, sem autorização e em desacordo com determinação legal ou regulamentar: (Redação dada pela Lei nº 13.964/2019)*

Pena *– reclusão, de 3 (três) a 6 (seis) anos, e multa.*

§ 1º Nas mesmas penas incorre quem: (Redação dada pela Lei nº 13.964/2019)

I – suprimir ou alterar marca, numeração ou qualquer sinal de identificação de arma de fogo ou artefato;

II – modificar as características de arma de fogo, de forma a torná-la equivalente a arma de fogo de uso proibido ou restrito ou para fins de dificultar ou de qualquer modo induzir a erro autoridade policial, perito ou juiz;

III – possuir, deter, fabricar ou empregar artefato explosivo ou incendiário, sem autorização ou em desacordo com determinação legal ou regulamentar;

IV – portar, possuir, adquirir, transportar ou fornecer arma de fogo com numeração, marca ou qualquer outro sinal de identificação raspado, suprimido ou adulterado;

V – vender, entregar ou fornecer, ainda que gratuitamente, arma de fogo, acessório, munição ou explosivo a criança ou adolescente; e

VI – produzir, recarregar ou reciclar, sem autorização legal, ou adulterar, de qualquer forma, munição ou explosivo.

§ 2º Se as condutas descritas no 'caput' e no §1º deste artigo envolverem arma de fogo de uso proibido, a pena é de reclusão, de 4 (quatro) a 12 (doze) anos. (Incluído pela Lei nº 13.964/2019)

Cuida-se, não só da posse, mas também do porte (além de outras 12 condutas previstas no caput e mais outras 19 figuras equiparadas no § 1º) de arma de fogo, acessório ou munição **de uso restrito (caput)** ou **de uso proibido (§ 2º)**, bem como as formas equiparadas (§ 1º).

Delito hediondo: o art. 16 foi incluído no rol dos crimes hediondos pela Lei nº 13.497/2017. Todavia, com o advindo da Lei nº 13.964/2019, promoveu-se uma alteração nesse dispositivo prevendo ser hediondo "o crime de posse ou porte ilegal de arma de fogo de uso proibido" (art. 1º, parágrafo único, II, Lei nº 8.072/1990).

Desde a Lei nº 13.497/2017 se discutia acerca do alcance da hediondez do art. 16º do Estatuto do Desarmamento: somente o caput ou todo o artigo (caput e figuras equiparadas). De acordo com o Superior Tribunal de Justiça – STJ, todo o art. 16 possui natureza hedionda.

INFORMATIVO Nº 657 – STJ

A qualificação de hediondez aos crimes do art. 16 da Lei nº 10.826/2003, inserida pela Lei nº 13.497/2017, abrange os tipos do 'caput' e as condutas equiparadas previstas no seu parágrafo único. O art. 16 da Lei nº 10.826/2003 (Estatuto do Desarmamento) prevê gravosas condutas de contato com 'arma de fogo, acessório ou munição de uso proibido ou restrito', vindo seu parágrafo único a acrescer figuras equiparadas — em gravidade e resposta criminal. Dessa forma, ainda que algumas das condutas equiparadas possam ser praticadas com armas de uso permitido, o legislador as considerou graves ao ponto de torná-las com reprovação criminal equivalente às condutas do 'caput'. No art. 1º, parágrafo único, da Lei nº 8.072/1990, com redação dada pela Lei nº 13.497/2017, o legislador limitou-se a prever que o delito descrito no art. 16 da Lei nº 10.826/2003 é considerado hediondo. Assim, como a equiparação é tratamento igual para todos os fins, considerando equivalente o dano social e equivalente também a necessária resposta penal, salvo ressalva expressa, ao ser qualificado como hediondo o art. 16 da Lei nº 10.826/2003, as condutas equiparadas devem receber igual tratamento. STJ, Informativo nº 657, HC 526.916/SP, Rel. Min. Nefi Cordeiro, julgado em 01/10/2019, 6ª Turma, DJe 08/10/2019.

Reviveu-se a discussão pela doutrina a partir da Lei nº 13.964/2019, na medida em que o nomen juris foi alterado para "posse ou porte ilegal de arma de fogo de uso proibido", ou seja, o art. 16 do Estatuto do Desarmamento só é hediondo quando envolver arma de fogo de uso proibido.

Inafiançável e insuscetível de graça, anistia e indulto: por se tratar de delito hediondo, não há possibilidade de fiança nem perdão pelos dispositivos da graça, da anistia e do indulto (art. 2º, caput, Lei nº 8.072/1990), mas ainda é suscetível de liberdade provisória (art. 2º, § 3º, Lei nº 8.072/1990).

Descrição do crime (caput)

Sujeito ativo: é comum, uma vez que pode ser praticado por qualquer pessoa.

Elemento subjetivo e conduta: exclusivamente doloso (não há modalidade culposa) e, como possui 14 verbos, é considerado de ação múltipla (de conteúdo variado, tipo misto alternativo ou multinuclear).

Objeto material: no caput, trata-se apenas de arma de fogo, acessório ou munição de uso restrito.

Consumação e tentativa: em regra, é delito instantâneo, nas condutas: adquirir, fornecer, ceder, emprestar, remeter e empregar. Será permanente, nas condutas: possuir, deter, portar, ter em depósito, transportar, manter sob sua guarda e ocultar arma de fogo. Não há a necessidade de resultado naturalístico a integridade física individual, haja vista ser crime de mera conduta e de perigo abstrato. A tentativa é possível (plurissubsistente).

Formas equiparadas (§ 1º): as condutas previstas no § 1º sujeitam o agente às mesmas penas previstas no caput. Estende-se o alcance de incriminação da norma, abarcando as armas de fogo, acessórios e munições de uso restrito, de uso permitido (conspurcadas) e artefatos explosivos ou incendiários.

Forma qualificada (§ 2º): a pena será de reclusão de 4 (quatro) a 12 (doze) anos se a arma de fogo for de uso proibido.

Conflito aparente de normas: por força do princípio da especialidade, quando houver conflito entre normas penais e o objeto material for arma de fogo, acessório ou munição, então prevalecerá o Estatuto do Desarmamento.

Conduta	Conflito	Prevalece
Numeração, marca ou qualquer outro sinal de identificação raspado, suprimido ou adulterado	Arts. 12 e 14 (Est. do Desarmamento)	Art. 16, § 1º, I e IV (Est. do Desarmamento)
Fraude processual em arma de fogo	Art. 347 do CP	Art. 16, § 1º, II (Est. do Desarmamento)
Ceder arma de fogo, acessório, munição ou explosivo à criança ou ao adolescente	Art. 242 do ECA	Art. 16, § 1º, V (caso a arma não seja de fogo, então se aplicará o ECA)
Possuir, deter, fabricar ou empregar artefato explosivo ou incendiário, sem autorização ou em desacordo com determinação legal ou regulamentar	Art. 253 do CP	Art. 16, § 1º, III (Est. do Desarmamento)

Arma de fogo			
De uso permitido	Posse	Art.12
	Porte	Art.14
	Adulterada	Art.16
De uso restrito	Posse	
	Porte	Art.16
	Adulterada	

5.2.6 Comércio ilegal de arma de fogo (art. 17)

Art. 17 Adquirir, alugar, receber, transportar, conduzir, ocultar, ter em depósito, desmontar, montar, remontar, adulterar, vender, expor à venda, ou de qualquer forma utilizar, em proveito próprio ou alheio, no exercício de atividade comercial ou industrial, arma de fogo, acessório ou munição, sem autorização ou em desacordo com determinação legal ou regulamentar:

Pena – reclusão, de 6 (seis) a 12 (doze) anos, e multa. (Redação dada pela Lei nº 13.964/2019)

LEI Nº 10.826/2003 - ESTATUTO DO DESARMAMENTO

§ 1º Equipara-se à atividade comercial ou industrial, para efeito deste artigo, qualquer forma de prestação de serviços, fabricação ou comércio irregular ou clandestino, inclusive o exercido em residência. (Redação dada pela Lei nº 13.964/2019)

§ 2º Incorre na mesma pena quem vende ou entrega arma de fogo, acessório ou munição, sem autorização ou em desacordo com a determinação legal ou regulamentar, a agente policial disfarçado, quando presentes elementos probatórios razoáveis de conduta criminal preexistente. (Incluído pela Lei nº 13.964/2019)

Por mais que o nome do crime dê a impressão de ser "compra e venda" (comércio) apenas de "armas de fogo" (comércio ilegal de arma de fogo), o tipo penal abarca não só a atividade comercial, mas também a industrial e a prestadora de serviços, bem como os acessórios e as munições.

Descrição do crime

Sujeito ativo: é próprio, uma vez que somente o agente que estiver "no exercício de atividade comercial ou industrial" (habitualidade preexistente), sem autorização ou em desacordo com determinação legal ou regulamentar. Se cometido por qualquer um dos agentes listados nos arts. 6º, 7º ou 8º, haverá aumento de metade da pena (art. 20).

Atividade irregular ou residencial (§ 1º): o exercício habitual exercido de forma irregular, clandestino ou residencial será equiparado à atividade comercial ou industrial.

Armeiro: o exercício da atividade de armeiro, sem a devida licença, pode sujeitar o infrator às penas do art. 17, § 1º, da Lei nº 10.826/03.

Art. 4º, Portaria nº 2.259/2011 (DG-DPF) O armeiro não poderá prestar qualquer serviço aos possuidores de armas de fogo não registradas ou sem os documentos de que trata o artigo anterior, devendo, nesse caso, informar imediatamente à Polícia Federal.

Art. 5º É vedado ao armeiro a realização de recarga de munição, assim como adquirir, deter ou manter em depósito equipamento ou material destinado a esse fim.

Art. 6º [...]

§2º É vedada a modificação das características da arma de fogo, de forma a torná-la equivalente a arma de fogo de uso proibido ou restrito ou para fins de dificultar ou de qualquer modo induzir a erro autoridade policial, perito ou juiz.

Art. 7º A licença concedida ao armeiro não implica autorização para a fabricação artesanal de armas, armações, canos, ferrolhos, e nem para a comercialização do material que tiver posse em razão de seu ofício.

Elemento subjetivo e conduta: delito exclusivamente doloso (não se admite a forma culposa) e de tipo misto alternativo (de ação múltipla, de conteúdo variado ou multinuclear), por haver 14 verbos.

Objeto material: arma de fogo, acessório ou munição, sem autorização ou em desacordo com determinação legal ou regulamentar.

Forma simples *(caput):* a punição na modalidade simples só é cabível ao objeto material de uso permitido (reclusão, de 6 a 12 anos, e multa).

Forma majorada: se a arma de fogo, acessório ou munição forem de uso proibido ou restrito, então haverá aumento de metade da pena (art. 19).

Consumação e tentativa: instantâneo nas modalidades: adquirir, receber, desmontar, montar, remontar, adulterar, vender ou utilizar; e permanente nas demais: alugar, transportar, conduzir, ocultar, ter em depósito, expor à venda. A tentativa é admissível (plurissubsistente).

Delito hediondo: a Lei nº 13.964/2019, incluiu o art. 17 do referido Estatuto no rol dos crimes hediondos (art. 1º, parágrafo único, III, Lei nº 8.072/1990).

Inafiançável e insuscetível de graça, anistia e indulto: por se tratar de delito hediondo, não há possibilidade de fiança nem perdão pelos dispositivos da graça, da anistia e do indulto (art. 2º, caput, Lei nº 8.072/1990), mas ainda é suscetível de liberdade provisória (art. 2º, § 3º, Lei nº 8.072/1990).

Prisão por agente encoberto (§ 2º): a Lei nº 13.964/2019 (Pacote Anticrime) acrescentou a possibilidade de prisão em flagrante, por agente policial disfarçado, de quem vender ou entregar arma de fogo, acessório ou munição, desde que a conduta criminal seja preexistente. Não haverá crime impossível por obra do agente provocador, o chamado flagrante preparado (Súmula nº 145 – STF).

Justificado no Projeto de Lei nº 882/2019, de autoria do Ministro Sérgio Moro, segundo o qual:

Vale aqui lembrar que as operações policiais disfarçadas, 'undercover operations' nos Estados Unidos, são extremamente eficazes naquele país. A exigência de indícios de conduta criminal pré-existente visa evitar aquilo que os norte-americanos chamam de 'entrapment', quando um agente policial provoca a prática de um crime por parte de um inocente e não de um criminoso. A Súmula nº 145 do STF (Não há crime, quando a preparação do flagrante pela polícia torna impossível a sua consumação) não é óbice para a sua aplicação, pois, além de antiga e ter analisado matéria legal, o Supremo vem temperando sua rigidez. No HC 67.908/SP, julgado pela 2ª Turma do STF em 08/03/1990, decidiu-se, cf. ementa, que 'denunciado o paciente pela guarda de haxixe, para comercialização, ato preexistente à venda ficta da substância entorpecente aos policiais — não há falar em crime impossível em face da provocação do flagrante'. O mesmo entendimento foi manifestado no HC 69.476/SP, julgado também pela 2ª Turma do STF em 04/08/1992 ('Posse de entorpecente pelo réu, que preexistia à atuação do agente provocador, ao manifestar interesse pela aquisição da droga, para fixar a prova pelo crime já consumado. Não é invocável, na espécie, a Súmula 145'). De teor semelhante, encontram-se ainda o HC 72.674/SP, julgado em 26/03/1996, pela 2ª Turma do STF; o HC 73.898/SP, julgado pela 2ª Turma do STF em 21/05/1996; o HC 74.510/SP, julgado pela 1ª Turma do STF em 08/10/1996; e o HC 81.970/SP, julgado pela 1ª Turma do STF em 28/06/2002.

5.2.7 Tráfico internacional de arma de fogo (art. 18º)

Art. 18 Importar, exportar, favorecer a entrada ou saída do território nacional, a qualquer título, de arma de fogo, acessório ou munição, sem autorização da autoridade competente:

Pena – reclusão de 8 (oito) a 16 (dezesseis) anos, e multa. (Redação dada pela Lei nº 13.964/2019)

Parágrafo único. Incorre na mesma pena quem vende ou entrega arma de fogo, acessório ou munição, em operação de importação, sem autorização da autoridade competente, a agente policial disfarçado, quando presentes elementos probatórios razoáveis de conduta criminal preexistente. (Incluído pela Lei nº 13.964/2019)

Descrição do crime

Sujeito ativo: pode ser praticado por qualquer pessoa, por isso se trata de crime comum. Por força da conduta "favorecer a qualquer título", agentes públicos, em serviço, também incorrerão no delito que, de qualquer forma, favorecerem (não evitarem ou buscar evitar, dolosamente). Se cometido por qualquer um dos agentes listados nos arts. 6º, 7º ou 8º, haverá aumento de metade da pena (art. 20).

Elemento subjetivo e conduta: é o dolo (não há conduta culposa) da internacionalidade de forma ilegal, atinge os interesses não só da coletividade (segurança pública), mas também da União pela ausência de pagamento dos tributos de importação ou exportação. Como possui 3 verbos, é considerado de conteúdo variado (multinuclear, tipo misto alternativo ou de ação múltipla).

Objeto material: arma de fogo, acessório ou munição, sem autorização da autoridade competente.

Forma simples *(caput):* a punição na modalidade simples só é cabível ao objeto material de uso permitido (reclusão, de 8 a 16 anos, e multa).

Forma majorada: se a arma de fogo, acessório ou munição forem de uso proibido ou restrito, então haverá aumento de metade da pena (art. 19).

Consumação e tentativa: consuma-se no exato momento da entrada no território nacional ou da saída dele (delito instantâneo), não necessitando de efetiva entrega a seu destinatário, venda ou utilização dos objetos (crime formal). É admissível a tentativa (plurissubsistente).

Justiça Federal: os crimes previstos no Estatuto do Desarmamento, em regra, são de competência da Justiça Estadual, porém o tráfico internacional de armas compete à Justiça Federal, pois ofende os interesses da União (art. 21º, XXII, e art. 109, IV e V, da CF/1988) que exerce o controle alfandegário.

Delito hediondo: a Lei nº 13.964/2019, incluiu o tráfico internacional de armas de fogo no rol dos crimes hediondos (art. 1º, parágrafo único, IV, Lei nº 8.072/1990).

Inafiançável e insuscetível de graça, anistia e indulto: por se tratar de delito hediondo, não há possibilidade de fiança nem perdão pelos dispositivos da graça, da anistia e do indulto (art. 2º, caput, Lei nº 8.072/1990), mas ainda é suscetível de liberdade provisória (art. 2º, § 3º, Lei nº 8.072/1990).

Prisão por agente encoberto (par. único): a Lei nº 13.964/2019 (Pacote Anticrime) acrescentou a possibilidade de prisão em flagrante, por agente policial disfarçado, de quem vender ou entregar arma de fogo, acessório ou munição, desde que a conduta criminal seja preexistente. Não haverá crime impossível por obra do agente provocador, o chamado flagrante preparado (Súmula nº 145 – STF).

Conflito aparente de normas

Por força do princípio da especialidade, quando os crimes de contrabando (art. 334-A, CP) e a facilitação de contrabando ou descaminho (art. 318, CP) tiverem por objeto armas de fogo, acessórios e munições, então, incorrerá no art. 18 do Estatuto do Desarmamento.

Crime	Conflito	Prevalece
Contrabando	Art. 334-A do CP	Art. 18 (Est. do Desarmamento)
Facilitação de contrabando ou descaminho	Art. 318 do CP	Art. 18 (Est. do Desarmamento)

5.2.8 Aumento de pena (arts. 19 e 20)

Art. 19 Nos crimes previstos nos arts. 17 e 18, a pena é aumentada da metade se a arma de fogo, acessório ou munição forem de uso proibido ou restrito.

Art. 20 Nos crimes previstos nos arts. 14, 15, 16, 17 e 18, a pena é aumentada da metade se:

I – forem praticados por integrante dos órgãos e empresas referidas nos arts. 6º, 7º e 8º desta Lei; ou

II – o agente for reincidente específico em crimes dessa natureza. (Incluído pela Lei nº 13.964, de 24/12/2019)

▷ **Basicamente, haverá aumento de metade da pena em duas situações:**
- **Quanto ao objeto material:** de uso restrito ou proibido (nos arts. 17 e 18).
- **Quanto ao sujeito ativo:** agente listado nos arts. 6º, 7º e 8º; ou reincidente específico (nos arts. 14 a 18).

5.2.9 Liberdade provisória (art. 21)

Art. 21 Os crimes previstos nos arts. 16, 17 e 18 são insuscetíveis de liberdade provisória.

Tal artigo foi considerado inconstitucional pelo STF (ADI 3.112), bem como os parágrafos únicos dos arts. 14 e 15. Portanto, **todos** os crimes do Estatuto do Desarmamento **admitem a liberdade provisória** e, ressalvando os arts. 16, 17 e 18 (delitos hediondos), também admitem a fiança.

> *A **proibição de estabelecimento de fiança** para os delitos de 'porte ilegal de arma de fogo de uso permitido' e de 'disparo de arma de fogo', mostra-se **desarrazoada**, porquanto são crimes de mera conduta, que não se equiparam aos crimes que acarretam lesão ou ameaça de lesão à vida ou à propriedade. [...] **Insusceptibilidade de liberdade provisória** quanto aos delitos elencados nos arts. 16, 17 e 18. **Inconstitucionalidade reconhecida**, visto que o texto magno não autoriza a prisão 'ex lege', em face dos princípios da presunção de inocência e da obrigatoriedade de fundamentação dos mandados de prisão pela autoridade judiciária competente. [...] Ação julgada procedente, em parte, para declarar a **inconstitucionalidade** dos **parágrafos únicos dos artigos 14 e 15 e do artigo 21** da Lei nº 10.826, de 22 de dezembro de 2003. STF, ADI 3.112/DF, Rel. Min. Ricardo Lewandowski, julgado em 02/05/2007, Tribunal Pleno, DJe 26/10/2007.*

NOÇÕES DE SOCIOLOGIA

NOÇÕES DE SOCIOLOGIA

1 SOCIOLOGIA

1.1 Movimentos Sociais e Lutas por Moradia

Cidadania é a condição de ser reconhecido como membro de um grupo político (por exemplo, um Estado) e de ter os direitos e deveres resultantes dessa condição. Na definição da filósofa alemã Hannah Arendt (1906-1975) cidadania é "ter o direito de ter direitos". Quando disse isso, Arendt pensava nas pessoas que foram expulsas de seus países durante a Segunda Guerra Mundial e, por isso, deixaram de ser reconhecidas como cidadãs de qualquer país: quem, nessa situação poderia garantir os direitos dessas pessoas?

A análise clássica sobre a evolução da cidadania e dos direitos que a compõem foi feita pelo sociólogo inglês Thomas H Marshall, identificou três tipos de direitos que formaram a cidadania moderna na Inglaterra. São eles:

▷ **Direitos Civis:** aqueles que permitem ao cidadão exercer sua liberdade individual. Por exemplo, o direito de dizer que o que você pensa (liberdade de expressão), o direito de acreditar na religião que você quiser (ou não acreditar em nenhuma), o direito de fazer contratos e acordos com outros cidadãos e o direito à propriedade. Os direitos civis foram os primeiros a surgir na Inglaterra, se consolidando a partir do século XVIII.

▷ **Direitos Políticos:** são aqueles que permitem ao cidadão participar do exercício do poder político. São exemplos de direitos políticos o direito ao voto, o direito de se organizar com outros cidadãos para defender propostas (incluindo aí o direito a formar partidos políticos) e o direito de ser eleito para cargos políticos. Os direitos políticos se consolidaram na Inglaterra no século XIX, com o reconhecimento do sufrágio universal: o direito de voto para todos os cidadãos (inicialmente, só os homens).

▷ **Direitos Sociais:** são aqueles que garantem ao cidadão um mínimo de bem-estar econômico e uma vida digna, de acordo com o padrão do país e da época. São exemplos de direitos sociais o direito à educação, à saúde, a uma aposentadoria na velhice ou em caso de invalidez. Os direitos sociais ganharam uma força no século XX, com as conquistas dos movimentos operários europeus, que forçaram o Estado a prover a todos os cidadãos saúde e educação públicas, entre outros direitos.

Em resumo, a cidadania é uma condição que nos permite participar como iguais da discussão política e uma reivindicação de que todos participem do que Marshall, chamou de "herança comum" da sociedade, da riqueza que ela produz e da discussão sobre os valores que a sustentam.

1.2 Movimentos Sociais

É durante a luta pela cidadania que se formam os cidadãos. Os movimentos sociais foram – e são – fundamentais na tarefa de exigir do Estado o reconhecimento dos direitos que compõem a cidadania e para que os próprios cidadãos discutam entre si quais devem ser esses direitos.

Chamamos de movimento social um grupo de pessoas que atua conjuntamente para transformar algum aspecto da sociedade. Os movimentos sociais são diferentes dos partidos políticos porque não procuram, necessariamente, conquistar o controle do Estado.

Há vários tipos de movimentos sociais. Uma maneira de entender a diferença entre eles, proposta pela filósofa norte-americana Nancy Fraser (1947-) é fazer a distinção entre dois tipos de luta empreendida: a luta por reconhecimento e a luta por redistribuição.

1.3 Rede Urbana e Evolução do Espaço Urbano Brasileiro

A urbanização brasileira propriamente dita começou somente em meados do século XX, por volta de 1940, tendo um crescimento acelerado nas décadas seguintes. Como reflexo da industrialização do país, a economia e a urbanização passaram a estar cada vez mais interligadas. Nessa época, a vida urbana brasileira resumia-se, na maior parte do país, às atividades administrativas, as quais tinham a finalidade de garantir a ordem e coordenar a produção agrícola.

Na década de 1950, o índice de urbanização alcançava menos de 40% sobre o total da população do país. No final da década de 1960 e no início da década de 1970, o processo de urbanização se consolidou e o Brasil passou a ter mais de 50% de sua população residindo em cidades. Em 1990, a urbanização alcançou o índice de 77%. A população brasileira residente em cidades em 1991 (115 700 000 de habitantes) se aproximava rapidamente da população absoluta do país na década de 1980 (119 099 000 habitantes). De acordo com o Censo Demográfico de 2000, o Brasil possuía uma população urbana de 81,2%, portanto

18,8% da população ainda residiam em áreas rurais. Em 2008, de acordo com o IBGE, 83,8% da população brasileira era urbana.

1.4 Aumento da Urbanização no Brasil

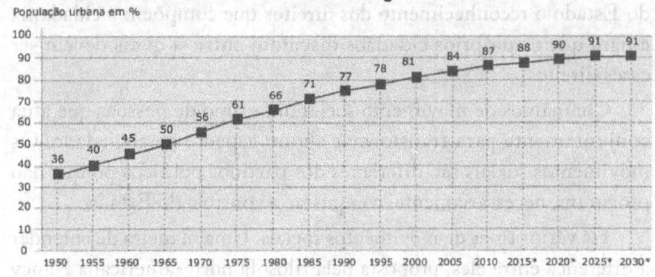

População urbana em %

Ano	1950	1955	1960	1965	1970	1975	1980	1985	1990	1995	2000	2005	2010	2015*	2020*	2025*	2030*
%	36	40	45	50	56	61	66	71	77	78	81	84	87	88	90	91	91

1.5 Moradia Urbana

A ocupação urbana sempre conduziu a população de menor renda às periferias ou às porções centrais decadentes das cidades. Os projetos dos grandes grupos imobiliários e, ainda, dos governos locais, não priorizam a questão da habitação das classes mais pobres, gerando, muitas vezes, a formação de um déficit habitacional. Dessa forma, a precariedade em que vive grande parte das populações no mundo subdesenvolvido é alarmante, sobretudo nas grandes cidades, o que torna ainda mais evidente uma das maiores consequências do capitalismo: a grande concentração de renda.

Além de problemas relacionados à falta de infraestrutura e de saneamento básico, há ainda aqueles relacionados à incapacidade governamental de assegurar os direitos básicos da população para uma vida cidadã, o que frequentemente propicia a existência de setores marginalizados na sociedade.

Por não conseguir ter acesso à moradia, essa população marginalizada acaba indo viver nas ruas, debaixo de viadutos, sobrevivendo de esmolas e de restos de comida, algumas vezes roubando e se drogando pelas vias, alguns dos fatores responsáveis pelo aumento da violência.

A grande especulação imobiliária também contribui para o deslocamento das populações mais pobres em direção às áreas periféricas, o que agrava problemas com relação ao trânsito, causando o desgaste físico e mental de muitos indivíduos que necessitam fazer longas jornadas todos os dias. Porém, é preciso ter em mente que as áreas periféricas dos grandes centros também abrigam construções de luxo, ou seja, condomínios de alto padrão. Denominados enclaves fortificados, abrigam as parcelas mais abastadas da sociedade, que, diferentemente da população mais pobre, deslocam-se em direção a essas áreas em busca de tranquilidade, ar puro, natureza e segurança (o que não significa que sempre fiquem ilesos à violência).

A cidade tem-se constituído, ao longo da história, no principal local das lutas sociais. As barricadas de Paris e as greves por toda parte são exemplos destas lutas sociais que se verificam no espaço urbano capitalista, onde estão as fábricas, os proprietários dos meios de produção, os operários, os diferentes setores de classe média e os grupos marginalizados. Elas são a expressão dos conflitos entre capital e trabalho.

A consciência da existência de uma organização espacial urbana desigual, caracterizada por uma complexa divisão técnica e social do espaço, associada a uma enorme diferença nas condições de vida dos diversos grupos sociais da cidade, têm gerado, a partir da década de 60, um novo modo de manifestação das lutas sociais. São os denominados movimentos sociais urbanos.

A diferenciação na organização espacial da grande cidade latino-americana é notável. Em relação às áreas residenciais, há bairros aprazíveis e faraônicos, habitados por uma população de alto nível de renda – proprietários dos meios de produção e assalariados regulares e bem-remunerados –, que a par das belas e luxuosas residências, dispõem de uma boa infraestrutura e serviços adequados: água, esgoto, luz, calçamento, praças, parques, clubes, policiamento, comércio de luxo, os melhores consultórios e clínicas médicas, e excelentes escolas. Estes bairros localizam-se, normalmente, nos setores de amenidades da cidade, em áreas de alto preço da terra.

Em oposição a estes bairros, há outros habitados por uma população de baixo nível de renda, constituída por operários não-qualificados, humildes empregados do setor terciário, subempregados e desempregados, que vivem em favelas dispersas pelo espaço urbano, em conjuntos habitacionais construídos pelo Estado, ou em precárias casas autoconstruídas pela própria população em suas horas de repouso e lazer – caracterizando, portanto, um sobretrabalho. Tanto os conjuntos habitacionais como as casas autoconstruídas localizam-se na periferia do espaço urbano, em áreas precariamente dotadas de infraestrutura e serviços, e de baixo preço da terra. Além destas áreas dispersas ou distantes do centro da cidade, os cortiços existentes nas proximidades do centro abrigam uma determinada parcela da população de baixo nível de renda.

Entre uma área e outra, localizam-se os bairros das diferentes frações da classe média. Caracterizam-se por apresentarem aspectos que ora os aproximam dos bairros populares, ora dos ricos.

A diferenciação do espaço urbano em termos residenciais tem, como já se viu, o papel de viabilizar a reprodução das diferentes classes e suas frações. Ela é percebida no trajeto para o trabalho, nos locais de residência e de trabalho, nas viagens de compra, visitas e lazer, e nas informações provenientes da enorme profusão dos meios de comunicação. A consciência das diferenciações sócio-espaciais faz com que cada um destes espaços residenciais seja também de reivindicações, específicas ao grupo social que ali reside. Reivindicações que dizem respeito às condições de reprodução de cada grupo social.

As exigências assumem uma expressão espacial através dos movimentos sociais urbanos que se manifestam, não nos locais de trabalho, com as greves, mas nos bairros, nos locais de reprodução das classes sociais e suas frações. As reivindicações dizem respeito ao direito a uma habitação decente, ao acesso aos vários equipamentos de consumo coletivo como água e esgoto, ao direito de permanecer no local da residência e não ser transferido compulsoriamente, ou seja, reivindicações pelo "direito à cidade". As associações de moradores são os agentes através dos quais a mobilização reivindicatória é processada.

Os movimentos sociais urbanos têm como origem as contradições específicas da problemática urbana, que são, de um lado, aquelas entre as necessidades coletivas de equipamentos como habitação, transporte, saúde e cultura, e, ainda pensando em espaço, as contradições aparecem não apenas no suporte da habitação, mas também na localização relativa face ao mercado de trabalho, e, de outro lado, a lógica capitalista, que torna pouco rentável a produção destes equipamentos pelo capital privado. A contradição entre o modo individual de apropriação das condições de vida e o coletivo de gestão é, por sua vez, dificultada pela natureza privada e pulverizada dos agentes econômicos, cujos interesses não se referem a todo o conjunto do espaço urbano.

No contexto das contradições acima referidas, o Estado encarrega-se de prover os equipamentos de consumo coletivo para todo o espaço urbano. No entanto, como o Estado é também o elemento de legitimação da classe dominante, sua atuação enquanto provedor tende, por um lado, a reforçar as áreas residenciais nobres, e por outro, a viabilizar o sucesso de novas implantações produtivas do grande capital, através, por exemplo, da criação de distritos industriais. Isto significa que a sua atuação não se realiza de modo uniforme no espaço urbano, atuação que se traduziria nos investimentos em água e esgoto, na criação de uma completa infraestrutura para implantações industriais, na produção de novos espaços urbanizáveis, na abertura de vias de grande densidade de tráfego, na instalação de áreas de lazer, na renovação urbana, na construção de conjuntos habitacionais, mas também na expulsão de moradores e permissividade na proliferação de loteamentos populares sem infraestrutura.

Aos olhos da população de baixo nível de renda, o Estado representa uma instituição que não cumpre seus deveres, não atende às crescentes necessidades coletivas de certas áreas da cidade, visto até como um adversário que procura romper modos de vida enraizados em certos locais. Os movimentos sociais urbanos têm como alvo o Estado e não os proprietários dos meios de produção.

1.6 Movimento dos Trabalhadores Sem Teto

O Movimento dos Trabalhadores Sem Teto (MTST) é um movimento de caráter social, político e popular organizado em 1997 pelo Movimento dos Trabalhadores Rurais Sem Terra (MST) para atuar nas grandes cidades com o objetivo de lutar pela reforma urbana, por "um modelo de cidade mais justa e pelo direito à moradia". É uma organização autônoma, desvinculada rapidamente do próprio MST, com princípios, programa e forma de funcionamento próprios. Além do trabalho organizado de luta por moradias, o MTST mobiliza pessoas em bairros pobres, organizando lutas e ocupações. Guilherme Boulos é um dos líderes mais destacados do MTST e atualmente é pré-candidato a presidente pelo Partido Socialismo e Liberdade (PSOL).

O MTST defende uma transformação profunda da forma da sociedade, como única maneira de atender aos interesses dos trabalhadores. Aposta na ação direta, em especial através das invasões de terrenos urbanos, orientada no sentido da construção de poder. As ocupações de áreas urbanas já reúnem cerca de 40 mil famílias participantes do MTST, nos Estados do Rio de Janeiro, São Paulo, Minas Gerais, Distrito Federal, Amazonas, Roraima, Ceará, Pará, Pernambuco e Rio Grande do Sul.

Atualmente compõe a Frente Povo Sem Medo, junto com movimentos e organizações como as Brigadas Populares (BPs), o Movimento de Luta nos Bairros, Vilas e Favelas (MLB), o RUA Juventude Anticapitalista, a Esquerda Marxista, o Polo Comunista Luiz Carlos Prestes e entidades ligadas ao Partido Socialismo e Liberdade (PSOL), além de outras inúmeras outras entidades.

1.7 Movimentos Sociais e Educação

Uma das premissas básicas a respeito dos movimentos sociais é: são fontes de inovação e matrizes geradoras de saberes. Entretanto, não se trata de um processo isolado, mas de caráter político-social.

Por isso, para analisar esses saberes, deve-se buscar as redes de articulações que os movimentos estabelecem na prática cotidiana e indagar sobre a conjuntura política, econômica e sociocultural do país quando as articulações acontecem. Essas redes são essenciais para compreender os fatores que geram as aprendizagens e os valores da cultura política que vão sendo construídos no processo interativo.

A relação movimento social e educação existe a partir das ações práticas de movimentos e grupos sociais. Ocorre de duas formas: na interação dos movimentos em contato com instituições educacionais, e no interior do próprio movimento social, dado o caráter educativo de suas ações. No meio acadêmico, especialmente nos fóruns de pesquisa e na produção teórico-metodológica existente, o estudo dessa relação é relativamente recente. A junção dos dois termos tem se constituído em "novidade" em algumas áreas, como na própria Educação – causando reações de júbilo pelo reconhecimento em alguns, ou espanto e estranhamento – nas visões ainda conservadoras de outros. No exterior, a articulação dos movimentos com a educação é antiga e constitutiva de alguns grupos de pesquisa, como na International Sociological Association (ISA), Latin American Studies Association (LASA), Associación Latinoamericana de Sociologia (ALAS) etc.

No Brasil, essa relação foi sendo vagarosamente construída a partir do fim dos anos 1970, quando foram criadas novas associações ou ativadas entidades científicas já existentes, a exemplo da Associação Nacional de Pós-Graduação e Pesquisa em Ciências Sociais (ANPOCS), a Associação Nacional de Pós-Graduação e Pesquisa em Educação (ANPEd), a Sociedade Brasileira para o Progresso da Ciência (SBPC), a Sociedade Brasileira de Sociologia (SBS) e as Conferências Brasileiras de Educação (CBEs), realizadas bienalmente, que passaram a debater os problemas socioeconômicos e políticos e a destacar os grupos e movimentos sociais envolvidos. Essas entidades e eventos pautaram, no fim dos anos 1970 e durante a década de 1980, em seus grupos de trabalho e pesquisa, mesas e debates, o tema dos movimentos sociais. A relação movimento social e educação foi construída a partir da atuação de novos atores que entravam em cena, sujeitos de novas ações coletivas que extrapolavam o âmbito da fábrica ou os locais de trabalho, atuando como moradores das periferias da cidade, demandando ao poder público o atendimento de suas necessidades para sobreviver no mundo urbano. Os movimentos tiveram papel educativo para os sujeitos que o compunham. Já existe um acervo considerável de pesquisa sobre aquela época, várias teses, dissertações, livros e outros trabalhos acadêmicos foram produzidos. Entretanto, uma avaliação mais global ainda está para ocorrer, especialmente um balanço que extrapole o eixo São Paulo, Rio de Janeiro e Minas Gerais, porque os movimentos ocorreram em todo o Brasil, embora não com a mesma intensidade.

A primeira década desse século trouxe, de forma bastante contraditória, o retorno do ator social nas ações coletivas que se propagaram na maioria dos países da América Latina. Em alguns países latino-americanos, houve uma radicalização do processo democrático e o ressurgimento de lutas sociais tidas décadas atrás como tradicionais, a exemplo de movimentos étnicos – especialmente dos indígenas na Bolívia e no Equador, associados ou não a movimentos nacionalistas como o dos bolivarianos, na Venezuela. Algumas se fundamentam em utopias como o bien vivir dos povos andinos da Bolívia e do Equador, e vem transformando-se em propostas de gestão do Estado – um Estado considerado plurinacional porque é composto por povos de diferentes etnias, que ultrapassam os territórios e fronteiras do Estado-nação propriamente dito.

Observa-se também, no novo milênio, a retomada do movimento popular urbano de bairros, ou movimento comunitário barrial, especialmente no México e na Argentina. Todos esses movimentos têm eclodido na cena pública como agentes de novos conflitos e renovação das lutas sociais coletivas. Em alguns casos, elegeram suas lideranças para cargos supremos na nação, a exemplo da Bolívia.

Movimentos que estavam na sombra e tratados como insurgentes emergem com força organizatória, como os piqueteiros na Argentina, cocaleiros na Bolívia e Peru e zapatistas no México. Outros, ainda, articulam-se em redes compostas de movimentos sociais globais ou transnacionais, como o Movimento dos Trabalhadores Rurais Sem Terra (MST) no Brasil e a Via Campesina, além da Coordinadora Latinoamericana de Organizaciones del Campo (CLOC).

SOCIOLOGIA

1.8 Movimentos Sociais na História do Brasil

Os movimentos sociais brasileiros devem ser vistos sob uma perspectiva ampla, pois suas características variam muito. Algumas rebeliões não passaram da fase conspiratória. Em certos casos, o grau de participação das classes populares foi mínimo, quase insignificante; em outros, o movimento foi impulsionado não por razões de ordem política ou econômica, mas, sim, religiosa.

Durante o Período Colonial, os principais movimentos foram estes:

1.8.1 Confederação dos tamoios

▷ Primeira rebelião de que se tem notícia (1562);
▷ Os índios tamoios, com apoio francês, uniram-se contra os portugueses;
▷ Movimento foi pacificado pelos padres jesuítas Manuel da Nóbrega e José de Anchieta.

1.8.2 Guerra dos bárbaros

▷ Sublevação indígena (durou cerca de vinte anos, a partir de 1682);
▷ Índios cariris, ocupando extensa área no Nordeste, realizaram disputas intermitentes contra os colonizadores;
▷ Movimento foi debelado.

1.8.3 Insurreição pernambucana

Em maio de 1645, reunidos no Engenho de São João, os principais líderes pernambucanos assinaram compromisso para lutar contra o domínio holandês na capitania.

> *Nós abaixo-assinados nos conjuramos e prometemos, em serviço da liberdade, não faltar a todo o tempo que for necessário, com toda a ajuda de fazendas e pessoas, contra qualquer inimigo, em restauração da nossa pátria; para o que nos obrigamos a manter todo o segredo que nisto convém; sob pena de quem o contrário fizer ser tido por rebelde e traidor e ficar sujeito ao que as leis em tal caso permitam. E debaixo deste comprometimento nós assinamos, em 23 de Maio de 1645"* Assinam: João Fernandes Vieira, António Bezerra, António Cavalcanti, Padre Diogo Rodrigues da Silva e mais 14 conjurados.
> Fonte: cvc.instituto-camoes.pt/eaar/coloquio/comunicacoes/jose_gerardo

1.8.4 Ataque e tomada de olinda e do recife pelos holandeses

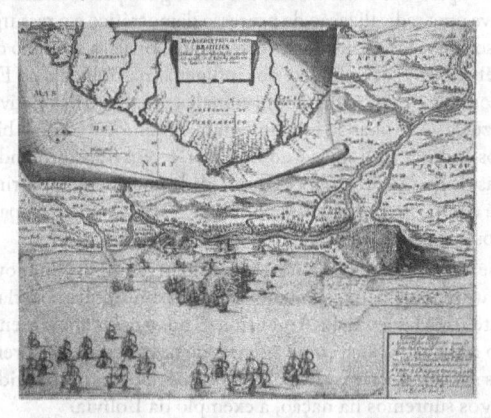

Fonte: Biblioteca Nacional.

Pernambuco desde o período dos conflitos com os Holandeses, demonstrou um espírito rebelde autônomo, e suas lideranças admitiam que tendo os brasileiros expulsados os holandeses em 1654, não deviam obediência total ao rei de Portugal.

Pernambuco passou ao longo de sua construção histórico-espacial por inúmeras insurreições e revoltas. Entre elas podemos destacar:

Guerra dos Mascates (1710-1714): A Guerra dos Mascates foi uma rebelião de caráter nativista, ocorrida em Pernambuco entre os anos de 1710 e 1711, que envolveu as cidades de Olinda e Recife. Com a expulsão dos holandeses do Nordeste, a economia açucareira sofreu uma grave crise. Mesmo assim, a aristocracia rural (senhores de engenho) de Olinda continuava controlando o poder político na capitania de Pernambuco. Por outro lado, Recife se descolava deste cenário de crise graças à intensa atividade econômica dos mascates (como eram chamados os comerciantes portugueses na região). Outra fonte de renda destes mascates eram os empréstimos, a juros altos, que faziam aos olindenses. Entre as causas da Guerra dos Mascates destacamos a disputa entre Olinda e Recife pelo controle do poder político em Pernambuco, a crise econômica na cidade de Olinda, o favorecimento da coroa portuguesa aos comerciantes de Recife, o forte sentimento antilusitano, principalmente entre a aristocracia rural de Olinda e a Conquista da emancipação de Recife, através de Carta Régia de 1709, que passou a ser vila independente, conquistando autonomia política com relação à Olinda.

Conspiração dos Suassunas (1801): Em 1798, o padre Arruda Câmara fundou uma sociedade secreta chamada Areópago de Itambé, provavelmente ligada à Maçonaria, que tinha por finalidade tornar conhecido o Estado Geral da Europa e o enfraquecimento dos governos absolutos, devido as ideias democráticas que afloravam à época. Em 1801, influenciados pelos ideais republicanos, os irmãos Suassuna, Francisco de Paula, Luís Francisco e José Francisco de Paula Cavalcante de Albuquerque, proprietários do Engenho Suassuna lideraram uma conspiração que se propunha a elaborar um projeto de independência de Pernambuco. Os conspiradores foram denunciados e presos e, mais tarde, libertados por falta de provas.

Revolução Pernambucana (1817): A Revolução Pernambucana ou Revolução Republicana foi o último movimento de revolta anterior à Independência do Brasil. O movimento conseguiu ultrapassar a fase conspiratória e atingir a etapa do processo revolucionário de tomada do poder. As causas da Revolução pernambucana estão intimamente relacionadas ao estabelecimento e permanência do governo português no Brasil (1808-1821). Quando a Corte portuguesa abandonou Portugal e estabeleceu-se no Brasil, fugindo da invasão napoleônica, adotou uma série de medidas econômicas e comerciais que geraram crescente insatisfação da população colonial. A implantação dos novos órgãos administrativos governamentais e a transmigração da Corte e da família real portuguesa exigiram vultosas somas de recursos financeiros. Para obtê-las, a Coroa lusitana rompeu com o pacto colonial, concedendo inúmeros privilégios à burguesia comercial inglesa, e criou novos impostos e tributos que oneraram as camadas populares e os proprietários rurais brasileiros. Em nenhuma outra região, a impopularidade da Corte portuguesa foi tão intensa quanto em Pernambuco. Outrora um dos mais importantes e prósperos centros da produção açucareira do Nordeste brasileiro, Pernambuco estava atravessando uma grave crise econômica em razão do declínio das exportações do açúcar e do algodão. Além disso, a grande seca de 1816 devastou a agricultura, provocou fome e espalhou a miséria pela região. O governo provisório durou 75 dias, os revolucionários pernambucanos foram derrotados. As lideranças do movimento revolucionário tinham como projeto político o estabelecimento de uma República e a elaboração de uma Constituição, norteadas pelos princípios e ideais franceses de igualdade e liberdade para todos. Apesar do seu fracasso, entrou para a história como o maior movimento revolucionário do período colonial.

Revolta da Junta de Goiana (1821): Em 29 de agosto de 1821, na vila de Goiana, região norte da Província de Pernambuco, um segmento das elites pernambucanas — a um só tempo liderança econômica e militar do Norte de Pernambuco — aliado a alguns antigos participantes do movimento de 1817, instalaram uma Junta

NOÇÕES DE SOCIOLOGIA

Governativa Provisória com o objetivo de aderir à política das Cortes Constitucionais Portuguesas e desautorizar o governo do representante maior do monarca em Pernambuco, o Governador e Capitão-General português Luiz do Rego Barreto. A partir de então, durante quase um mês, a Junta de Goiana coexistiu com o Conselho Governativo do Recife -presidido pelo General Rego Barreto. Essas duas representações, disputaram a exclusividade no controle do governo da província de Pernambuco até finais de outubro de 1821.

1.8.5 Inconfidência mineira

▷ Independência dos EUA e Revolução Francesa estimularam aspirações autonomistas e liberais;

▷ Inconformados com o peso dos impostos, membros da elite uniram-se na pretensão de estabelecer uma república independente em Minas;

▷ Marcada a sublevação para a data da derrama (cobrança dos impostos em atraso), os revolucionários foram traídos;

▷ **Inconfidentes foram condenados ao desterro perpétuo na África, com exceção de Tiradentes, que, durante os interrogatórios, chamou para si toda a responsabilidade:** foi enforcado e esquartejado em 21 de abril de 1792.

1.8.6 Conjuração baiana

A Conjuração Baiana, também denominada como Revolta dos Alfaiates (uma vez que seus líderes exerciam este ofício), foi um movimento de caráter emancipacionista, ocorrido no ocaso do século XVIII, na então Capitania da Bahia, no Estado do Brasil. Diferentemente da Inconfidência Mineira (1789), se reveste de caráter popular.

Para compreender a deflagração do movimento, devemos nos reportar à transferência da capital para o Rio de Janeiro, em 1763. Com tal mudança, Salvador (antiga capital) sofreu com a perda dos privilégios e a redução dos recursos destinados à cidade. Somado a tal fator, o aumento dos impostos e exigências colônias vieram a piorar sensivelmente as condições de vida da população local.

A população pobre sofria com o aumento do custo de vida, com a escassez de alimentos e com o preconceito racial. As agitações eram constantes. Entre 1797 e 1798 ocorreram vários saques aos armazéns do comércio de Salvador, e até os escravos que levavam a carne para o general-comandante foram assaltados. A população faminta roubava carne e farinha. Em inícios de 1798, a forca, símbolo do poder colonial, foi incendiada. O descontentamento crescia também nos quartéis, onde incidentes envolvendo soldados e oficiais tornavam-se frequentes. Havia, portanto, nesse clima tenso, condições favoráveis para a circulação das ideias de Igualdade, Liberdade e Fraternidade.

Os revoltosos pregavam a libertação dos escravos, a instauração de um governo igualitário, onde as pessoas fossem vistas de acordo com a capacidade e merecimento individuais, além da instalação de uma República na Bahia e da liberdade de comércio e o aumento dos salários dos soldados. Tais ideias eram divulgadas, sobretudo pelos escritos do soldado Luiz Gonzaga das Virgens e panfletos de Cipriano Barata, médico e filósofo.

Em 12 de Agosto de 1798, o movimento precipitou-se quando alguns de seus membros, distribuindo os panfletos na porta das igrejas e colando-os nas esquinas da cidade, alertaram as autoridades que, de pronto, reagiram, detendo-os. Tal como na Conjuração Mineira, interrogados, acabaram delatando os demais envolvidos.

Um desses panfletos declarava:

> *"Animai-vos Povo baiense que está para chegar o tempo feliz da nossa Liberdade: o tempo em que todos seremos irmãos: o tempo em que todos seremos iguais."*
>
> RUY, Afonso. A primeira revolução social do Brasil. p. 68.

Praça da Piedade, local de execução dos conjurados

Durante o Império (Primeiro Reinado, Regência e Segundo Reinado), os principais movimentos foram os que seguem:

1.8.7 Confederação do equador

O movimento começou como uma reação à Constituição outorgada por dom Pedro I no mesmo ano, que mantinha o Brasil a um governo centralizador e dava margem a grande submissão aos portugueses. Iniciado em Pernambuco, o movimento se alastrou rapidamente para outras províncias da região, como a Paraíba, o Ceará e o Rio Grande do Norte. Ficou conhecido por esse nome, Confederação do Equador, devido à proximidade da região do conflito com a linha do equador.

A conquista do território pernambucano foi feita por determinações e por interesses econômicos. Os portugueses, após o início do povoamento, passaram a fundar vilas e engenhos de açúcar, tornando este o principal produto da Colônia, na região úmida próxima ao litoral.

1.8.8 Cabanagem

▷ De 1833 a 1839, no Grão-Pará (Amazonas e Pará atuais);

▷ Reuniu mestiços e índios;

▷ Movimento começou com a resistência oferecida pelo presidente do conselho da província, que impediu o desembarque das autoridades nomeadas pela Regência;

▷ Cabanos chegaram a tomar Belém;

▷ Depois de prolongada resistência, foram derrotados;

1.8.9 Revoluçaõ farroupilha

▷ **Rio Grande do Sul:** movimento republicano e federalista de amplas proporções (de 1835 a 1845);

▷ **Dois grupos se defrontaram:** o conservador monárquico (os caramurus) e o liberal (chimangos), composto sobretudo por estancieiros, mas que veio a contar com o apoio das camadas populares;

▷ Chimangos protestavam contra a pesada taxação do charque e do couro;

▷ Depois de várias batalhas, o armistício foi negociado e a anistia concedida a todos;

1.8.10 Sabinada

▷ **Bahia:** revolta irrompeu a 7 de novembro de 1837, pretendendo implantar uma república;

▷ A tropa local aderiu ao movimento;

- Cercados pelo exército governista, revoltosos resistiram até meados de março de 1838.
- Milhares foram mortos ou feitos prisioneiros.

1.8.11 Balaiada
- Movimento insurrecional extenso e profundo, sacudiu o Maranhão - e parte do Piauí e do Ceará (de 1838 a 1841);
- Rebeldes chegaram a ter 11 mil homens armados;
- Movimento começou a partir de uma reivindicação política, o restabelecimento dos juízes de paz, mas ganhou proporções maiores;
- Anistia oferecida pelas tropas do governo esvaziou a insurreição;
- Apenas um dos líderes foi condenado à forca.

1.8.12 Revolução praieira
- Projeção, no Brasil, das revoluções populares de 1848, na Europa;
- Nascida da rivalidade entre os partidos Liberal e Conservador, acabou se transformando em choque de classes;
- Praieiros lutaram de 1848 a 1849, exigindo voto livre e democrático, liberdade de imprensa e trabalho para todos
- Mais de 500 revolucionários foram mortos.

1.8.13 Revolta da armada

- Movimento contra o presidente Floriano Peixoto;
- Irrompeu no Rio de Janeiro, em 6 de setembro de 1893;
- Praticamente toda a marinha se tornou antiflorianista;
- Principal combate ocorreu na Ponta da Armação, em Niterói, a 9 de fevereiro de 1894;
- Governo conseguiu a vitória graças a uma nova esquadra, adquirida e aparelhada no exterior;
- Parte dos revoltosos se rendeu a 13 de março outros 400 revoltosos se refugiaram em dois barcos de guerra portugueses e rumaram para o Uruguai.

1.8.14 Guerra de canudos

Confronto entre o Exército Brasileiro e os integrantes de um movimento popular de fundo sócio-religioso liderado por Antônio Conselheiro, que durou de 1896 a 1897, então na comunidade de Canudos, no interior do estado da Bahia, no nordeste do Brasil. A região, historicamente caracterizada por latifúndios improdutivos, secas cíclicas e desemprego crônico, passava por uma grave crise econômica e social. Milhares de sertanejos partiram para Canudos, cidadela liderada pelo peregrino Antônio Conselheiro, unidos na crença numa salvação milagrosa que pouparia os humildes habitantes do sertão dos flagelos do clima e da exclusão econômica e social.

Os grandes fazendeiros da região, unindo-se à Igreja, iniciaram um forte grupo de pressão junto à República recém-instaurada, pedindo que fossem tomadas providências contra Antônio Conselheiro e seus seguidores. Criaram-se rumores de que Canudos se armava para atacar cidades vizinhas e partir em direção à capital para depor o governo republicano e reinstalar a Monarquia. Apesar de não haver nenhuma prova para estes rumores, o Exército foi mandado para Canudos. Três expedições militares contra Canudos saíram derrotadas, o que apavorou a opinião pública, que acabou exigindo a destruição do arraial, dando legitimidade ao massacre de até vinte mil sertanejos. Além disso, estima-se que cinco mil militares tenham morrido. A guerra terminou com a destruição total de Canudos, a degola de muitos prisioneiros de guerra, e o incêndio de todas as casas do arraial.

1.8.15 Revolta da vacina
- Milhares de habitantes tomaram as ruas em violentos conflitos com a polícia, revoltados pelo fato de terem de se submeter à vacinação;
- Forças governistas prenderam quase mil pessoas e deportaram para o Acre metade delas.

1.8.16 Questões agrárias no brasil

Nas últimas décadas, o Brasil transformou-se em um dos maiores produtores e fornecedores de alimentos e fibras para o mundo. A participação crescente no mercado mundial de produtos agrícolas é resultado de uma combinação de fatores, como o avanço das terras cultivadas sobre as áreas com cobertura vegetal natural, chamadas de **fronteiras agrícolas**, e os investimentos em tecnologia e pesquisa, o que gerou um aumento da produtividade.

1.8.17 Origens das propriedades rurais no brasil

O Brasil é um país de grande extensão territorial e forte tradição agrícola. Apesar de grande variedade étnica e cultural e da efervescência político-econômica que o século XXI nos apresenta, o país não conseguiu resolver uma das mais antigas questões sociais de seu povo: a ocupação desordenada e o mau aproveitamento das terras, desde a chegada dos portugueses.

Para entendermos melhor o problema da terra no Brasil faz-se necessário um resgate histórico, que aponta para uma desigual distribuição de terras já no período colonial. As capitanias hereditárias e as sesmarias são responsáveis por boa parte dos latifúndios brasileiros atuais.

1.8.18 O regime das sesmarias[1]

O rei Dom João III, em 1530, decidiu implementar o sistema de sesmarias no Brasil para ter noção da extensão territorial do território. Porém, é necessário lembrar, que antes da conquista territorial, Portugal passava por uma grave crise econômica, diversos conflitos entre proprietários de terras e os lavradores, que provocaram o êxodo rural e a falta de alimentos nas grandes cidades.

D.Fernando I – rei de Portugal à época – transformou em lei um costume antigo dos países ibéricos, onde o rei sorteava terras chamadas de sesmarias, para serem cultivadas pelos chamados sesmeiros, por um período de dois anos. Assim, em junho de 1375, surgiu a Lei das Sesmarias.

No Brasil, as sesmarias não pressuponham a existência de propriedade anterior, como em Portugal e na Espanha. Lá, as terras concedidas aos sesmeiros eram as que haviam sido abandonadas, enquanto aqui, eram terras virgens, desprovidas de qualquer documento jurídico, as terras aqui nunca tiveram donos. As terras no Brasil não foram devidamente cultivadas basicamente por dois motivos: a grande extensão

---
[1] A palavra sesmo deriva do termo latino sex ou seximus e significa a sexta parte de alguma coisa. Como os sesmeiros ficavam com a sexta parte da produção (embora alguns historiadores afirmem o contrário), tudo leva a crer que a palavra seja proveniente de sesmo.

NOÇÕES DE SOCIOLOGIA

territorial e a falta de mão-de-obra, logo as terras permaneciam ociosas, e corriqueiramente eram confiscadas pelo rei.

Como o regime das sesmarias não estava dando certo no Brasil, a saída encontrada foi criar um sistema mais atraente, que transferisse a árdua tarefa de colonização à iniciativa particular – surge aí o sistema de **capitanias hereditárias**.[2] O país foi dividido em 15 lotes, entregues condicionalmente para 12 donatários. Pero Lopes de Sousa ficou com três lotes e Martim Afonso de Sousa com 2 lotes.

1.8.19 Antigo mapa das capitanias hereditárias e seus donatários

MERIDIANO DE TORDESILHAS	
Pará (João de Barros e Aires da Cunha)	
Maranhão (Fernão Álvares de Andrade)	
Piauí (Antonio Cardoso de Barros)	
Rio Grande (João de Barros e Aires da Cunha)	
Itamaracá (Pero Lopes de Sousa)	
Pernambuco (Duarte Coelho)	
Bahia (Francisco Pereira Coutinho)	OCEANO ATLÂNTICO
Ilhéus (Jorge Figueiredo Correia)	
Porto Seguro (Pero do Campo Tourinho)	
Espírito Santo (Vasco Fernandes Coutinho)	
São Tomé (Pero de Góis)	
Rio de Janeiro (Martim Afonso de Sousa)	
Santo Amaro (Pero Lopes de Sousa)	
São Vicente (Martim Afonso de Sousa)	
Sant'Anna (Pero Lopes de Sousa)	

Os donatários deveriam conceder lotes menores a outros interessados, entretanto, isso não ocorreu. Os donatários não se preocuparam com essa subdivisão e nem com a função social da terra. Vaidoso e detentores de inúmeros privilégios típicos da nobreza da época, sentiam-se os donos absolutos da terra e valiam-se delas somente para fins de grande pessoal e ostentação de poder. Continuamente, instituiu-se o germe de um comportamento autoritário, que passou a História com o nome de coronelismo, que não tem suas raízes no Brasil como podemos observar no texto abaixo:

Frente ao fracasso das capitanias, o rei de Portugal resolveu instituir um governo-geral nomeado, no qual os donatários deveriam se submeter. Tomé de Sousa foi indicado para ser o primeiro governador-geral do Brasil.

Tomé de Sousa governou até 1553 sendo substituído por Duarte da Costa (1553-1558) e este por Mém de Sá (1558-1572). Todos tiveram a preocupação de manter os colonos ocupados em produzir gêneros agrícolas que fossem consumidos na Europa. A prioridade continuava a ser a cana-de-açúcar.

As únicas capitanias que prosperaram foram as de São Vicente e Pernambuco, onde se inicia a colonização brasileira, com a implantação de engenhos e a grande produção de açúcar. Foi em Pernambuco que se estabeleceram os primeiros e os maiores latifúndios no Brasil.

O regime das sesmarias teve seu fim no dia 17 de julho de 1822, ano da independência do país. Após a extinção das sesmarias, o Brasil ficou 28 anos sem nenhuma lei específica que regulamentasse a aquisição de terras.

Somente em 18 de setembro de 1850 surgiu a lei nº 601 – chamada Lei de Terras, que praticamente instituiu a propriedade privada da terra no Brasil, determinando que as terras públicas ou devolutas só podiam ser adquiridas por meio de compra, favorecendo os abastados proprietários rurais.

A estrutura fundiária é a forma como estão organizadas as propriedades agrárias de um país ou região, isto é, a classificação dos imóveis rurais segundo o número, tamanho e distribuição social.

1.8.20 Estatuto da terra e classificação dos imóveis rurais

O Estatuto da Terra foi criado pela lei 4.504, de 30-11-1964, sendo, portanto uma obra do regime militar que acabava de ser instalado no país através do golpe militar de 31-3-1964. Sua criação estará intimamente ligada ao clima de insatisfação reinante no meio rural brasileiro e ao temor do governo e da elite conservadora pela eclosão de uma revolução camponesa. Afinal, os espectros da Revolução Cubana (1959) e da implantação de reformas agrárias em vários países da América Latina (México, Bolívia, etc.) estavam presentes e bem vivos na memória dos governantes e das elites.

As lutas camponesas no Brasil começaram a se organizar desde a década de 1950, com o surgimento de organizações e ligas camponesas, de sindicatos rurais e com atuação da Igreja Católica e do Partido Comunista Brasileiro. O movimento em prol de maior justiça social no campo e da reforma agrária generalizou-se no meio rural do país e assumiu grandes proporções no início da década de 1960.

No entanto, esse movimento foi praticamente aniquilado pelo regime militar instalado em 1964. A criação do Estatuto da Terra e a promessa de uma reforma agrária foi a estratégia utilizada pelos governantes para apaziguar, os camponeses e tranquilizar os grandes proprietários de terra. As metas estabelecidas pelo Estatuto da Terra eram basicamente duas: a execução de uma reforma agrária e o desenvolvimento da agricultura. Três décadas depois, podemos constatar que a primeira meta ficou apenas no papel, enquanto a segunda recebeu grande atenção do governo, principalmente no que diz respeito ao desenvolvimento capitalista ou empresarial da agricultura.

Manifestação da Liga Camponesa, 1963, Pernambuco.

Com o Estatuto da Terra (1964), surgiu o conceito de **módulo rural**: "é o modelo ou padrão que deve corresponder à propriedade familiar".

---

[2] O sistema de capitanias hereditárias foi implantado, inicialmente, e com sucesso nas possessões portuguesas de Açores, Cabo Verde, Madeira e São Tomé. Eram chamadas de capitanias porque seus chefes tinham o título de capitão-mor. E eram hereditárias, porque deveriam passar de pai para filho. Os capitães-mores ficaram conhecidos também como donatários, porque recebiam as terras do rei em caráter de doação.

Com base nesse conceito, posteriormente, o **INCRA**, Instituto Nacional de Colonização e Reforma Agrária, vinculado ao Ministério do Desenvolvimento Agrário, criou o conceito de **módulo fiscal**: "unidade de medida expressa em hectares, fixada para cada região, considerando vários fatores, como o tipo de exploração predominante no município e a renda obtida com a exploração predominante.".

Portanto, o tamanho do módulo fiscal depende de cada região, sendo usado pelo IBGE para classificar os imóveis rurais quanto ao tamanho:

Minifúndio: área inferior a um módulo fiscal.

Pequena propriedade: área entre um e quatro módulos fiscais.

Média propriedade: área superior a quatro e até quinze módulos fiscais.

Grande propriedade: área superior a quinze módulos fiscais.

Empresa Rural: imóvel explorado racionalmente, com um mínimo de 50% de sua área agricultável utilizada e que não exceda a 600 vezes o módulo rural.

Latifúndio por exploração: imóvel que, não excedendo os mesmos limites da empresa rural, é mantido inexplorado em relação às possibilidades físicas, econômicas e sociais do meio.

Latifúndio por dimensão: imóvel rural com área superior a 600 vezes o módulo rural médio da região.

Outro aspecto importante do Estatuto da Terra é que, teoricamente, o trabalhador rural ganhou uma proteção legal, representada pelo salário mínimo, férias remuneradas, previdência e 13º salário. Mas, na prática, os fazendeiros "fugiam" dessa mudança, passando a contratar trabalhadores temporários, surgindo à figura do boia-fria.

1.8.21 Reforma agrária

Teoricamente representa o fim da concentração fundiária brasileira, com redistribuição das terras, rompendo definitivamente com o passado colonial de exploração. Alguns intelectuais apontam que a primeira e, ao mesmo tempo, a última reforma foi no século XVI, com as capitanias hereditárias, que introduziu os latifúndios, os quais resistem até os dias atuais.

Em razão do poder político das oligarquias rurais, a reforma agrária começou a ser discutida após a Segunda Guerra Mundial, inicialmente, por meio de comissões, que fracassaram.

Na década de 1960, surgiram às primeiras tentativas no governo de João Goulart, frustradas pelo golpe militar de 1964. Neste mesmo ano, surgiu o Instituto Nacional de Colonização e Reforma Agrária (INCRA) com a responsabilidade de aplicar o Estatuto da Terra, que provocou um aumento dos trabalhadores temporários, pois os fazendeiros não aceitaram as garantias trabalhistas do trabalhador do campo.

Mais tarde, em 1985, foi criado o Ministério da Reforma Agrária aplicando o Plano Nacional de Reforma Agrária (PNRA), do governo Sarney; e, em 1988, a reforma agrária foi inscrita na Constituição, deixando a cargo do Ministério da Agricultura a responsabilidade de promovê-la.

1.8.22 Reforma agrária e constituição (1988)

Art. 184. Compete à União desapropriar por interesse social, para fins de reforma agrária, o imóvel rural que não esteja cumprindo sua função social, mediante prévia e justa indenização em títulos da dívida agrária, com cláusula de preservação do valor real, resgatáveis no prazo de até vinte anos, a partir do segundo ano de sua emissão, e cuja utilização será prevista em lei.

Portanto, a reforma é um processo no qual o governo desapropria terras não aproveitadas, cedendo-as para agricultores que desejem trabalhá-la. Mas, para obter sucesso, a reforma deve ser acompanhada por várias medidas como: assistência técnica permanente, educação, financiamento de equipamentos, política de preços mínimos, infraestrutura de transporte, armazenagem, telefonia e eletrificação rural. Em vários casos, isto não acontece, explicando-se o abandono posterior das terras distribuídas. Como o governo é lento e burocratizado, surgem os conflitos rurais, marcados pela **violência**.

1.8.23 Conflitos no campo e os movimentos sociais rurais

A violência rural brasileira evidencia a necessidade de reformas, para corrigir graves distorções como a concentração fundiária, a prevalência da produção de gêneros para a exportação e a ganância dos grileiros, que contratam jagunços para invadir terras devolutas ou terras ocupadas por posseiros, expulsando-os. Até as reservas indígenas não escapam da violência, e também são vítimas do avanço do capital no campo.

A resistência à concentração de terras aumentou nas décadas de 1970 e 1980, surgindo, em 1984, o Movimento dos Trabalhadores rurais sem Terra (MST), entidade criada para se fazer uma reforma agrária rápida e justa. As invasões em terras **improdutivas** questionam a estrutura fundiária ultrapassada, mas também ocorrem invasões políticas em terras produtivas, deixando a questão polêmica. Por outro lado, os fazendeiros criaram a União Democrática Ruralista (UDR), cujo objetivo é defender o direito à propriedade privada, garantido pela Constituição. O resultado foi o aumento dos conflitos, associado ao governo omisso e incapaz de equacionar a questão agrária do país, evidenciada pelo próprio aumento dos conflitos.

Os conflitos sociais no campo brasileiro decorrem de um histórico processo de espoliação e expropriação do campesinato. A extrema concentração fundiária demonstra o desprezo do grande capital para com o camponês e é representada pelo número reduzido de proprietários, concentrando imensa área e, por outro lado, um grande número de pequenos proprietários com terras insuficientes para o sustento de suas famílias.

Em suma, a modernização do campo foi desigual, conservadora e capitalista, mantendo a concentração de terras, com latifúndios improdutivos, provocando uma subordinação total do camponês ao grande capital. A razão dessa dependência "é que no sistema capitalista a propriedade rural visa, em primeiro lugar, ao lucro e não à utilização produtiva da terra, podendo deixar a terra inexplorada, isto é, utilizá-la apenas como negócio de compra e venda.

1.8.24 Quem sabe faz a hora não espera acontecer[3]

Os camponeses não "pediram ordem a ninguém", nem aos partidos, nem aos teóricos, há ninguém. As ocupações coletivas das propriedades privadas improdutivas passaram a compor os cenários novos das lutas no campo. Era como se o canto de Geraldo Vandré de "Caminhando" estivesse sendo ouvido, e, é bem possível que sim.

Está é a razão principal sobre a necessidade urgente de se compreender a luta camponesa pela terra, e no seu interior, é inegável que o Movimento dos Trabalhadores Rurais Sem Terra ocupa lugar de destaque. O MST como o movimento sócio-territorial rural mais organizado no final do Século XX e início do Século XXI, representa no conjunto da história recente deste país, mais um passo na longa marcha dos camponeses brasileiros em sua luta cotidiana pela terra.

---

3 Verso de Geraldo Vandré na música "Caminhando" ou "Para não dizer que não falei de flores".

Essa luta camponesa revela a todos interessados na questão agrária, um lado novo e moderno. Não se está diante de um processo de luta para não deixar a terra, mas sim, diante um processo de luta para entrar na terra. Terra que tem sido mantida improdutiva e apropriada privadamente para servir de reserva de valor e/ou reserva patrimonial às classes dominantes. Trata-se, pois, de uma luta de expropriados, que na maioria das vezes, experimentaram a proletarização urbana ou rural, mas que resolveram construir o futuro baseado na negação do presente. Não se trata, pois, de uma luta que apenas revela uma nova opção de vida para esta parcela pobre da sociedade brasileira, mas revela muito mais, revela uma estratégia de luta acreditando ser possível hoje, a construção de uma nova sociedade. Uma nova sociedade dotada de justiça, dignidade e cidadania.

Assim, essa luta contraditória não excluiu nem mesmo o interior do Estado de São Paulo, onde o desenvolvimento do capitalismo fincou sua mais espetacular expansão nas últimas décadas. Por isso mesmo, é que parte dos trabalhadores proletarizados do campo e da cidade passaram a negar esta condição. E como produtos desta negação organizaram-se para lutar por um pedaço de terra, para poder reconquistar a perdida autonomia do trabalho. Reconquistada agora, nas experiências coletivas ensaiadas pelos campos conquistados na luta.

As transformações profundas que a agricultura brasileira passou nas últimas décadas do Século XX, revela suas contradições presentes no interior da estrutura agrária e revela sua componente contemporânea: a luta pela reforma agrária. Mais do que isso, revela a relação orgânica entre a luta pela terra e a conquista da democracia por esses excluídos. Conquista da democracia que se consuma na conquista da terra, na conquista de sua identidade camponesa, enfim, na conquista da cidadania.

Como abordado no trabalho "MST: Terra, Sobrevivência e Inclusão Social" foi no interior destes processos de luta pela terra que nasceu o MST. Mas é importante frisar que o MST não foi o único movimento social na história do Brasil, e ele não é na atualidade, o único movimento social no campo brasileiro. Bastaria lembrar rapidamente de que há um número muito grande de movimentos de luta pela terra no campo brasileiro. Bastaria lembrar, a luta dos povos indígenas pela demarcação de seus territórios; a luta pela terra de trabalho realizada pelos posseiros que se faz em vários pontos do país; a luta dos peões contra a peonagem ("escravidão branca"). Este processo ocorre na Amazônia, sobretudo nas grandes fazendas, mas ocorre também nas áreas de reflorestamento e soja do Centro-Sudeste brasileiro. Há também, a luta dos camponeses contra as desapropriações de terra para a execução das grandes obras do Estado. Não custa lembrar que o MAB - Movimento dos Atingidos por Barragens – também, nasceu exatamente deste processo de luta dos camponeses contra essas desapropriações e particularmente contra o valor irrisório destas desapropriações. Há o movimento dos camponeses contra a subordinação praticada pela indústria no setor avícola, entre os produtores de fumo que se unem e que se rebelam contra esta subordinação que os torna reféns destas indústrias que adquirem suas matérias-primas. Os movimentos dos brasiguaios e dos brasilianos, é bom não esquecer que mais de 250 mil brasileiros estão no Paraguai, mais de 40 mil brasileiros estão na Bolívia. Cabe explicar que parte destes brasileiros, os brasiguaios sobretudo, já se alinham e se articulam com o MST no Mato Grosso do Sul e já há, inclusive acampamentos e assentamentos produto desta articulação. Deve-se lembrar também do movimento dos boias-frias que praticaram no interior do Estado de São Paulo greves e lutas por melhores condições de trabalho. Não custa lembrar também, a recente filiação da Contag à CUT, a realização do Movimento Grito da Terra Brasil, as marcha nacionais da Via Campesina, entre outras manifestações. Também não custa lembrar os seringueiros na Amazônia e as suas lutas pelas demarcações das reservas extrativistas.

O MST é parte desta luta do campesinato brasileiro, mas o MST é sem dúvida alguma, o principal desses movimentos, porque, é aquele que tem uma organização mais sólida, de caráter nacional. É aquele que está soldando a possibilidade de vitória da luta destes diferentes setores que formam este heterogêneo campesinato brasileiro. O MST, por isso mesmo, é um movimento social jovem, nasceu no início dos anos 80 e tem como binômio de ação: a lógica acampamento-assentamento. Quem quiser conhecer e entender o MST terá que entender este processo de luta calcado nos acampamentos, portanto, nas ocupações e na luta nos assentamentos. O MST é, portanto, um movimento que articula simultaneamente a espacialização da luta e combina contraditoriamente a territorialização deste próprio movimento nos assentamentos. Possui e dá importância à sua estrutura organizativa democrática, de base, efetivamente de massa. Estrutura organizativa que respeita as diferenças desses movimentos em várias partes do país, e que tem um coletivo nacional representantes das diferentes regiões onde este movimento atua. É um movimento diferenciado, pois, respeita as decisões tomadas coletivamente. É um dos poucos lugares deste país onde a discordância se dá na discussão de uma determinada concepção ou na tomada de uma decisão. Mas, uma vez vencida uma proposta, ela é abraçada por todos e levada à prática por todos. Esta prática infelizmente, não ocorre nos partidos políticos, não ocorre em setores do movimento sindical. Ariovaldo Umbelino.

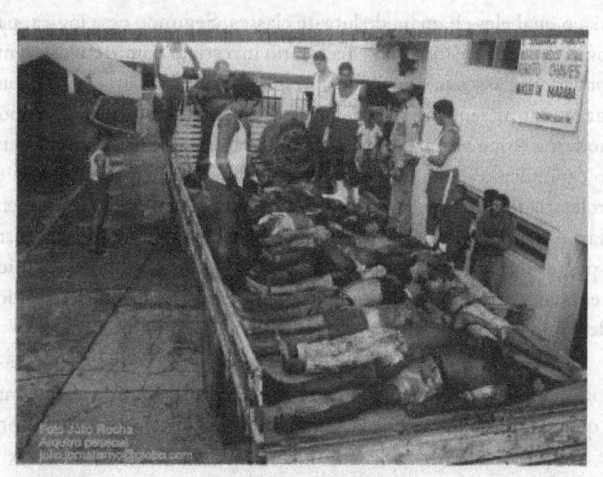

Integrantes do MST mortos em conflito em Eldorado dos Carajás, Pará, 1996.

1.9 Classes Sociais E Movimentos Sociais

Esse é um dos conceitos centrais na Sociologia e, por isso mesmo, é um dos mais discutido e também um dos que acaba ganhando mais definições diferentes. Para fins de pesquisa, o IBGE (Instituto Brasileiro de Geografia e Estatísticas) classifica a população brasileira em cinco classes sociais, de A a E, cada uma delas agregando famílias de renda mensal semelhante. Esse tipo de classificação é bastante utilizado pelo mercado, que desenvolve suas pesquisas e produtos baseados nos hábitos e possibilidades de consumo de cada faixa salarial. Na linguagem comum, outras ideias parecidas surgem quando se fala, por exemplo, na classe "dos mais necessitados" ou naquela dos "mais privilegiados". Essas ideias não estão necessariamente equivocadas, porém, para a Sociologia, a questão é um tanto mais complexa.

Classe social é um termo usado para dar a ideia de que existem distâncias sociais significavas na sociedade. Isso quer dizer que indivíduos e grupos são diferentes entre si e ocupam lugares diferentes na sociedade. Entretanto, sociologicamente, não se pode falar em classes sociais sem pontuar a existência de relações desiguais entre elas. Na prática, isso quer dizer que há sempre uma relação de dominação entre uma classe e outra. A diferença na possibilidade de acesso ao poder político, ao poder econômico, aos bens culturais, a educação e, outros prestígios valorizados em nossa sociedade, marcam a diferença entre as classes sociais.

A rigor, podemos dizer que as classes sociais só existem e só podem ser compreendidas dentro de seu caráter relacional. Isso significa que uma classe só existe em relação a outra, da mesma forma que você não pode dizer que uma cidade é longe sem ter um ponto de referência para dizer aquilo que é perto. Logo, não se pode falar, por exemplo, em "classe dominante" sem a existência de uma "classe dominada". A própria sociedade só pode ser entendida enquanto um emaranhado de relações, onde uma coisa só existe em relação a outra. Além disso, as classes sociais são compostas por grupos, famílias e indivíduos, mas existem independentemente de suas vontades, ainda que influencie as formas como esses grupos e sujeitos pensam e como atuam na sociedade.

Se a noção de classe social serve, principalmente, para marcar as distâncias e desigualdades reais que existem entre diferentes partes da sociedade, ela abarca também uma ideia de conflito de interesses. É no pensamento marxista que esses choques foram melhor explorados como questão central para entender a modernidade. Para Marx e Engels a história de todas as sociedades é a história destes conflitos fundamentais, o qual eles chamam de luta de classes. Segundo essa lógica, para compreender a história seria necessário investigar como, em diferentes épocas, as classes mais e menos privilegiadas entraram em confronto para garantir seus interesses. Para o pensamento marxista, na época moderna – que se iniciou após a industrialização e o estabelecimento do capitalismo – esta luta se dá principalmente entre a burguesia e o proletariado. A classe dominante de um tempo, segundo o pensamento marxista, por controlar a economia, controla também todos os outros aspectos da vida social, dominando os aparatos políticos e jurídicos e exercendo seu domínio no campo das ideias, isso é, definindo a ideologia hegemônica.

Entre os dois polos extremos – compostos por dominantes e dominados – encontramos níveis intermediários, onde se encontra o que alguns chamam de classe média. A definição do que é e como se comporta a classe média é também um grande tema de debate da Sociologia, sendo que, em alguns contextos, sua própria definição pode ser alvo de disputa política.

QUESTÕES COMENTADAS PARA PMPB

Texto para as próximas 3 questões.

Texto 1

Operação Sossego: PM apreende aparelhos de som e aplica multa de R$ 7 mil por crime de poluição sonora

31 de julho de 2021

A Polícia Militar apreendeu cinco equipamentos de som que estavam perturbando o sossego dos moradores nos bairros de Bancários, Bairro dos Estados, Bairro São José, Mandacaru, Mangabeira e Varadouro, na noite dessa última sexta-feira (30), em João Pessoa. Seis pessoas foram conduzidas à delegacia e dois proprietários foram autuados e multados no valor total de R$ 7 mil pelo crime de poluição sonora. Os aparelhos foram recolhidos à Central de Polícia.

01. **(FGV – 2021 – PM/PB – ASPIRANTE)** O texto 1, retirado do site da Polícia Militar da Paraíba, é exemplo de texto informativo; entre as informações sobre a operação presentes no texto, a única identificada de forma inadequada é:
a) finalidade: "aplica multa de R$ 7 mil".
b) localização espacial: "nos bairros de Bancários, Bairro dos Estados, Bairro São José, Mandacaru, Mangabeira e Varadouro".
c) localização temporal: "na noite dessa última sexta-feira".
d) causa: "estavam perturbando o sossego dos moradores".
e) consequências: "Seis pessoas foram conduzidas à delegacia e dois proprietários foram autuados e multados".

A questão pede a alternativa que está incorreta dentre as informações. A finalidade do texto é garantir o direito ao sossego (poluição sonora).

GABARITO: A.

02. **(FGV – 2021 – PM/PB – ASPIRANTE)** Sobre os dados presentes no texto 2, é correto afirmar que:
a) a ação é "conjunta" porque foi feita em vários estados.
b) a balança de precisão indica fabricação de projéteis.
c) a cidade de Manaíra é apenas um dos locais da operação.
d) as munições mostram produtos de fabricação dos bandidos.
e) a data (02) mostra preocupação com a precisão.

A: Incorreta. A ação foi conjunta, pois reuniu as Polícias Militar e Civil da Paraíba e a Polícia Civil de Pernambuco, mas na mesma cidade.

B: Incorreta. Não há como ter essa precisão.

C: Incorreta. Não se mencionam outras cidades, somente Manaíra.

D: Incorreta. Não se menciona isso no texto.

E: Correta. No sertão, 2 de agosto.

GABARITO: E.

03. **(FGV – 2021 – PM/PB – ASPIRANTE)** O texto 2 utiliza adequadamente o vocábulo "mandado"; a frase a seguir em que houve troca indevida entre os parônimos mandado/mandato é:
a) Lopez conseguiu um mandado judicial que impede que Vasquez venda a filmagem sem a autorização dele. Folha de S.Paulo, 07/06/2011.
b) O mandado de prisão contra Bashir foi expedido pelo Tribunal Penal Internacional no dia 4 de março. Folha de S.Paulo, 03/07/2009.
c) Apesar de defender punições, ele disse que "nenhum senador vai renunciar ao mandato, nenhum senador vai pedir as contas". Folha de S.Paulo, 26/06/2009.
d) A empreitada, segundo críticos, seria uma manobra de Zelaya para tentar disputar um segundo mandato. Folha de S.Paulo, 02/09/2009.
e) De acordo com o CNJ, o motivo do atraso é o fim do mandado de 12 conselheiros. Folha de S.Paulo, 02/07/2009.

O termo "mandado" significa "ordem judicial ou administrativa" e, nessas circunstâncias, é um substantivo: "mandado de busca, mandado de segurança, mandado de busca e apreensão".

O termo "mandato" é "uma autorização para praticar determinadas ações em função de outros". Logo, é um poder que alguém conferiu a outro, a fim de agir em seu nome, ou seja, significa "procuração, delegação".

Nesse caso, a oração em que houve troca de parônimos é: "De acordo com o CNJ, o motivo do atraso é o fim do **mandado** de 12 conselheiros. *Folha de S.Paulo*, 02/07/2009". O termo correto seria "mandato".

GABARITO: E.

Texto para as próximas 2 questões.

Texto 3

Operação Moto Segura vai intensificar combate aos veículos com canos de escape barulhentos

2 de agosto de 2021

A Polícia Militar deflagrou a Operação Moto Segura, que será realizada durante todo o mês de agosto com o objetivo de coibir a circulação irregular de veículos, principalmente os que usam o cano de escape alterado. A multa para quem anda com o escapamento irregular é de R$ 195,23, sendo considerada de natureza grave e com previsão de cinco pontos na carteira de habilitação. As denúncias podem ser feitas pelo 190.

[...] Além das blitzen em pontos estratégicos, rondas em horários variados e denúncias da população, a operação vai contar também com o levantamento de informações sobre grupos que promovem "rolezinhos" e sobre estabelecimentos que estejam fazendo a modificação do cano de escape para provocar barulho.

04. **(FGV – 2021 – PM/PB – ASPIRANTE)** Em relação aos componentes do texto 3, é correto afirmar que:
a) o termo "veículos" da manchete do texto 3 se refere a qualquer tipo de veículo.
b) a fiscalização dos veículos citados não se limita ao problema de alterações nos canos de escape.
c) as denúncias públicas visam especificamente aos estabelecimentos que fazem as alterações nos canos.
d) a presença dos colchetes no início do segundo parágrafo indica que o texto a seguir foi alterado.
e) as blitzen, as rondas e as denúncias da população indicam as causas da fiscalização pretendida pela operação.

A: Incorreta. O nome da operação é "Moto Segura", que vai intensificar o combate aos veículos com canos de escape barulhentos.

B: Correta. A operação irá focar nos veículos que possuem os canos de escape alterados e também na circulação irregular de veículos.

C: Incorreta. As denúncias visam aos rolezinhos e aos estabelecimentos que fazem as modificações nos canos de escape para provocar barulho.

D: Incorreta. Os colchetes indicam que algo foi suprimido e não alterado.

E: Incorreta. Tais ações não indicam as causas, mas a solução para acabar com esse problema.

GABARITO: B.

05. **(FGV – 2021 – PM/PB – ASPIRANTE)** Todos os segmentos provêm do texto 3; o termo precedido da preposição **de** indica o agente, e não o paciente do termo anterior, no seguinte caso:
a) "objetivo de coibir".
b) "circulação irregular de veículos".
c) "previsão de cinco pontos na carteira".
d) "levantamento de informações".
e) "modificação do cano".

A: Incorreta. "A Polícia Militar deflagrou a Operação Moto Segura, que será realizada durante todo o mês de agosto com o objetivo de coibir [...]". O termo "com o objetivo de coibir" não pratica a ação. Quem pratica é o sujeito.

B: Correta. "A Polícia Militar deflagrou a Operação Moto Segura, que será realizada durante todo o mês de agosto com o objetivo de coibir a circulação irregular de veículos [...]". São os veículos que circulam: agente (adjunto adnominal) com a preposição "de".

C: Incorreta. "[...] A multa para quem anda com o escapamento irregular é de R$ 195,23, sendo considerada de natureza grave e com previsão de cinco pontos na carteira [...]". O trecho "previsão de cinco pontos na carteira" não pratica a ação, pois o sujeito é "multa".

D: Incorreta. "[...] a operação vai contar também com o levantamento de informações [...]". Quem pratica a ação é a "operação".

E: Incorreta. "[...] fazendo a modificação do cano de escape para provocar barulho [...]". A "modificação do cano" sofre a ação.

GABARITO: B.

Texto para as próximas 2 questões.

Texto 4
Polícia Militar reforça presença para garantir proteção nas comunidades quilombolas da Paraíba
21 de julho de 2021

A Polícia Militar vem reforçando a segurança e a interação nas mais de 40 comunidades quilombolas da Paraíba. O objetivo é acompanhar mais de perto as demandas das famílias e buscar viabilizar as soluções, dentro da filosofia de polícia solidária. Entre os trabalhos realizados, estão a prevenção ao furto de animais e ao dano nos roçados dos moradores.

Nos próximos meses, essas comunidades contarão com a Patrulha de Apoio à Integração Social, com policiais militares treinados para atuar na prevenção secundária, junto aos grupos mais suscetíveis à violência, entre eles, os quilombolas e os indígenas.

06. (FGV – 2021 – PM/PB – ASPIRANTE) Nos segmentos apresentados, retirados do texto 4, o termo sublinhado que tem explicação equivocada é:
a) "comunidades quilombolas" / que habitam ou são originárias de quilombos.
b) "a segurança e a interação" / relação mútua, comunicação entre pessoas.
c) "acompanhar mais de perto" / sob severa vigilância.
d) "polícia solidária" / destinada a apoiar, a auxiliar.
e) "prevenção ao furto de animais" / preparação antecipada de combate a um mal.

A única alternativa que tem explicação equivocada é "acompanhar mais de perto" / sob severa vigilância. Quando se acompanha mais de perto, presta-se mais atenção, observam-se mais detalhes, mas não quer dizer que isso está sendo feito "sob severa vigilância".

GABARITO: C.

07. (FGV – 2021 – PM/PB – ASPIRANTE) A atuação da Polícia da Paraíba, citada no texto 4, se insere nas seguintes áreas:
a) de segurança e proteção social.
b) proteção social e política.
c) política e ambiental.
d) ambiental e patrimonial.
e) patrimonial e de segurança.

O texto já começa abordando a questão da segurança: "A Polícia Militar vem reforçando a segurança e a interação nas mais de 40 comunidades quilombolas da Paraíba [...]". Ao expor que as comunidades quilombolas "contarão com a Patrulha de Apoio à Integração Social, com policiais militares treinados para atuar na prevenção secundária" contra a violência, conclui-se que a resposta correta é: "de segurança e proteção social".

GABARITO: A.

08. (FGV – 2021 – PM/PB – ASPIRANTE) Numa pesquisa na Internet por meio do Google, é possível usar símbolos e/ou palavras no texto de busca, de modo que os resultados sejam mais precisos.
Nesse contexto, a lista que contém somente caracteres e/ou palavras que podem representar alguma função específica é:
a) # @ $ -
b) # @ $ NOT
c) # @ - NOT
d) # $ - NOT
e) @ $ - NOT

O Google permite que o usuário potencialize suas buscas, assim, ele consegue fazer buscas avançadas e obter melhores resultados, por exemplo:

\# → Pesquisar *hashtags*;
@ → Pesquisar em mídias sociais;
$ → Pesquisar preços;
- → Excluir um termo.

GABARITO: A.

09. (FGV – 2021 – PM/PB – ASPIRANTE) No contexto das planilhas eletrônicas, analise a fórmula a seguir.
=SOMA(A1:B3) - SOMA(C1:D5)
Dentre as opções a seguir, essa fórmula estaria corretamente aplicada apenas quando digitada na célula:
a) A1
b) A5
c) B3
d) C1
e) C5

Se a fórmula fosse digitada nas células A1;B3;C1 ou C5, aconteceria um erro chamado de referência circular. Tal erro ocorre quando uma fórmula do Excel se refere à sua própria célula, direta ou indiretamente, portanto, a única célula entre as citadas que retornaria um valor correto e não apresentaria a mensagem de erro, existindo uma referência circular, seria A5.

GABARITO: B.

10. (FGV – 2021 – PM/PB – ASPIRANTE) Utilizando seu notebook com Windows 10, Gabriel notou que o computador ficou excessivamente lento, e está tentando identificar a razão dessa lentidão.
O recurso do Windows que é adequado para que Gabriel possa identificar, dentre os programas e processos ativos no seu sistema, o consumo de recursos como memória, disco, rede e outros é denominado:
a) Assistência Rápida.
b) Desfragmentador de Disco.
c) Explorador de Arquivos.
d) Gerenciador de Tarefas.
e) Windows Defender Firewall.

A: Incorreta. A Assistência Rápida é um aplicativo do Windows que permite que o usuário compartilhe seu dispositivo para que se possa fazer um acesso/conexão remota.

B: Incorreta. Desfragmentador de Disco é utilizado para otimizar, ou seja, organizar o disco do usuário, apanhando partes de um mesmo arquivo salvo em partes descontinuadas e ordenando-as de forma contínua, melhorando, assim, o desempenho.

C: Incorreta. Explorador de Arquivos é o gerenciador de dados, responsável pela manipulação de arquivos e de pastas do Windows.

D: Correta. O Gerenciador de Tarefas tem várias funções, como: mostrar o percentual de processamento e de memória, mostrar todos os processos, tarefas e atividades em execução, tanto em primeiro quanto em segundo plano. Além disso, permite que o usuário encerre abruptamente um processo.

E: Incorreta. Windows Defender Firewall é uma ferramenta de segurança, formada pela junção de duas ferramentas, uma é a *antimalware* e a outra o *Firewall*.

GABARITO: D.

11. **(FGV – 2021 – PM/PB – ASPIRANTE)** No contexto do MS Word, analise as seguintes considerações sobre o uso de *Estilos* na edição de documentos.
    I. "Título 1" é o nome de um estilo presente na *Galeria de Estilos Rápidos*.
    II. Na edição de um novo documento, o estilo *default* é o *Normal*.
    III. Depois que um estilo é usado em um ou mais trechos de um documento, não é possível alterar suas características.
    IV. Os estilos da *Galeria de Estilos Rápidos* não podem ser alterados.

    Está correto somente o que se afirma em:
    a) I e II.
    b) I e III.
    c) II e III.
    d) II e IV.
    e) III e IV.

I: Correta. Na Galeria de Estilos Rápidos, existem vários estilos, dentre os quais podemos citar: normal; sem espaçamento; título 1; título 2; título; subtítulo e ênfase sutil.

II: Correta. O termo **default** refere-se às definições-padrão.

III: Incorreta. O usuário tem controle sobre as edições/alterações do documento, então ele pode modificar as características deste.

IV: Incorreta. Os estilos podem ser alterados; o usuário pode, inclusive, criar um novo estilo.

GABARITO: A.

12. **(FGV – 2021 – PM/PB – ASPIRANTE)** A policial militar Maria foi vítima dos crimes de ameaça e de lesão corporal, praticados no contexto da Lei Maria da Penha por seu marido, o policial militar João, no interior do Batalhão de Polícia Militar onde está lotado, por motivo de ciúmes.

    Consoante dispõe a Lei n° 11.340/2006, a inquirição da vítima Maria, no bojo de procedimento próprio, obedecerá a algumas diretrizes, entre as quais não se encontra:
    a) salvaguarda da integridade física, psíquica e emocional de Maria, considerada a sua condição peculiar de pessoa em situação de violência doméstica e familiar.
    b) depoimento registrado, preferencialmente, em meio eletrônico ou magnético, devendo a degravação e a mídia integrar o inquérito.
    c) sucessivas inquirições sobre o mesmo fato nos âmbitos criminal, cível e administrativo, para fins de ratificação de sua versão, inclusive com questionamentos sobre sua vida privada.
    d) inquirição, se for o caso, preferencialmente intermediada por profissional especializado em violência doméstica e familiar designado pela autoridade judiciária ou policial.
    e) inquirição preferencialmente em recinto especialmente projetado para esse fim, o qual conterá os equipamentos próprios e adequados à idade de Maria e ao tipo e à gravidade da violência sofrida.

A Lei n° 11.340/2006 tem a finalidade de coibir a violência doméstica e familiar contra a mulher, a violência de gênero e o preconceito, que visa discriminar a vítima, o que faz com que a ofendida necessite de maior rede de proteção e o agressor de punição mais rigorosa.

A: Incorreta. A afirmativa traz uma das diretrizes para a inquirição da mulher em situação de violência doméstica e familiar prevista no art. 10-A, § 1°, inciso I, da Lei n° 11.340/2006:

Art. 10-A É direito da mulher em situação de violência doméstica e familiar o atendimento policial e pericial especializado, ininterrupto e prestado por servidores – preferencialmente do sexo feminino – previamente capacitados.

§ 1° A inquirição de mulher em situação de violência doméstica e familiar ou de testemunha de violência doméstica, quando se tratar de crime contra a mulher, obedecerá às seguintes diretrizes:

I - salvaguarda da integridade física, psíquica e emocional da depoente, considerada a sua condição peculiar de pessoa em situação de violência doméstica e familiar.

B: Incorreta. A presente afirmativa traz um dos procedimentos que deverá ser adotado, preferencialmente, para a inquirição de mulher em situação de violência doméstica e familiar previsto no art. 10-A, § 2°, III, da Lei n° 11.340/2006:

Art. 10-A É direito da mulher em situação de violência doméstica e familiar o atendimento policial e pericial especializado, ininterrupto e prestado por servidores – preferencialmente do sexo feminino – previamente capacitados. [...]

§ 2° Na inquirição de mulher em situação de violência doméstica e familiar ou de testemunha de delitos de que trata esta Lei, adotar-se-á, preferencialmente, o seguinte procedimento: [...]

III - o depoimento será registrado em meio eletrônico ou magnético, devendo a degravação e a mídia integrar o inquérito.

C: Correta. A presente afirmativa está correta, conforme art. 10-A, § 1°, inciso III, da Lei n° 11.340/2006, que traz que devem ser evitadas sucessivas inquirições sobre o mesmo fato e também devem ser evitados questionamentos sobre a vida privada:

Art. 10-A É direito da mulher em situação de violência doméstica e familiar o atendimento policial e pericial especializado, ininterrupto e prestado por servidores – preferencialmente do sexo feminino – previamente capacitados.

§ 1° A inquirição de mulher em situação de violência doméstica e familiar ou de testemunha de violência doméstica, quando se tratar de crime contra a mulher, obedecerá às seguintes diretrizes: [...]

III - não revitimização da depoente, evitando sucessivas inquirições sobre o mesmo fato nos âmbitos criminal, cível e administrativo, bem como questionamentos sobre a vida privada. [....]

D: Incorreta. A presente afirmativa traz um dos procedimentos que deverá ser adotado, preferencialmente, para a inquirição de mulher em situação de violência doméstica e familiar, previsto no art. 10-A, § 2°, inciso II, da Lei n° 11.340/2006:

Art. 10-A É direito da mulher em situação de violência doméstica e familiar o atendimento policial e pericial especializado, ininterrupto e prestado por servidores – preferencialmente do sexo feminino – previamente capacitados. [...]

§ 2° Na inquirição de mulher em situação de violência doméstica e familiar ou de testemunha de delitos de que trata esta Lei, adotar-se-á, preferencialmente, o seguinte procedimento: [...]

II - quando for o caso, a inquirição será intermediada por profissional especializado em violência doméstica e familiar designado pela autoridade judiciária ou policial.

E: Incorreta. A presente afirmativa traz um dos procedimentos que deverá ser adotado, preferencialmente, para a inquirição de mulher em situação de violência doméstica e familiar, previsto no art. 10-A, § 2º, inciso I, da Lei nº 11.340/2006:

Art. 10-A É direito da mulher em situação de violência doméstica e familiar o atendimento policial e pericial especializado, ininterrupto e prestado por servidores - preferencialmente do sexo feminino - previamente capacitados. [...]

§ 2º Na inquirição de mulher em situação de violência doméstica e familiar ou de testemunha de delitos de que trata esta Lei, adotar-se-á, preferencialmente, o seguinte procedimento: [...]

I - a inquirição será feita em recinto especialmente projetado para esse fim, o qual conterá os equipamentos próprios e adequados à idade da mulher em situação de violência doméstica e familiar ou testemunha e ao tipo e à gravidade da violência sofrida.

GABARITO: C.

13. **(FGV – 2021 – PM/PB – ASPIRANTE)** Apesar de o Estado brasileiro ser laico, o ordenamento jurídico assegura o direito à liberdade religiosa para que o cidadão possa professar qualquer religião, realizar cultos ou tradições referentes a essas crenças e manifestar-se, em sua vida pessoal, conforme seus preceitos e crenças.

    Nesse contexto, de acordo com o Estatuto da Igualdade Racial (Lei nº 12.288/2010), o Poder Público adotará as medidas necessárias para o combate à intolerância com as religiões de matrizes africanas e à discriminação de seus seguidores, especialmente com o objetivo de:

    a) assegurar a participação proporcional de representantes das religiões de matrizes africanas, ao lado da representação das demais religiões, em comissões, conselhos, órgãos e outras instâncias de deliberação vinculadas ao Poder Público.

    b) garantir que ninguém será privado de direitos por motivo de crença religiosa ou de convicção filosófica ou política, inclusive se as invocar para se eximir de obrigação legal a todos imposta.

    c) promover a liberdade de consciência e de crença, sendo assegurado o livre exercício dos cultos religiosos, vedada a coleta de contribuições financeiras de pessoas jurídicas de natureza privada para a manutenção das atividades religiosas e sociais das respectivas religiões.

    d) coibir a utilização dos meios de comunicação social para a difusão de proposições ou abordagens que exponham pessoa ou grupo ao desprezo por motivos fundados na religiosidade de matrizes africanas, exceto se o ato for decorrente de outro culto religioso televisionado.

    e) estabelecer que ninguém será privado de direitos por motivo de crença religiosa ou de convicção filosófica ou política, inclusive se as invocar para se recusar a cumprir prestação alternativa, fixada em lei.

A: Correta. Item de acordo com o disposto no Estatuto da Igualdade Racial (Lei nº 12.288/2010):

Art. 26 O Poder Público adotará as medidas necessárias para o combate à intolerância com as religiões de matrizes africanas e à discriminação de seus seguidores, especialmente com o objetivo de:

II - inventariar, restaurar e proteger os documentos, obras e outros bens de valor artístico e cultural, os monumentos, mananciais, flora e sítios arqueológicos vinculados às religiões de matrizes africanas;

III - assegurar a participação proporcional de representantes das religiões de matrizes africanas, ao lado da representação das demais religiões, em comissões, conselhos, órgãos e outras instâncias de deliberação vinculadas ao Poder Público.

B: Incorreta. Item em desacordo com o disposto na Constituição Federal:

Art. 5º VIII - ninguém será privado de direitos por motivo de crença religiosa ou de convicção filosófica ou política, salvo se as invocar para eximir-se de obrigação legal a todos imposta e recusar-se a cumprir prestação alternativa, fixada em lei;

C: Incorreta. Item em desacordo com o disposto no Estatuto da Igualdade Racial (Lei nº 12.288/2010):

Art. 24 O direito à liberdade de consciência e de crença e ao livre exercício dos cultos religiosos de matriz africana compreende: [...]

VI - a coleta de contribuições financeiras de pessoas naturais e jurídicas de natureza privada para a manutenção das atividades religiosas e sociais das respectivas religiões.

D: Incorreta. Item em desacordo com o disposto no Estatuto da Igualdade Racial (Lei nº 12.288/2010):

Art. 26 O Poder Público adotará as medidas necessárias para o combate à intolerância com as religiões de matrizes africanas e à discriminação de seus seguidores, especialmente com o objetivo de:

I - coibir a utilização dos meios de comunicação social para a difusão de proposições, imagens ou abordagens que exponham pessoa ou grupo ao ódio ou ao desprezo por motivos fundados na religiosidade de matrizes africanas.

E: Incorreta. Item em desacordo com o disposto na Constituição Federal.

Art. 5º VIII - ninguém será privado de direitos por motivo de crença religiosa ou de convicção filosófica ou política, salvo se as invocar para eximir-se de obrigação legal a todos imposta e recusar-se a cumprir prestação alternativa, fixada em lei.

GABARITO: A.

14. **(FGV – 2021 – PM/PB – ASPIRANTE)** Os policiais militares João e José são casados e, em razão de sua orientação sexual, no mês de agosto de 2021, sofreram discriminação praticada pelo policial militar Alberto, superior hierárquico, que os impediu de frequentar o refeitório do quartel, exclusivamente em razão de sua orientação sexual, fazendo piada em tom vexatório na frente de diversos colegas de farda. De acordo com o entendimento do Supremo Tribunal Federal no bojo da ADO 26 e MI 4733, o policial militar Alberto, em tese, deve ser responsabilizado:

    a) civil e administrativamente, diante do ato ilícito praticado, não havendo que se falar em ato criminoso, diante da ausência de tipo penal específico que tipifique como crime o ato de homofobia, sendo certo que pode sofrer a sanção da perda da função pública, pela prática de ato de improbidade administrativa.

    b) civil e administrativamente, diante do ato ilícito praticado, não havendo que se falar em ato criminoso, diante da ausência de tipo penal específico que tipifique como crime o ato de homofobia, sendo certo que pode sofrer a sanção funcional da demissão, após regular processo administrativo disciplinar, em que lhe seja garantido o contraditório e a ampla defesa.

    c) criminalmente, mediante a aplicação, por analogia, das penas dos crimes contra a honra previstos no Código Penal, com causa de aumento de pena pelo fato de o injusto ter sido praticado no exercício das funções, sendo aplicáveis as medidas despenalizadoras previstas na Lei nº 9.099/1995, que regula os juizados especiais criminais.

    d) criminalmente, mediante a aplicação da Lei nº 7.716/1989, eis que, diante da reconhecida mora inconstitucional do Congresso Nacional, deve se estender a tipificação prevista para os crimes resultantes de discriminação ou preconceito de raça, cor, etnia, religião ou procedência nacional à discriminação por orientação sexual ou identidade de gênero.

    e) criminalmente, mediante a aplicação do Decreto-lei nº 3.688/1941, Lei das Contravenções Penais, eis que, diante da reconhecida mora inconstitucional do Congresso Nacional, deve se estender a tipificação prevista para os crimes resultantes de discriminação ou preconceito de raça, cor, etnia, religião ou procedência nacional à discriminação por orientação sexual ou identidade de gênero.

A: Incorreta. Poderá ser responsabilizado civil e administrativamente, não se configurando *bis in idem* a sua punição. Contudo, também responderá penalmente, uma vez que se pode praticar o ilícito em searas distintas.

B: Incorreta. Conforme alternativa anterior, também responderá no âmbito penal.

C: Incorreta. Responderá criminalmente, no entanto, não será pelo cometimento de crime contra a honra, como também não será aplicada a lei dos juizados especiais.

D: Correta. O policial militar Alberto será responsabilizado pelo crime de racismo, de acordo com a Lei nº 7.716/1989. Tal lei regula os crimes resultantes de discriminação ou preconceito de raça, cor, etnia, religião ou procedência nacional. Como houve omissão do Congresso Nacional em tipificar o crime de discriminação por orientação sexual ou identidade de gênero, o STF regulou a situação e decidiu que o crime de racismo também abarca as condutas homofóbicas e transfóbicas. O Informativo 944 do STF é neste sentido: "A Lei nº 7.716/89 pode ser aplicada para punir as condutas homofóbicas e transfóbicas". A ADO 26, julgada em 13/06/2019, deu origem ao julgado:

1. Até que sobrevenha lei emanada do Congresso Nacional destinada a implementar os mandados de criminalização definidos nos incisos XLI e XLII do art. 5º da Constituição da República, as condutas homofóbicas e transfóbicas, reais ou supostas, que envolvem aversão odiosa à orientação sexual ou à identidade de gênero de alguém, por traduzirem expressões de racismo, compreendido este em sua dimensão social, ajustam-se, por identidade de razão e mediante adequação típica, aos preceitos primários de incriminação definidos na Lei nº 7.716, de 08/01/1989, constituindo, também, na hipótese de homicídio doloso, circunstância que o qualifica, por configurar motivo torpe (Código Penal, art. 121, § 2º, inc. I, in fine). STF. Plenário. ADO 26/DF, Rel. Min. Celso de Mello; MI 4733/DF, Rel. Min. Edson Fachin, julgados em 13/6/2019 (Info 944).

E: Incorreta. Diante da reconhecida mora inconstitucional do Congresso Nacional, o policial militar deve responder perante a Lei nº 7.716/1989 e não pela lei de contravenções penais.

GABARITO: D.

15. (FGV – 2021 – PM/PB – ASPIRANTE) Ana, nascida no território brasileiro enquanto seus pais, italianos, aqui se encontravam a trabalho em uma sociedade empresária privada italiana, procurou um advogado e o consultou sobre sua nacionalidade.

O advogado respondeu, corretamente, que Ana é:

a) brasileira nata, independentemente de qualquer ato complementar.
b) estrangeira, mas pode se naturalizar brasileira a qualquer tempo.
c) brasileira nata, desde que opte por essa nacionalidade ao completar 18 anos.
d) estrangeira, mas pode adquirir a nacionalidade brasileira a qualquer tempo, a partir de requerimento dos seus pais.
e) brasileira nata ou naturalizada, conforme seja registrada no Brasil em momento anterior ou posterior à maioridade.

A: Correta. Ana é nascida no Brasil e seus pais não estão a serviço da Itália.

B, C e D: Incorretas. Não possuem base constitucional.

E: Incorreta. A condição de brasileiro naturalizado não se aplica para os nascidos no Brasil.

GABARITO: A.

16. (FGV – 2021 – PM/PB – ASPIRANTE) João, oficial da Polícia Militar do Estado Alfa, com 33 anos de idade, possui grande prestígio junto à comunidade, decorrente dos inúmeros atos de bravura que praticou durante os doze anos de serviço militar. Em razão desse prestígio, diversas pessoas procuraram convencê-lo da importância de concorrer ao cargo eletivo de Deputado Federal.

À luz da sistemática constitucional, é correto afirmar que João é:

a) alistável, mas inelegível para o referido cargo, considerando o requisito de ordem etária exigido.
b) alistável, mas inelegível para o referido cargo, considerando o tempo de serviço militar que possui.
c) alistável e elegível para o referido cargo, desde que seja agregado pela autoridade superior no momento próprio.
d) inalistável, salvo se for previamente transferido para a inatividade, o que o tornará elegível para o referido cargo.
e) alistável e elegível para o referido cargo, desde que se afaste da atividade no momento previsto na legislação de regência.

A alternativa correta é a C.

Art. 14 A soberania popular será exercida pelo sufrágio universal e pelo voto direto e secreto, com valor igual para todos, e, nos termos da lei, mediante: [...]

III - iniciativa popular.

§ 1º O alistamento eleitoral e o voto são:

I - obrigatórios para os maiores de dezoito anos;

II - facultativos para:

a) os analfabetos;

b) os maiores de setenta anos;

c) os maiores de dezesseis e menores de dezoito anos.

§ 2º Não podem alistar-se como eleitores os estrangeiros e, durante o período do serviço militar obrigatório, os conscritos. § 3º São condições de elegibilidade, na forma da lei: [...]

VI - a idade mínima de: [...]

c) vinte e um anos para Deputado Federal, Deputado Estadual ou Distrital, Prefeito, Vice-Prefeito e juiz de paz; [...]

§ 8º O militar alistável é elegível, atendidas as seguintes condições:

I - se contar menos de dez anos de serviço, deverá afastar-se da atividade;

II - se contar mais de dez anos de serviço, será agregado pela autoridade superior e, se eleito, passará automaticamente, no ato da diplomação, para a inatividade.

GABARITO: C.

17. (FGV – 2021 – PM/PB – ASPIRANTE) Maria compareceu a uma repartição pública estadual para ter acesso a determinado direito social. Ao chegar ao local, foi informada de que não poderia fruir o direito em razão do calendário definido pela autoridade competente, já que as pessoas residentes em sua localidade somente fruiriam o direito em momento futuro. Como o seu endereço residencial estava incorreto, Maria requereu, formalmente, a sua retificação pela autoridade competente, o que foi negado de maneira manifestamente ilegal, sem qualquer justificativa, apesar de ter sido apresentada prova documental do endereço correto.

A ação constitucional que pode ser utilizada por Maria para a retificação dos seus dados é o:

a) habeas data, que é gratuito.
b) direito de petição, que é gratuito.
c) mandado de segurança, que é gratuito.
d) habeas data, sendo devido o pagamento de custas.
e) mandado de segurança, sendo devido o pagamento de custas.

Art. 5º Todos são iguais perante a lei, sem distinção de qualquer natureza, garantindo-se aos brasileiros e aos estrangeiros residentes no País a inviolabilidade do direito à vida, à liberdade, à igualdade, à segurança e à propriedade, nos termos seguintes: [...]

XXXIV - são a todos assegurados, independentemente do pagamento de taxas: a) o direito de petição aos Poderes Públicos em defesa de direitos ou contra ilegalidade ou abuso de poder; [...]

LXIX - conceder-se-á mandado de segurança para proteger direito líquido e certo, não amparado por habeas corpus ou habeas data, quando o responsável pela ilegalidade ou abuso de poder for autoridade pública ou agente de pessoa jurídica no exercício de atribuições do Poder Público; [...]

LXXII - conceder-se-á habeas data: a) para assegurar o conhecimento de informações relativas à pessoa do impetrante, constantes de registros ou bancos de dados de entidades governamentais ou de caráter público; b) para a retificação de dados, quando não se prefira fazê-lo por processo sigiloso, judicial ou administrativo; [...]

LXXVII - são gratuitas as ações de habeas corpus e habeas data, e, na forma da lei, os atos necessários ao exercício da cidadania.

A: Correta. Segundo art. 5º, LXIX e LXXII, da CF/1988, para o caso concreto, o *habeas data* é o instrumento correto. No Inciso LXXVII deste mesmo artigo, é informada sua gratuidade.

B: Incorreta. Com base no art. 5º, XXXIV e LXIX, da CF/1988, conclui-se que o direito de petição não é o instrumento adequado para o caso concreto.

C e E: Incorretas. Com base no art. 5º, LXIX, da CF/1988, o mandado de segurança será utilizado para proteger direito líquido e certo, não amparado por *habeas corpus* ou *habeas data*.

D: Incorreta. Segundo art. 5º, LXXVII, da CF/1988, o *habeas data* é gratuito.

GABARITO: A.

18. **(FGV – 2021 – PM/PB – ASPIRANTE)** Olavo, oficial médico da Polícia Militar do Estado Beta, consultou um advogado sobre a possibilidade de ocupar um segundo cargo público, considerando que tinha alguns horários vagos durante o serviço militar semanal, o qual teria prevalência em sua atuação.

    Em resposta, Olavo foi corretamente informado de que:
    a) não pode acumular outro cargo público de natureza civil.
    b) pode acumular livremente cargos públicos de natureza civil.
    c) pode acumular apenas um cargo público de professor, civil ou militar.
    d) somente pode acumular outro cargo público de natureza civil caso passe para a reserva remunerada.
    e) pode acumular outro cargo ou emprego público civil, privativo de quem exerça profissão regulamentada de saúde.

Art. 37 A administração pública direta e indireta de qualquer dos Poderes da União, dos Estados, do Distrito Federal e dos Municípios obedecerá aos princípios de legalidade, impessoalidade, moralidade, publicidade e eficiência e, também, ao seguinte: [...]

XVI - é vedada a acumulação remunerada de cargos públicos, exceto, quando houver compatibilidade de horários, observado em qualquer caso o disposto no inciso XI:

a) a de dois cargos de professor;

b) a de um cargo de professor com outro técnico ou científico;

c) a de dois cargos ou empregos privativos de profissionais de saúde, com profissões regulamentada.

A: Incorreta. Com base no art. 37, XVI, é permitido o acúmulo de cargos sob determinadas condições.

B: Incorreta. Com base no art. 37, XVI, é permitido o acúmulo de cargos somente sob determinadas condições.

C: Incorreta. Com base no art. 37, XVI, é permitido o acúmulo de outros cargos.

D: Incorreta. No caso concreto e atendidas as condições expostas no art. 37, XVI, não é necessário passar para a reserva.

E: Correta. Com base no art. 37, XVI, alínea "c", o acúmulo de cargos é permitido nas condições do caso concreto.

GABARITO: E.

19. **(FGV – 2021 – PM/PB – ASPIRANTE)** O Presidente da República, com o objetivo de reduzir as despesas de pessoal e de evitar o seu aumento futuro, determinou que sua assessoria verificasse de que forma poderiam ser extintos determinados cargos públicos, criados por lei, que se encontravam vagos.

    A assessoria respondeu, corretamente, que a extinção dos referidos cargos:
    a) exige a edição de medida provisória ou de lei.
    b) pode ser promovida por decreto do Presidente da República.
    c) exige a edição de lei, consectário do princípio da paridade das formas.
    d) exige autorização constitucional, em razão do princípio da continuidade do serviço público.
    e) ocorrera de pleno direito, no momento em que foi detectada a sua vacância e a ausência de provimento.

A: Incorreta. Com base no art. 84, VI, da CF/1988, a extinção de cargos públicos vagos é ato privativo do presidente da República, logo medida provisória ou lei não são ferramentas adequadas.

B: Correta. Com base no art. 84, VI, da CF/1988, a extinção de cargos públicos vagos ocorrerá via decreto.

Art. 84 Compete privativamente ao Presidente da República: [...]

VI - dispor, mediante decreto, sobre:

a) organização e funcionamento da administração federal, quando não implicar aumento de despesa nem criação ou extinção de órgãos públicos;

b) extinção de funções ou cargos públicos, quando vagos.

C: Incorreta. Com base no art. 84, VI, da CF/1988, a extinção de cargos públicos vagos é ato privativo do presidente da República, logo edição de lei não é ferramenta adequada.

D: Incorreta. Com base no art. 84, VI, da CF/1988, a autorização constitucional não é necessária para a extinção de cargos públicos vagos.

E: Incorreta. Com base no art. 84, VI, da CF/1988, é necessário a edição de decreto presidencial com esse objetivo.

GABARITO: B.

20. **(FGV – 2021 – PM/PB – ASPIRANTE)** Inês, adolescente de 17 anos de idade, foi acusada da prática de ato infracional análogo ao crime de homicídio.

    À luz da sistemática constitucional, é correto afirmar que, na relação processual instituída perante o juízo competente, sem prejuízo de outras garantias, devem ser observados os seguintes aspectos:
    a) defesa técnica por profissional habilitado, limitada eventual aplicação de medida privativa de liberdade à metade da pena cominada aos imputáveis.
    b) guarda legal durante o trâmite da relação processual e plena defesa a ser realizada pelos pais, assegurada a assistência por advogado sempre que requerida.
    c) plena defesa, a ser realizada pelos pais, e igualdade na aplicação da medida privativa de liberdade, considerando as penas cominadas aos imputáveis.
    d) garantia de pleno e formal conhecimento da acusação, bem como brevidade e excepcionalidade da medida privativa de liberdade que venha a ser aplicada.
    e) igualdade na relação processual e regime de tutela durante todo o período de cumprimento da medida privativa de liberdade que venha a ser aplicada até completar 25 anos.

A: Incorreta. O capítulo IV do ECA não limita eventual aplicação de medida privativa de liberdade à metade da pena cominada aos imputáveis.

B: Incorreta. No capítulo III do ECA, a condução da defesa compete ao menor e sua defesa técnica.

C: Incorreta. Segundo o capítulo III do ECA, a defesa é competência do menor e de sua defesa técnica e o capítulo IV não estabelece relação entre as penas aplicáveis aos imputáveis e inimputáveis.

D: Correta. A questão envolve conhecimento da CF/1988 e do ECA. No art. 111, I, e art. 121, do ECA, garante tacitamente esses direitos.

E: Incorreta. Segundo o art. 121, § 5º, do ECA, a liberação será compulsória aos 21 anos.

GABARITO: D.

21. **(FGV – 2021 – PM/PB – ASPIRANTE)** Gérson, Prefeito do Município Alfa, decidiu adotar uma série de medidas com o objetivo de aprimorar os serviços de saúde oferecidos à coletividade. Entre essas medidas, (1) permitiu que instituições privadas participassem de forma complementar do Sistema Único de Saúde, celebrando um ajuste para este fim; (2) concedeu uma subvenção aos hospitais privados, com fins lucrativos, que comprovadamente atendessem pessoas de baixa renda em caráter oneroso; e (3) estabeleceu ampla e irrestrita igualdade de tratamento entre as sociedades empresárias de capital nacional e aquelas de capital estrangeiro, de modo a estimular a atuação dessas últimas na área de assistência à saúde.

À luz da sistemática constitucional, é correto afirmar que:

a) todas as medidas são constitucionais;
b) somente a medida (1) é constitucional;
c) somente a medida (3) é constitucional;
d) somente as medidas (1) e (2) são constitucionais;
e) todas as medidas são inconstitucionais.

A alternativa B é correta, pois segundo o texto da CF/1988, a 1ª medida é a única constitucional.

Art. 199 A assistência à saúde é livre à iniciativa privada.

§ 1º As instituições privadas poderão participar de forma complementar do sistema único de saúde, segundo diretrizes deste, mediante contrato de direito público ou convênio, tendo preferência as entidades filantrópicas e as sem fins lucrativos.

§ 2º É vedada a destinação de recursos públicos para auxílios ou subvenções às instituições privadas com fins lucrativos.

§ 3º É vedada a participação direta ou indireta de empresas ou capitais estrangeiros na assistência à saúde no País, salvo nos casos previstos em lei.

GABARITO: B.

22. **(FGV – 2021 – PM/PB – ASPIRANTE)** Um grupo de policiais militares do Estado Gama, aprovados no último concurso, insatisfeitos com o que consideram condições inadequadas de trabalho, desejam se organizar para criar um sindicato dos policiais militares estaduais e, após deliberação de seus futuros membros, decidirem se irão entrar em greve.

De acordo com as normas de regência, a doutrina e a jurisprudência, a iniciativa da:

a) sindicalização e da greve não merece prosperar, diante da expressa proibição constitucional.
b) sindicalização e da greve é possível, diante da inexistência de vedação constitucional e do direito à livre associação.
c) sindicalização é possível, por expressa permissão constitucional, mas a greve é vedada por analogia à proibição para os militares das forças armadas.
d) greve deve respeitar a continuidade do serviço público, para manter o mínimo indispensável de agentes de segurança pública em exercício, e a sindicalização é possível, por expressa permissão constitucional.
e) greve deve respeitar a continuidade do serviço público, para manter o mínimo indispensável de agentes de segurança pública em exercício, mas a sindicalização é inviável, por expressa vedação constitucional.

A: Correta. Segundo o art. 142, § 3º, IV, da CF/1988:

Art. 142 As Forças Armadas, constituídas pela Marinha, pelo Exército e pela Aeronáutica, são instituições nacionais permanentes e regulares, organizadas com base na hierarquia e na disciplina, sob a autoridade suprema do Presidente da República, e destinam-se à defesa da Pátria, à garantia dos poderes constitucionais e, por iniciativa de qualquer destes, da lei e da ordem [...]

§ 3º Os membros das Forças Armadas são denominados militares, aplicando-se-lhes, além das que vierem a ser fixadas em lei, as seguintes disposições: [...]

IV - ao militar são proibidas a sindicalização e a greve.

B: Incorreta. Existe a vedação constitucional expressa no art. 142, § 3º, IV, da CF/1988.

C: Incorreta. É vedada a sindicalização aos militares, como expresso no art. 142, § 3º, IV, da CF/1988.

D: Incorreta. São vedadas, pela CF/1988, a sindicalização e o direito de greve aos militares. E: Incorreta. A CF/1988 veda o direito de greve aos militares.

GABARITO: A.

23. **(FGV – 2021 – PM/PB – ASPIRANTE)** João, policial militar do estado da Paraíba, foi preso preventivamente pela prática do crime de concussão, no bojo de ação penal na qual ainda nem iniciou a fase de instrução probatória.

De acordo com o texto legal do Estatuto dos Policiais Militares do Estado da Paraíba (Lei Estadual nº 3.909/1977), João tem a prerrogativa de:

a) cumprimento da prisão preventiva somente em organização policial militar, cujo comandante, chefe ou diretor lhe tenha precedência hierárquica.
b) cumprimento da prisão preventiva somente em unidade da polícia civil, vedado seu ingresso no sistema penitenciário estadual, sob a supervisão direta do gabinete do comandante-geral da Polícia Militar.
c) conversão da prisão preventiva em prisão administrativa, pelo período de até 180 dias, sob a supervisão de comandante, chefe ou diretor que lhe tenha precedência hierárquica.
d) conversão da prisão preventiva em prisão administrativa, pelo período de até 90a dias, sob a supervisão de comandante, chefe ou diretor que lhe tenha precedência hierárquica.
e) conversão da prisão preventiva em prisão domiciliar, em prazo e na forma determinada pelo juízo criminal, sob a supervisão direta do gabinete do comandante-geral da Polícia Militar.

De acordo com a Lei Estadual nº 3.909/1977:

Art. 68 As prerrogativas dos policiais militares são constituídas pelas honras, dignidades e distinções devidas aos graus hierárquicos e cargos.

Parágrafo único. São prerrogativas, dos policiais militares:

a) uso de títulos, uniformes, distintivos, insígnias e emblemas policiais militares da Polícia Militar, correspondente ao posto e à graduação;

b) honras, tratamento e sinais de respeito que lhes sejam asseguradas em Leis ou regulamentos;

c) cumprimento de pena de prisão ou detenção somente em organização policial militar, cujo Comandante, Chefe ou Diretor tenha precedência hierárquica sobre o preso ou detido;

d) julgamento no foro especial, nos crimes militares.

GABARITO: A.

24. (FGV – 2021 – PM/PB – ASPIRANTE) Após visualizar a ordem emanada pelos policiais rodoviários estaduais, o agente, ciente de que seu veículo era produto de ilícito e no seu interior havia drogas, não obedeceu à ordem de parada, furando bloqueio policial e empreendendo fuga.

O descumprimento de ordem de parada emanada de agente público na função de policiamento ostensivo:

a) não caracteriza o crime de desobediência, pois a intenção do agente era se ver livre de possível flagrante.

b) não caracteriza o crime de desobediência, pois a intenção do agente era resguardar a sua liberdade.

c) não caracteriza o crime de desobediência, pois a intenção do agente não era desprestigiar a administração pública.

d) caracteriza o crime de desobediência, pois há vontade livre e consciente de desobedecer ordem legal.

e) caracteriza o crime de desobediência, pois há o dolo específico exigido pelo tipo penal.

Fica claro na questão que o dolo do agente foi de desobedecer a ordem legal dos funcionários públicos, ou seja, foi de encontro com a ordem de parada dada pelos policiais rodoviários estaduais, incorrendo, portanto, no delito de desobediência, previsto no art. 330, do CP.

A, B e C: Incorretas. Estão erradas por afirmarem que não caracteriza crime de desobediência.

D: Correta.

E: Incorreta. Não é exigido dolo específico para a configuração do delito.

GABARITO: D.

25. (FGV – 2021 – PM/PB – ASPIRANTE) Em relação ao crime de casa de prostituição (Art. 229 do CP), é correto afirmar que impede a configuração do delito:

a) a ausência de intuito de lucro na exploração sexual.

b) a ausência de mediação direta do proprietário na exploração sexual.

c) por si só, a adequação social da mercancia carnal.

d) por si só, a manutenção de menores para realização de mercancia sexual.

e) por si só, a manutenção de casa para fins libidinosos.

O crime de casa de prostituição é tipificado no art. 229, do CP.

Art. 229 Manter, por conta própria ou de terceiro, estabelecimento em que ocorra exploração sexual, haja, ou não, intuito de lucro ou mediação direta do proprietário ou gerente.

Além disso, o STJ, por meio do info 631, entende que a manutenção de casa para fins libidinosos, sem a prática de exploração sexual, não caracteriza o crime previsto no art. 229, do CP. Sendo assim, com base no art. 229 do CP e no informativo do STJ, é possível chegar à conclusão de que a alternativa correta é a E.

GABARITO: E.

26. (FGV – 2021 – PM/PB – ASPIRANTE) No que pertine ao delito de adulteração de sinal identificador de veículo automotor (Art. 311 do CP), é correto afirmar que:

a) o delito se consuma quando a adulteração ou remarcação de sinal identificador do veículo afeta o poder de polícia ou de fiscalização do Estado.

b) a tutela penal não alcança a adulteração ou remarcação de sinal identificador de componente ou equipamento de veículo automotor.

c) não se exige que a conduta do agente seja dirigida a uma finalidade específica, bastando que modifique qualquer sinal identificador de veículo automotor.

d) a ação material de modificar qualquer sinal identificador de veículo automotor deve ser dirigida a uma finalidade específica para a configuração do delito.

e) a configuração do delito depende da efetiva utilização do veículo automotor com sinal identificador alterado.

A: Incorreta. Trata-se de crime formal, ou seja, consuma-se com a efetiva adulteração ou remarcação, sem necessidade de resultado naturalístico.

B: Incorreta. Conforme art. 311, a tutela penal alcança a adulteração ou remarcação de sinal identificador de componente ou equipamento de veículo automotor.

C: Correta. Basta que o dolo de adulterar ou remarcar chassi, o tipo penal não exige dolo específico.

D: Incorreta. Não é necessário dolo específico para consumação.

E: Incorreta. Basta a adulteração ou remarcação, não sendo necessária a utilização do veículo.

GABARITO: C.

27. (FGV – 2021 – PM/PB – ASPIRANTE) Em determinado mercado, ao suspeitar do comportamento de uma pessoa, o gerente dirigiu-se à sala de monitoramento, passando a acompanhar a movimentação no interior do estabelecimento. Em certo momento, viu quando o sujeito colocou duas garrafas no interior da sua calça e se dirigiu à saída da loja. Ainda de dentro da sala, acionou um fiscal de salão, pelo rádio, determinando que o sujeito fosse parado. Em razão do movimento da loja, o fiscal não conseguiu se deslocar a tempo, tendo o sujeito saído à rua e sido contido por populares, após gritos de "pega ladrão". Com a chegada da Polícia Militar, o sujeito retirou as garrafas de dentro da calça, sendo constatado que se tratava de duas unidades de whisky importado, no valor unitário de R$ 1.500,00.

Diante do cenário, a respeito da conduta praticada pelo sujeito, é correto afirmar que:

a) configura furto consumado, pois a existência de vigilância, por si só, não afasta a viabilidade da conduta.

b) caracteriza crime impossível, por ineficácia absoluta do meio, diante do monitoramento realizado.

c) caracteriza crime impossível, por absoluta impropriedade do objeto, diante do monitoramento realizado.

d) caracteriza crime impossível, por absoluta impropriedade do modo de execução, diante do monitoramento realizado.

e) configura furto tentado, pois a perseguição realizada impediu a consumação do delito.

A: Correta. A conduta do suspeito configura furto consumado, previsto no art. 157 e art. 14, I, ambos do CP. Além disso, o fato de existir o sistema de monitoramento de segurança não configura crime impossível, conforme entendimento do STJ.

B, C e D: Incorretas. O STJ entende que o monitoramento de segurança não é capaz de impedir a consumação do delito.

E: Incorreta. O crime foi consumado, uma vez que a consumação do furto se dá com a inversão do ônus da posse, não sendo necessária a posse mansa e pacífica da *res furtiva*.

GABARITO: A.

28. (FGV – 2021 – PM/PB – ASPIRANTE) Ao tentar sacar parcela do seguro-desemprego a que fazia jus, Mário foi informado, por funcionário da Caixa Econômica Federal, em Niterói/RJ, de que tais valores haviam sido previamente sacados por terceiro não identificado em agência da mesma instituição bancária, localizada em João Pessoa/PB. Investigada a ação, constatou-se que o *modus operandi* consistia em saques efetuados em autoatendimento ou lotéricas, com utilização de cartão cidadão emitido pelo Ministério do Trabalho, sem a prévia solicitação dos beneficiários, cujos endereços de entrega foram indevidamente alterados.

Diante desse cenário, é correto afirmar que se trata de:

a) estelionato, consumado em João Pessoa.
b) furto mediante fraude, consumado em João Pessoa.
c) estelionato, consumado em Niterói.
d) furto mediante fraude, consumado em Niterói.
e) estelionato, consumado sem lugar definido.

A: Incorreta. O caso narrado não se trata de estelionato (art. 171, do CP), pois nesta modalidade criminosa a fraude é utilizada para induzir a vítima ao erro, de modo que ela própria entrega seu patrimônio ao agente. Não é o caso do enunciado, uma vez que o agente se valeu de transação bancária fraudulenta, a fim de diminuir a vigilância da vítima e possibilitar a subtração do valor, de modo que o cliente titular da conta não foi induzido a entregar o benefício social, pelo contrário, o dinheiro saiu de sua conta sem qualquer ato de vontade ou consentimento de sua parte, não configurando, assim, o estelionato.

B: Correta. O caso amolda-se perfeitamente ao furto mediante fraude, modalidade qualificada do delito (art. 155, § 4º, II, CP). Veja-se que a fraude empregada (emissão do cartão cidadão sem a prévia solicitação do titular) objetivou burlar a vigilância da vítima, que, em razão do meio fraudulento, não percebeu que os valores foram sacados. O benefício foi sacado sem qualquer ato de vontade por parte de Mário, que só se deu conta da subtração do valor quando tentou sacar o dinheiro. Quanto ao local de consumação do delito, constata-se que a retirada dos valores se deu na Cidade de João Pessoa/PB, portanto, local do resultado. Assim, a competência para processar e julgar o delito de furto é o do lugar de onde o dinheiro foi retirado, nos termos do art. 70 do CPP.

C: Incorreta. Não se trata da prática do crime estelionato, mas sim de furto qualificado mediante fraude, conforme explicado.

D: Incorreta. A conduta narrada no enunciado, de fato, configura o crime de furto qualificado mediante fraude, no entanto, a consumação se deu em João Pessoa/PB e não em Niterói/RJ, isso porque o dinheiro foi retirado da esfera de disponibilidade do correntista naquela cidade. Para fixação da competência jurisdicional, o CPP, em seu art. 70, adotou a teoria do resultado, de modo que "a competência será, de regra, determinada pelo lugar em que se consumar a infração, ou, no caso de tentativa, pelo lugar em que for praticado o último ato de execução".

E: Incorreta. Conforme já esclarecido, a conduta não configura estelionato, porque a vítima não foi induzida em erro para entregar voluntariamente os valores ao agente, de modo que a fraude bancária foi utilizada para diminuir a vigilância da vítima e possibilitar a subtração dos valores, sem que ela percebesse.

GABARITO: B.

29. (FGV – 2021 – PM/PB – ASPIRANTE) A vida militar tem regras próprias e também princípios próprios, que foram inclusive consagrados no texto constitucional de 1988, e devido a essa especialidade foi que o Código Penal Militar estabeleceu determinados ilícitos que alcançam tanto os integrantes das Forças Armadas como aqueles que integram as Forças Auxiliares. De igual forma, atento às especificidades da vida em caserna, estabeleceu uma Parte Geral com regras próprias, algumas vezes distintas daquelas praticadas no Código Penal comum.

No que toca ao concurso de crimes, é correto afirmar que:

a) as regras de aplicação dos concursos material e formal são iguais nos dois Códigos.
b) a regra de cálculo das penas no caso de concurso formal é igual nos dois Códigos.
c) a regra de aplicação do concurso material é diferente nos dois Códigos.
d) o Código Penal Militar não tem previsão quanto à regra de aplicação do crime continuado.
e) a regra de aplicação do crime continuado é diferente nos dois Códigos.

A: Incorreta. As regras de aplicação são diferentes, pois o Código Penal Militar prevê todas as modalidades de concurso de crimes em um único artigo, qual seja o art. 79, que assim dispõe: "quando o agente, mediante uma só ou mais de uma ação ou omissão, pratica dois ou mais crimes, idênticos ou não, as penas privativas de liberdade devem ser unificadas. Se as penas são da mesma espécie, a pena única é a soma de todas; se, de espécies diferentes, a pena única é a mais grave, mas com aumento correspondente à metade do tempo das menos graves, ressalvado o disposto no art. 58".

Assim, tanto no concurso material como concurso formal em crime militar, a regra é a cumulação das penas quando da mesma espécie e a exasperação da pena quando de espécies diferentes. A pena única, nos crimes da mesma espécie, é a soma de todas; se, de espécies diferentes, a pena única é a mais grave, mas com aumento correspondente à metade do tempo das menos graves.

Já no Código Penal, no concurso material de crimes, previsto no art. 69, a regra é a cumulação de penas (sistema do cúmulo material):

Art. 69 Quando o agente, mediante mais de uma ação ou omissão, pratica dois ou mais crimes, idênticos ou não, aplicam-se cumulativamente as penas privativas de liberdade em que haja incorrido. No caso de aplicação cumulativa de penas de reclusão e de detenção, executa-se primeiro aquela.

Por sua vez, a regra no concurso formal (art. 70, do CP) de crimes comuns também é diferente, pois aplica-se a exasperação da pena e não a cumulação, salvo no caso do chamado concurso formal impróprio, previsto na segunda parte do art. do 70:

Art. 70 Quando o agente, mediante uma só ação ou omissão, pratica dois ou mais crimes, idênticos ou não, aplica-se-lhe a mais grave das penas cabíveis ou, se iguais, somente uma delas, mas aumentada, em qualquer caso, de um sexto até metade. As penas aplicam-se, entretanto, cumulativamente, se a ação ou omissão é dolosa e os crimes concorrentes resultam de desígnios autônomos, consoante o disposto no artigo anterior.

B: Incorreta. A regra do concurso formal nos crimes comuns é diferente da regra do concurso formal nos crimes militares, pois naqueles há, de regra, a exasperação da pena e não sua cumulação, o que só ocorre no crime formal militar se as penas forem de espécies diferentes. A exasperação da pena só não ocorre nos casos de concurso formal em crime comum no chamado concurso formal impróprio, previsto na segunda parte do art. 70 do Código Penal.

De acordo com o Código Penal Militar (CPM):

Art. 79 Quando o agente, mediante uma só ou mais de uma ação ou omissão, pratica dois ou mais crimes, idênticos ou não, as penas privativas de liberdade devem ser unificadas. Se as penas são da mesma espécie, a pena única é a soma de todas; se, de espécies diferentes, a pena única é a mais grave, mas com aumento correspondente à metade do tempo das menos graves, ressalvado o disposto no art. 58.

De acordo com o Código Penal (CP):

Art. 70 Quando o agente, mediante uma só ação ou omissão, pratica dois ou mais crimes, idênticos ou não, aplica-se-lhe a mais grave das penas cabíveis ou, se iguais, somente uma delas, mas aumentada, em qualquer caso, de um sexto até metade. As penas aplicam-se, entretanto, cumulativamente, se a ação ou omissão é dolosa e os crimes concorrentes resultam de desígnios autônomos, consoante o disposto no artigo anterior.

C: Incorreta. A regra de aplicação do concurso material é igual nos dois códigos, de modo que utilizam a regra de cumulação das penas, salvo, nos casos de crimes militares, quando as penas forem de espécies diferentes, em que se aplica a exasperação.

D: Incorreta. O Código Penal Militar possui previsão do crime continuado, conforme disposição do art. 80 do referido diploma legal:

Art. 80 Aplica-se a regra do artigo anterior, quando o agente, mediante mais de uma ação ou omissão, pratica dois ou mais crimes da mesma espécie e, pelas condições de tempo, lugar, maneira de execução e outras semelhantes, devem os subsequentes ser considerados como continuação do primeiro.

Parágrafo único. Não há crime continuado quando se trata de fatos ofensivos de bens jurídicos inerentes à pessoa, salvo se as ações ou omissões sucessivas são dirigidas contra a mesma vítima.

E: Correta. No Código Penal, a regra do crime continuado é a exasperação das penas dos crimes praticados pelo agente, conforme previsão do art. 71, do CP:

Art. 71 Quando o agente, mediante mais de uma ação ou omissão, pratica dois ou mais crimes da mesma espécie e, pelas condições de tempo, lugar, maneira de execução e outras semelhantes, devem os subsequentes ser havidos como continuação do primeiro, aplica-se-lhe a pena de um só dos crimes, se idênticas, ou a mais grave, se diversas, aumentada, em qualquer caso, de um sexto a dois terços.

Por sua vez, no Código Penal Militar, a regra do crime continuado é a cumulação das penas dos crimes praticados pelo agente, conforme disposição do art. 80:

Art. 80 Aplica-se a regra do artigo anterior, quando o agente, mediante mais de uma ação ou omissão, pratica dois ou mais crimes da mesma espécie e, pelas condições de tempo, lugar, maneira de execução e outras semelhantes, devem os subsequentes ser considerados como continuação do primeiro.

Parágrafo único. Não há crime continuado quando se trata de fatos ofensivos de bens jurídicos inerentes à pessoa, salvo se as ações ou omissões sucessivas são dirigidas contra a mesma vítima.

Portanto, as regras do crime continuado são distintas nos dois códigos, de modo que no CP, a regra é a exasperação das penas dos crimes praticados, ao passo que no CPM, a regra é a cumulação das penas dos crimes praticados pelo agente.

GABARITO: E.

Texto para as próximas 2 questões.

Texto 1

O art. 5º, inciso XI, da Constituição da República de 1988, consagrou o direito fundamental à inviolabilidade do domicílio, ao dispor que a casa é asilo inviolável do indivíduo, ninguém nela podendo penetrar sem consentimento do morador, salvo em caso de flagrante delito ou desastre, ou para prestar socorro, ou, durante o dia, por determinação judicial. A jurisprudência do Supremo Tribunal Federal, de uma forma geral, afirma que as autoridades podem ingressar em domicílio, sem a autorização de seu dono, em hipóteses de flagrante delito de crime permanente. Por definição, nos crimes permanentes, há um intervalo entre a consumação e o exaurimento. Nesse intervalo, o crime está em curso. Assim, se dentro do local protegido o crime permanente está ocorrendo, o perpetrador estará cometendo o delito. No entanto, tanto o Supremo Tribunal Federal quanto o Superior Tribunal de Justiça reformularam suas orientações sobre o ingresso forçado no domicílio.

30. **(FGV – 2021 – PM/PB – ASPIRANTE)** Em relação à prisão em flagrante (texto 1), é correto afirmar que:
    a) a cláusula que limita o ingresso ao período da noite é aplicável apenas aos casos em que a busca é determinada por ordem judicial.
    b) a constatação de situação de flagrância de crime permanente, posterior ao ingresso, justifica a medida sem prévia ordem escrita e fundamentada da autoridade judiciária competente.
    c) o controle judicial prévio decorre tanto da interpretação da Constituição quanto da aplicação da proteção consagrada em tratados internacionais sobre direitos humanos.
    d) a inexistência de controle judicial, ainda que posterior à execução da medida, esvazia o núcleo fundamental da garantia contra a inviolabilidade da casa.
    e) os agentes estatais devem demonstrar, com apreensões de bens de natureza ilícita, os elementos mínimos a caracterizar fundadas razões para a medida.

A: Incorreta. A cláusula que limita o ingresso ao período do dia, e não da noite, como diz a questão, é aplicável apenas aos casos em que a busca é determinada por ordem judicial.

B: Incorreta. Segundo o relator, o Ministro Gilmar Mendes, "Não será a constatação de situação de flagrância, posterior ao ingresso, que justificará a medida".

C: Incorreta. O controle judicial citado no acórdão é o posterior, e não o prévio, como diz a questão.

D: Correta. A questão se baseia na jurisprudência do STF, mormente nos autos do RE 603.616 - Rondônia. De fato, a inexistência de controle judicial esvazia o núcleo fundamental da garantia, conforme os dizeres do Supremo no RE mencionado: "A inexistência de controle judicial, ainda que posterior à execução da medida, esvaziaria o núcleo fundamental da garantia contra a inviolabilidade da casa (art. 5, XI, da CF) e deixaria de proteger contra ingerências arbitrárias no domicílio (Pacto de São José da Costa Rica, art. 11, 2, e Pacto Internacional sobre Direitos Civis e Políticos, art. 17, 1)."

E: Incorreta. A mera apreensão de bens de natureza ilícita não é suficiente para demonstrar os elementos mínimos caracterizadores das fundadas razões para a medida.

GABARITO: D.

31. **(FGV – 2021 – PM/PB – ASPIRANTE)** Em relação às buscas incidentais à prisão em flagrante (texto 1), é correto afirmar que é:
    a) inválida a ação de agente policial que atende ligação direcionada ao aparelho celular do capturado, durante a prisão em flagrante.
    b) válida a ação de agente policial que determina ao capturado que atenda ligação direcionada ao seu aparelho celular, durante a prisão em flagrante.
    c) inválida a ação de agente policial que acessa a agenda telefônica de aparelho celular do capturado, durante a prisão em flagrante.
    d) válida a ação de agente policial que realiza o espelhamento do aplicativo de mensagens de aparelho celular do capturado, durante a prisão em flagrante.
    e) válida a ação de agente policial que acessa conteúdo de aplicativo de mensagens de aparelho celular do capturado, decorrente de apreensão determinada por ordem judicial.

A: Incorreta. Questão com divergência de entendimentos. Caberia a anulação por divergência jurisprudencial. Mas o STJ possui julgado, como no HC 446.102/SC, no qual declarou válida a conduta de os policiais atenderem o celular do preso em flagrante.

B: Incorreta. Se o policial determina que o preso atenda, está ferindo seu direito à não autoincriminação, por isso é conduta inválida.

C: Incorreta. Se o acesso for somente à agenda, não há ilegalidade, uma vez que o sigilo das comunicações e das conversas do preso não foi devassado.

D: Incorreta. O espelhamento das mensagens é ilegal, uma vez que o policial terá acesso às conversas do preso, conduta que exige ordem judicial.

E: Correta. A questão aborda uma série de entendimentos jurisprudenciais do STF e do STJ. Se existir ordem judicial para a apreensão do aparelho, o conteúdo do celular, como as conversas em aplicativo de mensagem, poderá ser acessado, uma vez que a razão final da ordem de apreensão de aparelhos eletrônicos é ter acesso ao seu conteúdo.

GABARITO: E.

32. (FGV – 2021 – PM/PB – ASPIRANTE) Na hipótese de infrações penais comuns, realizadas por civis, a busca e a apreensão:
a) podem ser realizada pelas polícias civil, federal ou militar.
b) se realizada pela Polícia Militar, importa em usurpação de competência da Polícia Civil.
c) se realizada pela Polícia Militar, importa em usurpação de competência da Polícia Judiciária.
d) só pode ser realizada pela Polícia Militar quando esta exerce a função de Polícia Judiciária Militar.
e) é função exclusiva da Polícia Judiciária (Civil e Federal).

A: Correta. De maneira inicial, o cumprimento de mandado de busca e apreensão é competência da polícia judiciária, por ser esta a responsável por dar apoio ao cumprimento dos atos do Poder Judiciário. A polícia judiciária dos estados é a Polícia Civil, e a polícia judiciária da União é a Polícia Federal. Porém, no entender do STF, a Constituição Federal em nenhum momento determinou exclusividade das polícias judiciárias para o cumprimento de mandados de busca e apreensão. Seguindo esse entendimento, nos termos do HC 131.836/RJ, a Suprema Corte ratificou o entendimento de ser legal o cumprimento de mandados também pela Polícia Militar.

B: Incorreta. Não há usurpação de competência.

C: Incorreta. Novamente, o STF entende que não há usurpação de competência.

D: Incorreta. Pode ser cumprida por policiais militares mesmo não atuando como polícia judiciária militar.

E: Incorreta. A Constituição não determina essa exclusividade.

GABARITO: A.

33. (FGV – 2021 – PM/PB – ASPIRANTE) Em relação à atividade probatória nos delitos sexuais, é correto afirmar que:
a) a ausência do exame de corpo de delito, no crime de estupro, tem o condão de configurar nulidade absoluta do processo.
b) em razão das dificuldades que envolvem a obtenção de provas nos crimes sexuais, a palavra da vítima adquire relevo diferenciado.
c) a corroboração sem alterações das declarações da vítima constitui um dos requisitos para a validade desse meio de prova.
d) o reconhecimento formal, pessoal ou fotográfico, constitui um dos requisitos para a validade da sentença condenatória.
e) a palavra da vítima, por si só, não confere justa causa à denúncia, por não permitir inferir a materialidade e a autoria.

A: Incorreta. O STJ entende que, se existirem nos autos outros elementos aptos a comprovar materialidade e autoria do delito, não haverá nulidade.

B: Correta. Por meio de suas jurisprudências em teses, o STJ firmou a seguinte tese: "Em delitos sexuais, comumente praticados às ocultas, a palavra da vítima possui especial relevância, desde que esteja em consonância com as demais provas acostadas aos autos".

C: Incorreta. Não é um requisito para a validade, pois outros aspectos presentes nos autos deverão ser analisados em conjunto com as declarações da vítima.

D: Incorreta. Existem outros meios de prova, como provas testemunhais, não sendo um requisito necessário para a condenação o reconhecimento formal.

E: Incorreta. Conforme a tese do STJ, a palavra da vítima, por possuir especial relevância, a depender da análise do caso concreto, poderá conferir justa causa à denúncia.

GABARITO: B.

34. (FGV – 2021 – PM/PB – ASPIRANTE) Em determinada ocorrência envolvendo a apreensão de cigarros, ficou consignada no talão de registro de ocorrência policial, a cargo da Polícia Militar, a apreensão de 1.050 maços, ao passo que o auto de apreensão e exibição da Polícia Civil registrou a quantidade de 10.050 maços. A defesa técnica, no processo, argumentou com a ocorrência da quebra da cadeia de custódia, a invalidar a persecução penal.

Considerada a hipótese apresentada, é correto afirmar que:
a) qualquer interferência durante o trâmite investigatório ou processual resultará na imprestabilidade da prova.
b) a diferença constatada afeta a idoneidade do caminho a ser percorrido pela prova até sua análise pelo magistrado.
c) a divergência de quantidade, por si só, configura o efetivo prejuízo para o processo, a ensejar a nulidade.
d) a divergência de quantidade não afeta a configuração do ilícito penal, não acarretando prejuízo para o processo.
e) a contradição no número de maços afeta a configuração da materialidade do crime imputado.

A questão cobra o entendimento do STJ exarado por meio do HC 653.515/RJ: "A violação da cadeia de custódia não implica, de maneira obrigatória, a inadmissibilidade ou a nulidade da prova colhida. Nessas hipóteses, eventuais irregularidades devem ser observadas pelo juízo ao lado dos demais elementos produzidos na instrução criminal, a fim de decidir se a prova questionada ainda pode ser considerada confiável".

A: Incorreta. Não é qualquer interferência que resulta na imprestabilidade da prova, devendo ser analisados os demais elementos probatórios.

B: Incorreta. A diferença entre os valores, por si só, não afeta a idoneidade.

C: Incorreta. Não enseja a nulidade por si só.

D: Correta. Seguindo esse entendimento, verifica-se que a divergência de quantidade não afeta, por si só, a configuração do crime, sendo necessário observar os demais elementos produzidos na instrução criminal.

E: Incorreta. A contradição, isoladamente analisada, não afeta a configuração do delito.

GABARITO: D.

35. (FGV – 2021 – PM/PB – ASPIRANTE) Durante o cumprimento de mandado de busca e apreensão, agentes policiais procederam à entrevista (oitiva) do investigado, no interior da sua residência, antes que o contato com familiares ou advogado fosse franqueado. A oitiva foi formalmente documentada, por meio de termo, que se limitou a indicar os dados qualificativos do declarante, bem como o conteúdo do que foi informado.

Diante desse cenário, é correto afirmar que:
a) o interrogatório de campo tem valor probatório relativo, podendo ser levado a cabo por agentes policiais antes da formalização da oitiva em procedimento investigatório próprio.
b) a entrevista informal não encontra disciplina normativa específica, sendo vedado o seu emprego, mesmo diante da anuência livre e consciente do declarante.
c) o interrogatório de campo é despido de valor probatório, prestando-se à orientação das atividades policiais de busca, exploração e investigação.
d) a entrevista informal ocorre em momento de vulnerabilidade do declarante, acarretando a produção de prova ilícita, independentemente da demonstração de prejuízo.
e) o interrogatório de campo depende, para sua validade, da cientificação do declarante das suas garantias e da anuência com a gravação do ato.

A: Incorreta. O interrogatório não teve valor, uma vez que não lhe informaram seus direitos constitucionais ao silêncio.

B: Incorreta. Se o declarante livre e conscientemente anuir, poderá ser colhida a declaração, desde que ciente de seu direito à não autoincriminação.

C: Incorreta. O interrogatório de campo possui valor probatório, se houver a anuência do declarante e este estiver ciente de seus direitos constitucionais.

D: Incorreta. Não acarreta prova ilícita de maneira automática.

E: Correta. Com base no entendimento do STF, exarado por meio do informativo do STF: "É nula entrevista realizada por autoridade policial no interior da residência do reclamante, durante o cumprimento de mandado de busca e apreensão". Para a oitiva ser válida, necessita-se de anuência do declarante e sua cientificação no que concerne aos seus direitos constitucionalmente assegurados.

GABARITO: E.

36. **(FGV – 2021 – PM/PB – ASPIRANTE)** Em relação ao Estatuto do Desarmamento (Lei nº 10.826/2003), é correto afirmar que:
    a) a ausência de renovação do registro torna a posse de arma de fogo típica, por impedir que o Estado exerça seu controle.
    b) o fato de o agente ser policial torna atípico o porte de arma de fogo de uso permitido com registro vencido.
    c) é atípica a conduta de quem porta arma de fogo de uso restrito com registro vencido.
    d) a posse de arma de fogo de uso permitido com registro vencido constitui irregularidade administrativa.
    e) é atípica a conduta de quem porta arma de fogo de uso permitido com registro vencido.

O Superior Tribunal de Justiça vem decidindo que, uma vez realizado o registro da arma de fogo, o vencimento da autorização não caracteriza ilícito penal e, sim, mera irregularidade administrativa. No entanto, esse entendimento aplica-se somente ao delito de posse ilegal de arma de fogo de uso permitido (art. 12, Lei nº 10.826/2003), não se estendendo à conduta de porte ilegal de arma de fogo (art. 14, Lei nº 10.826/2003) e, tampouco, ao delito de porte ilegal de arma de fogo de uso restrito (art. 16, Lei nº 10.826/2003.).

A esse teor, leia-se os excertos do seguinte resumo de acórdão da lavra do STJ:

[...] 2. No caso, o réu foi denunciado por possuir arma de fogo de uso permitido, consistente em revólver da marca Taurus, calibre 38, em desacordo com determinação legal ou regulamentar, pois o registro do referido artefato se encontrava vencido. Sobreveio sentença condenatória nos autos, contra a qual a defesa interpôs apelação, sem êxito. 3. No julgamento da Ação Penal n. 686/AP, a Corte Especial deste Superior Tribunal de Justiça, alterando o seu entendimento anterior sobre a matéria, reconheceu a atipicidade da conduta imputada ao réu, denunciado como incurso nas sanções do art. 12 da Lei nº 10.826/2003, ressaltando que ele já havia procedido ao registro da arma e que a expiração do prazo constitui mera irregularidade administrativa, que enseja apenas a apreensão do artefato e a aplicação de multa, sem que reste caracterizada a prática de ilícito penal. Assim, considerando que o feito ora em exame versa sobre hipótese idêntica ao objeto do referido julgado, deve ser reconhecida, de igual modo, a atipicidade da conduta. Precedentes. [...] (STJ; Quinta Turma; AgRg no HC 551897/DF; Relator Ministro Reynaldo Soares da Fonseca; Publicado no DJe de 12/02/2020)

Ante essas considerações, extrai-se que a alternativa correta é a D.

GABARITO: D.

37. **(FGV – 2021 – PM/PB – ASPIRANTE)** Em relação à fixação da competência dos Juizados Especiais de Violência Doméstica e Familiar Contra a Mulher, é correto afirmar que:
    a) o decurso de lapso temporal desde a dissolução do matrimônio ou união afasta a competência do Juizado.
    b) a tutela penal se restringe à proteção da vítima que coabita com o agressor.
    c) a ausência de relação íntima de afeto entre vítima e agressor afasta a competência do Juizado.
    d) a ausência de relação familiar entre vítima e agressor afasta a competência do Juizado.
    e) sem coabitação ou relação familiar, a conduta imputada deve estar vinculada à relação íntima de afeto entre as partes.

A: Incorreta. Se a violência praticada for motivada pela relação íntima de afeto, motivação de gênero ou situação de vulnerabilidade, nos termos do art. 5º da Lei Maria da Penha, será aplicada a referida lei, mesmo havendo o decurso de lapso temporal desde a dissolução do matrimônio ou união.

B: Incorreta. A tutela penal se estende à vítima e também aos familiares da vítima de violência doméstica.

C e D: Incorretas. A Lei Maria da Penha não é aplicada apenas quando há parentesco, sendo aplicada mesmo que não haja vínculo familiar, desde que o crime seja cometido no âmbito doméstico e em razão do gênero. Por exemplo: o empregado pode ser sujeito ativo de violência doméstica quando praticar violência doméstica contra uma empregada em razão do gênero.

E: Correta. A Lei Maria da Penha não exige a coabitação entre o sujeito ativo e passivo; para aplicação da lei, basta que o crime seja cometido no âmbito da unidade doméstica, da família ou em qualquer relação íntima de afeto. Conforme a jurisprudência do Superior Tribunal de Justiça: "A violência doméstica abrange qualquer relação íntima de afeto, dispensada a coabitação" (STJ – *Tese*, edição 41).

GABARITO: E.

38. **(FGV – 2021 – PM/PB – ASPIRANTE)** Após flagrar uma negociação criminosa, determinado policial militar realiza a condução dos capturados à unidade de polícia judiciária. Após os trâmites legais, referentes à lavratura do auto de prisão em flagrante, fica sabendo que o agente capturado pretende fazer acordo de delação premiada, iniciando tratativas com o delegado de polícia, visando à diminuição de eventual pena. Insatisfeito com o rumo adotado, por acreditar que seria mais um caso de impunidade, o policial militar procura um contato da imprensa e revela a negociação, repassando os dados qualificativos e imagens do agente capturado.

Agindo dessa forma, o policial militar pratica o crime de:
    a) abuso de autoridade, por constranger o preso a exibir-se ao público.
    b) revelar a identidade de colaborador, sem sua prévia autorização por escrito.
    c) abuso de autoridade, por constranger delator a ter sua identidade revelada.
    d) descumprir determinação de sigilo das investigações que envolvam organização criminosa.
    e) abuso de autoridade, por inovar artificiosamente, no curso de investigação sobre o estado da pessoa.

A: Incorreta. O policial não constrangeu (obrigou) o preso a exibir-se perante o público; ele mesmo divulgou os dados qualificativos e imagens do agente capturado.

B: Correta. O capturado, apesar de investigado, também está na condição de colaborador. Um dos direitos do colaborador é não ter sua identidade revelada pelos meios de comunicação, nem ser fotografado ou filmado, sem sua prévia autorização por escrito, conforme o art. 5º, inciso V da Lei nº 13.869/2019. Já o art. 18 da Lei de Abuso de Autoridade descreve como criminosa a conduta de "revelar a identidade, fotografar ou filmar o colaborador, sem sua prévia autorização por escrito". Assim, o policial praticou o crime do art. 18.

C: Incorreta. Não houve constrangimento por parte do policial.

D: Incorreta. Não havia determinação de sigilo.

E: Incorreta. Não houve nenhuma inovação (alteração); o que houve foi a divulgação dos dados qualificativos e imagem do colaborador.

GABARITO: B.

Texto para as próximas 19 questões.

Santinho

(Luiz Fernando Veríssimo)

Me lembro com clareza de todas as minhas professoras, mas me lembro de uma em particular. Ela se chamava Dona Ilka. Curioso: por que escrevi "Dona Ilka" e não Ilka? Talvez por medo de que ela se materializasse aqui ao meu lado e exigisse o "Dona", onde se viu tratar professora pelo primeiro nome, menino? No meu tempo ainda não se usava o "tia". Elas podiam ser boas e até maternais, mas decididamente não eram nossas tias. A Dona Ilka não era maternal. Era uma mulher pequena com um perfil de passarinho. Um pequeno passarinho loiro. E uma fera.

Eu era aluno "bem-comportado". Era um vagabundo, não aprendia nada, vivia distraído. Mas comportamento, 10. Por isto até hoje faço verdadeiras faxinas na memória, procurando embaixo de tudo e em todos os nichos a razão de ter sido, um dia, castigado pela Dona Ilka. Alguma eu devo ter feito, mas não consigo lembrar o quê. O fato é que fui posto de castigo. Que consistia em ficar de pé num canto da sala de aula, com a cara virada para a parede. (Isto tudo, já dá pra ver, foi mais ou menos lá pela Idade Média.) Mas o que eu nunca esqueci foi a Dona Ilka ter me chamado de "santinho do pau oco".

Ser bem-comportado em aula não era uma decisão minha nem era nada de que me orgulhasse. Era só o meu temperamento. Mas a frase terrível da Dona Ilka sugeria que a minha boa conduta era uma simulação. Eu era um falso. Um santo falsificado! Depois disso, pelo resto da vida, não foram poucas as vezes em que um passarinho imaginário com perfil de professora pousou no meu ombro e me chamou de fingido. Os santinhos do pau oco passam a vida se questionando.

Já outra professora quase destruiu para sempre qualquer pretensão minha à originalidade literária. Era para fazer uma redação em aula sobre a ociosidade, e eu não tinha a menor ideia do que era ociosidade. Se a palavra fora mencionada em aula tinha certamente sido num dos meus períodos de devaneio, em que o corpo ficava ali, mas a mente ia passear. E então, me achando formidável, faz uma redação inteira sobre um aluno que precisa fazer uma redação sobre a ociosidade sem saber o que é isso, sua agonia e finalmente sua decisão de fazer uma redação sobre um aluno que precisa fazer uma redação sobre a ociosidade, etc. a professora chamou a atenção de toda a classe para a minha redação. Eu era um exemplo de quem acha que com esperteza pode-se deixar de estudar e por isto estava ganhando um zero exemplar. Só faltou me chamar de original do pau oco.

Enfim, sobrevivi. No ginásio, todos os professores eram homens, mas não me lembro de nenhuma marca que algum deles tenha deixado. As relações com as nossas pseudo mães, no primário, eram mais profundas. As duas histórias que eu contei não têm nenhuma importância. Mas olha as cicatrizes.

39. (IBFC – 2018 – PM-CBM/PB – SOLDADO) O texto assume um caráter memorialístico estabelecendo-se, assim, um recorte de posicionamento a partir da perspectiva:
a) do leitor.
b) dos alunos.
c) do narrador.
d) da professora.

A: Incorreta. As memórias são do narrador.
B: Incorreta. Apesar de ser a memória de quando era aluno, a alternativa apresenta "dos alunos".
C: Correta. O texto apresenta a memória do tempo de escola do narrador.
D: Incorreta. Não há a possibilidade de a memória ser da professora, uma vez que ela somente faz parte da lembrança do narrador.

GABARITO: C.

40. (IBFC – 2018 – PM-CBM/PB – SOLDADO) Em relação ao entendimento do sentido global do texto, é correto afirmar que:
a) não se lembrar do motivo pelo qual ficou de castigo não é prova de que o menino era inocente.
b) somente as professoras mais maternais eram chamadas de "tia" pelos alunos.
c) o bom comportamento do aluno era resultado de uma postura rígida da professora.
d) a relação do menino com os professores do ginásio era pior em função da idade daquele.

A: Correta. No segundo parágrafo, o trecho "[...] Alguma eu devo ter feito, mas não consigo lembrar o quê [...]" deixa claro que ele não se lembrava de sua conduta, mas sabia que por receber o castigo deveria ter praticado algo.
B: Incorreta. O autor afirma que na época ainda não havia a expressão "tia", mesmo que a professora fosse maternal. Trecho: "[...] No meu tempo ainda não se usava o 'tia'. Elas podiam ser boas e até maternais, mas decididamente não eram nossas tias [...]".
C: Incorreta. O bom comportamento era característico da sua personalidade. Trecho: "[...] Ser bem-comportado em aula não era uma decisão minha nem era nada de que me orgulhasse. Era só o meu temperamento [...]".
D: Incorreta. Extrapola o texto, uma vez que ele só cita sua relação com "Dona Ilka".

GABARITO: A.

41. (IBFC – 2018 – PM-CBM/PB – SOLDADO) A relação coesiva que se estabelece entre as três frases do primeiro trecho em destaque evidencia-se pelo seguinte mecanismo linguístico:
a) Repetição reiterada de pronomes indefinidos.
b) Omissão de verbo anteriormente explicitado.
c) Ausência de pontuação entre as orações.
d) Pronominalização de um sujeito simples.

A: Incorreta. Não há repetição de pronomes no primeiro trecho.
B: Correta. O verbo SER está oculto nas frases subsequentes, ficando implícito: "[...] Era um pequeno passarinho loiro. E era uma fera [...]".
C: Incorreta. O trecho apresenta as pontuações corretamente, marcando três períodos.
D: Incorreta. O sujeito não é formado por um pronome, sendo o substantivo "mulher" seu núcleo: "uma **mulher** pequena".

GABARITO: B.

42. (IBFC – 2018 – PM-CBM/PB – SOLDADO) Nota-se que a ação descrita no segundo trecho em destaque corresponde, em relação ao primeiro, a uma ideia de:
a) consequência.
b) finalidade.
c) concessão.
d) causa.

Trecho 1 – Causa: A professora é pequena como um passarinho e tem perfil de fera.
Trecho 2 – Consequência: Em razão de ser uma fera, volta-se ao aluno e o chama de fingido. Em razão de ser pequena como um passarinho, pousa em seu ombro.

A: Correta. O segundo trecho tem uma relação de consequência com o primeiro trecho.
B: Incorreta. Não há relação de finalidade.

C: Incorreta. Não há relação de concessão.

D: Incorreta. A causa aparece no primeiro trecho.

GABARITO: A.

43. **(IBFC – 2018 – PM-CBM/PB – SOLDADO)** Considere as duas passagens destacadas a seguir para responder a próxima questão.

    "Era uma mulher pequena com um perfil de passarinho. Um pequeno passarinho loiro. E uma fera." (1º parágrafo)

    "não foram poucas as vezes em que um passarinho imaginário com perfil de professora pousou no meu ombro e me chamou de fingido" (3º parágrafo)

    No trecho "Um pequeno passarinho loiro. E uma fera.", são mostrados dois predicativos em relação a um mesmo personagem. Essa relação entre termos aponta para a seguinte figura de linguagem:
    a) prosopopeia.
    b) paradoxo.
    c) eufemismo.
    d) metonímia.

A: Incorreta. A prosopopeia é a figura de linguagem que se utiliza de sentimentos humanos para seres inanimados. Exemplo: "O Sol sorriu para mim".

B: Correta. O paradoxo faz uma relação contextual de oposição. No texto, o narrador relaciona um ser delicado e pequeno como um pássaro com uma fera ("conduta de uma fera").

C: Incorreta. O eufemismo é a figura de linguagem que ameniza uma ideia. Exemplo: "Ele partiu dessa para melhor (morreu)".

D: Incorreta. A metonímia é a figura de linguagem que expressa uma comparação implícita. Para isso, faz-se uma troca entre objeto e o que ele representa. Exemplo: "Ele estava com tanta sede que bebeu o copo todo". Usa-se o copo no lugar do líquido (bebeu água, cerveja, suco, etc.).

GABARITO: B.

44. **(IBFC – 2018 – PM-CBM/PB – SOLDADO)** Os pronomes relativos são importantes ferramentas coesivas na elaboração dos textos. Desse modo, assinale a alternativa em que não se destaca um exemplo desse tipo de pronome.
    a) "mas não me lembro de nenhuma marca que algum deles tenha deixado." (5º §).
    b) "Que consistia em ficar de pé num canto da sala de aula," (2º §).
    c) "não foram poucas as vezes em que um passarinho imaginário" (3º §).
    d) "O fato é que fui posto de castigo." (2º §).

Para saber se QUE é pronome relativo, basta fazer a substituição pelas variações de "o/a qual" ("no/na qual, do/da qual" etc.).

A: Incorreta. "[...] mas não me lembro de nenhuma marca **a qual** algum deles tenha deixado [...]" (5º §).

B: Incorreta. "[...] **o qual** consistia em ficar de pé num canto da sala de aula, [...]" (2º §).

C: Incorreta. "[...] não foram poucas as vezes **nas quais** um passarinho imaginário [...]" (3º §).

D: Correta. "[...] O fato é ISSO [...]" (2º §). Trata-se de uma conjunção integrante. Quando há essa classe gramatical, basta substituir a oração por ISSO/NISSO/DISSO.

GABARITO: D.

45. **(IBFC – 2018 – PM-CBM/PB – SOLDADO)** O modo como o pronome "me" foi empregado, no início da primeira oração do texto, caracteriza:
    a) uma exigência da norma-padrão em relação aos enclíticos.
    b) um exemplo de emprego facultativo registrado pela norma.
    c) um desvio da norma muito comum em registros mais informais.
    d) um caso de ênclise que revela a expressividade do emissor.

A: Incorreta. A exigência da norma-padrão é a colocação enclítica: "Lembro-me".

B: Incorreta. A facultatividade ocorre em orações coordenadas e sujeitos expressos.

C: Correta. Trata-se de um desvio utilizado na forma informal, ou seja, no coloquialismo.

D: Incorreta. A colocação pronominal segue algumas regras e não a expressividade.

GABARITO: C.

46. **(IBFC – 2018 – PM-CBM/PB – SOLDADO)** Em 'Talvez por medo de que ela se materializasse aqui ao meu lado e exigisse o "Dona"' (1º §), o caráter hipotético do que se afirma no fragmento é introduzido pelo "talvez" e reforçado pelos verbos flexionados no:
    a) Pretérito perfeito do indicativo.
    b) Pretérito imperfeito do subjuntivo.
    c) Futuro do pretérito do indicativo.
    d) Futuro do subjuntivo.

A: Incorreta. No pretérito perfeito do indicativo, os verbos seriam flexionados da seguinte maneira: "[...] ela se materializou aqui ao meu lado e exigiu [...]".

B: Correta. Os verbos estão conjugados no pretérito imperfeito do subjuntivo. O modo subjuntivo apresenta a ideia de hipótese ou possibilidade. Tais tempo e modo têm a flexão (final) verbal "SSE" ("materializasse e exigisse").

C: Incorreta. No futuro do pretérito do indicativo, os verbos seriam flexionados da seguinte maneira: "[...] ela se materializaria aqui ao meu lado e exigiria [...]".

D: Incorreta. No futuro do subjuntivo, os verbos seriam flexionados da seguinte maneira: "[...] quando ela se materializar aqui ao meu lado e exigir [...]".

GABARITO: B.

47. **(IBFC – 2018 – PM-CBM/PB – SOLDADO)** O sufixo "-inho", presente no título, cumpre papel expressivo denotando um sentido:
    a) irônico.
    b) cordial.
    c) cômico.
    d) literal.

A: Correta. "Santinho" expressa sentido de ironia, uma vez que a professora o chamava de "santinho do pau oco".

B: Incorreta. Não há cordialidade no termo "santinho".

C: Incorreta. Apesar de o narrador valer-se da expressão "santinho" com leveza no texto, ela não apresenta ideia de comicidade.

D: Incorreta. "Literalidade" refere-se ao que tem significado óbvio, sem desvio de sentido. Logo, o texto apresenta para "santinho" um desvio de sentido, uma vez que denota a ideia de ele não ser santo.

GABARITO: A.

48. **(IBFC – 2018 – PM-CBM/PB – SOLDADO)** No segundo parágrafo, com o conteúdo entre parênteses, o narrador apresenta, especificamente, um juízo de valor acerca:
    a) do castigo.

b) da professora.
c) dos amigos.
d) de si mesmo.

A: Correta. Trata-se de um juízo de valor sobre o castigo ao qual fora submetido pela professora. Trecho: "[...] Que consistia em ficar de pé num canto da sala de aula, com a cara virada para a parede. (Isto tudo, já dá pra ver, foi mais ou menos lá pela Idade Média) [...]".

B, C, e D: Incorretas. O trecho é claro ao citar o castigo.

GABARITO: A.

49. (IBFC – 2018 – PM-CBM/PB – SOLDADO) Em "Era um vagabundo, não aprendia nada, vivia distraído." (2º §), percebe-se que as orações são:
a) contraditórias semanticamente.
b) absolutas entre si.
c) dependentes morficamente.
d) independentes sintaticamente.

A: Incorreta. Não há ideia de contradição. O período está enumerando características do sujeito.

B: Incorreta. Oração absoluta é a oração única, ou seja, um período simples.

C: Incorreta. Dependência morfológica refere-se a termos (morfemas) que dependem de outra classe gramatical para ter sentido ou para ter coerência. Isso acontece com os artigos que sozinhos não constituem nenhum sentido (o/a, um/uma).

D: Correta. Trata-se de orações independentes sintaticamente. Isso ocorre porque são orações coordenadas assindéticas, com o sentido de adição. Há ideia de enumeração em que o sujeito elíptico (o narrador "eu") está presente em todas as orações.

Entenda: (Eu) Era um vagabundo (e eu) não aprendia nada (e eu) vivia distraído. São orações independentes, uma vez que todas têm sujeito (mesmo que repetido e oculto), verbo e complemento.

GABARITO: D.

50. (IBFC – 2018 – PM-CBM/PB – SOLDADO) As locuções adverbiais modificam o sentido atribuído pelo verbo. Assim, assinale a alternativa cujo fragmento transcrito do texto não destaca um exemplo desse tipo de locução.
a) "Me lembro com clareza de todas as minhas professoras" (1º §).
b) "em que um passarinho imaginário com perfil de professora" (3º §).
c) "Que consistia em ficar de pé num canto da sala de aula" (2º §).
d) "Eu era um exemplo de quem acha que com esperteza pode-se deixar de estudar" (4º §).

A: Incorreta. É uma locução adverbial de modo. Modifica a circunstância do verbo "lembrar".

B: Correta. "com perfil de professora" não é locução adverbial, mas locução adjetiva. Além disso, apresenta a característica do sujeito e não modifica o verbo.

C: Incorreta. É uma locução adverbial de lugar. Dá ao verbo "ficar" a ideia de lugar.

D: Incorreta. É uma locução adverbial de modo. Modifica a circunstância do verbo "achar".

GABARITO: B.

51. (IBFC – 2018 – PM-CBM/PB – SOLDADO) Considerando o sentido da palavra "ociosidade", que foi tema da redação descrita no texto, pode-se entender como antônimo desse vocábulo:
a) lealdade.
b) desocupação.
c) animação.
d) trabalho.

Questão típica de vocabulário. Quando se trata de uma palavra desconhecida, o ideal é tentar identificar seu significado pelo contexto.

"Trabalho" é antônimo de "ociosidade" ("condição de ocioso", "inatividade", "falta de disposição").

GABARITO: D.

52. (IBFC – 2018 – PM-CBM/PB – SOLDADO) Considere o fragmento a seguir para responder a próxima questão.

"Já outra professora quase destruiu para sempre qualquer pretensão minha à originalidade literária."

O acento grave deixaria de ser obrigatório na seguinte reescritura:
a) destruiu para sempre qualquer pretensão minha à escrita.
b) destruiu para sempre qualquer pretensão à literatura original.
c) destruiu para sempre qualquer pretensão à minha originalidade.
d) destruiu para sempre qualquer pretensão àquela escrita literária.

O acento indicativo de crase para deixar de ser obrigatório deve fazer parte de uma estrutura em que há algum dos quatro casos de crase facultativa:

1) antes de pronome possessivo singular feminino: sua, tua, minha, nossa, vossa;
2) depois da preposição até ("até a");
3) antes de nome de mulher, ou seja, substantivo personativo feminino;
4) antes da forma de tratamento dona.

A: Incorreta. Em: "**pretensão minha à escrita**", o pronome possessivo torna facultativo o emprego da crase se estiver depois da preposição. Não é o caso desta alternativa.

B: Incorreta. Em: "**pretensão à literatura original**", não há nenhum termo facultativo.

C: Correta. Em: "**pretensão à minha originalidade**", há o pronome possessivo singular feminino. Logo, é um caso de crase facultativa.

D: Incorreta. Em: "**pretensão àquela escrita literária**", não há nenhum termo facultativo.

GABARITO: C.

53. (IBFC – 2018 – PM-CBM/PB – SOLDADO) Considere o fragmento a seguir para responder a próxima questão.

"Já outra professora quase destruiu para sempre qualquer pretensão minha à originalidade literária."

O termo destacado no fragmento exerce, sintaticamente, a função de:
a) sujeito.
b) objeto direto.
c) complemento nominal.
d) predicativo do sujeito.

A: Incorreta. Sujeito: "outra professora".

B: Correta. Objeto direto: "qualquer pretensão minha" (outra professora quase destruiu o quê? a resposta é o objeto direto: "qualquer pretensão minha").

C: Incorreta. Complemento nominal: "à originalidade literária" (pretensão a quê? a resposta é o complemento nominal do substantivo "pretensão": "à originalidade literária").

D: Incorreta. Predicativo do sujeito: "quase destruiu para sempre" (a característica do que a professora fez). O predicativo do sujeito é a função ligada à característica do sujeito.

GABARITO: B.

QUESTÕES COMENTADAS PARA PMPB

54. (IBFC – 2018 – PM-CBM/PB – SOLDADO) Assinale o vocábulo, destacado do trecho, que apresenta, exatamente, a mesma classificação morfológica de "outra":
   a) "minha".
   b) "sempre".
   c) "quase".
   d) "qualquer".

Antes de analisar as alternativas, é necessário identificar a classe gramatical da palavra "outra". Trata-se de um pronome indefinido.

A: Incorreta. "minha": pronome possessivo.
B: Incorreta. "sempre": advérbio.
C: Incorreta. "quase": advérbio.
D: Correta. "qualquer": pronome indefinido.

GABARITO: D.

55. (IBFC – 2018 – PM-CBM/PB – SOLDADO) Em "e eu não tinha a menor **ideia** do que era ociosidade" (4º §), o vocábulo destacado perdeu o acento gráfico após a implementação do Novo Acordo Ortográfico. O mesmo aconteceu com todas as palavras a seguir, exceto:
   a) joia.
   b) feiura.
   c) heroi.
   d) enjoo.

A: Incorreta. "Joia" é ditongo aberto, em paroxítona, terminado em "ÓI", por isso perdeu o acento.
B: Incorreta. "Feiura" teve seu acento ("Ú") excluído por ser hiato antecedido de ditongo.
C: Correta. A palavra "herói" não perdeu o acento por se tratar de uma oxítona. Somente as paroxítonas perderam o acento.
D: Incorreta. A palavra "enjoo" perdeu o acento por ter letras repetidas.

GABARITO: C.

56. (IBFC – 2018 – PM-CBM/PB – SOLDADO) Embora pertençam a frases diferentes no texto, em "Eu era um falso. Um santo falsificado!" (3º §), pode-se concluir, em função do paralelismo sintático, que "um falso" e "Um santo falsificado" exercem a função sintática de:
   a) adjunto adnominal.
   b) predicativo do sujeito.
   c) sujeito.
   d) complemento verbal.

Antes de analisar as alternativas, é necessário fazer a análise sintática dos períodos em questão:

Oração 1: Eu era um falso.
Sujeito expresso: Eu
Verbo de ligação: era
Predicativo do sujeito: um falso
Oração 2: Um santo falsificado!
Sujeito oculto: Eu
Verbo de ligação oculto: era
Predicativo do sujeito: Um santo falsificado

A: Incorreta. O adjunto adnominal é um termo acessório utilizado para atribuir, determinar, modificar, classificar um substantivo. Apresenta função adjetiva.
B: Correta. Quando a oração é composta por sujeito, verbo de ligação e complemento que atribui uma característica ao sujeito, a função sintática do complemento é de "predicativo do sujeito". Trata-se de um termo integrante da oração. Já o paralelismo sintático refere-se ao uso do artigo indefinido (um) em ambas as orações.

C: Incorreta. Entre os vários conceitos, o sujeito pode ser classificado como o agente responsável por conjugar o verbo.
D: Incorreta. Os complementos verbais são termos integrantes da oração. Diferentemente dos verbos de ligação que têm "predicativos do sujeito", os verbos transitivos apresentam objetos diretos ou indiretos.

GABARITO: B.

57. (IBFC – 2018 – PM-CBM/PB – SOLDADO) Assinale a alternativa em que o pronome oblíquo átono esteja corretamente empregado em relação à norma-padrão.
   a) "Me lembro com clareza de todas as minhas professoras," (1º §).
   b) "Os santinhos do pau oco passam a vida se questionando." (3º §).
   c) "todos os professores eram homens, mas não me lembro" (5º §).
   d) "E então, me achando formidável, fiz uma redação inteira" (4º §).

A: Incorreta. O pronome oblíquo não pode iniciar período. Logo, o correto é pronome enclítico: "Lembro-me".
B: Incorreta. O pronome oblíquo une-se ao verbo no gerúndio, exceto se o verbo for antecedido pela preposição "em". Exemplo: "Em se tratando de". Assim, o correto é "questionando-se".
C: Correta. As próclises obrigatórias são definidas pelas palavras atrativas. Assim, o advérbio "não" é uma partícula atrativa e o pronome oblíquo fica antes do verbo.
D: Incorreta. Novamente, o pronome oblíquo está iniciando o período. Logo, o correto é pronome enclítico: "achando-me".

GABARITO: C.

58. (IBFC – 2018 – PM-CBM/PB – SOLDADO) Considerando o conjunto verdade dos conectivos lógicos proposicionais e sabendo que o valor lógico de uma proposição "p" é falso e o valor lógico de uma proposição "q" é verdade, é correto afirmar que o valor lógico:
   a) da conjunção entre "p" e "q" é verdade.
   b) da disjunção entre "p" e "q" é falso.
   c) do bicondicional entre "p" e "q" é falso.
   d) do condicional entre "p" e "q", nessa ordem, é falso.

Para você resolver essa questão, você precisará dominar proposições lógicas compostas. A: Incorreta. Uma conjunção só será verdadeira se p e q forem verdadeiras.
B: Incorreta. Caso essa disjunção seja inclusiva, ela só será falsa quando ambas forem falsas. Caso a disjunção seja exclusiva, será falsa se ambas tiverem o mesmo valor.
C: Correta. Só seria falsa se ambas possuíssem o mesmo valor.
D: Incorreta. Uma condicional só seria falsa se a primeira proposição fosse verdadeira e a segunda falsa.

GABARITO: C.

59. (IBFC – 2018 – PM-CBM/PB – SOLDADO) A negação da frase "Marcos é jogador de futebol e Ana é ciclista" é:
   a) Marcos não é jogador de futebol ou Ana não é ciclista.
   b) Marcos não é jogador de futebol e Ana não é ciclista.
   c) Marcos não é jogador de futebol ou Ana é ciclista.
   d) Marcos não é jogador de futebol se, e somente se, Ana não é ciclista.

Para resolver esta questão, você precisará saber a negação de proposições compostas. Para negar uma conjunção, você negará as proposições individuais e trocará o conectivo "e" pelo conectivo "ou".

Marcos é jogador de futebol → Marcos não é jogador de futebol.
Ana é ciclista → Ana não é ciclista.

Resultando na seguinte frase:

"Marcos não é jogador de futebol ou Ana não é ciclista"

GABARITO: A.

60. **(IBFC – 2018 – PM-CBM/PB – SOLDADO)** Cinco carros de corrida estão enfileirados aguardando a largada. Sabe-se que atrás do vermelho só há um carro e que na frente do azul só há um carro. O total de carros na frente e atrás do carro marrom são iguais. Se o carro amarelo está na frente do carro azul, então o carro laranja é o:

a) último da fila.
b) terceiro da fila.
c) o quarto da fila.
d) o segundo da fila.

Vamos considerar a seguinte disposição, onde a esquerda é a posição mais à frente e a direita a posição mais atrás.

___ , ___ , ___ , ___ , ___

É dito que atrás do carro vermelho só há um carro, logo o vermelho é o penúltimo veículo.

___ , ___ , ___ , vermelho, ___

Em seguida, é informado que na frente do carro azul há apenas um, o que implica em o carro azul ser o segundo da fileira.

___ , azul, ___ , vermelho, ___

Foi dito que a quantidade de carros à frente e atrás do marrom são iguais. Como a quantidade de veículos é ímpar, o marrom só pode ocupar a posição central.

___ , azul, marrom, vermelho, ___

Por fim, o carro amarelo é o mais a frente, logo

amarelo, azul, marrom, vermelho, ___

Restando a última posição para o veículo laranja.

GABARITO: A.

61. **(IBFC – 2018 – PM-CBM/PB – SOLDADO)** Se é verdade que algumas crianças são paulistas e que nenhum atleta é paulista, então é necessariamente verdade que:

a) alguma criança é atleta.
b) alguma criança não é atleta.
c) nenhuma criança é atleta.
d) algum atleta é criança.

Para a resolução desta questão, você precisará saber diagramas lógicos.

Para facilitar a interpretação, imagine um grupo de crianças, um grupo de atletas e um grupo de paulistas.

O enunciado diz que algumas crianças são paulistas, logo existe uma interseção entre o grupo de crianças e o grupo de paulistas.

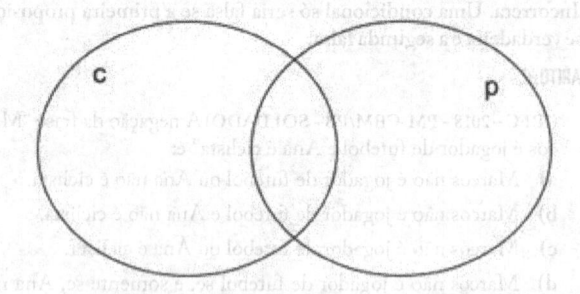

O enunciado também diz que nenhum atleta é paulista, logo o grupo de atletas não pode ter interseção com o grupo paulista. Além disso, o grupo de paulistas pode ou não ter interseção com o grupo de crianças.

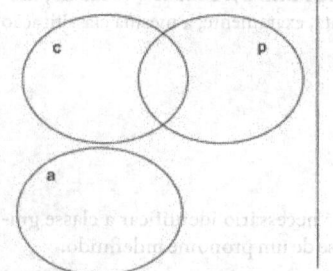

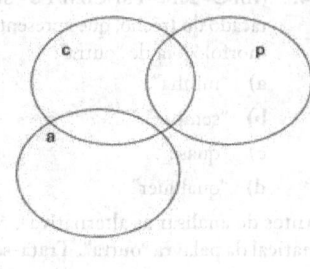

Com os diagramas lógicos, é possível analisar as alternativas.

A: Incorreta. Como foi dito anteriormente, não é possível afirmar a existência de interseção entre o grupo de crianças e atletas.

B: Correta. Existe interseção entre crianças e paulistas, existe alguma criança que é paulista. Como todos os paulistas não são atletas, existe alguma criança paulista que não será atleta.

C: Incorreta. Não é possível afirmar ou negar a interseção entre os grupos de crianças e atletas.

D: Incorreta. Não é possível afirmar ou negar a interseção entre os grupos de crianças e atletas.

GABARITO: B.

62. **(IBFC – 2018 – PM-CBM/PB – SOLDADO)** Considere verdadeiras as seguintes afirmações:

- Todo professor é formado.
- Nenhum formado é estrangeiro.

Assinale a alternativa correta:

a) algum professor é estrangeiro.
b) todo formado é professor.
c) nenhum professor é estrangeiro.
d) todo professor é estrangeiro.

Para resolver essa questão, será necessário a noção de proposições lógicas.

A: Incorreta. Se todo professor é formado e nenhum formado é estrangeiro, não é possível algum professor ser estrangeiro, pois todo professor é formado.

B: Incorreta. Todo professor é formado, mas podem existir pessoas que são formadas e não são professores.

C: Correta. Como todo professor precisa ser formado e todo formado não é estrangeiro, é possível afirmar que nenhum professor é estrangeiro.

D: Incorreta. A negação de "nenhum formado é estrangeiro" é "todo formado não é estrangeiro", como todo professor é formado, então não existe possibilidade de algum professor ser estrangeiro.

GABARITO: C.

63. **(IBFC – 2018 – PM-CBM/PB – SOLDADO)** Com base em uma planilha eletrônica a seguir, do pacote da Microsoft Office, assinale a alternativa que apresenta o resultado da fórmula: =A2+C2/B1+A1*C1-B2

	A	B	C
1	10	20	30
2	60	50	40

a) 255.
b) 312.
c) 50.
d) -138.

Vamos analisar a fórmula A2+C2/B1+A1*C1-B2.

Substituindo pelos valores da tabela: =60+40/20+10*30-50.

Agora, é só resolver a expressão matemática.

=60+40/20+10*30-50;

=60+2+300-50;

=62+300-50;

=362-50;

=312.

Note que o candidato precisa saber a ordem de prioridade nas expressões do excel:

1º: ( );

2º: ^;

3º: * ou /;

4º: + ou -.

GABARITO: B.

64. (IBFC – 2018 – PM-CBM/PB – SOLDADO) Quanto aos conceitos básicos de Internet e Intranet, analise as afirmativas, dê valores Verdadeiro (V) ou Falso (F) e assinale a alternativa que apresenta a sequência correta (de cima para baixo):

    ( ) Na Internet é possível a transferência de arquivos entre computadores.

    ( ) A Intranet é caracterizada por ser uma rede exclusiva e fechada.

    a) F - F.
    b) V - F.
    c) F - V.
    d) V - V.

A intranet é uma rede de computadores privada que assenta sobre a suíte de protocolos da internet, porém, de uso exclusivo de um determinado local, como, por exemplo, a rede de uma empresa, que só pode ser acessada pelos seus utilizadores ou colaboradores internos.

A internet é uma rede mundial que tem como objetivo interligar computadores para fornecer ao usuário o acesso a diversas informações. Por isso é chamada de rede mundial de computadores.

(V) É possível a transferência de arquivos entre computadores, uma das principais funções da internet.

(V) A Intranet é uma rede privada de computadores.

GABARITO: D.

65. (IBFC – 2018 – PM-CBM/PB – SOLDADO) São consideradas ferramentas e aplicativos de navegação na Internet os programas de computador que recebem o nome em inglês de:

    a) site.
    b) *cookie*.
    c) browser.
    d) path.

A: Incorreta. Site: local na Internet identificado por um nome de domínio, constituído por uma ou mais páginas de hipertexto, que podem conter textos, gráficos e informações em multimídia.

B: Incorreta. *Cookie*: no âmbito do protocolo de comunicação HTTP usado na internet, é um pequeno arquivo de computador ou pacote de dados enviados por um sítio de Internet para o navegador do usuário, quando o usuário visita o site.

C: Correta. *Browser*: Um navegador de rede, navegador web, navegador da internet ou simplesmente navegador, é um programa que habilita seus usuários a interagirem com documentos HTML hospedados em um servidor da rede.

D: Incorreta. Path: é uma variável do sistema usada pelo sistema operacional para localizar executáveis necessários da linha de comandos ou da janela terminal. A variável do sistema PATH pode ser definida usando o utilitário do sistema no painel de controle no Windows ou no arquivo de inicialização do shell no Linux e no Solaris.

GABARITO: C.

66. (IBFC – 2018 – PM-CBM/PB – SOLDADO) Quanto ao aplicativo para edição de textos do pacote da Microsoft Office temos um botão com o símbolo equivalente ao símbolo de pi: "¶". Esse botão tem a funcionalidade de:

    a) desenvolver cálculos relativos a operações trigonométricas.
    b) mostrar ou ocultar marcas de formatação.
    c) apresentar no meio do texto o valor numérico de pi, ou seja: 3,14.
    d) realizar cálculos matemáticos relativos a uma tabela.

¶ (Mostrar Tudo): permite que o usuário veja os caracteres não imprimíveis, como:

caracteres não imprimíveis, que são usados para indicar certas ações de formatação.

Caminho: Guia > Página inicial > Grupo Parágrafo > Mostrar Tudo.

GABARITO: B.

67. (IBFC – 2018 – PM-CBM/PB – SOLDADO) No pacote da Microsoft Office, o software que permite criar e desenvolver audiovisuais/apresentações, é denominado PowerPoint. Quando se quer que todos os slides contenham as mesmas fontes e imagens (como logotipos), pode-se fazer essas alterações em um só lugar, e elas serão aplicadas a todos os slides. Esse recurso denomina-se tecnicamente como:

    a) Slide padrão.
    b) Transparência padrão.
    c) Slide mestre.
    d) Transparência mestre.

Slide mestre é um *slide* modelo para um grupo de *slides* de uma apresentação. Sua vantagem é que as alterações feitas no *slide* mestre repercutem no grupo de *slides* vinculados a ele.

GABARITO: C.

68. (IBFC – 2018 – PM-CBM/PB – SOLDADO) Dos programas de computador a seguir, assinale a alternativa que apresenta efetivamente um aplicativo de correio eletrônico:

    a) Mozilla Thunderbird.
    b) Paradox.
    c) Microsoft Access.
    d) PostScript.

A: Correta. Mozilla Thunderbird: cliente de e-mails e notícias (aplicativo de correio eletrônico).

B: Incorreta. Paradox Interactive: é uma empresa sueca de jogos de computador, localizada em Estocolmo.

C: Incorreta. Microsoft Access: também conhecido por MSAccess, é um sistema de gerenciamento de banco de dados

D: Incorreta. PostScript: é uma linguagem de descrição de página que possibilita a impressão de arquivos de alta qualidade, em diferentes tipos de impressoras.

GABARITO: A.

69. (IBFC – 2018 – PM-CBM/PB – SOLDADO) Se estivermos em uma planilha do MS-Excel, do pacote da Microsoft Office, na célula C3 e, (no teclado) teclarmos duas vezes a seta para a direita e em seguida três vezes com a seta para baixo estaremos na célula:

    a) F5.

b) E6.
c) 6E.
d) 7D.

Vamos desenhar a tabela e seguir o que o examinador pede:

	A	B	C	D	E	F
1						
2						
3			*	-	-	
4					-	
5					-	
6					aqui	

" * " é de onde o examinador pediu para sair.
" - " são os passos que ele pede para seguir.
Caso se depare com uma questão como essa em sua prova, desenhe.

GABARITO: B.

70. (IBFC – 2018 – PM-CBM/PB – SOLDADO) Quanto aos conceitos básicos sobre o editor de textos do pacote da Microsoft Office, analise as afirmativas a seguir, dê valores Verdadeiro (V) ou Falso (F) e assinale a alternativa que apresenta a sequência correta (de cima para baixo):
( ) No MS-Word existe a possibilidade de criarmos e editarmos tabelas.
( ) Existe o recurso de incluir equações matemáticas no aplicativo MS-Word.
a) F - F.
b) V - F.
c) F - V.
d) V - V.

Na ordem em que as afirmativas foram apresentadas:
(V) Na guia "Inserir" há a opção de criar ou editar tabelas.
(V) Na guia "Inserir" há a opção de introduzir no texto uma equação ou criar uma nova.

GABARITO: D.

71. (IBFC – 2018 – PM-CBM/PB – SOLDADO) Assinale a alternativa que identifica corretamente os conceitos técnicos básicos e características sobre a Internet e Intranet:
a) a exploração comercial pela intranet, por meio da indústria, veio anteriormente do que a internet.
b) para utilizar a intranet é necessário que o usuário seja autorizado, geralmente através de um login e senha.
c) os protocolos utilizados na intranet são totalmente distintos quanto aqueles utilizados na internet.
d) a extensão geográfica de uma intranet é muito maior do que aquela abrangida pela internet.

A: Incorreta. A internet veio antes da intranet.
B: Correta. A intranet é de uso interno, exclusivo e fechado.
C: Incorreta. Os protocolos utilizados na intranet são os mesmos utilizados na internet.
D: Incorreta. A intranet é restrita. Internet é uma rede mundial de computadores.

GABARITO: B.

72. (IBFC – 2018 – PM-CBM/PB – SOLDADO) Quanto aos conceitos básicos sobre grupos de discussão, assinale a alternativa que esteja tecnicamente correta:
a) são ferramentas de comunicação assíncronas, ou seja, para o recebimento e envio de mensagens, não é necessário que os participantes estejam conectados ao mesmo tempo.
b) são ferramentas de comunicação exclusivas da Internet, e não de uma Intranet, para serem usadas, tanto para o recebimento como para o envio de mensagens.
c) são ferramentas de comunicação síncronas, ou seja, para o recebimento e envio de mensagens, é necessário que os participantes estejam conectados ao mesmo tempo.
d) são ferramentas de comunicação tanto síncronas como assíncronas, pois para o recebimento e envio de mensagens, os participantes precisam estar conectados em uma Intranet.

Grupos de discussão: ambiente da internet que permite o debate de qualquer assunto com vários usuários. Não é necessário que esteja conectado, visto que as mensagens são postadas por diversos usuários a qualquer hora e ficam salvas na página.

Comunicação assíncrona é quando o emissor envia uma mensagem para um receptor, esta pode ser recebida no mesmo momento ou não; caso receba, o receptor pode acessar naquele momento ou não.

O examinador quis dizer que o receptor pode acessar as mensagens em qualquer tempo, não sendo necessário estar conectado no momento do envio.

GABARITO: A.

73. (IBFC – 2018 – PM-CBM/PB – SOLDADO) Consideram-se crimes equiparados a hediondo, dentre outros:
a) o tráfico de drogas e o terrorismo.
b) o atentado violento ao pudor e o estupro.
c) o latrocínio e o sequestro qualificado.
d) a lavagem de dinheiro e o crime organizado.

A Lei nº 8.072/1990 tem rol taxativo dos crimes hediondos e assemelhados, sendo que a única alternativa que representa corretamente crimes assemelhados aos hediondos é a alternativa A. Vale lembrar que são crimes assemelhados aos hediondos o tráfico de drogas, o terrorismo e a tortura (conforme art. 5º, XLIII, da CF e art. 2º, *caput*, da Lei nº 8.072/1990).

GABARITO: A.

74. (IBFC – 2018 – PM-CBM/PB – SOLDADO) Com relação ao crime de tortura, assinale a alternativa incorreta:
a) O crime de tortura contra pessoa menor de 18 (dezoito) anos não mais se encontra previsto no Estatuto da Criança e do Adolescente.
b) O agente que deixa de agir em face do crime de tortura, quando era possuidor do dever jurídico de apurar o ilícito ou de evitar o seu advento, incorre na pena de 1 (um) a 4 (quatro) anos de detenção.
c) Para que a condenação por crime de tortura possa importar na perda do cargo público, o juiz deve fazer constar tal efeito na sentença condenatória.
d) O sujeito que venha a sofrer condenação por força da prática do delito de tortura deve começar a cumprir a pena privativa de liberdade em regime fechado.

A alternativa C está correta, pois é a única alternativa em desacordo com o texto da Lei nº 9.455/1997 – de acordo com o art. 1º, § 5º, da Lei, a condenação acarretará a perda do cargo, função ou emprego público e a interdição para seu exercício pelo dobro do prazo da pena aplicada. Pela redação do dispositivo entende-se que a perda é decorrência automática da condenação.

GABARITO: C.

QUESTÕES COMENTADAS PARA PMPB

75. (IBFC – 2018 – PM-CBM/PB – SOLDADO) O Estatuto do Desarmamento (Lei nº 10.826 de 2003) veda a concessão do porte de arma para os integrantes:
a) da Polícia Ferroviária Federal.
b) da carreira de Auditoria da Receita Federal do Brasil.
c) das Guardas Municipais de cidades com mais de 500.000 (quinhentos mil) habitantes.
d) das Guardas Municipais das cidades com mais de 20.000 (vinte mil) e menos de 40.000 (quarenta mil) habitantes, quando em serviço.

A alternativa D está correta, pois os integrantes das Guarda Municipais com menos de 50.000 habitantes não se permite a concessão do porte de arma de fogo (o art. 6º, incisos III e IV, da Lei nº 10.826/2003, somente admite o porte para os integrantes das Guardas Municipais com mais de 500 mil habitantes (no inciso III) ou com mais de 50 mil habitantes (no inciso IV), sendo a diferença decorrente do fato de na segunda hipótese o porte ser autorizado somente em serviço.

GABARITO: D.

76. (IBFC – 2018 – PM-CBM/PB – SOLDADO) Apresenta-se como medida aplicável aos pais ou responsável, como tal prevista na Lei nº 8.069 de 1990 (Estatuto da Criança e do Adolescente):
a) suspensão da guarda.
b) encaminhamento a serviços e programas promovidos pela polícia.
c) destituição da tutela.
d) suspensão da curatela.

A alternativa C está correta. De acordo com o art. 129 da Lei nº 8.069/1990, entre as medidas pertinentes aos pais ou responsável, consta expressamente a destituição da tutela (inciso IX).

GABARITO: C.

77. (IBFC – 2018 – PM-CBM/PB – SOLDADO) Relativamente à prevenção da ocorrência de ameaça ou violação dos direitos da criança e do adolescente, como tal previsto no âmbito da Lei nº 8069 de 1990 (Estatuto da Criança e Adolescente), assinale a alternativa correta:
a) é vedada a hospedagem de adolescente em hotel, exceto se acompanhado ou autorizado pelo responsável ou pelos pais.
b) os adolescentes menores de catorze anos somente poderão ingressar nos locais de exibição ou apresentação quando acompanhados dos responsáveis ou dos pais.
c) nenhum adolescente pode viajar para fora da comarca onde reside, desacompanhado do responsável ou dos pais, sem expressa autorização do Poder Judiciário.
d) nenhuma exibição ou apresentação será anunciada com aviso de sua classificação, antes de sua transmissão.

A: Correta. Esta afirmativa reproduz a literalidade da referida lei:
Art. 82 É proibida a hospedagem de criança ou adolescente em hotel, motel, pensão ou estabelecimento congênere, salvo se autorizado ou acompanhado pelos pais ou responsável.
B: Incorreta. Conforme o art 75, a idade é 10 anos, e não 14.
C: Incorreta. A lei veda a viagem apenas de adolescentes menores de 16 anos. Sendo um adolescente maior de 16 anos, ele poderá viajar.
Art. 83 Nenhuma criança ou adolescente menor de 16 (dezesseis) anos poderá viajar para fora da comarca onde reside desacompanhado dos pais ou dos responsáveis sem expressa autorização judicial.
D: Incorreta. O correto é que nenhum espetáculo seja apresentado ou anunciado sem aviso de sua classificação, antes de sua transmissão, apresentação ou exibição, nos termos do art. 76 da Lei nº 8.069/1990.

GABARITO: A.

78. (IBFC – 2018 – PM-CBM/PB – SOLDADO) Assinale a alternativa correta. No que se refere ao Inquérito Policial, assim dispõe o Código de Processo Penal Brasileiro:
a) o inquérito policial, nos delitos em que a ação penal pública venha a depender de representação, não poderá ser iniciado sem ela.
b) a polícia administrativa e preventiva deve ser exercida pelas autoridades policiais e tem como escopo precípuo a elucidação dos crimes.
c) a norma processual penal possui vigência imediata, admitindo-se eventualmente a ocorrência de prejuízo em relação à eficácia dos atos consubstanciados sob a égide do regramento anterior.
d) a norma de caráter processual penal não admite a aplicação analógica, razão pela qual veda a complementação dos princípios jurídicos.

A: Correta. De acordo com a previsão expressa do CPP:
Art. 5º § 4º O inquérito, nos crimes em que a ação pública depender de representação, não poderá sem ela ser iniciado.
B: Incorreta. A polícia administrativa incide sobre bens e direitos e atividades, enquanto a polícia judiciária atua sobre pessoas. A polícia que tem como escopo precípuo a elucidação de crimes é a polícia judiciária.
C: Incorreta. Os atos praticados sob a égide de lei anterior continuam válidos, portanto não são prejudicados.
D: Incorreta. Admite a aplicação analógica, bem como os suplementos pelos princípios gerais do direito.

GABARITO: A.

79. (IBFC – 2018 – PM-CBM/PB – SOLDADO) Relativamente à ação penal, assinale a alternativa correta:
a) o Promotor de Justiça poderá abrir mão do inquérito policial, caso tenham sido apresentadas informações que o permitam iniciar o processo penal, e, nesta hipótese, deverá oferecer a denúncia no prazo de trinta dias.
b) as ações penais em que se apure a prática de contravenção deverão ser intentadas mediante a iniciativa do Promotor de Justiça, mas dependerão, quando a norma determinar, de manifestação prévia do Ministro da Justiça.
c) seja qual for o crime, quando praticado em detrimento do interesse ou do patrimônio dos entes federativos, a ação penal será pública.
d) se a vítima for maior de 60 anos, o direito de representação poderá ser exercido por qualquer pessoa, independente de mandato específico.

A: Incorreta. De fato, o promotor de justiça poderá abrir mão do IP nessa hipótese, porém, o prazo para propor a ação penal é de 5 dias se o indiciado estiver preso e 15 dias se estiver solto conforme art. 46 do CPP.
B: Incorreta. Não existe contravenção penal que dependa de requisição do Ministro da Justiça.
C: Correta. Observe a seguinte determinação do CPP:
Art. 24 § 2º Seja qual for o crime, quando praticado em detrimento do patrimônio ou interesse da União, Estado e Município, a ação penal será pública.
D: Incorreta. A mera idade da vítima não a incapacita para propor a representação.

GABARITO: C.

80. (IBFC – 2018 – PM-CBM/PB – SOLDADO) No que diz respeito à prisão em flagrante, assinale a alternativa correta:
a) em qualquer etapa do processo criminal ou do inquérito policial, será cabível a prisão em flagrante, desde que decretada pela competente autoridade judicial.

b) nos crimes e contravenções permanentes, estará o agente em flagrante delito enquanto não cessar a permanência.

c) será admitida a prisão em flagrante quando houver dúvida razoável a respeito da identidade da pessoa ou quando esta não apresentar informações suficientes para elucidá-la.

d) o Promotor de Justiça poderá revogar a prisão em flagrante se, ao longo da instrução criminal, observar a ausência de razões para que subsista, bem como de novo decretá-la, caso sobrevenham motivos que a justifiquem.

A: Incorreta. A prisão em flagrante não depende de ordem judicial.

B: Correta. Observe a seguinte disposição do CPP a respeito da prisão em flagrante:

Art. 303 Nas infrações permanentes, entende-se o agente em flagrante delito enquanto não cessar a permanência.

Assim, esta assertiva está correta, de acordo com a previsão legal.

C: Incorreta. No caso, há hipótese de autorização da prisão temporária, e não é caso de flagrante.

D: Incorreta. A competência para revogar prisões é do Juiz; a revogação citada, bem como sua posterior decretação é o regramento para a prisão preventiva.

GABARITO: B.

81. **(IBFC – 2018 – PM-CBM/PB – SOLDADO)** Apresenta-se como infração penal inafiançável:
    a) o crime de racismo.
    b) a apropriação indébita qualificada.
    c) a extorsão qualificada.
    d) a lesão corporal com resultado morte.

De acordo com os mandados de criminalização constitucionais:

Art. 5º XLII - a prática do racismo constitui crime inafiançável e imprescritível, sujeito à pena de reclusão, nos termos da lei.'

A: Correta. O racismo é um crime inafiançável.

B: Incorreta. Não é inafiançável.

C: Incorreta. Somente a extorsão com restrição de liberdade que gere lesão grave ou morte, e a mediante sequestro são crimes hediondos e consequentemente inafiançáveis, não toda extorsão qualificada.

D: Incorreta. Somente se for praticada contra agentes dos arts.142 e 144 da CF/1988.

GABARITO: A.

82. **(IBFC – 2018 – PM-CBM/PB – SOLDADO)** Apresenta-se como medida cautelar diversa da prisão, dentre outras:
    a) a vedação de frequência a estabelecimentos educacionais, com o intuito de prevenir o advento de novas práticas delituosas.
    b) a internação do acusado em abrigo nos delitos praticados com violência presumida.
    c) o comparecimento obrigatório à Delegacia de Polícia, nas condições, na periodicidade e no prazo estabelecidos pela Autoridade Policial, para justificar e informar atividades.
    d) a monitoração eletrônica.

A: Incorreta. Não existe vedação à frequência em estabelecimentos educacionais.

B: Incorreta. Internação somente quando os peritos concluírem ser o agente inimputável ou semi-imputável e houver risco de reiteração.

C: Incorreta. O comparecimento periódico é perante o juiz, e não perante o delegado.

D: Correta. De acordo com o art. 319 do CPP:

Art. 319 São medidas cautelares diversas da prisão:

I - comparecimento periódico em juízo, no prazo e nas condições fixadas pelo juiz, para informar e justificar atividades;

II - proibição de acesso ou frequência a determinados lugares quando, por circunstâncias relacionadas ao fato, deva o indiciado ou acusado permanecer distante desses locais para evitar o risco de novas infrações;

III - proibição de manter contato com pessoa determinada quando, por circunstâncias relacionadas ao fato, deva o indiciado ou acusado dela permanecer distante;

IV - proibição de ausentar-se da Comarca quando a permanência seja conveniente ou necessária para a investigação ou instrução;

V - recolhimento domiciliar no período noturno e nos dias de folga quando o investigado ou acusado tenha residência e trabalho fixos;

VI - suspensão do exercício de função pública ou de atividade de natureza econômica ou financeira quando houver justo receio de sua utilização para a prática de infrações penais;

VII - internação provisória do acusado nas hipóteses de crimes praticados com violência ou grave ameaça, quando os peritos concluírem ser inimputável ou semi-imputável (art. 26 do Código Penal) e houver risco de reiteração;

VIII - fiança, nas infrações que a admitem, para assegurar o comparecimento a atos do processo, evitar a obstrução do seu andamento ou em caso de resistência injustificada à ordem judicial;

IX - monitoração eletrônica.

Conforme o inciso IX, verifica-se que a monitoração eletrônica é uma medida cautelar diversa da prisão.

GABARITO: D.

83. **(IBFC – 2018 – PM-CBM/PB – SOLDADO)** No que se refere à hierarquia e à disciplina, institutos previstos no Estatuto dos Policiais Militares da Paraíba, (Lei nº 3.909 de 1977), assinale a alternativa correta:
    a) a disciplina e a hierarquia constituem a base institucional da Polícia Militar. A responsabilidade e a autoridade crescem em consonância com o grau hierárquico.
    b) graduação é o nível de hierarquia do Oficial conferido por ato do Comandante da Polícia Militar da Paraíba.
    c) posto é o nível hierárquico da praça conferido em decorrência das disposições constantes do Estatuto dos Policiais Militares da Paraíba.
    d) autoridade e a fel obediência às normas embasam a entidade policial militar e coordenam o seu desenvolvimento, materializado no comportamento de cada integrante desse organismo.

A: Correta. De acordo com o art. 12 do Estatuto:

Art. 12 A hierarquia e a disciplina são a base institucional da Polícia Militar. A autoridade e a responsabilidade crescem com o grau hierárquico.

B: Incorreta. De acordo com o art. 14, § 2º:

Art. 14 § 2º Graduação é o grau hierárquico da praça conferido por ato do Comandante-Geral da Polícia Militar.

C: Incorreta. De acordo com o art. 14, § 1º:

Art. 14 § 1º Posto é o grau hierárquico do Oficial conferido por ato do Governador do Estado da Paraíba.

D: Incorreta. De acordo com o art. 12, § 2º:

Art. 12 § 2º Disciplina é a rigorosa observância e o acatamento integral das Leis, regulamentos, normas e disposições que fundamentam o organismo policial militar e coordenam seu funcionamento regular e harmônico, traduzindo-o pelo perfeito cumprimento do dever por parte de todos e de cada um dos componentes desse organismo.

GABARITO: A.

84. **(IBFC – 2018 – PM-CBM/PB – SOLDADO)** Assinale a alternativa que corresponde a uma das manifestações essenciais do valor policial-militar previstas expressamente no Estatuto dos Policiais Militares da Paraíba:
    a) o corporativismo, sentimento que faz com que o policial militar identifique a sua profissão como a mais importante do organismo social.
    b) o comprometimento com o Código de Ética e todos os seus preceitos implícitos e explícitos.

c) o culto das tradições históricas e o civismo.

d) o compromisso de atentar para o dever policial militar, sem assumir o risco de sacrifício da própria vida.

A questão exige o conhecimento das manifestações essenciais do valor policial-militar. Conforme o art. 26 do Estatuto:

Art. 26 São manifestações essenciais do valor policial-militar:

I - O sentimento de servir à comunidade estadual, traduzido pela vontade inabalável de cumprir o dever policial militar e pelo integral devotamento à manutenção da ordem pública, mesmo com o risco da própria vida;

II - A fé na elevada missão da Polícia Militar;

III - O civismo e o culto das tradições históricas;

IV - O espírito de corpo, orgulho do policial militar pela organização policial-militar onde serve;

V - O amor à profissão policial-militar e o entusiasmo com que é exercida; e

VI - O aprimoramento técnico-profissional.

GABARITO: C.

85. **(IBFC – 2018 – PM-CBM/PB – SOLDADO)** Relativamente ao tema da "ética" como tal preceituada de forma expressa no corpo do Estatuto dos Policiais Militares da Paraíba, assinale a alternativa correta:

a) Ao policial-militar do serviço ativo, é vedado participar como quotista ou acionista, respectivamente, em sociedade por quotas de responsabilidade limitada ou sociedade anônima.

b) Ao policial-militar do serviço ativo, é permitido, excepcionalmente, comerciar ou tomar parte na administração ou gerência de sociedade.

c) É vedado ao Comandante-Geral da Polícia Militar requisitar dados e informações sobre a origem e a natureza de bens dos policiais militares do serviço ativo, ainda que presentes motivos que recomendem a adoção de tal medida.

d) Os policiais militares que se encontram na reserva remunerada, uma vez convocados, ficam vedados de cuidar, nas repartições públicas civis e nas organizações policiais militares, dos interesses de empresas privadas ou de organizações de qualquer natureza.

A e B: Incorretas. De acordo com o art. 28:

Art. 28 Ao policial-militar da ativa, ressalvado o disposto nos parágrafos 2º e 3º, é vedado comerciar ou tomar parte na administração ou gerência de sociedade ou dela ser sócio ou participar, exceto como acionista ou quotista, em sociedade anônima ou por quotas de responsabilidade limitada.

C: Incorreta. De acordo com o art. 29:

Art. 29 O Comandante-Geral da Polícia Militar poderá determinar aos policiais militares da ativa que, no interesse da salva guarda da dignidade dos mesmos, informem sobre a origem e a natureza de seus bens, sempre que houver razões que recomendem tal medida.

D: Correta. De acordo com o art. 28, § 1º:

Art. 28 § 1º Os policiais militares na reserva remunerada, quando convocados, ficam proibidos de tratar, nas organizações policiais militares e nas repartições públicas civis, dos interesses de organizações ou empresas privadas de qualquer natureza.

GABARITO: D.

86. **(IBFC – 2018 – PM-CBM/PB – SOLDADO)** Relativamente aos temas "Comando e Subordinação", assim descortinados no âmbito do Estatuto dos Policiais Militares da Paraíba, assinale a alternativa correta:

a) a subordinação possui o condão de afetar, episodicamente, a dignidade pessoal do policial militar e decorre da estrutura hierárquica da Corporação Militar.

b) o comando constitui uma prerrogativa pessoal, em cujo exercício o policial militar se define e se caracteriza como superior hierárquico.

c) os Oficiais completam e auxiliam as atividades das Praças, quer no emprego das técnicas e no treinamento, e até mesmo na gestão.

d) às Praças Especiais cabe a rigorosa observância das prescrições dos regulamentos que lhes são pertinentes, exigindo-se-lhe inteira dedicação ao estudo e ao aprendizado técnico-profissional.

A: Incorreta. De acordo com o art. 34:

Art. 34 A subordinação não afeta, de modo algum, a dignidade pessoal do policial militar e decorre, exclusivamente, da estrutura hierárquica da Polícia Militar.

B: Incorreta. De acordo com o art. 33:

Art. 33 Comando é a soma de autoridade, de deveres e responsabilidades de que o policial militar é investido legalmente, quando conduz homens ou dirige uma organização policial militar. O comando está vinculado ao grau hierárquico e constitui uma prerrogativa impessoal, em cujo exercício o policial militar se define e se caracteriza como chefe.

C: Incorreta. De acordo com o art. 36:

Art. 36 Os Subtenentes e Sargentos auxiliam e completam as atividades dos oficiais, quer no adestramento e no emprego dos meios, quer na instrução e na administração; poderão ser empregados na execução de atividades de policiamento ostensivo peculiares a Polícia Militar.

D: Correta. De acordo com o art. 38:

Art. 38 As Praças Especiais cabe a rigorosa observância das prescrições dos regulamentos que lhes são pertinentes, exigindo-se-lhe inteira dedicação ao estudo e ao aprendizado técnico-profissional.

GABARITO: D.

87. **(IBFC – 2018 – PM-CBM/PB – SOLDADO)** A Constituição Federal determina expressamente a inviolabilidade de determinados direitos fundamentais, todos eles vinculados à personalidade humana. Nesse sentido, assinale a alternativa que não se encontra prevista como um desses direitos fundamentais:

a) a intimidade das pessoas.

b) a vida privada das pessoas.

c) a honra das pessoas.

d) o trabalho das pessoas.

A banca examinadora cobrou do candidato o conhecimento literal do art. 5º da CRFB/1988:

Art. 5º Todos são iguais perante a lei, sem distinção de qualquer natureza, garantindo-se aos brasileiros e aos estrangeiros residentes no País a inviolabilidade do direito à vida, à liberdade, à igualdade, à segurança e à propriedade, nos termos seguintes.

GABARITO: D.

88. **(IBFC – 2018 – PM-CBM/PB – SOLDADO)** A Constituição Federal discorre sobre o procedimento de desapropriação, o qual poderá incidir sobre a propriedade particular. Nesse sentido, assinale a alternativa que não se encontra prevista como um dos requisitos autorizadores do ato expropriatório governamental estabelecido pela Carta Magna:

a) necessidade pública.

b) interesse social.

c) interesse coletivo.

d) justa e prévia indenização em dinheiro.

Conforme previsão constitucional, somente ocorrerá a desapropriação em caso de necessidade pública ou utilidade pública, ou ainda por interesse social. De acordo com a CF/1988:

Art. 5º XXIV - a lei estabelecerá o procedimento para desapropriação por necessidade ou utilidade pública, ou por interesse social, mediante justa e prévia indenização em dinheiro, ressalvados os casos previstos nesta Constituição.

GABARITO: C.

89. **(IBFC – 2018 – PM-CBM/PB – SOLDADO)** No que se refere à segurança pública, assim delineada no âmbito da Constituição Federal, assinale a alternativa correta:
    a) Às polícias civis incumbem o policiamento preventivo e ostensivo e a preservação da segurança pública.
    b) A Guarda Municipal, ente estruturado pela União e sistematizado em quadros de carreira, destina-se ao patrulhamento ostensivo das rodovias estaduais e federais.
    c) Às polícias militares incumbem, ressalvada a competência da União, as funções de polícia judiciária e a apuração de infrações penais comuns.
    d) As polícias militares e corpos de bombeiros militares, forças auxiliares e reserva do Exército, subordinam-se, juntamente às polícias civis, aos Governadores dos Estados, do Distrito Federal e dos Territórios.

A: Incorreta. Às polícias civis compete o exercício das funções de polícia judiciária, ressalvadas as competências da União, bem como a apuração de infrações penais, salvo as militares. Neste sentido, o art. 144, § 4º:

Art. 144 [...] § 4º Às polícias civis, dirigidas por delegados de polícia de carreira, incumbem, ressalvada a competência da União, as funções de polícia judiciária e a apuração de infrações penais, exceto as militares.

B: Incorreta. As guardas municipais não são entes estruturados pela União. Quem as constitui são os municípios, os quais terão seus bens, serviços e instalações protegidos por elas:

Art. 144 [...] § 8º Os Municípios poderão constituir guardas municipais destinadas à proteção de seus bens, serviços e instalações, conforme dispuser a lei.

C: Incorreta. Nos termos do art. 144, § 5º, às polícias militares cabem a polícia ostensiva e a preservação da ordem pública:

Art. 144 [...] § 5º Às polícias militares cabem a polícia ostensiva e a preservação da ordem pública; aos corpos de bombeiros militares, além das atribuições definidas em lei, incumbe a execução de atividades de defesa civil.

D: Correta. A assertiva está de acordo com o disposto no art. 144, § 6º da CRFB/1988, cuja redação é clara ao dispor que as polícias militares e os corpos de bombeiros, forças auxiliares e reserva do exército, são subordinados aos Governadores do Estado, do Distrito Federal e Territórios:

Art. 144 A segurança pública, dever do Estado, direito e responsabilidade de todos, é exercida para a preservação da ordem pública e da incolumidade das pessoas e do patrimônio, através dos seguintes órgãos: [...]

§ 6º As polícias militares e os corpos de bombeiros militares, forças auxiliares e reserva do Exército subordinam-se, juntamente com as polícias civis e as polícias penais estaduais e distrital, aos Governadores dos Estados, do Distrito Federal e dos Territórios.

GABARITO: D.

90. **(IBFC – 2018 – PM-CBM/PB – SOLDADO)** Relativamente à imputabilidade penal, assinale a alternativa correta:
    a) O menor de 18 (dezoito) anos pode adquirir a emancipação penal, desde que tenha sido aprovado em concurso público e exercido cargo público efetivo.
    b) Deve ser reconhecida a isenção de pena do agente que, em virtude de desenvolvimento mental incompleto, se apresentava, no instante da ação ou da omissão, incapaz totalmente de compreender a antijuridicidade do evento.
    c) O menor de 18 (dezoito) anos pode obter a emancipação penal, tornando-se imputável, desde que tenha concluído curso superior reconhecido pelo Ministério da Educação.
    d) O menor de 18 (dezoito) anos pode adquirir a emancipação penal, tornando-se responsável criminalmente, desde que tenha em seu nome estabelecimento comercial ou empresarial.

A, C e D: Incorretas. A emancipação é a aquisição da plena capacidade civil pelo menor, aplicável estritamente ao Direito Civil. À luz dos efeitos provocados pela emancipação, o menor pode celebrar vários tipos de contratos sem que seja assistido por representantes, como casamento, contratos de compra e venda, contratos de locação. Contudo, no Direito Penal não possui qualquer efeito.

Com efeito, a Constituição Federal e Código Penal são taxativos ao definir a imputabilidade somente a partir dos 18 anos de idade, de modo que a presunção de inimputabilidade é absoluta (*iuris et de iure*):

Art. 228 São penalmente inimputáveis os menores de dezoito anos, sujeitos às normas da legislação especial.

Conforme o CP:

Art. 27 Os menores de 18 (dezoito) anos são penalmente inimputáveis, ficando sujeitos às normas estabelecidas na legislação especial.

Assim, para fins penais, ainda que o menor já tenha concluído a faculdade, trabalhe com carteira assinada ou detenha estabelecimento comercial ou empresarial, será tratado como inimputável.

B: Correta. É a previsão do art. 26 do CP:

Art. 26 É isento de pena o agente que, por doença mental ou desenvolvimento mental incompleto ou retardado, era, ao tempo da ação ou da omissão, inteiramente incapaz de entender o caráter ilícito do fato ou de determinar-se de acordo com esse entendimento.

GABARITO: B.

91. **(IBFC – 2018 – PM-CBM/PB – SOLDADO)** Tício, logo após haver sido provocado injustamente por Mévio, sob o domínio de violenta emoção, pratica atos de violência contra Mévio, que vem a falecer imediatamente em função dos golpes de barra de ferro desferidos por Tício contra a sua cabeça. Em função de seu comportamento ilícito, Tício deverá responder pelo delito de:
    a) homicídio privilegiado.
    b) homicídio qualificado por motivo torpe.
    c) homicídio qualificado por emprego de meio cruel.
    d) homicídio qualificado por emprego de forma insidiosa.

A questão exige conhecimento sobre o chamado homicídio privilegiado, previsto no § 1º, do art. 121, do CP:

Art. 121 § 1º Se o agente comete o crime impelido por motivo de relevante valor social ou moral, ou sob o domínio de violenta emoção, logo em seguida a injusta provocação da vítima, o juiz pode reduzir a pena de um sexto a um terço.

Trata-se de causa de diminuição de pena (minorante), que deve ser aplicada pelo juiz quando presente alguma das hipóteses previstas no dispositivo, sendo, portanto, direito subjetivo do réu. Veja que a conduta praticada por Tício, se deu sob o domínio de violenta emoção, após a injusta provocação de Mévio, aplicando-se, assim, a causa de diminuição do § 1º, do art. 121, do CP.

Vale destacar que para ser aplicada a privilegiadora, é necessária a presença dos três requisitos cumulativos:

1. Domínio de violenta emoção: é a emoção intensa, capaz de alterar o estado de ânimo do agente a ponto de tirar-lhe a seriedade que comumente possui.

2. Injusta provocação da vítima: comportamento suficiente para desencadear no agente a violenta emoção.

3. Reação imediata: é imprescindível que a conduta seja praticada logo após a injusta provocação da vítima.

Assim, a alternativa correta é a A. As demais afirmativas estão incorretas porque referem-se à circunstâncias que qualificam o crime de homicídio, as quais não estão presentes no caso narrado.

GABARITO: A.

92. **(IBFC – 2018 – PM-CBM/PB – SOLDADO)** Apresenta-se como causa excludente da ilicitude:
    a) obediência hierárquica à ordem não manifestamente ilegal.
    b) coação física irresistível.

c) erro de direito.
d) estrito cumprimento do dever legal.

A questão requer conhecimento acerca das causas de exclusão da ilicitude previstas no art. 23 do Código Penal:

Art. 23 Não há crime quando o agente pratica o fato:

I - em estado de necessidade;

II - em legítima defesa;

III - em estrito cumprimento de dever legal ou no exercício regular de direito.

Excesso punível.

Parágrafo único - O agente, em qualquer das hipóteses deste artigo, responderá pelo excesso doloso ou culposo.

A: Incorreta. A obediência hierárquica à ordem não manifestamente ilegal é causa excludente da culpabilidade. É circunstância que elimina a exigibilidade de conduta diversa do agente, um dos elementos da culpabilidade.

B: Incorreta. A coação física irresistível exclui a conduta do agente, um dos elementos do fato típico. Não havendo conduta por parte do agente (elemento volitivo), inexiste o fato típico, não caracterizando, assim, o crime.

C: Incorreta. O erro de direito pode ser analisado como erro de proibição (art. 21, do CP). O agente sabe o que faz, mas desconhece a ilicitude da conduta. O erro de proibição, se inevitável, exclui a potencial consciência da ilicitude, um dos elementos da culpabilidade. Assim, exclui a culpabilidade e não a ilicitude.

D: Correta. O estrito cumprimento do dever legal é causa que exclui a ilicitude do fato, consoante previsão do inciso III, do art. 23, do CP. Ainda que a conduta do agente seja formalmente típica, a previsão de outra norma no ordenamento legal que a preveja como dever legal, autoriza a conduta praticada. Exemplo é o policial que possui o dever legal de prender quem quer que seja encontrado em flagrante delito (art. 301, do CPP).

GABARITO: D.

93. (IBFC – 2018 – PM-CBM/PB – SOLDADO) Dentre as alternativas a seguir, assinale aquela que admite a possibilidade de reconhecimento e aplicação da "ultratividade penal":
    a) lei penal incriminadora.
    b) lei penal excepcional.
    c) lei penal interpretativa.
    d) lei penal explicativa.

A: Incorreta. A lei penal incriminadora define a infração penal, proibindo a prática de determinada conduta (crime comissivo) ou impondo a prática de certa conduta (crime omissivo), sob a ameaça expressa e específica de uma pena. É composta pelo preceito primário (descreve a infração penal) e pelo preceito secundário (apresenta a sanção penal).

B: Correta. A lei excepcional é a que se verifica quando a sua duração está relacionada a situações de anormalidade, como estado de guerra, calamidade ou qualquer outra necessidade estatal. É autorrevogável, ou seja, é revogada assim que cessada a situação de anormalidade. Também possui a chamada ultratividade, característica que permite a norma alcançar os fatos praticados durante a sua vigência, não se sujeitando aos efeitos da *abolitio criminis*.

C: Incorreta. A lei penal interpretativa ou explicativa, é aquela destinada tão somente a esclarecer o conteúdo de uma outra norma. Um exemplo é o art. 327 do Código Penal, que define "funcionário público, para os efeitos penais, quem, embora transitoriamente ou sem remuneração, exerce cargo, emprego ou função pública."

D: Incorreta. Conforme já mencionado na alternativa anterior, a norma penal explicativa se destina a esclarecer e tornar compreensíveis determinados conceitos.

GABARITO: B.

94. (IBFC – 2018 – PM-CBM/PB – SOLDADO) Apresenta-se como hipótese de furto qualificado aquele que é cometido:
    a) mediante ameaça.
    b) no período do repouso noturno.
    c) mediante violência.
    d) mediante abuso de confiança.

A questão exige conhecimento acerca das disposições do crime de furto, previsto no art. 155, do CP:

Art. 155 Subtrair, para si ou para outrem, coisa alheia móvel:

Pena – reclusão, de um a quatro anos, e multa.

§ 1º A pena aumenta-se de um terço, se o crime é praticado durante o repouso noturno. [...]

Furto qualificado.

§ 4º A pena é de reclusão de dois a oito anos, e multa, se o crime é cometido:

I – com destruição ou rompimento de obstáculo à subtração da coisa;

II – com abuso de confiança, ou mediante fraude, escalada ou destreza;

III – com emprego de chave falsa;

IV – mediante concurso de duas ou mais pessoas.

A: Incorreta. A ameaça é elementar do delito de roubo (art. 157, do CP) e não do crime de furto:

Art. 157 Subtrair coisa móvel alheia, para si ou para outrem, mediante grave ameaça ou violência à pessoa, ou depois de havê-la, por qualquer meio, reduzido à impossibilidade de resistência.

B: Incorreta. O furto praticado no período de repouso noturno é causa de aumento de pena, conforme disposição do § 1º, do art. 155, do CP:

Art. 155 § 1º A pena aumenta-se de um terço, se o crime é praticado durante o repouso noturno.

C: Incorreta. A violência é elementar do delito de roubo e não compõe o tipo penal do crime de furto.

D. Correta. Entre as circunstâncias qualificadoras do furto, está o abuso de confiança (§ 4º, II, art. 155, do CP), situação em que o agente aproveitando-se da facilidade decorrente da confiança nele depositada pela vítima, em razão da relação existente entre eles, subtrai-lhe os pertences.

GABARITO: D.

95. (IBFC – 2018 – PM-CBM/PB – SOLDADO) A reparação do dano, anterior à sentença transitada em julgado, faz com que seja extinta a punibilidade; se ocorre posteriormente, faz com que a pena seja reduzida de metade. Tal disposição legal se aplica ao crime de:
    a) peculato mediante erro de outrem.
    b) peculato-furto.
    c) peculato culposo.
    d) excesso de exação.

A: Incorreta. Nesta modalidade de peculato, o servidor apropria-se de dinheiro ou qualquer utilidade que, no exercício do cargo, recebeu por erro de outrem. Não há previsão de reparação do dano como hipótese de causa extintiva da punibilidade.

B: Incorreta. A hipótese de extinção da punibilidade mencionada no enunciado não se aplica ao peculato furto (art. 312, § 1º, do CP). Nesta modalidade, o servidor valendo-se da facilidade que a condição de funcionário público lhe concede, subtrai ou concorre para a subtração de coisa do ente público ou de particular sob custódia da administração.

C: Correta. No peculato culposo (art. 312, § 2º), a reparação do dano, se anterior à sentença transitada em julgado, é causa que extingue a punibilidade do agente, e se a reparação é posterior, a pena é diminuída pela metade, conforme prevê o § 3º, do mesmo artigo.

Art. 312 § 3º No caso do parágrafo anterior, a reparação do dano, se precede à sentença irrecorrível, extingue a punibilidade; se lhe é posterior, reduz de metade a pena imposta.

D: Incorreta. Não há previsão da referida hipótese de extinção ou diminuição da pena no crime de excesso de exação (art. 316, § 1º). No referido crime funcional, o servidor exige tributo ou contribuição social que sabe ou deveria saber indevido, ou, quando devido, emprega na cobrança meio vexatório ou gravoso, que a lei não autoriza.

GABARITO: C.

96. **(IBFC – 2018 – PM-CBM/PB – SOLDADO)** A conduta típica de "fazer exigência de vantagem indevida, valendo-se da condição do cargo público, ou no exercício desta função", configura o crime de:
    a) concussão.
    b) prevaricação.
    c) condescendência criminosa.
    d) corrupção ativa.

A: Correta. A conduta típica do crime de concussão, previsto no art. 316, do CP, consiste em o agente exigir, por si ou por interposta pessoa, explícita ou implicitamente, vantagem indevida, abusando da sua autoridade pública como meio de coação. Assim, o funcionário público, valendo-se do respeito ou mesmo o receio que sua função impõe a terceiros, exige da vítima a concessão de vantagem que não tem direito.

Concussão:

Art. 316 Exigir, para si ou para outrem, direta ou indiretamente, ainda que fora da função ou antes de assumi-la, mas em razão dela, vantagem indevida:

Pena - reclusão, de 2 (dois) a 12 (doze) anos, e multa.

B: Incorreta. No crime de prevaricação (art. 319, do CP), a conduta típica consiste em o agente retardar ou deixar de praticar, indevidamente, ato de ofício, ou praticá-lo contra disposição expressa de lei, para satisfazer interesse ou sentimento pessoal.

C: Incorreta. No crime de condescendência criminosa (art. 320, do CP) o funcionário público deixa por indulgência (clemência/bondade), de responsabilizar subordinado que cometeu infração no exercício do cargo ou, quando lhe falte competência, não leva o fato ao conhecimento da autoridade competente.

D: Incorreta. A corrupção ativa é crime praticado por particular contra a administração pública. Previsto no art. 333, do Código Penal, a conduta típica consiste em oferecer ou prometer vantagem indevida a funcionário público, para determiná-lo a praticar, omitir ou retardar ato de ofício.

GABARITO: A.